MW01620183

Remerciements

A tous ceux, professionnels ou amateurs qui nous ont fait parvenir les fac-similés de signatures et de monogrammes, ainsi qu'aux artistes qui nous ont fait parvenir les leurs.

Nous remercions également pour leur collaboration :

Paulette Van Wilder
Cyril Chabrol
Yann Rigal
Marie-France Preziosi
Lionel Vincenti
Jean-Pierre Jourdan
Gilbert Bornat
Marc del Piano

Edité par les Editions Van Wilder
Siège social : Domaine de la Source - 69270 Saint Romain au Mont d'or

Bureau parisien : 91bis, rue Truffaut - 75017 Paris
Tél : +33 1 53 06 92 12 – Fax : +33 1 53 06 92 13

artprice.com
S.A. au capital 6 250 000 Euro - RCS Lyon 411 309 198
BP 69 - F 69270 - Saint Romain au Mont d'Or - France
Tel +33 4 78 22 00 00 - Fax +33 4 78 22 06 06

Principaux actionnaires - *Main shareholders*
Server Group (Famille Ehrmann) - Europ@web - Paul Billon

artprice.com coté au Nouveau Marché de Paris (NM 7478)
Listed on the French Stock Exchange (NM 7478)

artprice.com est une société de - *artprice.com is a company of*
serve[u]r S.A.S. Capital 93 000 000 € - RCS Lyon 408 369 270

I.S.B.N. 2-85299-023-7

Signatures & monogrammes

d'artistes des XIXe et XXe siècles

Signatures & monograms

of 19th and 20th Century Artists

Présentation

Nous n'avons souhaité ne reproduire dans cet ouvrage que des signatures d'artistes des XIXe et XXe siècle. Il nous a semblé que pour les artistes des siècles précédents, un autre livre était nécessaire.

La plupart des signatures ont été reproduites à partir des catalogues de ventes des dix dernières années, ce qui représente une documentation exceptionnelle. Un grand nombre a été fourni également par des artistes vivants qui ont trouvé intéressant d'aider à ce travail de compilation commencé il y a cinq ans.

Pour chaque artiste, nous avons signalé, quand l'information nous semblait fiable, les dates de naissance ou de mort.

La reproduction des signatures a été faite de la manière la plus rigoureuse possible, cependant il ne faut considérer ces reproductions que comme un guide et ne pas leur donner plus d'importance qu'elles n'en ont.

Dans la mesure du possible, nous avons reproduit plusieurs signatures pour un même artiste, si celle-çi a évolué dans le temps ou si elle n'est pas identique suivant les techniques ou le support utilisé.

Le classement des monogrammes a été fait à partir de la lettre apparaissant en premier. Pour certains, non évidents, nous les avons classés sous plusieurs lettres.

Nous tenons à remercier les artistes, musées, galeries et collectionneurs qui en nous faisant parvenir des fac-similés de signatures, nous ont permis d'élargir notre documentation et sans lesquels l'ouvrage serait moins complet. Bien sûr, des omissions existent, mais nous continuons de recenser le maximum d'informations de manière à pouvoir dans quelques années publier une nouvelle édition enrichie.

Presentation

Artist's signatures and monograms of the 19th. & 20th. century

This volume contains signatures and monograms of the 19th. & 20th.century only.

Another volume recording signatures of artists for the earlier centuries will be done at a later date.

We have recorded over 8500 signatures and 1600 monograms.

The majority of the signatures and monograms have been collected during the past ten years from auction's catalogues world-wide. Many signatures have also been supplied by living artists themselves.

For artists, we give the date of birth and death so as to avoid confusion with others of a similar name. In order to cover the artists full artistic life span whenever possible, we have given several signatures for each artist. The monograms are listed alphabetically starting with the first letter. When this is not clear, the monogram appears under more than one letter.

We would like to thank artists, museums, galleries and collectors who have forwarded to us facsimilé signatures which has enabled us to make this publication even more comprehensive.

Einführung

Wir haben in diesem Werk nur gewünscht die Unterschriften der Künstler des XIXten un XXgten Jahrhunderts wiederzugeben. Wir fanden daß für die Künstler der früheren Jahrhunderte ein anderes Buch Nötig wäre.

Eine grosse Anzahl wurde ebenfalls von lebenden Künstlern furniert, welche es interessant fanden bei diesem Sammelwerk, das vor 5 jahre angefangen wurde, mitzuhelfen.

Für jeden Künstler haben wir, falls uns die Information zuverlässig erschien, die Daten der Geburt und des Todes signalisiert. Die Nachproduktion der Unterschriften wurde auf die peinlichst genaue Weise durchgeführt, doch muss man diese Reproduktionen als Anleitung ansehen und ihnen nicht mehr Bedeutung zuschreiben, als sie haben. In der Art des möglichsten haben wir mehrerre Unterschriften für denselben Künstler nachgedruckt, falls diese sich mit der Zeit verändert hat oder wenn sie nicht identisch ist, je nach der angewendeten Technik oder dem benutzen Untergrund.

Die Einordnung der Monogramme wurden ab dem ersten Buchstaben gedruckt. Für einige nicht selbsterverständige haben wir sie unter mehreren Buchstaben klassifiziert.

Wir legen Wert darauf unseren Künstlern, den Museen, Galerien und Sammlern zu danken, die uns die Nachahmungen zugestelt haben. Sie haben uns erlaubt unsere Dokumentation zu erweitern, welche ohne sie unser Werk weniger vollständig wäre. Natürlich, Versäumnisse existieren, aber wir arbeiten weiter daran, das Maximum von Bestandaufnahmen zu kontrolieren, um uns zu erlauben in einigen Jahren eine erweiterte Edition zu publizieren.

Presentación

Quisimos reproducir en esta obra somamente las Firmas de los artistas del siglo 19 al 20.

Nos parecio que otro libro era necesario para los artistas de los siglos pasados.

Un gran nombre ha sido proporsionado por artistas aun en vida que encontraran interesante ayudar en este trabajo de compilación que comenzo hace 5 años.

Por cada artista hemos señalado, cuando la información nos parecia fiable, las fechas de nacimiento o de deceso.

La reproducíon de Firmas ha sido hecha de manera más rigorosa posible sinembargo hay que considerar estas reproducciones solo como un guia y no darles más importancia de lo que tienen.

En la medida de lo posible, gemos reproducido varias firmas para on solo artista en casa de que esta firma cambie en el tiempo o si no es identica segun el soporte y las tecnicas usadas.

La clasificación de los monogramas ha sido hecha pa partir dela letra que aparece primero. Por algunos no evidentes los clasificamos bajo varias letras.

Queremos agradecer los artistas, museos, galerias y coleccionadores que nos dieron los facsimile de Firmas que nos han permitido de agrandar nuestra documentación y que sin las cuales la obra seria menos.

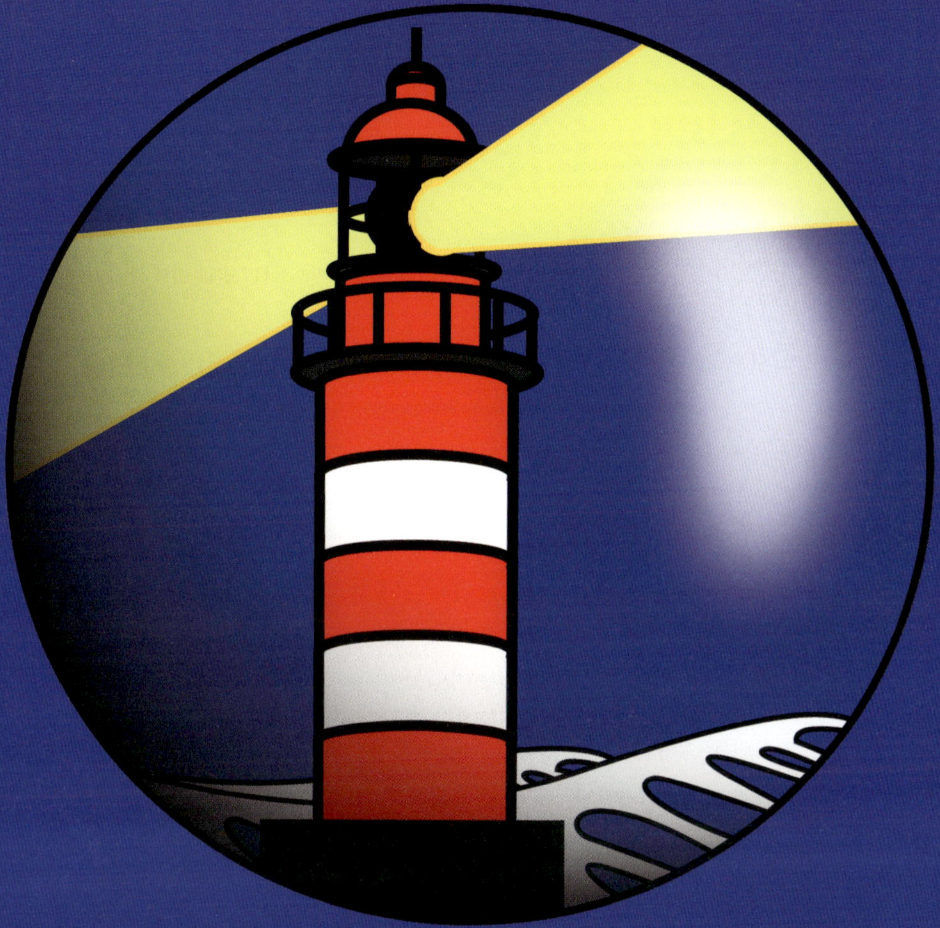

Le marché de l'art des XVIIIe et XIXe siècles

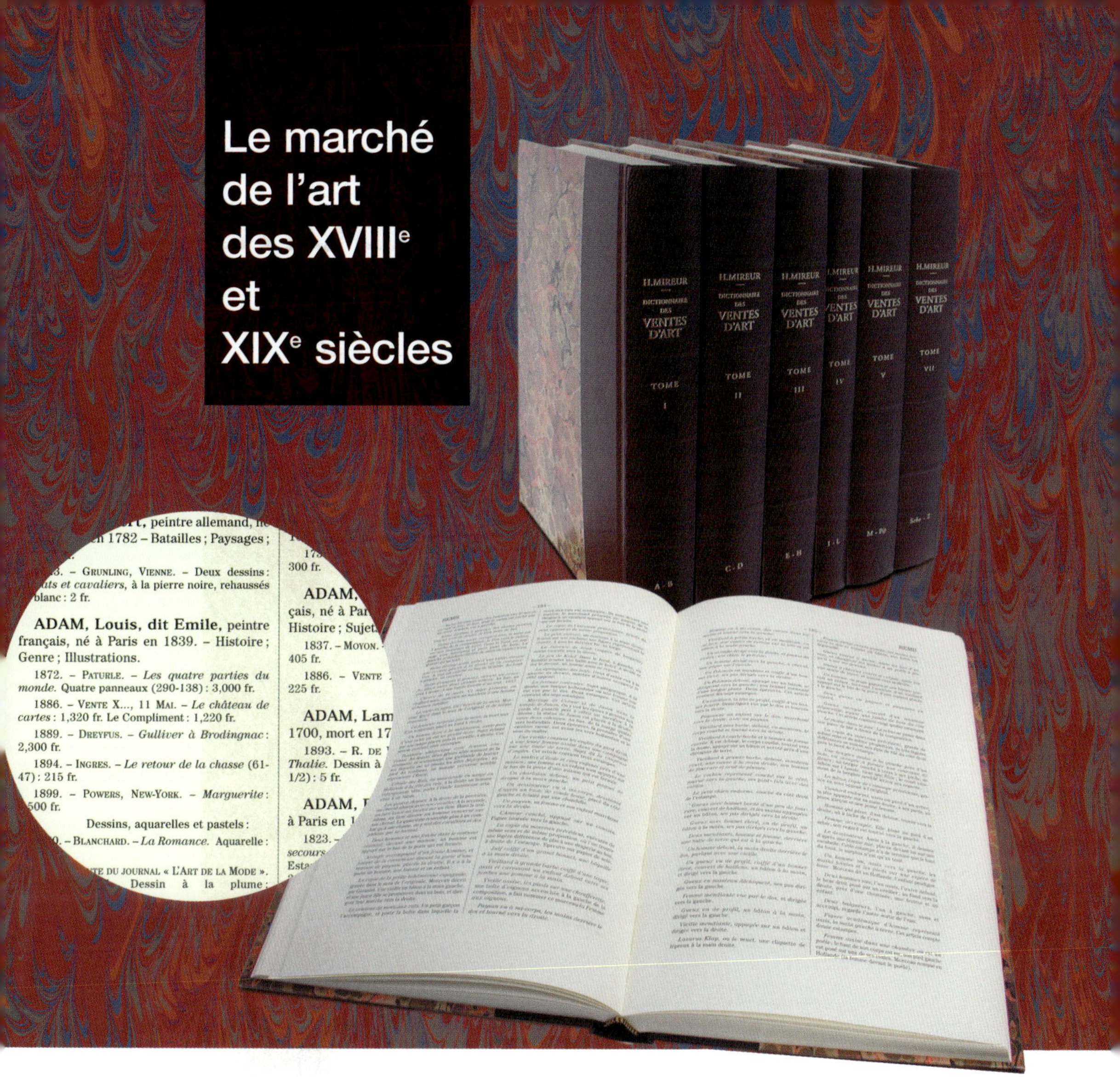

This publication provides the complete auction records documenting the formative period of the European art market: 1700-1900.

In 1903 Hippolyte Mireur originally published his dictionary of art auctions held in Europe and in the United States (1700-1900). The seven-volume complete edition of the work came out just once, in 1911, and there are very few copies left in circulation today. The dictionary has nonetheless been an essential reference work for art professionals. It is the world's only source of information on this foundational period for the European art market.

A peerless research tool. The Mireur dictionary not only provides the date, location and detailed description of each art work sold, it is unique in revealing the name of the seller (sellers remain anonymous in contemporary equivalents). By releasing this information into the public domain, artprice.com is helping to make works of art easier to trace worldwide.

Un outil de recherche sans équivalent dans le monde pour cette période fondatrice du marché des ventes aux enchères d'art en Europe et aux Etats-Unis : 1700-1900.

Contrairement à l'anonymat actuel, ce Dictionnaire cite le nom des vendeurs, permettant ainsi de retracer l'histoire d'une œuvre et ses diverses appartenances.

Edité pour la première fois en 1903, le "Dictionnaire des ventes d'Art' de Hippolyte Mireur est consacré aux ventes d'art en Europe entre 1700 et 1900. Son édition complète, constituée de 7 tomes, n'a été publiée qu'une seule fois, en 1911, et a pratiquement disparu de la circulation aujourd'hui.

Informations

T. +33 472 421 718

Fax +33 478 220 606

http://web.artprice.com

Artprice

Domaine de la Source,

69270 St-Romain-au-Mt-d'Or

France

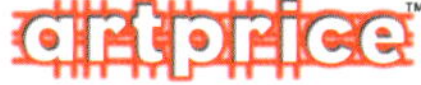

Publications & services

Publications

The artprice.com data bank has spawned a range of digital publications and products. The beauty of the artprice.com concept is that it uses high profile traditional media - the respected Artprice Annual - to promote the new generation of digital products that will ultimately make the paper version obsolete, due to their greater flexibility, more frequent updating, reliability and ease of use. Artprice.com can thus access both professional users and the general public.

Publications

Sur la base de cette méta-banque de données, Artprice.com décline une gamme de publications et produits numériques. La richesse du projet Artprice.com est liée à la maîtrise de la gamme complète des produits qui permet d'utiliser les supports les plus connus (livre de cotes Artprice Annual en version papier) pour promouvoir les supports multimédia qui s'imposent ensuite aux utilisateurs grâce à leur puissance d'information (mise à jour permanente, rapidité, fiabilité) et leur ergonomie.

Artprice.com est ainsi en mesure de répondre à la demande des utilisateurs à la fois professionnels et grand public.

*Egalement sur Minitel 3617 ARTPRICE**

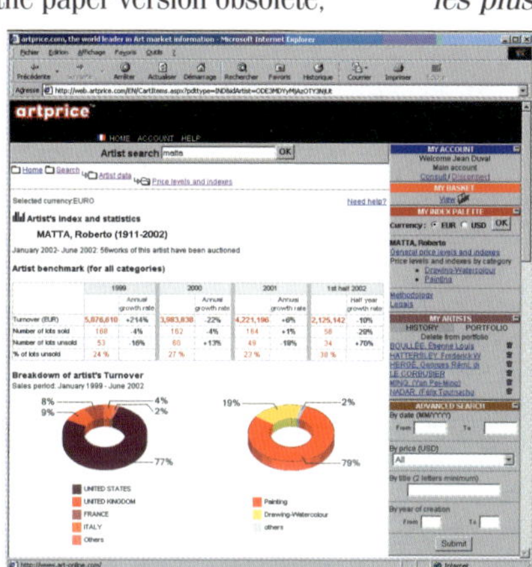

Artprice Annual®

Auction price guide sold in 84 countries.

The bible of the art world and essential reference aid;

For professionals, aficionados and collectors worldwide;

170,000 representative art auction results selected from the 450,000 auction results recorded by Artprice in the previous year.

Artprice Annual®

Bible du marché de l'art distribuée dans 84 pays. Edition limitée.

Véritable outil de référence incontournable.

Livre destiné aux professionnels et aux amateurs-collectionneurs.

Regroupe les 170 000 adjudications d'œuvres d'art les plus significatives en ventes publiques dans le monde de l'année précédente.

Artprice Indicator®

A quick and easy reference handbook for the most significant auction results of an artist's works over the last 3 years.

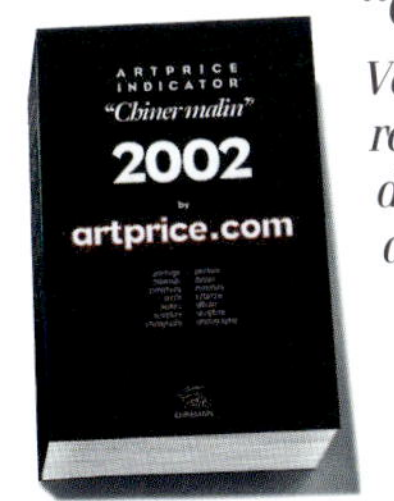

"Chiner malin"®

Véritable guide de poche pour la recherche simple et rapide des résultats de ventes les plus significatifs sur les 3 dernières années d'un artiste.

*Minitel 3617 0,843 EUR/min (TTC)

Photography Price Indicator®

This reference tool, covering 12 years (1988/2000) of photograph results at auctions, contains 50,000 results for 5,000 artists.

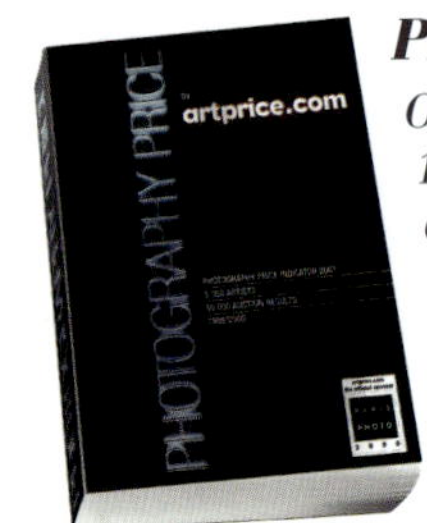

Photography Price Indicator®

Ouvrage de référence couvrant 12 années de résultats de ventes aux enchères d'œuvres photographiques du monde entier (1988/2000), soit 50 000 données pour 5 000 artistes.

Fine Art CD-ROM

The most exhautive reference tool covering paintings, drawings, sculptures, ceramics, miniatures, tapestries, prints, posters and photographs. Numerous search criteria and sort functions.

Auctions held from 1987 to June of the current year.
Yearly update!

CD-ROM Fine Art

L'outil de référence le plus exhaustif, couvrant neuf disciplines : peinture, dessin, sculpture, estampe, photographie, miniature, affiche, tapisserie, et céramique. Nombreux critères de recherche et fonction de tri.

Les résultats de ventes aux enchères de 1987 à juin de l'année en cours.
Mise à jour annuelle.

Who Was Who in American Art

By Sound View Press.
Last publication 1999,
3,750 pages.

A three-volume prestigious art reference work containing 65,000 biographies of American artists from 1564 to 1975.

Who Was Who in American Art

Par les Editions Sound View Press. Dernière édition 1999, 3 750 pages.

Un ouvrage répertoriant en 3 volumes plus de 65 000 biographies d'artistes américains de 1564 à 1975. Contient plusieurs milliers d'exemples de signatures.

L'Argus du livre de collection

Since 1982.

Published yearly.

Bibliographic guide recording sales for books sold for more than EUR85 at auction.
Contains six indexes.

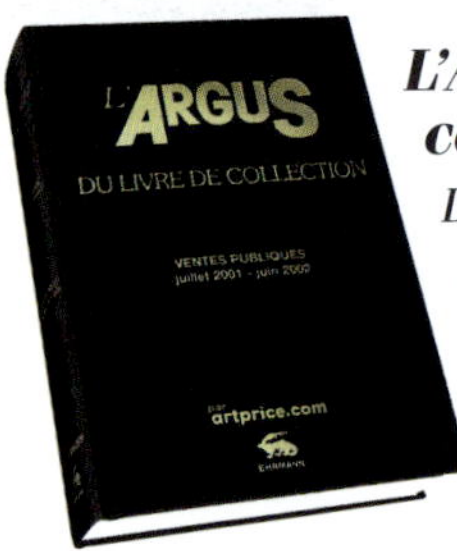

L'Argus du livre de collection

Depuis 1982. Parution annuelle.

Répertoire bibliographique des livres adjugés à plus de 85 EUR en ventes publiques.

The "Mireur"

Dictionary of 18th and 19th C.

Art auctions in France and abroad.
First edition published in 1911.
The new edition in 7 volumes enriched with comments by Frank Van Wilder.

Covers:
- 150,000 works (paintings, prints, drawings, watercolours, miniatures, pastels, gouaches, sepias, charcoals, enamels, painted fans and stained-glass windows)
- 3,000 public auctions
- 30,000 artists.

Le "Mireur"

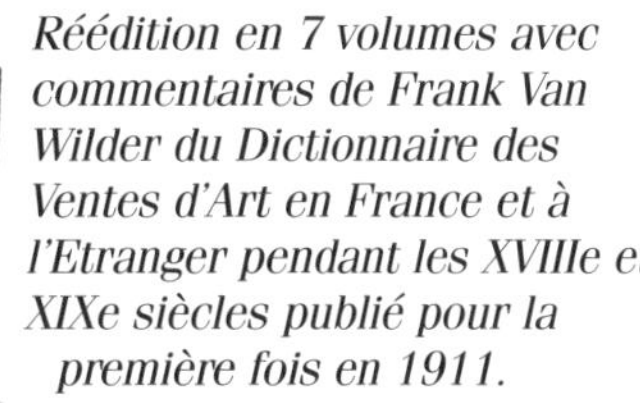

Réédition en 7 volumes avec commentaires de Frank Van Wilder du Dictionnaire des Ventes d'Art en France et à l'Etranger pendant les XVIIIe et XIXe siècles publié pour la première fois en 1911.

Tableaux, estampes, dessins, aquarelles, miniatures, pastels, gouaches, sépias, fusains, émaux, éventails peints et vitraux. Plus de 3 000 ventes publiques, 30 000 artistes, 150 000 œuvres.

Code des Ventes Volontaires et Judiciaires®

The "Code des ventes volontaires et judiciaires" analyses the genesis, impact and application of the law concerning the reform of public auctions with:

- a comparative study of the status of public sales in the Member States of the European Union;
- a chronological study of the Parliaments works and of the genesis of the reform;
- a historical presentation of French public auctions;
- Also includes Alain Quemin's latest work, "La Réforme des Ventes aux Enchères, des Commissaires-Priseurs aux sociétés de ventes publiques".

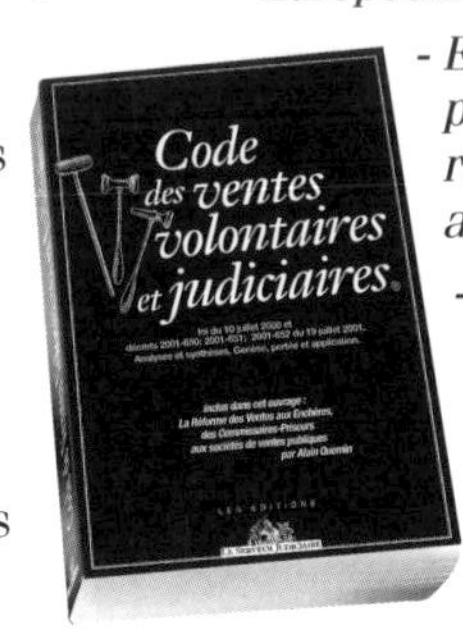

Le Code des Ventes Volontaires et Judiciaires ®

Ce code analyse la genèse, la portée et les conséquences de la loi relative à la réforme des ventes publiques.

- *Etude comparative du statut des ventes publiques des Etats membres de l'Union Européenne.*
- *Etude chronologique des travaux parlementaires, genèse de la réforme et historique des ventes aux enchères en France.*
- *Inclut : Le nouvel ouvrage d'Alain Quemin, "La Réforme des Ventes aux Enchères, des Commissaires-Priseurs aux sociétés de ventes publiques".*

Abadie Roland 1938

Abattucci Pierre 1871-1942

Abbati Giuseppe 1836-1868

Abbati Giuseppe 1836-1868

Abbema Louise 1858-1927

Abeille Jacques 1906

Abel Jean-Marie 1932

Abela Eduardo 1892-1966

Abeloos Victor 1881-1965

Aberdam Alfred 1894-1963

Abougit Marcel XXe

Abraham Tancrède 1836-1885

Abram Paul 1854-1925

Abramovich Pinchas 1909-1986

Abry Léon Auguste E. 1857-1905

Abry Léon Auguste E. 1857-1905

Acerbi Ezechiele 1850-1920

Achenbach Andreas 1815-1910

Achenbach Oswald 1827-1905

Acher Anton XXe

Achini Angiolo 1850-1930

Ackein Marcelle 1882-1952

Ackerman Arthur Gerald 1876-1960

Ackerman Paul 1908-1981

Ackermann Max 1887-1975

Adam Emil 1843-1924

Adam Jacques XXe

Adam Julius 1832-1913

Adam Victor 1868-1938

Adami Valerio 1935

Adami Valerio 1935

Adan Louis Emile 1839-1937

Addari XXe

Adelswärd Gustave 1843-1895

Ademollo Carlo 1825-1911

Adler Edmund 1871-1957

Adler Jankel 1895-1949

Adler Jules 1865-1952

Adrian Nilsson Gosta 1884-1965

Adrion Lucien 1889-1953

Adzak Roy 1927-1987	Agard Charles Jean 1886
Aegerter Karl 1888-1969	Agard Charles Jean 1886
Aers Marguerite 1918	Agasse Jacques Laurent 1769-1849
Aerts André 1951	Agasse Jacques Laurent 1769-1849
Afchain Monique XXe	Agazzi Ermenegildo 1866-1945
Afro Basaldella 1912-1976	Agneessens Edouard 1842-1885
Afro Basaldella 1912-1976	Agostini Max 1914
Agar Eileen 1904-1992	Agostini Tony 1916-1990
Agar Eileen 1904-1992	Agrifoglio Mario 1877-1972
Agar Eileen 1904-1992	Aguiari Tito 1834-1908

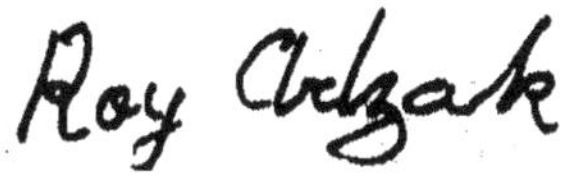

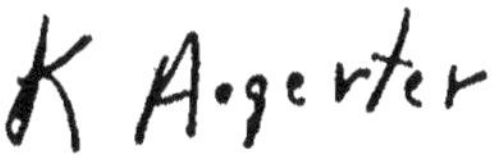

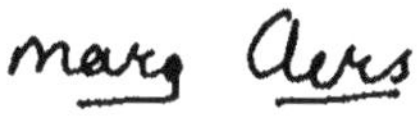

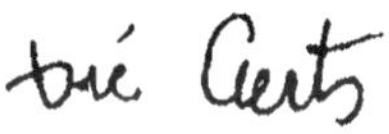

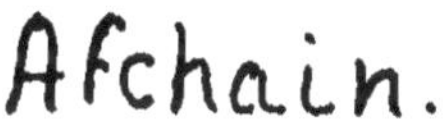

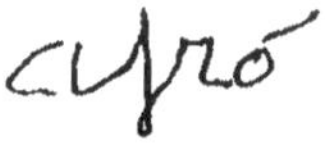

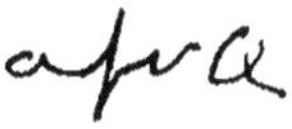

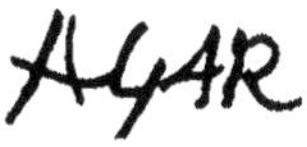

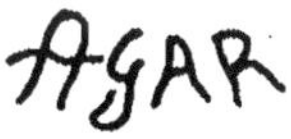

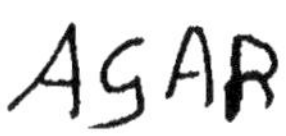

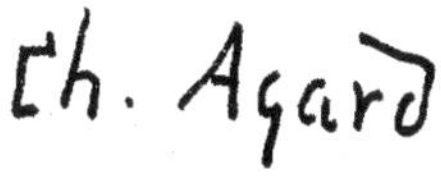

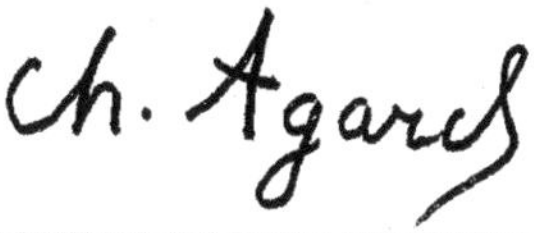

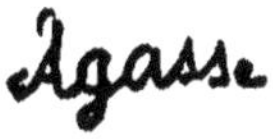

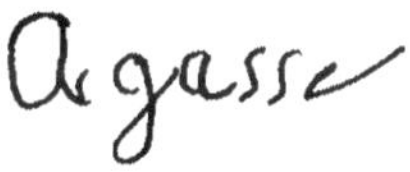

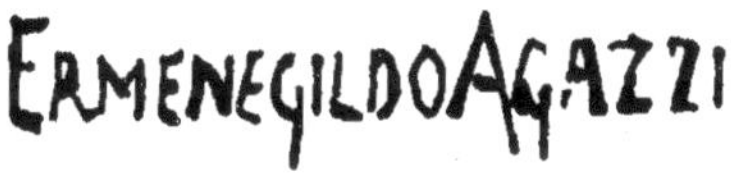

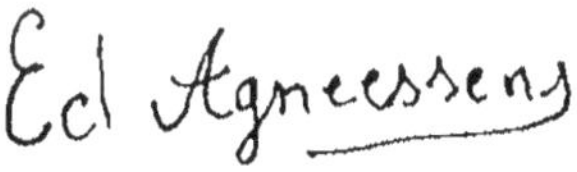

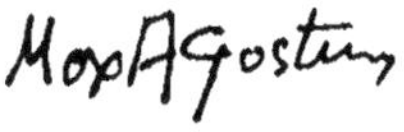

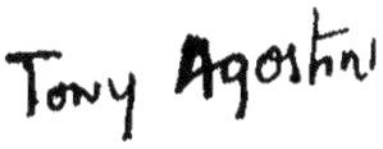

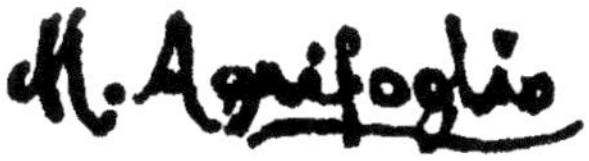

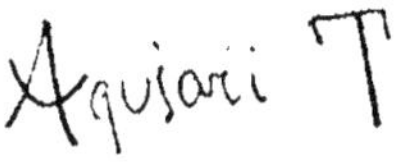

Aicardi Hubert 1922

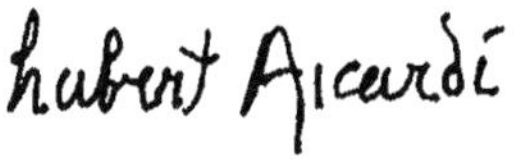

Aimé Philippe XXe

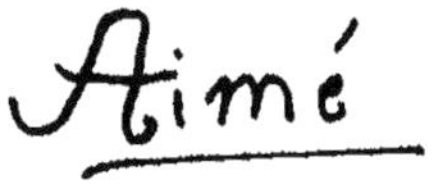

Aitken James 1846-1897

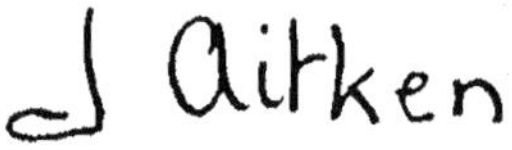

Aitken John 1881-1957

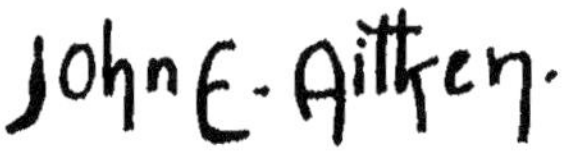

Aivazovski Ivan K. 1817-1900

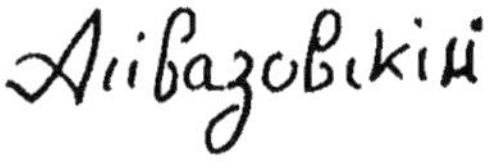

Aizpiri Paul 1919

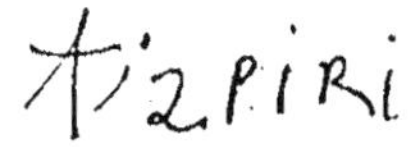

Akkeringa Johannes E. 1864-1942

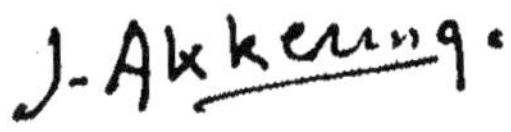

Aknin Anne 1924

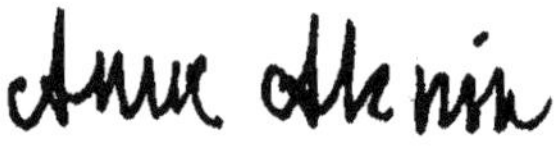

Akoulina Olga 1956

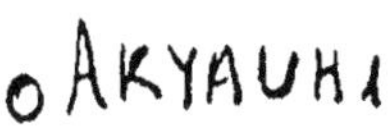

Alacio Claude XXe

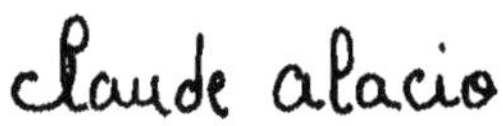

Alajalov Constantin XXe

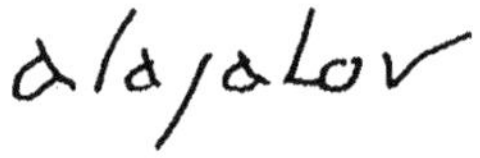

Alantar Erdal XXe

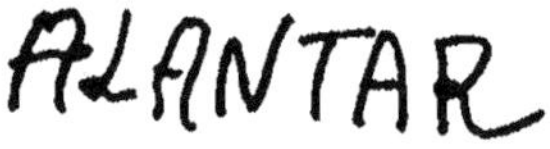

Alaux François 1878-1952

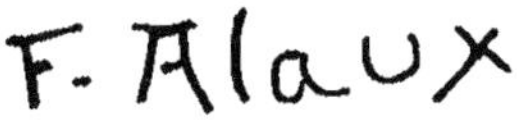

Alaux Jean-Pierre 1925

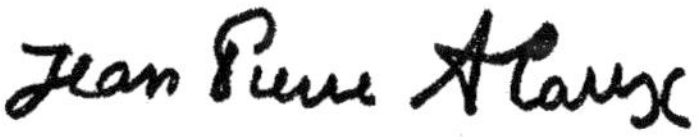

Alberici Augusto 1846-1908

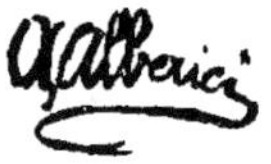

Albert Ernest 1857-1946

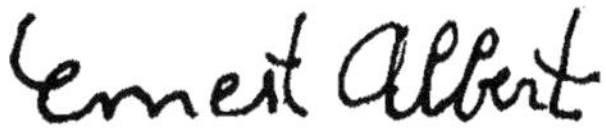

Albert Joseph 1886-1981

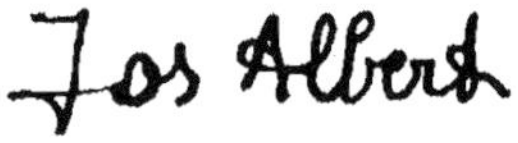

Albrecht Tony XXe

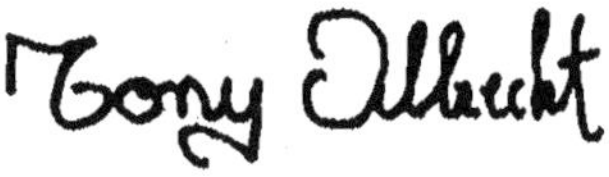

Alciati Ambrogio Antonio 1878-1929

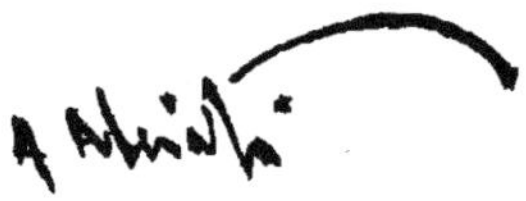

Alciati Evangelina 1883-1959

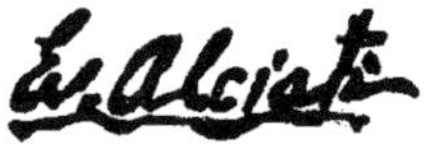

Alde Yvette 1911-1967

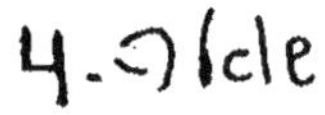

Aldi Pietro 1852-1888

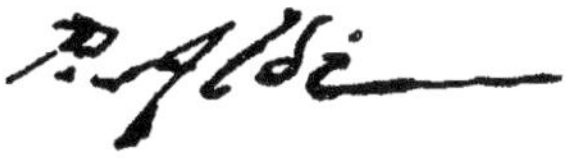

Aldin Cecil 1870-1935

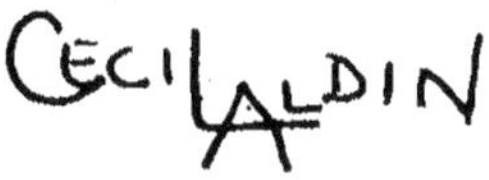

Aldin Cecil 1870-1935

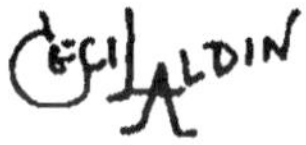

Aldridge John 1905

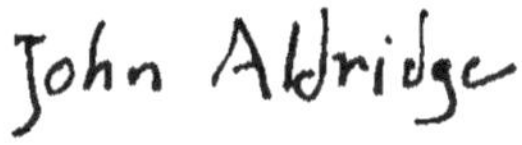

Alechinsky Pierre 1927

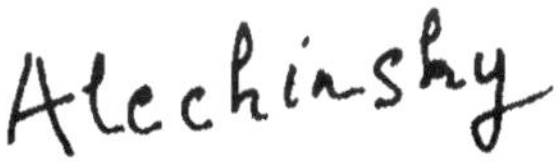

Alesi Hugo d' 1849-1906

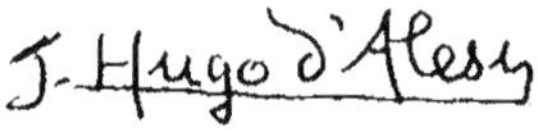

Alexandre Gaston 1908-1971

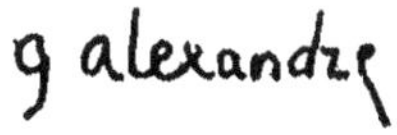

Alfhid Rahm Margit XXe

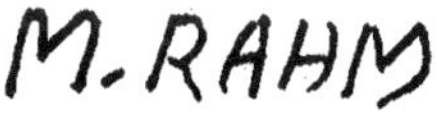

Alfieri Attilio 1904-1992

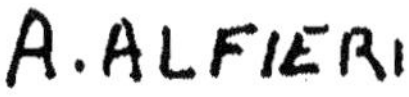

Alix Jacques XXe

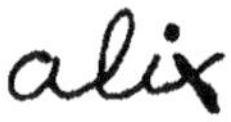

Alix Yves 1890-1969

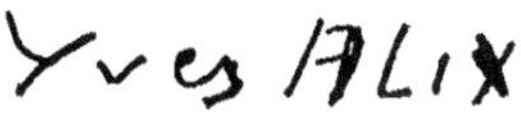

Alken Henry Junior 1810-1894

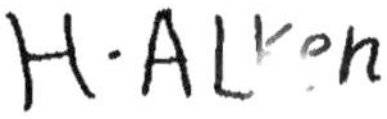

Allard l'Olivier Fernand 1883-1933

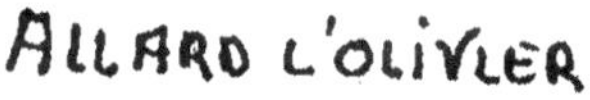

Allason Ernesto 1822-1869

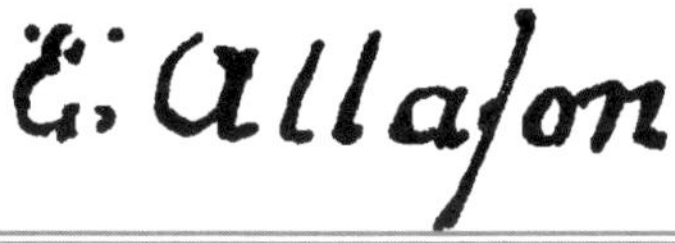

Allason Silvio 1845-1912

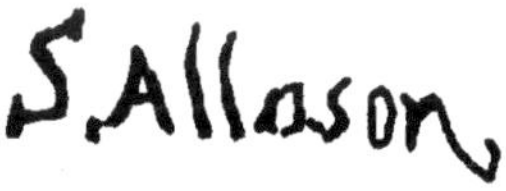

Allavena Michele 1863-1949

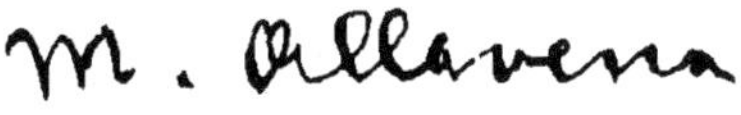

Allebe Auguste 1838-1927

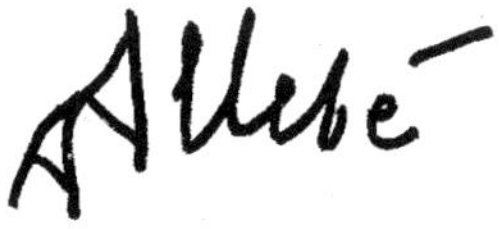

Allegretti Patricia XXe

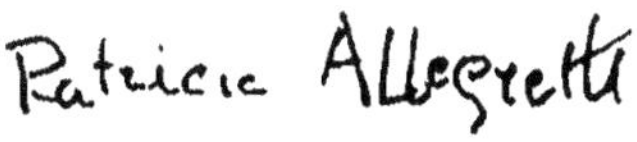

Allemand Hector 1809-1886

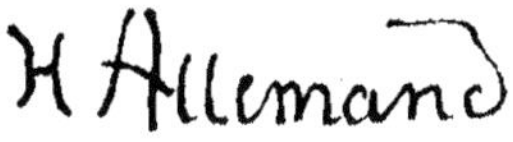

Allingham Helen 1848-1926

Allonge Auguste 1833-1898

Alma Peter 1886-1969

Alma Tadema Lawrence 1836-1912

Alonge Wilma Irena XXe

Alott Robert 1859-1910

Alpuy Julio Uruguay 1919

Alsina Jacques XIXe-XXe

Alt Jacob 1789-1872

Alt Otmar 1940

Alt Rudolf von 1812-1905

Altamura Francesco Saverio 1826-1897

Altamura Francesco Saverio 1826-1897

Altinier Tina XXe

Altink Jan 1887-1976

Alvarez Aristegui Manuel XXe

Alvarez Gonzalo XXe

Alvarez Luis 1836-1901

Alvarez Villamil Isabel XXe

Aman Jean Edmond F. 1860-1935

Amato Rosa XXe

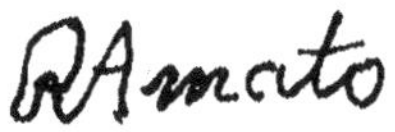

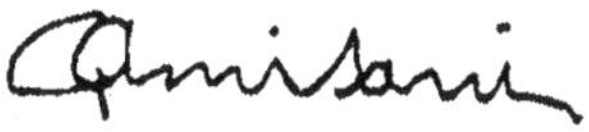

Amaury Duval Eugène 1808-1885

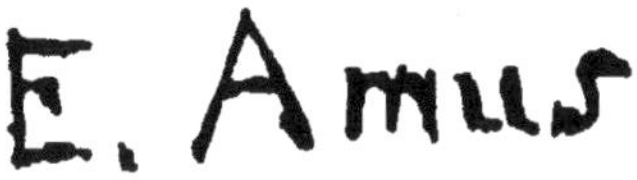

Amaury Duval Eugène 1808-1885

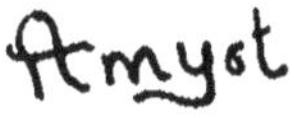

Ambauen Hans Rudolf 1937

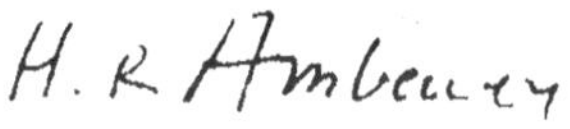

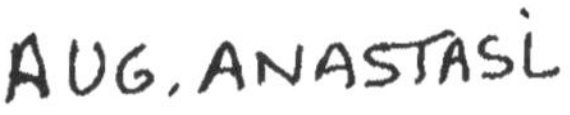

Ambrogiani Pierre 1907-1985

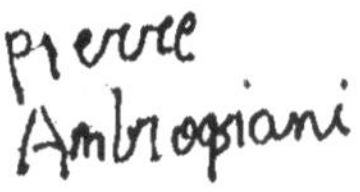

Ameglio Merio 1897-1970

Ameglio Merio 1897-1970

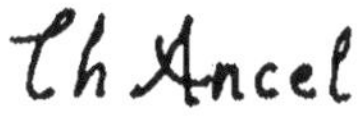

Amelin Albin 1902-1975

Amiet Cuno 1868-1961

Amisani Giuseppe 1881-1941

Amisani Giuseppe 1881-1941

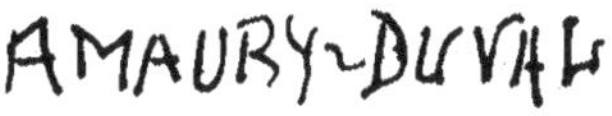

Amus Eugenio 1834-1899

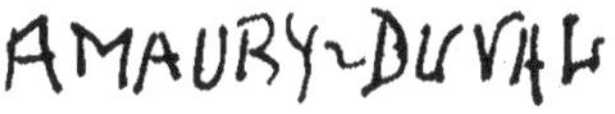

Amyot Catherine Engelhart 1845

Anastasi Auguste Paul 1820-1889

Anastasi Auguste Paul 1820-1889

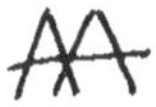

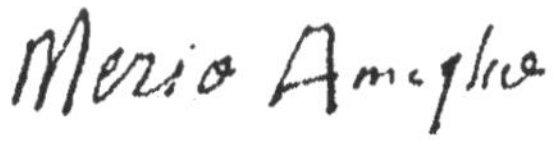

Anastasov Rodoljub 1935

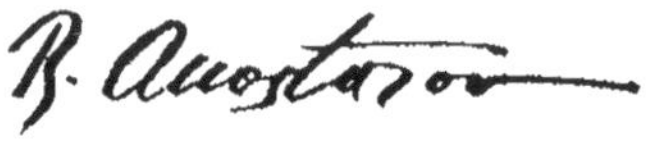

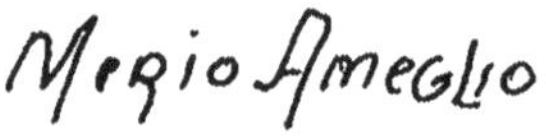

Ancel Christiane XXe

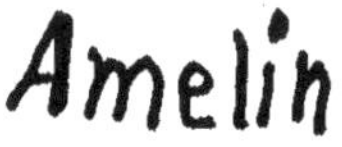

Ancelet Emile XIXe-XXe

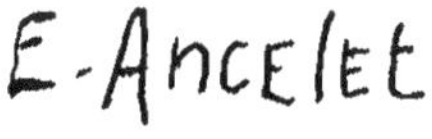

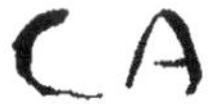

Ancher Michael 1849-1927

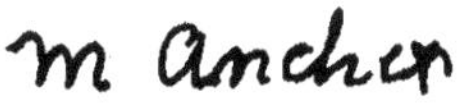

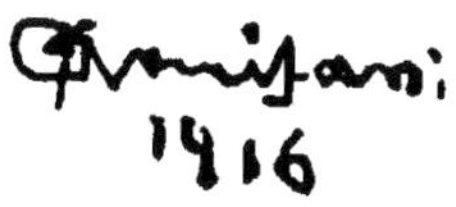

Ancher Michael 1849-1927

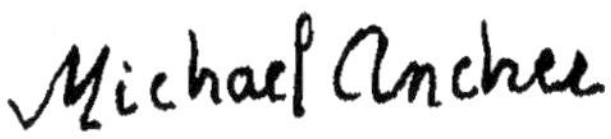

Ancillotti Torello 1843-1899

Ancillotti Goretti Beatrice 1876-1937

Ancillotti Goretti Beatrice 1876-1937

Andersen Knud XXe

Anderson Sophia 1823-1903

Anderson Sophia 1823-1903

Andersson Helge S. 1913-1988

Andre Albert 1869-1954

Andre Jules 1807-1869

Andreasson Folke 1902-1948

Andreenko Mikkail 1895-1982

Andreis Alexis de XIXe-XXe

Andreoli Attilio 1877-1950

Andreotti Federico 1847-1930

Andreotti Libero 1875-1934

Andreotti Libero 1875-1934

Andreu Mariano 1901-1976

Andreu Mariano 1901-1976

Andrievskaia Marina 1966

Angas Georges French 1822-1886

Anglada Camara Hermen 1873-1959

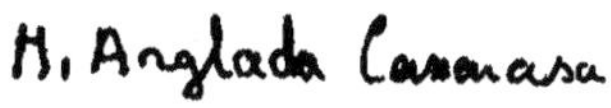

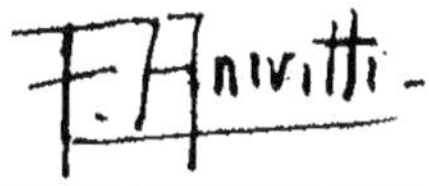

Anglade Gaston 1854-1919

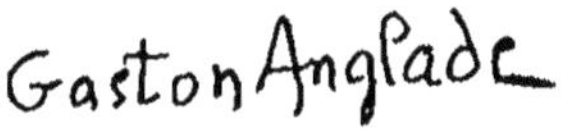

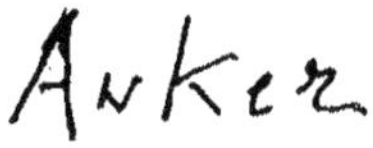

Anglade Vincent XIXe-XXe

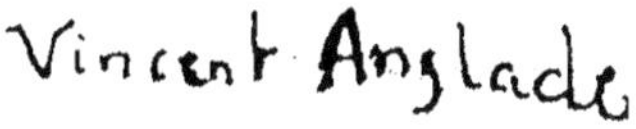

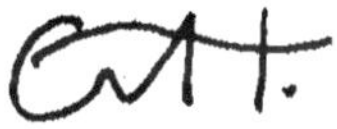

Angrand Charles 1854-1926

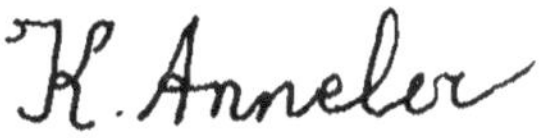

Angrand Charles 1854-1926

Angrand Charles 1854-1926

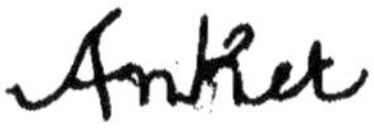

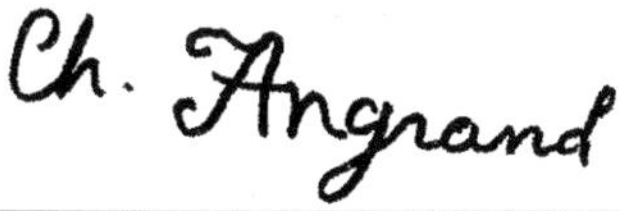

Angrand Charles 1854-1926

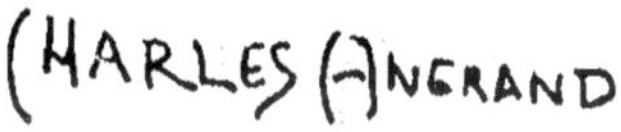

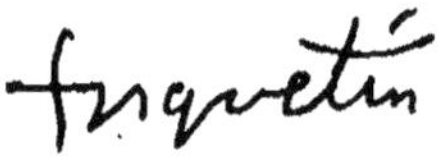

Anguissola Bianca 1804-1888

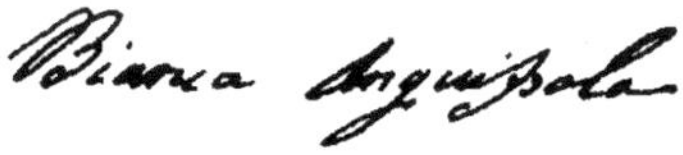

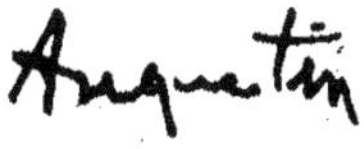

Anivitti Filippo 1876-1955

Anivitti Filippo 1876-1955

Anivitti Filippo 1876-1955

Anker Albert 1831-1910

Anker Albert 1831-1910

Annecke Edith XXe

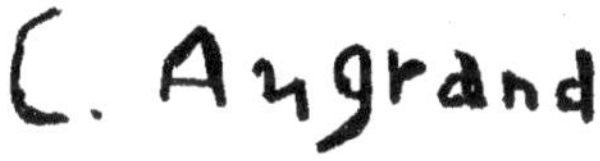

Anneler Karl 1886-1937

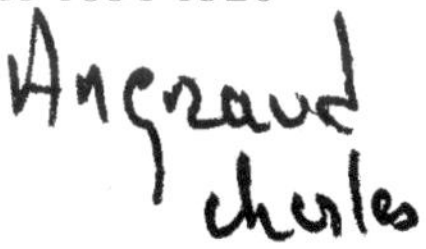

Annenkov Yuri 1889-1974

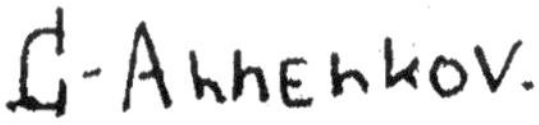

Anquetin Louis 1861-1932

Anquetin Louis 1861-1932

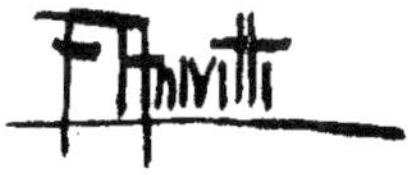

Ansingh Lissy 1875-1959

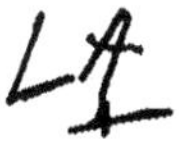

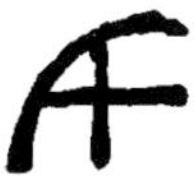

Anspach Henri XXe

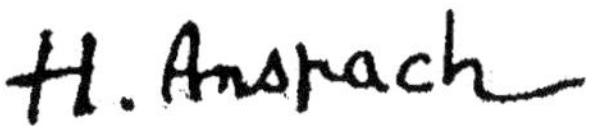

Antes Horst 1936

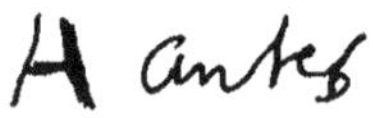

Antigna Alexandre 1817-1878

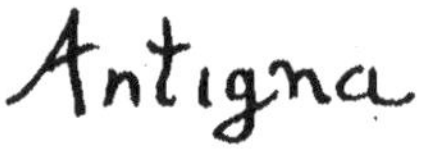

Antille Jeanette XXe

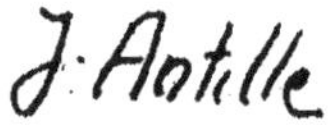

Antonelli Cesare 1857-1940

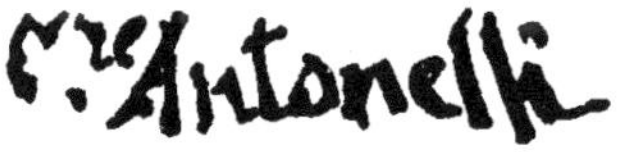

Antral Louis Robert 1895-1940

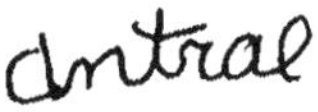

Anty Henry d' 1910

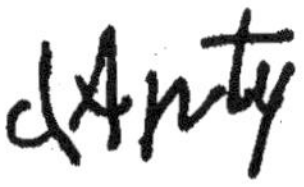

Apol Armand 1879-1950

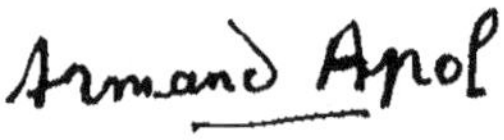

Apol Louis 1856-1936

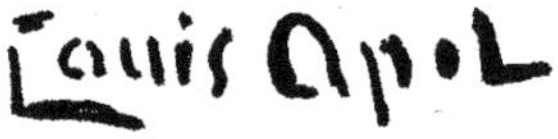

Appel Hélène XXe

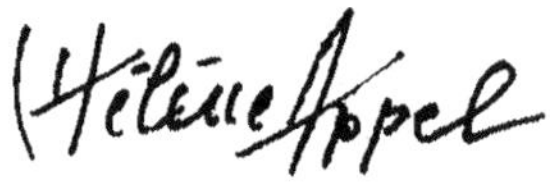

Appel Karel 1921

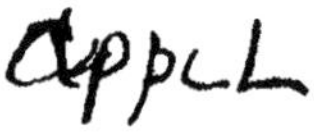

Appel Karel 1921

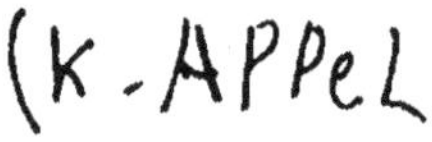

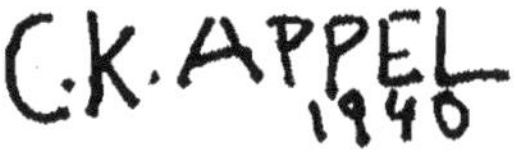

Appel Karel 1921

Appert Leonce XIXe-XXe

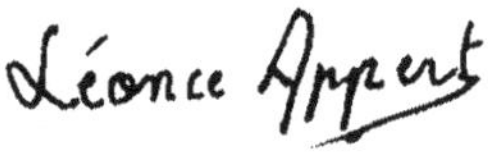

Appian Adolphe 1818-1898

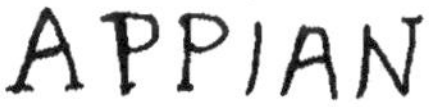

Appiani Andrea 1754-1817

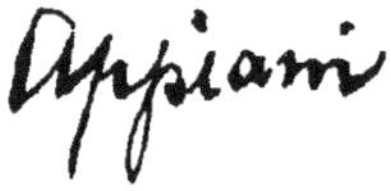

Appiani Andrea 1754-1817

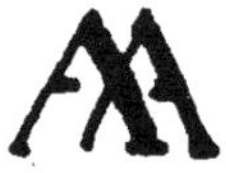

Aprea Giuseppe 1876-1946

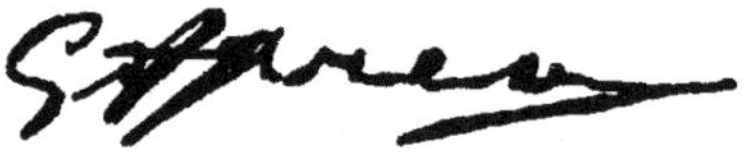

Apt Charles 1933

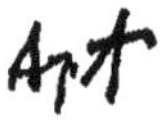

Arabelle XXe

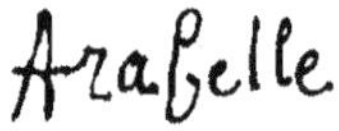

Aragones Angel XXe

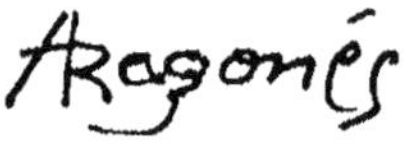

Aranda Jose Jimenez 1837-1903

Arapoff Alexis 1904-1948

Arbarello Luigi 1860-1923

Arbaretaz Jean-Louis XXe

Arche Robert XXe

Archipenko Alexander 1887-1964

Archipenko Alexander 1887-1964

Arcioni Enrico 1875-1954

Arden Henri 1858-1917

Ardissone Yolande 1927

Arditi Georges 1914

Ardon Mordechai 1896-1992

Argence Eugène d' 1853-1920

Arguello Santiago XXe

Argyros Oumbertos 1884-1963

Ariza Gonzalo 1912

Arlingsson Erling 1904-1982

Arman Fernandez 1928

Armenise Raffaele 1852-1925

Armenise Raffaele 1852-1925

Armitage Kenneth 1916	Arp Jean 1887-1966
Armour Geroges d' 1864-1949	Arp S. Taeuber XXe
Armstrong John 1893-1973	Arpini Carlo 1866-1922
Armytage Charles XIXe-XXe	Arrang Claude XXe
Arnal François 1924	Arroyo Eduardo 1937
Arnaud Marcel 1877-1956	Arsenius John 1818-1903
Arnegger Alois 1879-1967	Art Berthe 1857-1934
Arnesen Vilhelm 1865-1948	Art Raymond 1919
Arnold Max XXe	Artan de Saint Martin Louis 1837-1890
Arnz Albert 1832-1914	Artan de Saint Martin Louis 1837-1890

Artz David Adolf C. 1837-1890

Arven Florence 1952

Arzadun Carmelo de 1888-1968

Asam Anne-Marie XXe

Ascenzi Ettore XIXe-XXe

Asgeirsson Bragi XXe

Ashton Julian Rossi 1851

Ashton William J. 1881-1963

Ashton William J. 1881-1963

Askevold Anders 1834-1900

Aslanian Tony XXe

Aslanian Viçen 1865-1935

Asselbergs Alphonse 1839-1916

Asselbergs Alphonse 1839-1916

Asselin Maurice 1882-1947

Assol Konstantin 1927

Assuied David XXe

Asté Jean-Louis 1864-?

Asti Angelo 1847-1903

Astoin Marie 1923

Atalaya Enrique 1850-1914

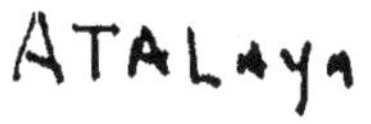

Atamian Charles 1872-1947

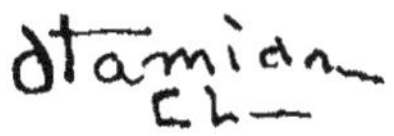

Atche Jean XIXe-XXe

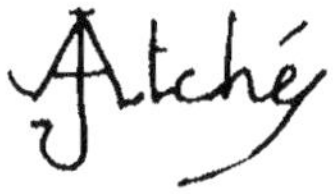

Atkinson Charles G. XIX-XXe

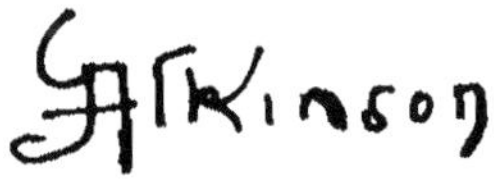

Atl Gerardo M. Doctor dit. 1875-1964

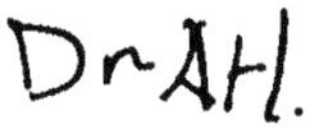

Atlan Jean-Michel 1913-1960

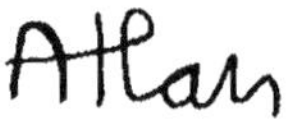

Attanasio Natale 1845-1923

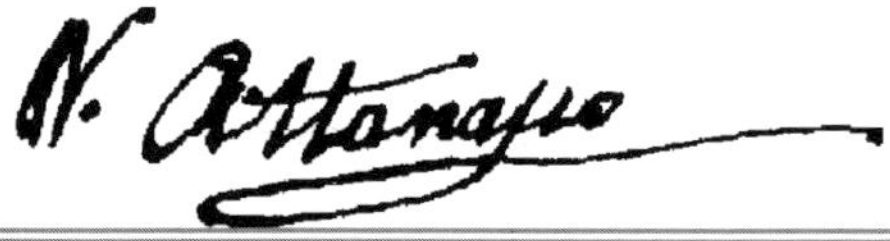

Attardi Hugo 1923

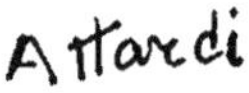

Aubepine Marcel d' 1843

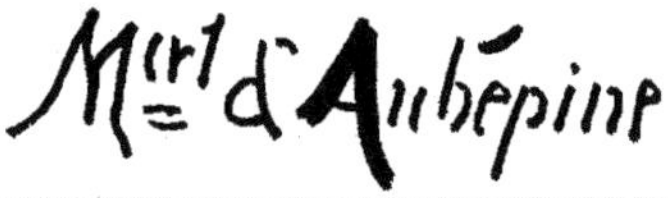

Auberjonois René 1875-1957

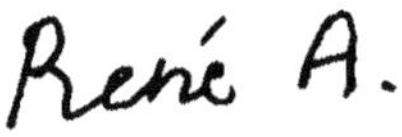

Aubert Jean-Ernest 1824-1906

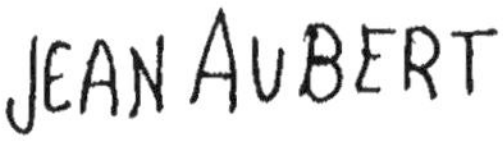

Aubert Michel Henri 1930

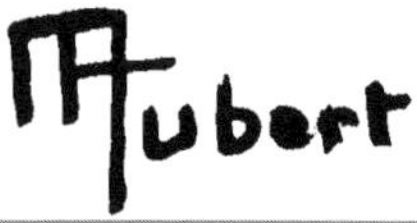

Aubert Michel Henri 1930

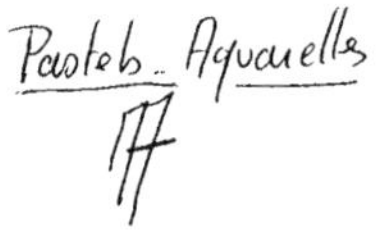

Aubrun Frances XXe

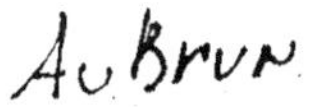

Aubry Etienne 1745-1781

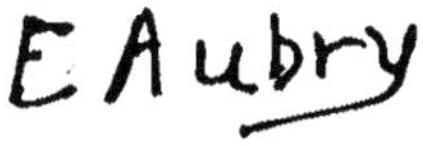

Audibert Ernest XXe

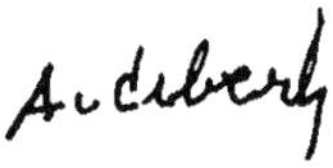

Audy Johnny XIXe

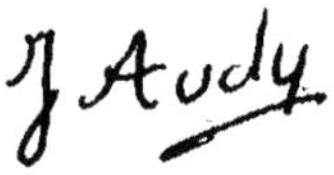

Auerbach Frank 1931

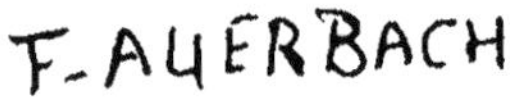

Aufray Joseph1836

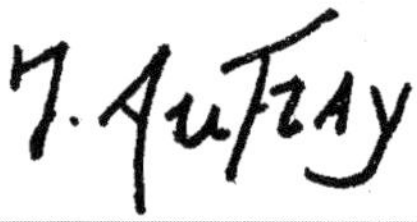

Aujame Jean-Claude 1905-1965

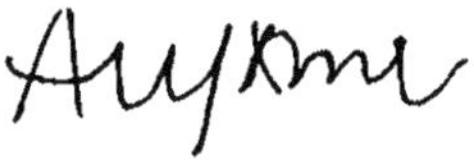

Aulie Reinar 1904-1977

Aureli Giuseppe 1858-1929

Aureli Giuseppe 1858-1929

Aureli Giuseppe 1858-1929

Ausleger Rudolf 1897-1974

Aussandon Hippolyte 1836

Austin Robert Sargent 1895-1973

Avallone Giuseppe 1856-1940

Avati Mario 1921

Avery Milton 1893-1965

Avondo Vittorio 1836-1910

Avondo Vittorio 1836-1910

Avy Joseph Marius 1871

Ayotte Leo 1909-1976

Ayrton Michael 1921

Azema Ernest XIXe-XXe

Azema Louis 1876-1963

Azuz David 1942

Baader Johannes 1876-1955

Babou XXe

Baboulène Eugène 1905-1994	Baden Heinz 1887
Bac Ferdinand 1859-1952	Bader Wilhelm Johann 1855
Baccani Attilio XIXe	Badoisel Charles XXe
Baccarini Domenico 1882-1907	Baduel Michel XXe
Bach Marcel 1879-1950	Baer George 1895
Bache Otto 1839-1927	Baertsoen Albert 1866-1922
Bache Otto 1839-1927	Baes Emile 1889-1954
Bachereau Victor 1842-1885	Baes Firmin 1874-1945
Bacon Francis 1909	Baes Rachel 1912-1983
Bacon Henry 1839-1912	Baghino Stefano 1881-1920

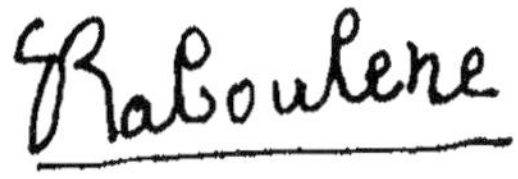

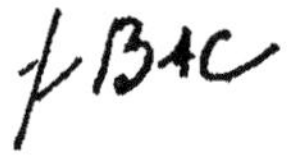

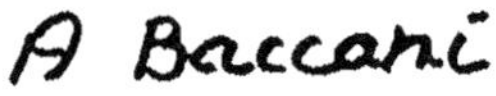

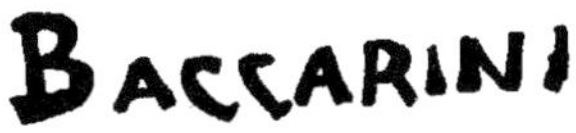

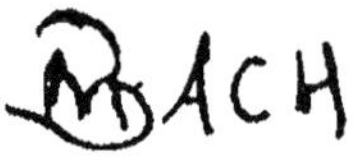

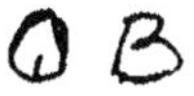

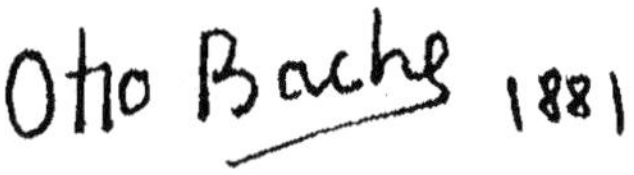

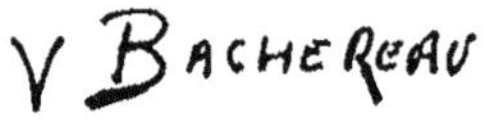

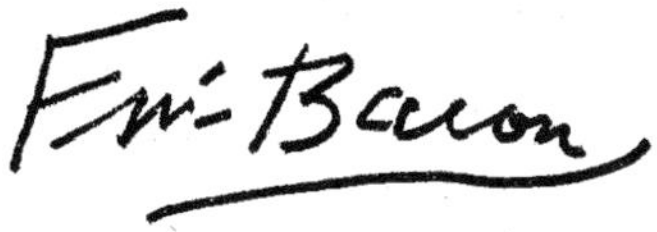

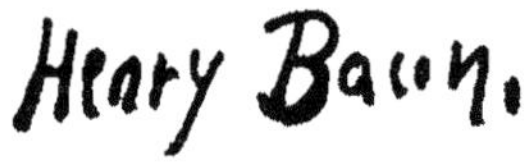

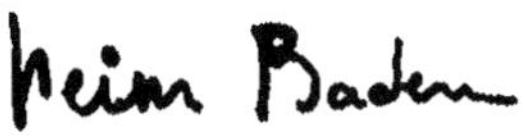

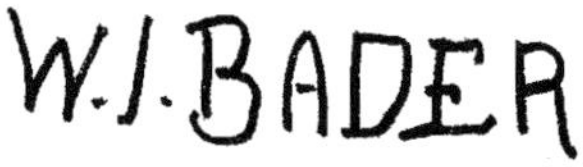

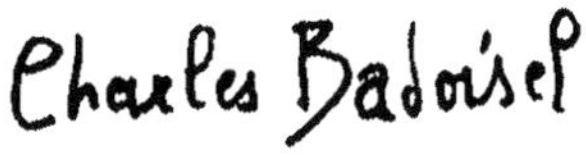

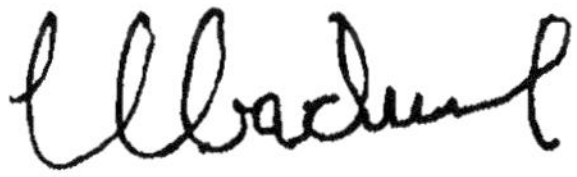

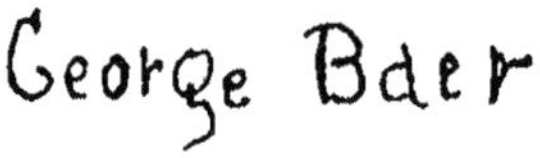

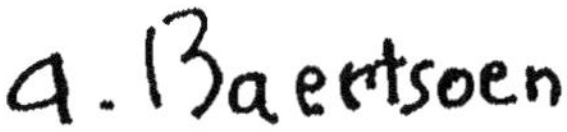

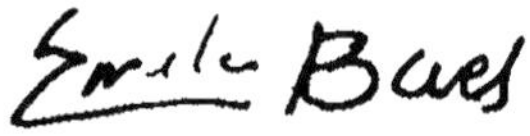

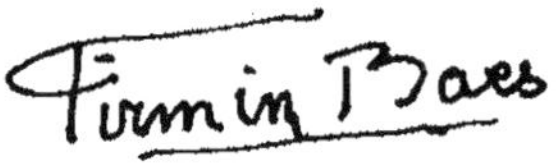

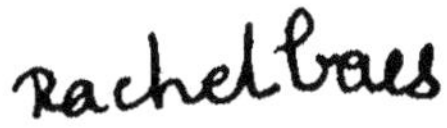

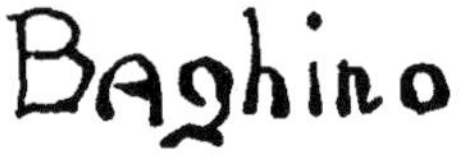

Bahieu Jules G. XIXe-XXe	**Bakalowicz Stephan 1857**
Bail Joseph 1862-1921	**Bakst Léon 1866-1924**
Bailey William 1930	**Bakst Léon 1866-1924**
Baillet Ernst XIXe-XXe	**Balbi Domenico XXe**
Bailleux César XXe	**Balbiano di Colcavagno Eugenio 1816 -1872**
Bailly Albert 1897-1964	**Baldassini Guglielmo 1885-1952**
Bailly Alice 1871-1938	**Balduino Alessandro 1848-1891**
Bailly Julien Léopold XXe	**Balestrieri Lionello 1872-1958**
Baj Enrico 1924	**Balestrini Carlo 1868-1923**
Bak Samuel 1933	**Balfour James Lawson 1870-1966**

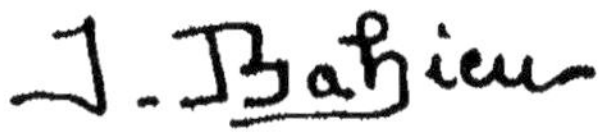

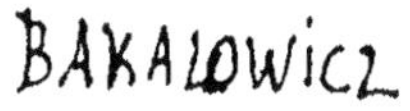

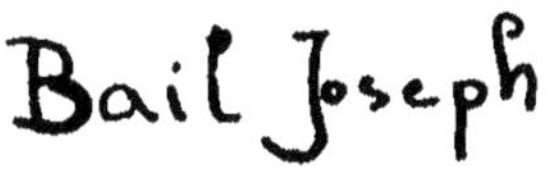

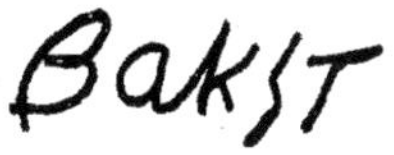

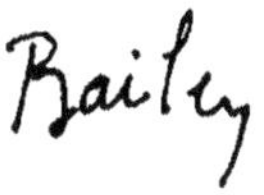

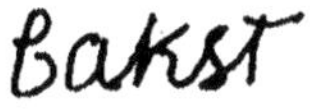

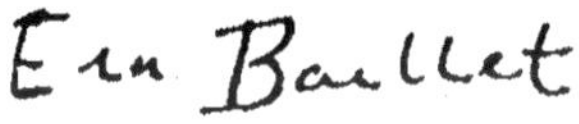

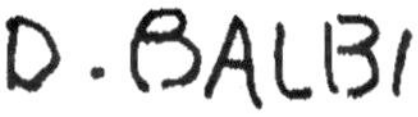

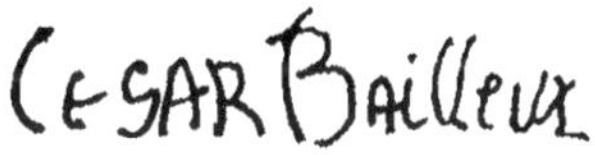

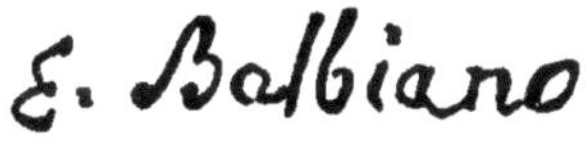

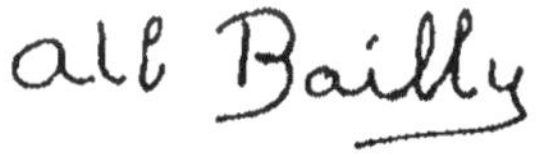

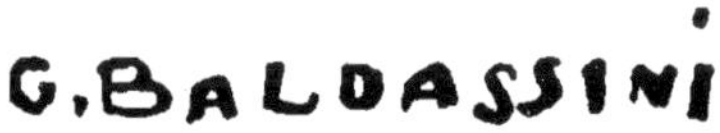

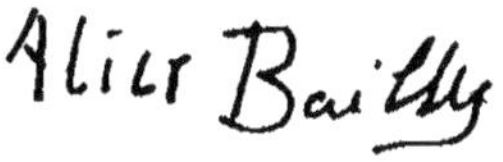

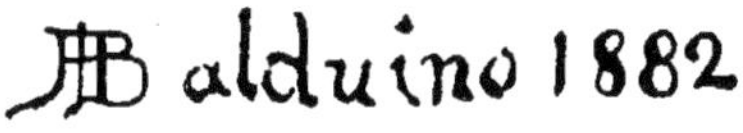

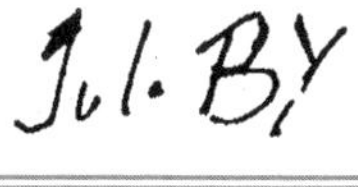

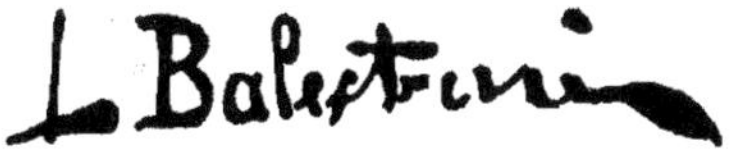

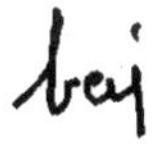

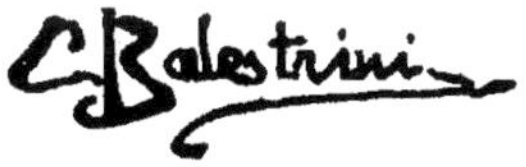

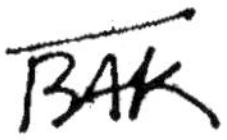

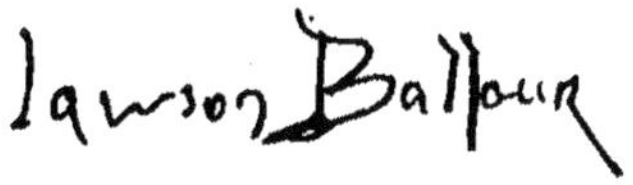

Balla Giacomo 1871-1958	Balthus Jean B. K. de Rola 1908
Balla Giacomo 1871-1958	Balthus Georges Marie 1870-1967
Ballanger René XXe	Balwé Arnold 1898-1983
Ballavoine Jules Frédéric 1855-1901	Balzico Alfonso 1825-1901
Ballot Clémentine XIXe-XXe	Band Max 1900
Ballue Pierre Ernest 1855-1928	Bandeira Antonio 1922-1967
Balogh Zoltan XXe	Banti Cristiano 1824-1904
Balth Carel XIXe-XXe	Banti Cristiano 1824-1904
Balthus Jean B. K. de Rola 1908	Bar Alexandre de 1821-1901
Balthus Jean B. K. de Rola 1908	Barabini Gaetano XIXe

Barabino Angelo 1883-1950

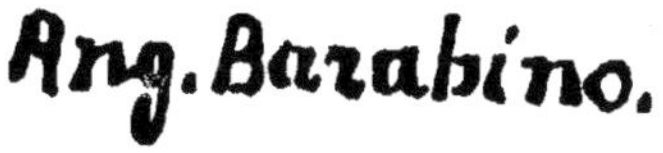

Barabino Angelo 1883-1950

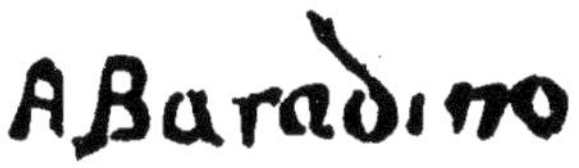

Barabino Angelo 1883-1950

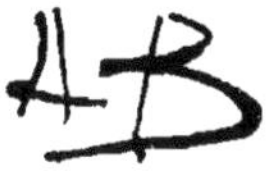

Barabino Nicolo 1832-1891

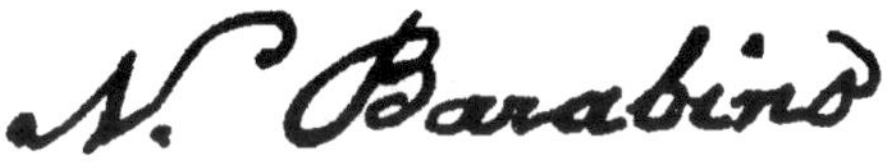

Baranoff-Rossine Daniel 1888-1944

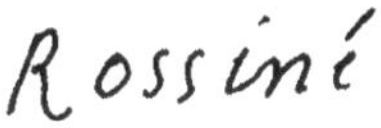

Baratti Filippo 1868-1901

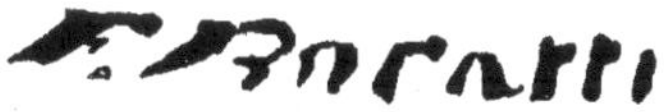

Baratti Franca XXe

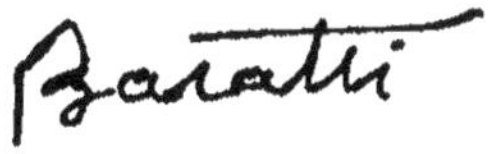

Barbaglia Giuseppe 1841-1910

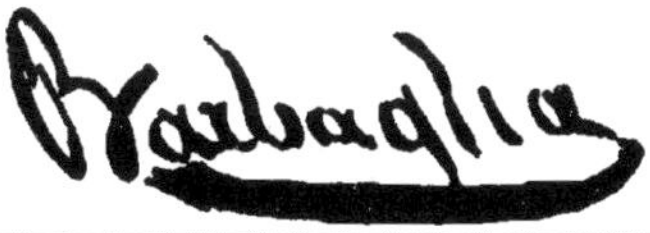

Barbaglia Giuseppe 1841-1910

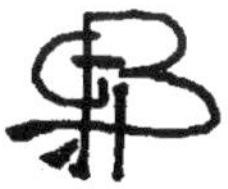

Barbarini Emil 1855-1930

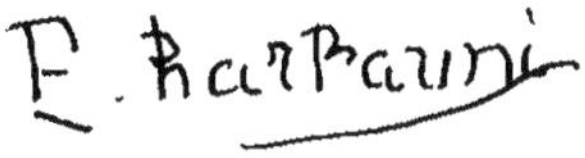

Barbaud Koch Marthe E. 1862

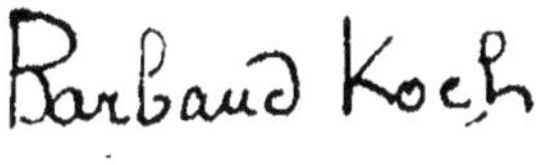

Barbella Costantino 1862-1925

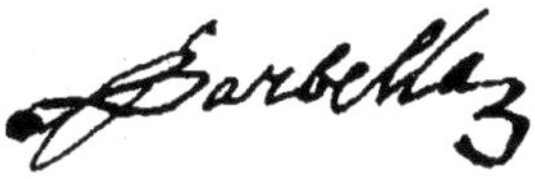

Barbier André 1883-1970

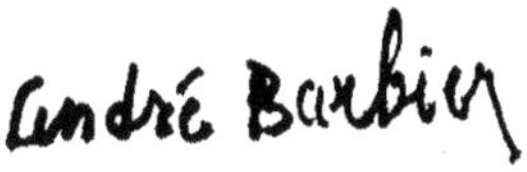

Barbier André 1883-1970

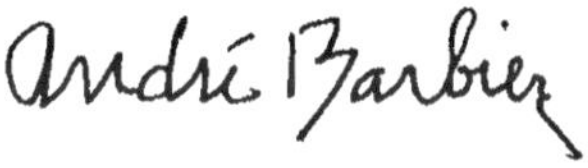

Barbier Georges 1882-1932

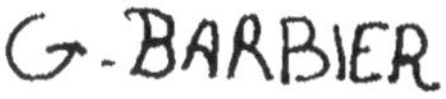

Barbosa Miguel XXe

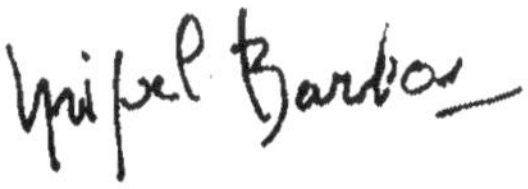

Bardone Guy 1927

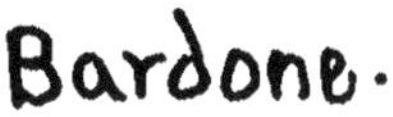

Barety Marie Hélène XXe

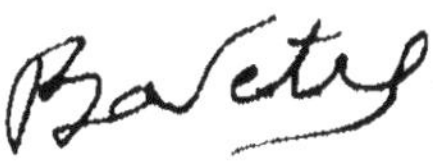

Bargheer Eduard 1901-1979

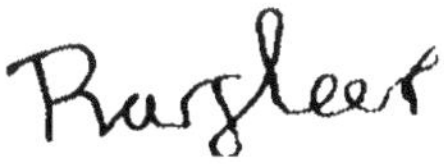

Bargheer Eduard 1901-1979

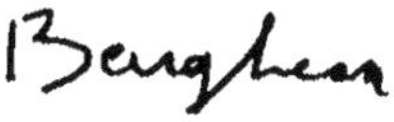

Barilli Cecrope 1839-1911	Baron Théodore 1840-1899
Barillot Léon 1844-1929	Barone Adolfo Carlo 1861
Barison Giuseppe 1853-1931	Barradas Rafael 1890-1929
Barjola Juan 1919	Barradas Rafael 1890-1929
Bark Wivi S. XXe	Barraud Aimé 1902-1954
Barlach Ernst 1870-1938	Barraud François 1889-1934
Barlow Myron G. 1873-1937	Barraud Henry 1811-1874
Barnabe Diulio 1914-1961	Barraud Maurice 1899-1955
Barnoin Henri Alphonse 1882-1935	Barraud Maurice 1899-1955
Baron Henri 1816-1885	Barraud Maurice 1899-1955

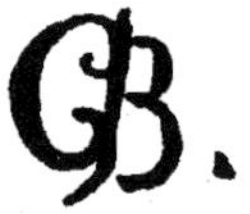

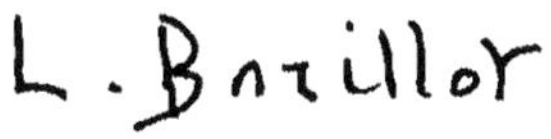

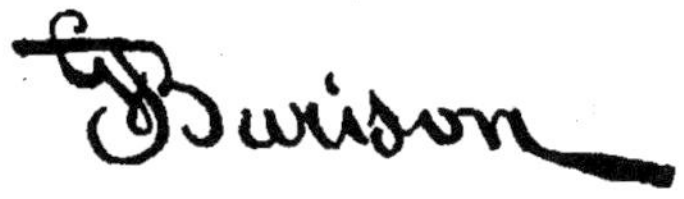

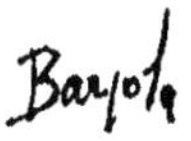

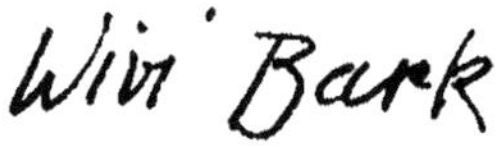

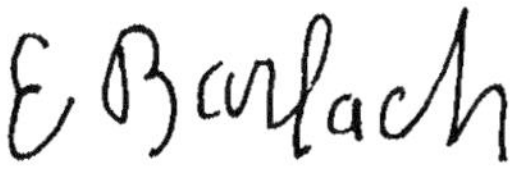

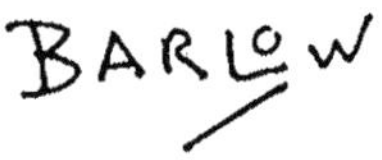

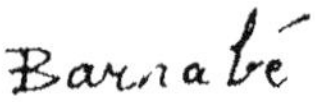

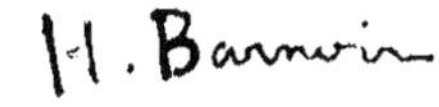

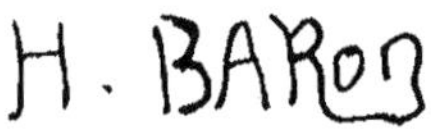

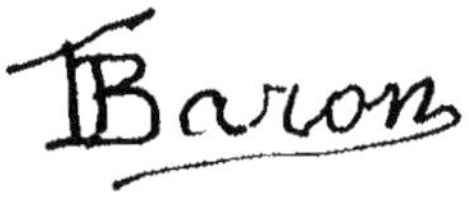

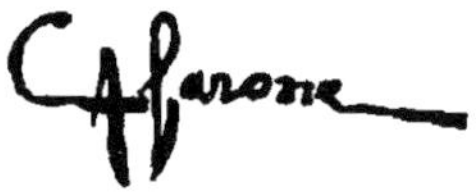

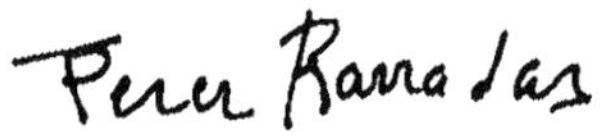

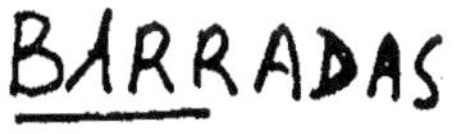

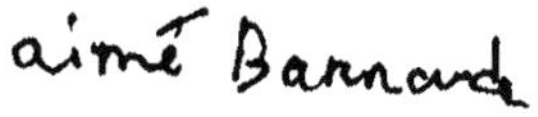

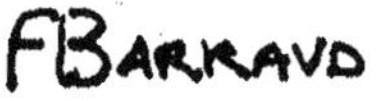

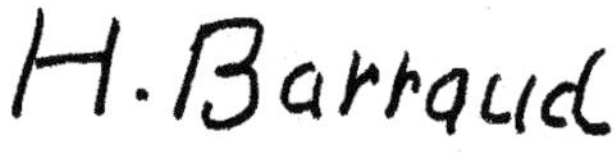

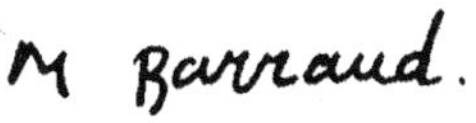

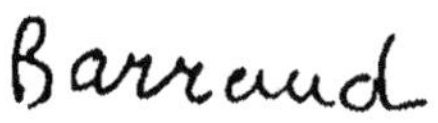

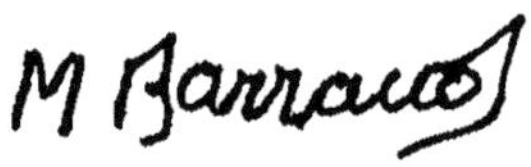

Barraud William 1810-1850	Bartolena Giovanni 1866-1942
Barreira Vicente XXe	Bartolena Giovani 1866-1942
Barrière Henri XXe	Bartolena Giovani 1866-1942
Bartel Mulack Angelika XXe	Bartolini Filippo XIXe-XXe
Bartels Gisela XXe	Bartolini luigi 1892-1963
Bartezago Luigi 1820-1905	Barton Rose Maynard 1856-1929
Barth Carl 1896-1976	Bartrix Barbara XXe
Barth Paul Basilius 1881-1955	Bartsch Wilhelm 1871-1953
Barthelemy Gérard 1927	Barye Adolphe XIXe-XXe
Bartolena Cesare 1830-1903	Barye Antoine Louis 1795-1875

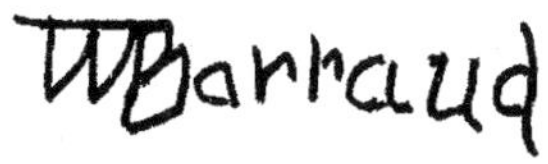

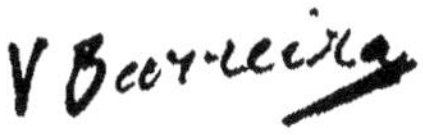

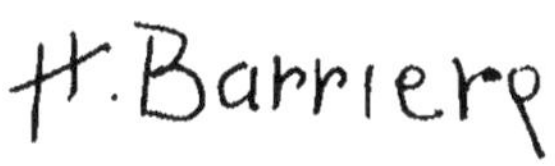

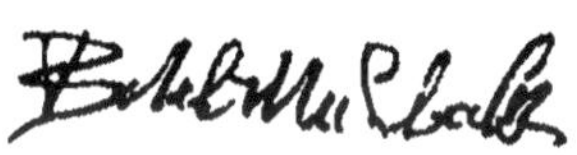

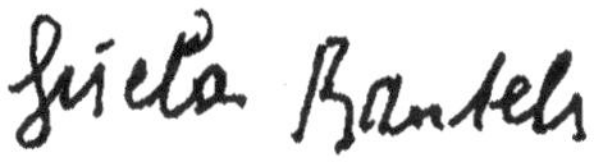

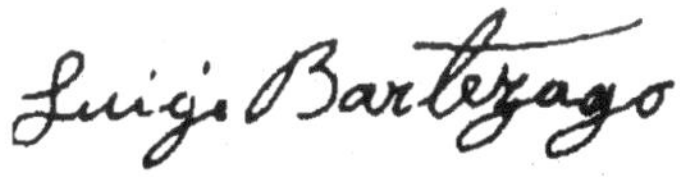

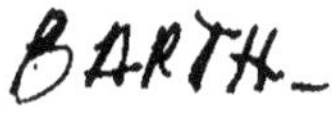

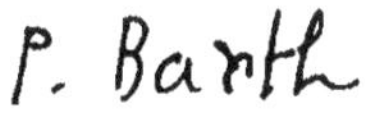

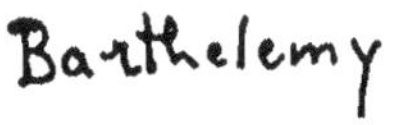

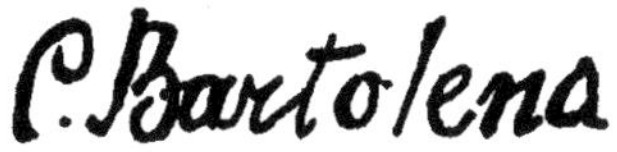

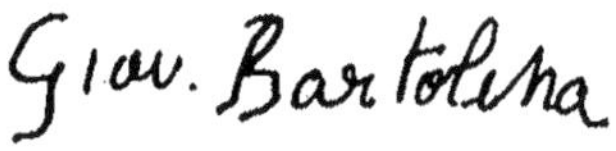

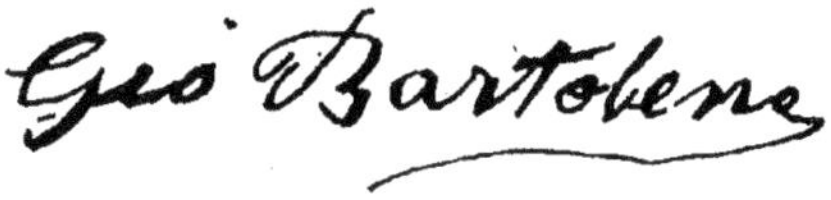

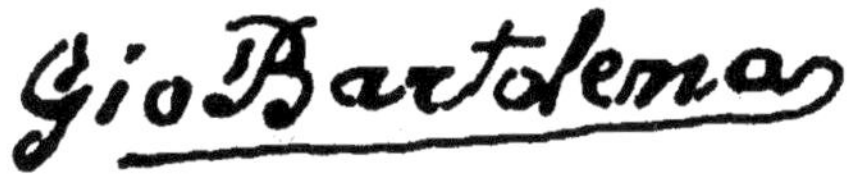

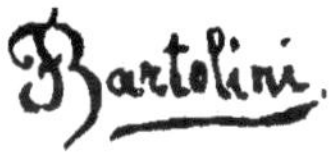

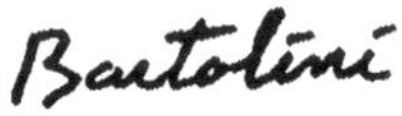

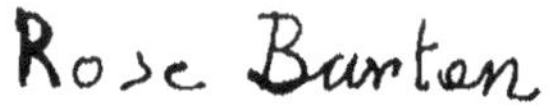

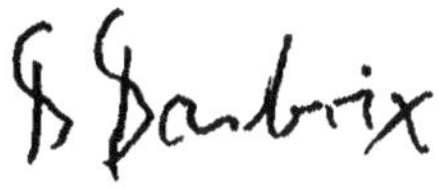

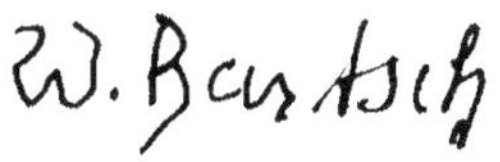

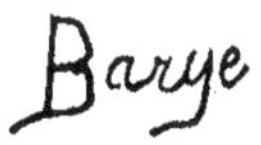

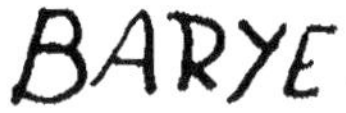

Barzaghi Cattaneo Antonio 1834-1922

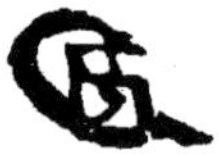

Basch Edith 1895-1980

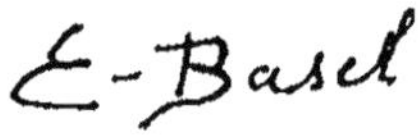

Bascones Ayneto Jose XXe

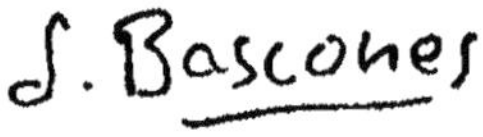

Baseleer Richard 1867-1951

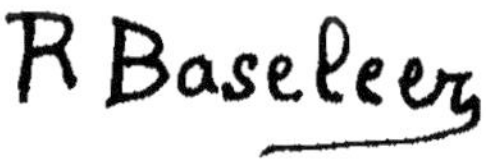

Baselitz Georg 1938

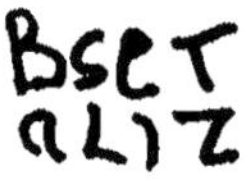

Baselitz Georg 1938

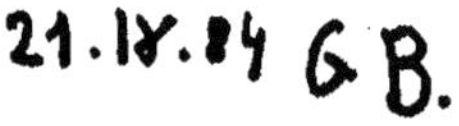

Baselitz Georg 1938

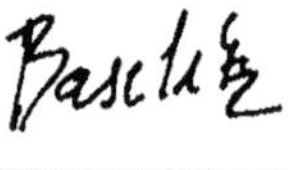

Baselitz Georg 1938

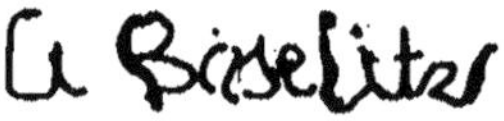

Baser Robert 1908

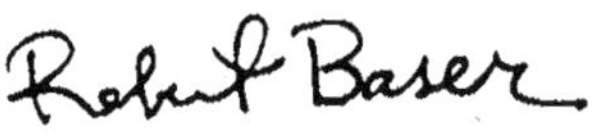

Basquiat Jean-Michel 1960-1988

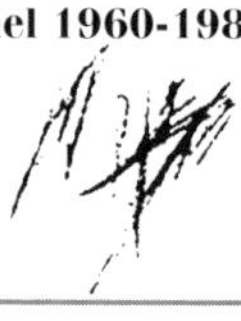

Bassaget Christiane XXe

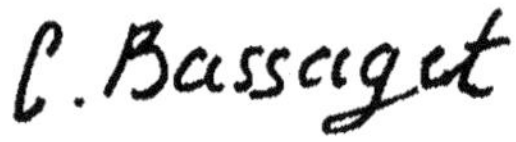

Bassi Giambattista 1784-1852

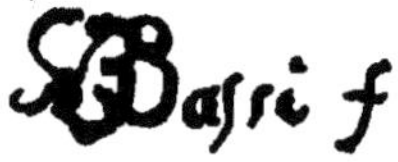

Bassi Robert XXe

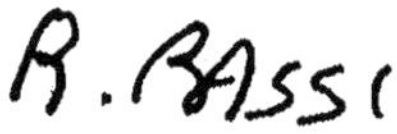

Basso Michele XXe

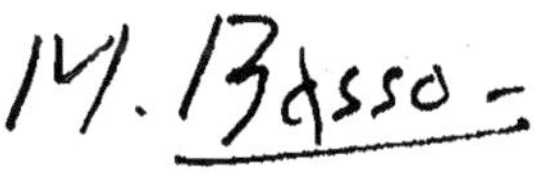

Basterra Lombardero R. de XXe

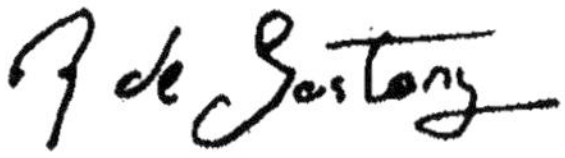

Bastert Nicolas 1854-1939

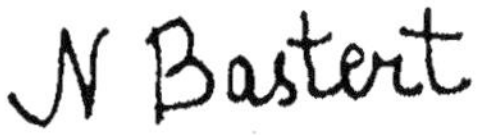

Bastet Jean-Celestin 1858-1942

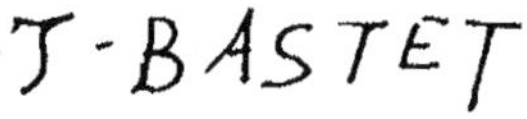

Bastien Alfred 1873-1955

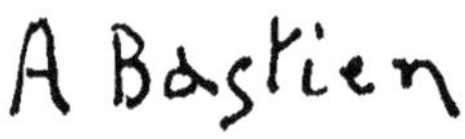

Bastien Lepage Jules 1848-1884

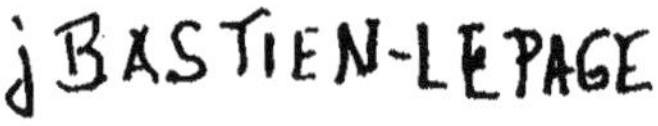

Bates David 1840-1921

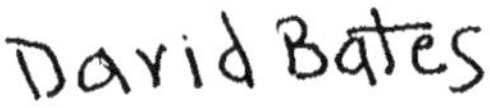

Bates Frederick D. 1867

Batt Arthur 1846-1911

Battaglia Alessandro 1870-1940

Battaglia Alessandro 1870-1940

Battaglia Domenico 1842-1904

Battet François 1921

Battistini Leopoldo 1865

Battut Michel 1946

Bauchant André 1873-1958

Bauchant André 1873-1958

Baude François 1880-1953

Baude François 1880-1953

Baudouin Eugène 1842-1893

Baudry Paul 1828-1886

Bauer Gustav 1874- après 1933

Bauer Hubert XXe

Bauer Rudolf 1889-1953

Bauernfeind Gustav 1848-1904

Baugniet Marcel Louis 1896-1995

Baum Paul 1859-1932

Baumeister Willi 1889-1955

Baur Arnold 1869-1947

Baurain Henri XXe

Baxter Charles 1809-1879

Bayard Emile 1837-1891

Bayet Mariette 1928

Bazaine Jean René 1904

Bazaine Jean René 1904

Bazaine Jean René 1904

Bazile Castera 1923-1965

Bazille Jean Frédéric 1841-1870

Bazille Jean Frédéric 1841-1870

Bazin Claude XXe

Baziotes William 1912-1963

Baziotes William 1912-1963

Bazzani Luigi 1836-1927

Bazzaro Ernesto 1859-1937

Bazzaro Leonardo 1853-1937

Bazzaro Leonardo 1853-1937

Bazzaro Leonardo 1853-1937

Beardsley Aubrey V. 1872-1898	**Beaulieu Nycol XXe**
Beaton Cecil 1904-1980	**Beaumont Arthur J. 1879-1956**
Beaton Cecil 1904-1980	**Beaumont Edouard de 1812-1888**
Beaudin André 1895-1979	**Beauvoir Hélène de 1910**
Beaudin André 1895-1979	**Beauvoir Ward Vernon de 1905-1985**
Beaudin André 1895-1979	**Beavis Richard 1824-1896**
Beauduin Jean 1851-1916	**Beccaria Angelo 1820-1897**
Beaufrere Adolphe Marie 1876-1960	**Becchi Andrea 1851-1926**
Beaulieu Anatole de 1819-1884	**Becchi Andrea 1851-1926**
Beaulieu Michelle de XXe	**Becchi Andrea 1851-1926**

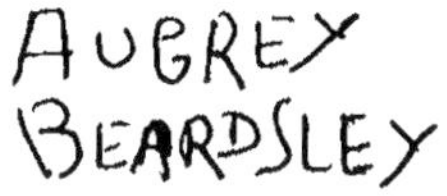

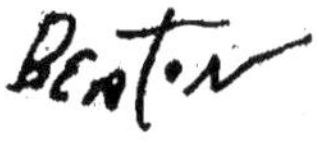

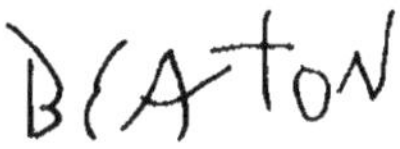

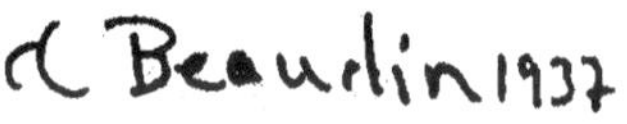

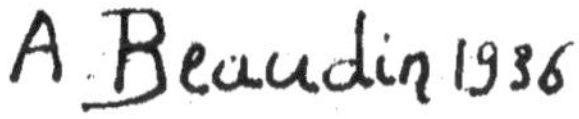

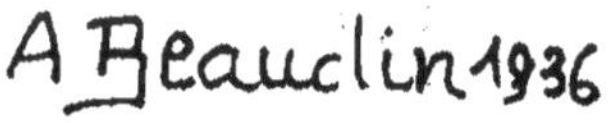

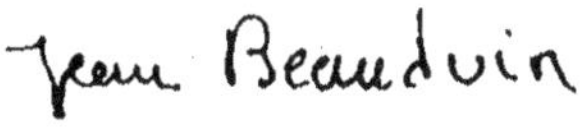

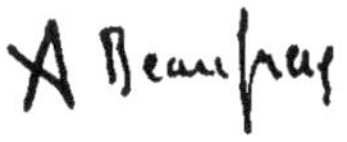

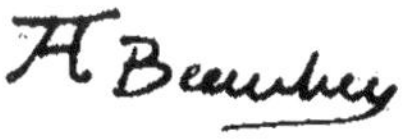

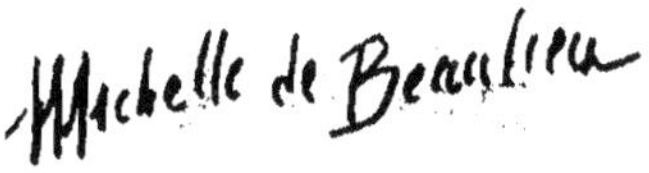

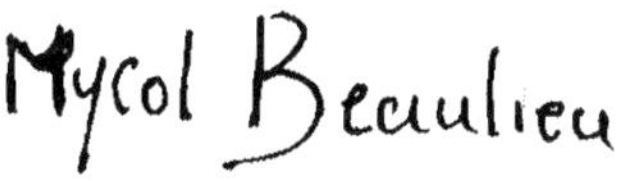

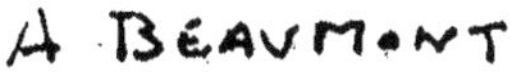

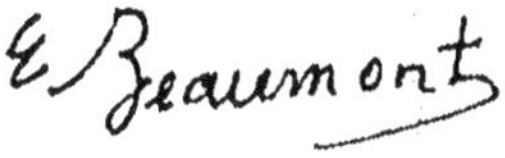

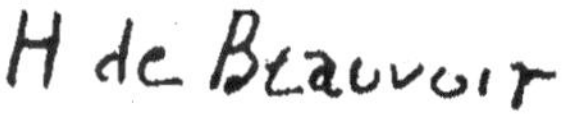

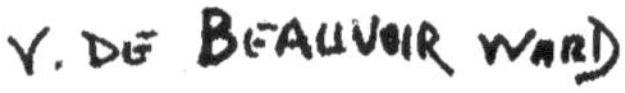

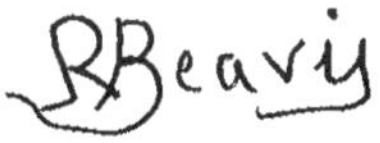

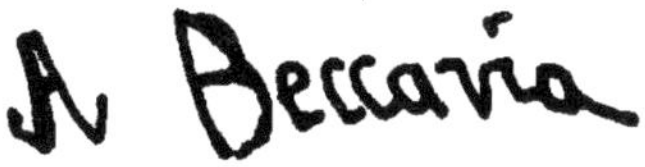

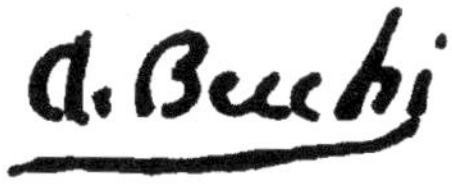

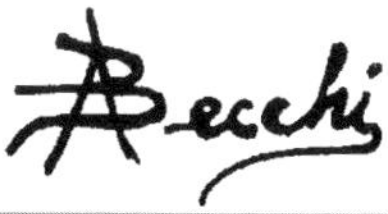

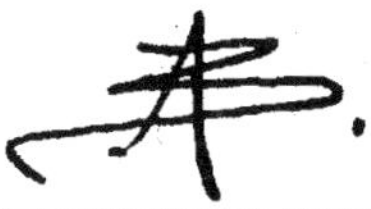

Becher Arthur E. 1877-1960	Beernaert Euphrosine 1831-1901
Bechi Luigi 1830-1919	Beers Jan van 1852-1927
Bechi Luigi 1830-1919	Beers Jan van 1852-1927
Beckmann Max 1884-1950	Begond Marcel 1875-1936
Becq Claude XXe	Behm Karl 1858-1905
Beda Francesco 1840-1900	Behm Willy 1859-1834
Beda Francesco 1840-1900	Behne Gustave XIXe-XXe
Bedarride Fred XXe	Belay Pierre de 1890-1947
Bedford Francis D. 1816-1894	Belges Benoit XXe
Bedini Francesco 1844-1924	Belimbau Adolfo 1845-1938

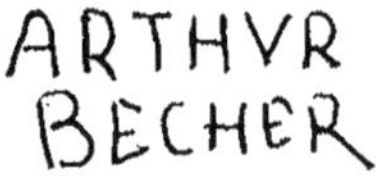

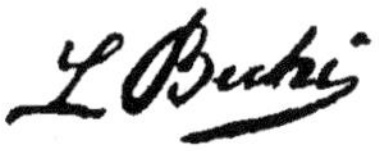

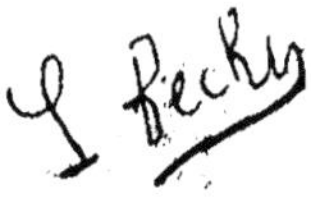

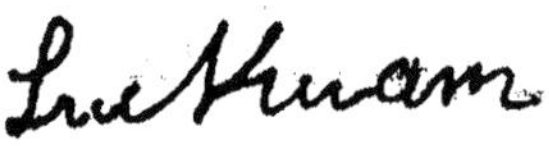

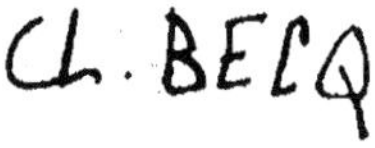

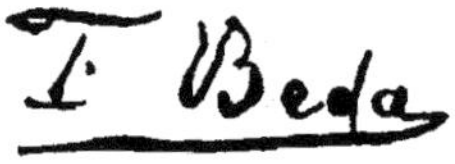

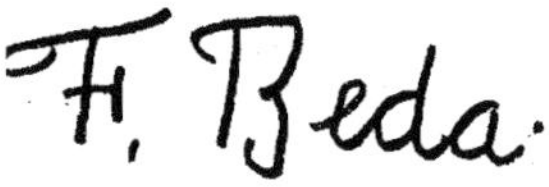

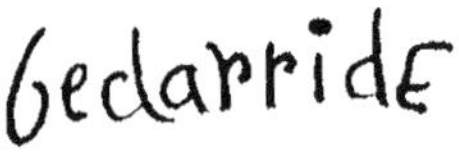

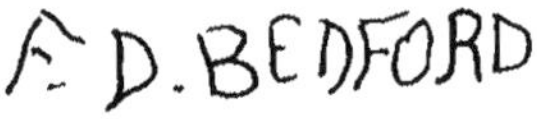

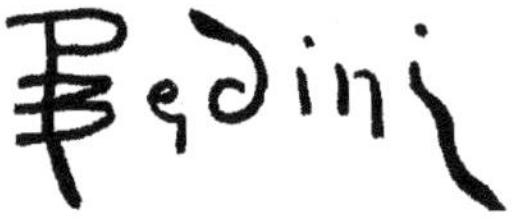

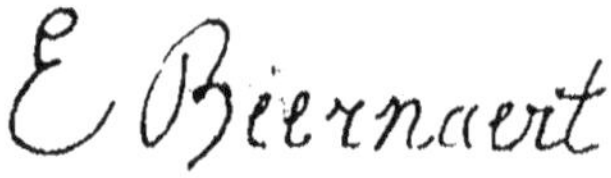

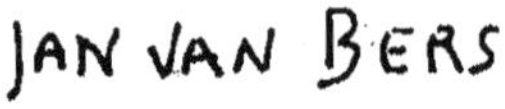

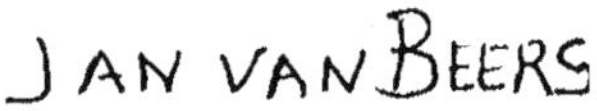

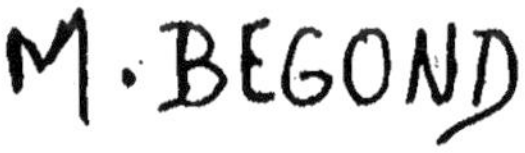

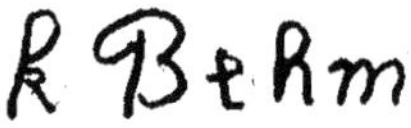

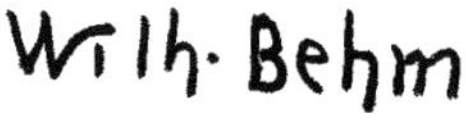

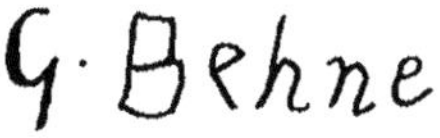

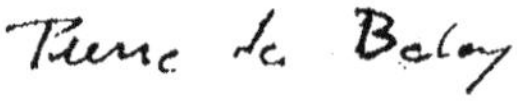

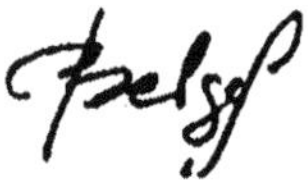

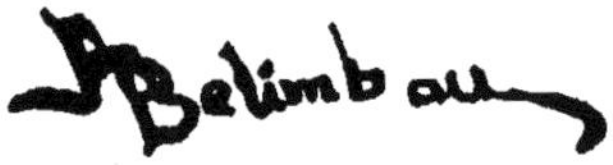

Belimbau Adolfo 1845-1938	**Belloni Giorgio 1861-1944**
Bellaguet Andrée XXe	**Belly Léon A. G. 1827-1877**
Bellanger Camille 1853-1923	**Belmondo Paul 1898-1982**
Bellei Gaetano 1857-1922	**Beltrame Achille 1871-1945**
Bellei Gaetano 1857-1922	**Beltrame Alfredo 1901**
Bellini Emmanuel 1904-1989	**Beltrami Giovanni 1860-1926**
Bellis Hubert 1831-1902	**Beltran Masses Federico A. 1885-1949**
Bellmer Hans 1902-1975	**Beltrand Jacques 1874-1977**
Bello Pietro 1830-1909	**Belvisi F. XXe**
Belloni Giorgio 1861-1944	**Ben Benjamin Vautier dit 1935**

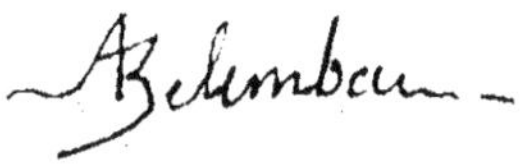

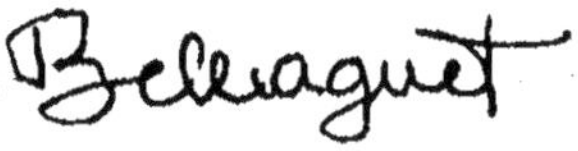

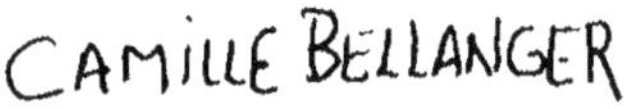

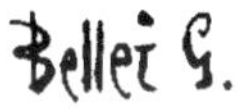

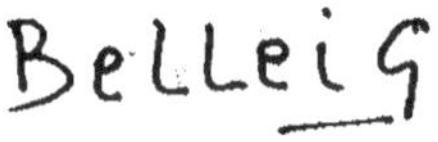

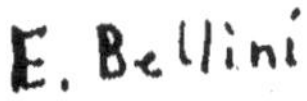

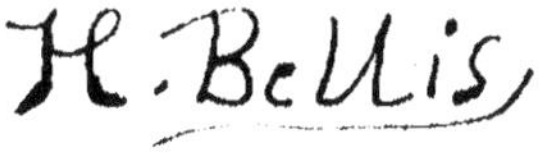

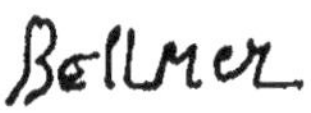

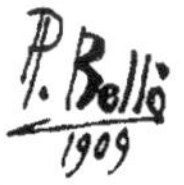

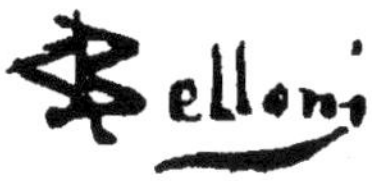

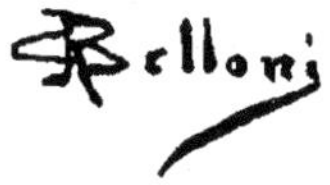

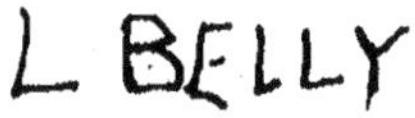

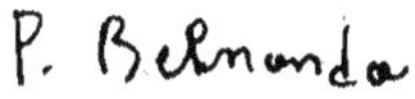

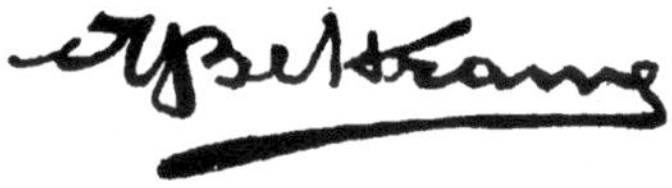

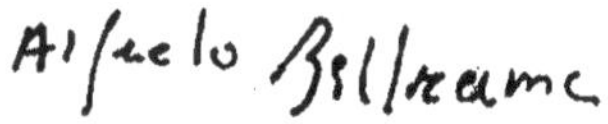

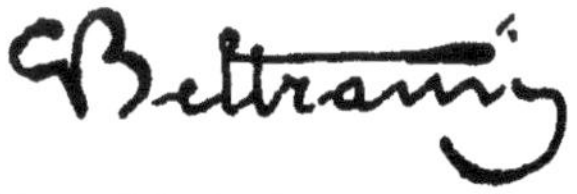

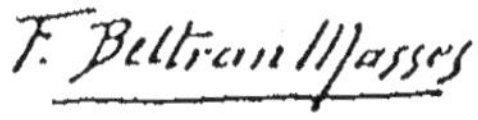

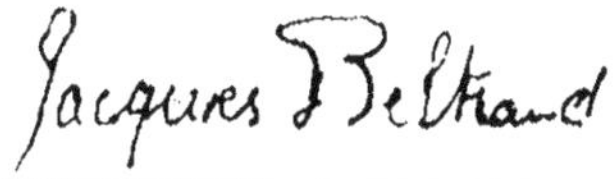

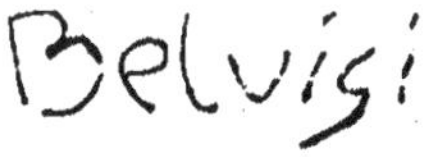

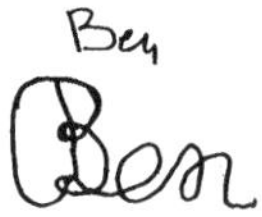

Benanteur Abdallah 1931	Benner Gerrit 1897-1981
Benassit Louis Emile 1833-1902	Bennett Frank Moss 1874-1953
Benczur Gyuli de 1844-1910	Bennett Frank Moss 1874-1953
Bendemann Rudolf 1851-1884	Bennet William Rubery 1893-1987
Benedetti Orsano XXe	Bennetter Johan Jakob 1822-1904
Benes Vincenc 1883-1979	Benois Albert Alexandre 1870-1960
Benezit Emmanuel Ch. L. 1887-1975	Benois Albert Alexandre 1870-1960
Benlliure Y Gil José 1855-1937	Benoit Camille 1820-1882
Benn Ben 1905-1989	Benoit Levy Jules 1866
Bennani Mohamed XXe	Benson Frank W. 1862-1951

Benton Thomas Hart 1889-1975

Benvenuti Benvenuto 1881-1959

Benvenuti Pietro 1769-1844

Benzoni Pierina 1880-1944

Beothy Etienne 1897-1961

Beraglia Gugliemo XXe

Berard Christian 1902-1949

Beraud Jean 1849-1936

Beraud Jean 1849-1936

Beraud Louis XXe

Bercher Henri Edouard 1877

Berchere Narcisse 1819-1891

Berchmans Emile 1867-1947

Berdecio Roberto XXe

Berg Else 1877-1942

Bergamini Francesco XIXe

Bergen Fritz 1857-1924

Bergeot Maurice XXe

Berger Giacomo 1754-1822

Berger Gustave XXe

Berger Gustave XXe	Berille Francis XXe
Berger Hans 1882-1977	Berkeley Stanley XIXe-XXe
Berger Julius V. 1850-1902	Berkes Antal 1874-1938
Bergeret E. XIXe	Berlit Rudiger 1883-1939
Bergevin Edouard de 1861-1925	Bermudez Cundo 1914
Bergh Pieter van den 1865-1950	Bermudez Jorge XXe
Bergmann Georg 1819-1870	Bernagozzi Federico 1859-1916
Bergmann Max 1884-1955	Bernard Emile 1868-1941
Bergner Yosi 1920	Bernard Emile 1868-1941
Bergue Tony François de 1820-1890	Bernard Joseph 1864-1933

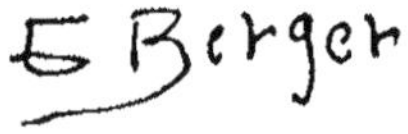

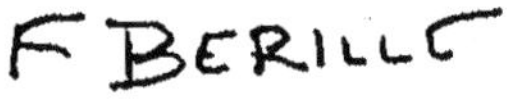

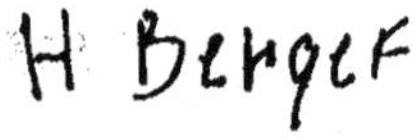

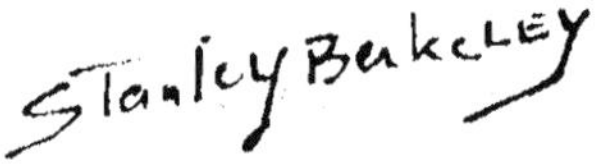

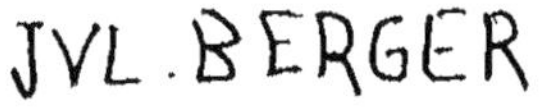

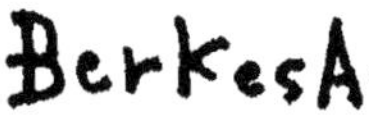

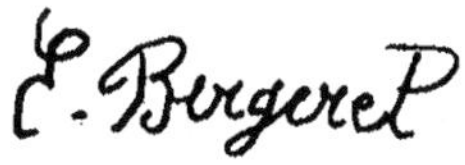

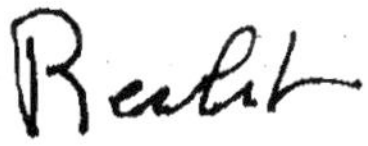

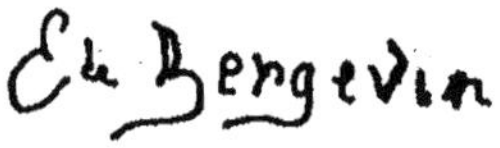

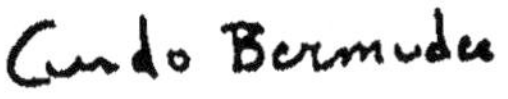

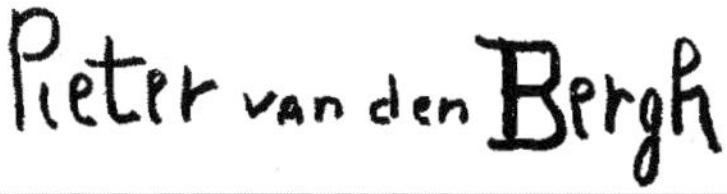

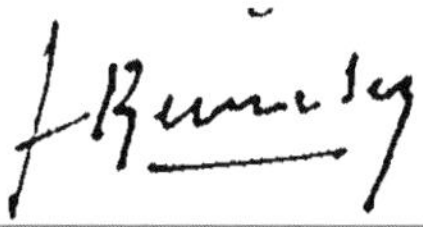

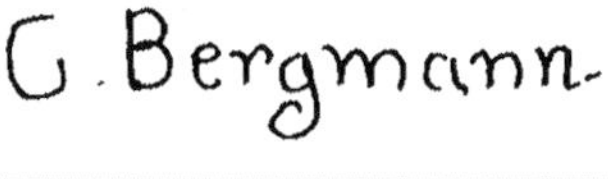

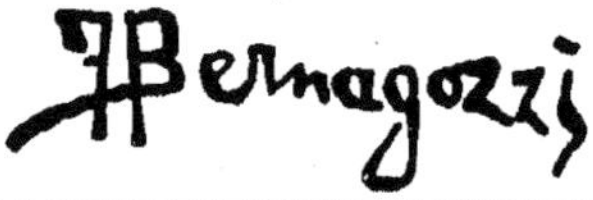

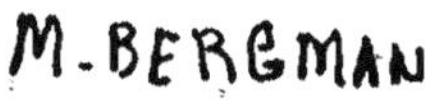

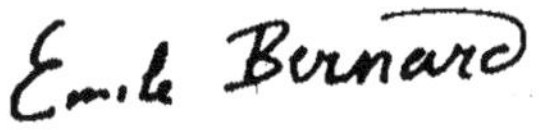

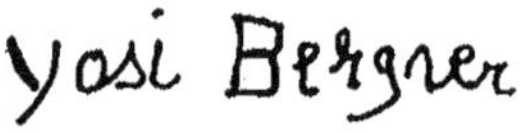

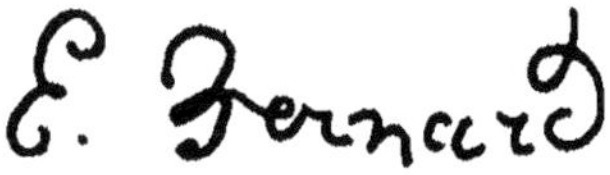

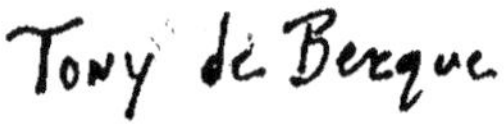

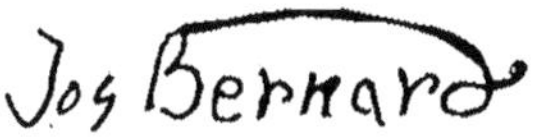

Bernardi Romolo 1876-1956

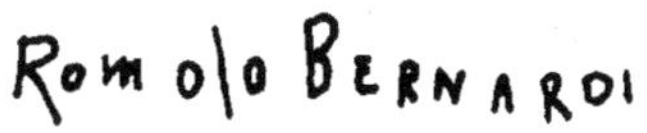

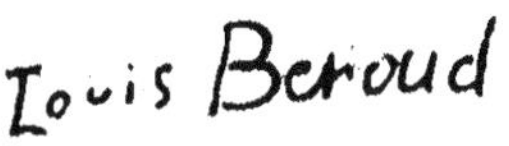

Bersani Stefano 1872-1914

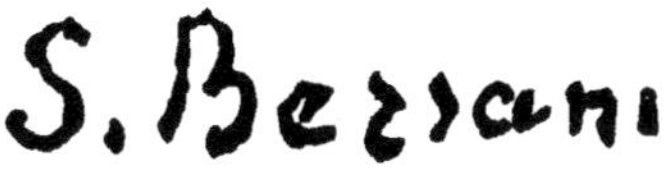

Berne Bellecour Etienne 1838-1910

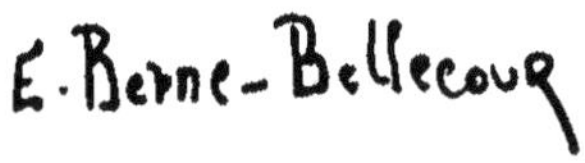

Berta Edoardo 1867-1931

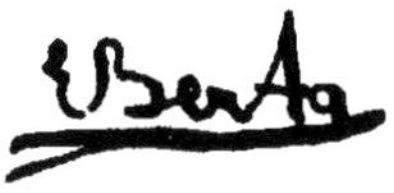

Berne Bellecour Etienne 1838-1910

Bertelli Flavio 1865-1941

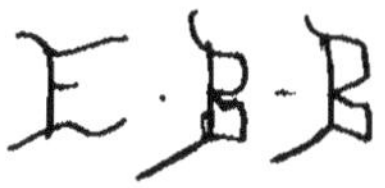

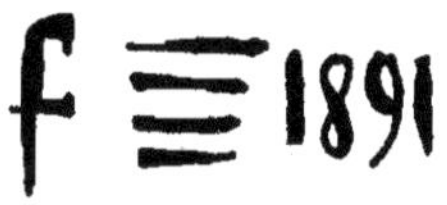

Bernede Pierre Emile 1820

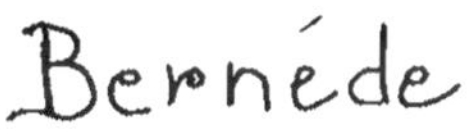

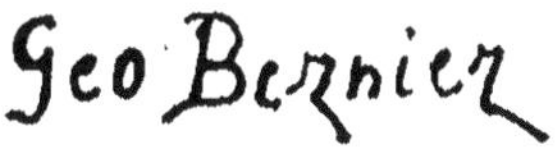

Bertelli Flavio 1865-1941

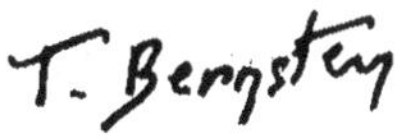

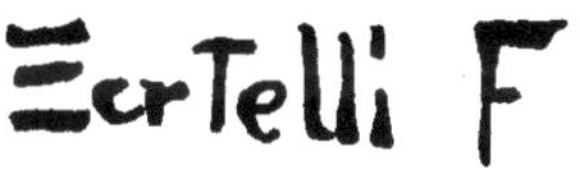

Berni Antonio 1905-1981

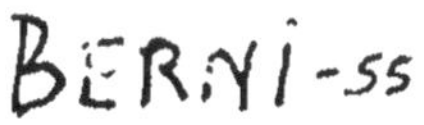

Bertelli Luigi 1832-1916

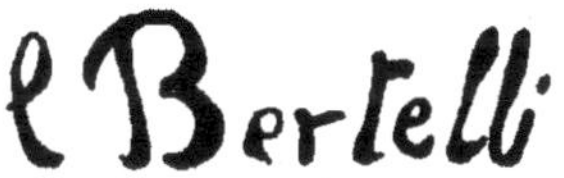

Bernier Camille 1823-1902

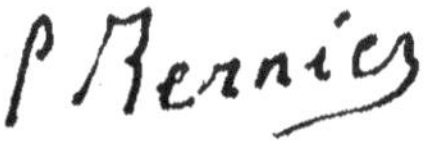

Bertelli Luigi 1832-1916

Bernier Geo 1862-1918

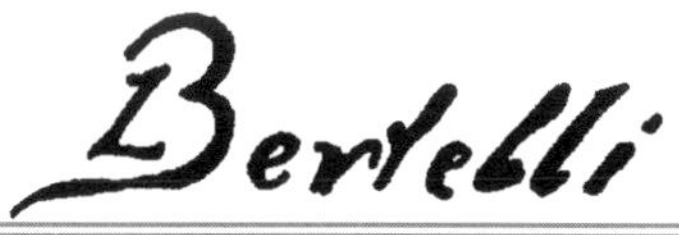

Bertelli Santo 1840-1892

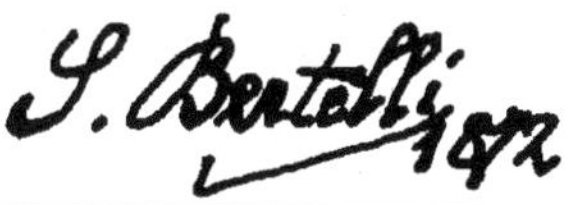

Bernstein Theresa 1890

Berthelon Eugène 1829-1914

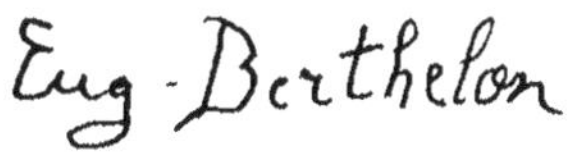

Bernstein Theresa 1890

Bertholle Jean 1909

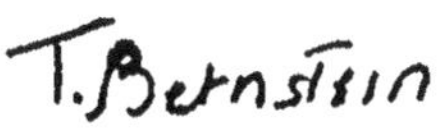

Beroud Louis 1852-1930

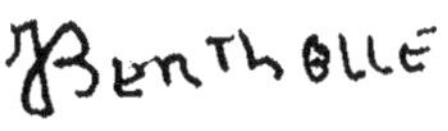

Berthomme Saint André L. 1905-1977

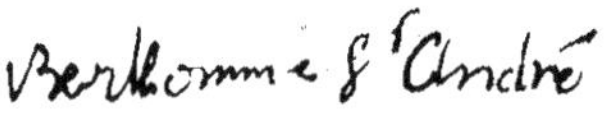

Berthon Paul Emile 1872-1909	Bertram Abel 1871-1954
Bertin Edouard 1797-1871	Bertrand A. C. 1940
Bertin Jean-Victor 1767-1842	Bertrand Eugène XIXe-XXe
Bertin Marie XIXe	Bertrand Fred 1915
Bertini Gianni 1922	Bertrand Gaston 1910
Bertini Giuseppe 1825-1898	Bertrand James 1825-1887
Bertolla Cesare 1845-1920	Bertrand Paulin 1852-1940
Bertolotti Cesare 1854-1932	Beruete A. de 1845-1911
Berton Louis M. XIXe	Bervoets Fred 1944
Berton Thomas H. XIXe-XXe	Berzine Tamara 1953

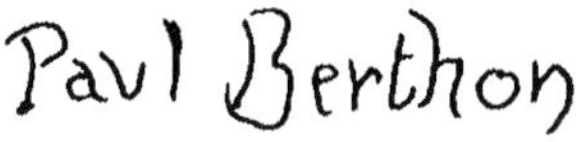

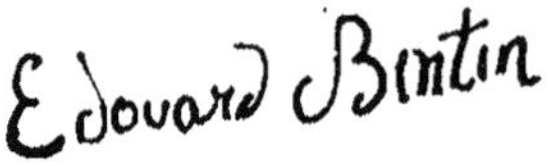

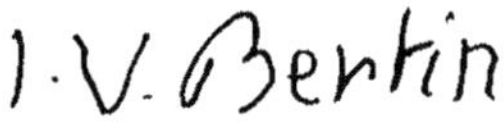

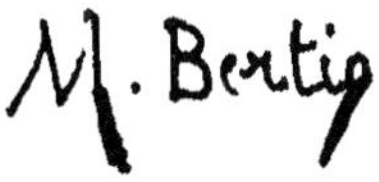

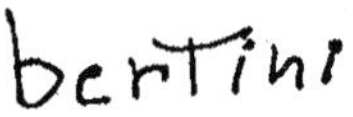

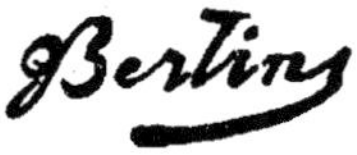

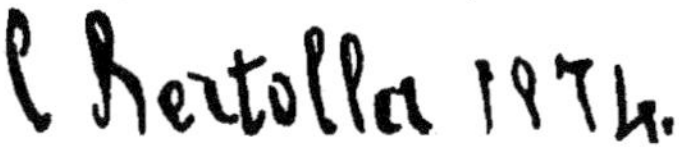

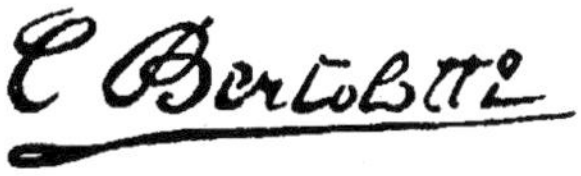

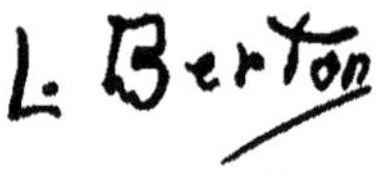

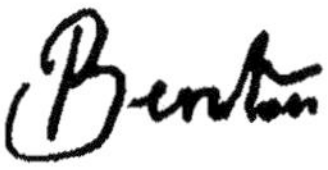

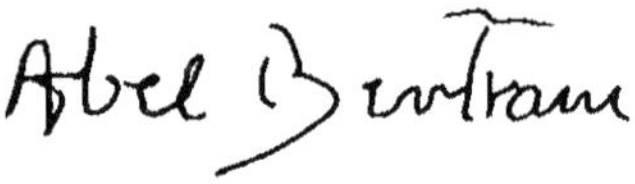

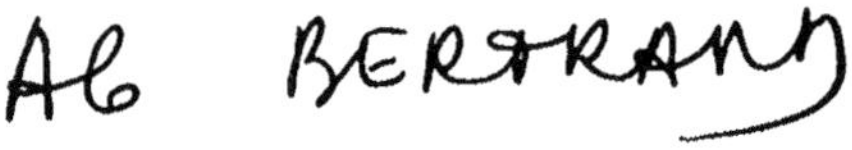

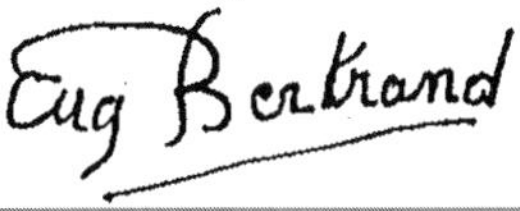

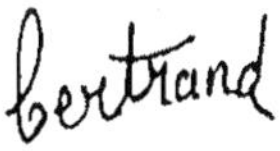

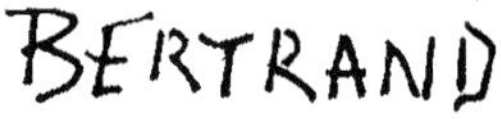

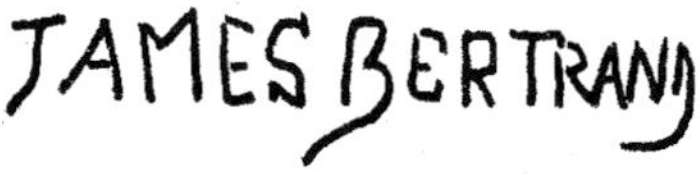

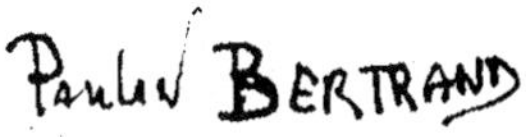

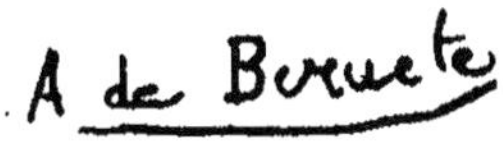

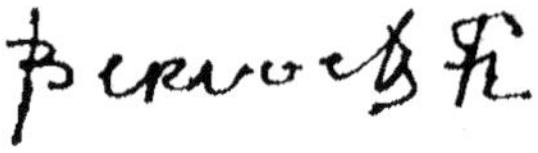

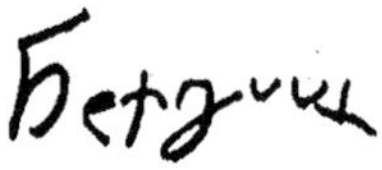

Beskow Elsa 1874-1953	Betts Louis 1873-1961
Besnard Paul Albert 1849-1934	Beul Frans de 1849-1919
Besnard Paul Albert 1849-1934	Beul Henry de 1845-1900
Besnard Paul Albert 1849-1934	Beul Laurent de 1821-1872
Bessa Pancrace 1772-1835	Beulas José 1921
Best Hans 1874-1942	Beulas José 1921
Bethune Gaston 1857-1897	Beullens André 1930-1976
Bethune Gaston 1857-1897	Beurdeley Jacques 1874-1954
Bettinelli Mario 1880-1953	Beurmann Emil 1862-1951
Bettini Giuseppe XIXe	Beuthner Gerhard 1887

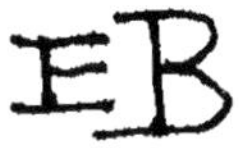

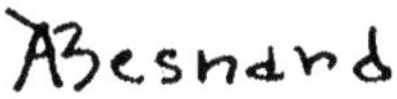

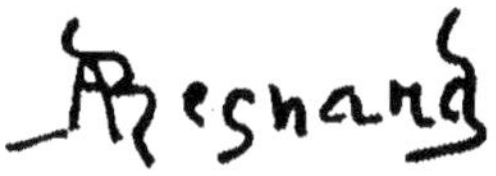

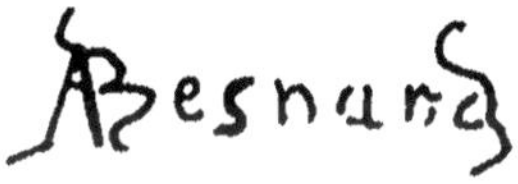

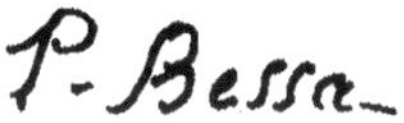

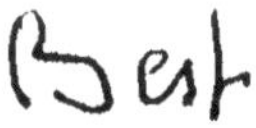

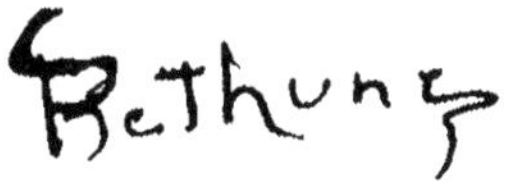

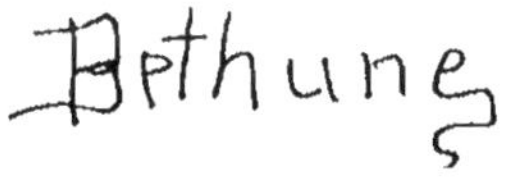

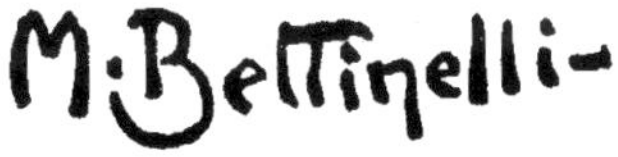

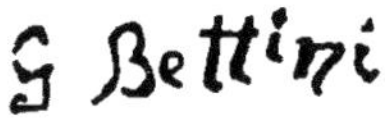

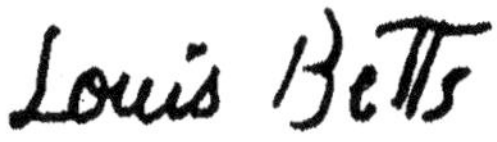

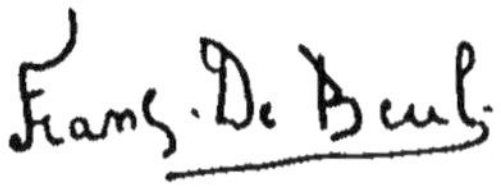

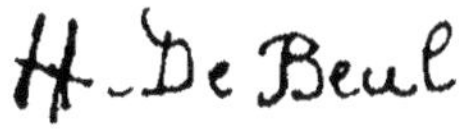

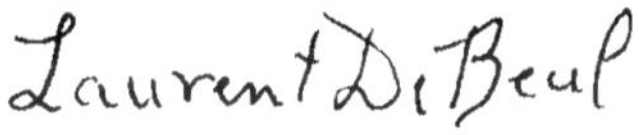

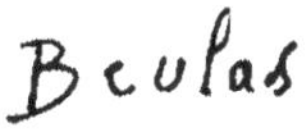

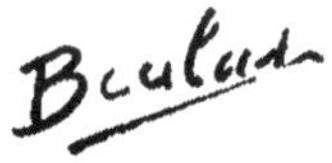

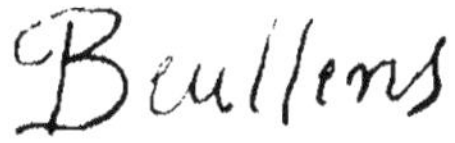

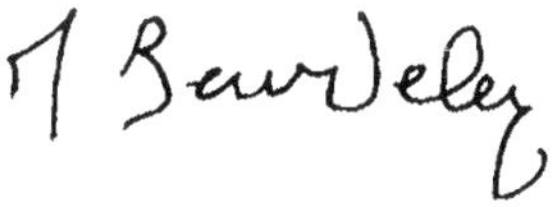

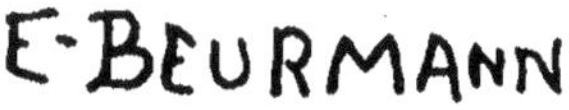

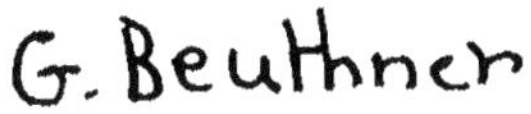

Beuys Joseph 1921-1986

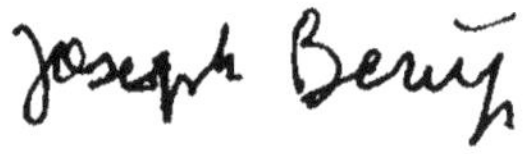

Beuys Joseph 1921-1986

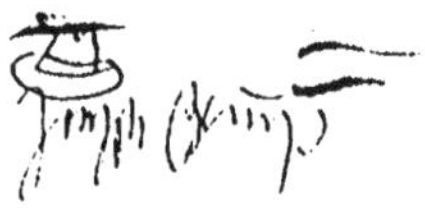

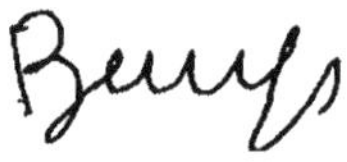

Beuys Joseph 1921-1986

Bevan Robert 1921-1986

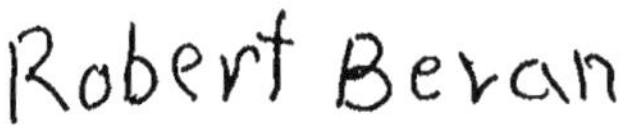

Beyer Otto 1885-1962

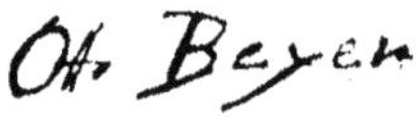

Bezard Philippe 1947

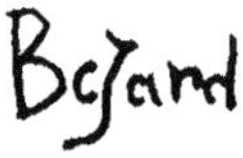

Bezem Naphtali 1924

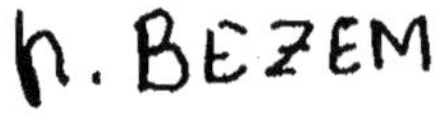

Bezombes Roger 1913

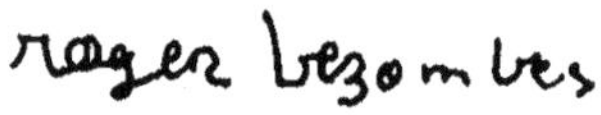

Bezzi Bartolomeo 1851-1923

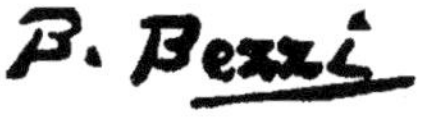

Bianchi Arturo 1856-1939

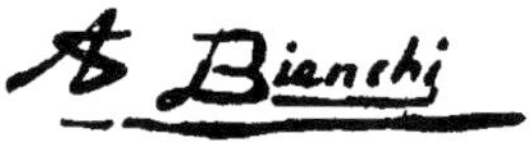

Bianchi Damaso 1861-1935

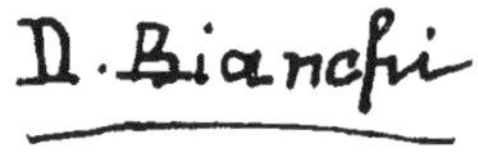

Bianchi Gerardo 1845-1922

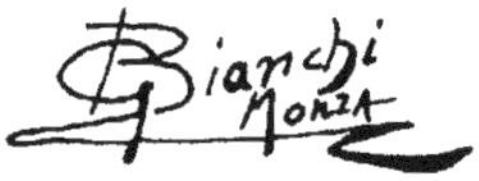

Bianchi Giosue 1803-1875

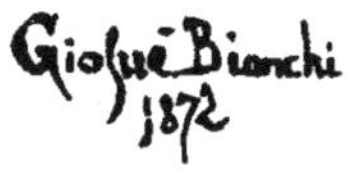

Bianchi Luigi 1828

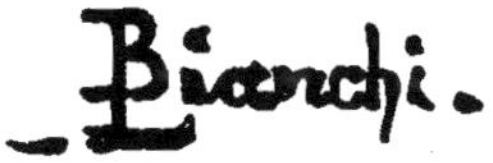

Bianchi Mose 1840-1904

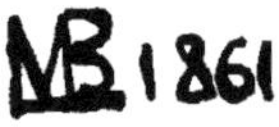

Bianchi Mose 1840-1904

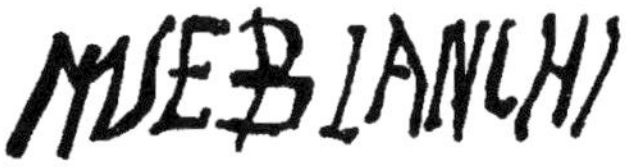

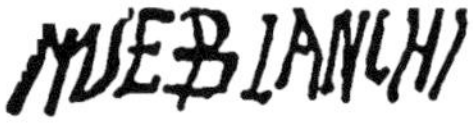

Bianchi Mose 1840-1904

Biard François Auguste 1798-1882

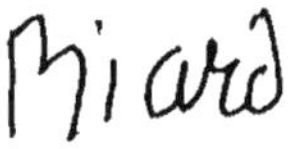

Biazzi Natale Mario 1880-1965

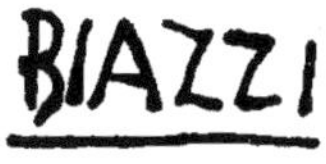

Bibonne Jacques XXe

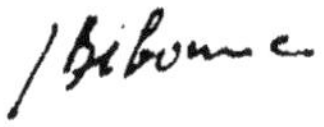

Bicchi Silvio 1874-1948	Bignami Vespasiano 1841-1929
Bicchi Silvio 1874-1948	Bignami Vespasiano 1841-1929
Bickel Karl 1886-1982	Bignoli Antonio 1812-1866
Biegel Peter 1913-1988	Bigot Raymond 1872-1953
Bieler André Charles 1896-1989	Bilancioni Guglielmo 1836-1907
Bierstadt Albert 1830-1902	Bilat André XXe
Biesbroeck Jules P. 1873-1965	Bilbao Berges Elvira XXe
Bieth Bruno XXe	Bilbo Jack 1907
Bievre Marie de 1865-1940	Bilders Albert G. 1838-1865
Bignami Vespasiano 1841-1929	Bilek A. 1887-1960

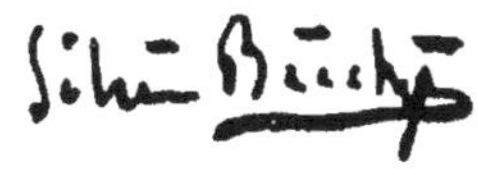

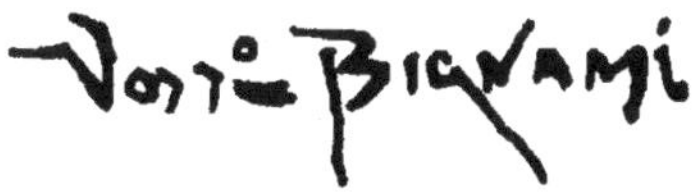

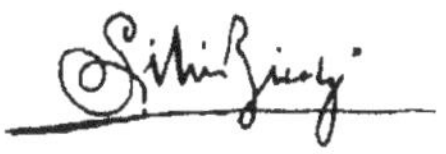

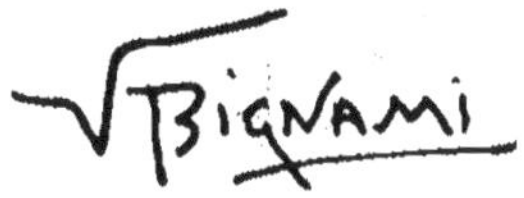

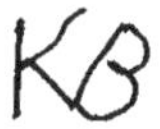

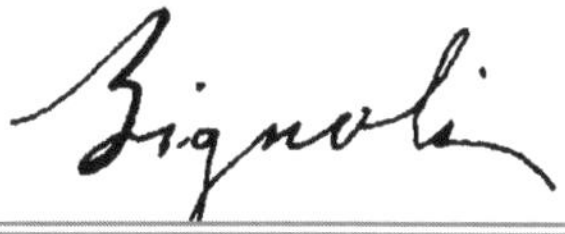

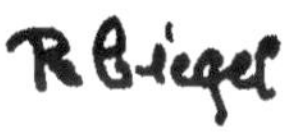

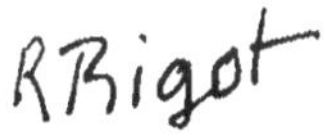

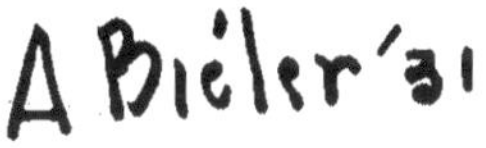

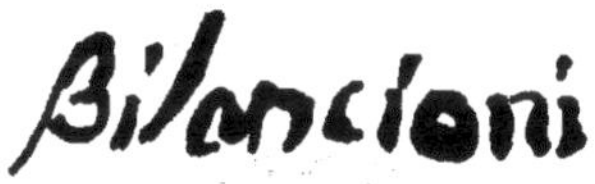

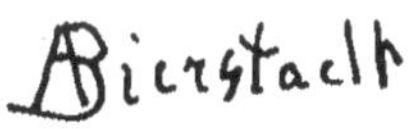

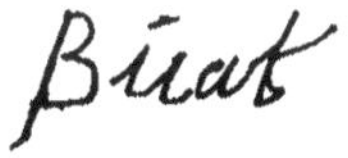

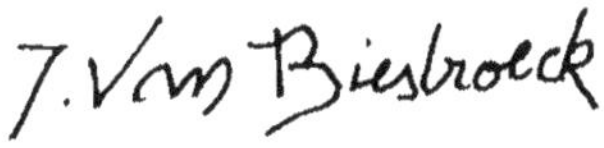

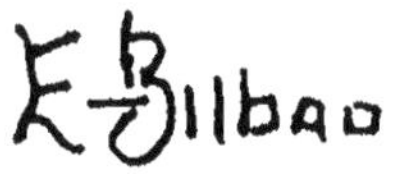

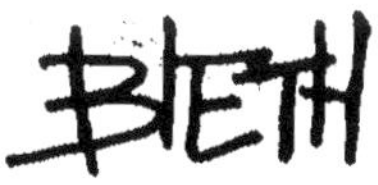

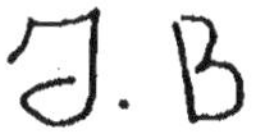

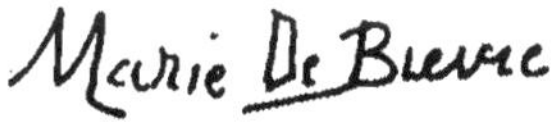

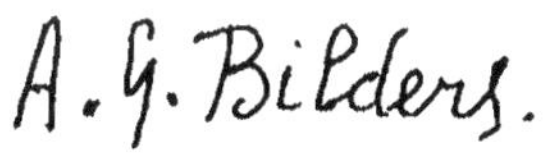

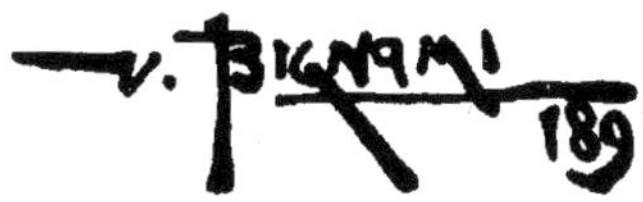

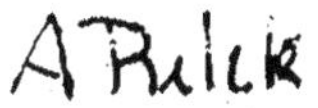

Bilinsky Boris 1900-1948

Bilinsky Boris 1900-1948

Bille Jean XXe

Billet Pierre 1837-1922

Billet Pierre 1837-1922

Billotte René 1846-1915

Binder Alois 1857

Binder Tony 1868-1949

Binet Georges 1866-1911

Binet René 1865-1949

Binet Victor 1849-1924

Binks Reuben Ward 1860

Binzer Carl von 1824-1912

Biondi Nicola 1866-1929

Birch Samuel John L. 1869-1955

Birck Alphonse 1859

Birckmeyer Fritz XXe

Bird John Alexander 1846-1936

Biressi Ghio Luisa 1853-1939

Birkle Albert 1900-1986

Birolli Renato 1906-1959	**Bisschops Charles Louis 1894-1975**
Birot Pierre Albert 1876-1967	**Bisschops Joseph 1901-1962**
Bisang Ruchti Hanni XXe	**Bissier Julius Jules 1893-1965**
Bischoff Franz 1864-1929	**Bissier Julius Jules 1893-1965**
Biseo Cesare 1843-1909	**Bissiere Roger 1886-1964**
Bisi Antonieta 1813-1866	**Bisson Edouard 1856**
Bisi Fulvia 1818-1911	**Bistolfi Leonardo 1859-1933**
Bisi Luigi 1814-1886	**Bistolfi Leonardo 1859-1933**
Bismuth Sauveur XXe	**Bitran Albert 1929**
Bison Giuseppe Bernardino 1762-1844	**Bitterlich Albert 1871**

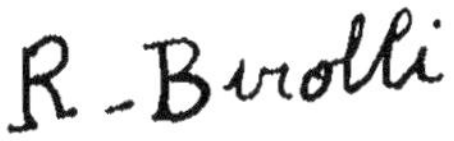

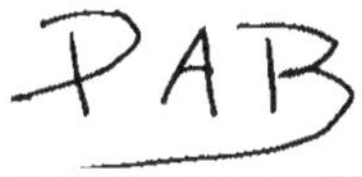

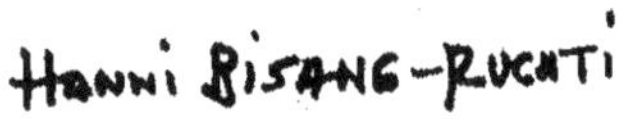

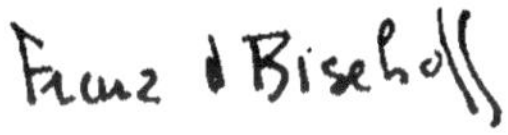

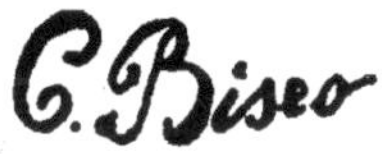

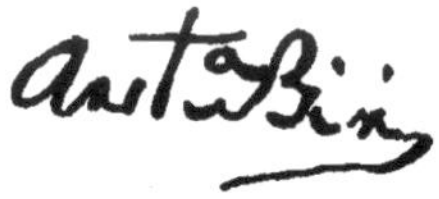

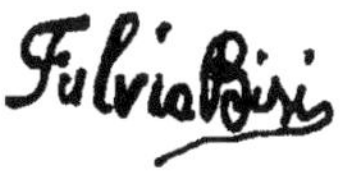

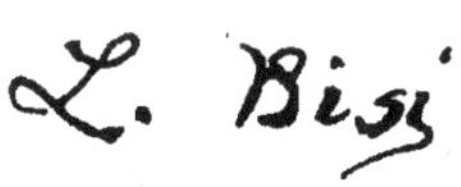

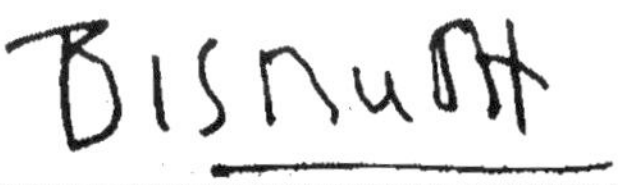

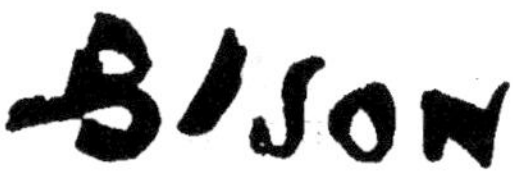

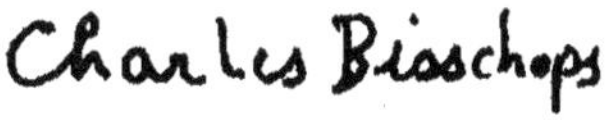

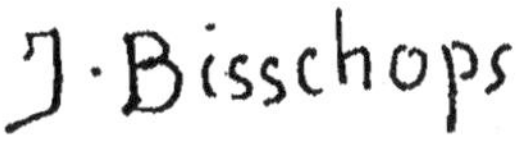

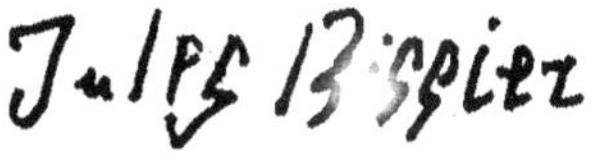

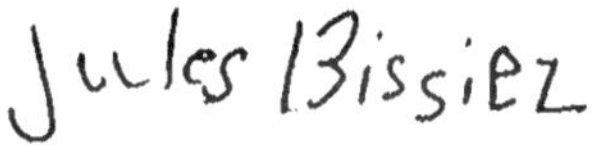

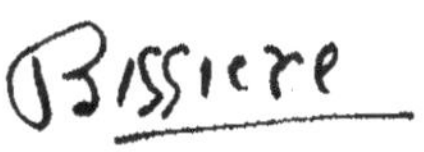

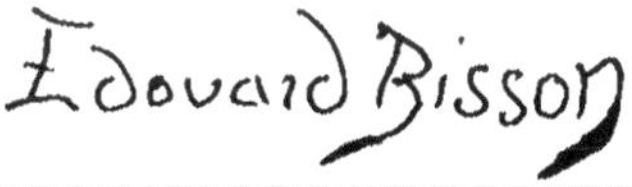

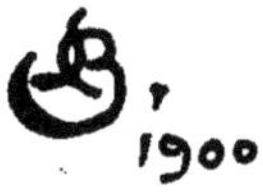

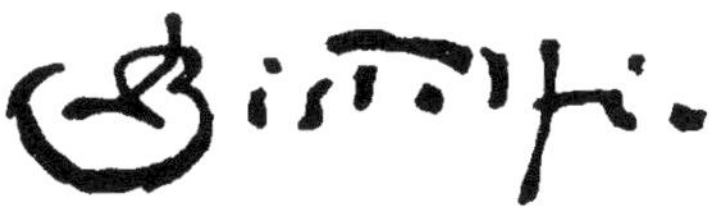

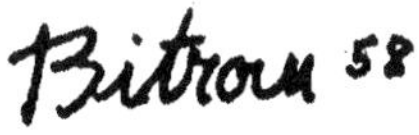

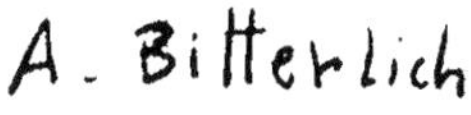

Bjornsson Svein XXe	Blanche Jacques Emile 1861-1942
Bjulf Soren Ch. 1890-1958	Blanche Jacques Emile 1861-1942
Bjurstrom Tor 1888-1958	Blanchet Alexandre 1882-1961
Blaas Eugen von 1843-1932	Blanchet Beall J. dite XXe
Blackman Charles 1928	Blanco Francisco XXe
Blair Gabriel XIXe-XXe	Blandy Vera XIXe-XXe
Blaise Moléon 1954	Blanes Viale Pedro 1879-1926
Blanchard Alain XXe	Blas O. Z. XXe
Blanchard Antoine 1910-1988	Blatas Arbit 1908
Blanchard Mario 1881-1932	Blau-Lang Tina 1845-1937

Blauensteiner Leopold 1845-1916	**Blondel Claude XXe**
Blieck Maurice 1876-1922	**Blondin Fernand 1887-1967**
Blinks Thomas 1860-1912	**Bo Giacinto 1832-1912**
Bloc André 1896-1966	**Bocca Lugi 1872-1930**
Bloch Carl 1834-1890	**Boccardo Federico 1869-1912**
Block Eugène François de 1812-1893	**Boccioni Umberto 1882-1916**
Blomme Alfons 1889-1979	**Bochmann Gregor von 1850-1939**
Blommers Bernardus 1845-1914	**Bocion François 1828-1890**
Blommers Bernardus 1845-1914	**Bock Ludwig 1886-1971**
Blond Maurice 1899-1974	**Bockstiegel Peter 1889-1951**

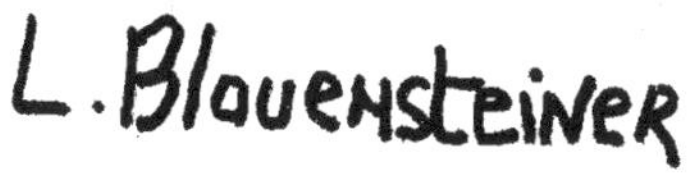

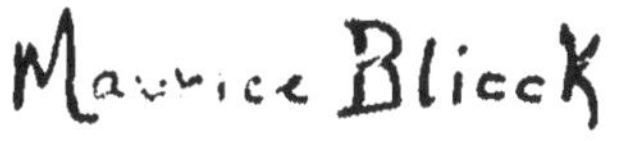

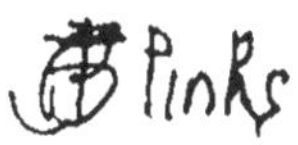

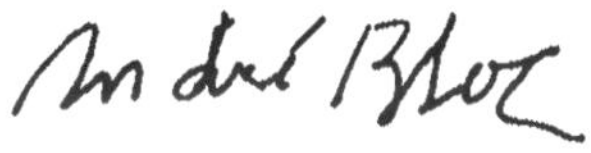

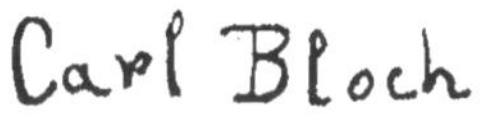

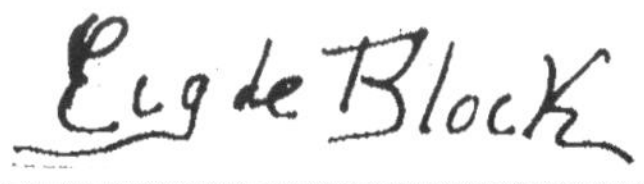

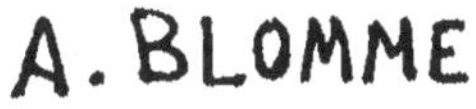

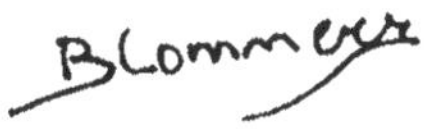

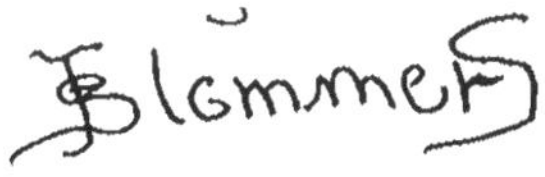

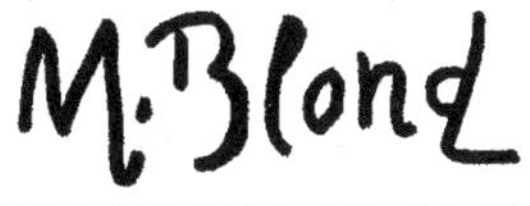

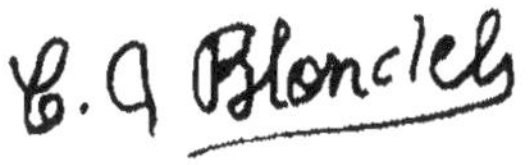

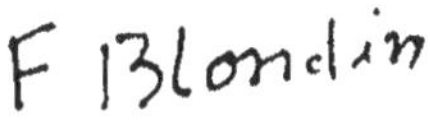

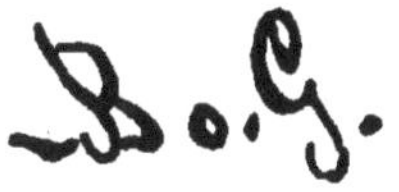

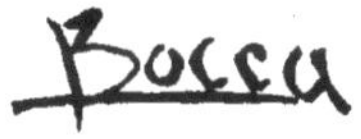

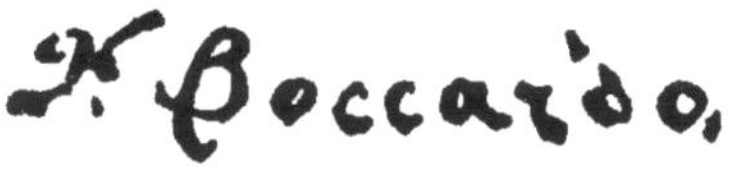

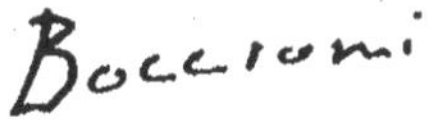

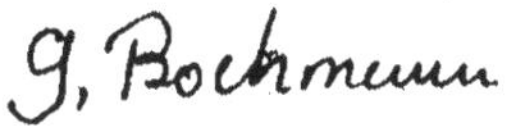

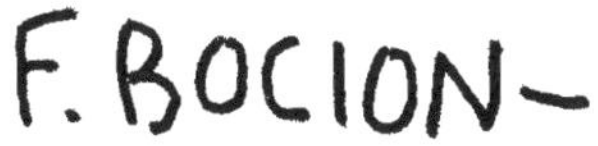

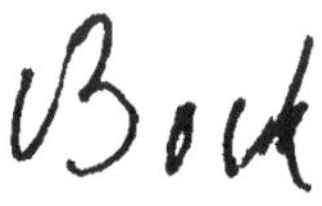

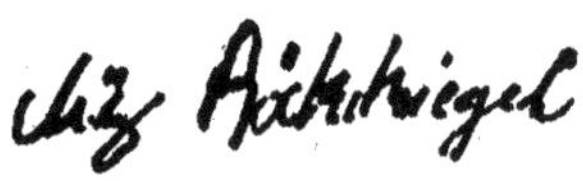

Bodenschatz Karin XXe	Bogman Hermanus Charles 1861-1921
Bodoy Ernest Alexandre XXe	Bohemen Kees van 1929
Boeck Félix de 1898-1995	Bohm Martha XXe
Boehm Eduard 1830	Bohmer Günter 1911-1986
Boehme Karl Théodore 1866-1939	Bohmer Gustav XIXe-XXe
Boemm Rita 1868	Boilly Jules 1796-1874
Bogaert Alphonse XXe	Boilly Louis Léopold 1761-1845
Bogaert Théophile 1850-1900	Boiron Alexandre Emile 1859-1889
Bogart Bram 1921	Boisecq Salomon 1911
Boggio Emilio 1857-1920	Boisrond François 1959

Boissenin Maucourt Maïthé XXe

Boker Carl 1836-1905

Boker Carl 1836-1905

Bolanakis Constantin 1837

Boldini Giovanni 1842-1931

Boldini Giovanni 1842-1931

Boldini Giovanni 1842-1931

Bolens Ernest 1881-1959

Bolin Gustav 1920

Bolliger Rodolphe 1878-1952

Bollo Jacques 1931

Bolongaro Luigi 1874-1914

Bomberg David 1890-1957

Bombled Karel Frederick 1822-1902

Bombois Camille 1883-1970

Bommer R. XIXe

Bompard Maurice 1857-1936

Bompiani Augusto 1852-1930

Bompiani Battaglia Clelia 1848-1927

Bompiani Roberto 1821-1908

Bonaccorsi Antonio 1826-1897	Bonifanti Decoroso 1860-1941
Bonamici Louis 1878-1966	Bonifazi Adriano XIXe
Bonamici Mario 1912	Bonington Richard P. 1801
Bonas Jordi 1937	Bonivento Eugenio 1880-1956
Bonatto Minella Carlo 1855-1878	Bonnand Michel XXe
Boncompain Pierre 1938	Bonnar James King 1885-1961
Bondioli Giovanni Maria 1868-1941	Bonnard Pierre 1867-1947
Bonheur Rosa 1822-1899	Bonnard Pierre 1867-1947
Bonheur Rosa 1822-1899	Bonnarel Bernard 1950
Bonhomme Léon Félix 1870-1924	Bonnat Léon 1834-1923

Bonnat Léon 1834-1923

Bonnefoit Alain 1937

Bonnerot Pierre XIXe-XXe

Bonnet Anne 1908-1960

Bonnet Malige Pierre XXe

Bonnet Philippe 1929

Bonnet Rudolf 1895-1978

Bonnin Maurice 1911-1993

Bonolis Giuseppe 1800-1851

Bonomi Alberto 1876-1918

Bonvin François 1817-1887

Bonvin François 1817-1887

Bonvoisin Joseph 1896-1960

Boom Charles 1858-1939

Bordes Leonard 1898-1969

Bordignon Noé 1842-1920

Borduas Emile 1905-1960

Borella Raffaele 1874-1958

Borella Raffaele 1874-1958

Bores Francisco 1898-1972

Bores Francisco 1898-1972

Borgeaud Georges 1913

Borges Jacobo 1931

Borghese Franz 1941

Borione Bernard Louis 1865

Bornat Gilbert XXe

Borrani Odoardo 1832-1905

Borrani Odoardo 1832-1905

Borras Jorge 1952

Borsa Emilio 1857-1931

Borsa Roberto 1880-1965

Borsa Roberto 1880-1965

Bortecin Kemal XXe

Bortolami Mario XXe

Bortoluzzi Bianco Pietro 1875-1937

Bos Georges van den 1835-1911

Bos Henke 1901

Bosboom Johannes 1817-1891

Bosch Florian 1900

Boschi Achille 1852-1930

Bosia Agostino 1886-1962

Bosis Giacomo 1861-1945

Bosis Giacomo 1861-1945

Boskamp Arthur XXe

Boss Eduard 1873-1958

Boss Eduard 1873-1958

Bosshardt Rodolphe Th. 1889-1960

Bossi Giuseppe 1777-1815

Bosso Francesco 1864-1933

Bossoli Carlo 1815-1884

Bosson Ernest Netton 1927

Bossuet François 1800-1889

Bosteels Prosper 1881-1964

Botello Angel 1913-1986

Botero Fernando 1932

Bothams Walter 1850-1914

Bott Francis 1904

Bottini Georges 1874-1907

Bottner Günther XXe

Bouchard Edith Marie 1924

Bouchard Paul Louis 1853-1937	Bouguereau William A. 1825-1905
Boucheix François 1940	Bouisset Etienne Firmin XIXe
Bouchene Dimitri 1893	Boulard Auguste 1852-1927
Bouchor Joseph Félix 1853-1937	Boulard Emile 1861-1943
Bouchor Joseph Félix 1853-1937	Bouler André XXe
Boudet Pierre 1915	Boulez Jules 1889-1960
Boudier Raoul 1858	Boulier Lucien 1882-1963
Boudin Eugène Louis 1824-1898	Boullaire Jacques 1893
Boudry Alois 1851-1938	Bouquet André 1897-1971
Bough Samuel 1822-1878	Bource Henri 1826-1899

Bourdelle Emile Antoine 1861-1929

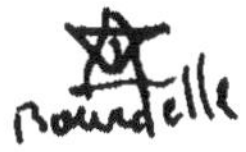

Bourdon Pierre Michel 1778-1841

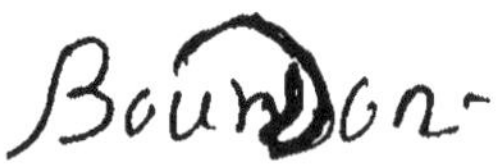

Bourgain Gustave mort en 1921

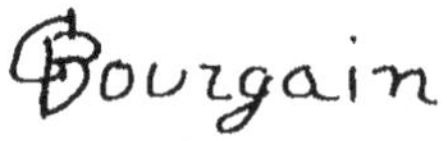

Bourson Amédée 1833-1905

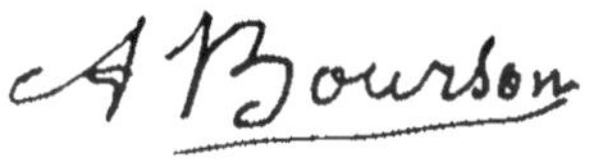

Boutet de Monvel B. 1884-1949

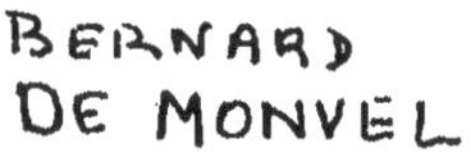

Boutet de Monvel B. 1884-1949

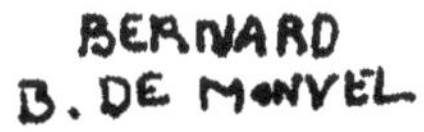

Boutibonne Charles Edouard 1816-1897

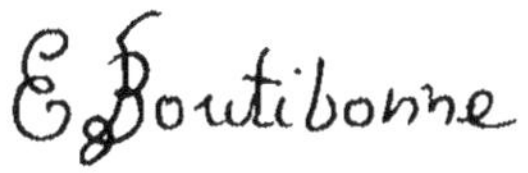

Boutigny Paul Emile 1854-1929

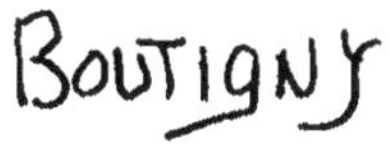

Bouvard Antoine mort en 1956

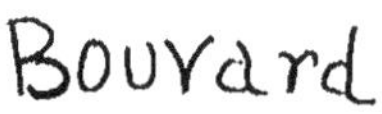

Bouvier Amand 1913-1997

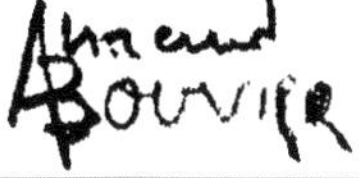

Bouvier Amand 1913-1997

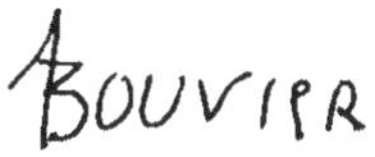

Bouvier Laurent XXe

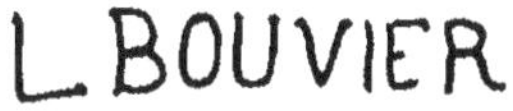

Bouvier Pietro 1839-1927

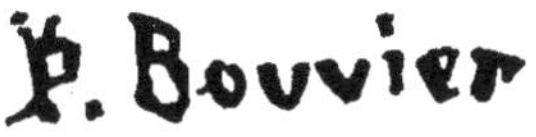

Bouviolle Maurice 1893-1971

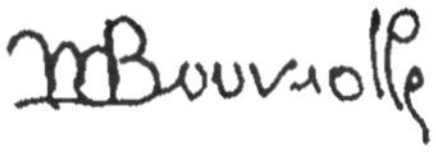

Bouy Gaston 1866

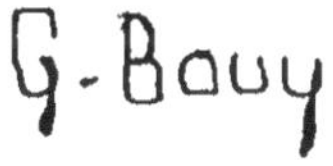

Bouyssou Jacques 1926

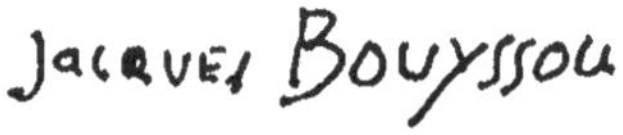

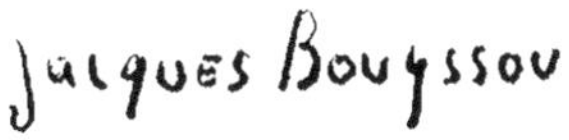

Bouyssou Jacques 1926

Boyd Arthur Meric B. 1920

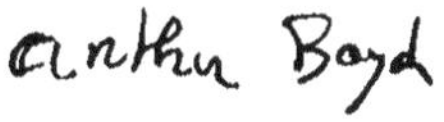

Boye Abel 1864-1934

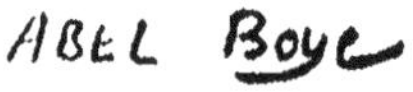

Boyenval Victor A. 1832-1903

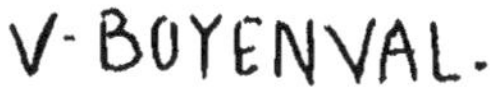

Boze Honoré 1830-1908

Boze Joseph 1744-1826

Bozzalla Giuseppe 1874-1958

Bozzetti Francesco 1876-1949

Bozzolini Silvano 1911

Bozzolini Silvano 1911

Brabazon Hercules 1821-1906

Bracho Y Murillo Jose M. 1827-1882

Bracht Eugen Félix 1842-1921

Brack Emil 1860-1905

Brack Emil 1860-1905

Brackle Jacob 1897-1987

Bracquemond Félix 1833-1914

Bracquemond Félix 1833-1914

Bradberry Georges 1878-1959

Bradley Basil 1842-1924

Bradley William 1801-1857

Braeckeleer Adrien de 1818-1904

Braekeleer Ferdinand de 1792-1883

Braekeleer Ferdinand de 1792-1883

Braekeleer Henri de 1840-1888

Braith Anton 1836-1905

Brambilla Fernando 1838-1921

Brambilla Fernando 1838-1921

Brambilla Riccardo 1871-1965

Bramley Frank 1857-1915

Brancaccio Carlo 1861-1920

Brancaccio Carlo 1861-1920

Brancusi Constantin 1876-1957

Brandeis Antonietta 1849-1910

Brandin Edmund XXe

Brandis August 1862-1947

Brandon J. E. Edouard 1831-1897

Brands Eugène 1913

Brandt Carl 1852-1932

Brandt Joseph von 1841-1928

Brangwyn Frank William 1867-1956

Brangwyn Frank William 1867-1956

Brangwyn Frank William 1867-1956

Braquaval Louis 1856-1919

Braque Georges 1882-1963

Braque Georges 1882-1963

Braque Georges 1882-1963

Braque Georges 1882-1963

Braque Georges 1882-1963

Braque Georges 1882-1963

Brascassat Raymond 1804-1867

Brasilier André 1929

Brasilier André 1929

Brass Italico 1870-1943

Brass Italico 1870-1943

Brasseur Georges 1880-1950

Brauer Arik 1929

Brauer Arik 1929

Brauge Anne Marie XXe

Brauner Victor 1903-1966

Brauner Victor 1903-1966

Bravo Claudio 1936

Brayer Yves 1907-1990

Brayer Yves 1907-1990

Breakspeare William A. 1855-1914	Brenet Albert 1903
Breansky Alfred de 1852-1928	Bresolin Dalma XXe
Bredeche Jacques XXe	Bressler Emile 1886-1966
Bredow Rudolf 1909-1973	Brest Fabius 1823-1900
Bredsdorff Johann Ulrik 1845-1928	Brest Fabius 1823-1900
Breitner George H. 1858-1923	Bret Paul 1902-1956
Breitner George H. 1858-1923	Breton Emile 1831-1902
Breling Heinrich 1849-1900	Breton Jules Adolphe 1827-1906
Brendekilde Hans Andersen 1857-1920	Breton Jules Adolphe 1827-1906
Brendel Albert 1827-1895	Breton Sabine 1938

Breton Vincent XXe

Breval de Henry XIXe

Breveglieri Cesare 1902-1948

Brianchon Maurice 1899-1979

Bricher Alfred Thompson 1837-1908

Brickdale Eleanor F. 1871-1945

Brickdale Eleanor F. 1871-1945

Brignoli Luigi 1881-1952

Brignoni Serge 1903

Brindisi Remo 1918

Brion Gustave 1824-1877

Briscoe Arthure John 1873-1943

Brissaud Pierre 1885

Brissot de Warville Felix 1818-1892

Bristow Edmund 1787-1876

Brochart Constant J. 1816-1899

Brockhusen Theo von 1882-1919

Brockhusen Theo von 1882-1919

Broodthaers Marcel 1924-1976

Brooks Allan 1869-1946

Brooks James 1906-1992	Browning Coleen XXe
J Brooks	COLLEEN BROWNING
Brouillet André 1857-1914	Brozic Wenceslas Vaclav de 1851-1901
André Brouillet	V. BROŽIK.
Brouwers Jules 1869-1956	Bruce Michel XXe
J. Brouwers	Michel Bruce
Brown Byron 1907-1961	Bruch Guy XXe
Byron Brown	Bruch.
Brown Byron 1907-1961	Brucks Eberhardt XXe
Byron Brown	
Brown Hugh Boycott 1909	Brugger Arnold 1888-1975
Hugh Boycot Brown	Brügger
Brown John Lewis 1829-1890	Brugnoli Emanuele 1859-1944
John Lewis Brown	Brugnoli
Brown Paul 1893-1958	Brugnoli Emanuele 1859-1944
Paul Brown	Brugnoli
Brown Thomas Austen 1859-1924	Bruneau Marie XXe
T. Austen Brown	Bruneau
Browne Gordon Frederick 1858-1932	Brunel de Neuville Alfred 1852-1941
GB	Brunel Neuville

Brunelleschi Umberto 1879-1949

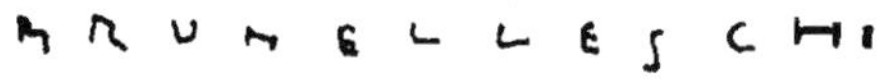

Bruneri Francesco 1845-1909

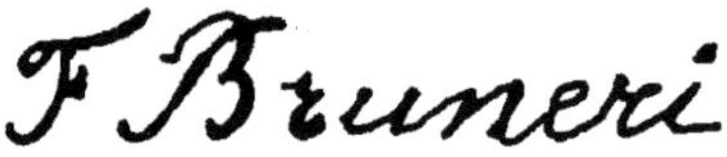

Brunery François 1849-1926

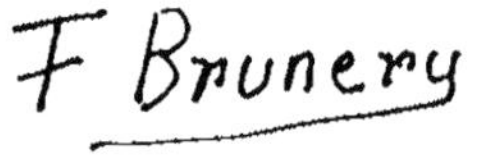

Brunet Emile XIXe-XXe

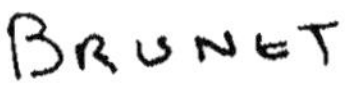

Bruni Bruno 1935

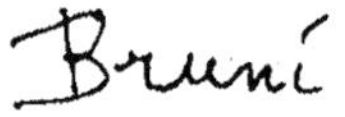

Brunin Léon 1861-1949

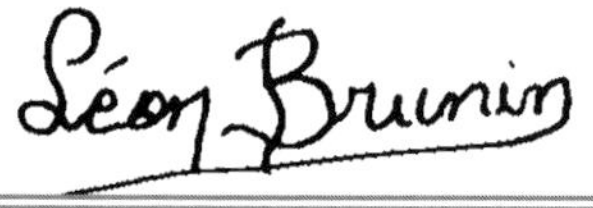

Bruno Joseph Jr. XXe

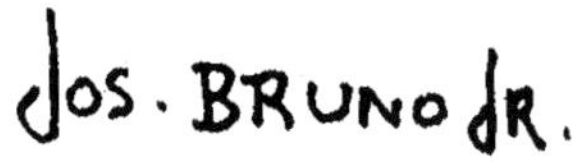

Bruns Margarete XXe

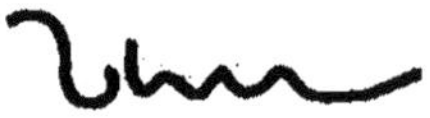

Bruschi Domenico 1840-1910

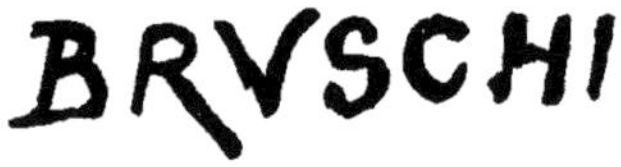

Bruschi Domenico 1840-1910

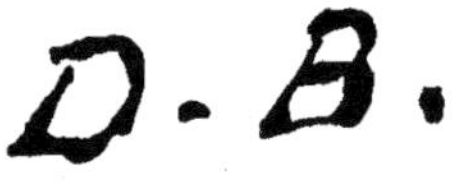

Brusselmans Jean 1884-1953

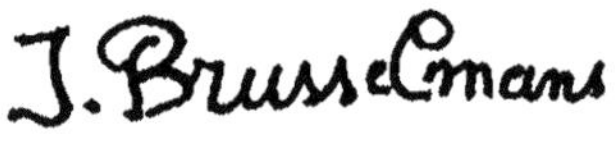

Brust Karl Fr. 1897-1960

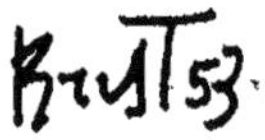

Bruzzi Stefano 1835-1911

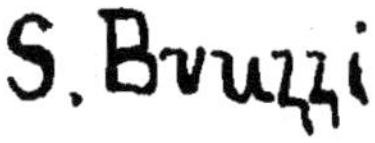

Bruzzi Stefano 1835-1911

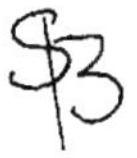

Bruycker Bernhard de XXe

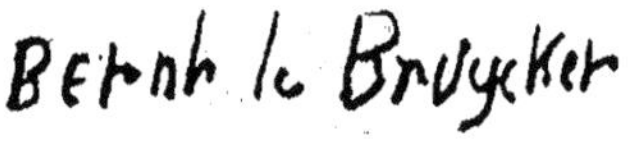

Bruycker Jules de 1870-1945

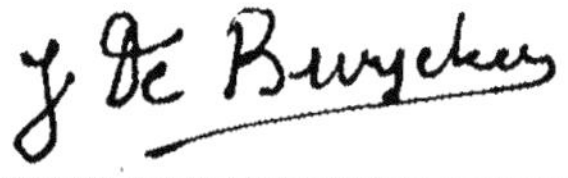

Bruyne Dees de 1940

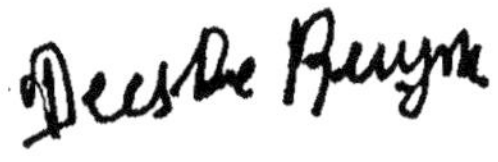

Bruyne Gustave de 1914-1981

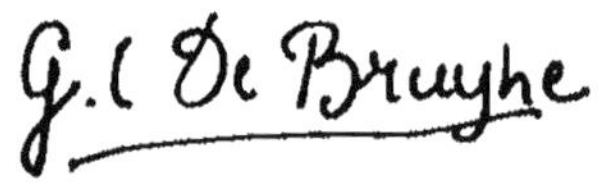

Bruzzi Stefano 1835-1911

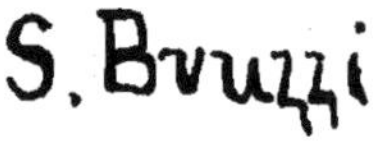

Bruzzi Stefano 1835-1911

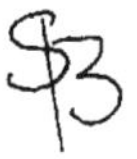

Bryan Alfred 1852-1899	**Buffa Giovanni 1871**
A Bryan	G Buffa
Bryant Charles David Jules 1883-1937	**Buffet Bernard 1928**
Charles DJ Bryant	Bernard Buffet 63
Bryen Camille 1907-1977	**Buffet Paul 1864**
Bryen	PAUL BUFFET
Bucci Anselmo 1887-1955	**Bugatti Carlo 1856-1940**
BUCCI 29	Bugatti
Bucciarelli Daniele 1839-1911	**Buhot Felix 1847-1898**
D. BUCCIARELLI	Félix Buhot
Buchet Gustave 1888-1963	**Bulan Stéphane 1954**
G. BUCHET	Bulan
Buchser Frank 1828-1890	**Bulan Stéphane 1954**
FB.	Bulan
Buck Evariste de 1892-1974	**Buland Eugène 1852-1927**
Ev. De Buck	Eug BULAND 84
Budd Herbert Ashwin 1881	**Buland Eugène 1852-1927**
H. A. Budd	Eug. Buland
Bueno Xavier 1915-1979	**Bulcke Emile 1875-1963**
Xavier Bueno	Em Bulcke

Bundy Edgar 1862-1922

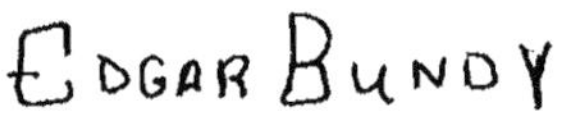

Buning Johan 1893-1963

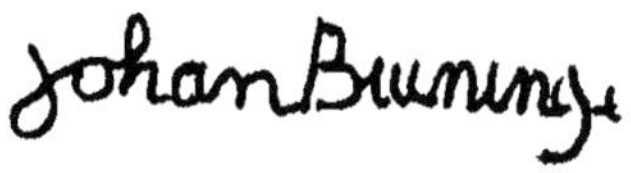

Bunny Rupert C.W. 1864-1947

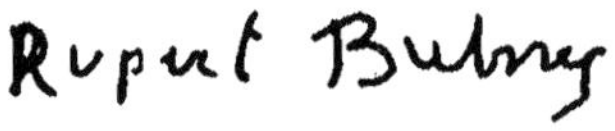

Buonamici Ferdinando 1820-1892

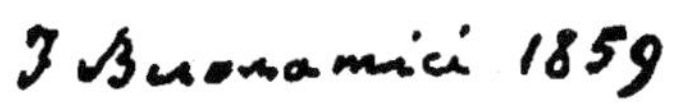

Buratti Domenico 1881-1960

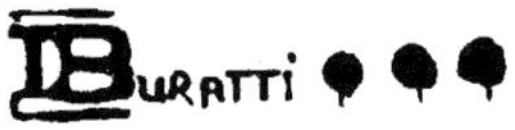

Burchfield Charles E. 1893-1967

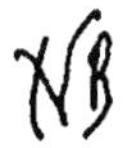

Burgat Eugène 1844-1911

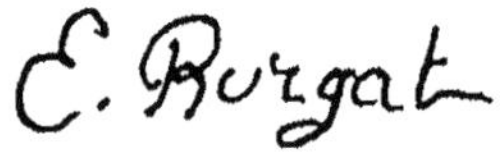

Burger Anton 1824-1905

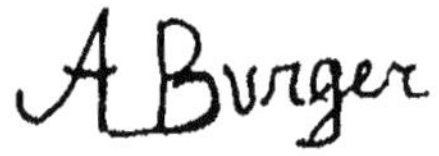

Burger Anton 1824-1905

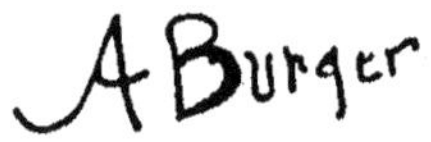

Burgers Hein XIXe

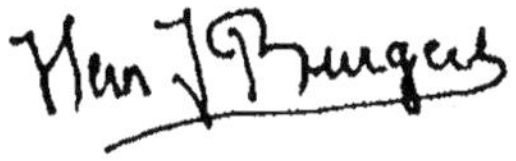

Buri Max 1868-1915

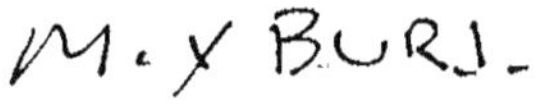

Burlando Leopoldo 1841-1915

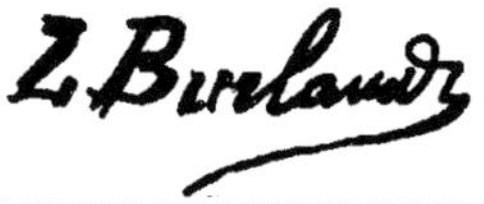

Burliuk David 1882-1967

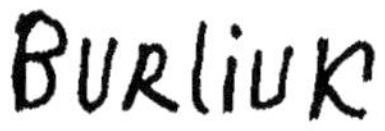

Burliuk Wladimir 1886-1917

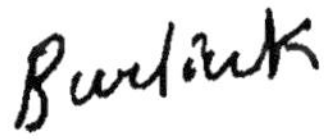

Burmeister Paul 1847

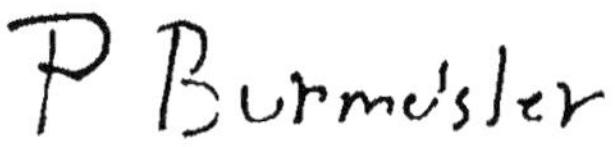

Burn Rodney Joseph 1899-1984

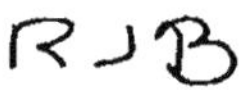

Burn Rodney Joseph 1899-1984

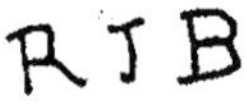

Burn Rodney Joseph 1889

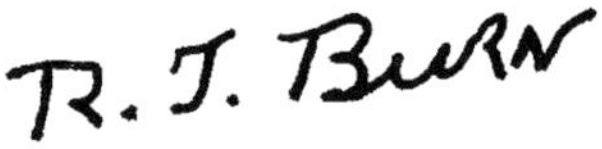

Burne Jones Edward Coley 1833-1898

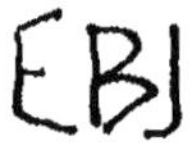

Burne Jones Edward Coley 1833-1898

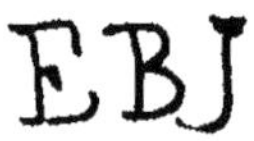

Burns Robert 1869

Buron Henri Lucien 1880-1969

Burr John P. 1831-1893

Burra Edward 1905-1976

Burra Edward 1905-1976

Burrington Arthur 1856-1924

Burssens Jan 1925

Burton Frederick 1816-1900

Burton Rose Maynard XIXe-XXe

Burty Havilland Frank 1879-1971

Bury Pol 1922

Buscaglione Giuseppe 1868-1928

Buscail Brigitte XXe

Busch Wilhelm 1832-1908

Bushby Thomas 1861-1918

Busi Luigi 1838-1884

Bussewitz Erwin XXe

Bussolino Vittorio 1853-1922

Busson Georges Louis 1859-1933

Butler Anne Mildred 1858-1941

Butler Howard 1856-1934	Caballlot Lassalle Camille 1839
Butler Reg. 1913-1981	Caballero Luis 1943
Buttersack Bernhard 1858-1925	Cabanel Alexandre 1824-1889
Butti Enrico 1847-1932	Cabanel Pierre 1838
Buxton Robert Hugh 1871	Cabat Louis 1812-1893
Buyle Robert 1896-1976	Cabianca Vincenzo 1827-1902
Buys Bob 1912-1970	Cabianca Vincenzo 1827-1902
Buzzi Federico XIXe-XXe	Cabie Louis 1853-1939
Byl Emile XIXe-XXe	Cabral Llano Enrique XIXe
Byle John XXe	Cacciarelli Umbérto XIXe-XXe

Cacheux François 1923

Cachoud François Charles 1866-1943

Cadiou Henri 1906

Cadmus Paul 1904

Caffe Nino 1908-1975

Caffi Ippolito 1809-1866

Caffi Ippolito 1809-1866

Caffieri Hector 1847-1932

Caffyn Walter W. 1845-1898

Cagli Corrado 1910-1976

Cagnoni Amero 1855-1923

Cahours Henri Maurice 1889-1954

Caillard Christian 1899-1985

Caillard Christian 1899-1985

Caille Léon Emile 1836-1907

Caillebotte Gustave 1848-1894

Cain Henri 1859-1930

Calame Alexandre 1810-1864

Calandra Davide 1856-1915

Calandra Edoardo 1852-1912

Calbet Antoine 1860-1944

Calbet Antoine 1860-1944

Calder Alexander 1898-1976

Calder Alexander 1898-1976

Calderini Luigi 1880-1973

Calderini Marco 1850-1941

Caldwell Edmund 1852-1930

Calliano Antonio 1785-1824

Calmettes Jean Marie 1918

Calogero Jean 1922

Cals Adolphe Félix 1810-1880

Calvert G. XXe

Calvi Ercole 1824-1900

Calvi Ercole 1824-1900

Camaro Alexander 1901-1992

Cambellotti Duilio 1876-1960

Camberoque Jean XXe

Cambiaso Pasquale Domenico 1811-1894

Cambier Guy 1923

Cameron David Young 1865-1945

Cameron Katherine 1874-1965

Camino Giuseppe 1818-1890

Cammarano Giuseppe 1766-1850

Camoin Charles 1879-1965

Camoin Charles 1879-1965

Campendonck Heinrich 1889-1957

Campestrini Alcide Davide 1863-1940

Camphausen Wilhelm 1818-1885

Campi Giacomo 1846-1921

Campigli Massimo 1895-1971

Campigli Massimo 1895-1971

Campo Federico del mort en 1897

Campredon Daniel XXe

Campriani Alceste 1848-1933

Campriani Alceste 1848-1933

Campriani Alceste 1848-1933

Camuccini Vincenzo 1771-1844

Camus Blanche 1884-1968

Camus Gustave 1914-1984

Cane Louis 1943

Cangemi Fillippa Maria XXe

Canneel Eugène 1882-1966

Canneel Jules Marie 1881-1953

Canneel Marcel 1894-1953

Canella Giuseppe 1788-1847

Cannicci Niccolo 1846-1906

Cannicci Nicolo 1846-1906

Cantatore Domenico 1906

Cantu Angelo 1881-1955

Cantu Federico 1908-1989

Canu Yvonne 1921

Capalleras Miquel XXe

Capdevielle Lucienne 1885-1961

Capeinick Jean 1838-1890

Capek Josef 1887-1945

Capelle Alfred Eugène 1834-1887

Capelle Aristide 1863

Capobianchi Vittorio XIXe

Capogrossi Giuseppe 1900-1972

Capon Georges 1890-1980

Cappelli Evaristo 1868-1951	Carani Diongio XIXe
Capranesi Giovanni 1852-1921	Caratti Augusto 1828-1900
Caprile Vincenzo 1856-1936	Caraud Joseph 1821-1905
Caprile Vincenzo 1856-1936	Carbon dit Bonquart 1864-1915
Caprile Vincenzo 1856-1936	Carbonati Antonio 1893
Caputo Ulisse 1872-1948	Carbonell Rafaël XIXe
Caputo Ulisse 1872-1948	Carcano Filippo 1840-1914
Cara-Costea Philippe 1925	Cardenas Juan 1939
Carabain Jacques 1834-1904	Cardon Claude XIXe-XXe
Carabain Jacques 1834-1904	Carducci Adolfo 1903-1981

Carducci Adolfo 1903-1981

Carducci Adolfo 1903-1981

Carelli Achille 1859-1921

Carelli Gabriele 1820-1900

Carelli Gabriele 1820-1900

Carelli Giuseppe 1858-1921

Carelli Giuseppe 1858-1921

Carelli Gonsalvo 1818-1900

Carelli Raffaele 1795-1864

Cargaleiro Manuel 1927

Carigiet Alois 1902-1985

Carigiet Alois 1902-1985

Carlandi Onorato 1848-1939

Carlandi Onorato 1848-1939

Carlandi Onorato 1848-1939

Carlier Modeste 1820-1878

Carlier Modeste 1820-1878

Carlsen Carl 1855-1917

Carlsen Emil 1853-1932

Carlstrom Gustaf 1896-1964

Carmiencke Johan H. 1810-1867

Caron Joseph 1866-1944

Carmignani Giulio 1813-1890

Carosi Giuseppe 1883-1965

Carmignani Guido 1838-1909

Carot Jules Etienne XIXe-XXe

Carmine Michele 1854-1894

Carozzi Giuseppe 1864-1938

Carmona Alvarez Lola XXe

Carpanetto Giovanni Battista 1863-1928

Carmosini Silvio 1884

Carpeaux Jean Baptiste 1827-1875

Caro Anita de 1909

Carpeaux Jean Baptiste 1827-1875

Caro Delvaille Henry 1876-1926

Carpentier Evariste 1845-1922

Carolus Duran Charles Emile 1837-1917

Carpentier Madeleine 1865

Carolus Jean mort en 1897

Carpot Claire 1901-1992

Carr Emily M. 1871-1945

Carra Carlo 1881-1966

Carra Carlo 1881-1966

Carra Carlo 1881-1966

Carrick Fox Ethel XIXe-XXe

Carrick John M. XIXe

Carrier-Belleuse Pierre 1851-1933

Carriere Eugène 1849-1906

Carrillo Achille 1818-1880

Carrillo Lilia 1929-1974

Carrington Leonora 1917

Carte Anto 1886-1954

Carte Anto 1886-1954

Carzou Jean 1907

Carzou Jean 1907

Casanova Carlo 1871-1950

Casanova y Estorach A. 1847-1896

Casas i Carbo Ramon 1866-1932

Cascella Basilio 1860-1950

Cascella Michele 1842-1989

Casciaro Giuseppe 1863-1945	Cassiers Henri 1858-1944
Caser Ettore 1880-1944	Cassigneul Jean-Pierre 1935
Caser Ettore 1880-1944	Cassinari Bruno 1912-1992
Casnedi Raffaele 1822-1892	Cassioli Amos 1832-1891
Casorati Felice 1883-1963	Cassioli Amos 1832-1891
Caspar Filser Maria 1878-1968	Cassioli Amos 1832-1891
Cassandre A. Mouron dit 1901-1968	Castagneto Vittorio Agostino 1875-1958
Cassatt Mary 1844-1926	Castagnola Gabriele 1828-1883
Cassatt Mary 1844-1926	Castagnola Gabriele 1828-1883
Casse Roger 1880	Castaigne André 1861-1929

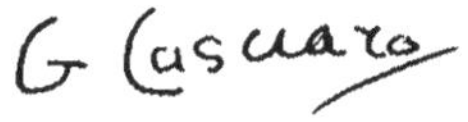

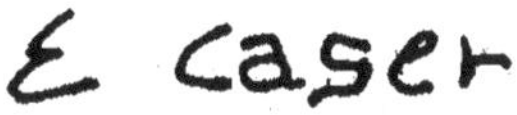

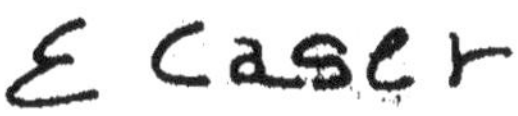

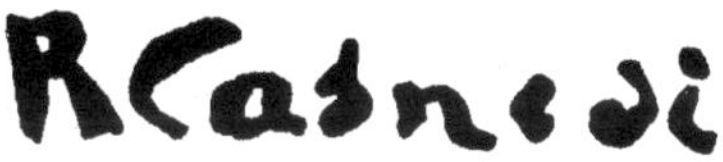

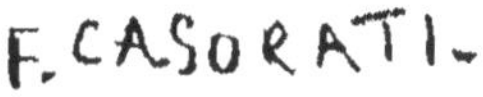

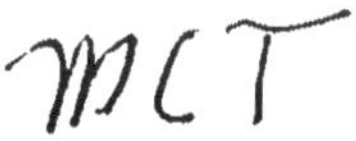

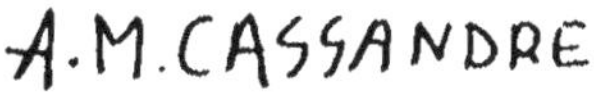

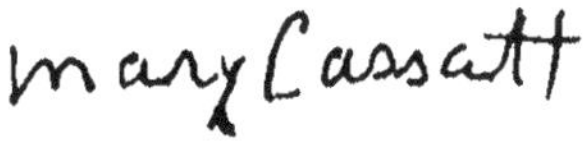

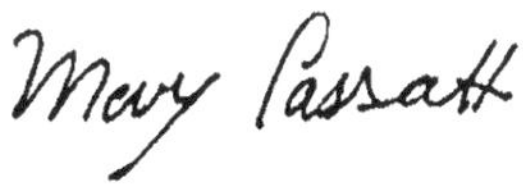

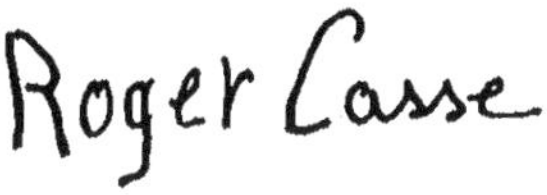

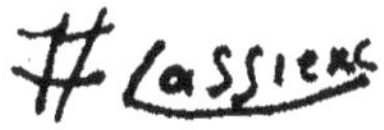

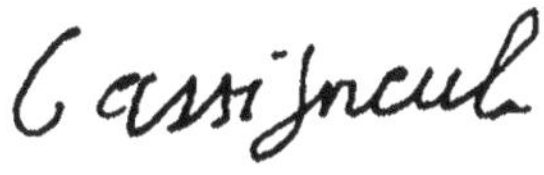

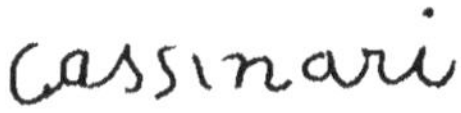

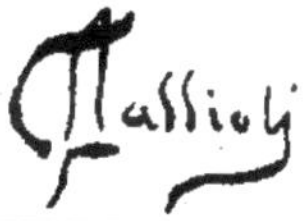

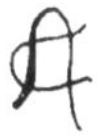

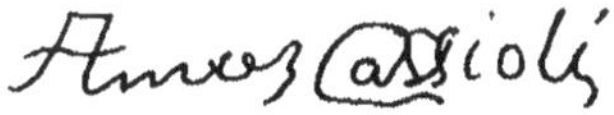

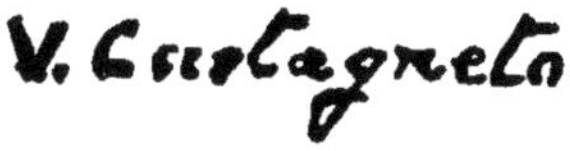

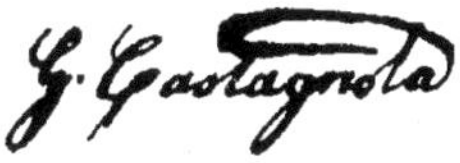

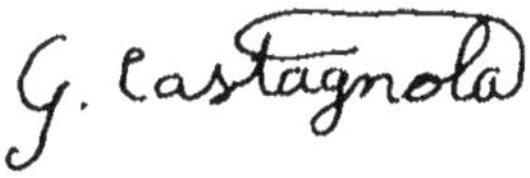

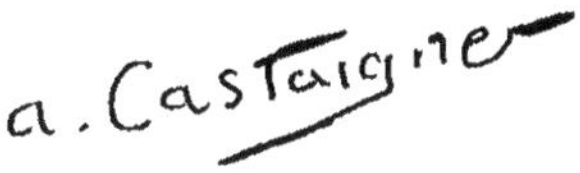

Castan Gustave Eugène 1823-1892

Castaneda Alfredo 1938

Castegnaro Felice 1872-1935

Castel Moshe 1909-1992

Castel Moshe 1909-1992

Castellaneta Enrico 1862-1953

Castelli Filippo 1859-1932

Castells Capuro Enrique 1913

Castelucho Claudio 1870-1927

Castelucho Claudio 1870-1927

Castex Degrange Adolphe 1840-1918

Castiglione Giuseppe 1829-1908

Castiglione Giuseppe 1829-1908

Castillo Mario XIXe-XXe

Castoldi Guglielmo 1828-1882

Castres Edouard 1838-1902

Castres Edouard 1838-1902

Castro Leo 1884-1970

Catarsini Alfredo 1899

Cathelin Bernard 1919 *lithographie*

Cathelin Bernard 1919 *peinture*	Cauvy Léon 1874-1933
Cattaneo Achille 1872-1931	Cavael Rolf 1898-1979
Cattaneo Achille 1872-1931	Cavailles Jules 1901-1977
Cattaneo Achille 1872-1931	Cavaleri Ludovico 1867-1924
Catti Michele 1855-1914	Cavaleri Ludovico 1867-1924
Cattiaux Louis 1904-1953	Cavaleri Ludovico 1867-1924
Cauchois Eugène Henri 1850-1911	Cavalie Cesare 1835-1907
Cauchois Eugène Henri 1850-1911	Cavalleri Giovanni 1858-1934
Caulaert Jean D. van 1897-1979	Cavalleri Vittorio 1860-1938
Caullet Albert 1875-1950	Cavalli Carlo Giuseppe 1823-1892

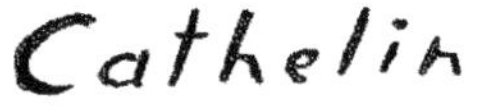

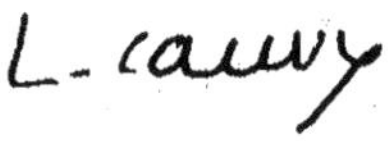

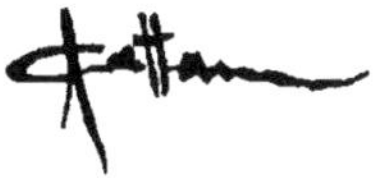

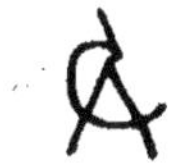

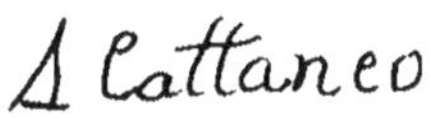

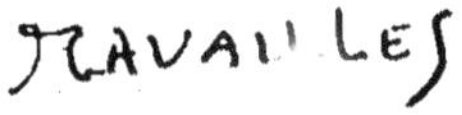

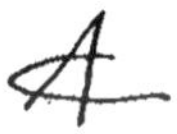

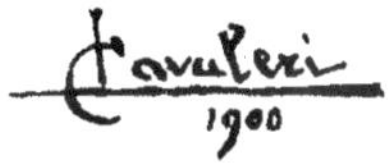

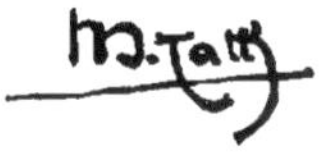

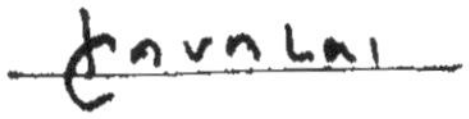

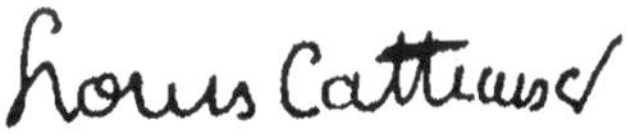

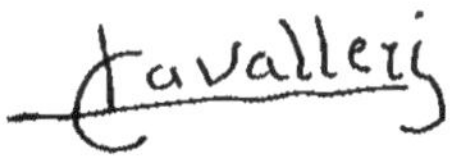

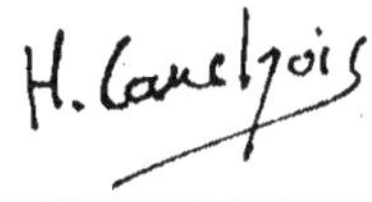

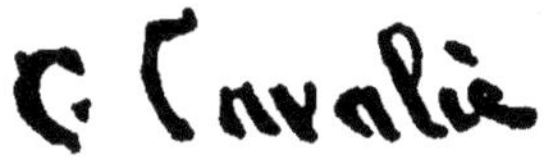

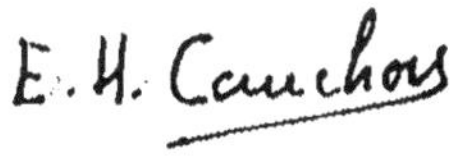

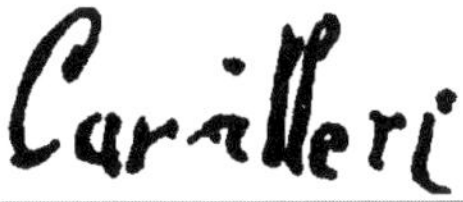

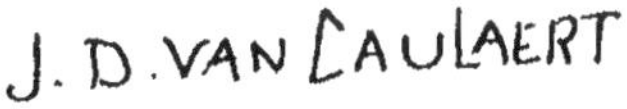

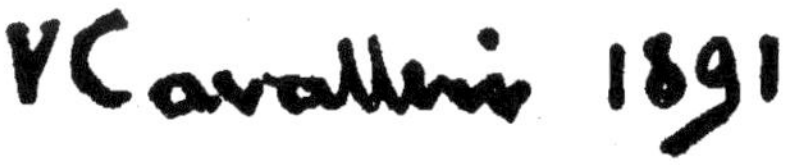

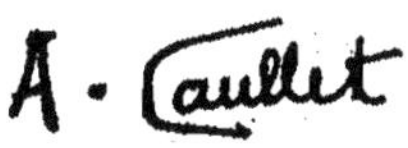

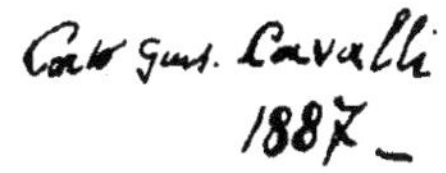

Cavalli Enrico 1849-1919	Cecioni Adriano 1836-1886
Cavazzuti Umberto 1882-1927	Cejudo Nogales Ricardo 1952
Cavenaghi Emilio 1852	Celebi Ali 1904
Caveng Jean 1905-1993	Celentano Bernardo 1835-1863
Cayron Jules 1868-1940	Celice Pierre 1932
Cazin Jean Charles 1841-1901	Celis Perez 1934
Cecchi Adriano 1850	Cellini Giuseppe 1855-1940
Cecchi Lorenzo 1864-1940	Cellini Giuseppe 1855-1940
Cecconi Eugenio 1842-1903	Celommi Pasquale 1851-1928
Cecconi Lorenzo 1863-1947	Celos Julien 1884-1953

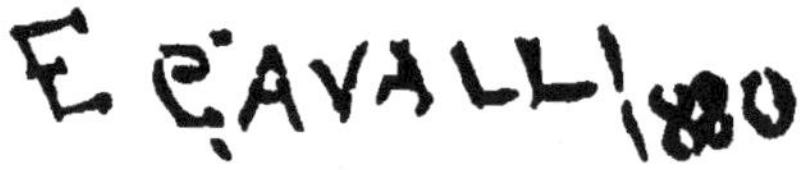

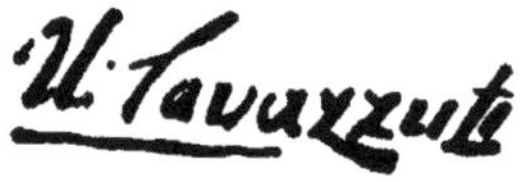

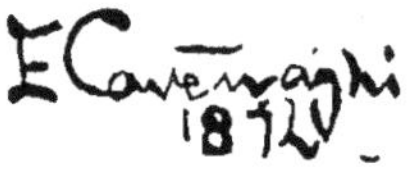

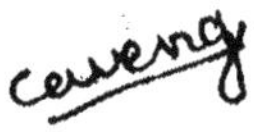

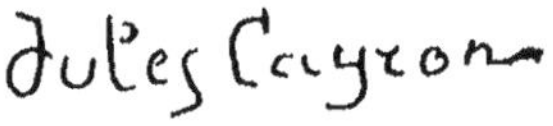

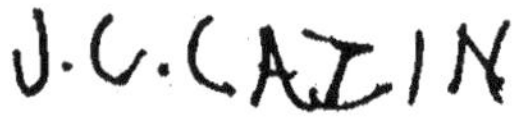

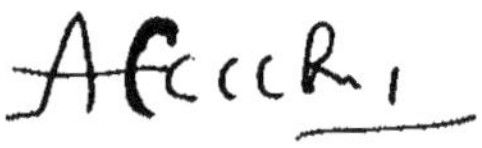

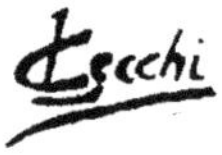

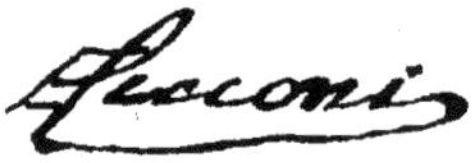

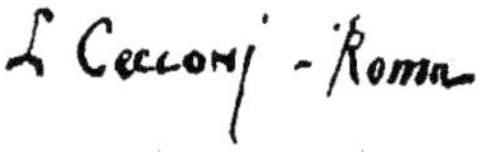

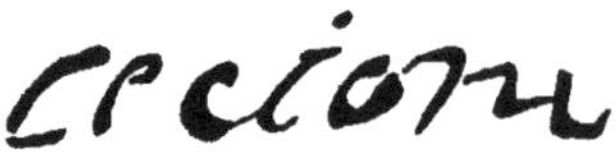

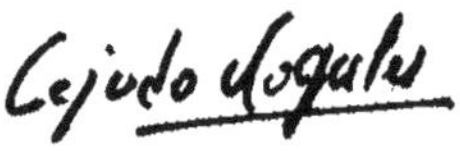

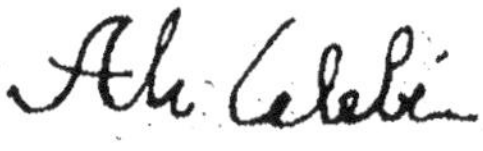

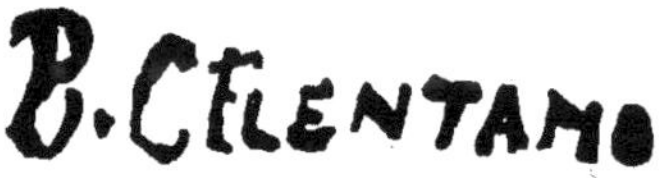

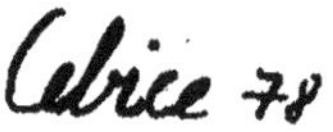

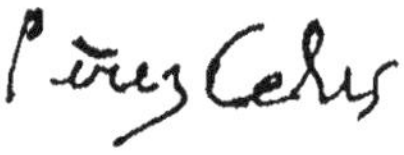

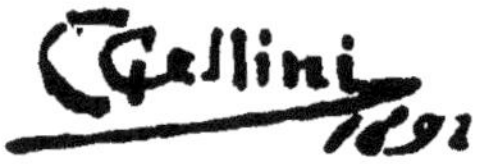

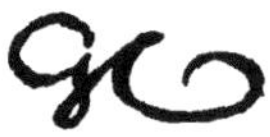

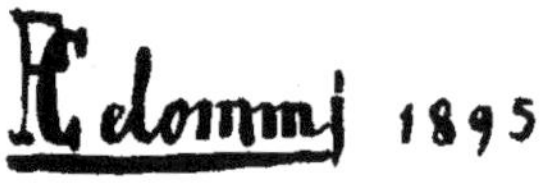

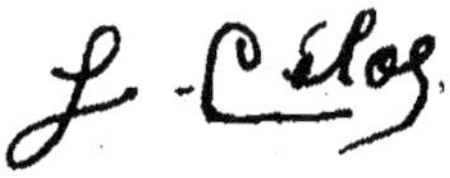

Cels Emanuel Antoine XXe

Ceramano Charles T. 1829-1909

Cercone Ettore 1850-1896

Ceria Edmond 1884-1955

Ceriez Théodore 1932-1904

Cernuda Juan Antonio XIXe-XXe

Cerret Marcel XXe

Cerruti Bauduc Felice 1817-1896

Cerruti Bauduc Felice 1817-1896

Cervi Giulio 1856

Cesetti Giuseppe 1902-1990

Cezanne Paul 1839-1906

Cezanne Paul 1839-1906

Chabanian Arsene 1864-1949

Chabas Maurice 1862-1947

Chabas Paul 1869-1937

Chabaud Auguste Elisée 1882-1955

Chabrier Georges XXe

Chagall Marc 1887-1985

Chagall Marc 1887-1985

Chagniot Alfred 1905-1991

Chahine Edgar 1874-1947

Chaigneau Jean Ferdinand 1830-1906

Chaigneau Paul XIXe

Chaissac Gaston 1910-1964

Chaissac Gaston 1910-1964

Chambon Emile 1905-1993

Champeaux Bertrand de XXe

Champion Théo 1887-1952

Chan Luis 1905

Chanet Gustave XIXe-XXe

Chapaud Marc 1914

Chapelain Midy Roger 1904-1992

Chapelle Dominique 1941

Chapellier José 1946

Chaperon Eugène 1857

Chaplin Charles 1825-1891

Chapoton Grégoire 1845

Chapoval Youla 1919-1951

Chappel Edward 1859-1946

Chapuis François 1928

Charavel Paul 1877-1961

Charbin Gilles XXe

Charchoune Serge 1888-1975

Chardon Charles XXe

Chardon Françoise XXe

Charlamoff Harlamoff A. 1842-1915

Charlemont Hugo 1850-1939

Charles James 1851-1906

Charlet Franz 1862-1928

Charlet Franz 1862-1928

Charlet Nicolas 1792-1845

Charlier Guillaume 1854-1925

Charlot Jean 1898-1979

Charlot Louis 1878-1951

Charmy Emile 1877-1974

Charnay Armand 1844-1916

Charreton Victor 1864-1936

Charreton Victor 1864-1936

Charrier Henri 1859-1950

Chartier Henri Georges 1859-1924

Charton Ernest 1815-1877

Chase William Merritt 1849-1916

Chasseriau Théodore 1819-1856

Chastel Roger 1897-1981

Chatillon Yvette 1933

Chauveau Pascal 1962

Chavannes Alfred 1836-1894

Chavaz Albert 1907-1990

Chavez y Ortiz Jose de 1839-1903

Chazaly 1926

Checa y Sanz Ulpiano 1860-1916

Cheffer Henri Lucien 1880-1957

Chelminski Jan von 1851-1925

Chelminski Jan von 1851-1925

Chemiakine Michel 1943

Chenard Huche Georges 1864-1937

Cheret Jules 1836-1932

Cheret Jules 1836-1932

Cheret Jules 1836-1932

Chevalier Augustin 1929

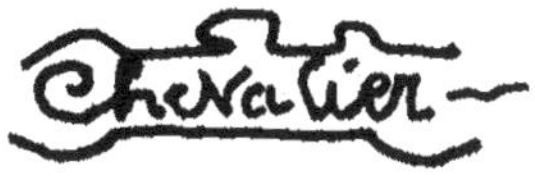

Chia Sandro 1946

Chevilliard Vincent Jean B. 1841-1904

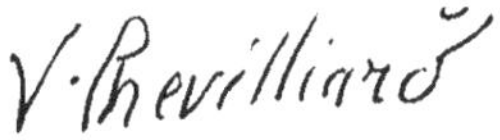

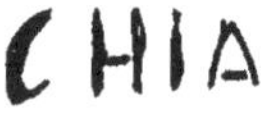

Chialiva Luigi 1842-1914

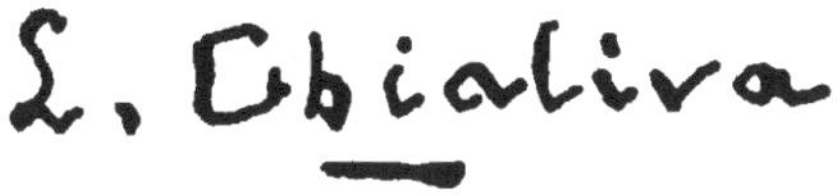

Cheviot Lilian XIXe-XXe

Chiancone Alberto XXe

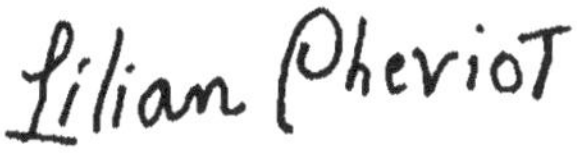

Cheviot Lilian XIXe-XXe

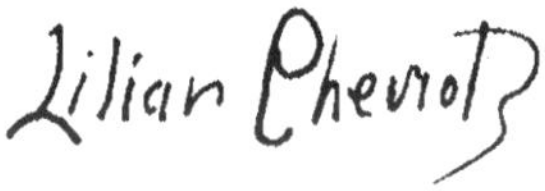

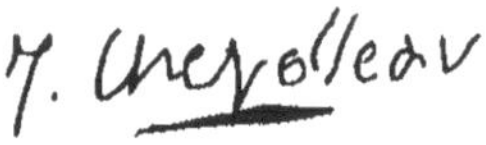

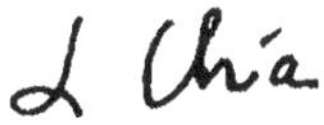

Chierici Gaetano 1838-1920

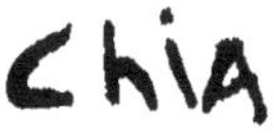

Cheviot Lilian XIXe-XXe

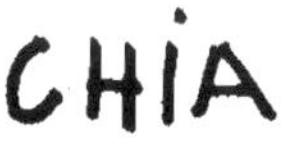

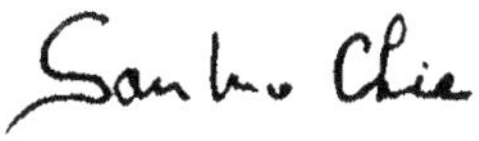

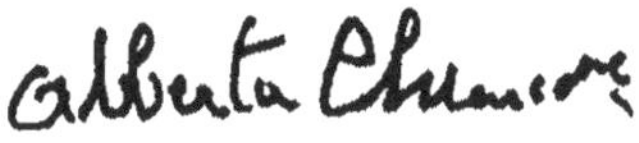

Chierici Gaetano 1838-1920

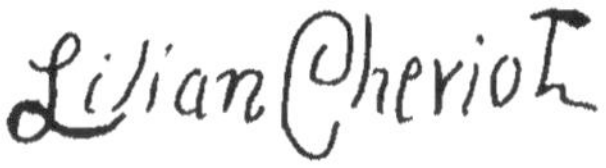

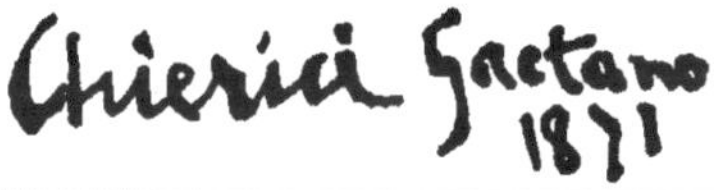

Chevolleau Jean 1924

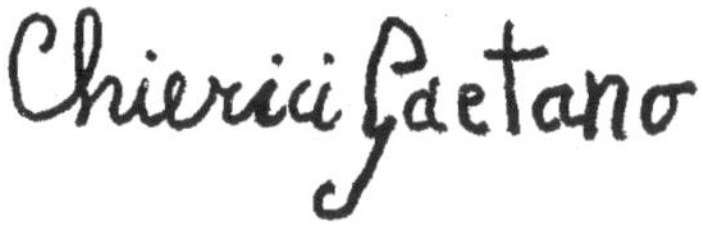

Chiesa Pietro 1876-1959

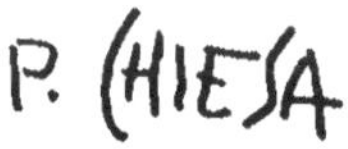

Chia Sandro 1946

Chiesa Pietro 1876-1959

Chia Sandro 1946

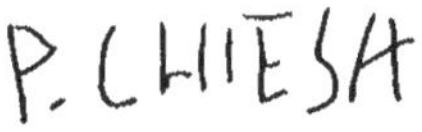

Chigot Eugène 1860-1923

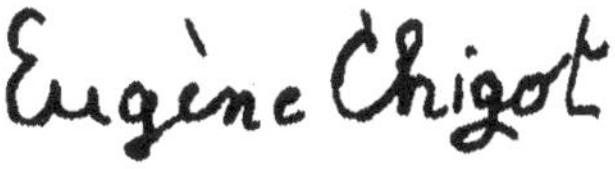

Chia Sandro 1946

Chillida Eduardo 1924

Chia Sandro 1946

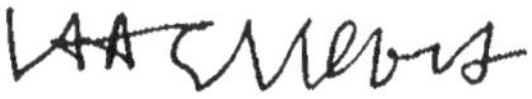

Chini Galileo 1873-1956

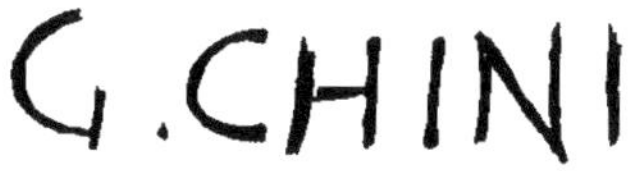

Chintreuil Antoine 1816-1873

Chiostri Carlo XIXe-XXe

Chirico Giacomo de 1845-1891

Chirico Giorgio de 1888-1978

Chmaroff Paul 1874-1950

Chocarne Moreau Paul Ch. 1855-1931

Choquet René XIXe-XXe

Choquet-Perez Georges XXe

Choultse Ivan F. 1874-1920

Christ Martin Alfred 1900-1979

Christ Martin Alfred 1900-1979

Christ Martin Alfred 1900-1979

Christo Javacheff dit 1935

Christo Javacheff dit 1935

Christo Javacheff dit 1935

Christoforou John 1921

Chtoltz Serguei 1943

Church Frederick Stuart 1842-1923

Churchill Winston s. 1874-1965

Churchill Winston s. 1874-1965

Ciancia Mario 1876-1940	Cima Luigi 1860-1944
Cianfanelli Nicola 1793-1849	Cima Luigi 1860-1944
Ciani Cesare 1854-1925	Cima Luigi 1860-1944
Ciardi Giuseppe Beppe 1875-1932	Cinotti Guido 1870-1932
Ciardi Guglielmo 1842-1917	Cinquin Daniel XXe
Ciardi Guglielmo 1842-1917	Cinti Decio XIXe-XXe
Ciardi Guglielmo 1842-1917	Ciolina Giovanni Battista 1870-1955
Ciarlo G. XXe	Cipolla Fabio 1852-1935
Cibo XXe	Cipriani Nazzareno 1843-1923
Ciceri Eugène 1813-1890	Cirino Antonio 1889-1983

Ciry Michel 1919	Clair Charles 1860-1930
Ciry Michel 1919	Clairin Georges 1843-1919
Ciseri Antonio 1821-1891	Claisse Geneviève 1935
Ciseri Antonio 1821-1891	Clare Oliver 1853-1927
Citroen Paul 1896-1976	Clarenbach Maximilien 1880-1952
Clad Roger XXe	Claris Gaston Antoine 1843-1899
Claes Edouard XIXe	Clark James 1858-1943
Claeys Albert 1889-1967	Clary Baroux Adolphe 1865-1933
Claeys Hilaire XIXe-XXe	Clarys Alexandre 1857-1930
Clair Charles 1860-1930	Clarys Alexandre 1857-1930

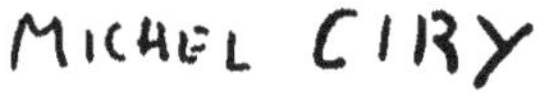

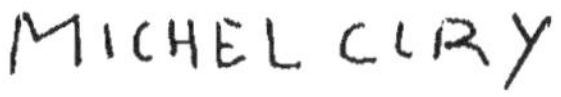

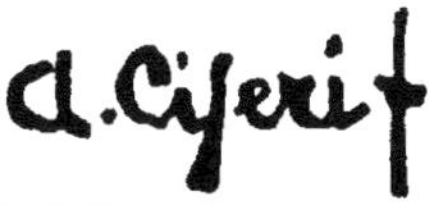

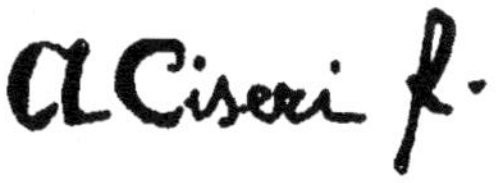

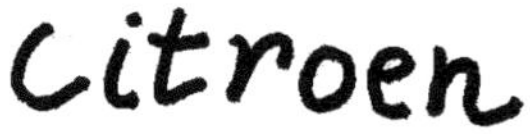

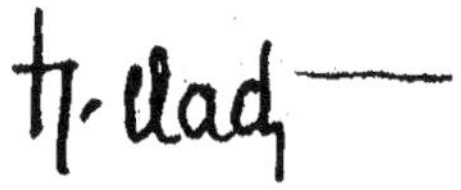

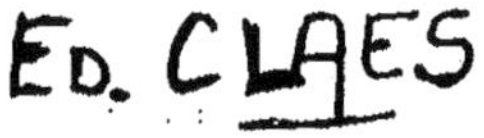

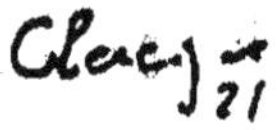

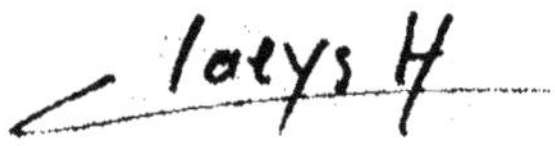

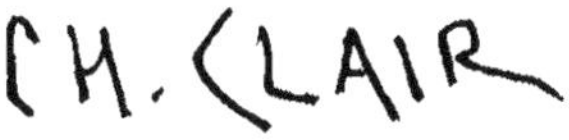

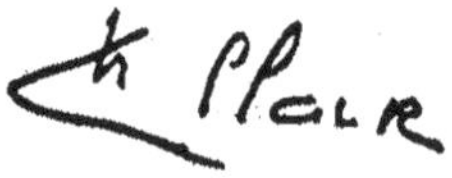

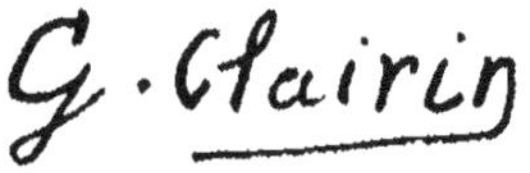

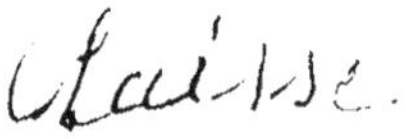

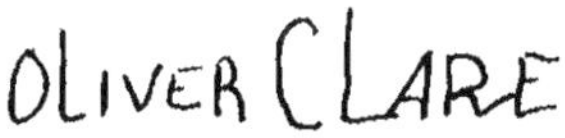

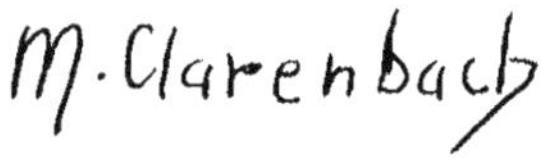

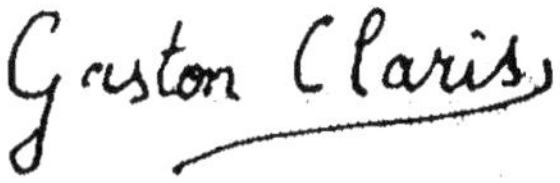

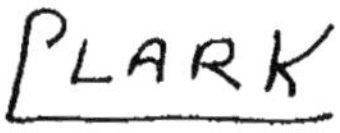

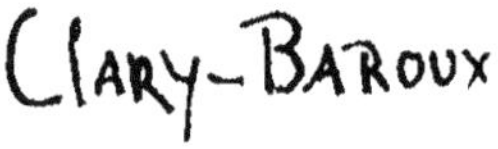

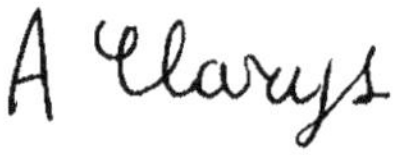

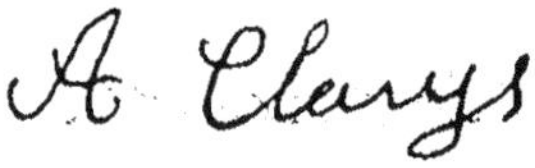

Claude Eugène 1841-1922

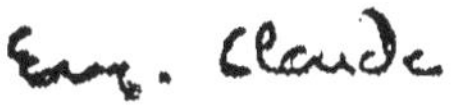

Claudot Charles XXe

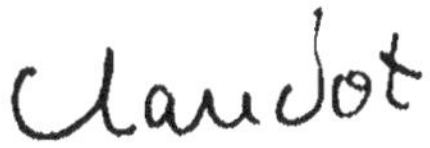

Claus Emile 1849-1924

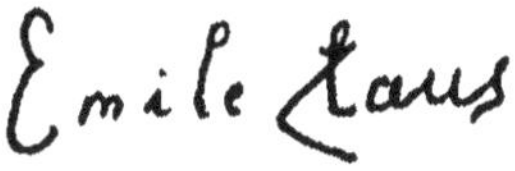

Clausen George 1852-1944

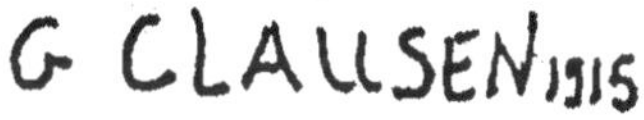

Clave Antoni 1913

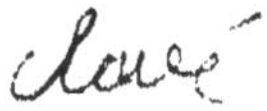

Clays Paul Jean 1819-1900

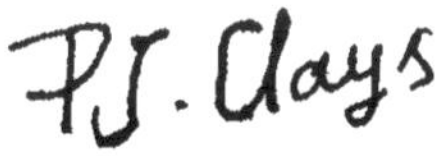

Clayton Harold 1896-1979

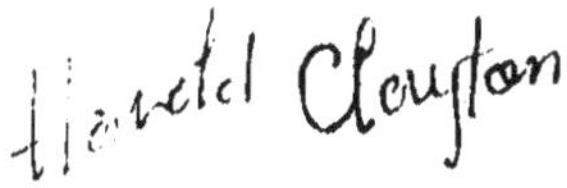

Clayton Hughes 1891-1929

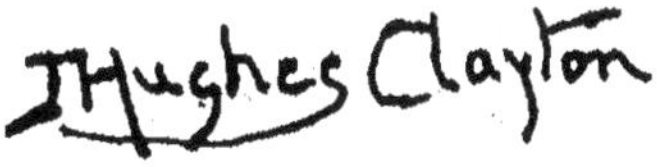

Clement Amédée Julien Marcel 1873

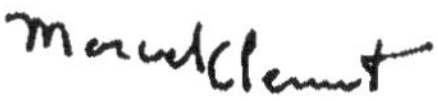

Clement Charles 1889-1972

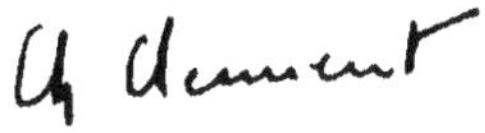

Clément Félix 1826-1888

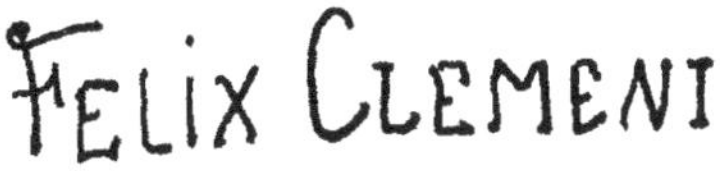

Clement Serveau 1886-1972

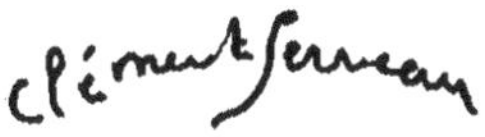

Clere Camille 1825

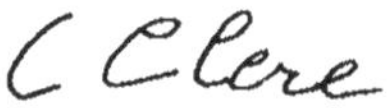

Clerge Auguste 1891-1963

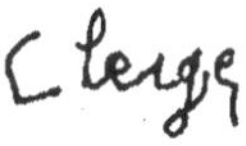

Clermont Gallerande Ad. L. 1845-1895

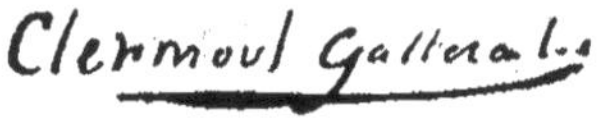

Clesse Louis 1889-1961

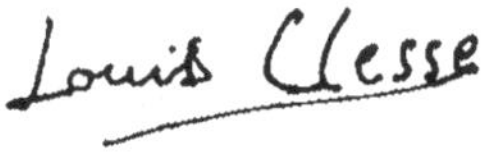

Clessinger Jean Baptiste 1814-1893

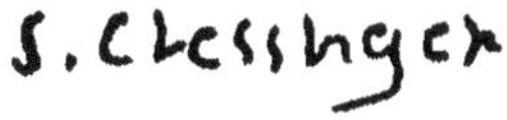

Closay E. T. de XXe

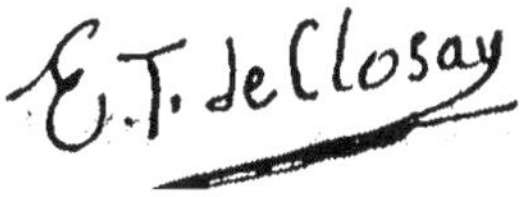

Cluseau Lanauve Jean 1914

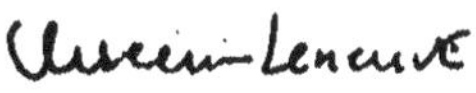

Cobbaert Jan 1909

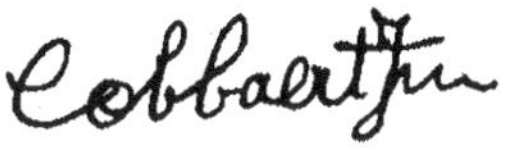

Cobbe H. Bernard XIXe

Cobbe H. Bernard XIXe

Cock Cesar de 1823-1904

Cock Cesar de 1823-1904

Cockx Marcel 1930

Cockx Philibert 1879-1949

Cocteau Jean 1889-1963

Cocteau Jean 1889-1963

Cocteau Jean 1889-1963

Codron Oscar 1881-1960

Cogghe Rémy 1854-1935

Coghetti Francesco 1804-1875

Cogniet Léon 1794-1880

Cogniet Léon 1794-1880

Cohout Alice Drouart dite XXe

Coignard James 1925

Coignard Louis 1810-1883

Coignet Marie XIXe

Col Joseph XIXe

Colas Alphonse 1818-1887

Cole George Vicat 1833-1893

Cole George Vicat 1833-1893

Coleman Henry Enrico 1846-1911

Coleman Henry Enrico 1846-1911

Coleman Henry Enrico 1846-1911

Coleman William Stephen 1829-1904

Colin André XIXe-XXe

Colin Gustave 1828-vers 1910

Colin Jean 1881-1961

Colin Paul 1892-1985

Collart Marie 1842-1911

Collet Louis 1930

Collet Marie-Elisabeth XXe

Collier Thomas Fr. 1840-1891

Collignon Georges 1923

Collins Cecil 1908-1989

Colmo Giovanni 1867-1947

Colnot Arnout 1887-1983

Colombi Borde Francesco 1846-1905

Colsoul Louis XXe

Colucci Gio 1892-1974	**Compte-Calix François 1813-1880**
Combas Robert 1957	**Compton Edward H. 1881-1960**
Combaz Gisbert 1869-1941	**Compton Edward H. 1881-1960**
Comerre Léon Fr. 1850-1916	**Compton Edward Theodor 1849-1921**
Cometti Giacomo 1863-1938	**Comte Pierre Charles 1823-1895**
Comfort Charles 1900-199	**Conconi Luigi 1852-1917**
Cominetti Giuseppe 1882-1930	**Condamy Charles F. de 1855**
Commere Jean 1920-1986	**Conder Charles 1868-1909**
Comolli Luigi 1893-1976	**Conder Charles 1868-1909**
Compard Emile 1900-1977	**Condo George 1957**

Condo George 1957	Conti Giuseppe XIXe
Connard Philip 1876-1958	Conti Primo 1900-1988
Conor William 1881-1968	Conti Tito 1842-1924
Conor William 1881-1968	Conti Tito 1842-1924
Consagra Pietro 1920	Conz Walter 1872-1947
Constable William 1793-1861	Cook Beryl 1926
Constant Benjamin 1845-1902	Cook Ebencer Wake 1843-1926
Constant Nieuwenhoys dit 1920	Cook Henry 1819-vers 1890
Constantini Giuseppe XIXe-XXe	Coolidge Cassius Marcellus 1844-1934
Conterno Arturo 1871-1942	Coomans Diana XIXe

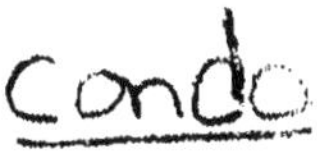

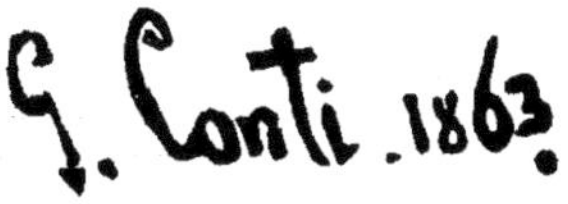

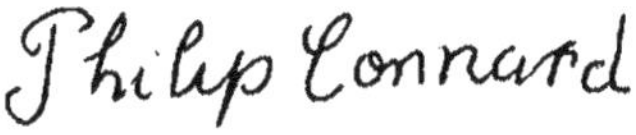

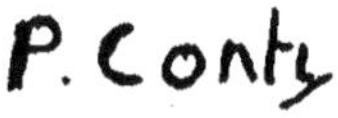

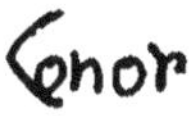

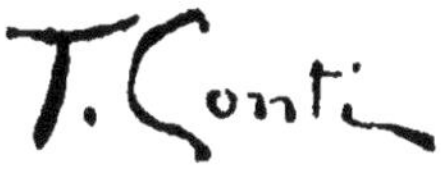

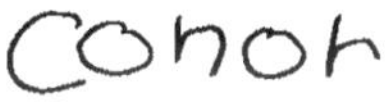

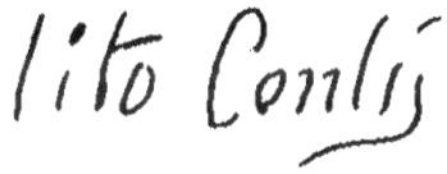

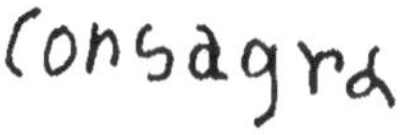

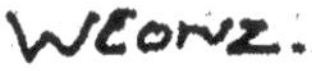

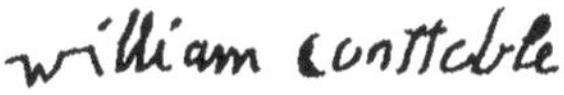

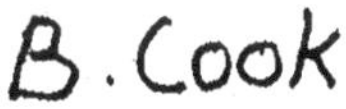

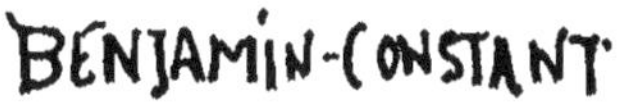

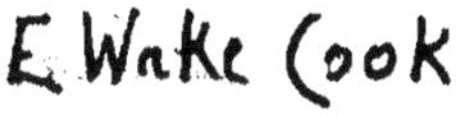

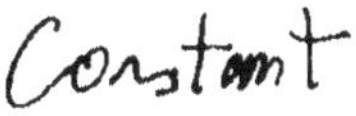

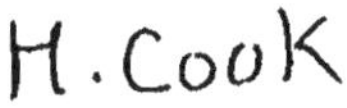

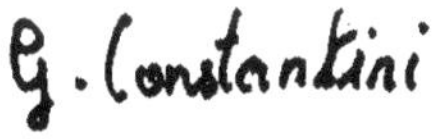

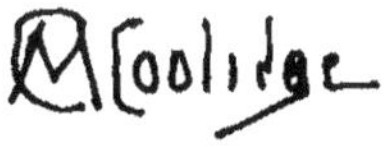

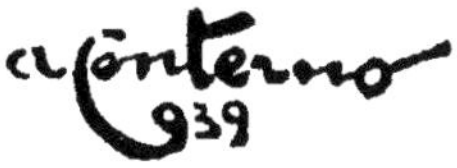

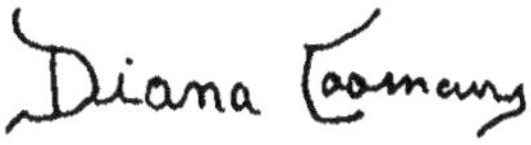

Coomans Joseph Pierre O. 1816-1889

Cooper Thomas Sidney 1803-1902

Cooper William Sidney 1854-1927

Coorde Charles de 1890-1963

Coosemans Joseph T. 1828-1904

Coppens Omer 1864-1926

Copping Harold 1863-1932

Coppola Castaldi Francesco 1847-1916

Corbellini Luigi 1901-1968

Corbellini Luigi 1901-1968

Corcos Vittorio Matteo 1859-1933

Corcos Vittorio Matteo 1859-1933

Cordey Frederic Samuel 1854-1911

Cordonnier Paul 1878-1963

Corelli Augusto 1853-1918

Corfou Michel XXe

Corinth Lovis 1858-1925

Corinth Lovis 1858-1925

Cormon Fernand 1854-1924

Corneau Eugène 1894-1976

Corneille G. van Beverloo dit 1922	Corrodi Hermann David S. 1844-1905
Cornet Alphonse 1814-1874	Corrodi Salomon 1810-1892
Cornillon Louis 1869	Corsi Carlo 1879-1966
Cornu Pierre 1895	Corsi di Bosnasco Giacinto 1829-1909
Coromaldi Umberto 1870-1948	Cortazzo Oreste 1836
Corompai Diulio 1876-1942	Cortes Daniel XIXe-XXe
Corot Camille J. B. 1796-1875	Cortes Edouard 1882-1969
Corot Camille J. B. 1796-1875	Cortese Federico 1829-1913
Corpora Antonio 1909	Cosenza Giuseppe 1846-1922
Corrodi Hermann David S. 1844-1905	Cosgrove Stanley 1911

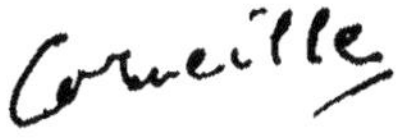

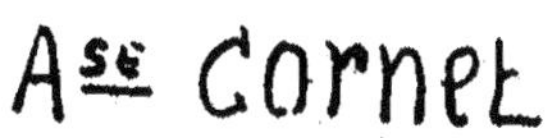

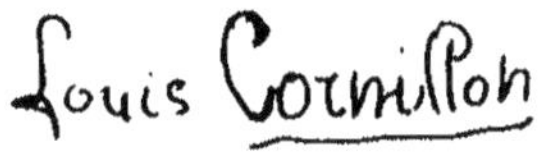

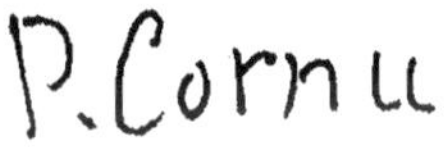

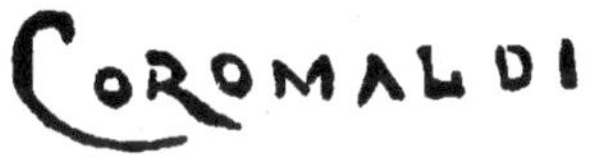

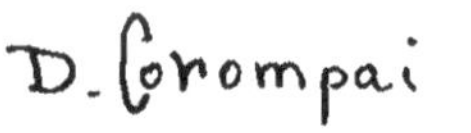

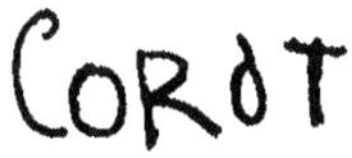

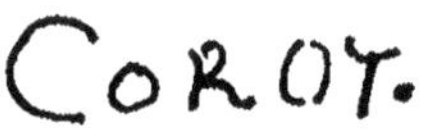

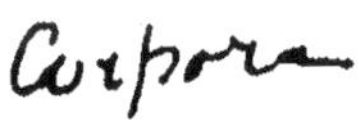

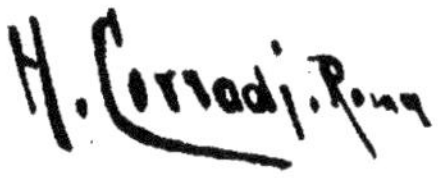

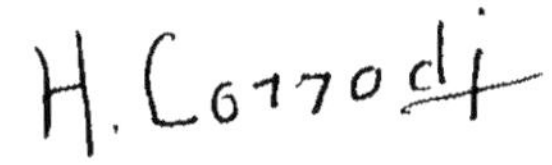

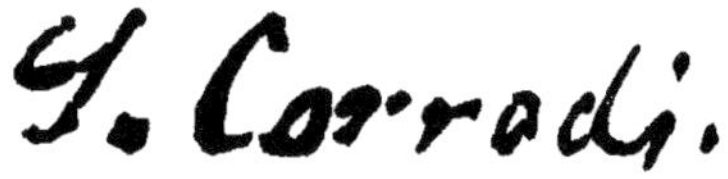

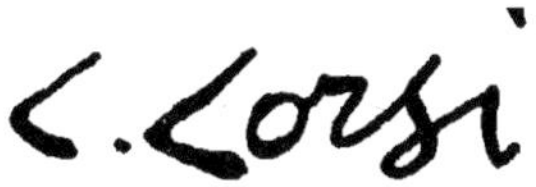

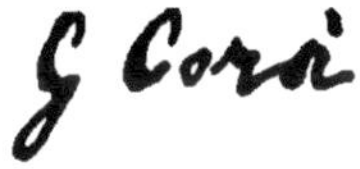

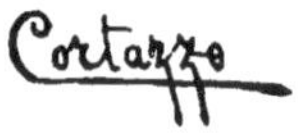

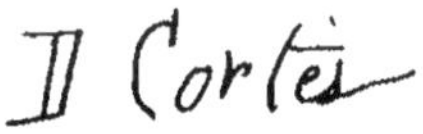

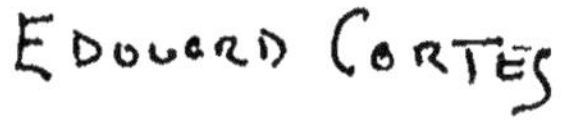

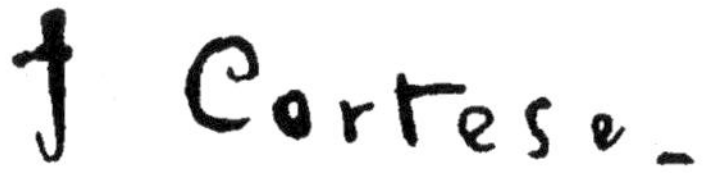

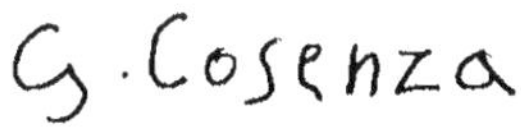

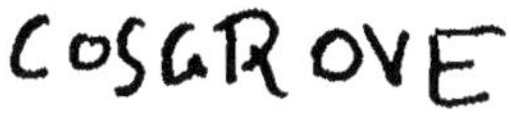

Cosola Demetrio 1851-1895	Costantini Battista 1854
Cossmann Maurice Hermann 1821-1890	Costantini Giovanni 1872-1947
Cosson Marcel 1878-1956	Costantini Giuseppe 1843-1893
Costa Angelo 1858-1911	Costantini Virgilio 1843-1893
Costa Angelo 1858-1911	Cot Christophe XXe
Costa Emmanuel 1833-1921	Cot Pierre Auguste 1837-1883
Costa Giovanni 1833-1893	Cottavoz André 1922
Costa Giovanni (Nino) 1826-1903	Cottenet Jean XIXe-XXe
Costa Giovanni (Nino) 1826-1903	Cottet Charles 1863-1924
Costa Olga 1913-1994	Cottin Emile XXe

Coubine Othon 1883-1969

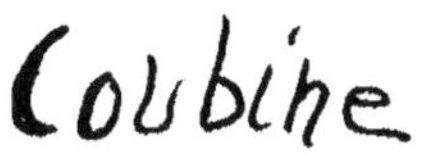

Courbet Gustave 1819-1877

Couchat Michel XXe

Courbet Gustave 1819-1877

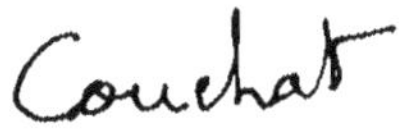

Couchaux Marcel 1877-1939

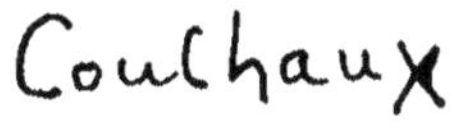

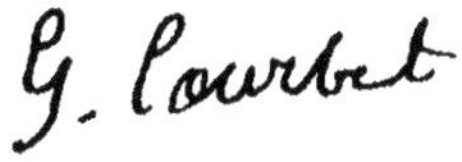

Courdouan Vincent 1810-1893

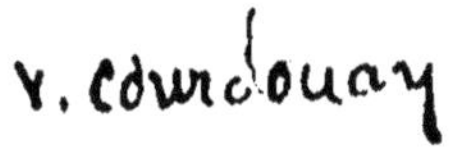

Coukidis Emilios 1931

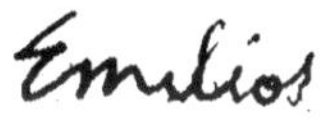

Courmes Alfred 1898

Couldery Horatio H. 1832-1893

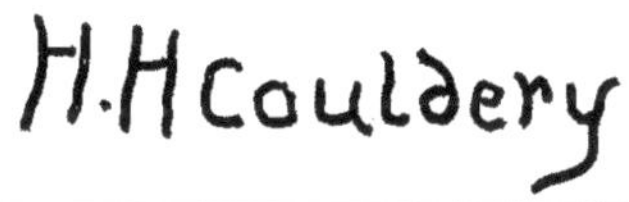

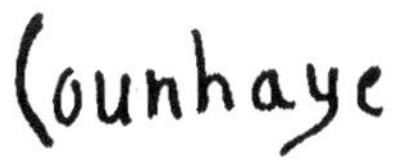

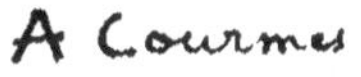

Courselles-Dumont Henri 1856-1918

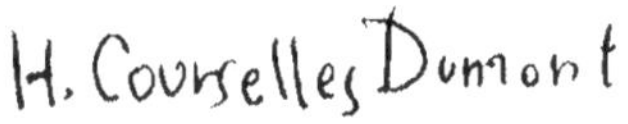

Couldery Horatio H. 1832-1893

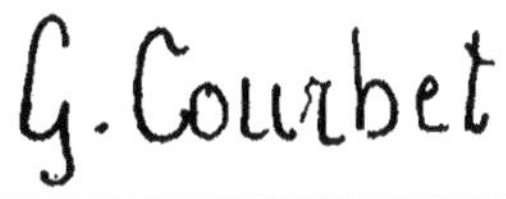

Courtens Franz 1850-1943

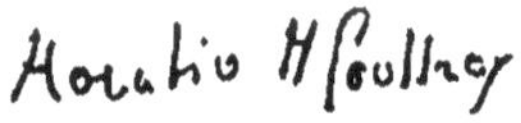

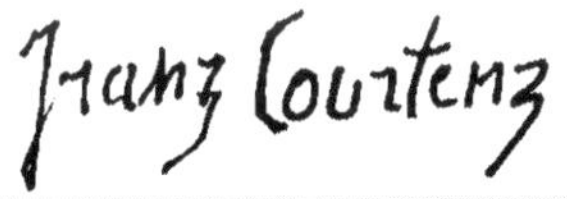

Couliou Jean-Yves 1916

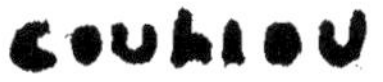

Courtens Franz 1850-1943

Counhaye Charles 1884-1971

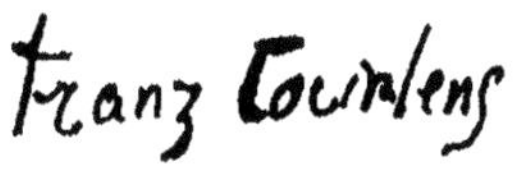

Courtois Gustave 1853-1924

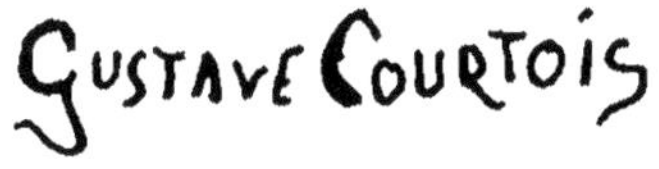

Counhaye Charles 1884-1971

Cousturier Lucie 1870-1925

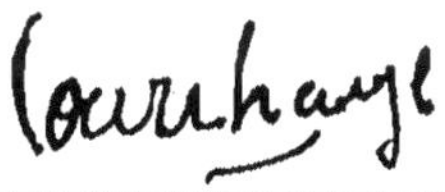

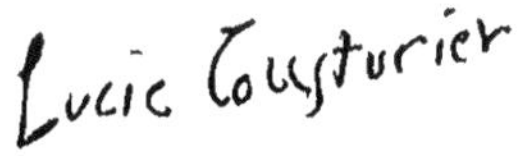

Courant Maurice 1847-1925

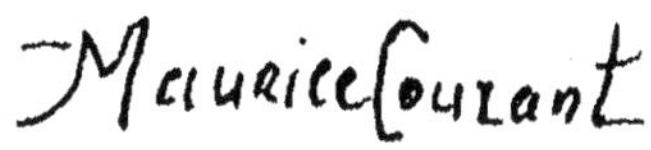

Coutaud Lucien 1904-1977

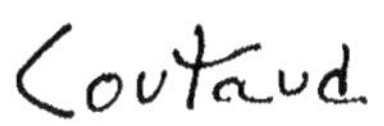

Couteau Geneviève XXe	Cozzolino Salvatore 1857
G. COUTEAU	S. Cozzolino
Couture Thomas 1815-1879	Crabeels Florent N. 1829-1896
T. C.	Flor Crabeels
Couture Thomas 1815-1879	Crabeels Florent N. 1829-1896
th. Couture	Flor Crabeels
Couturier Philibert Léon 1823-1901	Craft Percy Robert 1856-1934
PL Couturier	PERCY R. CRAFT.
Couty Jean Frédéric 1829-1904	Crahay Albert 1881-1914
F. Couty	A. CRAHAY
Covarrubias Miguel 1904-1957	Craig Edmond Anthony 1904
COVARRUBIAS	Edward Craig
Covelli Gaele 1872-1912	Crantz Bengt XXe
G. COVELLI	Crantz
Coward Noël 1899-1973	Crapelet Louis Aimable 1822-1867
NOEL COWARD	Am - Crapelet
Cox David 1783-1859	Cras Monique 1910
David Cox	monique CRAS
Cox Jan 1919-1980	Crawford Ralston 1906-1978
Jan Cox	1949 RC

Crawshaw Lionel T. 1864-1949	Cresseri Gaetano 1870-1933
L. Crawshaw	Cresseri
Craxton John 1922	**Cressini Carlo 1864-1938**
Craxton	
Creance Georges 1926	**Creten Georges 1887-1966**
CRÉANCE	Creten. Georges
Crehay Gérard 1844-1937	**Creten Victor 1878-1966**
G. A. Crehay	VICTOR CRETEN
Creixams Pierre 1893-1965	**Crets Jean XXe**
	CRETS
Crema Giovan Battista 1883-1964	**Crettien Hélène XXe**
Crema	Hélène Crettien
Cremieux Edouard 1856-1944	**Creytens Julien 1897-1972**
ED. CRÉMIEUX	J. Creytens
Cremona Tranquillo 1837-1878	**Crippa Roberto 1921-1972**
TC	Crippa
Cremona Tranquillo 1837-1878	**Cristall Joshua vers 1767-1847**
TCremona	J. C.
Crespin Adolphe 1851-1944	**Croatto Bruno 1875-1948**
A. CRESPIN	·BRVNO·CROATTO·

Crocket Henry Edgar 1874-1926

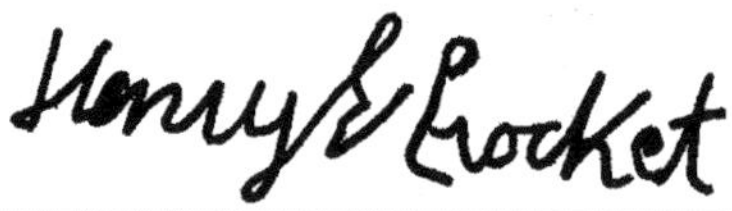

Crodel Charles 1894-1973

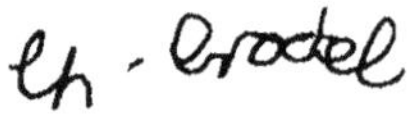

Crodel Charles 1894-1973

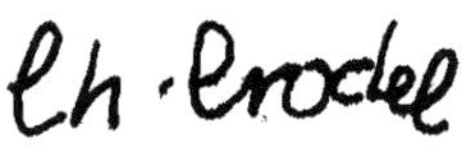

Croegaert Georges 1848-1923

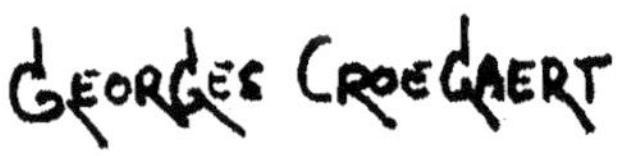

Crofts Ernest 1847-1911

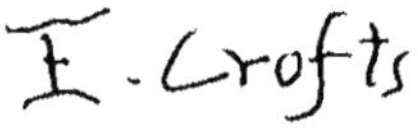

Crofts Ernest 1847-1911

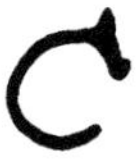

Crooks Ron XXe

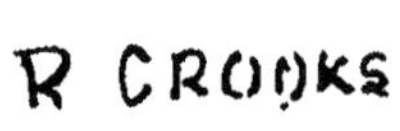

Cros Georges XXe

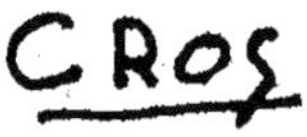

Cross Henri Edmond 1856-1910

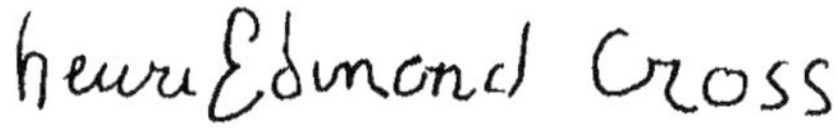

Cross Henri Edmond 1856-1910

Crotti Jean 1878-1958

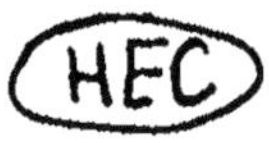

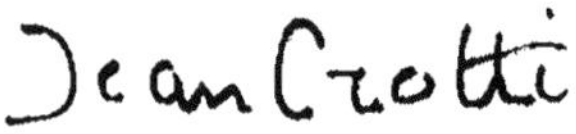

Crotti Jean 1878-1958

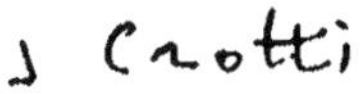

Cruikshank George 1792-1878

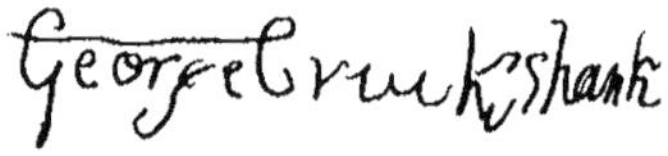

Cruz Herrera José 1890-1972

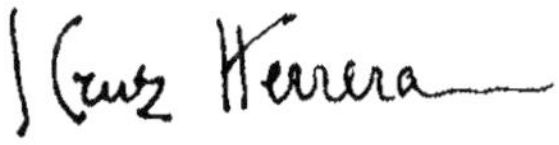

Cubells y Ruiz Enrique M. 1874-1947

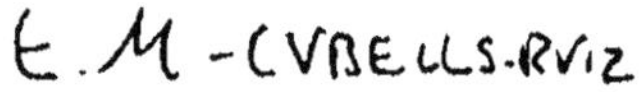

Cucuel Edward 1875-1951

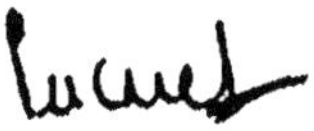

Cucuel Edward 1875-1951

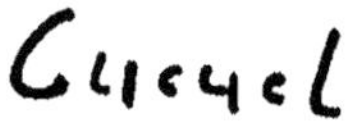

Cudennec Patrice XXe

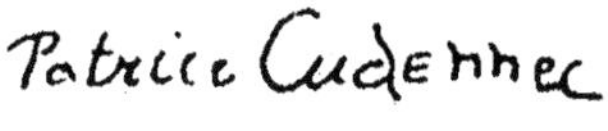

Cuello Felix XXe

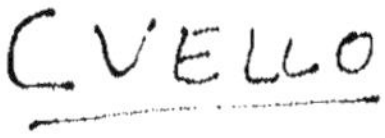

Cuello Felix XXe

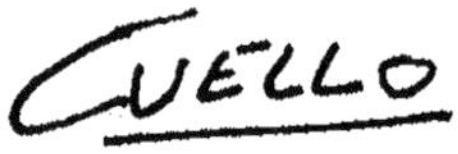

Cuixart Modest 1925	Curry Robert F. 1872-1945
Cullin Isaac J. vers 1881-1920	Curry Robert F. 1872-1945
Culverhouse Johann M. 1820	Curry Robert F. 1872-1945
Cumming William S. XXe	Curzon Paul Alfred de 1820-1895
Cunaeus Conradyn 1828-1895	Cusachs y Cusachs Jose 1851-1908
Cuneo Cyrus 1879-1916	Cuvillon Louis Robert 1848
Cuneo Jose 1887-1977	Cyr Georges 1880-1964
Curcio Edgardo 1881-1923	Czech Emil 1862-1929
Curran Charles C. 1861-1942	Czobel Bela Adalbert 1883-1976
Currey Fanny W. XIXe	D'Achiardi Pietro 1879-1940

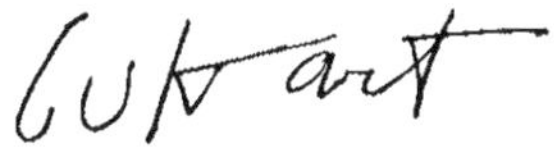

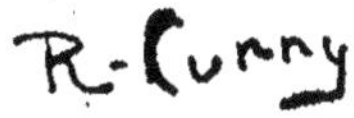

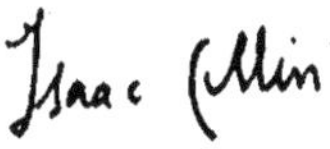

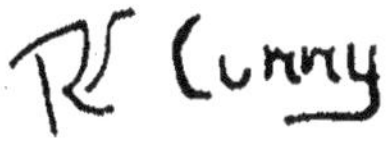

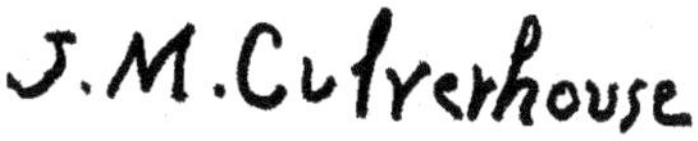

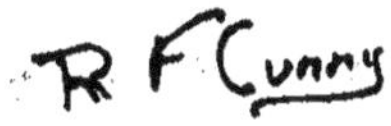

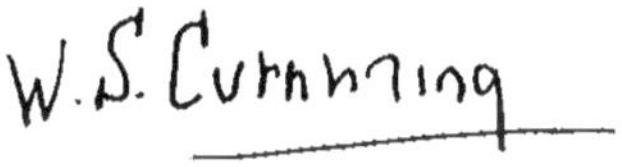

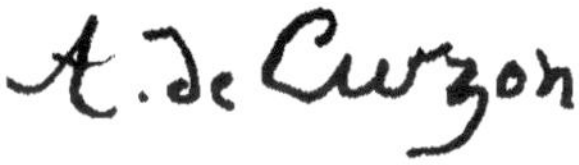

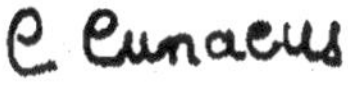

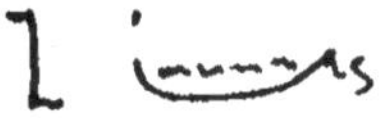

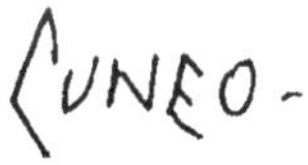

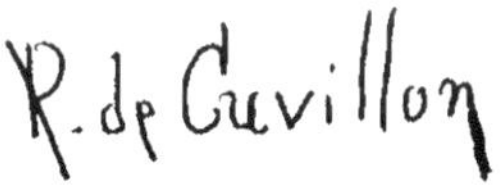

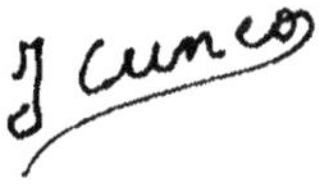

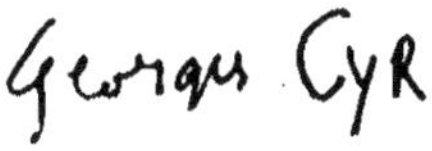

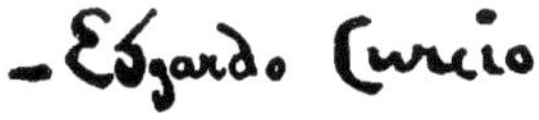

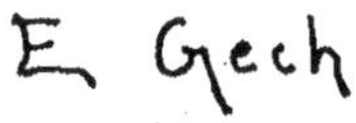

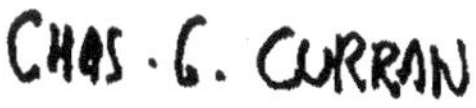

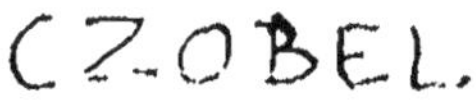

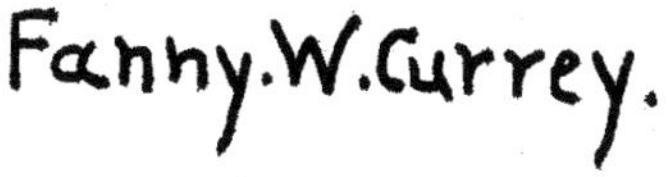

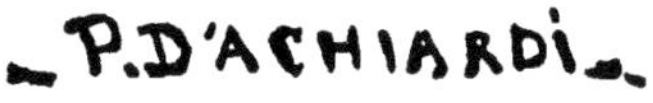

D'ancona Vito 1825-1884

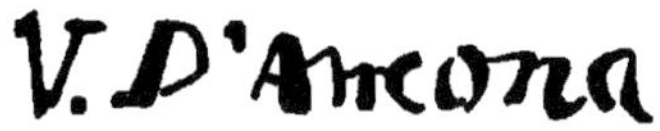

D'Auria Raffaele 1799-1859

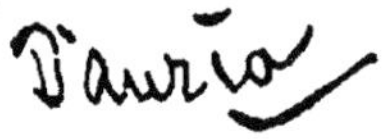

D'Have Constant XXe

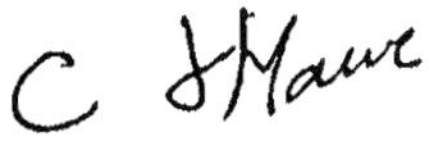

Dabo Léon 1868-1960

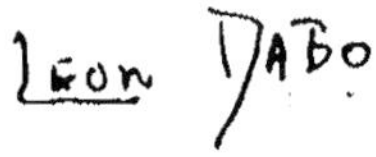

Dabo Léon 1868-1960

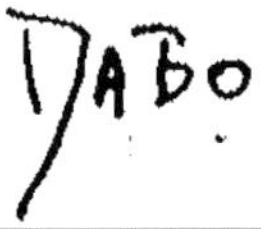

Da Costa John 1867-1931

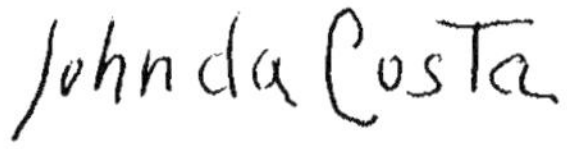

Dadd Frank 1851-1929

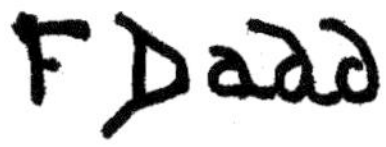

Dado Miodrag Djuric dit 1933

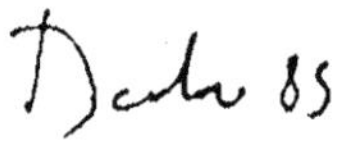

Daeye Hippolyte 1873-1952

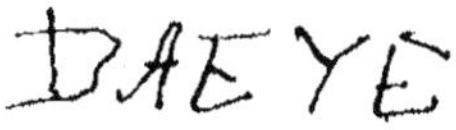

Dagnan-Bouveret Pascal 1852-1929

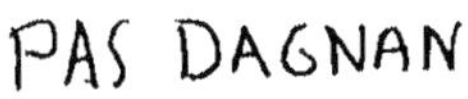

Dagnaux Albert 1861-1933

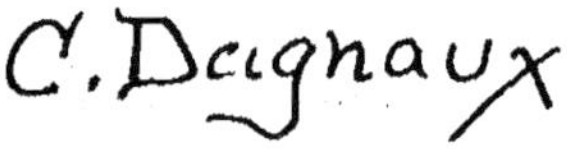

Dahl Hans 1881-1919

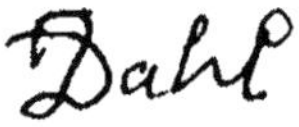

Dahl Hans 1881-1919

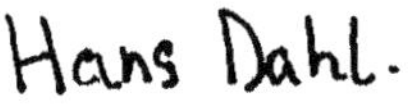

Dahl Johan Christian 1788-1857

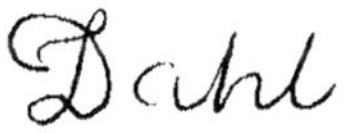

Dahl Siegwald Johannes 1827-1902

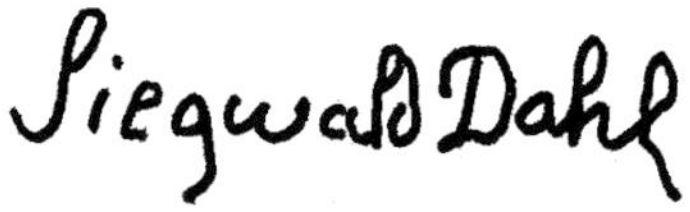

Dahmen Karl 1917-1981

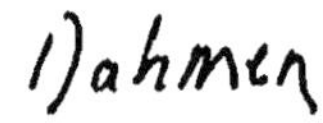

Daini Augusto 1860-1920

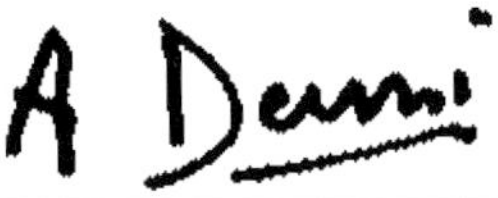

Daini Augusto 1860-1920

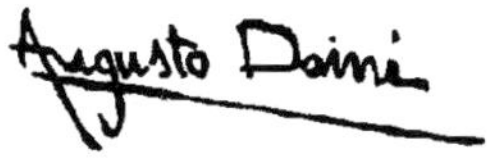

Daiwaille Alexander 1818-1888

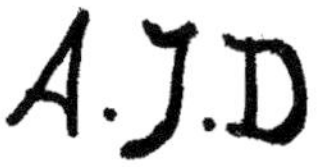

Dake Carel Lodewijk 1886-1946

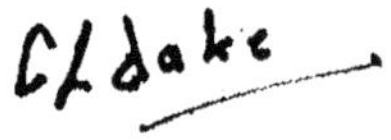

Dalbono Edoardo 1841-1915

Dalbono Edoardo 1841-1915

Dali Salvador 1904-1989

Dali Salvador 1904-1989

Dall'Oca Bianca Angelo 1858-1942

Dall'Oca Bianca Angelo 1858-1942

Dal Pozzo Tommaso 1862-1906

Dal Re Carlos 1863-1948

Dameron Emile 1848-1908

Damien Jos 1879-1973

Damoye Pierre Emmanuel 1847-1916

Damoye Pierre Emmanuel 1847-1916

Damschroder Jan J. 1825-1905

Dana Jarry XXe

Dandoy Albert 1885-1977

Danger Henri Camille 1857-1937

Daniel Edward T. XIXe-XXe

Danieli Giuseppe 1865-1931

Danielle XXe

Dansaert Léon 1830-1909

Daragnes Jean Léon G. 1886 -1950	Dauchez André 1870-1948
Darbour Gaston 1869-?	Dauchot Gabriel 1927
Dardel Nils von 1888-1943	Daumier Honoré 1808-1879
Darel Georges 1892-1943	Daumier Honoré 1808-1879
Darien Henri Gaston 1864-1926	Daussy Raymond 1919
Darnaut Hugo 1851-1937	Daux Charles Edmond 1855
Dassault Olivier XXe	Daux Charles Edmond 1855
Daubigny Charles François 1817-1878	David Gustave 1824-1891
Daubigny Karl 1846-1886	David Hermine 1886-1971
Daubner Georg 1865-1926	David Jules 1808-1892

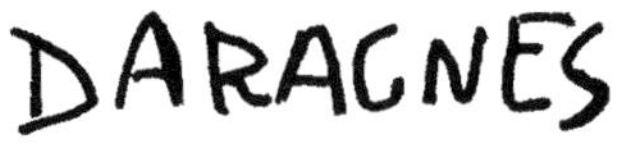

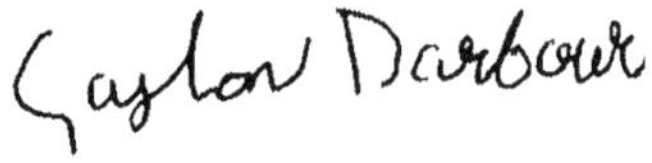

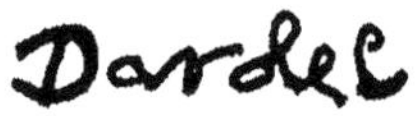

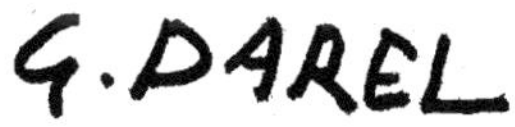

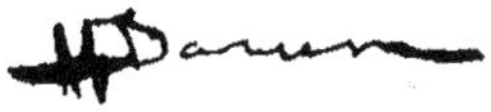

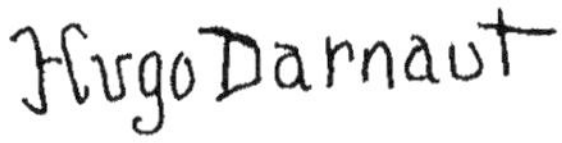

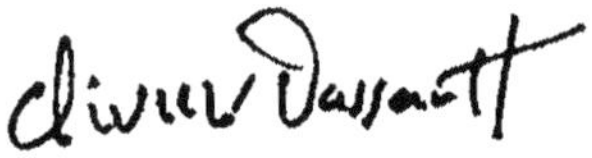

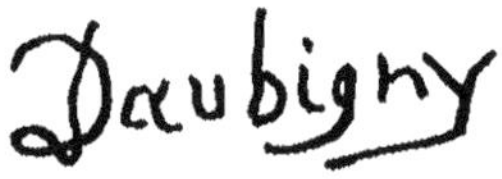

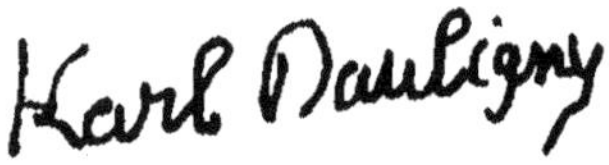

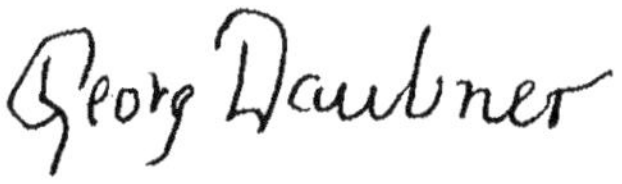

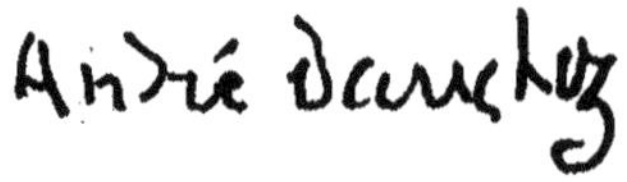

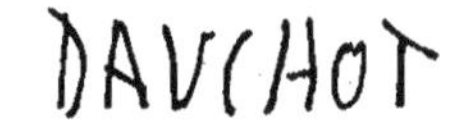

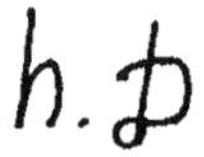

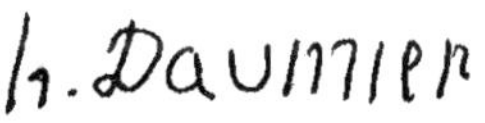

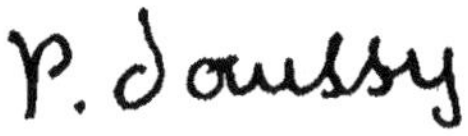

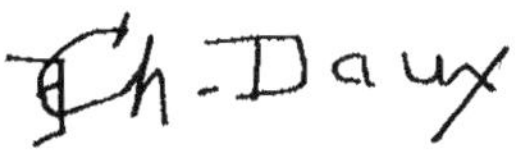

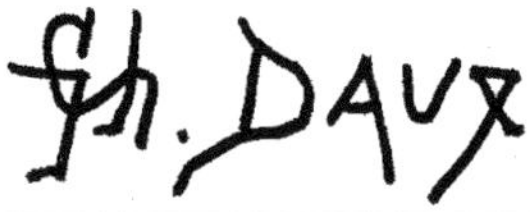

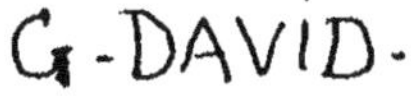

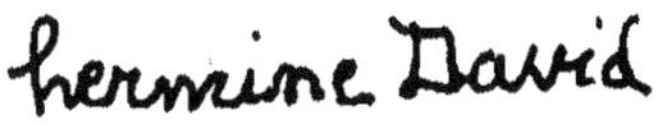

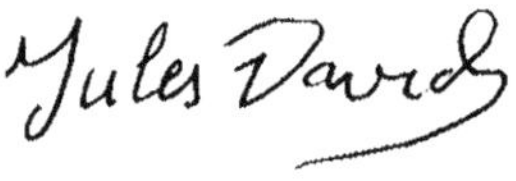

Davidson Allan D. 1874-1932

Allan Davidson

Dayez Georges 1907-1991

DAYEZ

Davie Alan 1920

Alan Davie

De Albertis Emilio

Emilio De Albertis

Davis Arthur Alfred XIXe-XXe

Arthur A Davis

Dealy Jane M. XIXe-XXe

Jane M. Dealy

Davring Hausen H. 1894-1970

Davring

Dean Walter L. 1854-1912

WALTER L. DEAN

Dawant Albert P. 1852-1923

A. Dawant.

De Andrade Alfredo 1839-1915

Ad' Andrade

Dawanzo Wanda XXe

W. Dawanzo

De Avendano Serafino 1838-1916

Avendano

Daws Frederick Thomas 1878

F.T. DAWS

Debat Ponsan Edouard 1847-1913

E. DEBAT-PONSAN

Dawson Arthur 1857-1922

Arthur Dawson

De Belly Tomaso XIXe

De Belly

Dawson Montague 1895-1973

MONTAGUE DAWSON

De Blaas Eugenio 1845-1931

E. de Blaas. 1904

Daxhelet Paul 1905-1993

P_DAXHELET

Deberti Liliane 1933

L. Deberti

Debraux René XXe	Deck Léon (Léo) 1908
Debré Olivier 1920	Deckers Emile 1885
Debré Olivier 1920	Decock Jos XXe
Debus Maximilian 1904-1981	Decock Jos XXe
Decamps Alexandre 1803-1860	De Corsi Nicolas 1892-1956
Decamps Corine XXe	Dedina Jan 1870-1955
Decanis Théophile 1848	Defaux Alexandre 1826-1900
Dechenaud Adolphe 1868-1929	Defossez Alfred 1932
De Carolis Adolfo 1874-1928	De Franceschi Mariano 1849-1896
De Carolis Adolfo 1874-1928	De Francisco Pietro 1873-1969

Defregger Franz von 1835-1921

Defregger Franz von 1835-1921

Degal Simone XXe

Degans Xavier 1949

Degas Edgar 1834-1917

Degas Edgar 1834-1917

Degas Edgar 1834-1917

Deglume Henri 1865-1940

Degouwe de Nuncques W. 1874-1935

Degouwe de Nuncques W. 1874-1935

Degrossi Adelchi 1852-1892

Degroux Charles 1825-1870

Degroux Henri 1867-1930

De Gubernatis Giovanni Battista 1774-1837

De Gubernatis Giovanni Battista 1774-1837

Deguchi Maria XXe

Dehan Hugue XXe

Dehner Dorothy 1901

Dehodencq Alfred 1822-1882

Dehoy Charles 1870-1940

Deicher Louise 1891-1973

Deiker Johannes Christian 1822-1895

Deiker Karl 1879

Dejneka Alexander 1899-1969

Dekkert Eugène 1865-1956

Del Marle Félix Aimé 1889-1952

Delachaux Léon 1850-1919

Delacroix Eugène 1798-1863

Delacroix Eugène 1798-1863

Delacroix Eugène 1798-1863

Delahaut Jo 1911-1992

Delahaye Ernest Jean 1855

Delahogue Alexis 1867-1936

Delahogue Alexis 1867-1936

Delanglade Frederic 1907

Delanoy Hippolyte 1849-1899

Delapierre Roger 1935

Delaporte Eugène 1878

Delasalle Angèle 1867-1938

Delasalle Angèle 1867-1938

Delatre Eugène 1864	**Delecluse Philippe XXe**
Delattre Joseph 1858-1912	**Delestre Alexandre A. XIXe-XXe**
Delaunay Jules Elie 1828-1891	**Delfau André XIXe-XXe**
Delaunay Robert 1885-1941	**Delhaye José 1921**
Delaunay Sonia 1885-1979	**Deligny Gérard XXe**
Delaunay Sonia 1885-1979	**De Lisio Arnaldo 1869-1949**
Delaunay Sonia 1885-1979	**Dell'Acqua Cesare 1821-1905**
Delaunois Alfred 1876-1941	**Della Gatta Xaverio XIXe**
Delavallee Henri 1862-1943	**Della Monica Gennaro 1836-1917**
Delcol Roland 1942	**Della Mura Angelo 1867-1922**

Della Rocca Giovanni 1788-1858

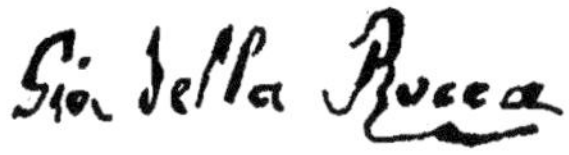

Delleani Lorenzo 1840-1908

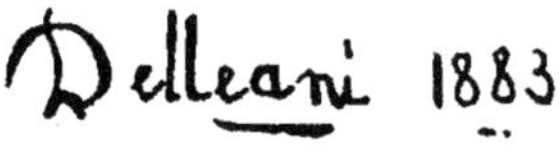

Delleani Lorenzo 1840-1908

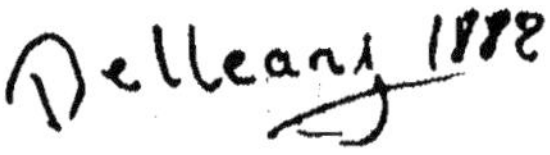

Dellepiane David 1866-1932

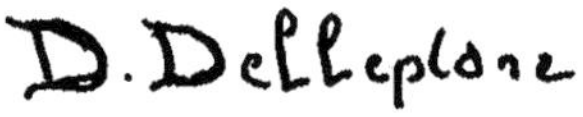

Dellgruen Franzisus 1901-1984

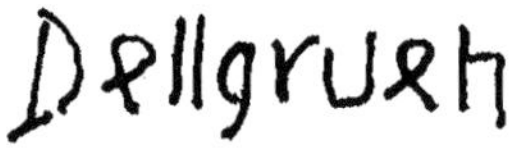

Dell'Orto Umberto 1848-1895

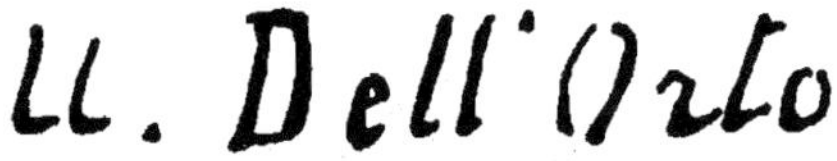

Delmotte Marcel 1901-1987

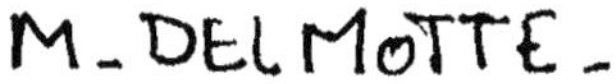

Delobbe François Auguste 1835-1920

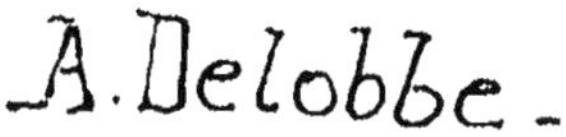

Delort Charles Edouard 1841-1895

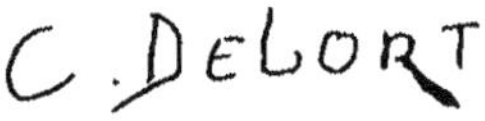

Delpy Hippolyte Camille 1842-1910

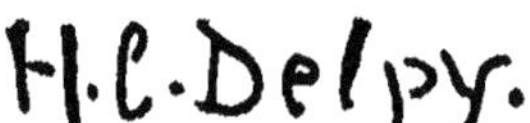

Del Re Giovanni 1829-1915

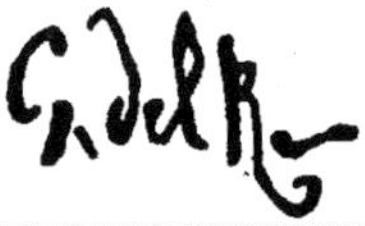

Delsaux Willem 1862-1945

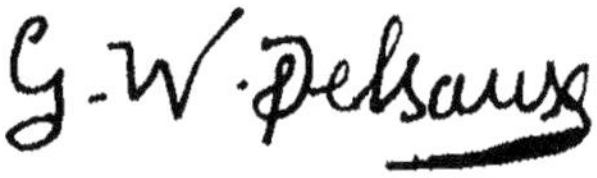

Deltombe Paul 1878-1971

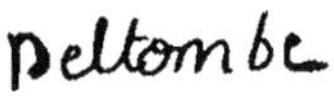

Deluca Peter XXe

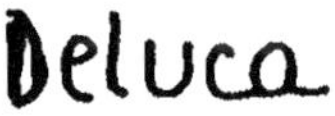

Deluermoz Henri 1876-1943

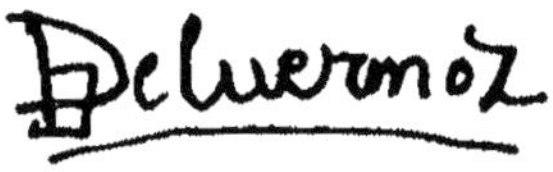

Delval Robert 1934

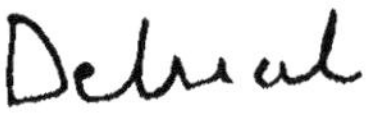

Delvaux Paul 1897-1994

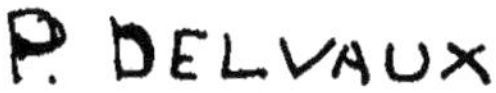

Delvaux Paul 1897-1994

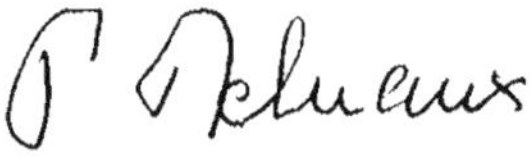

Delvaux Paul 1897-1994

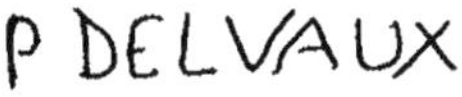

Delville Jean 1853-1922

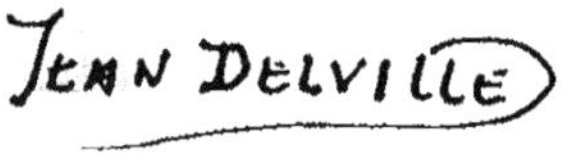

Deman Albert 1929

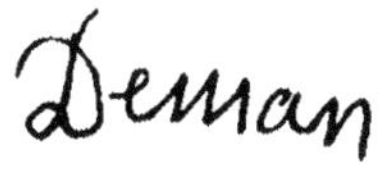

De Martini Gaetano 1840-1917

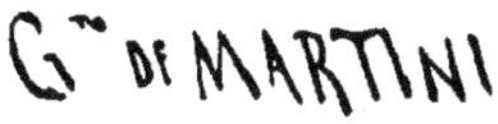

Demers Patricia XXe

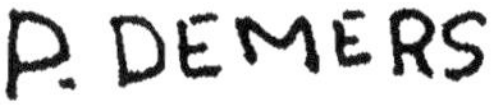

Demesmaeker Louis XXe

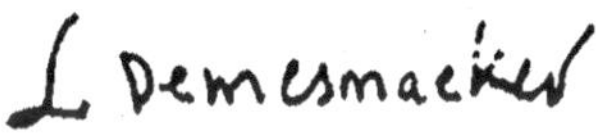

Demetz Karl 1906-1986

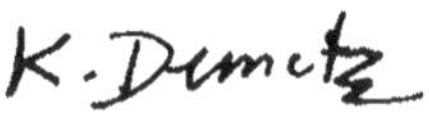

Demonchy André 1914

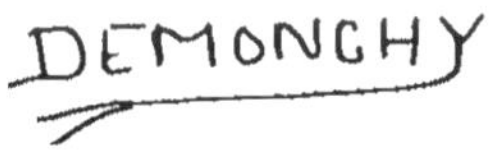

Demont Adrien Louis 1851-1928

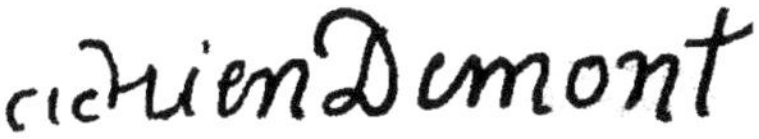

Demont Breton Virginie 1859-1935

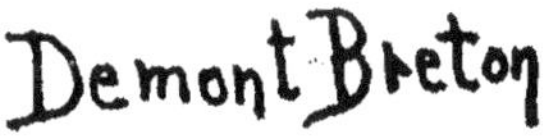

Demory Charles Théophile 1833-1895

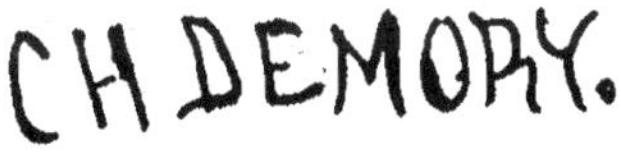

Demory Charles Théophile 1833-1895

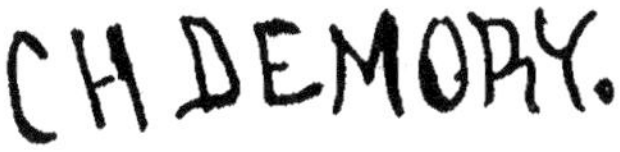

De Napoli Michele 1808-1892

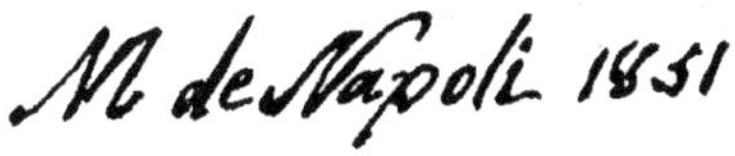

Denis Maurice 1870-1943

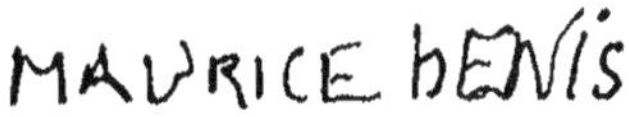

Denis Maurice 1870-1943

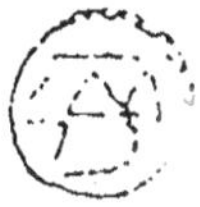

Denis Maurice 1870-1943

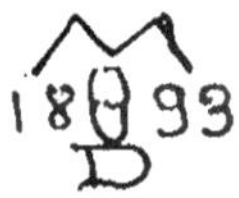

Denis Maurice 1870-1943

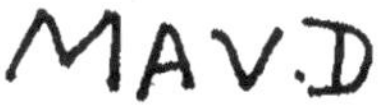

Denis Maurice 1870-1943

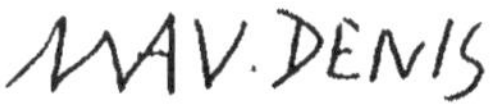

Denise-Martin 1905

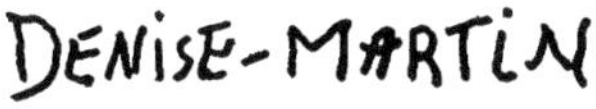

De Nittis Giuseppe 1846-1884

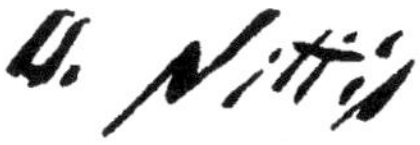

Denneulin Jules 1835-1904

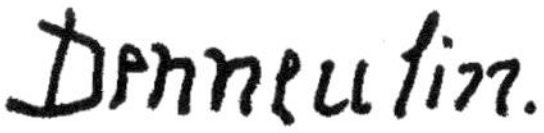

Denonne Alexandre 1879-1953

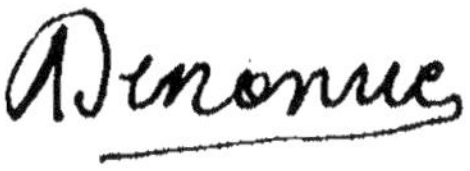

Depero Fortunato 1892-1960	Deschamps Louis Henri 1846-1902
Depero Fortunato 1892-1960	Deschmaker Paul Alex 1889-1973
Dequene Pierre 1905-1954	Des Clayes Berthe 1877-1968
Derain André 1880-1954	Desgoffe Blaise A. 1830-1901
Derain André 1880-1954	Deshayes Eugène 1828-1890
Dereli Cevat 1900-1990	Desiré-Lucas Louis-Marie 1869-1949
De Sanctis Giuseppe 1858-1924	Desmoulins Fernand 1858-1914
Desboutin Marcelin 1823-1902	Desnos Ferdinand 1901-1958
Descamps Henri 1898-1990	Desnoyer François 1894-1972
Desch Auguste 1877-1924	Desnoyer François 1894-1972

Despiau Charles 1874-1946

Dessau Paul Lucien 1909

Dessons Pierre 1936

De Stefani Vincenzo 1859-1937

Desvallieres Georges 1861-1950

Desvarreux Raymond 1876-1961

Detaille Edouard 1848-1912

De Tivoli Serafino 1826-1892

Detmold Charles Maurice 1883-1908

Detrait Jacques 1948

Detroy Léon 1857-1955

Detroyes Georges 1921

Detti Cesare Augusto 1847-1914

Detti Cesare Augusto 1847-1914

Detti Cesare Augusto 1847-1914

Dettmann Ludwig J. C. 1865-1944

Deully Eugène 1860

Deutsch Hanse XXe

Deutsch Ludwig 1855-1935

Deval Pierre 1897-1993

Devambez André 1867-1943	Dexel Walter 1890-1973
Deveau J. XXe	Dexter Walter 1876-1958
Devedeux Louis 1820-1874	Deyrieux Georges 1820-1868
Deveria Achille 1800-1857	Deyrolle Jean 1911-1967
Devilly Louis 1818-1886	Deyrolle Théophile L. 1844-1923
Devos Léon 1897-1974	Diakonitsin Lev XXe
Devos Léon 1897-1974	Diaz de la Pena Narcisse 1807-1876
Dewez-Sancho Rosita XXe	Diaz de Soria Roberto 1883-1971
Dewhurst Wynford 1964	Di Cavalcanti Emiliano 1897-1976
De Witt Anthony 1876-1967	Di Chirico Giacomo 1845-1893

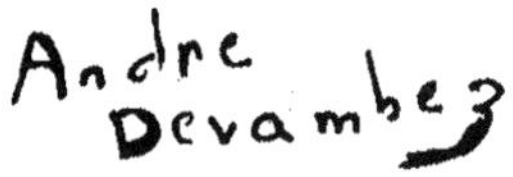

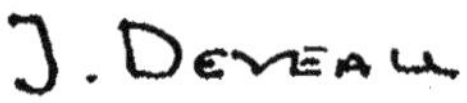

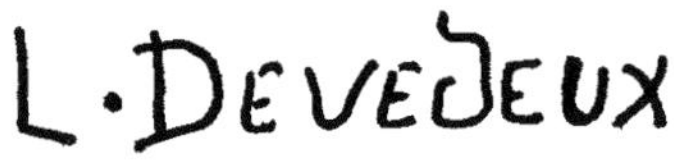

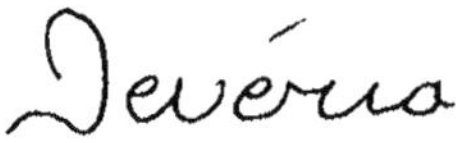

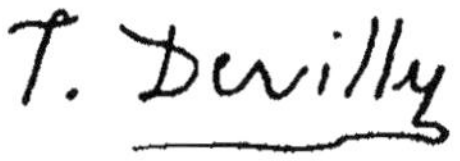

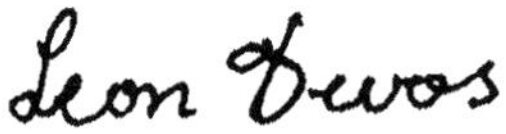

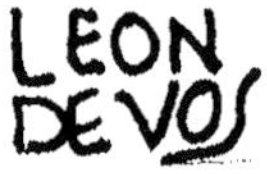

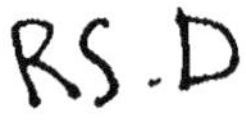

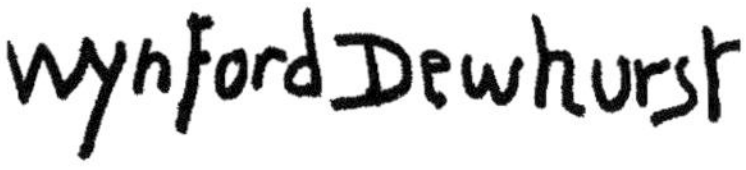

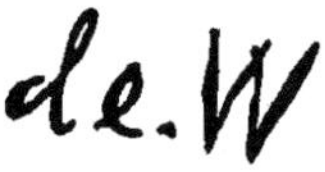

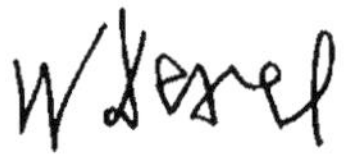

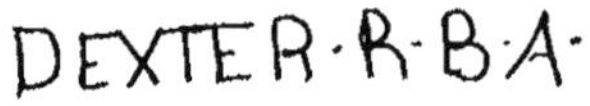

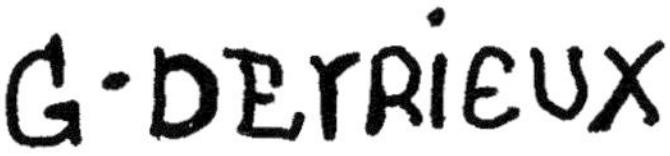

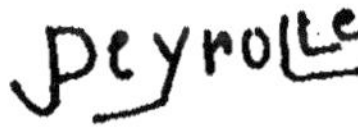

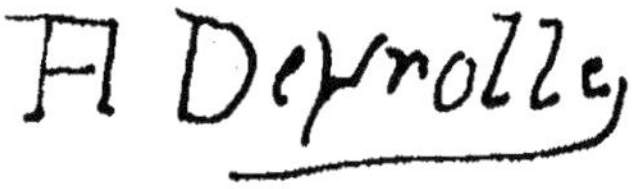

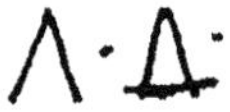

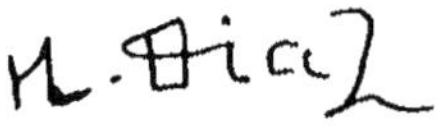

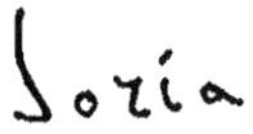

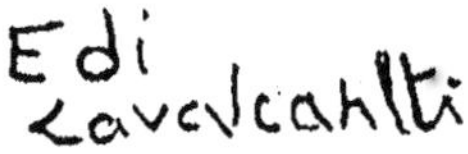

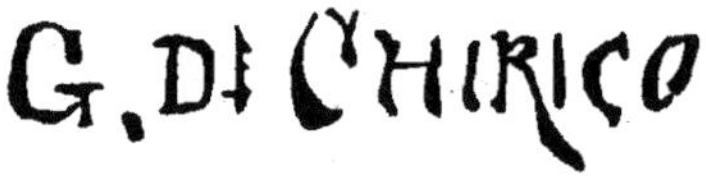

Dickerson Robert Henry 1924

Dicksee Francis B. 1853-1928

Diday François 1802-1877

Didier Jules 1831-1892

Didier Luc 1954

Didier Pouget William 1864-1959

Didioni Francesco 1839-1895

Didioni Francesco 1839(59) -1895

Diehl Arthur Vidal 1870-1929

Diehl Arthur Vidal 1870-1929

Dierckx Pierre Jacques 1855-1947

Diesner Gerhild 1915

Dietrich Adolf 1877-1957

Dietz Edgar 1893-1963

Dietze Bruno 1867

Di Giovanni Luigi 1856-1938

Dignimont André 1891-1965

Dill Ludwig 1848-1940

Dill Otto 1884-1957

Dill Otto 1884-1957

Dill Otto 1884-1957

Dillens Albrecht 1844

Dilley Ramon 1933

Dillis Johan Georg van 1759-1841

Dillon Frank 1823-1909

Di Montezemolo Guido 1878-1941

Dine Jim 1935

Dinet Etienne 1861-1929

Diodati Francesco Paolo 1864-1940

Diodati Francesco Paolo 1864-1940

Diriks Edvard 1855-1930

Di Rosa Hervé 1959

Di Sciara Ketty XXe

Discovolo Antonio 1876-1956

Disler Martin 1949-1996

Diulgerhoff Nicolas 1901-1982

Dix Otto 1891-1969

Dix Otto 1891-1969

Dix Otto 1891-1969

Dixon Charles 1872-1934

Dixon Francis Stilwell 1879-1967

FRANCIS DIXON

Doigneau Edouard 1865-1954

E. DOIGNEAU.

Dobashi Jun 1910-1975

Jun Dobashi.

Dolle Jacques 1926

J. Dollé

Dobell William 1899-1970

Bill Dobell

Dollman John Charles 1851-1934

J.C. Dollman

Dobson Frank 1888-1963

Frank Dobson

Dolphyn Denis 1902-1992

D. DOLPHYN

Dobson William 1817-1898

18 61

Domergue Jean Gabriel 1889-1962

Jean Gabriel Domergue

Dodd Francis 1874-1949

Dodd

Domingo y Marques Fr. 1842-1920

F. Domingo

Dodeigne Eugène 1923

Dodeigne

Dominguez Oscar 1906-1958

Dominguez

Dodero Pietro 1882-1967

DODERO MCMXIV

Dominguez Oscar 1906-1958

Oscar Dominguez

Does Willem van der 1889-1966

W v d DOES

Dominguez Oscar 1906-1958

Dominguez

Dohanos Stevan 1907-1994

Stevan Dohanos

Dominguez Oscar 1906-1958

Dominguez

Donadoni Stefano 1844-1911

Donadoni Stefano 1844-1911

Donas Marthe 1885-1967

Donas Marthe 1885-1967

Donate José Maria XXe

Dongé XXe

Dongen Kees van 1877-1968

Dongen Kees van 1877-1968

Dongen Kees van 1877-1968

Donghi Antonio 1897-1963

Donnay Auguste 1862-1921

Dooren Edmond van 1895-1965

Dorazio Piero 1927

Doré Amandine XXe

Doré Gustave 1832-1883

Doré Gustave 1832-1883

Doren Emiel van 1863-1949

Doria Raphael XXe

Dorofeev Alexandre 1954

Dorsch Ferdinand 1875-1938

Dorville Jean 1902

Dossetti Joseph Dominique XXe

Doucet Henri Lucien 1856-1895

Doucet Jacques 1924-1994

Douglas Edwin 1848-1914

Douzette Louis 1834-1924

Dova Gianni 1925-1991

Dovera Achille 1838-1895

Dovera Achille 1838-1895

Downie Patrick J. 1854-1945

Drab Arino Mireille XXe

Drachmann Holger 1846-1908

Draper Herbert James 1864-1920

Dratz Jean 1905-1967

Dreher A. XIXe-XXe

Dressler August W. 1886-1970

Dreux Alfred de 1810-1860

Dries Jean 1905-1973

Drolling Michel Martin 1752-1817

Dromik Dominique R. dit 1953

Drouet Reveillaud Suzanne 1885-1973	Dubois Raphael 1888
Druet Antoine 1857	Dubois Raphael 1888
Drummond Arthur 1871-1951	Dubois-Pillet Albert 1845-1890
Drysdale George Russel 1912-1981	Dubord Jean-Pierre 1949
Duaiv J. Marie XXe	Dubout Albert 1906-1978
Duassut Curtius XIXe-XXe	Dubreuil Cheri 1828
Dubaut Pierre 1886-1968	Dubuc Roland 1924-1998
Dubois Louis 1830-1880	Dubuffet Jean 1901-1985
Dubois Louis 1830-1880	Dubuffet Jean 1901-1985
Dubois Paul 1829-1905	Dubuffet Jean 1901-1985

Dubuffet Jean 1901-1985	**Duffield Mary E. 1819-1914**
Ducaire Maryse 1911	**Dufner Edward 1871-1957**
Ducass Claude Jean XXe	**Dufour Bernard 1922**
Duchamp Marcel 1887-1968	**Dufour Camille 1841**
Duchamp Suzanne 1889-1963	**Dufour Chantale XXe**
Dudovich Marcello 1878-1962	**Dufrene Maurice 1876-1955**
Dudreville Leonardo 1885-1976	**Dufrenoy Georges 1870-1942**
Duez Ernest Ange 1843-1891	**Dufresne Charles 1876-1938**
Dufau Clémentine 1869	**Dufy Jean 1888-1964**
Dufeu Edouard J. 1840-1900	**Dufy Raoul 1877-1953**

Dufy Raoul 1877-1953

Duke Alfred XIXe-XXe

Dulac Edmund 1882-1953

Dumaresq Edouard Armand 1826-1895

Dumas Michel 1812-1885

Duminil Franck 1933

Dumont Henri 1859

Dumont Pierre 1884-1936

Dumoulin Roméo 1883-1944

Dumoulin Roméo 1883-1944

Dunand Jean 1977-1942

Duncan Edward 1803-1882

Dunet Alfred 1889-1939

Dunlop Ronald Ossory 1894-1973

Dunoyer de Segonzac A. 1884-1974

Dunoyer de Segonzac A. 1884-1974

Duntze Johannes 1823-1895

Dupagne Adrien 1889-1980

Duprat Albert 1882

Dupray Henri Louis 1841-1909

Dupré Giovanni 1817-1882	**Durenne Eugène 1860-1944**
Dupré Jules 1811-1889	**Duret André 1921**
Dupré Jules 1811-1889	**Duret Dujarric Isabelle 1949**
Dupré Julien 1851-1910	**Duret Dujarric Isabelle 1949** *(crayon gras)*
Dupré Léon Victor 1816-1879	**Duret Dujarric Isabelle 1949** *(gouache)*
Dupuy Louis 1854-1941	**Duret Dujarric Isabelle 1949**
Dupuy Paul Michel 1869-1949	**Duret Dujarric Isabelle 1949**
Durancamps Rafael 1891-1979	**Durey René 1890-1959**
Durand Simon 1838-1896	**Durini Alessandro 1818-1892**
Durante Domenico Maria 1879-1944	**Dury Tony 1819-1878**

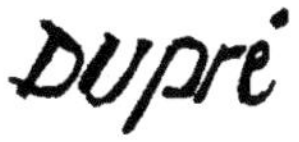

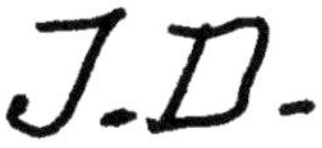

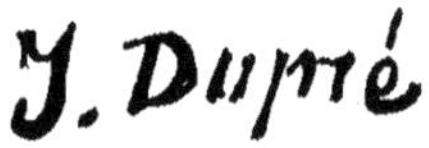

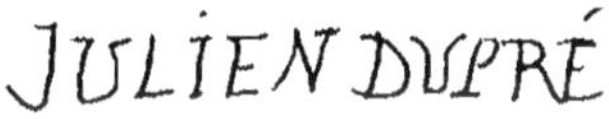

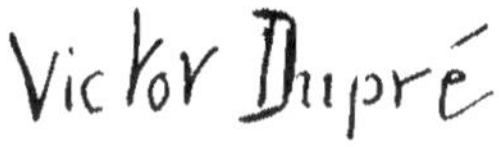

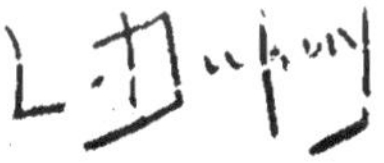

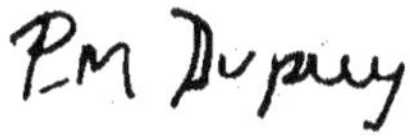

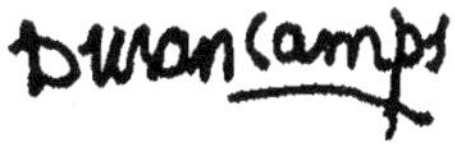

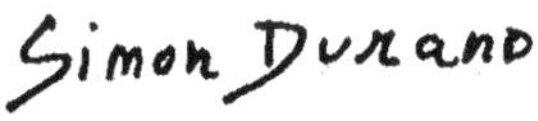

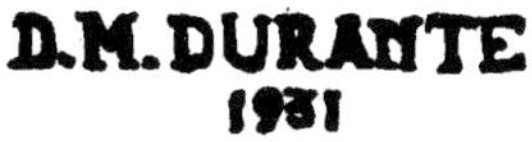

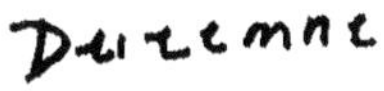

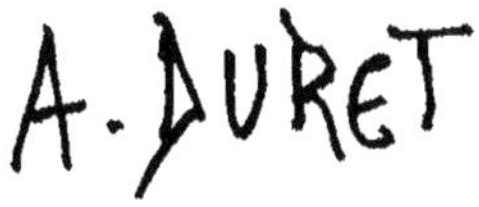

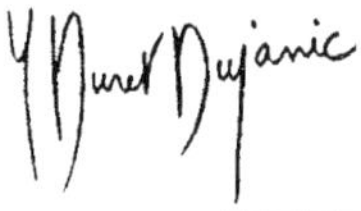

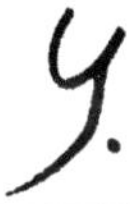

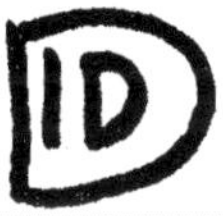

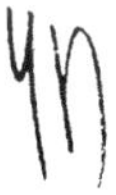

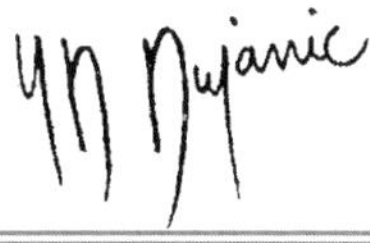

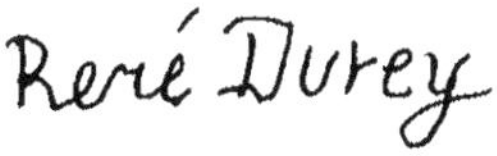

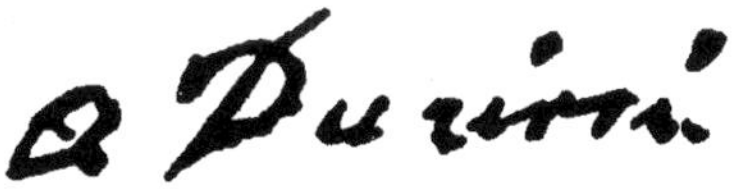

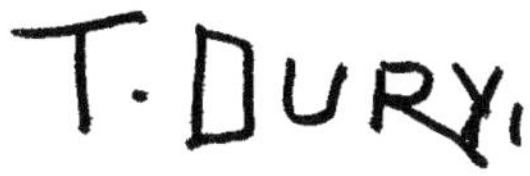

Dusautoy Jacques Léon 1817-1894

Duss Arnold 1905

Dussau Georges 1947

Duteil Jean-Claude 1950

Duteurtre Pierre 1911

Duthoit Paul XXe

Duthoy Mireille XXe

Dutillieu Jef 1876-1960

Duval Etienne 1849-1909

Duval Marcel 1890-1985

Duverger Théophile 1821-1886

Duvert Bernard 1951

Duwe Haralid 1926-1984

Duxa Carl 1871-1937

Duyk F. XIXe-XXe

Dvoracek Ludvik 1895-1970

Dvorak Hans XXe

Dyckmans Joseph 1811-1888

Dyer Lowell XXe

Dyf Marcel 1899-1985

Dyson Will XXe

Earl Maud 1864-1943

Earl Maud 1864-1943

Earl Maud 1864-1943

East Alfred 1849-1913

Ebel Fritz 1835-1895

Eberl François 1887-1963

Eberle Adolf 1843-1914

Ebers Emil 1807-1884

Eberz Josef 1880-1942

Echtler Adolf 1843-1914

Eckenbrecher Themistocles 1842-1921

Eckenbrecher Themistocles 1842-1921

Eckenfelder Friedrich 1861-1938

Eckertsperger XIXe-XXe

Ede Basil 1931

Edelfelt Albert 1854-1905

Edelmann Jean 1916

Edwards Lionel 1878-1966

Edwards Lionel 1878-1966

Edwards Lionel 1878-1966	Ehlinger Maurice 1896-1981
Edy Legrand Edouard 1892-1970	Ehret Rose XXe
Eeckhardt Jean van den XXe	Ehrhardt Curt 1895-1972
Eeckhout Jacobus Josephus 1793-1861	Ehrich Otto XIXe-XXe
Eeckhout Jacobus Josephus 1793-1861	Ehrlich Eva XXe
Eechkout Pascal XXe	Ehrmann François E. 1833-1910
Eekman Nicolas 1889-1973	Eickelberg Wilhelm H. 1845-1929
Eerelman Otto 1839-1926	Eichinger Erwin 1892-1950
Egedius Halfdan 1877-1899	Eiebakke August 1867-1938
Egger Lienz Albin 1868-1926	Eisendieck Suzanne 1908

Eisendieck Suzanne 1908	Elias Etienne 1936
Eisenscher Yaakov 1896-1980	Elim Frank XXe
Eisenschitz Willy 1889-1974	Eliot Maurice 1864
Eisley Arthur John XIXe-XXe	Ellis Edwin John 1841-1895
Ekstrom Per 1844-1935	Elsen Alfred 1850-1914
Ekvall Knut 1843-1912	Elsley Arthur John 1861-1919
Elena Giuseppe 1801-1867	Elsley Arthur John 1861-1919
El Glaouli Hassan XXe	Emele Wilhelm 1830-1905
Eleskiewicz Stanislas 1900-1963	Emeric 1919
Elgood George Samuel 1851-1934	Emerson Edith XIXe-XXe

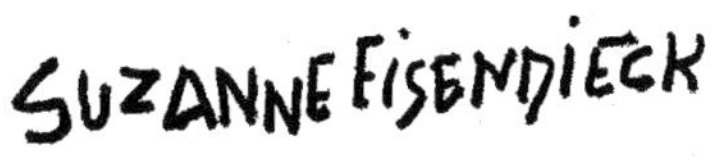

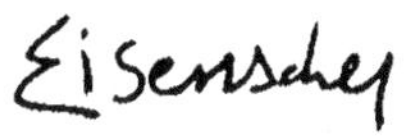

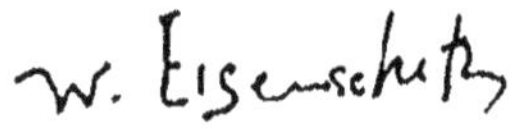

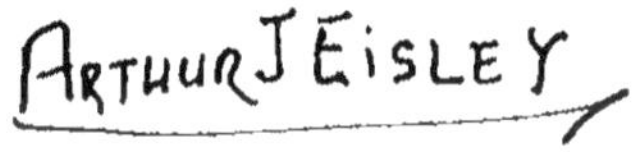

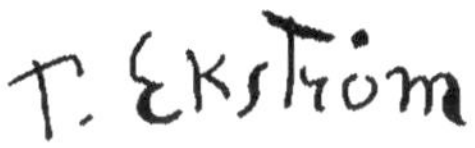

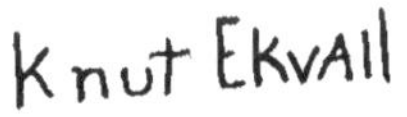

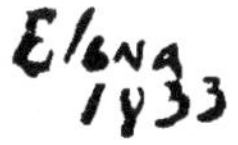

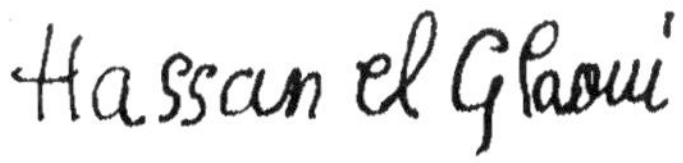

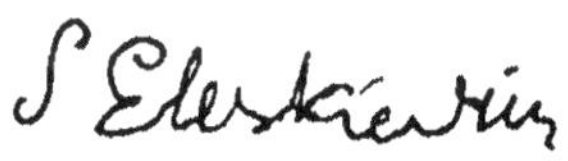

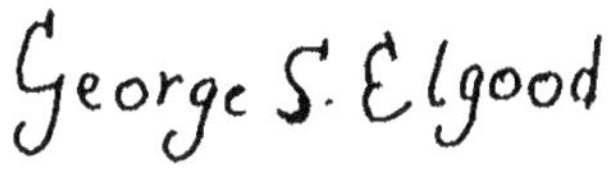

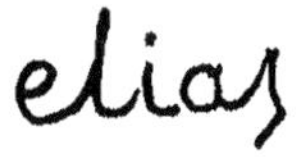

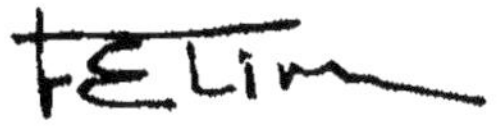

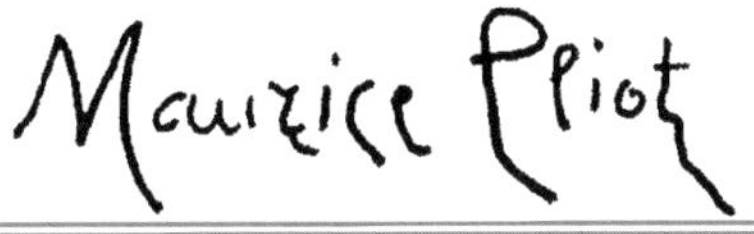

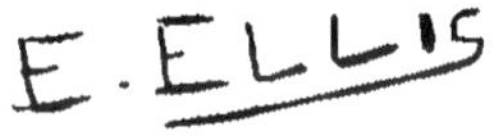

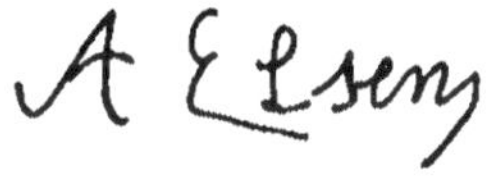

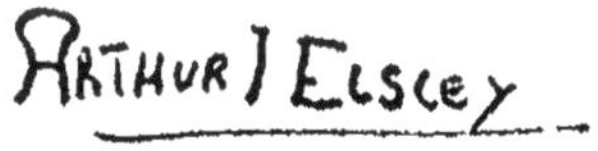

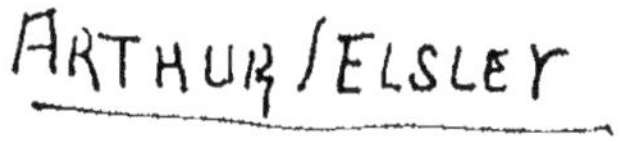

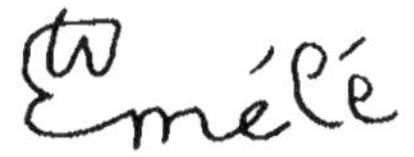

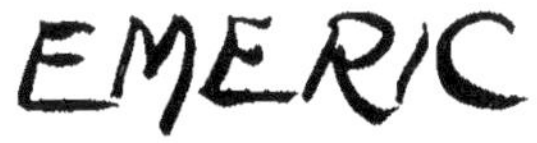

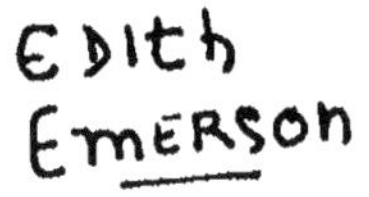

Emms John 1843-1912	Engel Otto Heinrich 1866-1949
Empi Maurice 1932	Engel Pak Ernest 1885-1965
Enault Alix morte en 1913	Engelen Louis van 1856-1940
Encke Fedor 1851-1926	Engelen Piet van 1863-1921
Encke Fedor 1851-1926	Engelen Piet van 1863-1921
Ende Axel 1853-1920	Engelhart Joseph 1864-1941
Ende Edgar 1901-1965	Engman Harald 1903-1968
Ender Eduard 1822-1883	Enjolras Delphin 1857-1945
Endres Louis John 1896-1989	Enriquez Carlos 1900-1955
Engaliere Marius 1824-1857	Ensor James 1860-1949

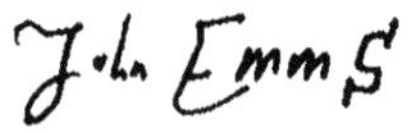

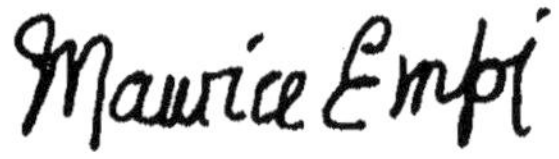

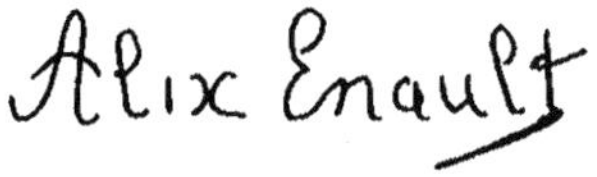

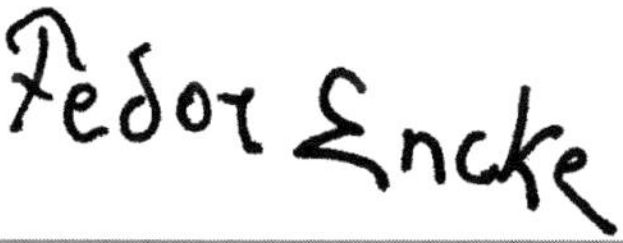

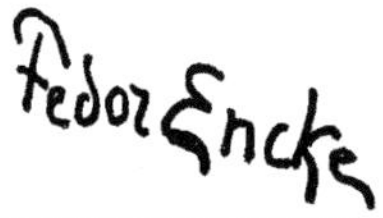

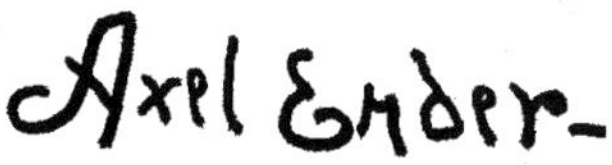

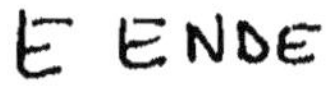

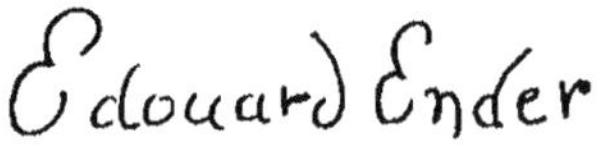

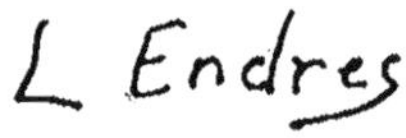

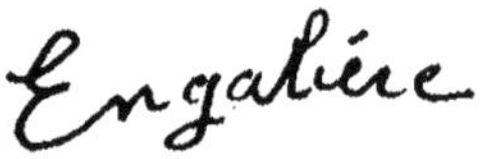

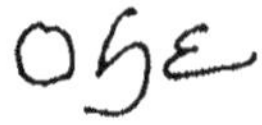

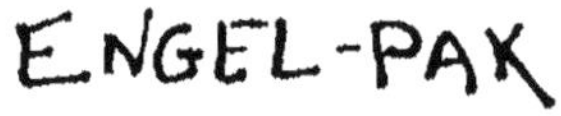

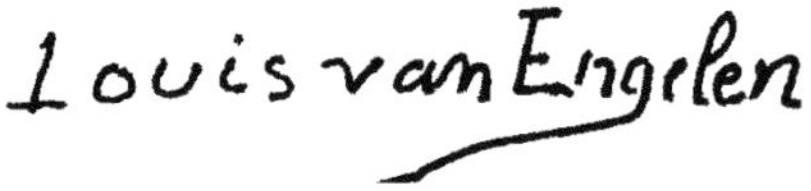

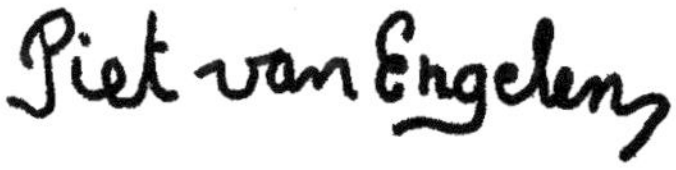

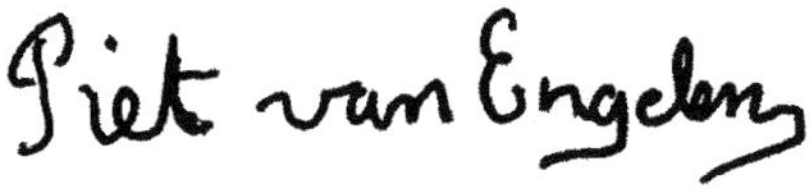

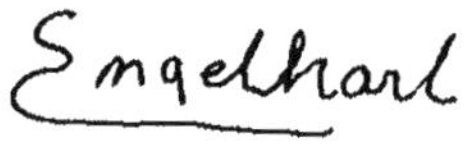

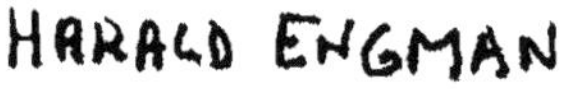

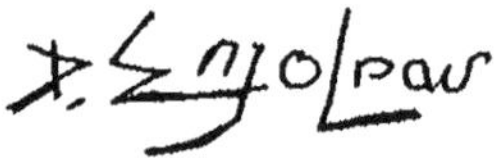

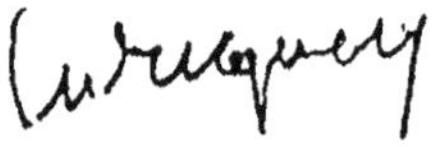

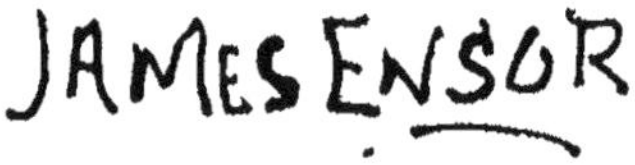

Ensor James 1860-1949

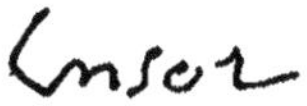

Ensor James 1860-1949

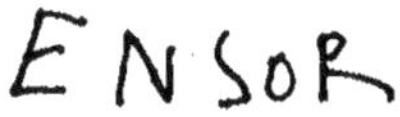

Eon Aimé Henri P. XXe

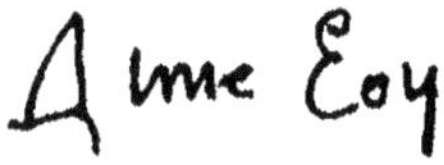

Epp Rudolf 1834-1910

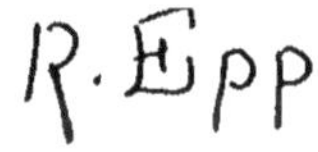

Eppele Gérard 1929

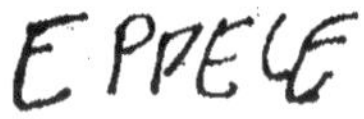

Epper Ignaz 1892-1969

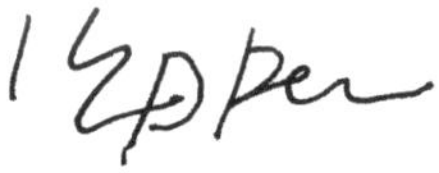

Epstein Henri 1892-1944

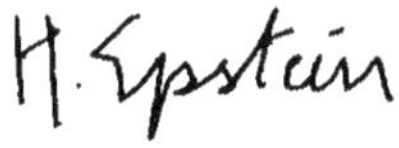

Epstein Jacob 1880-1959

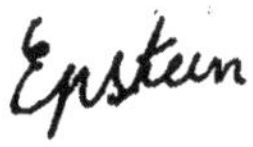

Equipo Cronica XXe

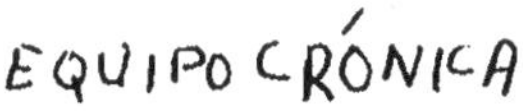

Erbsloh Adolf 1881-1947

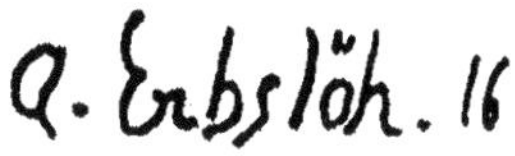

Erdmann Alma 1872

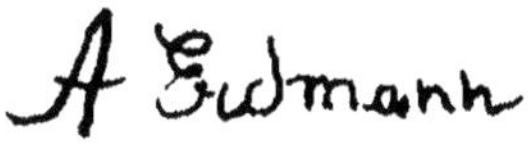

Ericson Johan 1849-1925

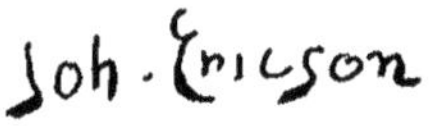

Erler Fritz 1868-1940

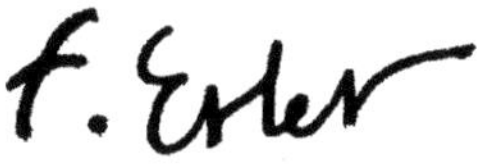

Ermengen Frans 1893

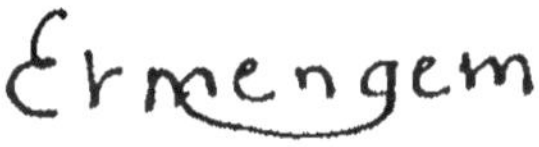

Erni Hans 1909

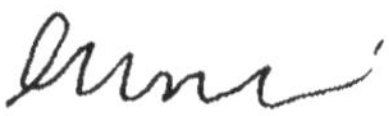

Ernst Helge 1916-1990

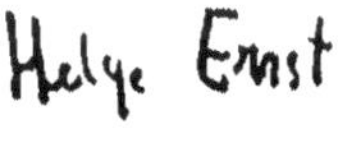

Ernst Max 1891-1976

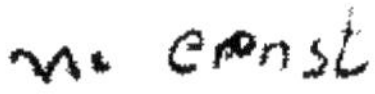

Ernst Max 1891-1976

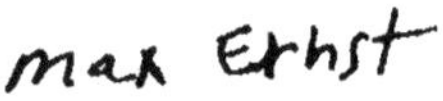

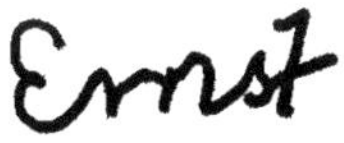

Ernst Max 1891-1976

Ernst Rudolf 1854-1932

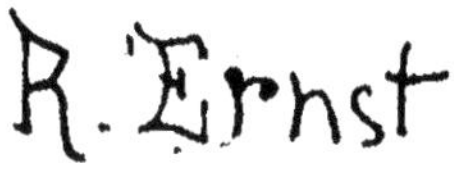

Eroli Erulo 1854-1916

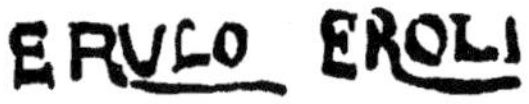

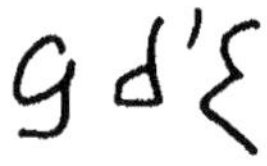

Esposito Gaetano 1858-1911

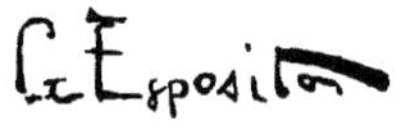

Erpeldinger XXe

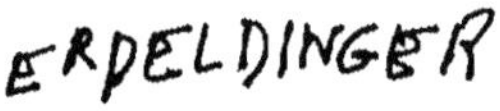

Esteve Maurice 1904

Ertan Simona 1923

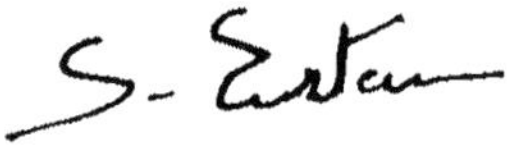

Esteve Rémy 1917

Erte Romain de Tirtoff dit 1892-1990

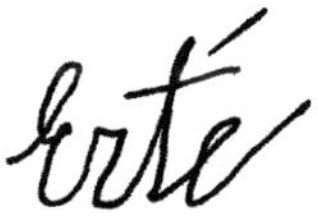

Ethofer Teodoro XIXe

Erte Romain de Tirtoff dit 1892-1990

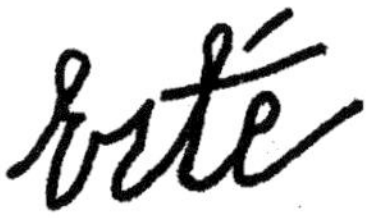

Eula Francis XXe

Erte Romain de Tirtoff dit 1892-1990

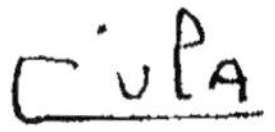

Eurich Richard 1903-1992

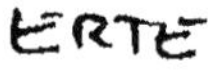

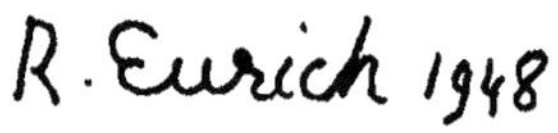

Eschbach Paul 1881-1961

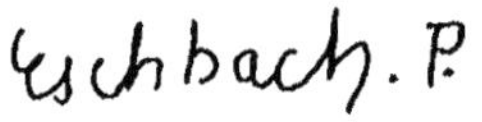

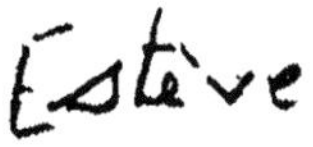

Evans Merlyn 1910-1973

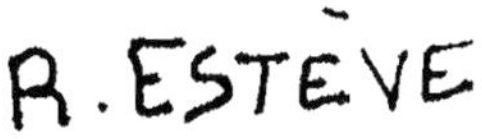

Escher Maurits Cornelis 1898-1972

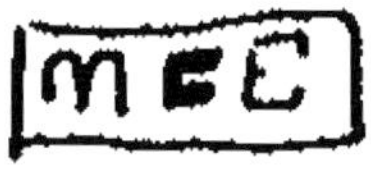

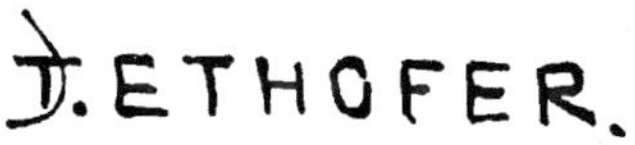

Eve Jean 1900-1968

Escher Rolf 1936

Even André 1918

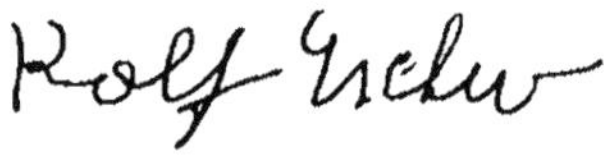

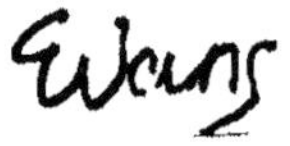

Espagnat Georges d' 1870-1950

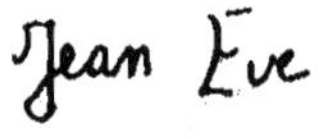

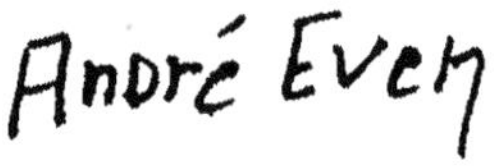

Even Jean 1910-1986

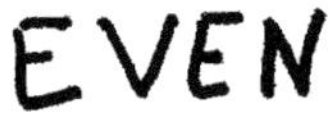

Evenepoel Henri 1872-1899

h.j. evenepoel

Fabbi Fabio 1861-1941

F Fabbi

Everdingen Adrian van 1832-1910

A.v. Everdingen

Faber Du Faur Hans von 1863-1949

H. v. Faber du Faur

Evergood Philip 1901-1973

Philip Evergood

Fabien Louis 1924

fabien

Evergood Philip 1901-1973

Philip Evergood

Fabri Giulio XXe

Giulio Fabri

Eversen Adrianus 1818-1897

A. Eversen

Fabri Pompeo 1874-1959

P. Fabri
1918 ROMA

Exner Johan J. 1825-1910

Exner

Fabrice XXe

Fabrice

Exter Alexandra 1884-1949

A Exter

Fabron Luigi 1855-1907

Fabron 83

Exter Julius 1863-1939

Julius Exter

Fabry Emile 1865-1966

E FABRY

Eycken Charles van den 1809-1891

Ch. Van den Eycken

Faccioli Raffaele 1845-1916

Faccioli

Fabbi Fabio 1861-1941

Fabbi

Fachinetti Carlo 1870

C Fachinetti

Faed John 1820-1902	Falero Luis Ricardo 1851-1896
Fahringer Carl 1874-1952	Falguiere Jan A. 1831-1900
Faistauer Anton 1887-1930	Falk Hans 1918
Faivre A. J. (Tony) 1830-1905	Falk Hans 1918
Faivre Duffer Louis 1818-1897	Falk Robert 1886-1958
Falchetti Alberto 1878-1951	Falk Robert 1886-1958
Falchetti Alberto 1878-1951	Falzoli Giulio 1900
Falchetti Giuseppe 1843-1918	Fanelli Francesco 1869-1924
Falcucci Robert 1900-1982	Fanelli Francesco 1869-1924
Faldi Arturo 1856-1911	Fantin Latour Henri 1836-1904

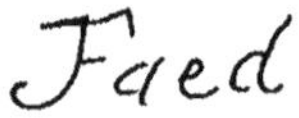

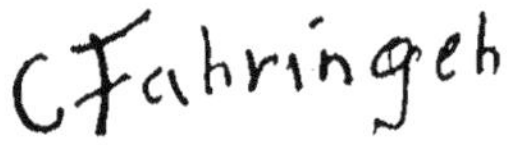

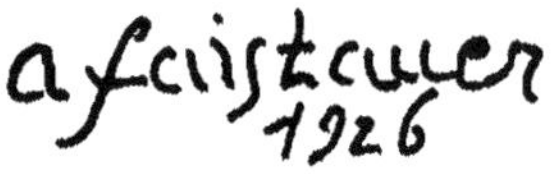

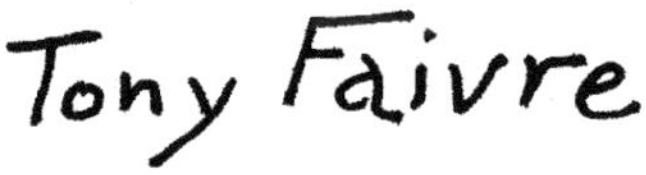

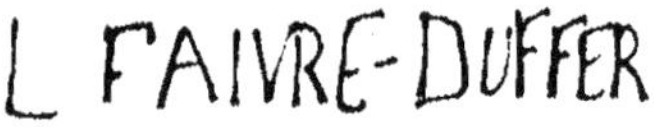

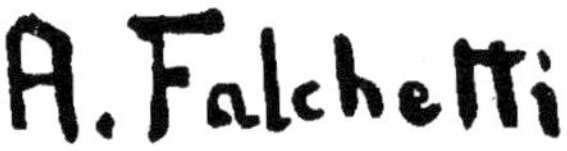

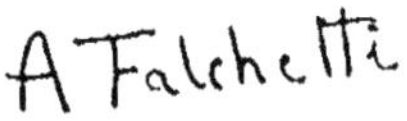

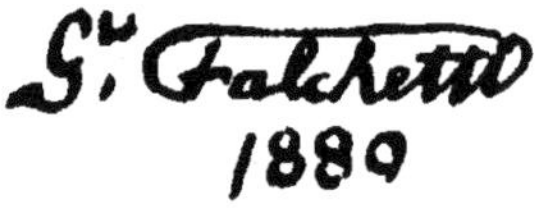

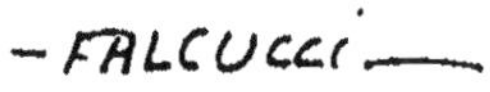

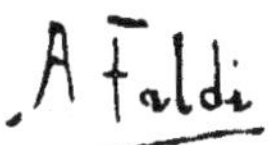

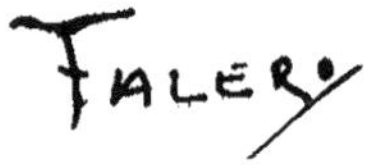

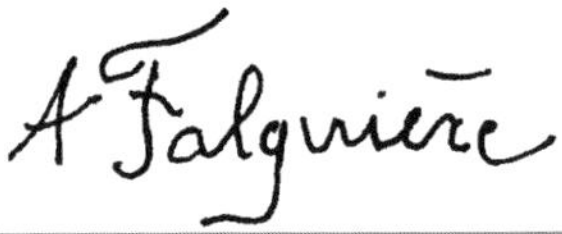

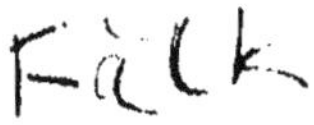

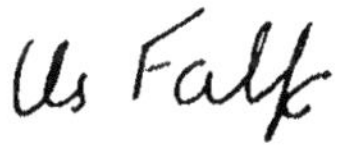

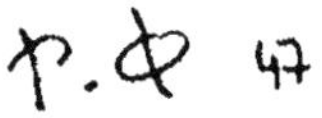

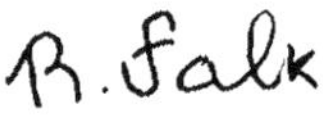

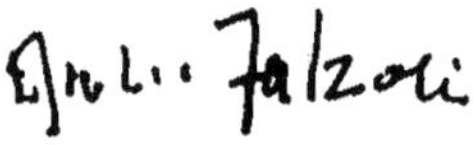

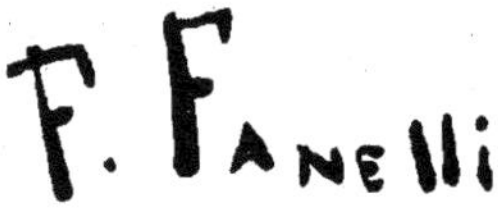

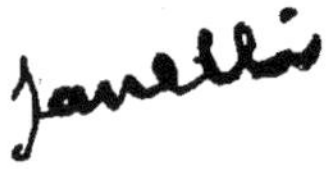

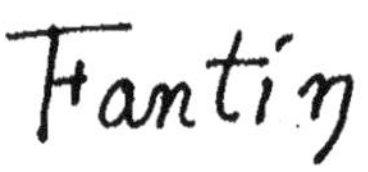

Fantin Latour Henri 1836-1904

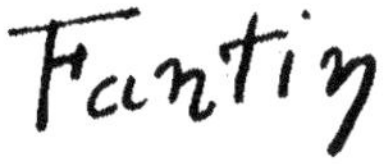

Fantin Latour Dubourg V. 1840-1926

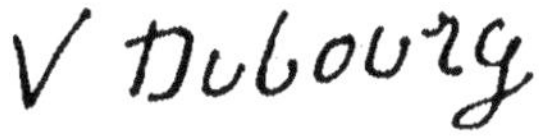

Fantuzzi Eliano 1909

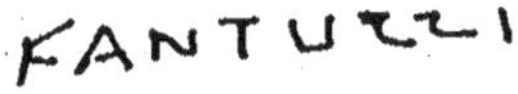

Farasyn Edgar 1859-1938

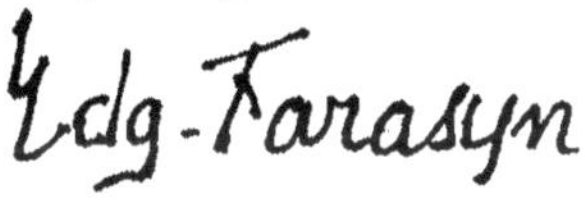

Farasyn Edgar 1859-1938

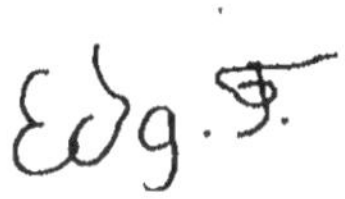

Farina Isodoro 1857-1898

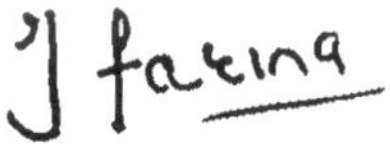

Farndon Walter 1876-1964

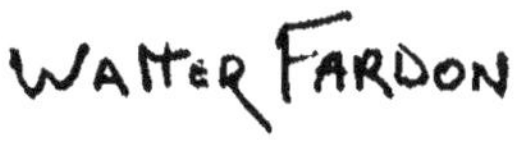

Farnum Herbert Cyrus 1866

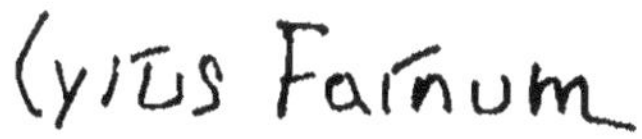

Farny Henry F. 1847-1916

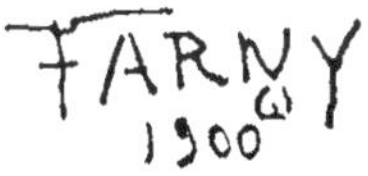

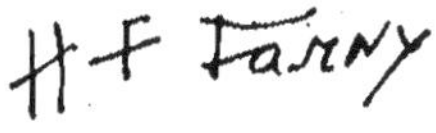

Farny Henry F. 1847-1916

Farquharson David 1840-1907

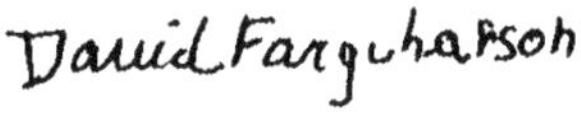

Farquharson Joseph 1846-1935

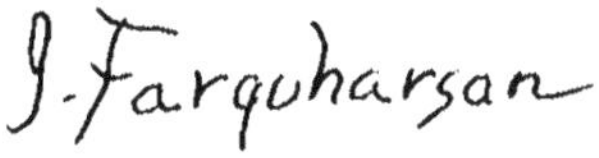

Farre Henri 1843-1903

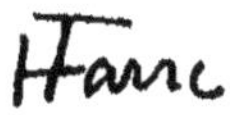

Faruffini Federico XIXe

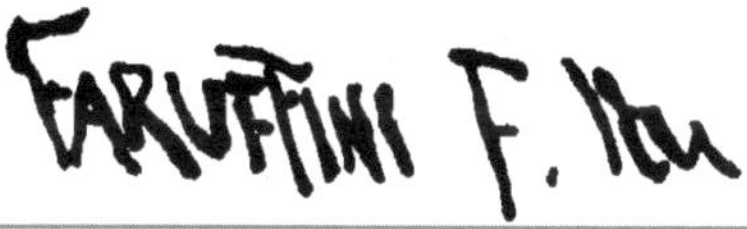

Fasanotti Gaetano 1831-1882

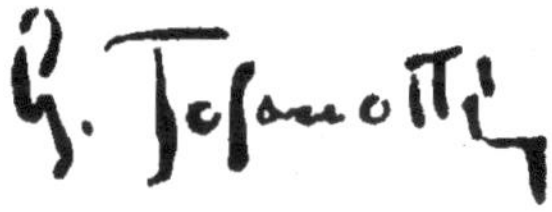

Fasanotti Gaetano 1831-1882

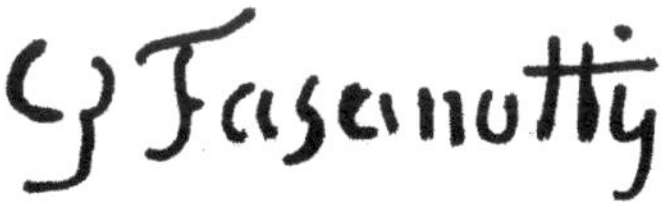

Fattore Giovani 1825-1901

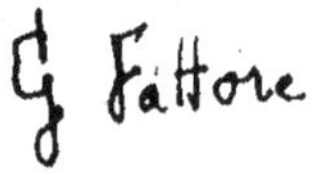

Fattore Giovanni 1825-1901

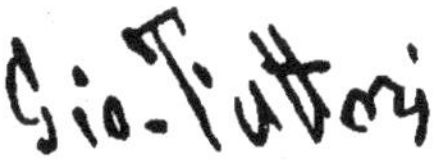

Fauchere Claude 1936

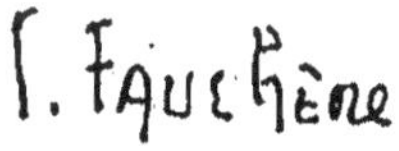

Fauconnet Guy Pierre 1882-1920

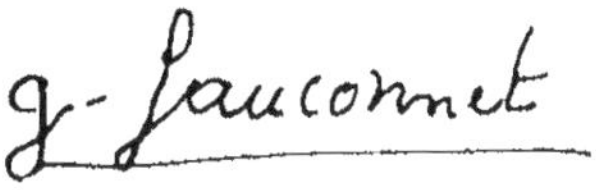

Fauconnet Guy Pierre 1882-1920

Faugeron Adolphe 1866

Fauret Léon 1863-1955

Faustini Modesto 1839-1891

Fautrier Jean 1898-1964

Fautrier Jean 1898-1964

Fauvel Georges 1890

Fauvelet Jean Baptiste 1819-1883

Favero Andrea 1837-1914

Favory André 1888-1937

Favretto Giacomo 1849-1887

Favretto Giacomo 1849-1887

Fay Georges mort en 1916

Fayard Jean XXe

Fechin Nicolai 1881-1955

Fedder Otto 1873-1919

Feddersen C. C. XIXe-XXe

Fedit Gaston XIXe-XXe

Feher Georges 1929

Fehrle Jakob 1884-1974

Feininger Lyonel 1871-1956

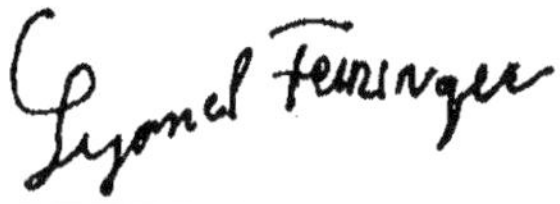

Feininger Lyonel 1871-1956

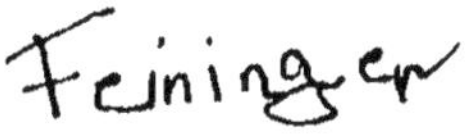

Feith Gustav 1875-1951

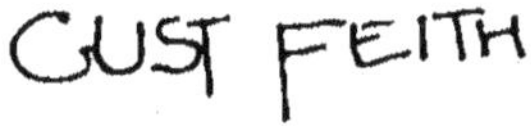

Feito Luis 1929

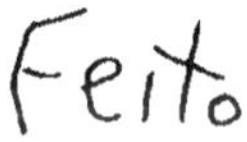

Felguerez Manuel 1928

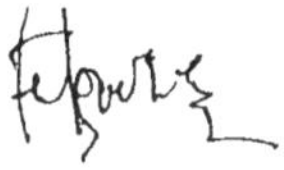

Felixmüller Conrad 1897-1977

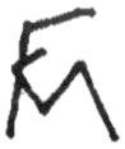

Felixmüller Conrad 1897-1977

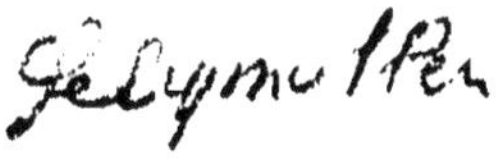

Felixmüller Conrad 1897-1977

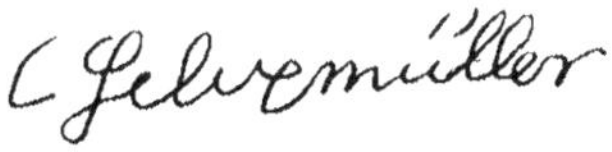

Fell Sheila 1931-1979

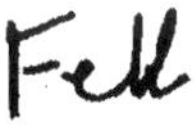

Fenasse Paul XIXe-XXe

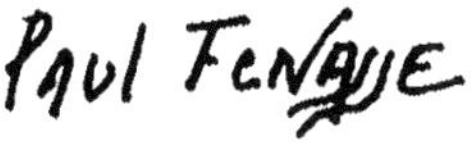

Ferat Jules 1881-1958

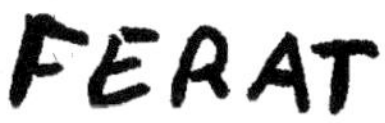

Ferat Serge 1881-1958

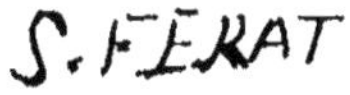

Fergola Salvatore 1799-1874

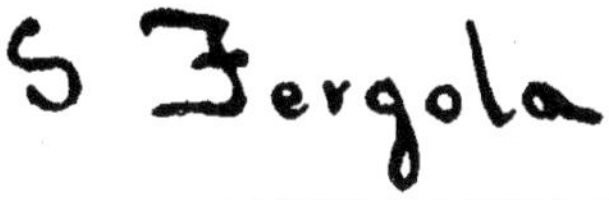

Fermini Ambrogio 1811-1883

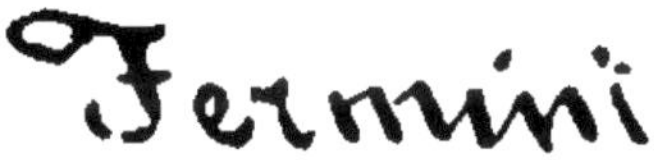

Fernandez y Gonzalez D. 1862

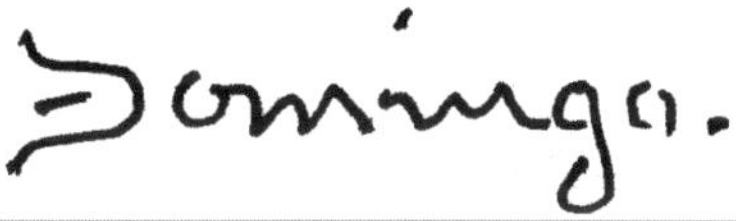

Ferneley John 1815-1862

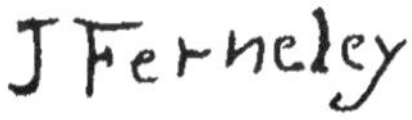

Fernie John C. XXe

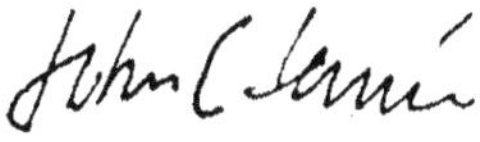

Fernier Robert 1895-1977

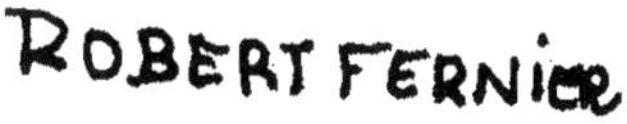

Ferraguti Arnaldo 1862-1925

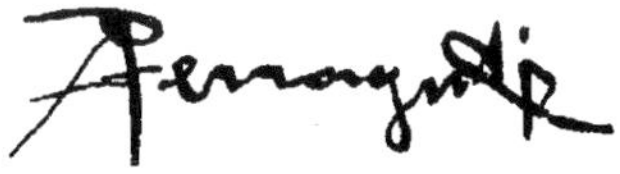

Ferraguti Arnaldo 1862-1925

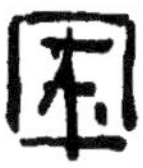

Ferragutti Visconti Adolfo 1850-1924

Ferranti Carlo XIXe

Ferrara Riccardo 1863-1940

Ferrari Arturo 1861-1932

Ferrari Berto 1887-1965

Ferrari Carlo 1813-1871

Ferrari Ettore 1845-1929

Ferrari Giovanni Battista 1829-1906

Ferrario Carlo Romeo 1833-1907

Ferrato Georges 1949

Ferraudi Giuseppe 1853-1929

Ferretti Paolo 1864-1937

Ferri Augusto 1829-1895

Ferri Domenico 1797-1869

Ferrier Gabriel 1847-1914

Ferrigno Antonio 1863-1940

Ferro Cesare 1880-1934

Ferro Lagree Georges 1941

Ferroni Egisto 1835-1912

Fetting Rainer 1949

Feuerbach Anselm 1829-1880

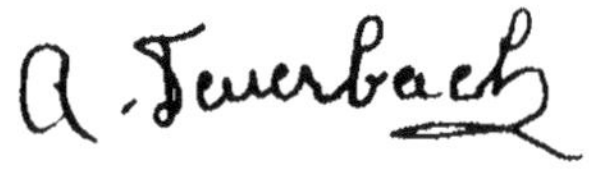

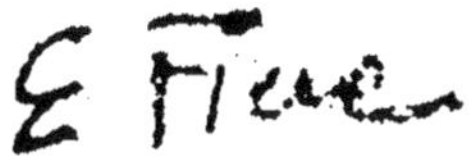

Feure Georges de 1868-1943

Feure Georges de 1868-1943

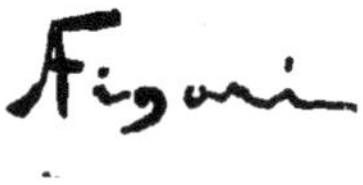

Feyen Eugène 1815-1908

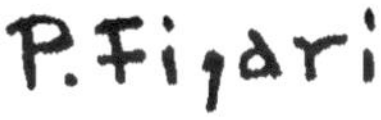

Feyen-Perrin Augustin 1826-1888

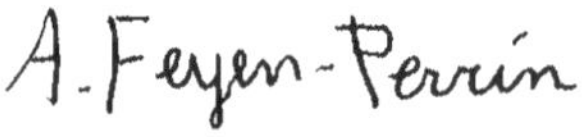

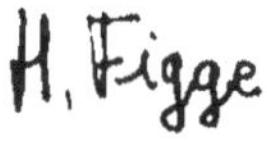

Fiault Catherine XXe

Fiaux Lelo 1911-1964

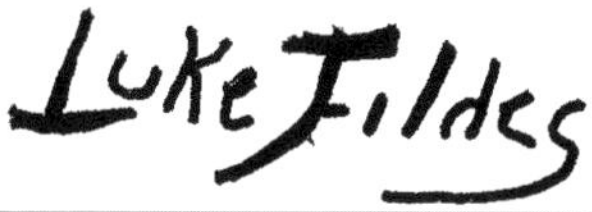

Fichel Benjamin 1826-1895

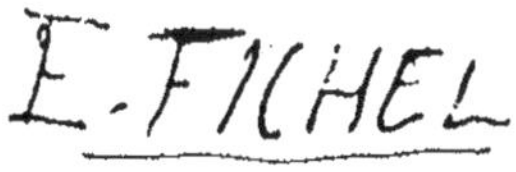

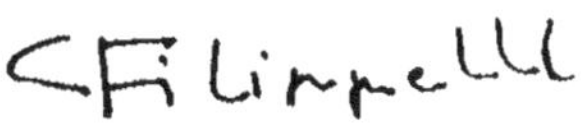

Fiedler Arnold 1900-1985

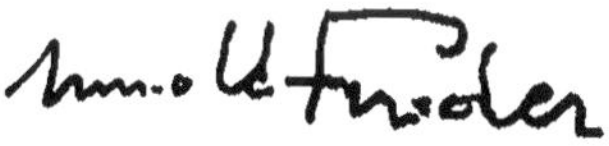

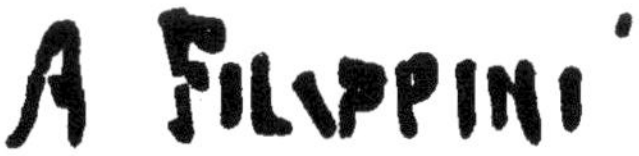

Fielding Anthony Vandyk C. 1787-1855

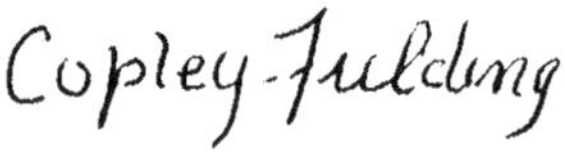

Fiene Ernest 1894-1966

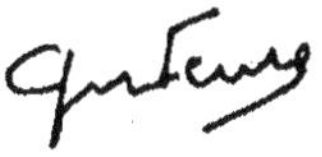

Fievet Marie Françoise XXe

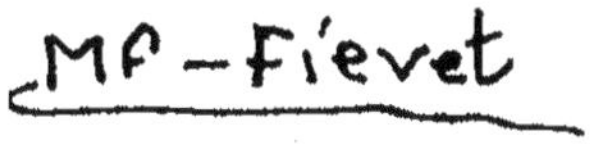

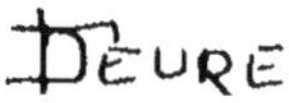

Figari Andrea 1858-1945

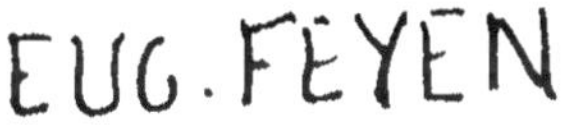

Figari Pedro 1861-1938

Figge Hugo XXe

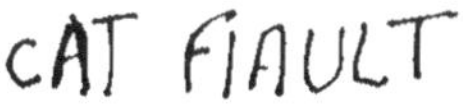

Filarski Dirk 1885-1964

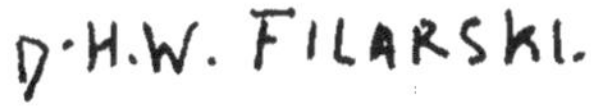

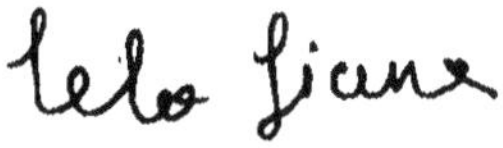

Fildes Samuel Luke 1844-1927

Filippelli Cafiero 1889-1973

Filippini Fantoni Achille 1868-1910

Filippini Francesco 1853-1895

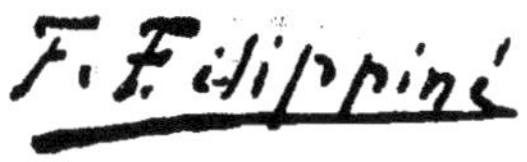

Filla Emil 1882-1953

Filla Emil 1882-1953

Filliard Ernest 1868-1933

Filosa Giovan Battista 1850-1935

Fima 1916

Finch Alfred William 1854-1930

Finelli Edoardo XIXe

Fines Eugène 1826-1882

Fingestein Michel 1884-1946

Fini Leonor 1908-1996

Fiore Enrico 1849-1902

Firmin Claude 1864-1944

Firmin-Girard Marie Fr. 1838-1921

Fischer August 1854-1921

Fischer Elpons Georg 1866

Fischer Ludwig 1848-1915

Fischer Trachau Otto 1878-1958

Fischer Paul 1860-1934

Fischl Eric 1948

Fisher Joshua 1859

Fiume Salvatore 1915

FIUME

Fiume Salvatore 1915

S. FIUME

Fjaestad Gustav 1868-1948

G Fjæstad

Flam XXe

FLAM

Flameng François 1856-1923

François Flameng

Flameng Léopold 1831-1911

LF

Flandin Eugène 1803-1876

Eugène Flandin

Flandrin Hippolyte 1809-1864

Hte Flandrin

Flandrin Jules 1871-1947

JULES FLANDRIN

Flandrin Jules 1871-1947

JULES FLANDRIN

Flandrin Paul 1811-1902

Paul Flandrin

Flasschoen Gustave 1868-1940

G. Flasschoen

Fleischmann Adolf 1892-1968

Adolf Fleischmann

Fletcher Edward 1851-1945

E Fletcher

Fletcher William T. B. 1866-1936

BLANDFORD FLETCHER

Flint William Russell sir 1880-1969

WRF

Flint William Russell sir 1880-1969

W. RUSSELL FLINT

Floch Josef 1894-1977

FLOCH

Flora Paul 1894-1977

FLORA

Florez XXe

Florez

Flouquet Pierre Louis 1900-1967

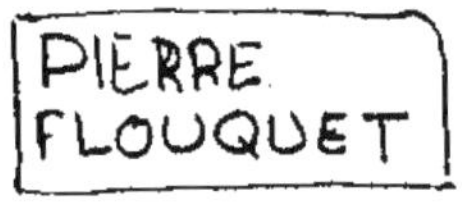

Flouquet Pierre Louis 1900-1967

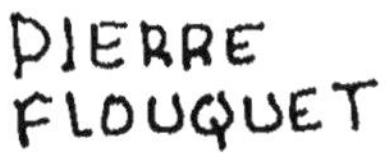

Flumiani Ugo 1876-1938

Flury B. XIXe-XXe

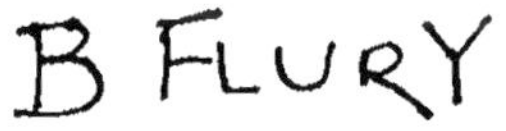

Focardi Ruggero 1864-1934

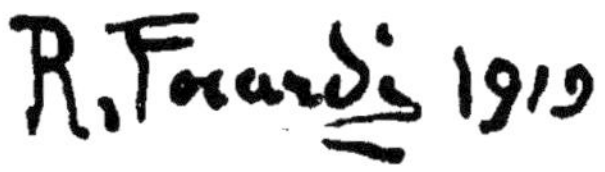

Focosi Alessandro 1836-1869

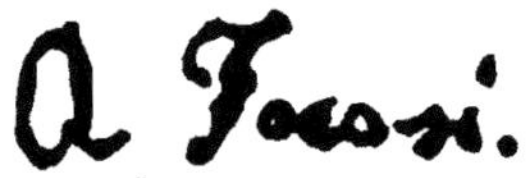

Fohn Emanuel 1881-1966

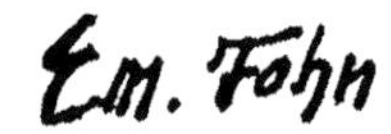

Fokina Elena 1961

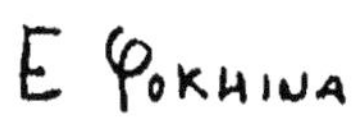

Folchi Ferdinand 1822-1883

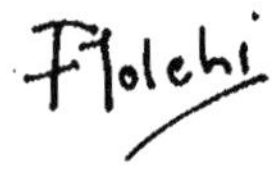

Folkerts Poppe 1875

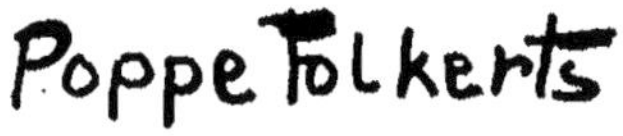

Folli Francesco XIXe

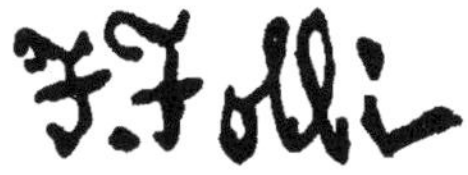

Follini Carlo 1848-1938

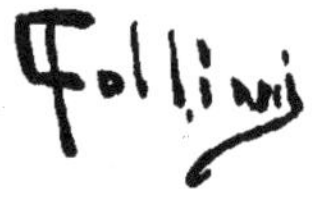

Follini Carlo 1848-1938

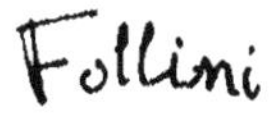

Folo Giovanni 1764-1836

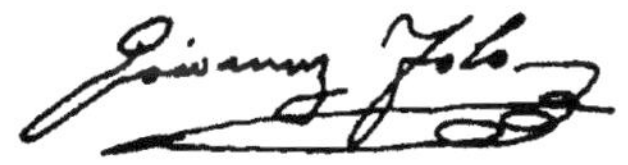

Folon Jean-Michel 1934

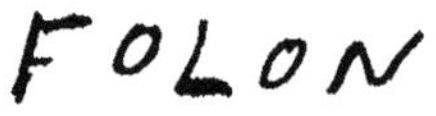

Folon Jean-Michel 1934

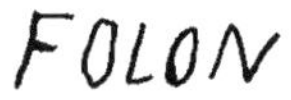

Foltyn Frantisek 1891-1976

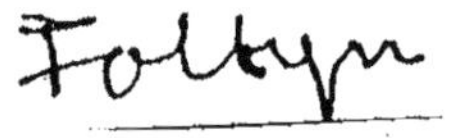

Foltyn Frantisek 1891-1976

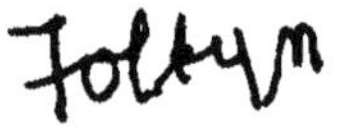

Foltyn Frantisek 1891-1976

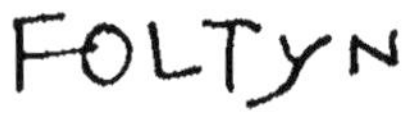

Fongueuse Maurice XXe

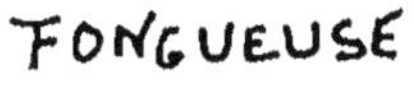

Fontaine Victor 1837-1884

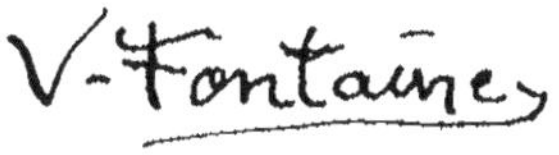

Fontan Léon 1884-1965

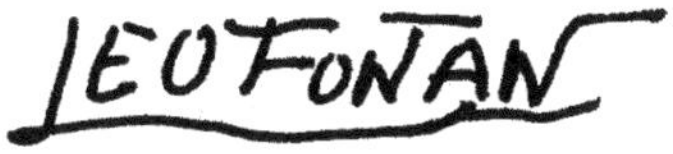

Fontana Ernesto 1837-1918

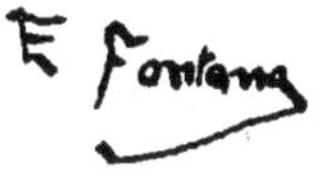

Fontana Lucio 1899-1968

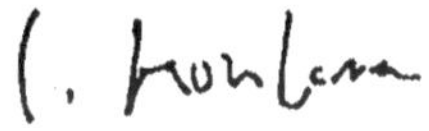

Fontana Roberto 1844-1907

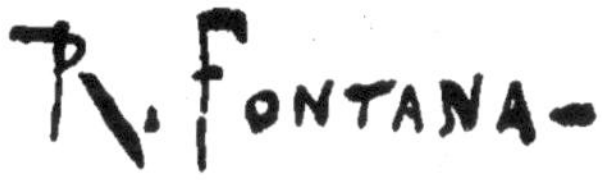

Fontana Roberto 1844-1907

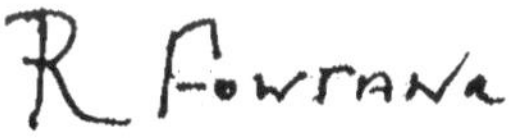

Fontanarosa Lucien Joseph 1912-1975

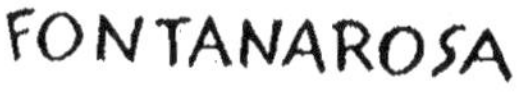

Fontanesi Antonio 1818-1882

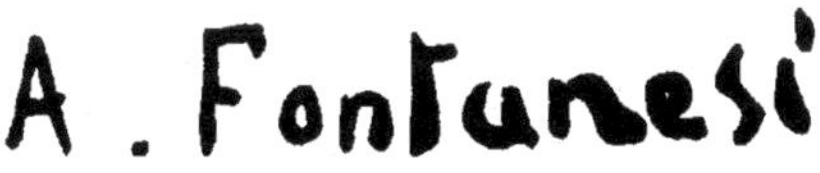

Forain Jean-Louis 1852-1931

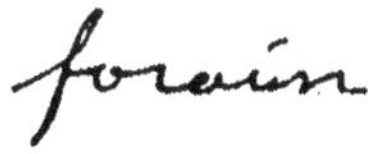

Forbes Leyton XIXe

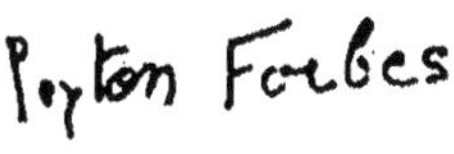

Forbes Stanhope Alexander 1857-1947

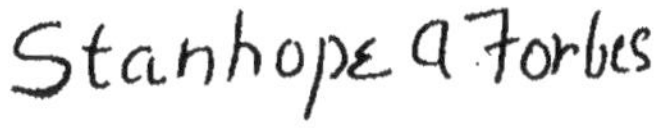

Forcela N. XIXe-XXe

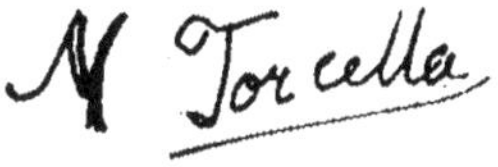

Forget Ch. 1886

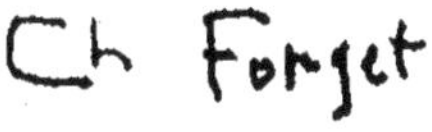

Formis Befani Achille 1832-1906

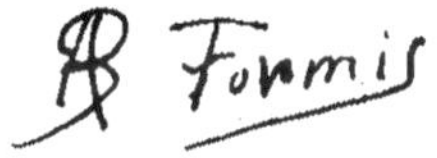

Formis Befani Achille 1832-1906

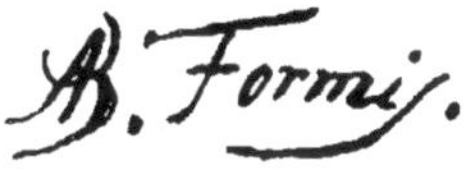

Fornara Carlo 1871-1968

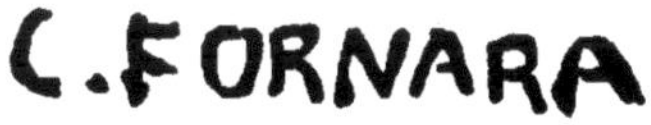

Fornara Carlo 1871-1968

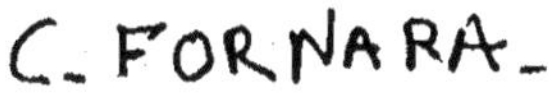

Forsberg Nils 1842-1934

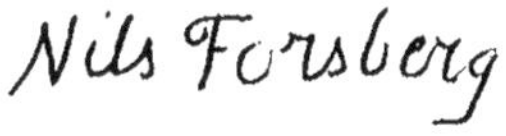

Forssell Victor 1846-1931

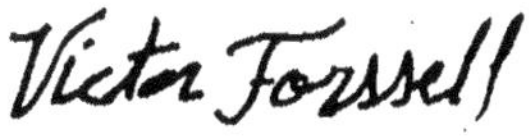

Fort Théodore 1810

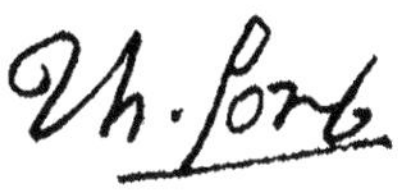

Fort Théodore 1810

Forti Edoardo Ettore XIXe

Forti Ettore XIXe

Fortin Marc Aurèle 1888-1970

Fortuny Mariano 1838-1874

Fossati Agostino 1830-1904

Fossati Andrea 1844-1919

Fossati Carlo 1863-1894

Foster Myles Birket 1825-1899

Fouace Guillaume 1827-1895

Foubert Emile Louis 1848-1911

Fougerat Emmanuel 1869-1958

Foujita Tsuguharo 1886-1968

Fouqueray Charles 1872-1956

Fourmois Théodore 1814-1871

Fournier Alain 1931-1983

Fournier Alain 1931-1983

Fournier Louis Ed. P. 1857

Fournier Max 1929

Fous Jean 1907-1971

Fox Charles James 1860 C J Fox	Fran Baro 1926 Fran Baro
Fox Emanuel Philips 1865-1915 E-P-FOX	Frana Luigi 1874-1949 L. Frana
Foy André 1886-1953 André Foy	Frana Michele 1881-1963 M Frana
Fraass Gustave 1920 G Fraass	Français François Louis 1814-1897 Français
Fraccaroli Innocenzo 1805-1882 Inno Fraccaroli	Francione Giuseppe XIXe G-Francione
Fraermann Theophil 1884 T. Fraermann	Francis John F. 1808-1886 J Francis 1866
Fragiacomo Pietro 1856-1922 P Fragiacomo	Franco Manfredi 1883-1968 Manfredi Franco
Fragiacomo Pietro 1856-1922 P. Fragiacomo	François Jean 1903-1977 J. François
Fraipont Georges 1873-1912 G. FRAIPONT	Frangiamore Salvatore 1853-1915 S. Frangiamore
Frampton Edward R. 1870-1923 C Reginald Frampton	Frangiamore Salvatore 1853-1915 Sal.e Frangiamore

Frank Eugène XIXe

Frank Friedrich 1871-1945

Frank Krauss Robert 1893-1950

Frank Lucien 1857-1930

Frank Raoul 1867-1939

Frank Will 1900-1951

Frankenthaler Helen 1928

Franz Carl 1863

Franzheim Elizabeth XXe

Franzoni Filippo 1857-1911

Franzoni Roberto 1882-1960

Frappa José 1854-1904

Fraschetti Giuseppe 1879-1956

Fraser Alexander 1825-1899

Fraser Robert Winter XIXe

Fraye André 1887-1963

Frazer William Miller 1864-1961

Frechkopf Leonid 1897-1962

Frechon Charles 1858-1929

Freddie Frederick W. XXe

Frederic Georges 1856-1940	Frey Alice 1895-1981
Frederic Léon 1856-1940	Frey Eugène H. 1864-1930
Frelaut Jean 1879-1954	Friant Emile 1863-1932
French Annie 1879-1965	Friboulet Jeff 1919
French William Percy 1854-1920	Fricke August 1875
Frenel Yitzhak 1899-1981	Fridell Axel 1894-1935
Frere Charles Théodore 1814-1888	Frido Maurice XXe
Frere Pierre Edouard 1819-1886	Friedlaender Johnny 1912-1989
Freundlich Otto 1878-1943	Friedrich Gustav A. 1824-1899
Freundlich Otto 1878-1943	Friese Richard 1886-1935

Frieseke Frederick C. 1874-1939

Friesz Emile Othon 1879-1949

Friesz Emile Othon 1879-1949

Friesz Emile Othon 1879-1949

Friis Achton 1871-1939

Frind August 1852

Frink Dame Elisabeth 1930-1993

Frison Jehan 1882-1961

Fröhlich Bernhard 1823-1885

Froment Yvette XXe

Fromentin Eugène 1820-1876

Fromentin Eugène 1820-1876

Frost John 1890-1937

Fruh Eugen 1914-1975

Fuchs Ernst 1930

Fuechsel Hermann 1835-1915

Fuller Léonard J. 1891

Fullwood Albert Henry 1863-1930

Fulton David 1848-1930

Fulton David 1848-1930

Fulton Samuel 1855-1941

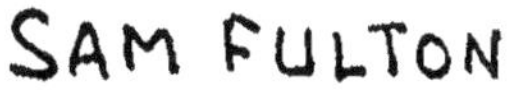

Fulton Samuel 1855-1941

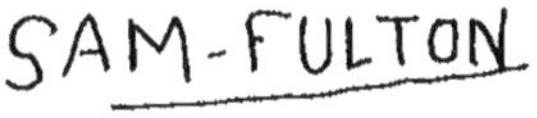

Funi Achille 1890-1972

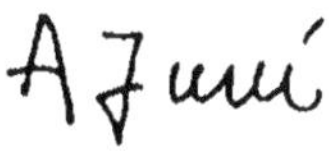

Funk Heinrich 1807-1877

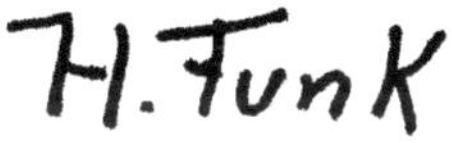

Furcy de Lavault Albert 1847-1915

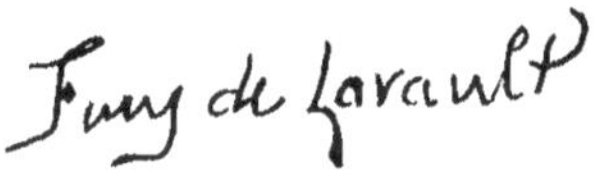

Furet François 1842-1919

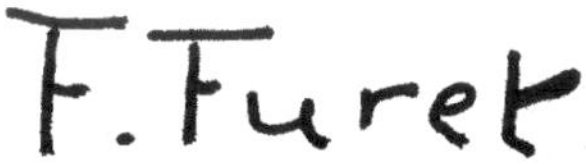

Furniss Harry 1854-1925

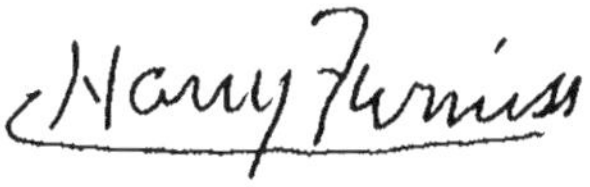

Fuseli Henri XXe

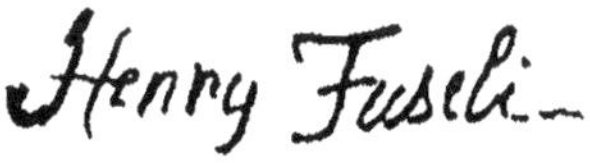

Gaaj Ferenc XXe

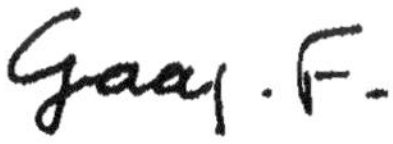

Gabani Giuseppe 1846-1900

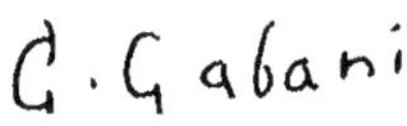

Gabani Giuseppe 1846-1900

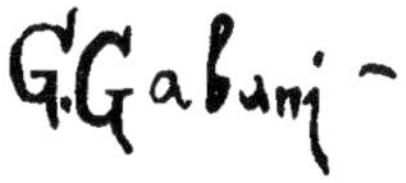

Gabriel Paul Joseph 1828-1903

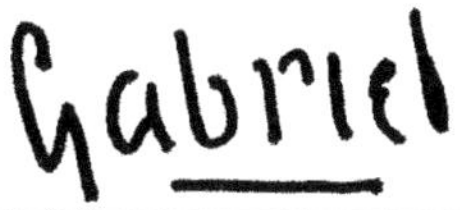

Gabrini Pietro 1856-1926

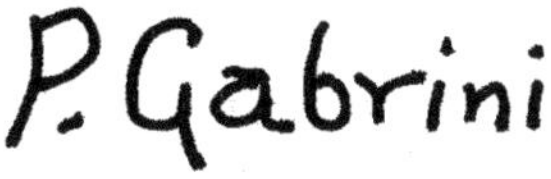

Gabrini Pietro 1856-1926

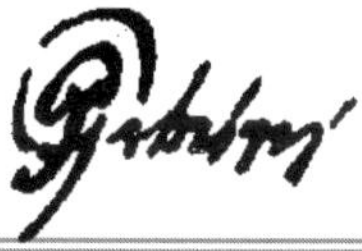

Gagliardini Julien Gustave 1846-1927

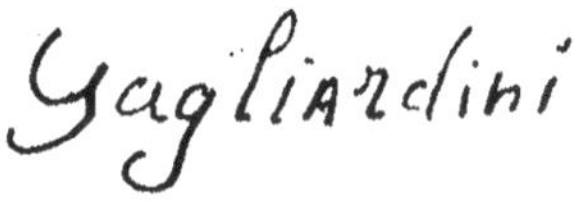

Gagneau Léon mort en 1910

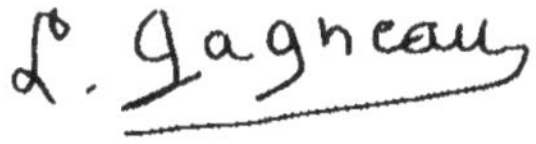

Gai Francesco 1835-1917

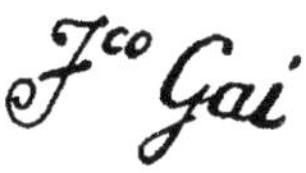

Gaidano Paolo 1861-1916

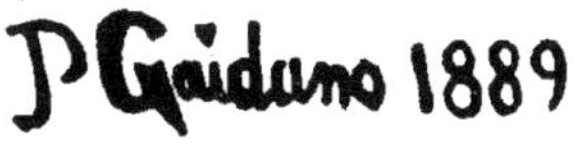

Gaigneron Jean de 1890

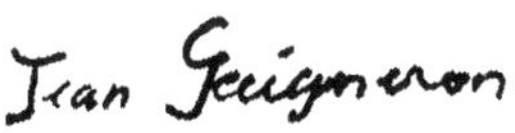

Gaignoux Claude XXe

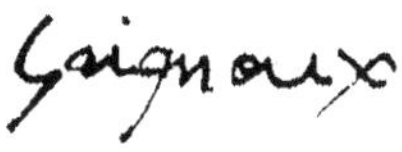

Gaillard Franz 1861-1932

Gaillardot Pierre 1910

Gaillardot Pierre 1910

Gailliard Jean-Jacques 1890-1976

Gainotti Luigi 1859-1940

Gaisser Jakob Emmanuel 1825-1899

Gaisser Jakob Emmanuel 1825-1899

Galand Léon L. 1872-1960

Galanis Emmanuel 1882-1966

Galant René 1914

Galante Francesco 1884-1972

Galanti Piero 1885-1973

Galeota Leopoldo 1868-1938

Galey Gaston Pierre 1880-1959

Galiany Eugène 1854-1941

Galien Laloue Eugène 1854-1941

Gall François 1912-1987

Gall François 1912-1987

Gallait Louis 1810-1887

Gallard Michel de 1921

Gallegos y Arnosa José 1859-1917

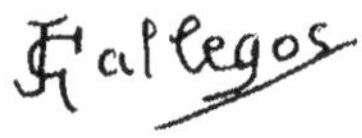

Gallelli Massimilliano 1863-1956

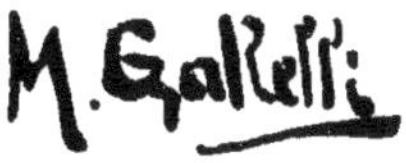

Galli Edoardo 1854

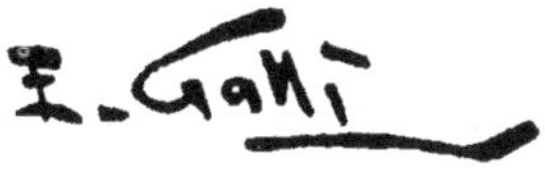

Galli Luigi Mauro 1822-1900

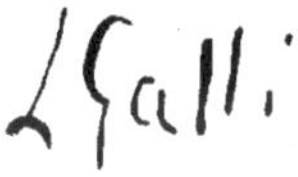

Galli Riccardo 1869-1944

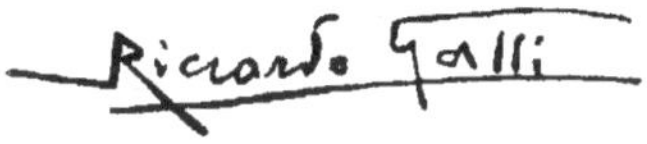

Gallina Luigi 1865-1931

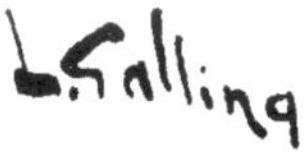

Gallois Emile 1882-1965

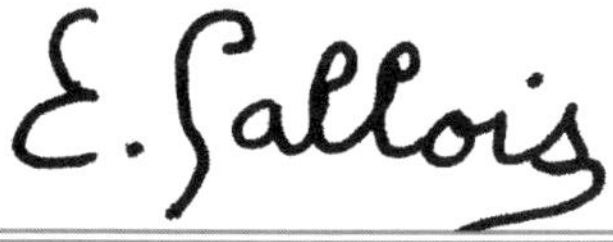

Gallotti Alessandro 1879-1961

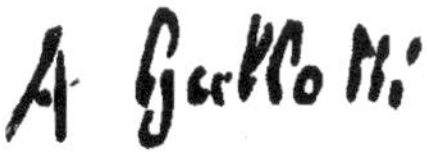

Gamba Enrico 1831-1883

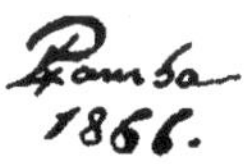

Gamba Francesco 1818-1887

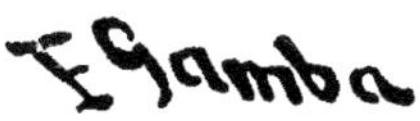

Gamp Botho von 1894-1977

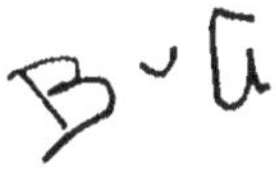

Ganay Isabelle de 1960

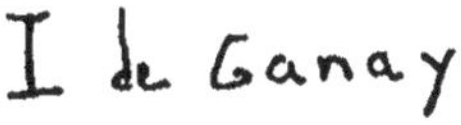

Ganay Isabelle de 1960

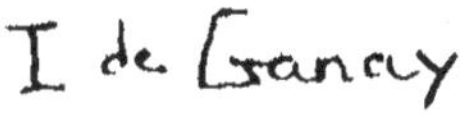

Gandi Luigi Giacomo 1846-1932

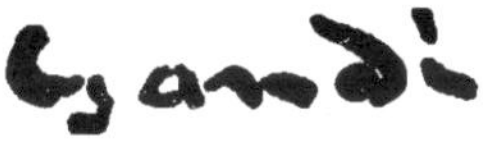

Ganso Emil 1895-1941

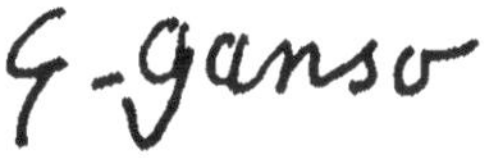

Gantner Bernard 1928

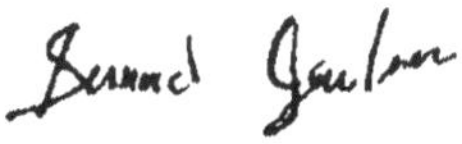

Garat Francis 1870

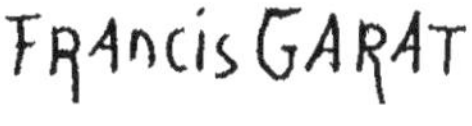

Garcia y Ramos José 1852-1912

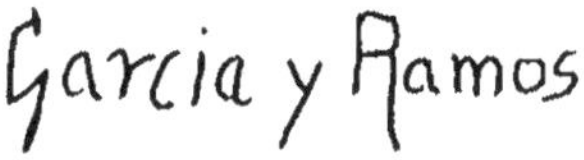

Garcia y Valdemoro Juan XIXe-XXe

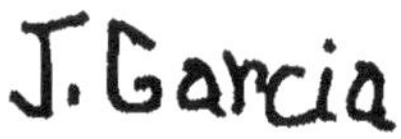

Gardair Christian 1938

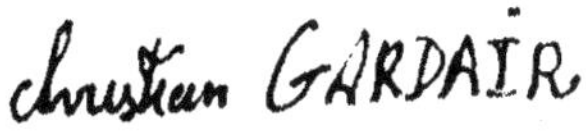

Gardner Will Biscombe 1847-1917

Garino Angelo 1860-1945

Garino Angelo 1860-1945

Garino Raymond XXe

Garland Valentine T. XIXe-XXe

Garneray Louis 1783-1857

Garnier Jules 1847-1889

Garnier Jules 1847-1889

Garot Louis XXe

Garrido Edoardo Léon 1856-1906

Garside Oswald 1879-1942

Garstin Norman 1847-1926

Garzolini Giuseppe 1850-1938

Gaskel Percival 1868

Gaskin Arthur Joseph 1862-1928

Gasparini Luigi 1865

Gasser Leonardo 1831

Gastaldi Andrea 1810-1889

Gastaldi Andrea 1810-1889

Gatti Annibale 1827-1909

Gaubault Alfred mort en 1895

Gaussen Adolphe Louis 1871-1947

Gaud Léon 1844-1908

Gauthier Joel XXe

Gaudenzi Giuseppe 1863-1941

Gauthier Michel XXe

Gaudenzi Pietro 1880-1955

Gauthier Oscar 1921

Gaudfroy Fernand 1885-1964

Gautier Albert XIXe-XXe

Gaudina Carlo 1878-1937

Gautier Armand 1825-1894

Gaudnek Walter XXe

Gautier Louis François L. 1855-1947

Gaudy Georges 1872

Gavarni Sulpice Guillaume 1804-1866

Gauermann Friedrich 1807-1862

Gavazzi François XXe

Gauguin Paul 1848-1903

Gawell Oskar 1888-1955

Gawell Oskar 1888-1955

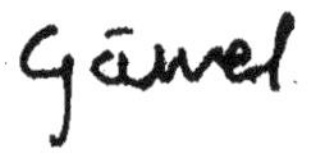

Gay George Howell 1858-1900

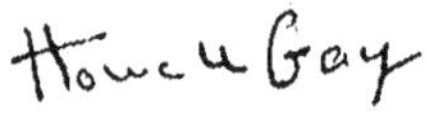

Gear William 1915-1975

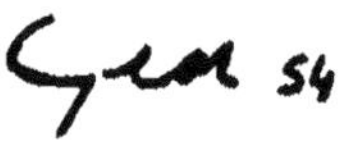

Gear William 1915-1975

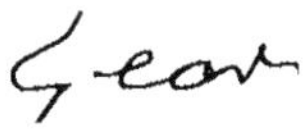

Gebler Otto F. 1838-1917

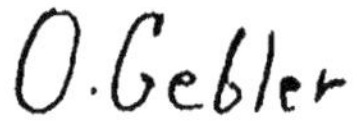

Gedeon Baril XXe

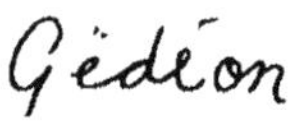

Geertz Julius 1837-1902

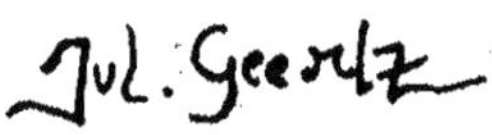

Geets Willem 1938-1919

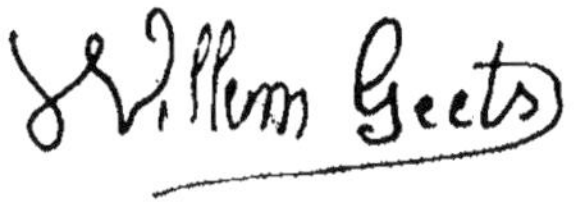

Gegerfelt Wilhelm von 1844-1920

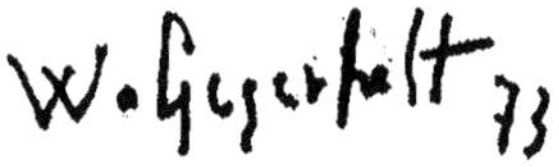

Gehrts Carl 1853-1898

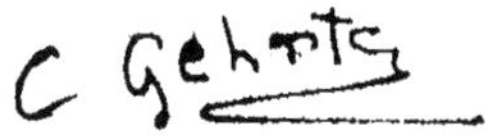

Geiger Caspar Augustin 1847-1901

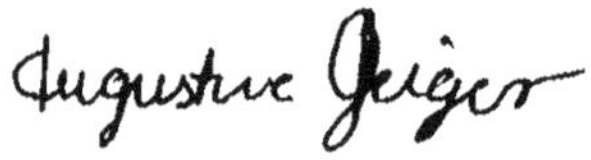

Geiger Willy 1878-1971

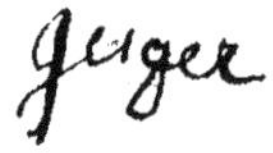

Geissler Paul 1881

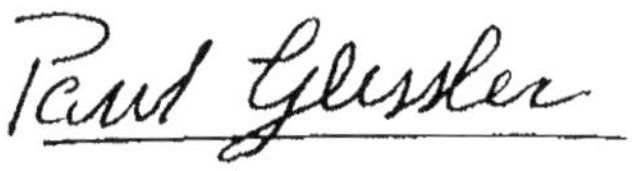

Gelati Lorenzo 1824-1895

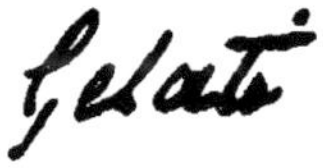

Gelder Eugene Joseph van 1856

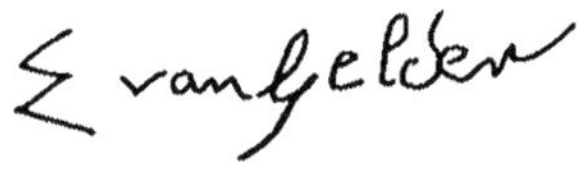

Gelder Eugene Joseph van 1856

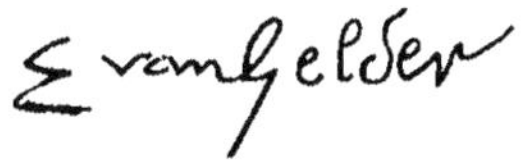

Gelibert Jules Bertrand 1834-1916

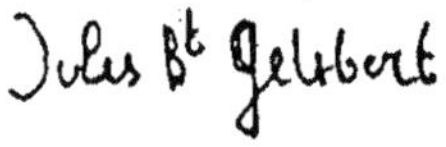

Geller Johaan Nepomuk 1860-1954

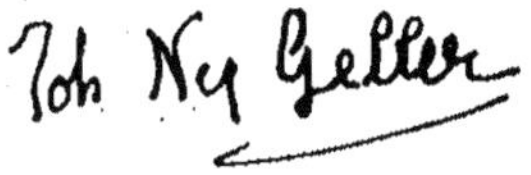

Geller Johaan Nepomuk 1860-1954

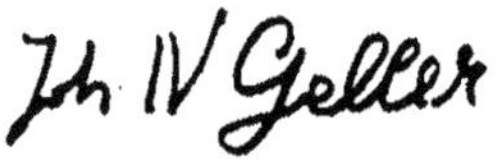

Gelli Edoardo 1852-1933

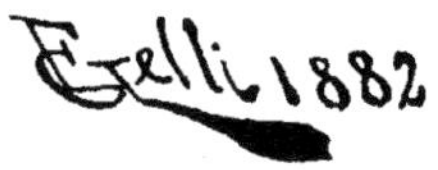

Gemito Vincenzo 1852-1929	Gentils Vic 1919
Gemito Vincenzo 1852-1929	Genzmer Berthold 1858-1927
Gemito Vincenzo 1852-1929	Geo Ham 1900-1972
Gen Paul 1895-1975	George Ernest 1839-1922
Gen Paul 1895-1975	Georges Claude 1929
Genberg Anton 1862-1939	Gerard Pascal 1941
Generalic Josip 1935	Gerard Théodore 1829-1895
Genin Lucien 1894-1953	Gerhard George 1830-1902
Genot Luc 1943	Gericault Théodore 1791-1824
Gentilini Franco 1909-1981	Gericault Théodore 1791-1824

Germain Jacques 1915

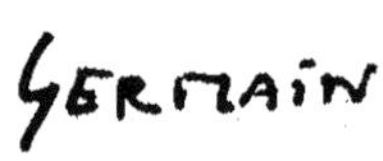

Gernez Paul Elie 1888-1948

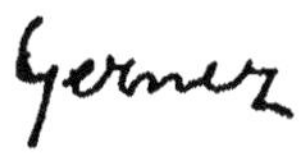

Gernez Paul Elie 1888-1948

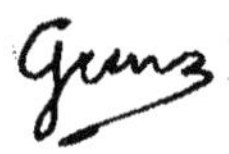

Gerome François 1895

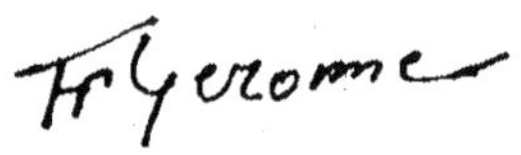

Gerome Jean Léon 1824-1904

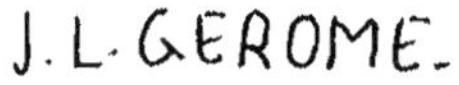

Gerther Mark 1891-1939

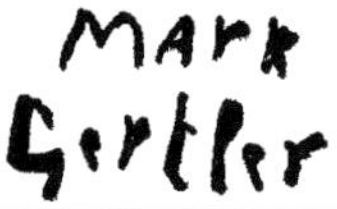

Gervex Henri 1852-1929

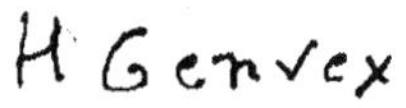

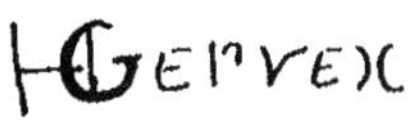

Gervex Henri 1852-1929

Gesmar Charles 1900-1928

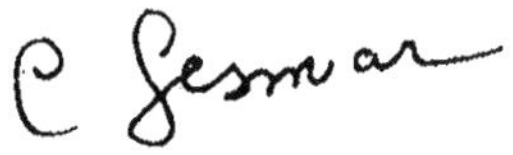

Gesmar Charles 1900-1928

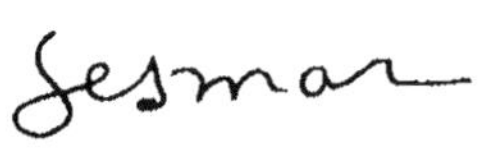

Geudens Albert 1869-1949

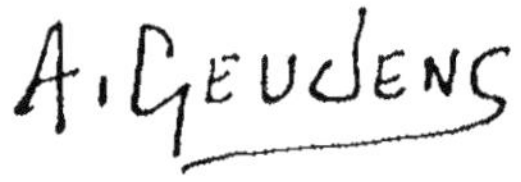

Gevaert Edgar 1891-1965

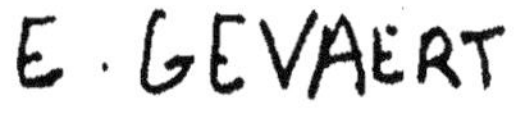

Gheduzzi Ugo 1853-1925

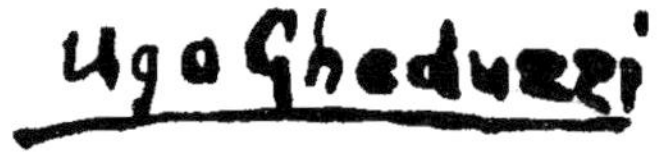

Gherri-Moro Bruno 1899-1967

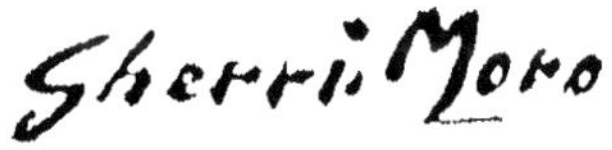

Gherri-Moro Bruno 1899-1967

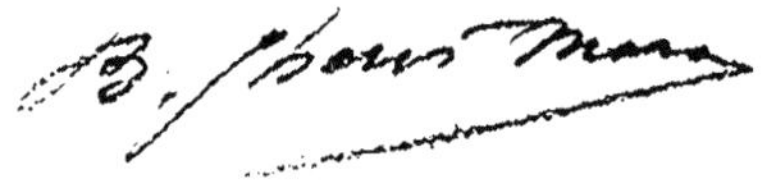

Ghiglia Oscar 1876-1945

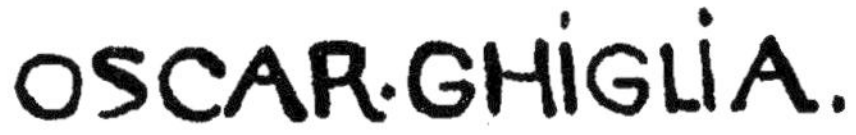

Ghiglion Green Maurice 1913

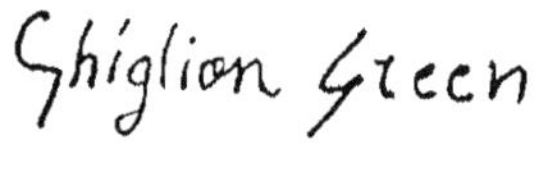

Ghisolfi Enrico 1837-1918

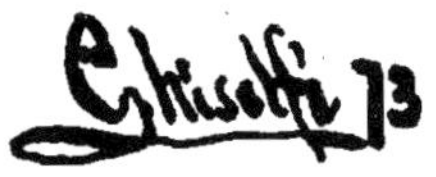

Ghittoni Francesco 1855-1928

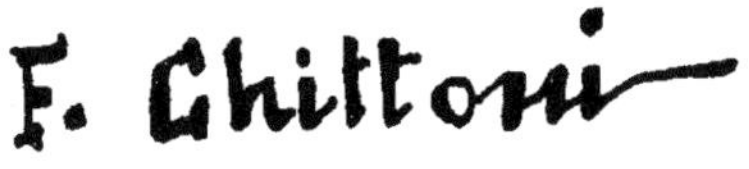

Giacometti Alberto 1901-1966

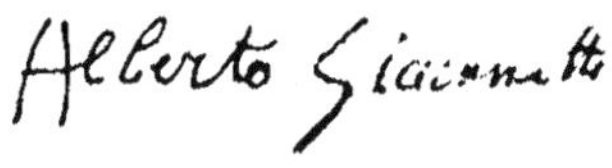

Giacometti Augusto 1877-1947

Giacometti Giovanni 1868-1933

Giacometti Giovanni 1868-1933

Giallina Angelos 1857-1939

Giani Giuseppe 1829-1885

Giannetti Raffaele 1837-1915

Giarrizzo Carmelo 1850-1917

Gibb Robert 1845-1932

Gibbon F. XXe

Gibson William Alfred 1866-1931

Giel Frans van 1892-1975

Giel Frans van 1892-1975

Giese Wilhelm 1883

Gigante Ercole 1815-1860

Gigante Ercole 1815-1860

Gigante Gaetano 1770-1840

Gigante Giacinto 1806-1876

Gigante Giacinto 1806-1876

Gignous Eugenio 1850-1906

Gignous Eugenio 1850-1906

Gignous Lorenzo 1862-1958	Giles James W. 1801-1870
Gigoux Jean-François 1806-1894	Gillard Henri Vincent XXe
Giladi Aharon 1907	Gilles Barthel 1891-1977
Gilardi Pier Celestino 1837-1905	Gilles Werner 1894-1961
Gilbault Eugène XIXe-XXe	Gilles Werner 1894-1961
Gilbert et George 1934 et en 1942	Gillet Numa 1868
Gilbert John 1817-1897	Gilli Claude 1938
Gilbert René Joseph 1858-1914	Gillis Marcel 1897-1972
Gilbert Victor 1847-1933	Gillot Eugène Louis 1868-1925
Gilbert Victor 1847-1933	Gilman Harold 1876-1919

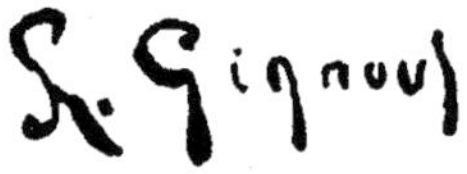

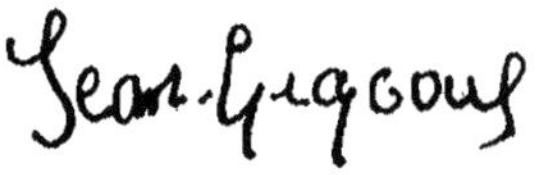

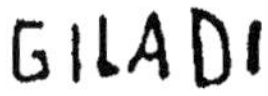

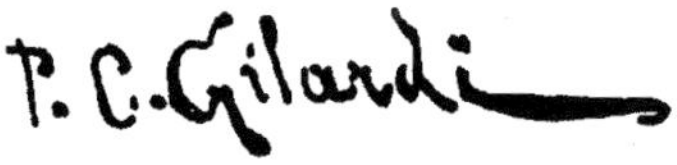

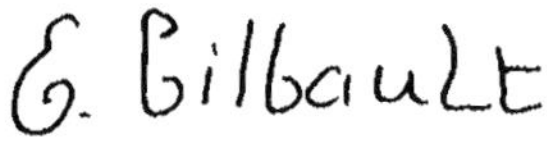

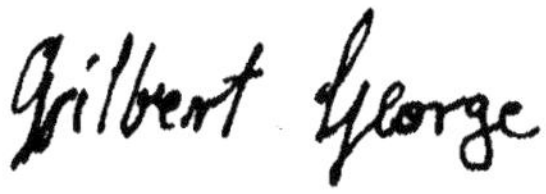

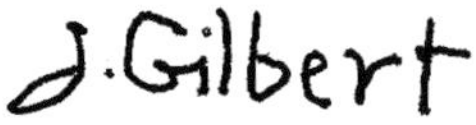

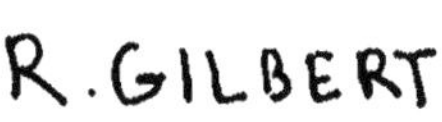

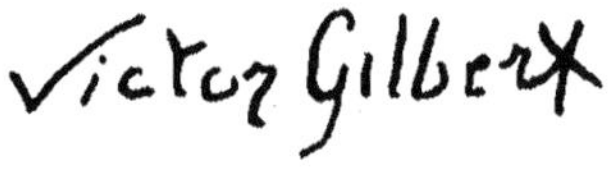

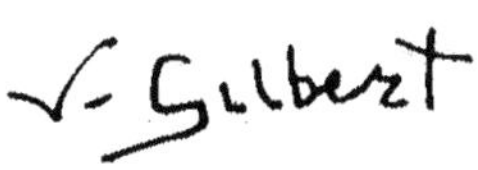

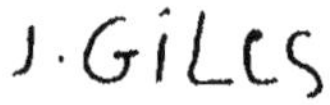

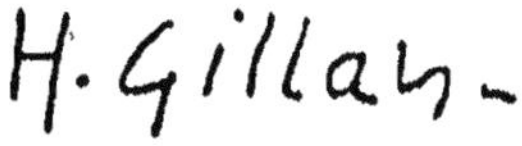

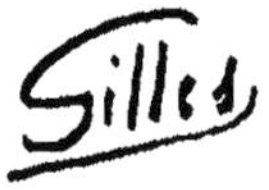

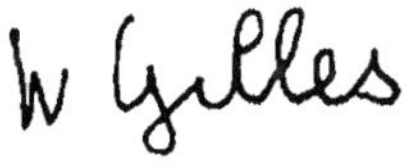

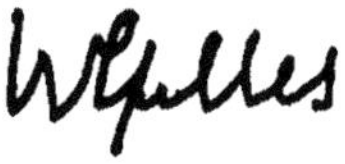

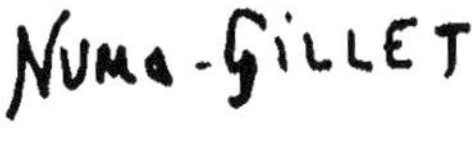

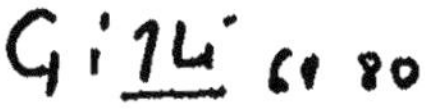

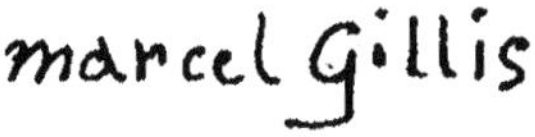

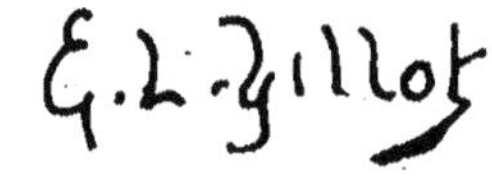

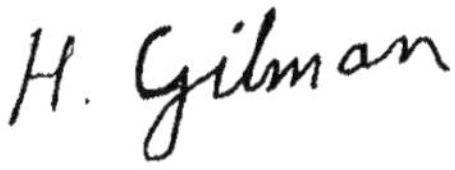

Gilsoul Hoppe Ketty 1868-1939

Gilsoul Victor 1867-1939

Gimmi Wilhelm 1886-1965

Gineste Henri 1929

Ginner Charles 1878-1952

Ginner Charles 1878-1952

Gioja Belisario 1829-1906

Gioli Francesco 1846-1922

Gioli Luigi 1854-1947

Gioli Luigi 1854-1947

Giorgi Giuseppe 1814-1886

Giovannini Agostino 1881-1958

Giovannini Vincenzo 1816-1872

Girard Albert 1839-1920

Girardet Eugène A. 1853-1907

Girardet Jules 1856

Girardet Karl 1813-1871

Girardet Karl 1813-1871

Girardet Léon 1857-1895

Giraud Georges XXe

Giraud Pierre Fr. E. 1783-1836

Giraud Victor Julien 1840-1871

Girin David E. 1848-1917

Giron Charles 1850-1914

Girosi Giovanni 1812

Giroux Achille 1820-1894

Giroux Ernest né vers 1851

Gisbert Antonio 1835-1901

Gischia Léon 1904-1991

Gislander William 1890-1937

Giudici Rinaldo XIXe

Giuffrida Nino 1924

Glackens William J. 1870-1938

Glaize Auguste B 1807-1893

Glaize Pierre Paul Léon 1842-1932

Glansdorff Hubert 1877-1964

Gleeson Gerald Collins XXe

Gleeson James T. 1915

Gleizes Albert 1881-1953

Glendening Alfred Auguste 1861-1907

Glover William XIXe-XXe	**Godlevsky Ivan 1908**
Gluckman Gregory 1898	**Godward John William 1861-1922**
Gobaut Gaspard 1814-1882	**Gody Emile XXe**
Godard Gabriel 1933	**Goeneutte Norbert 1854-1894**
Godchaux Emile né vers 1860	**Goerg Edouard 1893-1969**
Godeg Karl XIXe-XXe	**Goethals Théophile XIXe-XXe**
Godeg Karl XIXe-XXe	**Gogarten Heinrich 1850-1911**
Godet Pierre XXe	**Gogh Vincent van 1853-1890**
Godfrinon Ernest 1878-1927	**Gogois 1935**
Godfrinon Ernest 1878-1927	**Gohier XXe**

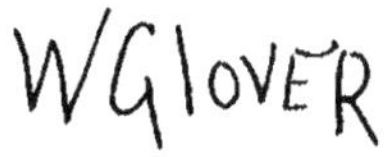

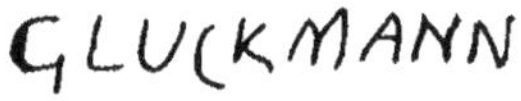

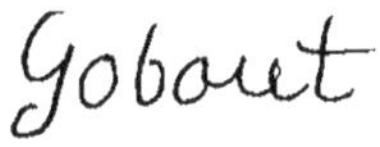

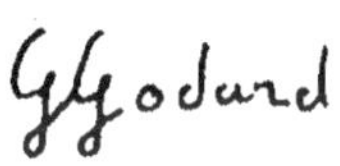

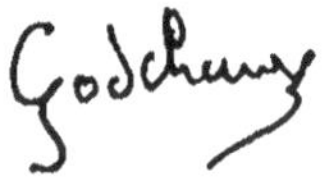

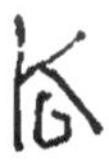

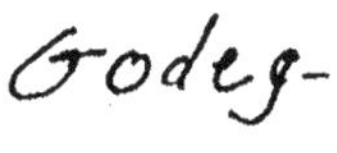

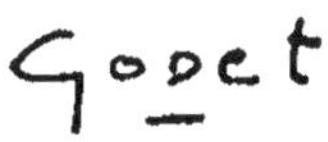

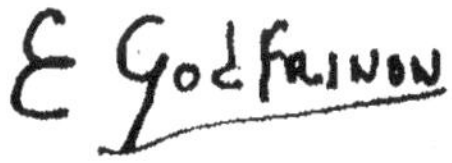

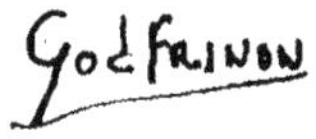

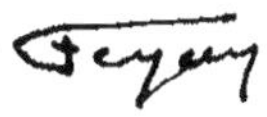

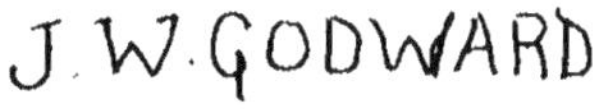

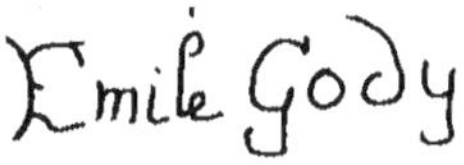

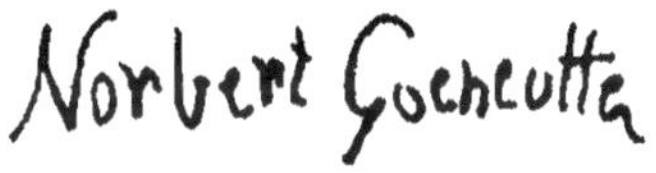

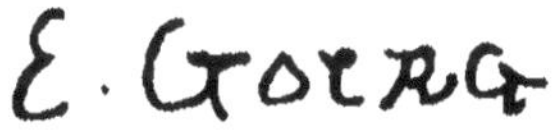

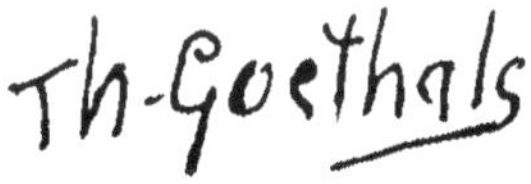

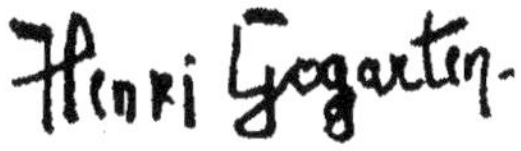

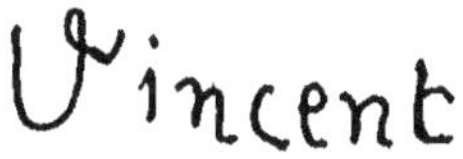

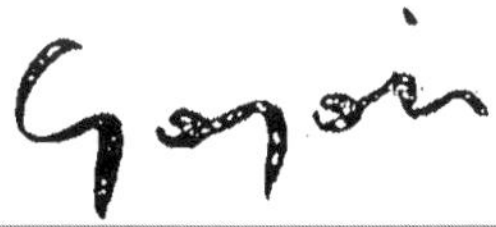

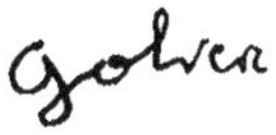

Gola Emilio 1851-1923

Gola Emilio 1851-1923

Goldberg Avraham 1903

Goldberg Chaïm 1917

Golden Grace L. 1904

Gomez Soler F. 1870-1899

Gomien Paul 1799-1846

Gomzé François 1861

Gondouin Emmanuel 1883-1934

Gonin Enrico 1799-1870

Gonin Guido 1833-1906

Gontcharova Natalia 1881-1964

Gontcharova Natalia 1881-1964

Gonzales Luigi XIXe

Gonzalez Julio 1867-1942

Goodall Frederick 1822-1904

Goodwin Albert 1845-1932

Goodwin Philip Russell 1882-1935

Goralsky Pierre Henri 1961

Gordigiani Eduardo 1866-1961

Gordigiani Michele 1835-1909

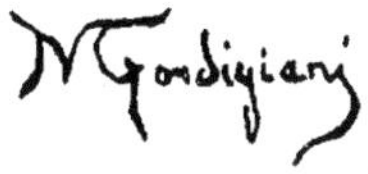

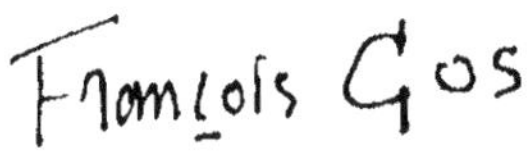

Gosse Sylvia 1881-1968

Gordigiani Michele 1835-1909

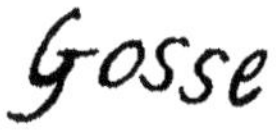

Gosselin Charles 1834-1892

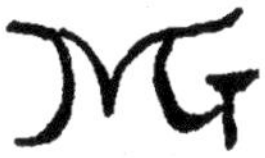

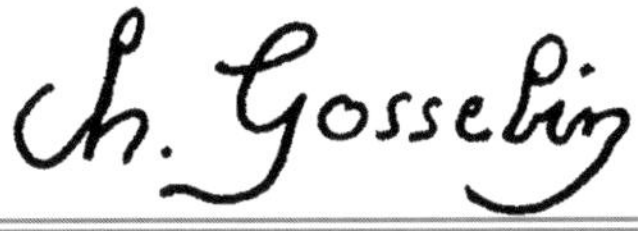

Gordini Silvio 1849-1937

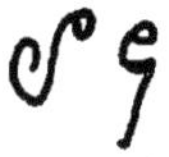

Goth Moritz 1873-1939

Gore Frederick 1913

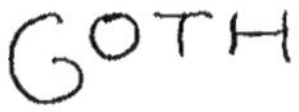

Gotsch Friedrich Karl 1900-1984

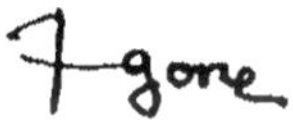

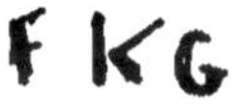

Gorguet Auguste F. M. 1862-1927

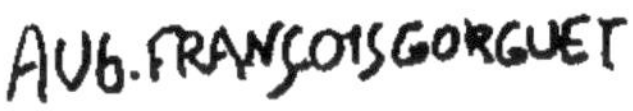

Gotsch Thomas Cooper 1854-1931

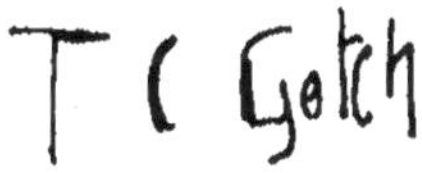

Gorlich Sophie 1855-1893

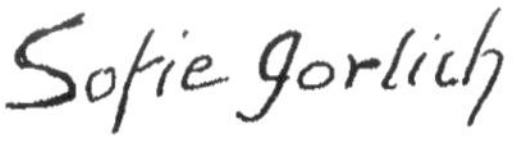

Gött Hans 1883

Gorra Giulio 1832-1884

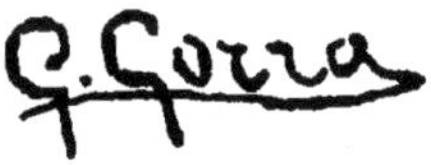

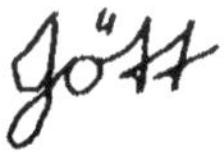

Gottlieb Adolph 1903-1974

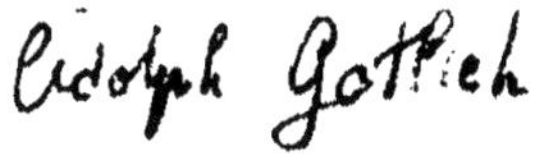

Gorus Pieter 1881-1941

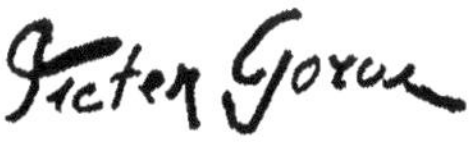

Gotz Karl Otto 1914

Gos Albert 1852-1942

Goubaud Innocent 1790-1847

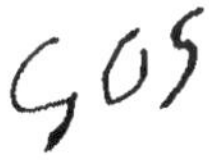

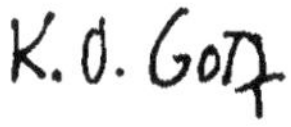

Gos François 1880-1968

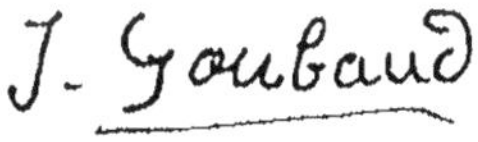

Goubaud Innocent 1790-1847

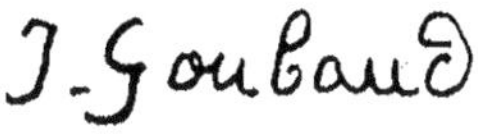

Goubert Lucien 1887-1964

Goubie Jean Richard 1842-1899

Goubie Jean Richard 1842-1899

Goulinat Jean Gabriel 1883-1972

Goupil Jules 1839-1883

Goupil Léon 1834-1890

Gourdault Pierre 1880-1915

Gourgue Jacques E. 1930

Gourse Hippolyte 1870

Goutard Moris XXe

Gouweloos Charles 1867

Gouweloos Jean 1868-1943

Govaerts Jean 1898-1985

Gow Andrew Garrick 1848-1920

Gozzard William James 1888-1950

Gozzard William James 1888-1950

Grabone Arnold 1896-1981

Grada Raffaele de 1885-1957

Gradl Hermann 1883-1964

Graeb Carl 1816-1884

Graf Paul 1866-1903	Grass Günter 1927
Paul Graf	GRASS
Graf Philipp 1874-1947	Grass Mick Augustin 1873-1963
Philipp Graf	A. Grass-Mick
Graham Thomas 1840-1906	Grässel Franz 1861-1948
T. Graham	Franz Gräßel
Granchi Taylor Alexandre 1857-1951	Grässel Franz 1861-1948
	Franz Gräßel
Granchi Taylor Alexandre 1857-1951	Grassere Gérard 1915-1994
	G. Grassère
Grandi Giuseppe 1843-1894	Grasset Eugène 1841-1917
GRANDI	EG
Grandjean Edmond 1844-1908	Grasset Eugène 1841-1917
E. Grandjean	EG
Grant Carleton XIXe	Grassi Josef 1755-1838
CARLETON GRANT	JG.
Grant Charles Henry 1866-1939	Grassis Giuseppe 1870-1949
Chas H Grant	GRASSIS G. 7. 1914.
Grant Duncan 1885-1978	Grau Enrique 1920
D Grant	Grau

Grau Sala Emile 1911-1975

Gray Félix de 1889

Gray Georges XIXe-XXe

Gray Henry Percy 1869-1934

Graziosi Giuseppe 1879-1942

Grazzini Eufemio 1823-1883

Greco Emilio 1913

Green Henry Towneley 1836-1899

Green Roland 1892-1972

Greenberg Jacques XXe

Greenberg Maurice 1893

Greene Balcomb 1904

Gregorio Marco de 1829-1876

Grevedon Pierre Louis 1776-1860

Gribble Bernard Finegan 1873-1962

Grieshaber Hap 1909-1981

Griffon Robert XXe

Grigoriev Boris 1886-1939

Grigoriev Eduard 1967

Grigoriev Eduard 1967

Grillon Roger 1881-1938

Grimaldi del Poggetto Stanislao 1825-1903

Grimani Guido 1871-1933

Grimm Pierre 1898-1979

Grimm Wilhelm 1904-1986

Grimshaw John A. 1836-1893

Gris Juan 1886-1927

Gris Juan 1886-1927

Griset Ernest 1844-1907

Grison François 1845-1914

Grisot Pierre 1911-1995

Grivolas Antoine 1843-1902

Grobe German 1857-1938

Groenewegen Adrianus 1874-1963

Grolleron Paul L. N. 1848-1901

Grolleron Paul L. N. 1848-1901

Gromaire Marcel 1892-1971

Gropper William 1897-1977

Gropper William 1897-1977

Grosjean Henry 1864-1948

Gross Adolf 1873-1933

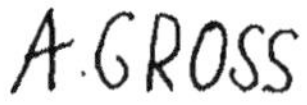

Gross Anthony 1905-1984

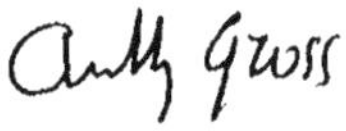

Gross Chaïm 1904-1989

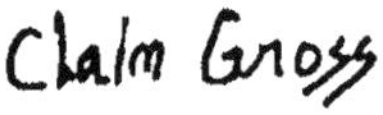

Grossi Carlo 1857-1931

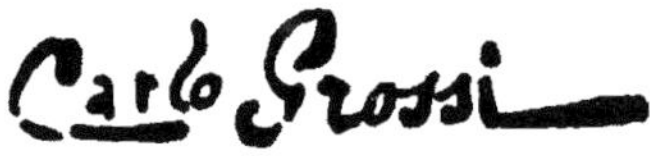

Grosso Giacomo 1860-1938

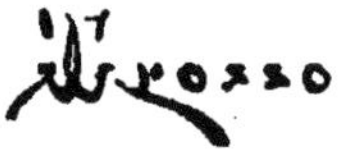

Grosso Orlando 1882-1968

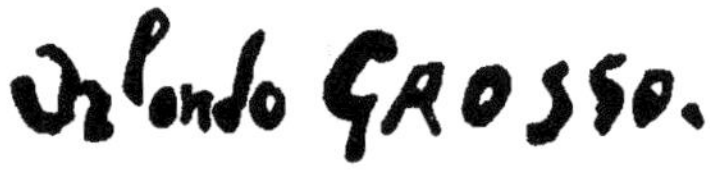

Grosz George 1893-1959

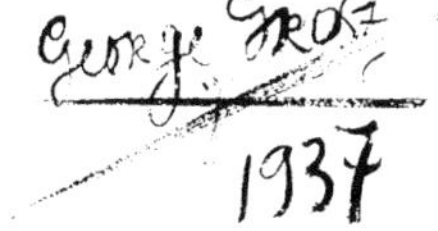

Grosz George 1893-1959

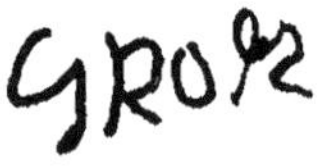

Groux Henri de 1911

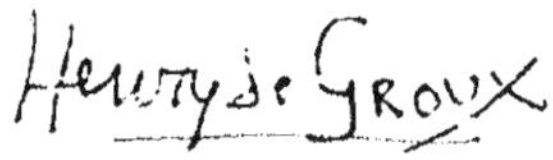

Gruber Francis 1912-1948

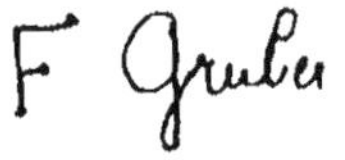

Grün Jules Alexandre 1868-1934

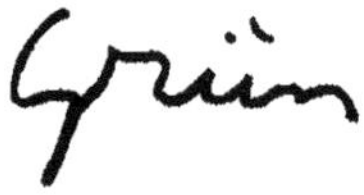

Grün Maurice 1869-1947

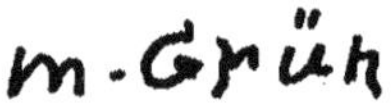

Grünenwald XIXe-XXe

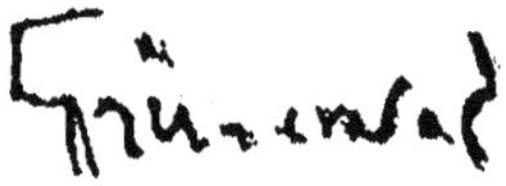

Gruner Elioth 1882-1939

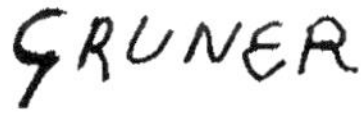

Grünwald Carl 1907-1968

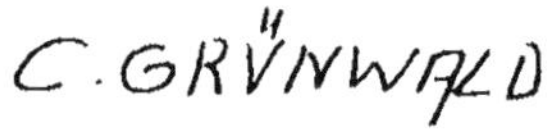

Gruppe Emile Albert 1896-1978

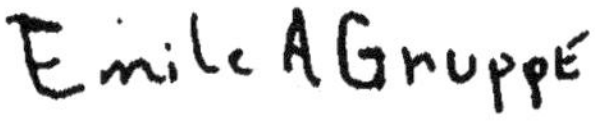

Grützner Eduard von 1846-1925

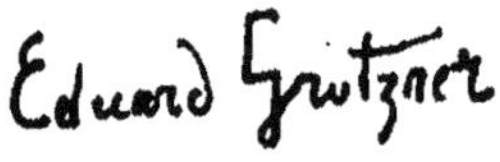

Grützner Eduard von 1846-1925

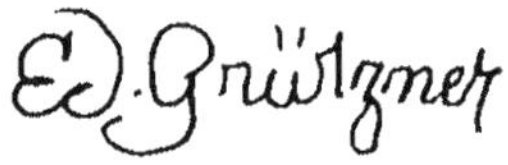

Gsur Karl 1871-1939

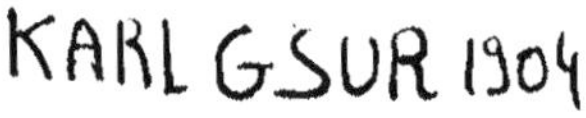

Guanse Antonio 1926

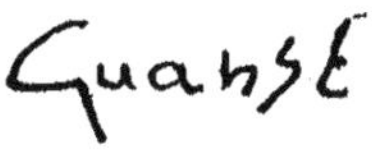

Guarlotti Giovanni 1869-1954	**Guerra Achille 1832-1903**
Guazzoni Edoardo 1868-1946	**Guerrier Raymond 1920**
	GUERRIER
Gubbels Klaas 1934	**Guglielmi Gennaro 1804**
Gübler Max 1898-1973	**Guidi Guiseppe 1881-1931**
Guccione Piero 1935	**Guidi Virgilio 1892-1984**
Gude Hans Fredrik 1825-1903	**Guiette René 1893-1976**
Gudin Henriette (Herminie) 1825	**Guignery Gustave XIXe-XXe**
Gueldry Ferdinand 1858-1933	**Guignet Adrien 1816-1854**
F. GUELDRY	
Guérin Armand 1913-1963	**Guigou Paul Camille 1834-1871**
Guérin Charles 1875-1939	**Guilbert Narcisse 1878-1942**
	GUILBERT

Guilbert Octave XIXe-XXe

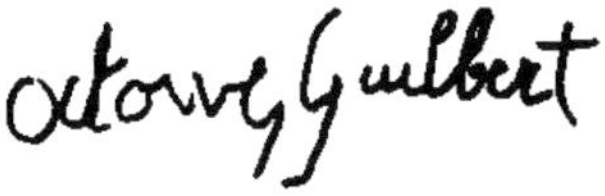

Guillaume Albert 1873-1942

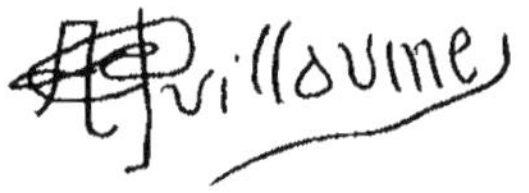

Guillaumet Gustave Achille 1840-1887

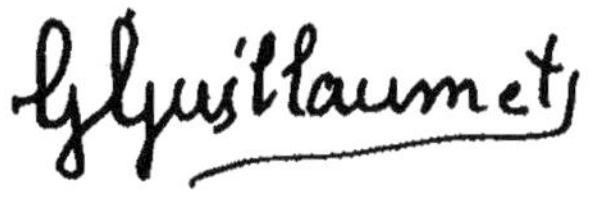

Guillaumin Armand 1841-1927

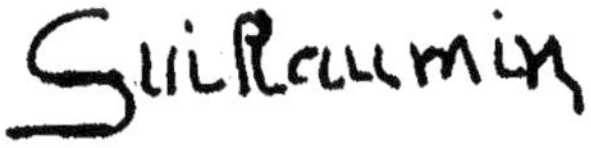

Guillaumin Armand 1841-1927

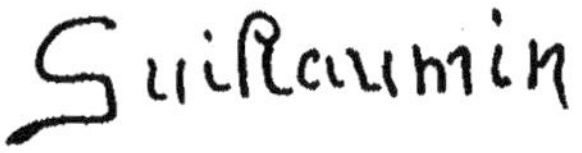

Guillemet J. B. A. 1843-1918

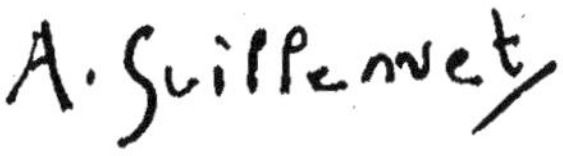

Guillon Adolphe 1829-1896

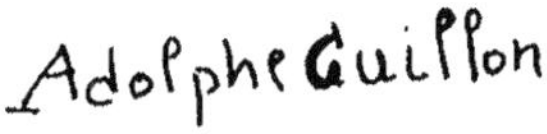

Guillonnet Octave 1872-1967

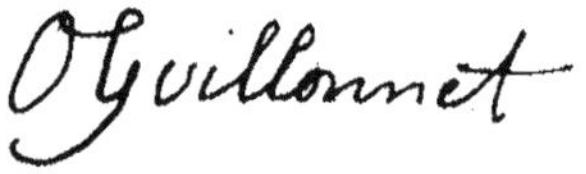

Guillot Abel XIXe-XXe

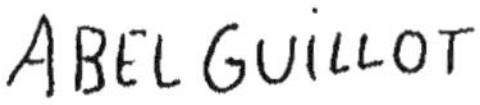

Guinand René 1892-1974

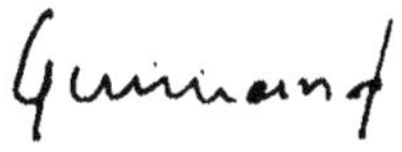

Guinand René 1892-1974

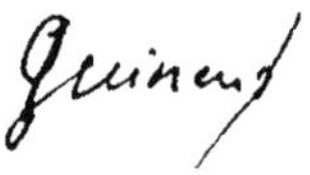

Guinier Henri-Jules 1867-1927

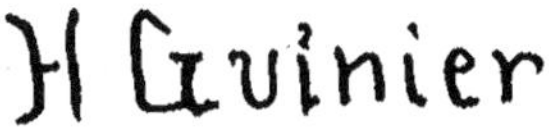

Guinovart Josep 1927

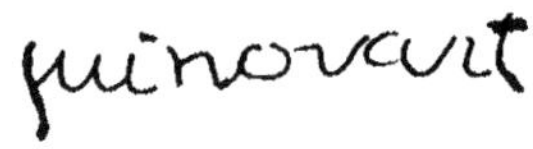

Guiramand Paul 1926

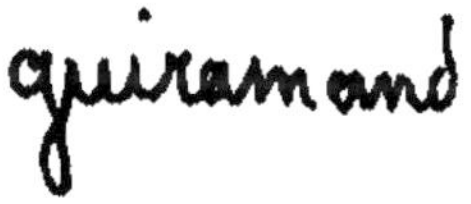

Guirand de Scevola Lucien V. 1871-1950

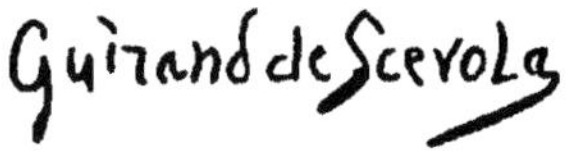

Gumery Adolphe E. 1861-1943

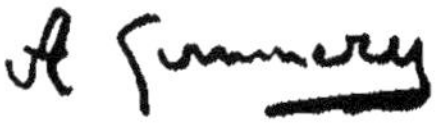

Gurvich José 1927-1975

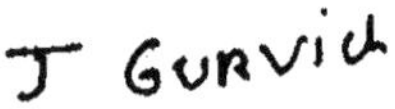

Gussoni Vittorio 1893-1968

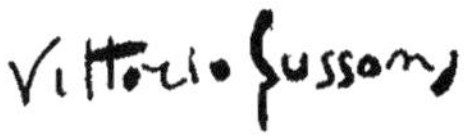

Guston Philip 1913-1980

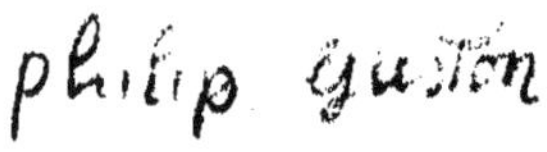

Guston Philip 1913-1980

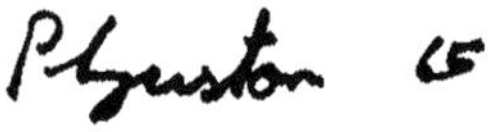

Gutersloh Albert 1887-1973	Gyngell Albert XIXe-XXe
Gutman Nachum 1898-1978	Gysis Nikola Nikolaus 1842-1901
Gutmann Bernard XIXe-XXe	Gysis Nikola Nikolaus 1842-1901
Guttuso Renato 1912-1987	Haag Carl 1820-1915
Guttuso Renato 1912-1987	Haaland Laurits 1855-1938
Guy Guylaine XXe	Haanen Adriana 1814-1895
Guy Louis 1824-1888	Haanen Cecil van 1844-1914
Guyot Georges Lucien 1885-1973	Haar Carl Erik XXe
Guyot Georges Lucien 1885-1973	Haas Johannes H.L. de 1832-1908
Guzzi Beppe 1902-1982	Habermann Hugo von 1849-1929

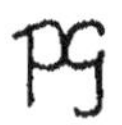

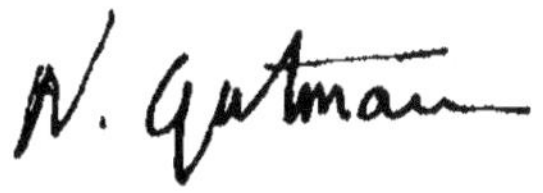

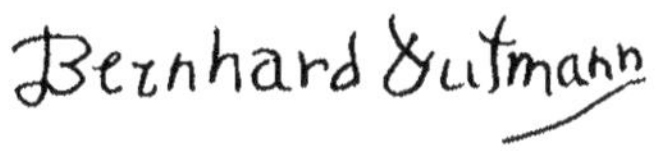

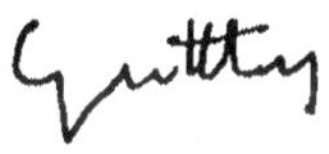

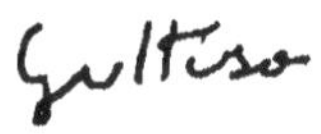

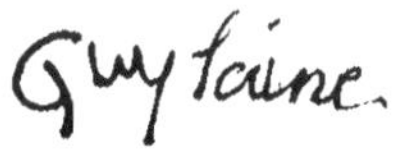

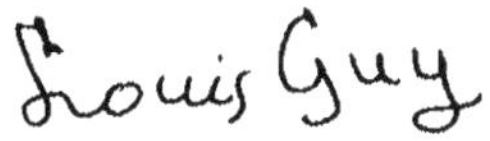

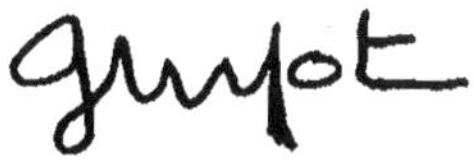

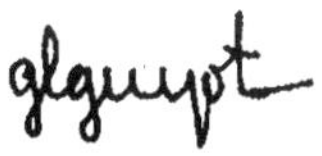

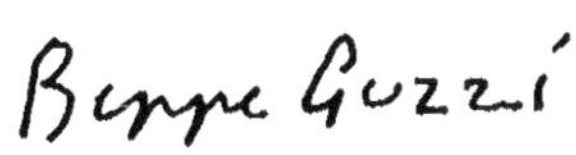

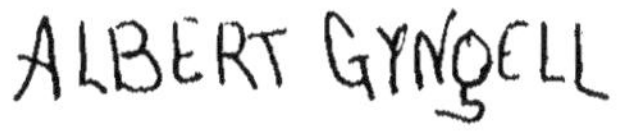

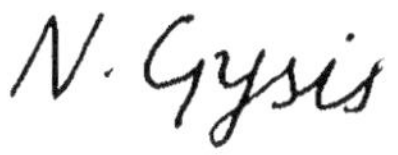

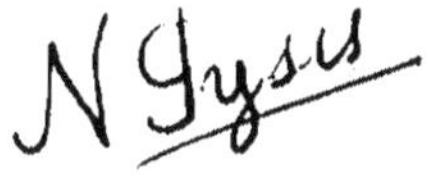

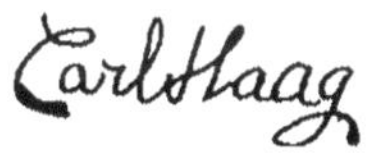

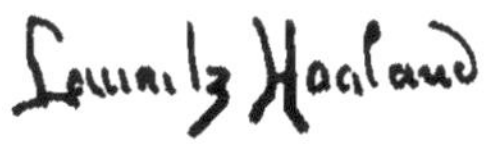

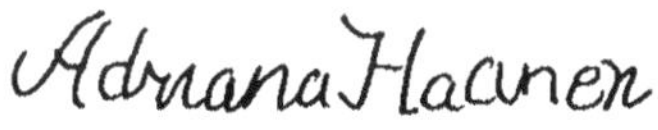

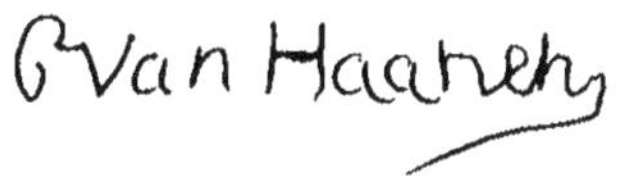

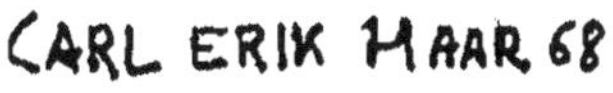

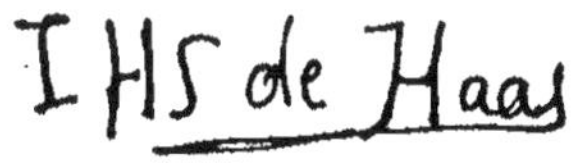

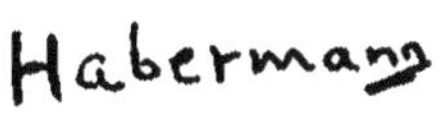

Hacker Arthur 1858-1919

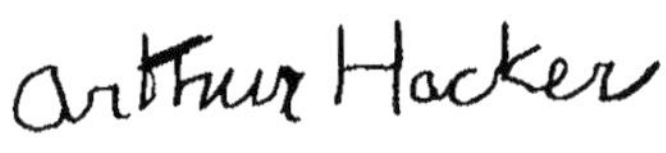

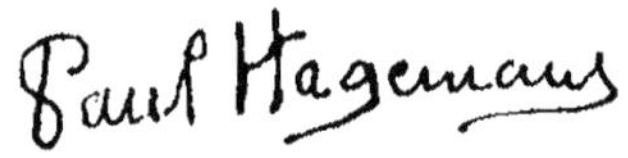

Hacker Horst 1842-1906

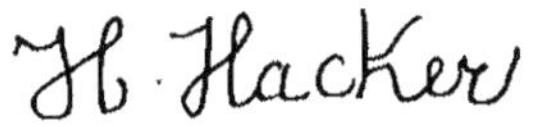

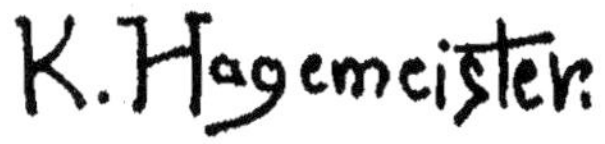

Haddon Trevor 1864-1941

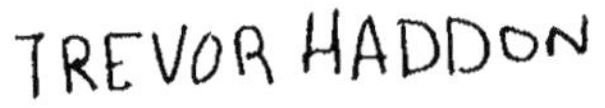

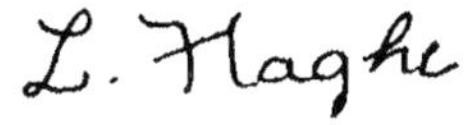

Haden Francis Seymour 1819-1910

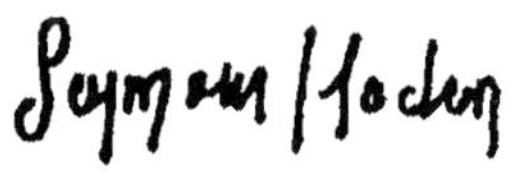

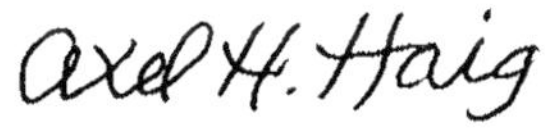

Haeck Leopold 1868

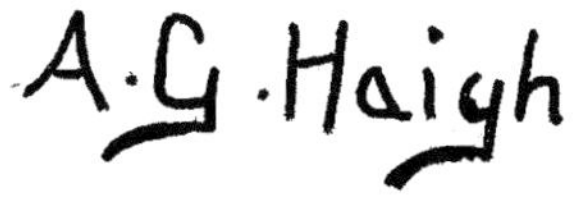

Haer Adolf de 1892-1945

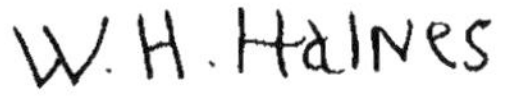

Haffenrichter Hans 1897-1981

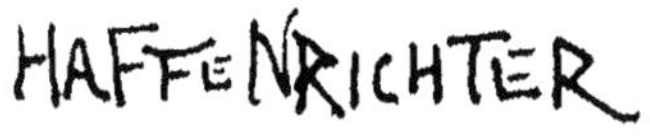

Hafstrom Jan 1937

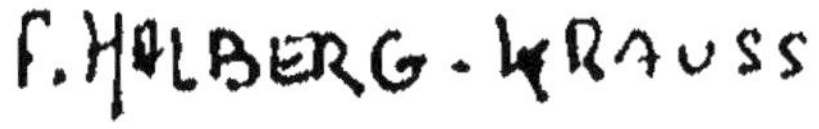

Hagborg August 1852-1921

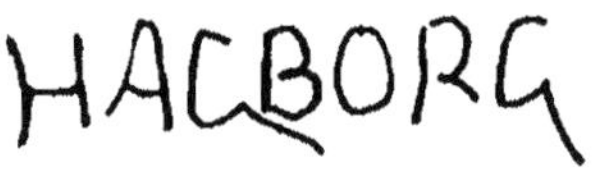

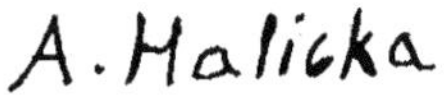

Hagemans Maurice 1852-1917

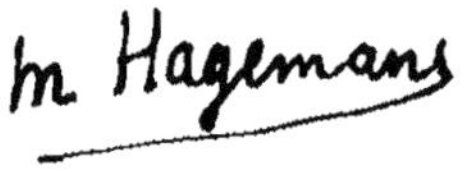

Hagemans Paul 1884-1959

Hagemeister Karl 1848-1933

Haghe Louis 1806-1885

Haig Axel H. 1835-1921

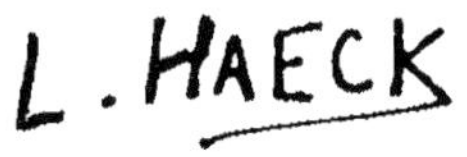

Haigh Alfred G. 1870-1963

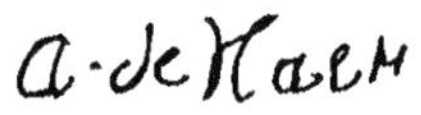

Haines William H. 1812-1884

Hajeri Ahmed XXe

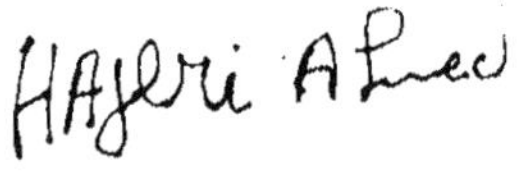

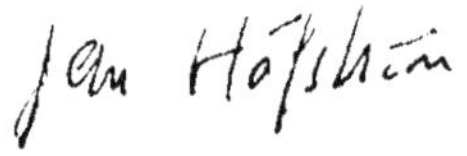

Halberg-Krauss Fritz 1874-1951

Halicka Alice 1894-1975

Hall Frederick 1860-1948

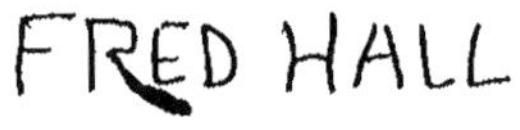

Hall Lindsay Bernard 1859-1935

Hall Oliver 1869-1957

Hallet André 1890-1959

Hallstrom Staffan 1914-1976

Hamilton James 1819-1878

Hamilton James 1819-1878

Hamilton Lætitia 1879-1964

Hamilton Richard 1922

Hamilton William Henry 1750-1801

Hamman Edouard 1819-1888

Hamme Alexis van 1818-1875

Hammer Hans 1815-1882

Hammer William 1821-1889

Hammershoi Vilhelm 1864-1916

Hamon Jean-Louis 1821-1874

Hamon Roland 1909-1987

Hamza Hans 1879-1945

Hamza Johann 1850-1927

Hanger Max 1874-1955

Hanger Max 1874-1955

Hanicotte Augustin 1870-1957

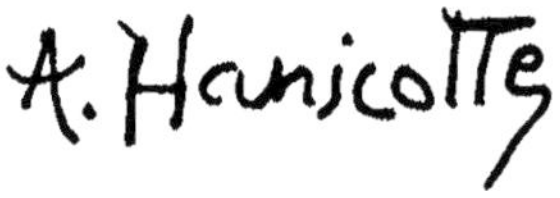

Hanin Serge XXe

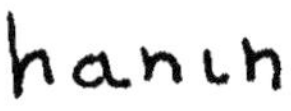

Hannon Théodore 1851-1916

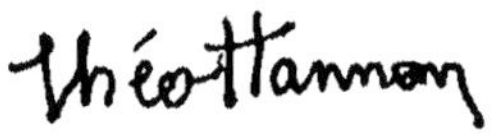

Hannon Théodore 1851-1916

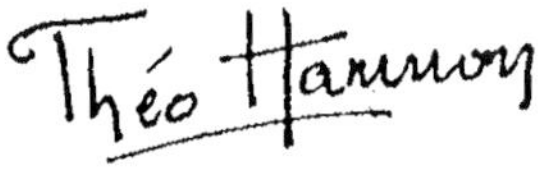

Hanoteau Hector 1823-1890

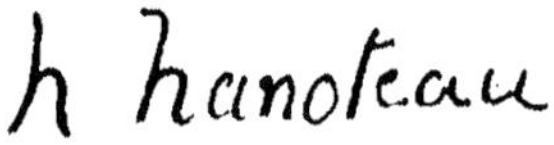

Hansen Constantin 1804-1880

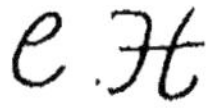

Hansen Heinrich 1821-1890

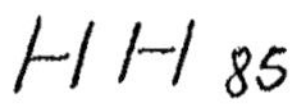

Hansen Johan Theodore 1848-1912

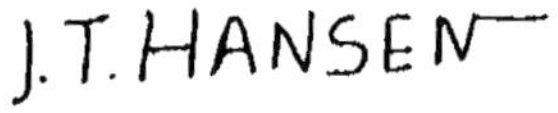

Hansen Knud XXe

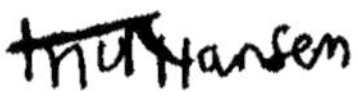

Hansen Sigvard 1859-1938

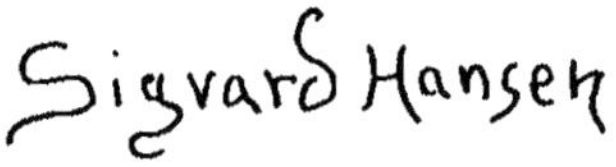

Hanskens Georges 1959

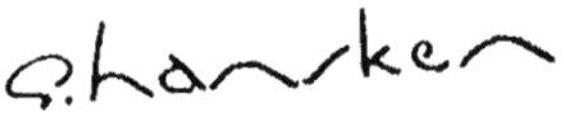

Hansteen Asta 1824-1908

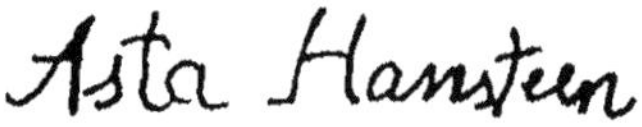

Haquette Georges 1854-1906

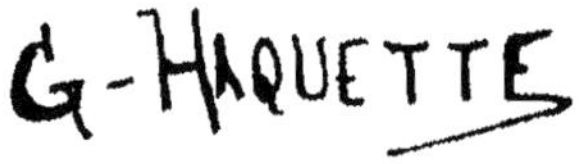

Hara Jacques 1933

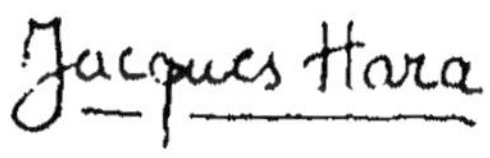

Harburger Edmund 1846-1906

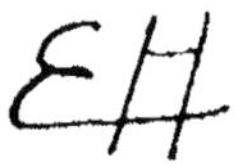

Harcourt George 1869-1947

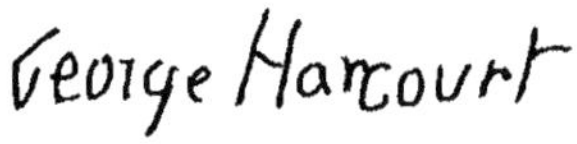

Harder Heinrich 1858

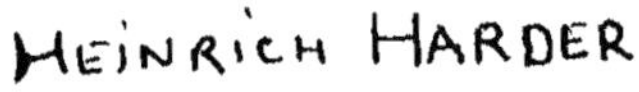

Harding Dorothea 1898

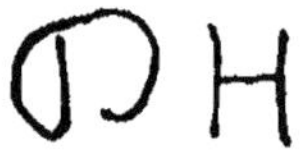

Hardt Ernst 1869-1917

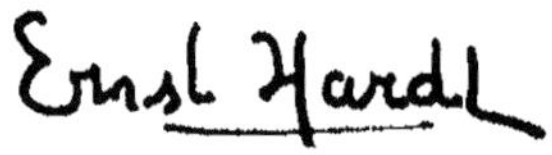

Hardy André 1887-1986

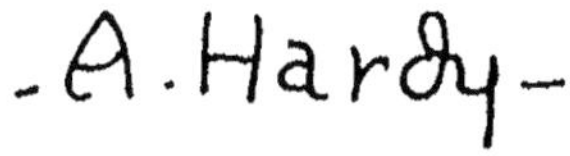

Hardy Dudley 1865-1922

Hardy Dudley 1865-1922

Hardy Heywood 1843-1833

Hardy Thomas Bush 1842-1897

Haring Keith 1958-1990

Haro Sirvent Pedro XXe

Harpignies Henri Joseph 1819-1916

Harrer Hugo Paul 1836-1871

Harrington Charles 1865-1943

Harris Edwin 1855-1906

Harris H. 1805-1865

Harrison John Cyril 1898-1985

Harrison John Cyril 1898-1985

Hartigan Grace 1922

Hartley Henry 1930

Hartley Marsden 1878-1943

Hartung Hans 1904-1989

Hartung Heinrich 1851-1919

Hartung Julius 1836-1918

Hartwich Hermann 1853-1926

Hartz Lauritz 1903-1987

Harvey Harold 1874-1941

Hasch Carl 1834-1897

Haseleer Frans 1804

Hasenfrantz Walter 1904

Hassam Childe 1859-1935

Hassebrauk Ernest 1905-1974

Hastaire 1946

Hatherell William 1855-1928

Haueisen Albert 1872-1954

Haug Robert von 1857-1922

Hauser Ludwig XIXe-XXe

Haussmann Raoul 1886-1971

Haustraete Gaston 1878-1949

Havell Alfred Charles 1855-1928

Havet Henri 1862-1913

Hawkins Louis Welden 1849-1910

Hawkins Louis Welden 1849-1910

Haxton Elaine Alys 1909

Hayden Henri 1883-1970

Hayes Claude 1852-1922

Hayes Edwin 1819-1904

Hayes John 1786-1866

Hayet Louis 1864-1940

Hayllar James 1829-1920

Hayter George 1792-1871

Hayter Stanley William 1901-1988

Hayward Alfred Fr. W. 1856

Hayward Arthur 1889

Hazledine Alfred 1876-1954

Heath Maurice XIXe-XXe

Hebert Adrien 1890-1967

Hebert Antoine Aug. E. 1817-1908

Hebert Jules 1812-1897

Heckel August von 1824-1883

Heckel Erich 1883-1970

Heckendorf Franz 1888-1962

Hedouin Pierre E. A. 1820-1889

Heemskerk van Beest Jacob Eduard 1876-1923

Heerup Henry 1907-1993

Heerup Henry 1907-1993

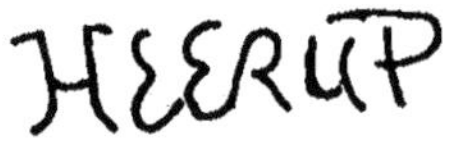

Heffner Karl 1849-1925

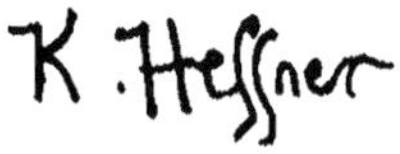

Heffner Karl 1849-1925

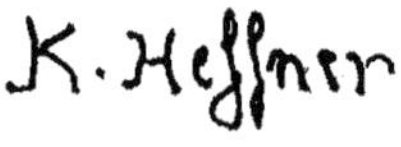

Hegenbarth Emanuel 1868-1923

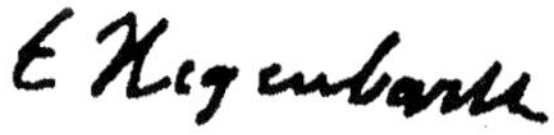

Heiberg Jean 1884-1976

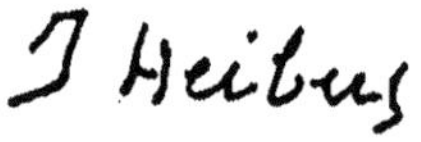

Heilbuth Ferdinand 1826-1889

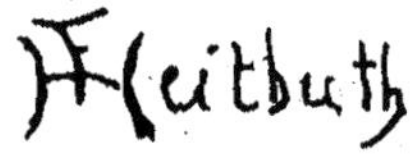

Heiliger Bernhard 1915-1995

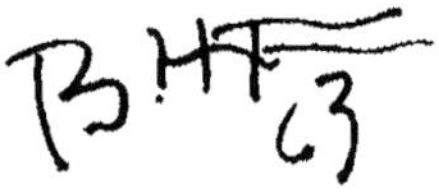

Heim François Joseph 1787-1865

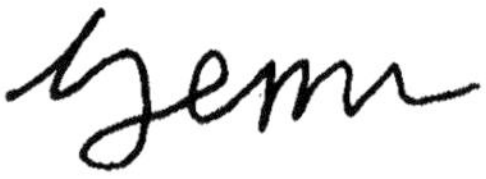

Hein Emma 1883-1966

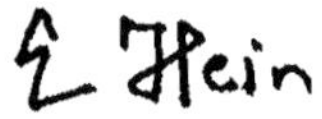

Heine Thomas Theodor 1867-1948

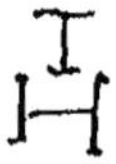

Heinlein Heinrich 1803-1885

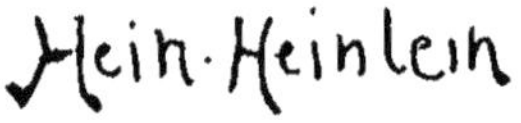

Heintz Richard 1871-1929

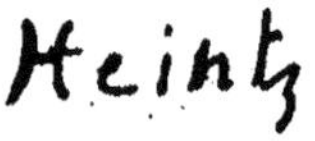

Heintz Richard 1871-1929

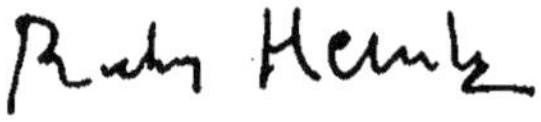

Hekimian Vahé 1914

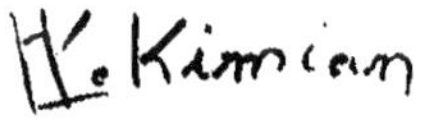

Helbig Walter 1878-1968

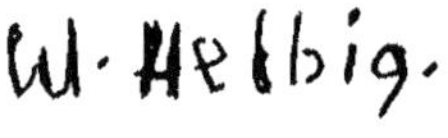

Helder Johanes 1842-1913

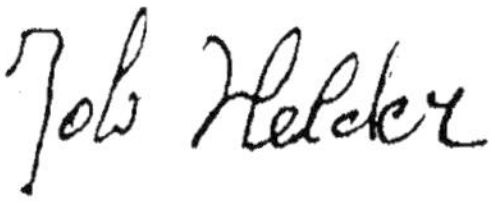

Hele Ivor Henry Thomas 1912

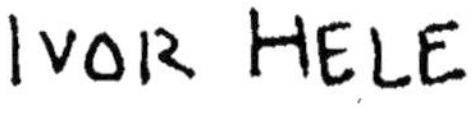

Helion Jean 1904-1987

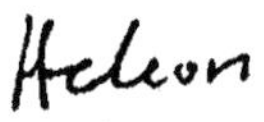

Helleu Paul César 1859-1927

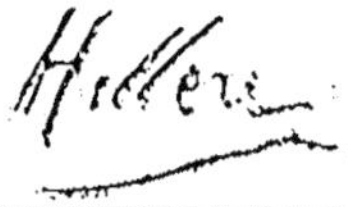

Helleu Paul César 1859-1927

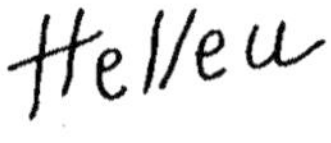

Hellgrewe Rudolf 1860

Hellwag Rudolf 1867-1942

Helmantel Henk 1945

Hem Piet van der 1885-1961

Hemy Bernard B. 1855-1913

Hemy Charles Napier 1841-1917

Henderson James XIXe-XXe

Henderson John Morris 1863-1936

Henderson Joseph 1832-1908

Hendriks Willem 1828-1891

Hennebicq André 1836-1904

Henner Jean-Jacques 1829-1905

Henningsen Erik 1855-1930

Henningsen Erik 1855-1930

Henno Louis 1907-1990

Henocque Narcisse 1879-1952

Henocque Narcisse 1879-1952

Henri Robert 1865-1929

Henri Robert 1865-1929

Henrion Armand 1875

Henry David Morrisson R. 1919-1977	Herbert Harold B. 1902-1945
D. M. HENRY	H GROLD B. HERBERT
Henry George 1858-1943	Herbin Auguste 1882-1960
GEORGE HENRY	Herbin
Henry Pierre 1924	Herbin Auguste 1882-1960
Pierre Henry	Herbin
Hens Frans 1856-1928	Herbin Auguste 1882-1960
frans Hens	herbin
Hens Frans 1856-1928	Herbo Fernand 1905-1995
frans Hens	herbo
Henseler Ernst 1852	Herbo Léon 1850-1907
E Henseler	Léon Herbo
Henshaw Glen Cooper 1881-1929	Herbst Adolf 1909-1983
Henshaw	herbst 35
Hepple Norman 1908	Hereau Jules 1839-1879
Norman Hepple	Jules Hereau
Hepple Wilson 1854-1937	Hergé 1907-1983
WILSON HEPPLE	Hergé
Hepworth Barbara 1903-1975	Heritier-Merrida Marcel 1937
Barbara Hepworth	Heritier Merrida

Herkomer Hubert von 1849-1914	**Herring Benjamin 1830-1871**
H Herkomer	Ben. Herring
Herman Sali 1858-1993	**Herring John Frederick 1815-1907**
Sali hermann	JF Herring
Hermanns Heinrich 1862-1942	**Herrmann Léo 1853-1927**
HEINRICH HERMANNS	Leo-Herrmann
Hermanus Paul 1859-1911	**Herschend Oscar 1853-1891**
P Hermanus	Osc Herschend
Hermel Michel 1934	**Hervé Barbet Gilberte 1895-1971**
Michel Hermel	Gilberte hervé
Hermes Erich 1881-1971	**Hervé Jules René 1887-1981**
E Hermes	Jules R. Hervé
Hernandez Daniel 1856-1932	**Hervens Jacques 1890-1928**
D Hernandez	Jacques Hervens
Hernandez David XXe	**Hervier Louis Adolphe 1818-1879**
David Hernandez	A. HERVIER
Herpfer Carl 1836-1897	**Hervieu Louise 1878-1954**
Carl Herpfer	L Hervieu
Herremans Lieven 1858-1886	**Herwaarben P. van XXe**
L Herremans	P. v. Herwaarben

Herzig Yvonne 1895-1968

Herzog Hermann 1832-1932

Hess Hieronymus 1799-1850

Hess Marcel 1878-1948

Hesse Eva 1936-1970

Hessmert Karl 1869-1928

Hester Joy 1920-1960

Heudebert Raymonde 1905

Heuvel Theodore de 1817-1906

Heuze Edmond 1884-1967

Hey Paul 1867-1952

Heydel Paul 1854

Heydendahl Joseph 1844-1906

Heyer Arthur 1872-1931

Heyligers Henri 1877-1915

Heymans Adrien Jozef 1839-1921

Heymans Adrien Jozef 1839-1921

Heysen Hans 1877-1968

Hibbard Aldro Thompson 1886-1972

Hicks George Elgar 1824-1914

Hidalgo Y Padilla Félix R. 1857-1915

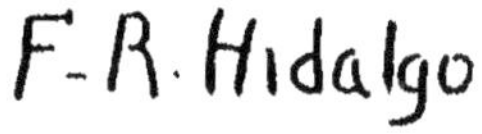

Hilaire Camille 1916

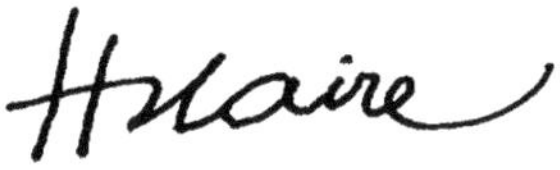

Hildebrandt Fritz 1848

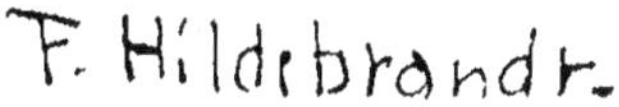

Hilder Jesse Jewhurst 1881-1916

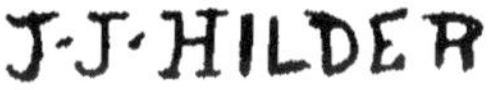

Hill Arthur 1858-1893

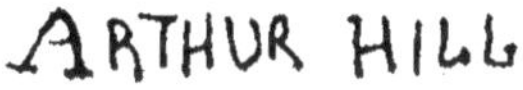

Hill Charles XXe

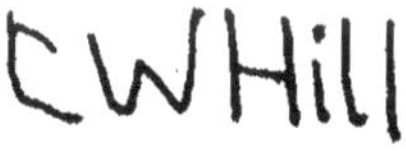

Hill Edward 1843-1923

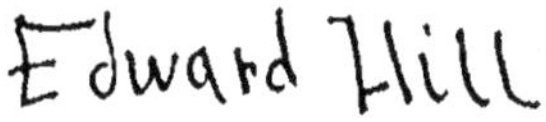

Hillbom Hendrik 1863-1928

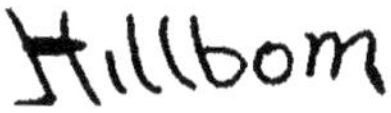

Hillier Tristram 1908-1980

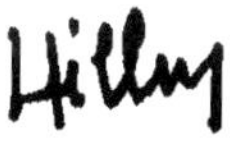

Hills Laura Coombs 1859-1952

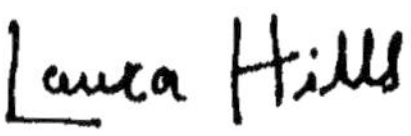

Hilton Roger 1911-1975

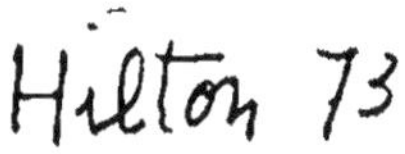

Hilverdink Eduard Alex. 1846-1891

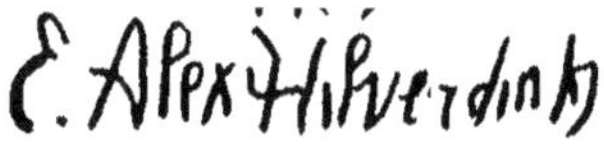

Hincz Gyulu XXe

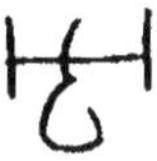

Hindenlang Karl 1894-1960

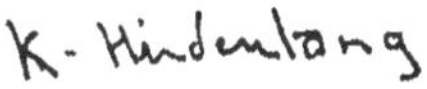

Hines Théodore XIXe

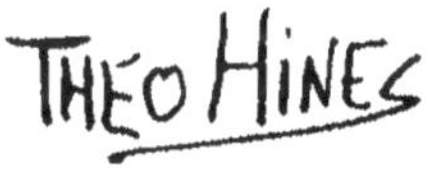

Hinsberger Alexis 1907-1996

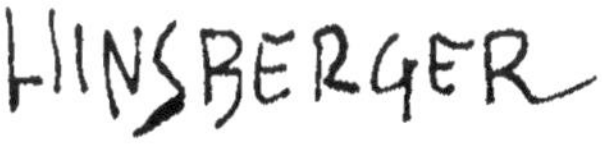

Hiri XXe

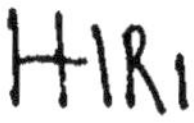

Hirota Susumi 1898

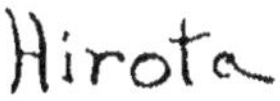

Hirsch Hanna Pauli XXe

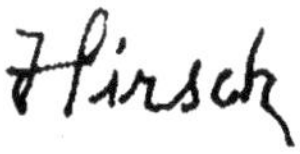

Hirth du Frenes Rudolf 1846-1916

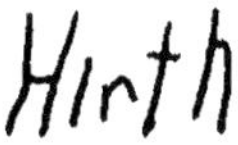

Hitchens Ivon 1893-1979

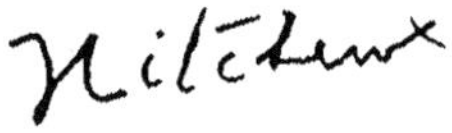

Hjerten Sigrid 1885-1948

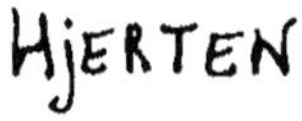

Hjerten Sigrid 1885-1948

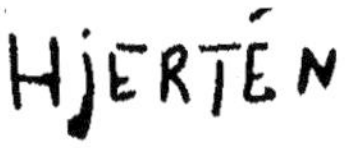

Hjorth Bror 1894-1968

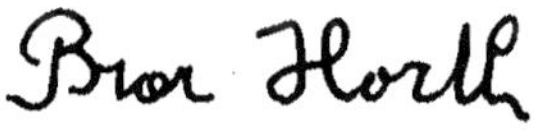

Hjortzberg Olle 1872-1959

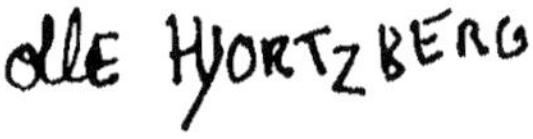

Höch Hanna 1889-1977

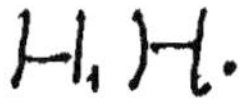

Höch Hanna 1889-1977

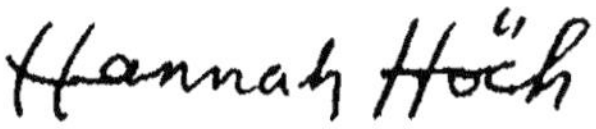

Hochard Gaston 1863-1913

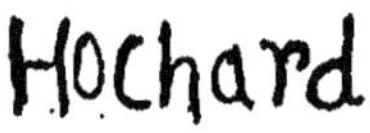

Hock Lucien 1899-1972

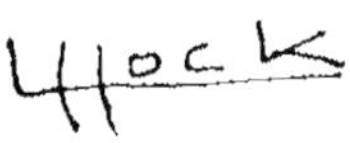

Hockelmann Antonius 1937

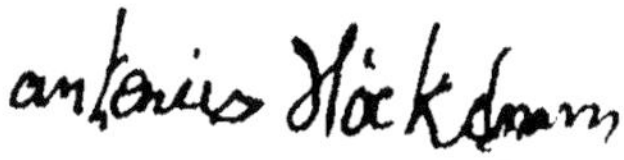

Höckner Rudolf 1864-1942

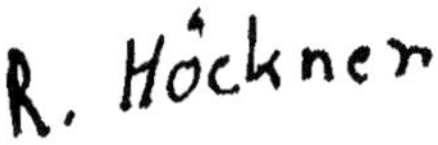

Höckner Rudolf 1864-1942

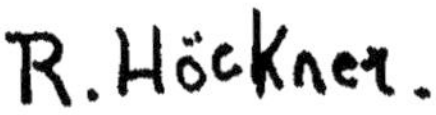

Hockney David 1937

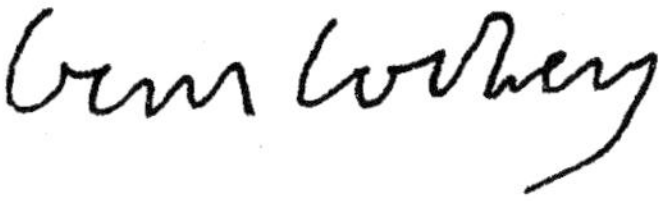

Hockney David 1937

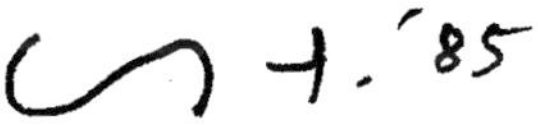

Hode Pierre 1889-1942

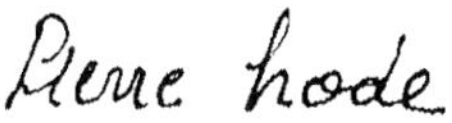

Hodgson Walker XXe

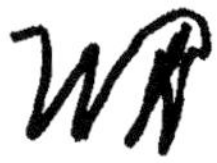

Hodgkin Howard 1932

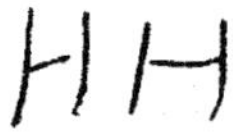

Hodler Ferdinand 1853-1918

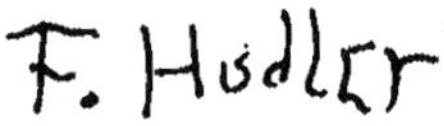

Hodler Ferdinand 1853-1918

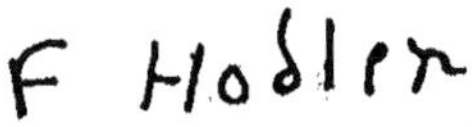

Hodler Ferdinand 1853-1918

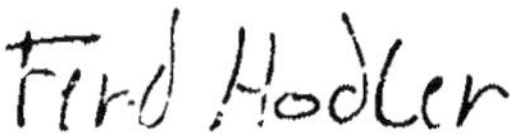

Hoedt Dirk 1920

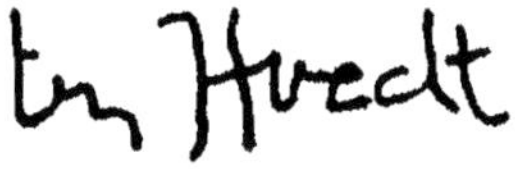

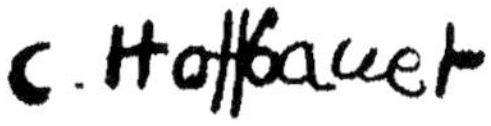

Hoffmann Anton 1863-1938

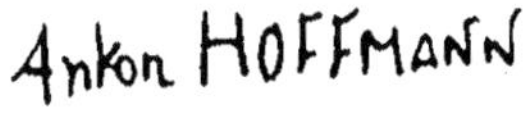

Hoelzel Adolf 1853-1934

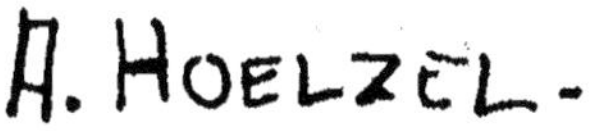

Hofler Willem G. XXe

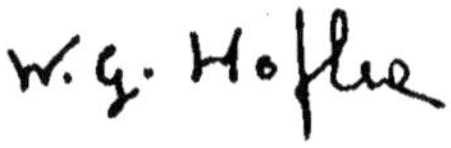

Hoeniger Paul 1865-1924

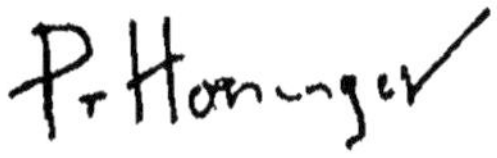

Hofmann Hans 1880-1966

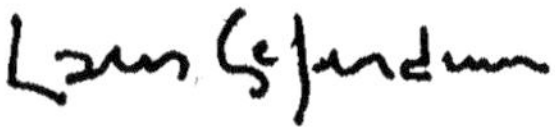

Hoerle Heinrich 1895-1936

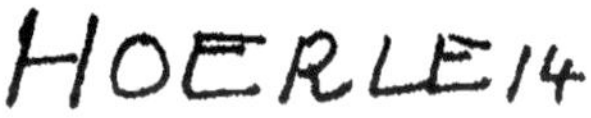

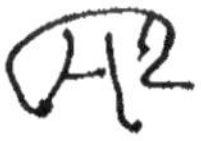

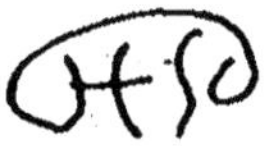

Hofmann Hans 1880-1966

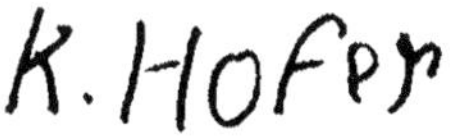

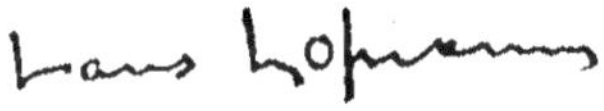

Hofer Heinrich 1825-1878

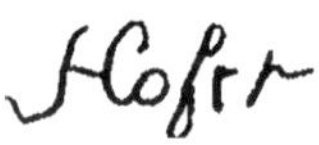

Hofmann Ludwig von 1861-1945

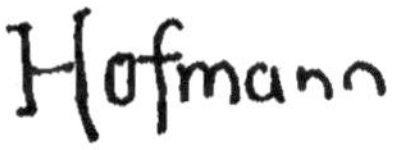

Hofer Karl 1878-1955

Hofmann Ludwig von 1861-1945

Hofer Karl 1878-1955

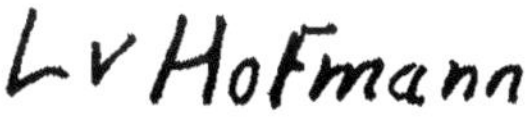

Hofstatter Osias 1905

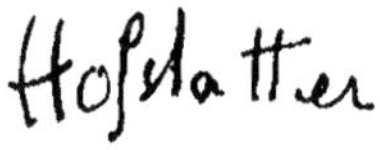

Hofer Karl 1878-1955

Hogfeldt Roger 1894-1986

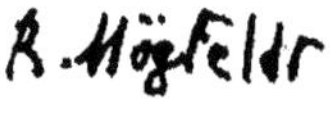

Hofer Karl 1878-1955

Hohansen Viggo XXe

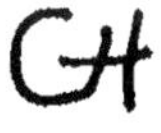

Hoffbauer Charles Joseph 1875-1957

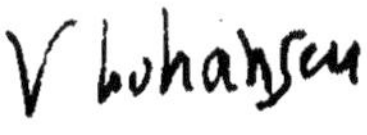

Hohme Gerhard XXe

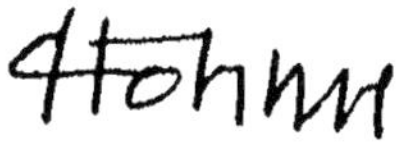

Hold Abel vers 1849-1880

Holden Albert W. 1848-1932

Hole William B. 1846-1917

Holiday Gilbert 1879-1937

Holland James 1799-1870

Holloway Charles 1859-1941

Holmboe Thurolf 1866-1935

Holmes Basil XIXe

Holmes Marcus XXe

Holsoe Carl Vilhelm 1863-1935

Holsoe Niels 1865-1928

Holt Edwin Frederick XIXe

Holyoake Rowland XIXe-XXe

Holz Johann Daniel 1867-1945

Holzman Shimshon 1907-1986

Holzman Shimshon 1907-1986

Homer Winslow 1836-1910

Homer Winslow 1836-1910

Hone Evi 1894-1955

Hoog Bernard de 1867-1943

Hoogsteyns Jan 1935

Houbron Frederic A. 1851-1908

Hope Robert 1868-1936

Hough William B. 1842-1901

Hopkins Arthur 1848-1930

Houston George 1869-1947

Hoppe Erik 1897-1968

Houyoux Léon 1856-1940

Höppe Ferdinand Bernhardt 1841-1922

Houyoux Léon 1856-1940

Hoschede-Monet Blanche 1865-1947

Hove Edmond van 1851-1913

Hosemann Theodor 1807-1875

How Béatrice 1867-1932

Hosiasson Philippe 1898-1978

Howard Ken 1932

Hostier Jean-Pierre XXe

Howet Marie 1897-1984

Houben Henri 1858-1931

Howson Peter 1958

Hraoui Martha XXe

Huchet Urbain 1930

Hrdlica Alfred 1928

Hudecek Frantisek 1909

Hubbuch Karl 1891-1979

Hue Madeleine 1882-1943

Huber Carl R. S. 1839-1896

Huet Paul 1803-1869

Huber Léon Charles 1858-1928

Hug Fritz 1921-1989

Huber Patriz XXe

Hugentobler Iwan E. 1886-1972

Hubner Carl 1814-1879

Huggins William 1820-1884

Hubner Julius Jun 1806-1882

Hughes Edward Robert 1851-1914

Hübner Ulrich 1872-1932

Hugo Valentine 1890-1968

Hübner Ulrich 1872-1932

Hugo Victor 1802-1885

Hugo Victor 1802-1885

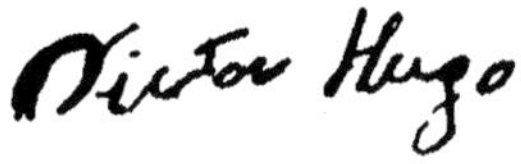

Hugues Paul 1891

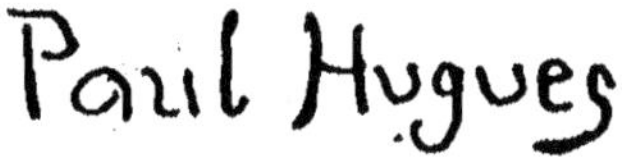

Huguet Victor 1835-1902

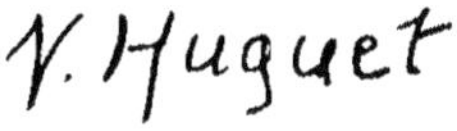

Huldah Cherry XXe

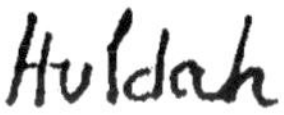

Hulk Abraham Junior 1851-1922

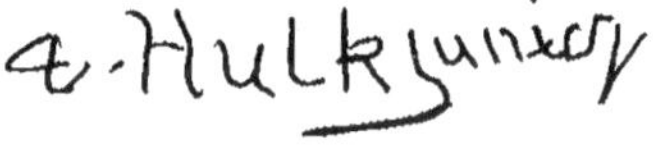

Hulk Abraham Senior 1813-1897

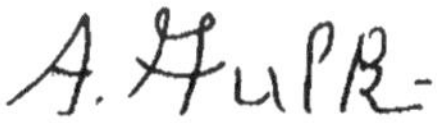

Hulk Hendrik 1842-1937

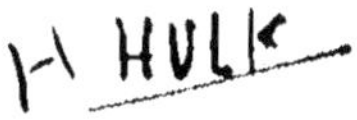

Hulk Johanes Fr. 1855-1913

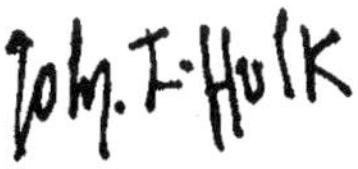

Hulkenbrok Henri XIXe-XXe

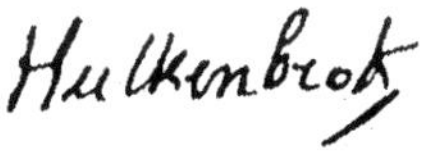

Hull Edward XIXe

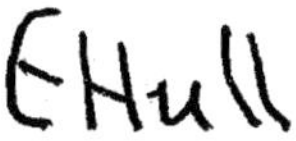

Hull William 1820-1880

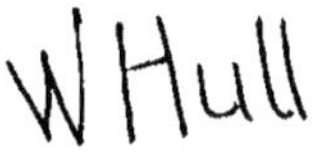

Hulme Frederick William 1816-1884

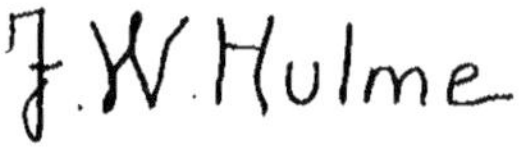

Humair Daniel 1938

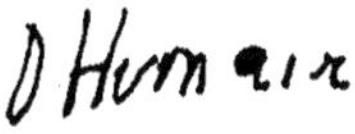

Humbert Charles J. F. 1807-1910

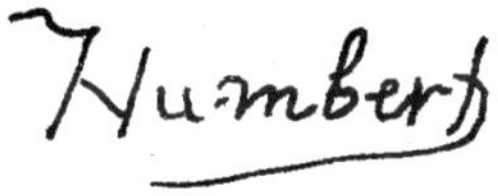

Humbert Jacques Ferdinand 1842-1934

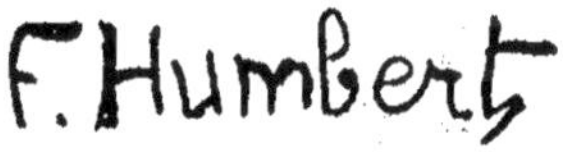

Humblot Robert 1907-1962

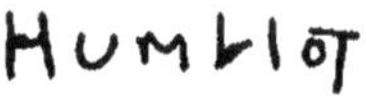

Hummel Theodor 1864-1939

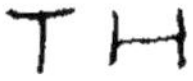

Hummel Theodor 1864-1939

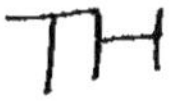

Hundertwasser Friedrich 1928

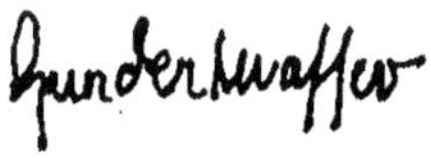

Hunt Alfred William 1830-1896

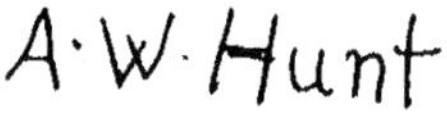

Hunt Cecil Arthur 1873-1965

Hunt Edgar 1876-1953

Hunt Edward Aubrey 1855-1922

Hunt Thomas L. 1882-1938

Hunt Walter 1861-1941

Hunt Walter 1861-1941

Hunt William H. 1790-1864

Hunt William Holman 1827-1910

Hunt William Holman 1827-1910

Hünten Emile Johann 1827-1902

Hünten Emile Johann 1827-1902

Hunter Georges Leslie 1877-1931

Hunter Georges Sherwood XIXe

Hurel Suzanne 1876-1956

Hurry Leslie 1909

Hurt Louis Bosworth 1856-1929

Hurtrel Arsène 1817-1861

Hurtubise Jacques 1939

Hutchens Frank Townsend 1869-1937

Hutchison Robert Gemell 1855-1936

Hutton Swift Thomas 1865-1935

Hutty Alfred 1877-1954

Huys Modest 1875-1932

Huys Modest 1875-1932

Huysmans Jan Baptist 1826-1906

Hydman Vallien Ulrica 1938

Hyon Georges 1855

Hyppolite Hector 1894-1948

Iacovleff Alexandre 1877-1938

Ibels Henri Gabriel 1867-1956

Icart Louis 1888-1950

Icart Louis 1888-1950

Igler Gustav 1842-1908

Ihly Daniel 1854-1910

Illem Franz Joseph 1865

Imai Toshimitsu 1926

Impens Jos 1840-1905

Incisa di Camerana Vincenzo 1854-1924

Indoni Filippo XIXe

Induno Domenico 1815-1878

Induno Domenico 1815-1878

Induno Gerolamo 1827-1890

Induno Gerolamo 1827-1890

Inganni Angelo 1807-1880

Inganni Angelo 1807-1880

Ingres André 1938

Ingres Jean-Auguste D. 1780-1867

Ingres Jean-Auguste D. 1780-1867

Inness George 1825-1894

Innocenti Camillo 1871-1961

Innocenti Camillo 1871-1961

Innocenti Camillo 1871-1961

Irmer Carl 1834-1900

Irolli Vincenzo 1860-1942

Irolli Vincenzo 1860-1942

Irolli Vincenzo 1860-1942

Isabey Eugène 1803-1886

Isabey Eugène 1803-1886

Iscan Ferit 1931-1981

Isenbart Emile 1846-1921

Israel Daniel 1859-1901

Israel

Iuvara Aloysio 1809-1875

Cav. Aloysio Iuvara d.y.

Israels Isaac 1865-1934

ISAAC ISRAELS

Ivanov Alexandre 1938

a Ivanov

Israels Josef 1824-1911

J Israels

Ivarson Ivan 1900-1939

I.Ivarson

Issel Alberto 1848-1926

A Issel

Iwill Frank XXe

Iwill

Issupoff Alesio Iturrial 1889-1957

Alesio Issupoff

Iwill Marie Joseph L. C. 1850-1923

Iwill

Istrati Alexandre 1915-1991

A Istrati

Jac Lem. 1914-1995

JAC-LEM.

Istrati Alexandre 1915-1991

A. Istrati

Jackson Frederick Wiliam 1859-1918

F. W. JACKSON.

Itaya Foussa 1919

Itaya

Jacob Alexandre 1876-1972

A. Jacob

Itten Johannes 1887-1967

Itten

Jacob Max 1876-1944

Max Jacob

Iturria Ignacio 1949

iturria

Jacobides Georges 1853

Jakobides

Jacobs Jacob 1812-1879	Jaeger Fritz 1895
Jacomin Alfred 1843	Jamar Armand 1870-1946
Jacoulet Paul 1902-1960	James Willy 1920
Jacquand Claudius 1804-1878	Jamieson Alexander 1873-1937
Jacque Charles Emile 1813-1894	Jamin Léon 1872-1944
Jacquet Eugène XXe	Jan Elvire 1904-1996
Jacquet Gustave Jean 1846-1909	Janco Marcel 1895-1984
Jacquet Henri Léon 1856	Janco Marcel 1895-1984
Jacquet Jules Léon Edouard 1879	Janco Marcel 1895-1984
Jacus Jean 1924	Jank Angelo 1868-1940

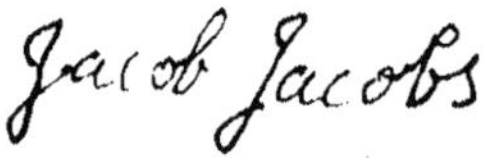

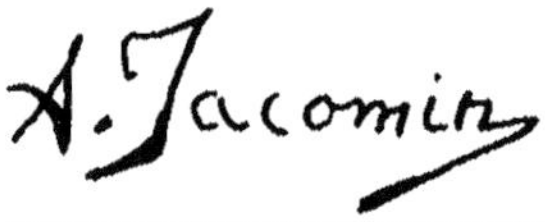

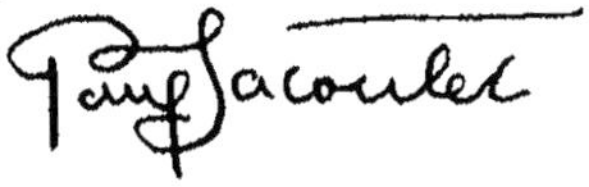

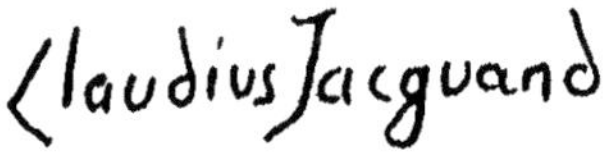

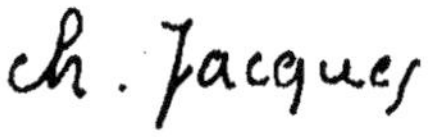

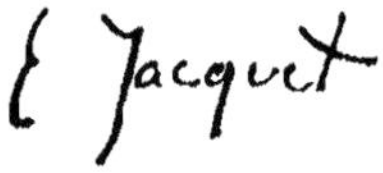

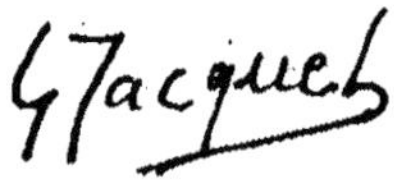

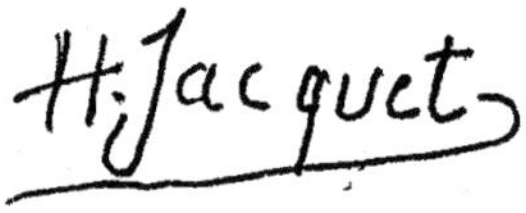

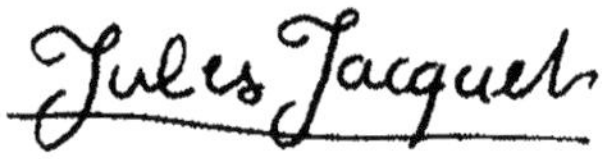

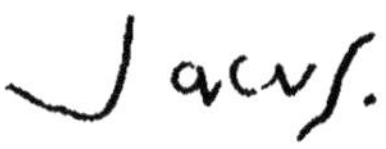

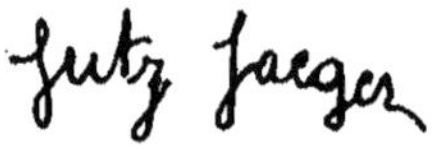

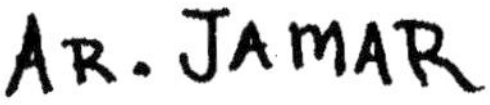

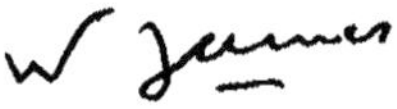

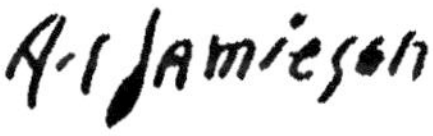

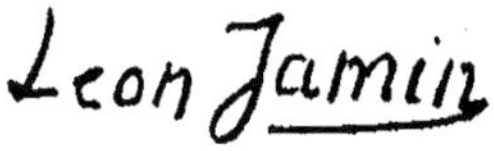

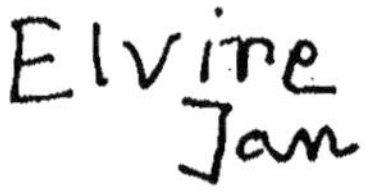

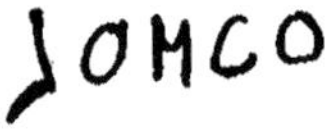

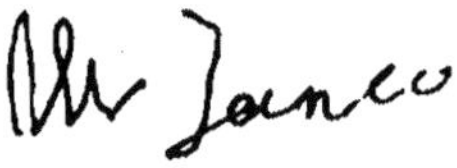

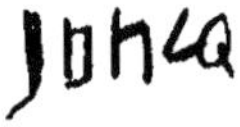

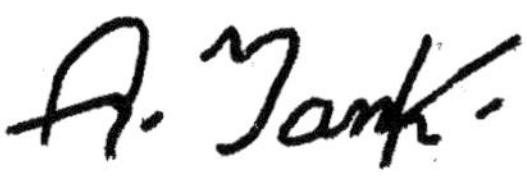

Janni Guglielmo 1892-1958

Jansa Vaclav 1859-1931

Janse Félix XIXe-XXe

Janse Félix XIXe-XXe

Jansem Jean Léon 1920

Janssaud Mathurin 1857-1940

Janssen Horst 1929-1995

Janssen Horst 1929-1995

Japy Louis Aimé 1840-1916

Jaques François Louis 1877-1937

Jardinez Jose Maria 1862

Jardinez Jose Maria 1862

Jarnefelt Eero 1863-1937

Jaugey Daniel 1929

Jaugey Daniel 1929

Jaumann Rudolph Alfred 1859

Jawlensky Alexej von 1864-1941

Jawlensky Alexej von 1864-1941

Jazet Paul 1848

Jean Marcel 1900-1994

Jeanmaire Edouard 1847-1916	**Jerace Vincenzo 1862-1947**
Jeannin Georges 1841-1925	**Jerichau Holger H. 1861-1900**
Jeanniot Pierre G. 1848-1934	**Jerichau Holger H. 1861-1900**
Jeanron Philippe Auguste 1809-1877	**Jerken Erik 1898-1947**
Jefferys Marcel 1872-1924	**Jernberg Olof 1855-1935**
Jegorev Andrei 1878-1954	**Jernberg Olof 1855-1935**
Jemoli Achille 1878-1960	**Jespers Floris 1889-1965**
Jenny Arnold 1831-1881	**Jettel Eugen 1845-1901**
Jensen Eduard Michael 1822-1915	**Jettel Eugen 1845-1901**
Jensen Johan Laurents 1800-1856	**Jimenez y Aranda José 1837-1903**

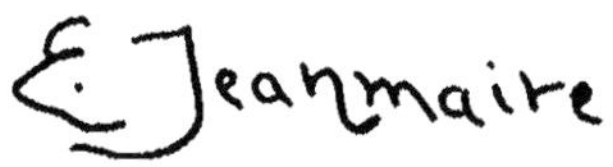

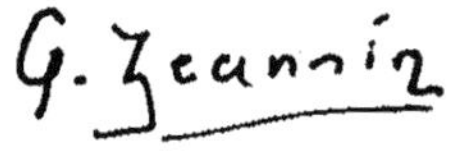

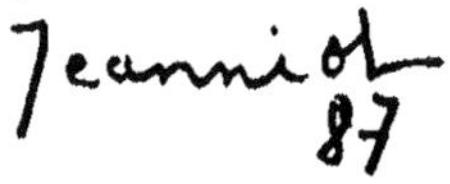

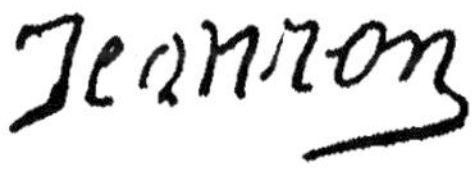

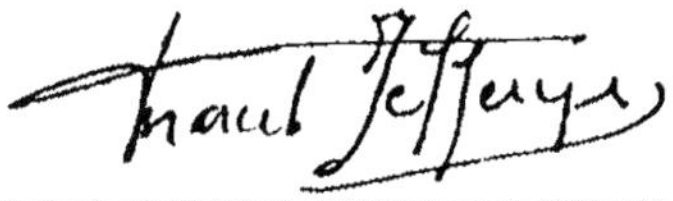

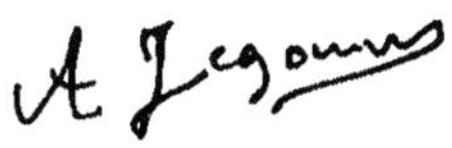

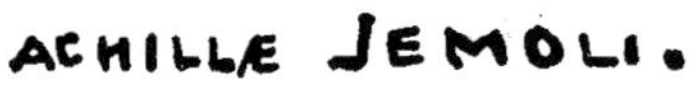

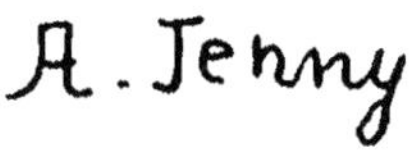

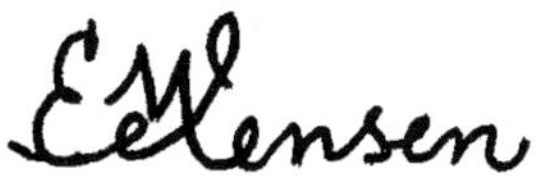

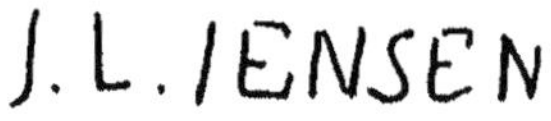

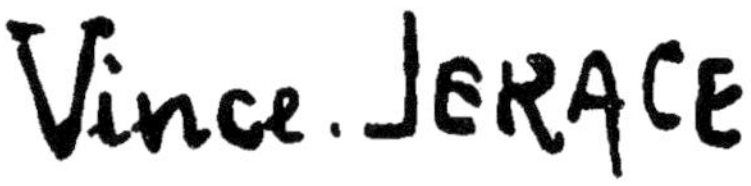

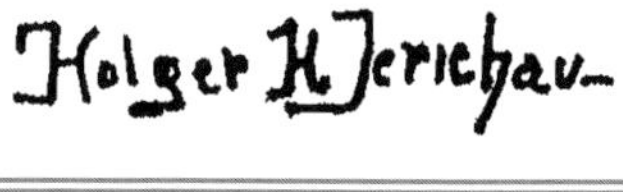

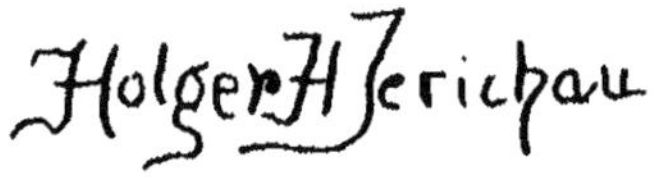

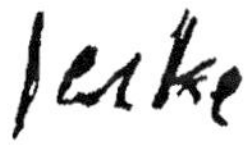

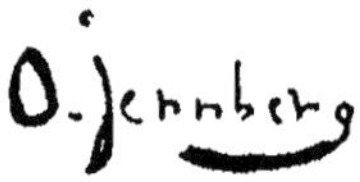

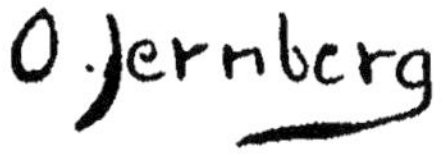

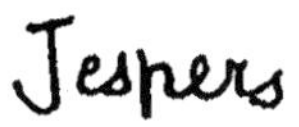

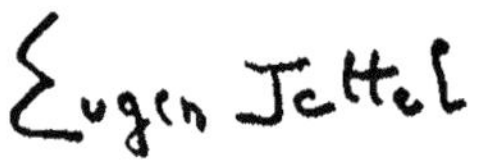

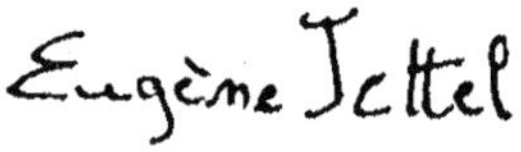

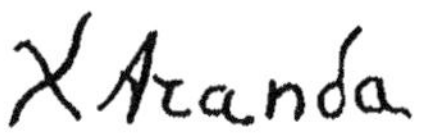

Jimenez y Aranda Luis 1845-1928

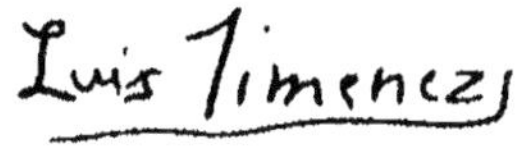

Jimenez y Martin Juan 1855-1901

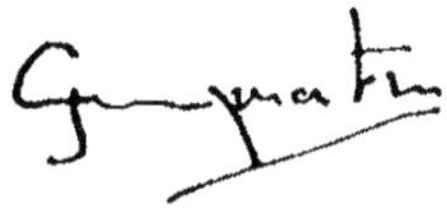

Jimenez-Balaguer 1938

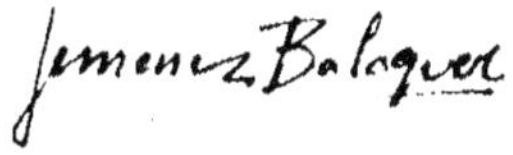

Jirlow Lennart 1936

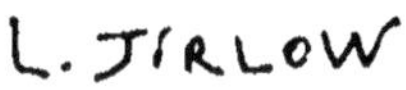

Jochmus Henry 1855-1915

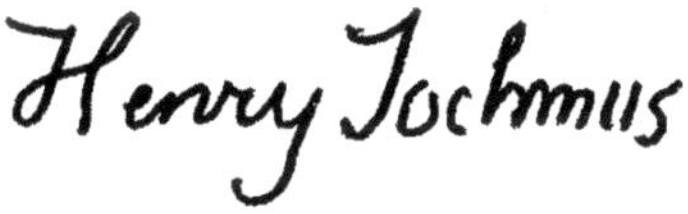

Jodelet Charles 1883

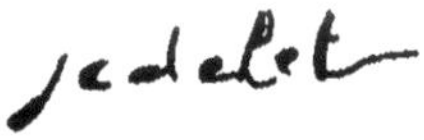

Joensen Mikines Samuel 1906-1979

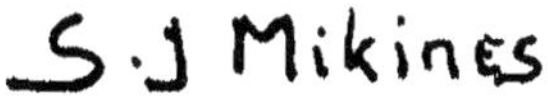

Joets Jules 1884-1959

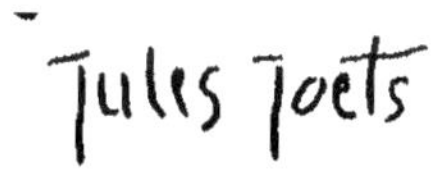

Johannessen Erik 1902-1980

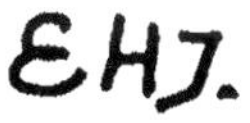

Johannot Tony 1803-1852

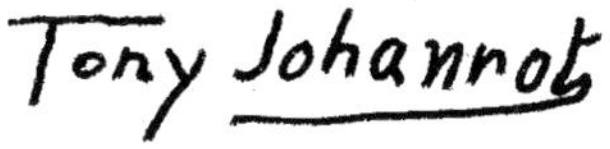

Johansen Viggo 1855-1931

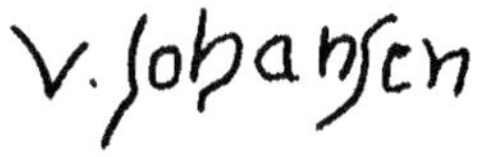

Johansson Carl 1863-1944

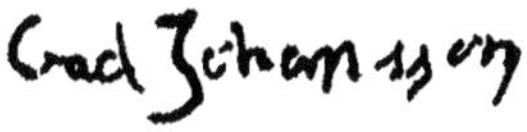

John Augustus 1878-1961

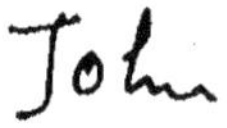

Johns Jasper 1930

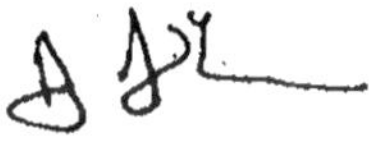

Johnson Robert 1890-1964

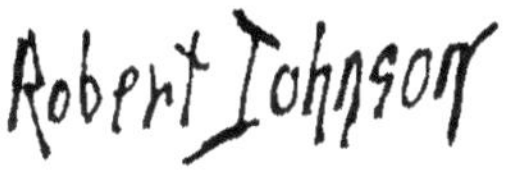

Johnston Robert Legrande 1850-1918

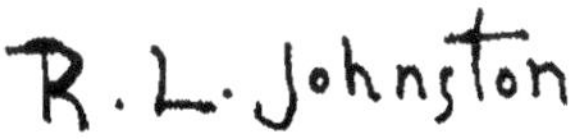

Johnstone Harry John 1835-1907

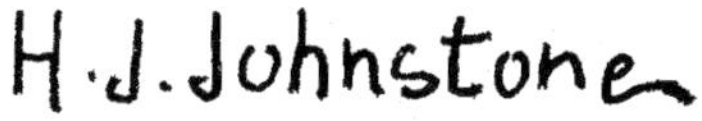

Joli Faustino 1814-1876

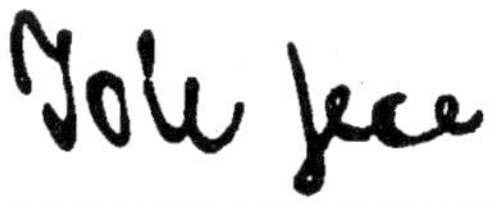

Jolin Einar 1890-1976

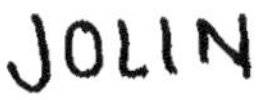

Jollivet Jules 1794-1871

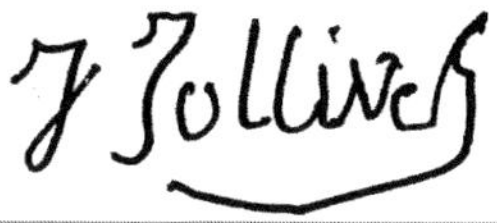

Joncieres Léonce de 1871-1947

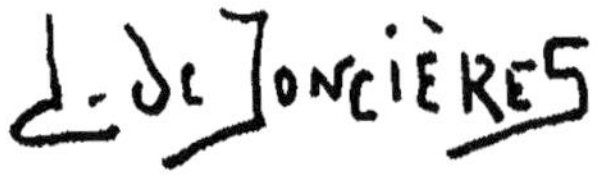

Jones Charles Lloyd 1878-1958

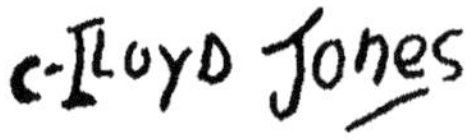

Jones Charles 1836-1892

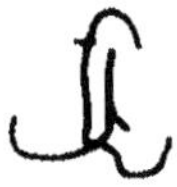

Jones Daniel A. R. 1806-1874

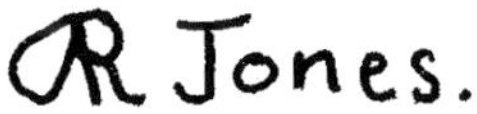

Jong Germ de 1886-1967

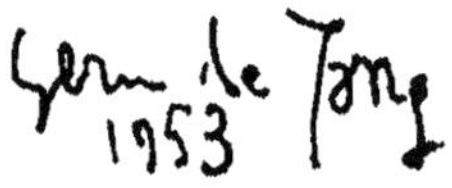

Jongh François de XXe

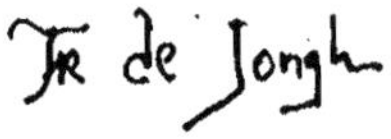

Jonghe Gustave de 1829-1893

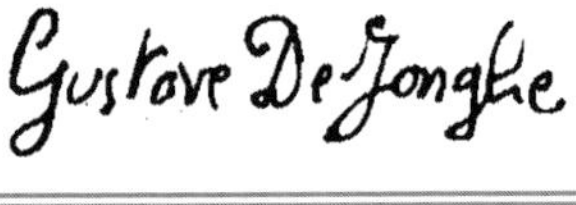

Jongkind J. B. 1819-1891

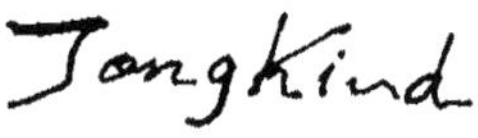

Jongkind J. B. 1819-1891

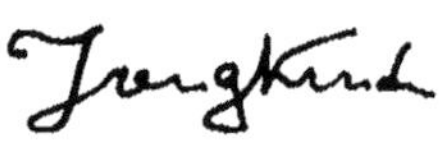

Jonniaux Alfred 1882

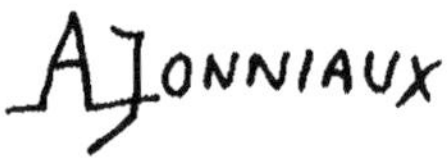

Jonson Sven 1902-1981

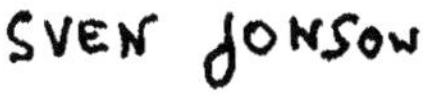

Joors Eugène 1850-1910

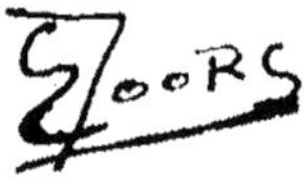

Joostens Paul 1889-1960

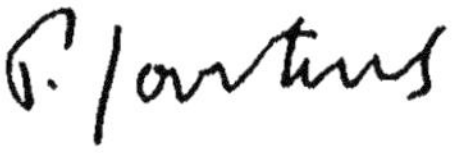

Jordan William XXe

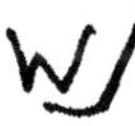

Jordan William XXe

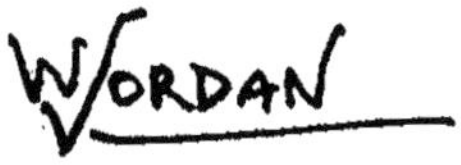

Joris Fernand XXe

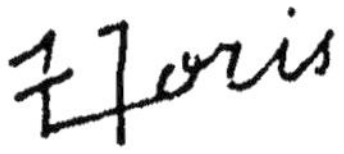

Joris Pio 1843-1921

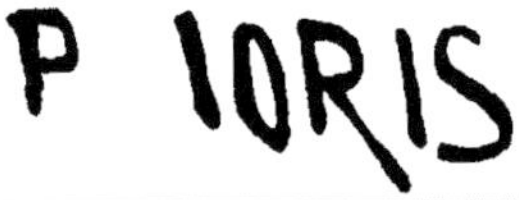

Joris Pio 1843-1921

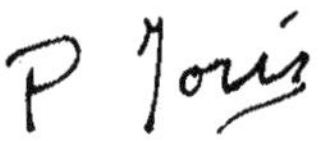

Jorn Asger 1914-1973

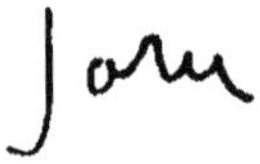

Jorn Asger 1914-1973

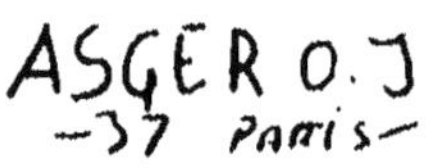

Jorres Carl 1872-1947

Jorres Carl 1872-1947

Josephson Ernst 1851-1906

Josephson Ernst 1851-1906

Jotti Carlo 1826-1905

Joubin Georges 1888-1983

Jouclard Adrienne 1881-1971

Jouenne Michel 1933

Jourdain Roger 1845-1918

Jouve Paul 1880-1973

Jouve Paul 1880-1973

Juchser Hans 1894-1977

Judikael 1937

Juglaris Tommaso 1844-1925

Jullian Philippe 1917-1977

Jund Bernard 1934

Jung Théodore 1803-1865

Jungblut Johann 1860-1912

Junghanns Julius Paul 1876-1958

Jungnickel Ludwig H. 1881-1965

Juniet Michel 1947

Jurres Johannes H. 1875-1946

Jutz Carl 1838-1916

Kadar Bela 1877-1956

Kadar Bela 1877-1956

Kadishman Menashe 1932

Kaemmerer Frederick H. 1894-1979

Kahana Aharon 1905-1967

Kahler Carl 1855

Kaisin Lucien 1901-1963

Kaks Olle 1941

Kalab Frantisek 1908-1950

Kallenberg Anders 1834-1902

Kallos Paul 1928

Kallstenius Gottfried 1861-1943

Kampf Arthur 1864-1950

Kampf Eugen 1861-1933

Kampf Max 1912-1982

Kandinsky Wassily 1866-1944

Kandinsky Wassily 1866-1944

Kandinsky Wassily 1866-1944	Karlsson C. Göran 1944
Kandinsky Wassily 1866-1944	Karnec J. E. 1865-1934
Kannik Frans 1949	Kars Georges 1882-1945
Kanoldt Alexander 1881-1939	Karsen Johann Eduard 1860-1941
Kantor Tadeusz 1915	Karssen Anton XXe
Kantorowicz Serge 1942	Kasimir Luigi 1881-1962
Kaplan Hubert 1940	Kassak Igos XXe
Kaploun Boris 1958	Kassak Lajos 1887-1967
Kappis Albert 1836-1914	Kat Anne Pierre 1881-1968
Karlovsky Bertalan de 1858-1938	Kathy Roger 1934-1981

Katz Léon 1887

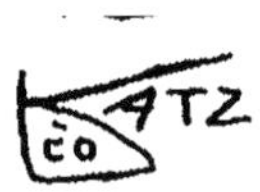

Kauffman Angelica 1740-1807

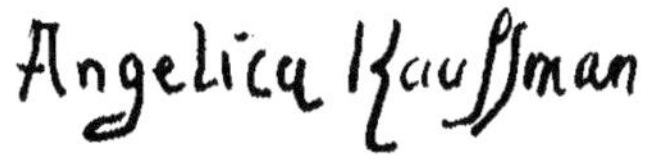

Kauffmann Hugo 1844-1915

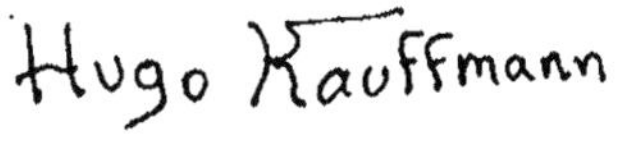

Kauffmann Hugo 1844-1915

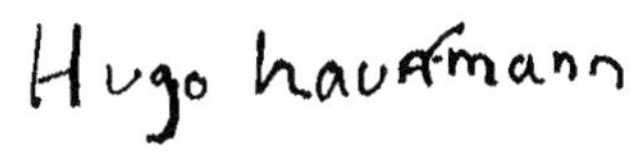

Kaufmann Isidor 1851-1921

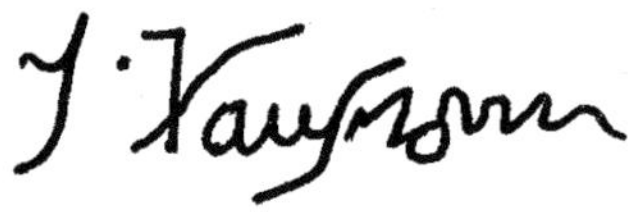

Kaufmann Karl 1843-1901

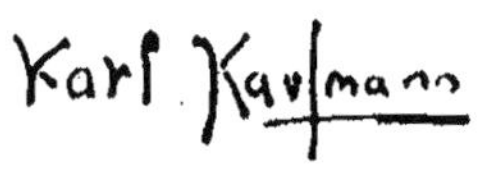

Kaufmann Wilhelm 1895-1975

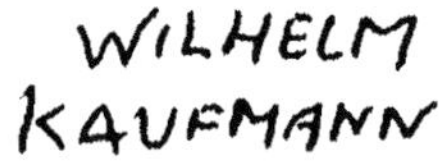

Kaulbach Friedrich A. 1850-1920

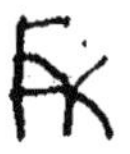

Kaulbach Hermann 1846-1909

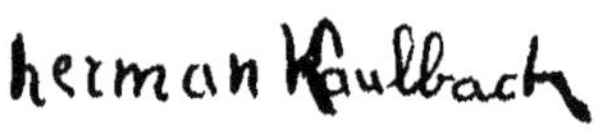

Kaulbach Wilhelm 1805-1874

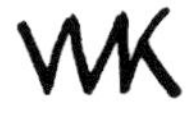

Kaus Max 1891-1977

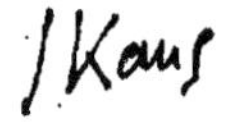

Kaus Max 1891-1977

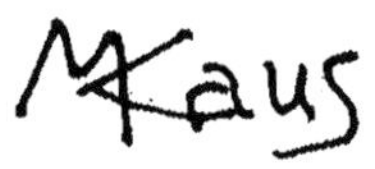

Kavli Arne 1878-1970

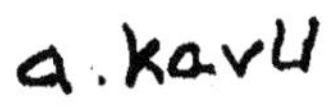

Kay James 1858-1942

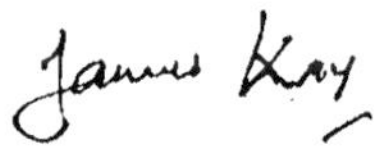

Kazuki Yasuo 1911-1974

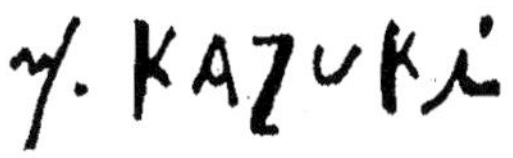

Kenne Charles Samuel 1823-1891

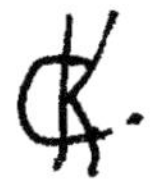

Keith William 1839-1911

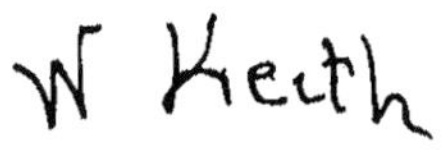

Kelder Toon 1894-1973

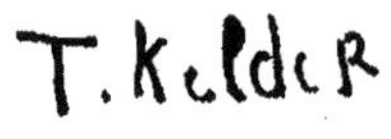

Keller Adolphe 1880-1968

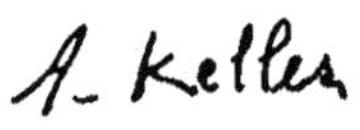

Keller Adolphe 1880-1968

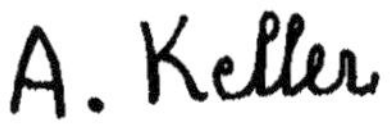

Keller Albert von 1844-1920

Keller Ferdinand 1842-1922

Keller Friedrich von 1840-1914

Keller Reutlingen Paul W. 1854-1920

Kelly Félix 1916

Kelly Gérald 1879-1972

Kels Franz 1828-1893

Kemerlis Robert XXe

Kemp Welch Lucy 1869-1958

Kennedy Cecil 1905

Kennedy Charles N. 1852-1898

Kennedy William 1860-1918

Kennington Eric 1888-1960

Kennington Eric 1888-1960

Kent Rockwell 1882-1971

Kerbour Jean-Claude XXe

Kerg Théo 1909

Kerkovius Ida 1879-1970

Kermadec Eugène de 1899-1976

Kermadec Eugène de 1899-1976

Ketteman Erwin 1897-1971	Kijno Ladislas 1921
Kever Jacob Simon H. 1854-1922	Kijno Ladislas 1921
Khnopff Fernand 1858-1921	Kikoïne Michel 1892-1968
Khnopff Fernand 1858-1921	Kikoïne Michel 1892-1968
Kieldrup Anton Edward 1826-1869	Kilburne George G. 1839-1924
Kien Josef 1903	Kimpe Reymond 1885-1970
Kienerk Giorgio 1869-1948	King Jessie Marion 1875-1949
Kienerk Giorgio 1869-1948	Kingman Dong 1911-1985
Kiesel Conrad 1846-1923	Kinnaird Henry J. mort en 1920
Kiffer Charles 1902-1992	Kinsley XIXe

Kippenberger Martin 1953	**Kiste Adolphe XIXe**
Kips Erich 1869	**Kitaj R. B. 1932**
Kiraz XXe	**Kjarval Johannes S. 1885-1972**
Kirberg Otto Karl 1850-1926	**Klapish Lilianne 1933**
Kirchmayr Lorenzo 1869-1933	**Klasen Peter 1935**
Kirchner Ernst Ludwig 1880-1938	**Klatt Hans 1876-1936**
Kirchner Otto 1887-1932	**Klee Paul 1879-1940**
Kischka Isis 1908-1974	**Klee Paul 1879-1940**
Kisling Moïse 1891-1953	**Klee Paul 1879-1940**
Kisling Moïse 1891-1953	**Kleehaas Theodor 1854-1919**

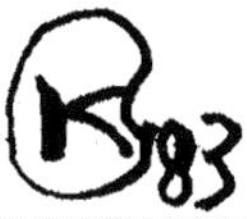

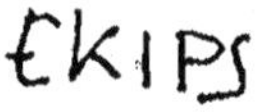

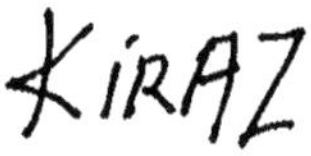

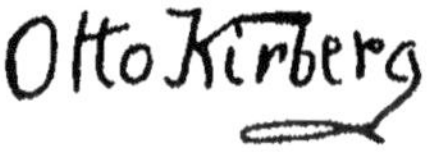

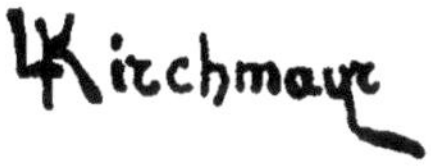

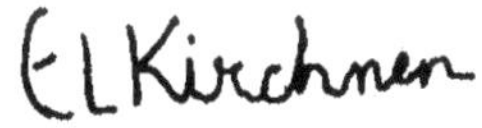

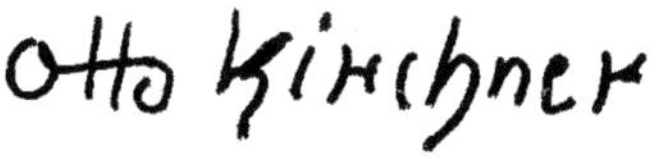

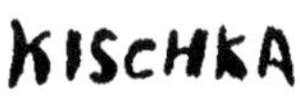

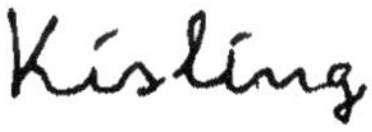

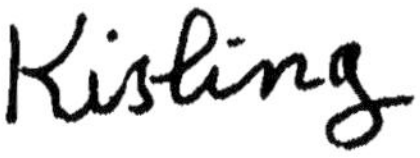

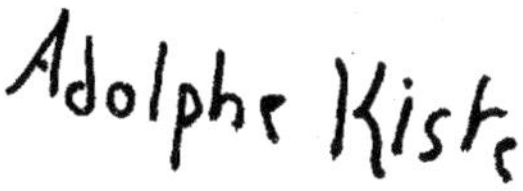

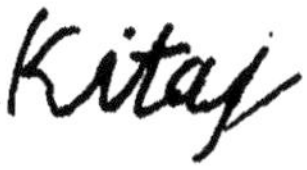

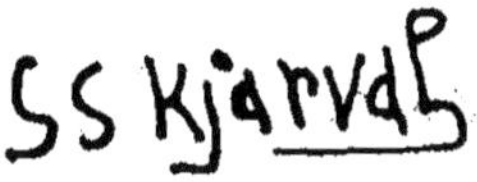

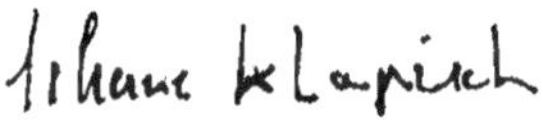

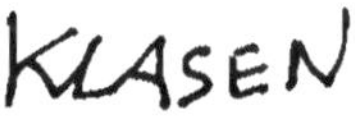

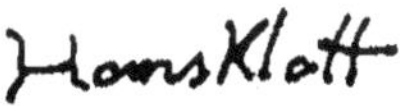

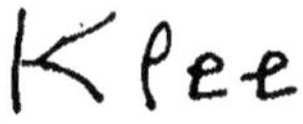

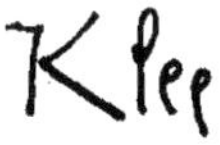

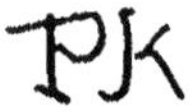

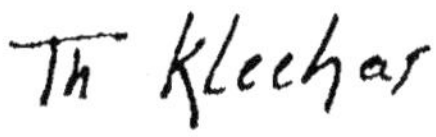

Kleehaas Theodor 1854-1919

Klein Bernhard 1888-1968

Klein César 1876-1954

Klein Frits 1898-1990

Klein Georges André 1901-1992

Klein Philipp 1871-1907

Kleinschmidt Paul 1883-1949

Klemczinski Pierre 1910-1991

Klemm Walther 1883-1957

Klemm Walther 1883-1957

Klerk Willem de 1800-1876

Kley Heinrich 1863-1945

Kleyn Lodewijk Johannes 1817-1897

Kleyn Lodewijk Johannes 1817-1897

Klimek Ludovic 1912-1992

Klimt Gustav 1862-1918

Klinger Max 1857-1920

Klinger Max 1857-1920

Klinkenberg J. C. K. 1852-1924

Klinkenberg J. C. K. 1852-1924

Klippel Robert Edward 1920

Kliun Ivan 1870-1942

Kliun Ivan 1870-1942

Kliun Ivan 1870-1942

Klossowski Pierre 1903

Klucis Gustav 1895

Kluge Constantine 1912

Kluth Karl 1898-1972

Kluyver Pieter Lodewijk 1816-1900

Kmetty Janos 1889-1975

Knaus Ludwig 1829-1910

Knight Dame Laura 1877-1970

Knight Donald Ridgeway 1839-1924

Knight Harold 1874-1961

Knight John Buxton 1843-1908

Knight Louis Aston 1873-1948

Knoll Waldemar 1839-1909

Knowles Davidson XIXe

Knowles Georges S. 1863-1931

Knox George James 1810-1897

Knupfer Benes 1848-1910

Knyff Alfred de 1819-1885

Kobell William XXe

Koch Friedrich 1863-1923

Koch Georg 1857-1936

Koch Georg 1857-1936

Koch Ludwig 1866-1934

Koch Pyke 1901-1991

Kochi Manabu 1954

Koehler Henry 1927

Koekkoek Barend C. 1803-1862

Koekkoek Hendrik Pieter 1843-1890

Koekkoek Hermanus 1836-1909

Koekkoek Johannes H. B. 1778-1851

Koekkoek Marinus A. 1807-1870

Koekkoek Willem 1839-1895

Kohl Pierre Ernest 1897

Kolhoff Wilhelm 1893-1971

Kohrl Ludwig 1858-1927

Kohrl Ludwig 1858-1927

Kokoshka Oskar 1886-1980

Kokoshka Oskar 1886-1980

Kolar Jiri 1914

Kolbe Ernst 1876-1945

Kolbe Georg 1877-1947

Kolbe Georg 1877-1947

Kolessnikoff Serguei 1889

Kolig Anton 1886-1950

Koller Ben Ami 1948

Koller Gustave 1857

Koller Johann Rudolf 1828-1905

Kollwitz Kathe 1867-1945

Kollwitz Kathe 1867-1945

Kolnik Arthur 1890-1972

Kolsto Fredrik 1860-1945

Komarov Alexandre 1918-1987

Kono Micao 1900-1979

Kono Micao 1900-1979

Kooning Willem de 1904-1997

Kooning Willem de 1904-1997

Koppenol Cornelis 1865-1946

Korn Beck Peter 1837-1894

Korovine Alexis 1928

Korovine Constantin 1861-1939

Kosler Franz 1864

Kossack Woiciech von 1857-1942

Koster Anton 1859-1937

Koster Jo 1869-1944

Kothe Fritz 1916

Kotschenreiter Hugo 1854-1908

Kraemer Peter 1857-1941

Kramer Jacob 1892-1962

Kranzle Josef 1874-1937

Kratke Louis 1848-1921

Kraus August 1852-1917

Krause Emile Axel 1871-1945

Krause Felix 1873

Krauskopf Bruno 1892-1960

Krauskopf Bruno 1892-1960

Krauss Franz 1872-1967

Kray Wilhelm 1828-1889	Krohg Per 1889-1965
Kreidolf Ernst 1863-1956	Kromka Frederico 1890-1942
Kremegne Pinchus 1890-1981	Kronberg Julius J. F. 1850-1920
Kreuger Nils 1858-1930	Kronberger Carl 1841-1921
Kreul Carl 1804-1867	Kroner Christian 1838-1911
Kreyder Alexis 1839-1912	Krotov Youri 1964
Kreyssig Hugo 1873-1939	Krotov Youri 1964
Krings Hugo XXe	Krotov Youri 1964
Krioukov Dmitri 1943	Krouthen Johan 1858-1932
Krohg Oda 1860-1935	Kroyer Peder Severin 1851-1909

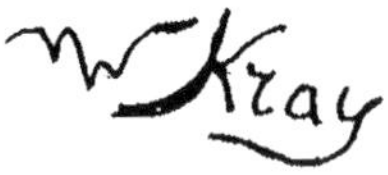

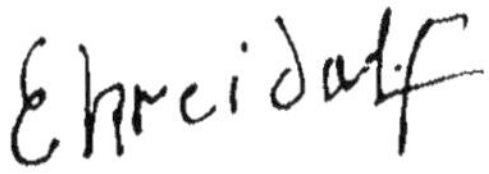

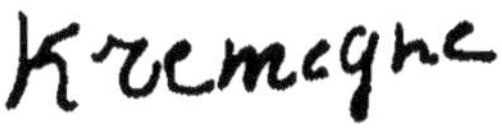

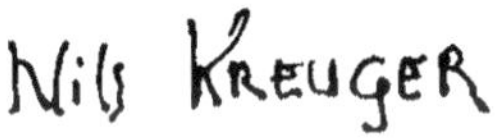

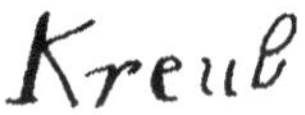

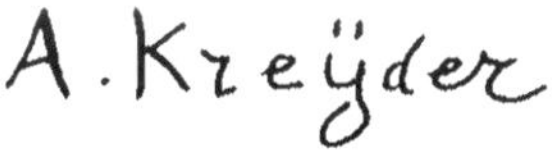

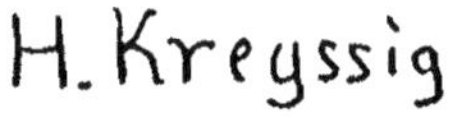

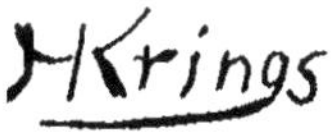

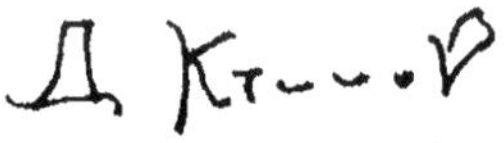

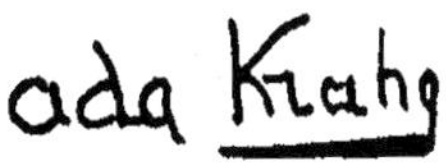

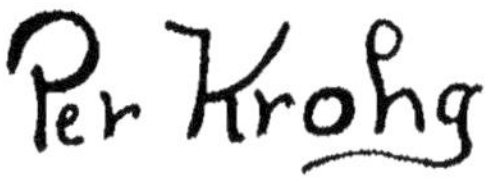

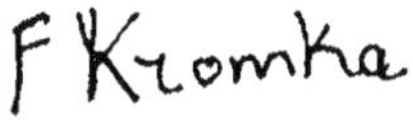

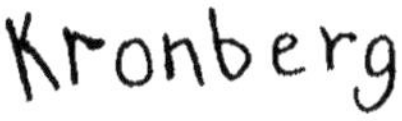

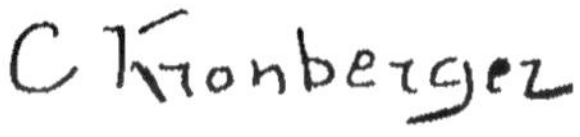

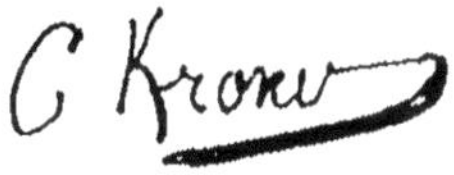

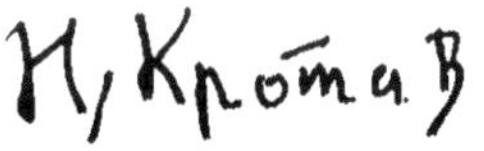

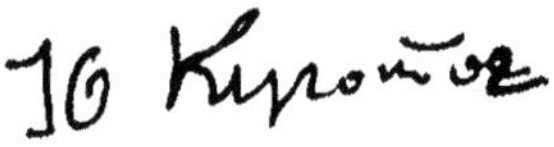

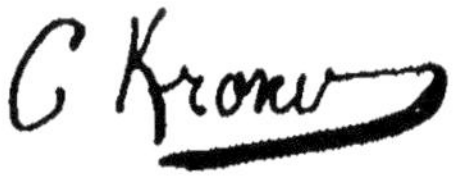

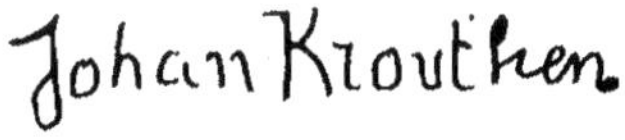

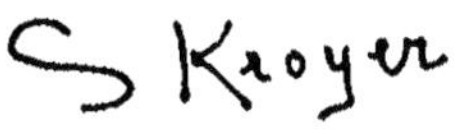

Krüger Alfred XIXe-XXe	Kündig Reinhold 1888-1984
Kruseman Frederik M. 1816-1882	Kunz Adam 1857-1929
Krusi Hans 1920	Kuper Yuri 1940
Kruyder Herman 1881-1953	Kupka Frank 1871-1957
Kuba Ludwig 1863-1956	Kupka Frank 1871-1957
Kubik Kamie XXe	Kuwasseg C. E. Junior 1838-1904
Kubin Alfred 1877-1959	Kuypers Cornelis 1864-1932
Kuhlmann-Reher Emil mort en 1957	Kuyten Harrie 1883-1952
Kuhn Friedrich 1926-1972	Kuzakiewicz Anton XXe
Kuhnert Wilhelm 1865-1926	Kvapil Charles 1884-1957

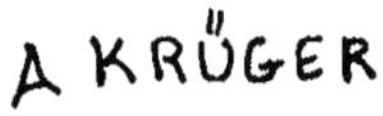

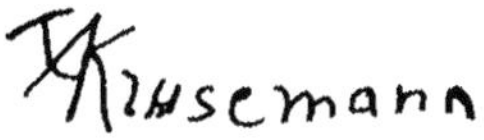

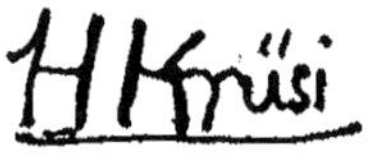

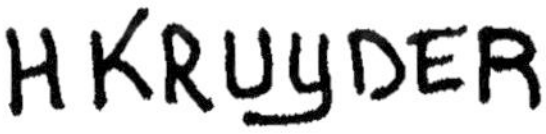

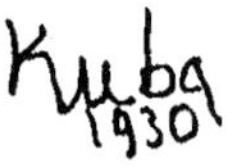

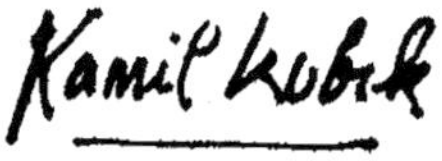

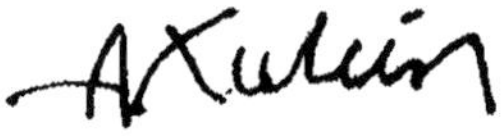

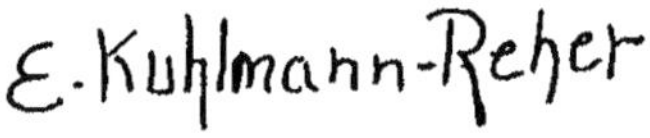

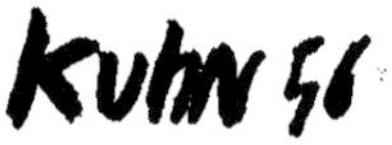

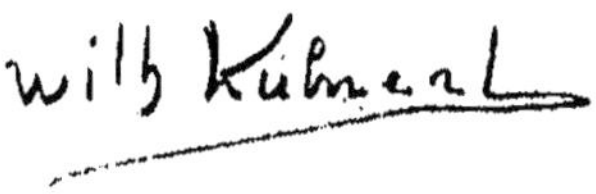

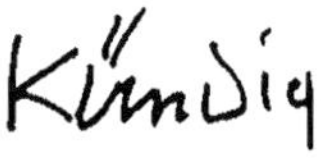

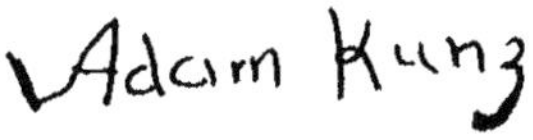

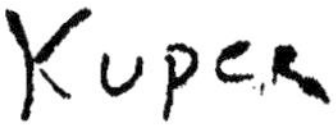

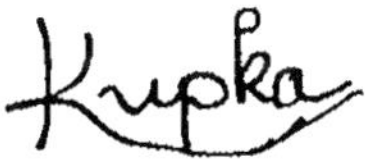

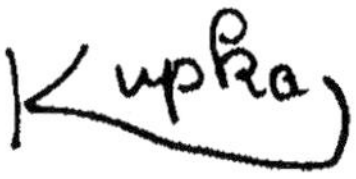

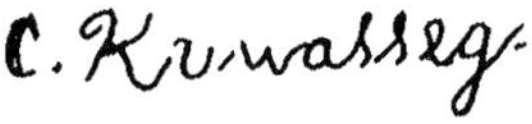

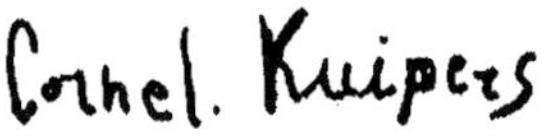

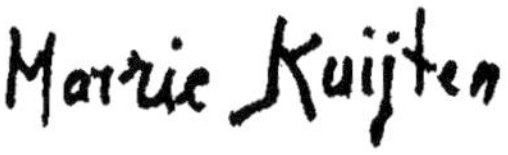

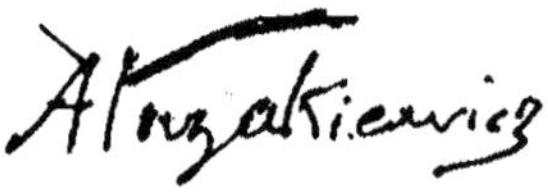

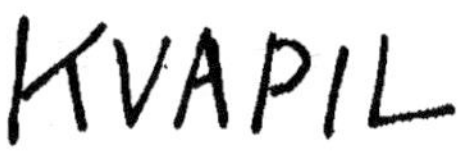

Kvapil Charles 1884-1957	La Boulaye Paul de 1849-1926
KVAPIL	P. La Boulaye
Kylberg Carl 1878-1952	**Laboureur Jean Emile 1877-1943**
CK	J. Laboureur
Laar Jan Hendrik van de 1807-1874	**Lacasse Joseph 1894-1975**
JH.v.d.Laar	Lacasse
Laasner Hans 1864	**Lacaze Germaine 1908-1994**
Laasner.	Lacaze
Labasque Jean 1902	**Laccetti Valerio 1836-1909**
Labasque	Laccetti
Labegorre Serge 1931	**Lach Andreas 1817-1882**
Labegorre	A. Lach
La Bella Vincenzo 1872-1954	**Lacombe Georges 1868-1916**
V LaBELLA	GL
Labisse Félix 1905-1982	**Lacomblez Jacques 1934**
LABISSE	Jacques Lacomblez
Labisse Félix 1905-1982	**Lacoste Eugène 1818-1908**
LABISSE.	Eug LACOSTE
Labitte Eugène 1858-1937	**Ladell Edward 1821-1886**
E. Labitte	E

Laermans Eugène 1864-1940

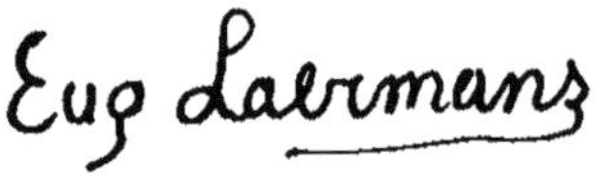

Laermans Eugène 1864-1940

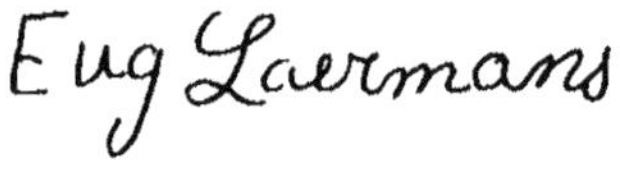

Laeverenz Gustav 1851-1909

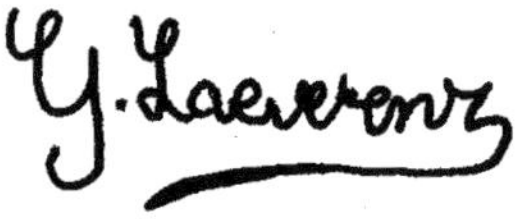

Lafite Ernst 1826-1885

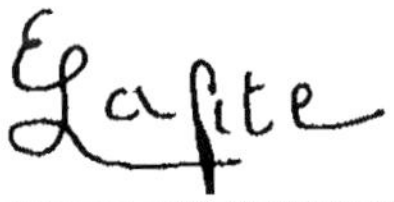

La Fresnaye Roger de 1885-1925

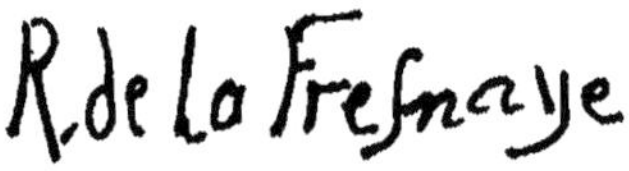

La Fresnaye Roger de 1855-1925

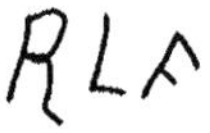

La Fuente Georges de XXe

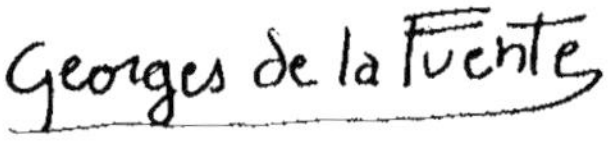

Lafugie Léa 1890-1972

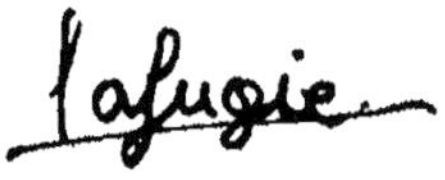

La Gandara Antonio de 1862-1917

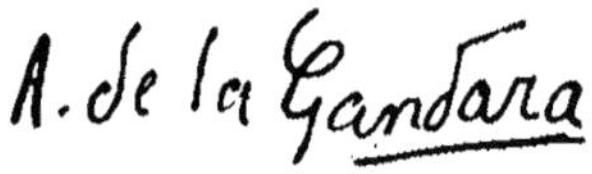

Lagar Celso 1891-1966

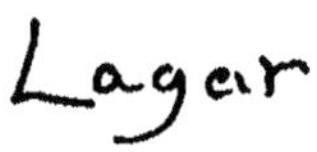

Lagar Celso 1891-1966

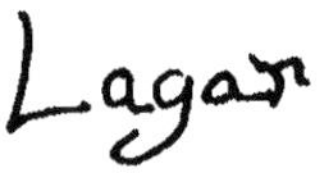

Lagier Eugène 1817-1892

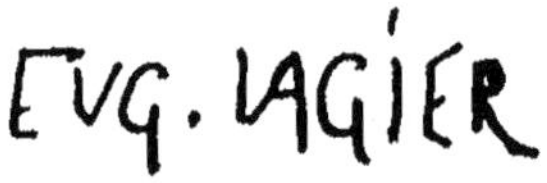

Laglenne Jean François 1899-1962

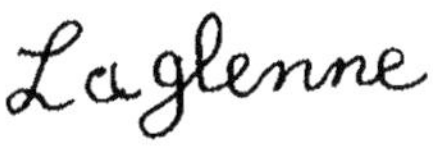

Lagye Victor 1825-1896

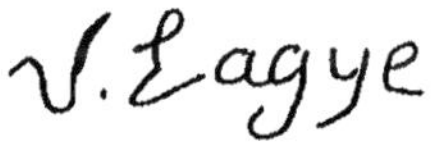

Lahner Emile 1893-1980

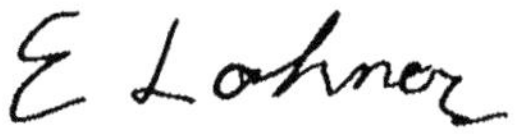

Lahure Nicole XXe

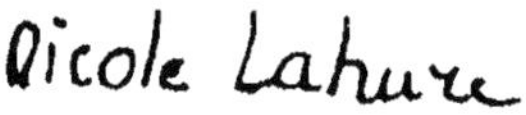

Lahure Nicole XXe

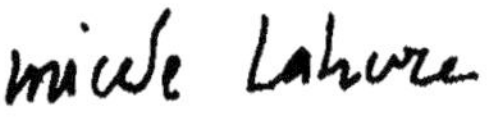

Laissement Henri 1845-1921

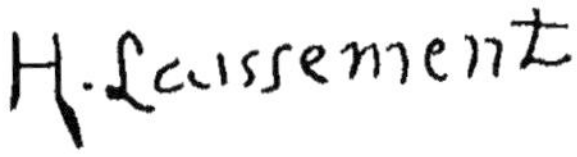

Lajoue Edmond XIXe-XXe

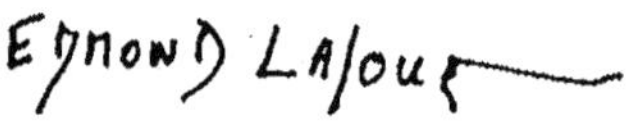

Lakhovsky Arnold 1885

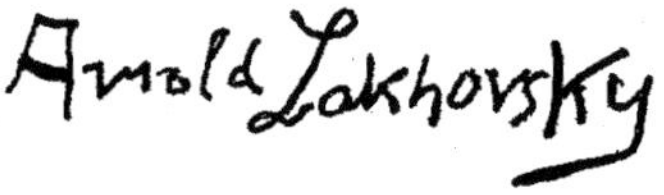

Lalanne François Xavier 1924

La Laume Dupré André 1915

Lalli Odoardo 1829-1909

La Lyre Adolphe 1848-1935

Lam Wilfredo 1902-1982

Lam Wilfredo 1902-1982

Lam Wilfredo 1902-1982

Lamb Henry 1893-1960

Lambeaux Jef 1852-1908

Lambert Georges Washington 1873-1930

Lambert Louis Eugène 1825-1900

Lambert-Rucki Jean 1888-1967

Lambilhotte Alain 1948

Lambinet Emile Charles 1815-1877

Lambrichs Edmond 1830-1887

Lami Eugène 1800-1890

La Monaca Alberto 1862-1936

Lamond William 1857-1924

Lamotte Bernard 1903-1983

Lamplough Augustus O. 1877-1930

Lamprecht Anton 1901

Lance George 1802-1864

Lancerotto Egisto 1847-1916

Lancerotto Egisto 1847-1916

Lancerotto Egisto 1847-1916

Landelle Charles 1812-1908

Landelle Charles 1812-1908

Landesio Eugenio 1809-1879

Landi Angelo 1879-1944

Landi Gaspare 1756-1830

Landini Andrea 1847-1912

Landini Andrea 1847-1912

Landseer Edwin Henry 1802-1873

Lane Hugh 1804-1865

Lang Fritz 1877-1961

Lang Louis 1814-1893

Langaskens Maurice 1884-1946

Langaskens Maurice 1884-1946

Langaskens Maurice 1884-1946

Langer Michael XXe

Langer Viggo 1860-1942

Langeveld Frans 1877-1939

Langley Walter 1852-1922

Langlois Paul 1858-1906

Lansil Walter Fr. 1846-1925

Lanskoy André 1902-1976

Lanskoy André 1902-1976

Lansyer Emmanuel 1835-1893

Lantoine Fernand 1878-1955

Lanza Stephano 1861-1933

La Patelliere Amédée de 1890-1932

Lapi Emilio 1814-1890

Lapicque Charles 1898-1988

Lapicque Charles 1898-1988

La Pira Gioacchino XIXe

Laporte Georges 1926

Lapostolet Charles 1824-1890

Laprade Pierre 1875-1932

Larionov Igor 1967

Larionov Igor 1967

Larionov Michel 1881-1964

Larionov Michel 1881-1964

Larraz Julio 1944

Larsen Adolph Alfred 1856-1942

Larsen Hugo Valdemar 1875

Larsen Johannes 1867-1961

Larsson Carl 1853-1919

Larsson Carl 1853-1919

Larsson Carl 1853-1919

Larsson Carl 1853-1919

Lartigue Dany 1921

Lary Roland 1855

Lasellaz Gustave XIXe

La Serna Ismael de 1897-1968

La Serna Ismael de 1897-1968

La Spina Michele 1848-1940

Lassale Pierre 1939

Lassale Pierre 1939

Lassalle Cabaillot Louis 1810

Latapie Louis robert 1891-1972

Lataster Ger 1920

La Thangue Henry H. 1859-1929

Latoix Gaspard XIXe-XXe

Latouche Gaston 1854-1913

Latouche Gaston 1854-1913

Lauber Joseph 1855

Laubies René 1924

Laubies René 1924

L'Aubiniere Georgina 1848-1930

Lauder Charles James 1841-1920

Laudy Jean 1877-1956

Lauer Joseph 1818-1881

Lauge Achille 1861-1944

Laugee Georges 1853

Launay Fernand de 1896

Launay Régine de XXe

Laur Marie Yvonne 1879-1943

Laure Jules 1806-1861

Laurence Sidney 1865-1940

Laurencin Marie 1885-1956

Laurens Henri 1885-1954

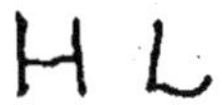

Laurens Henri 1885-1954

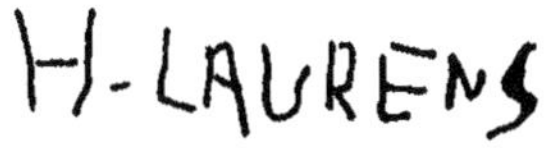

Laurens Jean Paul 1838-1921

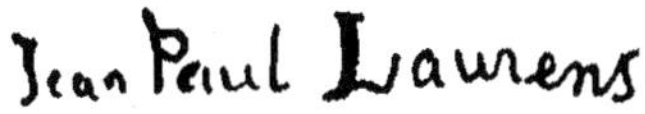

Laurens Jules 1825-1901

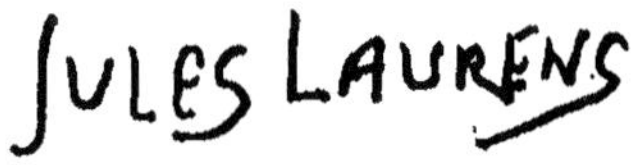

Laurent Ernest 1859-1929

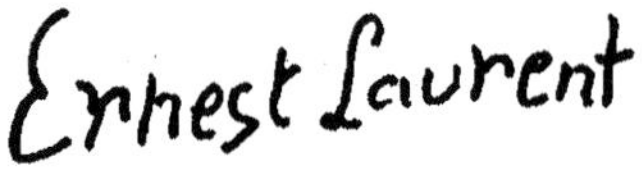

Laurenti Cesare 1854-1937

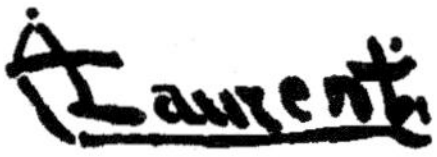

Laurenzi Laurenzio 1878-1820

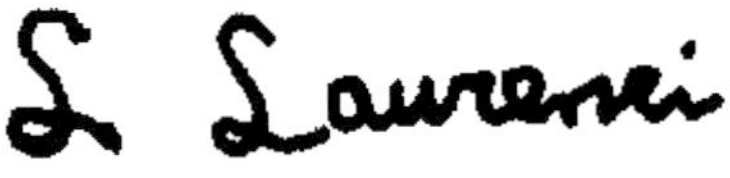

Lauro Roberto 1932

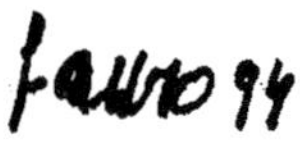

Lauvray Abel 1870-1950

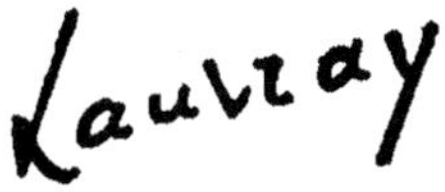

Laux August 1847-1921

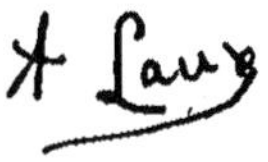

Lavery John 1856-1941

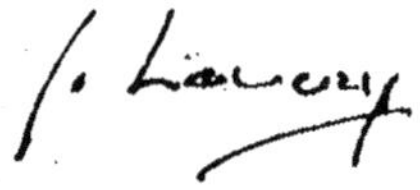

Lavezzari Andreas XXe

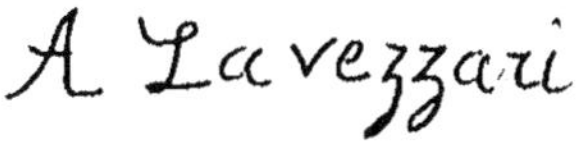

Lavieille Eugène 1820-1889

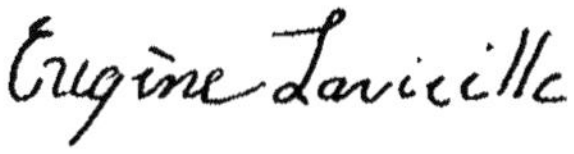

La Villeon Emmanuel de 1858-1944

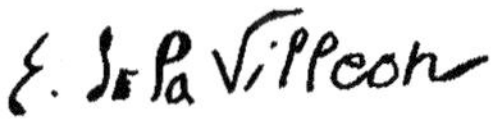

Lavoine Robert L. P. 1916

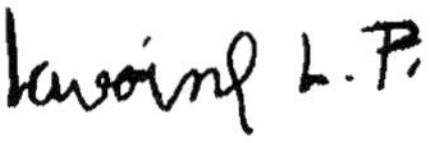

Lavoine Robert L. P. 1916

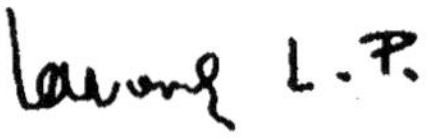

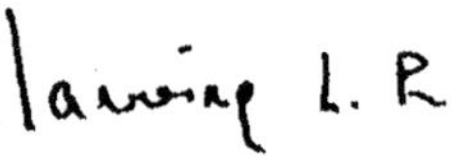

Lavoine Robert L. P. 1916

Lavrut Louise 1874

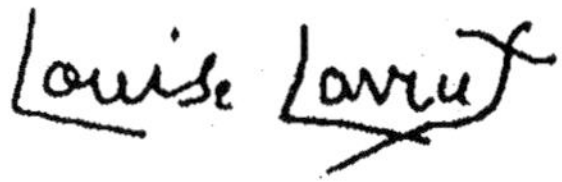

Lawson Ernest 1873-1939

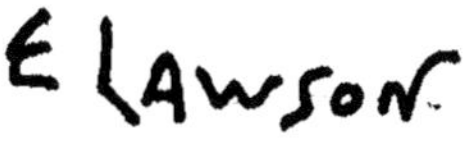

Laxaeiro Jose Ottero 1908

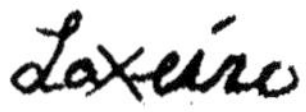

Layraud Joseph 1834-1912

Lazare Levy XIXe-XXe

Lazerges Hippolyte 1817-1887

Lazerges Hippolyte 1817-1887

Lazerges Paul 1845-1902

Lazzell Blanche 1878-1956

Leader Benjamin 1831-1923

Léandre Charles 1862-1930

Lear Edward 1821-1888

Lear Edward 1821-1888

Lear Edward 1821-1888

Leaver Noel Harry 1889-1951

Le Bas Edouard 1904-1966

Lebasque Henri 1865-1937

Lebasque Henri 1865-1937

Lebasque Henri 1865-1937

Lebasque Marthe 1895

Lebedev Vladimir 1891-1967

Le Beuze G. XXe

Le Blanc Julien 1851

Lebon Charles 1906-1957

Lebourg Albert 1849-1928

Lebourg Albert 1849-1928

Lebourg Albert 1849-1928

Le Bras Alain XXe

Le Bras Jean Pierre XXe

Lebret Franz 1820-1909

Le Breton Constant 1895-1985

Leclaire Victor 1830-1885

Lecomte Paul 1842-1920

Lecomte Paul Emile 1877-1950

Le Corbusier 1887-1965

Le Corbusier 1887-1965

Le Corbusier 1887-1965

Leduc Paul 1876-1943

Lee Hankey William 1869-1952

Lee William 1810-1865

Leeb Nat 1910

Leech William John 1881-1968

Leemans Constant XIXe-XXe

Leempoels Jef 1867-1935

Jef Leempoels

Leemputten Cornelis van 1841-1902

C. Van Leemputten

Leemputten Frans van 1850-1914

FRANS-VAN LEEMPUTTEN

Le Fauconnier Henri G. 1881-1946

le Fauconnier

Le Fauconnier Henri G. 1881-1946

Le Fauconnier

Lefebvre Jules 1836-1911

Jules-Lefebvre

Lefebvre Maurice Jean 1873-1954

M.J.-Lefebvre

Lefler Heinrich 1863-1919

H. LEFLER.

Lefler Heinrich 1863-1919

HL

Lefler Heinrich 1863-1919

HEINR. LEFLER

Le Forestier René 1903-1972

R LE FORESTIER

Lefort Jean 1875-1954

JEAN LEFORT.

Lefranc Roland 1931

Lefranc

Lega Silvestro 1826-1895

S. Lega .1863.

Lega Silvestro 1826-1895

SLega 1869.

Lega Silvestro 1826-1895

Lega 84

Lega Silvestro 1826-1895

SL.

Lega Silvestro 1826-1895

SL

Lega Silvestro 1826-1895

S Lega

Legat A. XXe

A. LEGAT

Legat Léon 1829	Legros Alphonse 1837-1911
Legeleux Germaine 1910	Legros Alphonse 1837-1911
Léger Fernand 1881-1955	Legros Claude XXe
Léger Fernand 1881-1955	Legueult Raymond 1898-1971
Leger Harold XXe	Legueult Raymond 1898-1971
Legout-Gérard Fernand 1856-1924	Leibl Wilhelm 1844-1900
Legrand Louis 1863-1951	Leickert Charles 1818-1907
Legrand Louis 1863-1951	Leigh William R. 1866-1955
Legrand Louis 1863-1951	Leighton Edmund Blair 1853-1922
Legrand René 1923	Leighton Edmund Blair 1853-1922

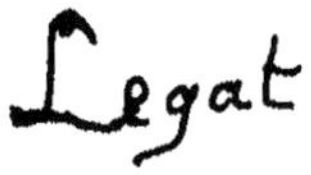

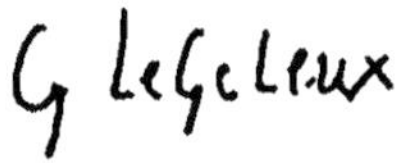

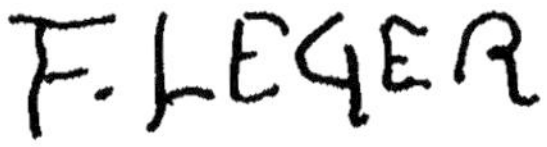

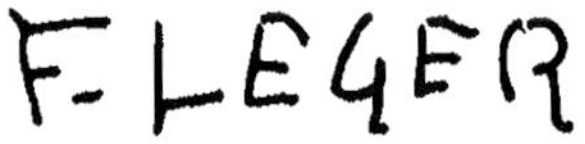

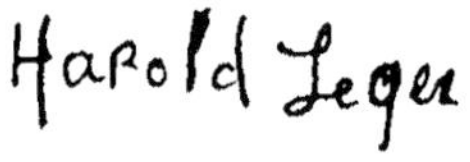

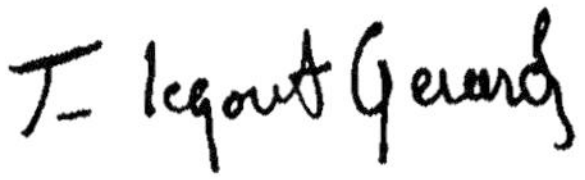

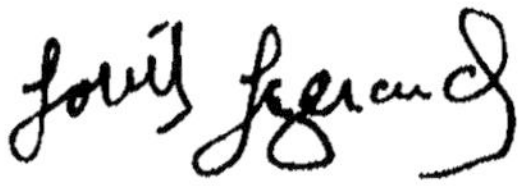

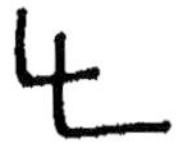

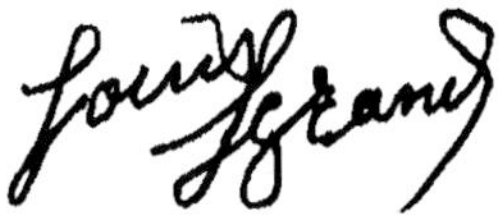

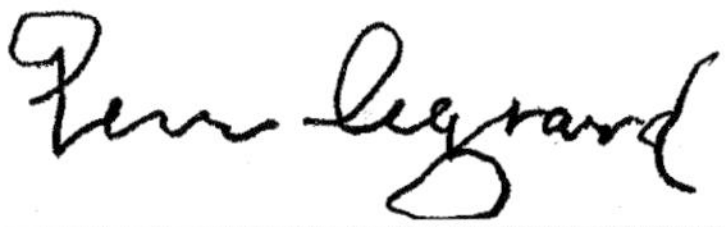

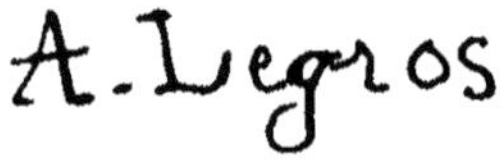

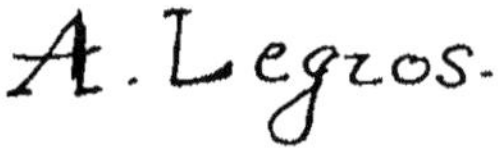

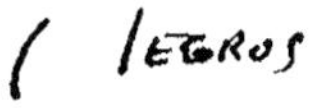

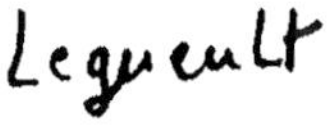

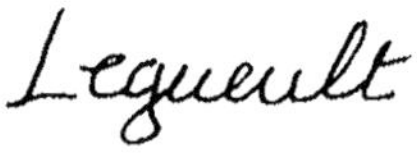

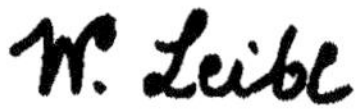

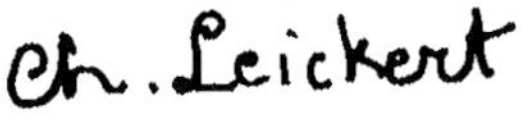

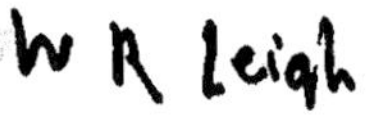

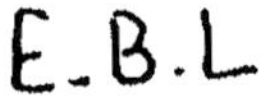

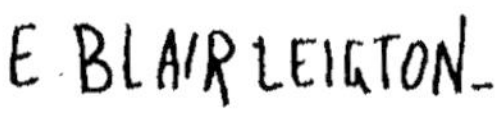

Leighton Edmund Blair 1853-1922

Leighton Frederic 1830-1896

Leijs Bernard 1934

leishmam Robert 1916-1989

Leleu Alexandre 1871

Leleux Armand 1894

Lelli Giovan Battista 1827-1887

Leloir Louis 1843-1884

Leloir Maurice 1853-1940

Lelong Pierre 1908-1984

Lemaire Louis 1824-1910

Lemaire Madeleine 1845-1928

Lemaitre Albert 1886-1975

Lemaitre Charles Edouard XXe

Lemaitre Léon Jules 1850-1905

Lemaitre Maurice 1929

Lemaitre Nathanael 1831-1897

Le Mayeur de Merpres 1844-1923

Le Mayeur J. 1880-1958

Lemeunier Basile 1852

Lemieux Jean Paul 1904-1990

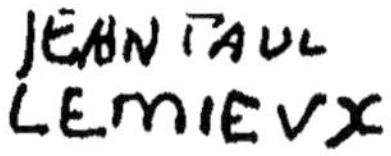

Lemmen Georges 1865-1916

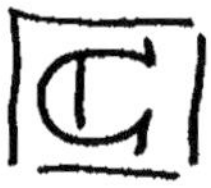

Lemmen Georges 1865-1916

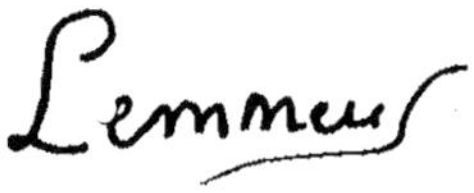

Lemmers Georges 1871-1944

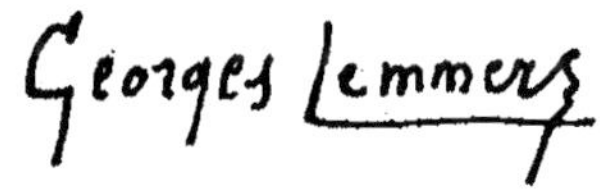

Le Moal Jean 1909

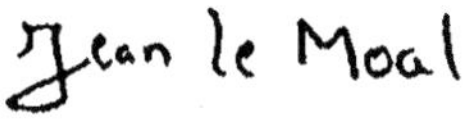

Le Moal Jean 1909

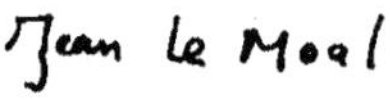

Lemoine Jacques A. 1751-1824

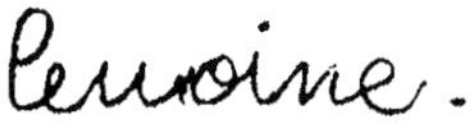

Lemordant Jean Julien 1878-1968

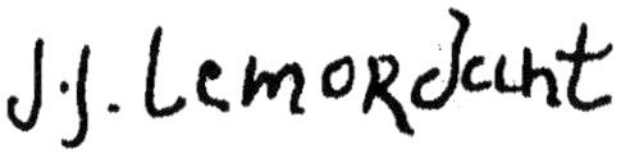

Lemos Luis 1954

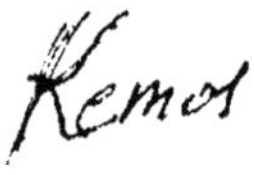

Lempicka Tamara de 1898-1980

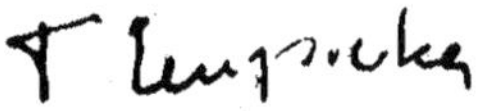

Lempicka Tamara de 1898-1980

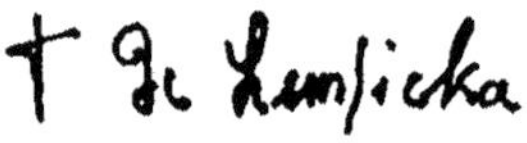

Lenbach Franzs von 1836-1904

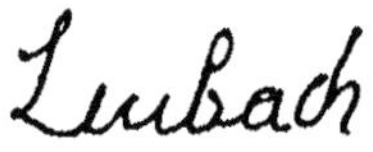

Lenoir Charles Aimable 1885-1961

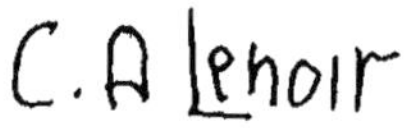

Lenoir Paul Marie 1843-1881

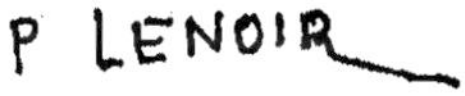

Lenoir Paul Marie 1843-1881

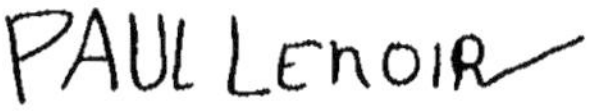

Leon y Escosura Ignacio 1834-1901

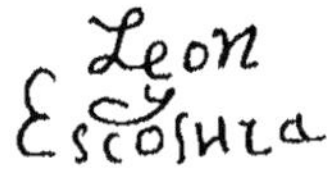

Leonard John Henry 1934-1904

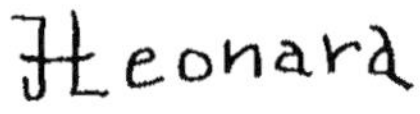

Leonard Maurice 1889-1971

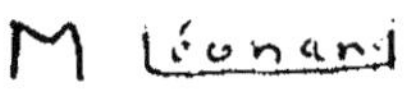

Lepage Pierre 1906-1983

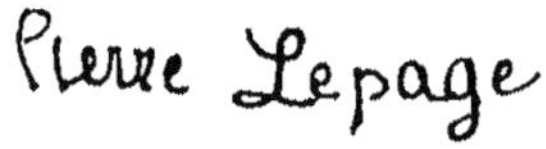

Lepaulle François G. G. 1804-1986

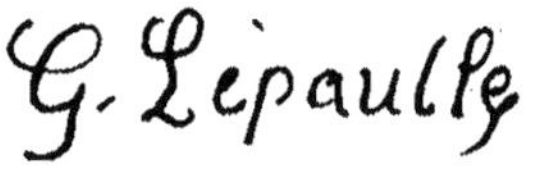

Lepelle-Anders Marie XIXe

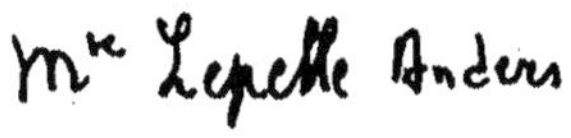

Lepere Auguste Louis 1849-1918

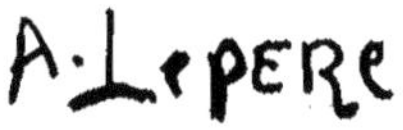

Le Pho 1907

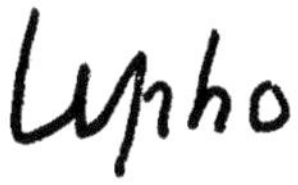

Le Pho 1907

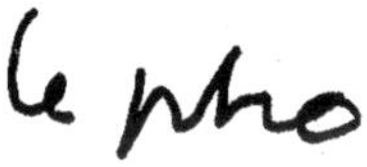

Lepine Stanislas 1835-1892

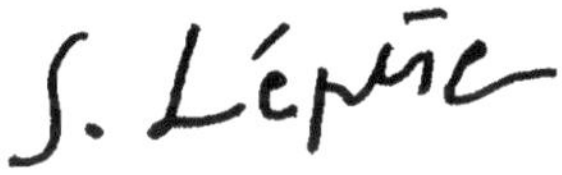

Le Poittevin Louis 1847-1909

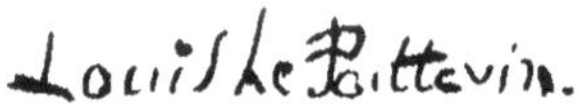

Leppien Jean 1910-1991

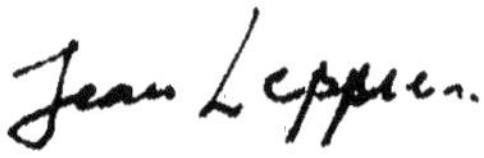

Leprin Marcel 1891-1933

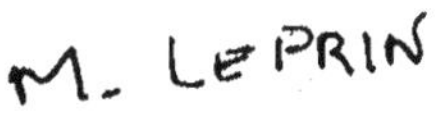

Leprin Marcel 1891-1933

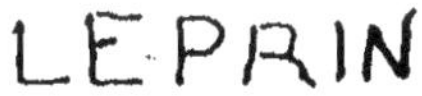

Lerch Franz 1895-1977

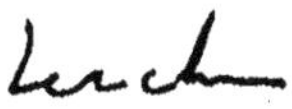

Lergaard Niels 1893-1983

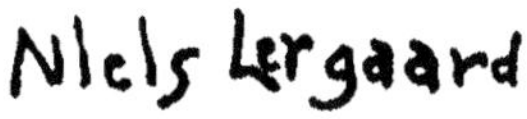

Lermitte Jean-Pierre 1920-1977

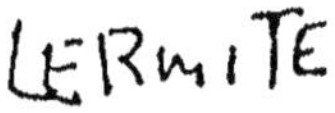

Lermontoff E. XIXe

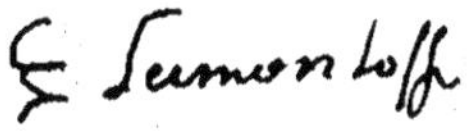

Lerolle Henry 1848-1929

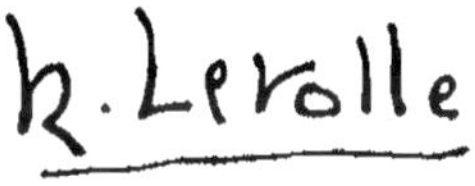

Leroux A. 1871-1954

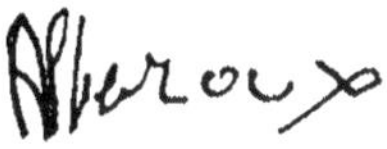

Leroux Charles 1841-1895

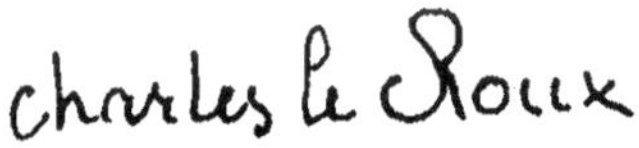

Le Roux Constantin mort en 1909

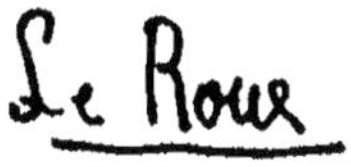

Leroux Georges 1877-1957

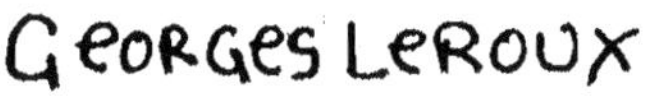

Leroux Hector 1829-1900

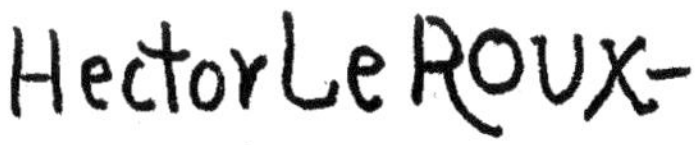

Leroy Gustave Jules XIXe

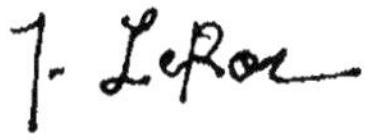

Leroy Gustave Jules XIXe	Lesrel Adolphe 1839-1929
Leroy Patrick 1948	Lessi Giovanni 1852-1922
Leroy Paul 1860-1942	Lessi Giovani 1852-1922
Lesbros Alfred 1873-1940	Lessi Tito 1858-1917
Le Sénéchal de Kerdeoret 1840-1920	Lesur Henri Victor 1863-1900
Le Sidaner Henri 1862-1939	Leto Antonio 1844-1913
Leslie Georges Dunlop 1835-1921	Leto Antonio 1844-1913
Leslie Georges Dunlop 1835-1921	Le Trividic Pierre 1898-1960
Lesné Camille 1908	Le Trividic Pierre 1898-1960
Lespinasse Herbert 1884-1972	Leuppi Léo 1893-1972

Leurs Johannes 1865-1938

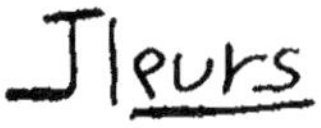

Leuze-Hirschfeld Emmy 1884

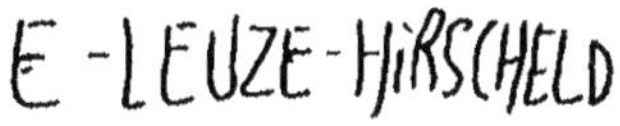

Leve Frederic 1877

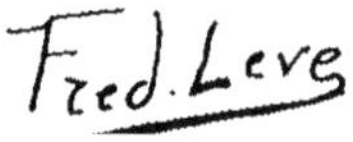

Leveille Auguste XIXe

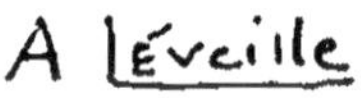

Leveque Yves 1937

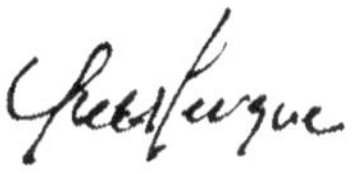

Lever Richard Hayley 1876-1958

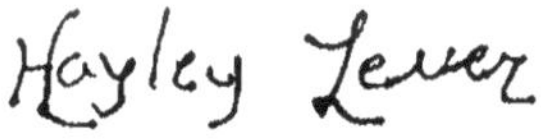

Leverd René 1872-1938

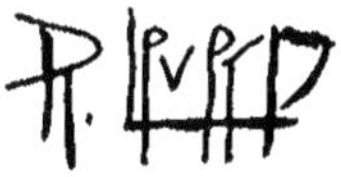

Levi Carlo 1902-1975

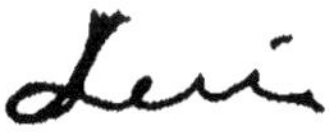

Levier Charles 1920

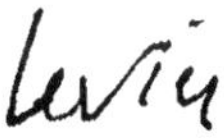

Levine David 1915

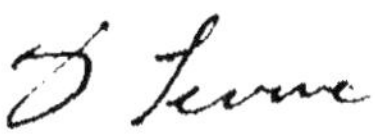

Levine Jack 1915

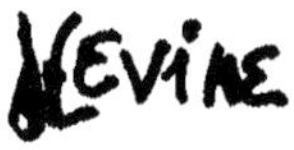

Levinsen Sophus 1869-1943

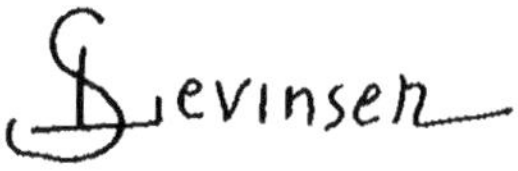

Levis Giuseppe Augusto 1873-1926

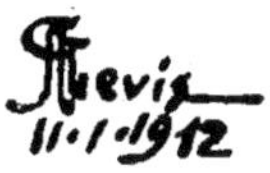

Levis Maurice 1860-1940

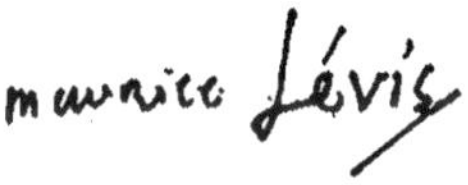

Levis Maurice 1860-1940

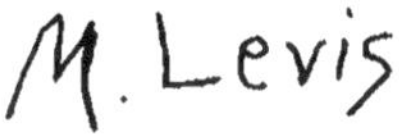

Levy Alphonse 1843-1918

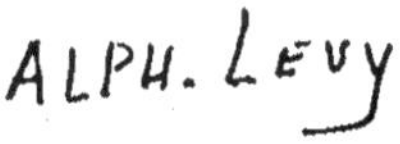

Levy Emile 1826-1890

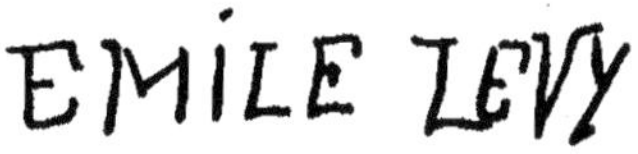

Levy Moses 1885-1968

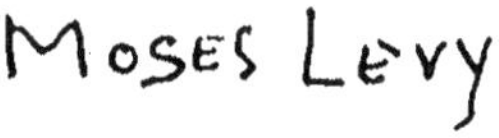

Levy René XXe

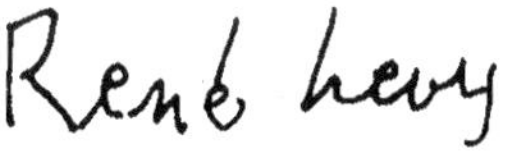

Levy Rudolf 1875-1943

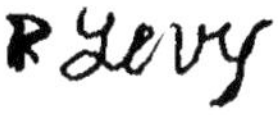

Levy Dhurmer Lucien 1865-1953

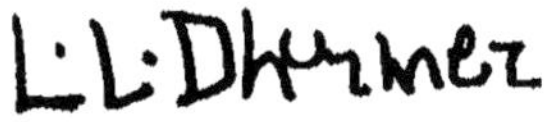

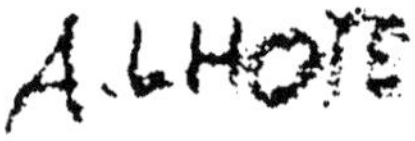

Lewis Charles James 1830-1892

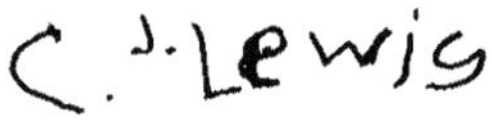

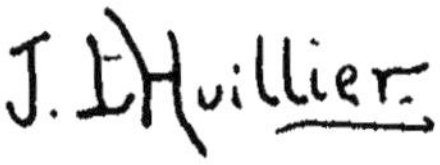

Lewis Martin 1883-1962

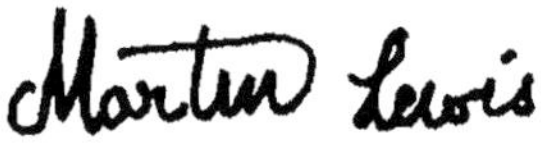

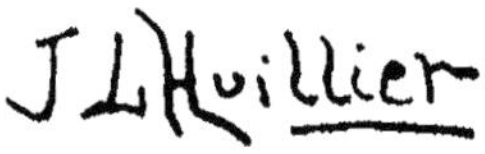

Leyden Ernst 1892-1969

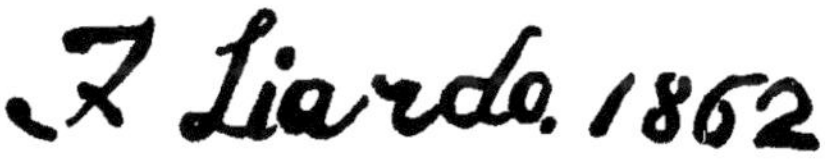

Leyden Karin van 1906-1977

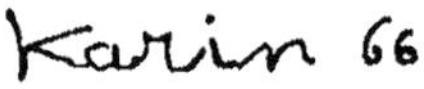

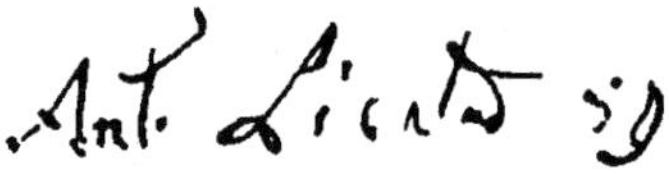

Leyendecker Paul 1842

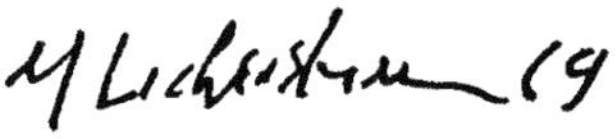

Leys Henry 1815-1869

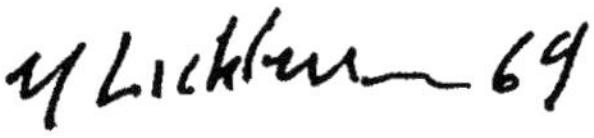

L'Hegaret Danielle XXe

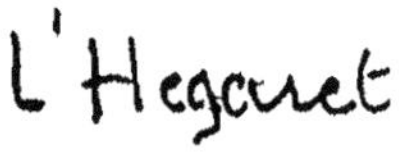

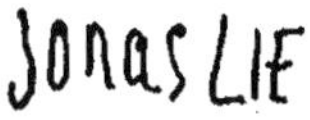

Lhermitte Léon A. 1844-1925

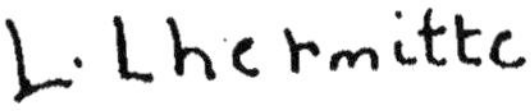

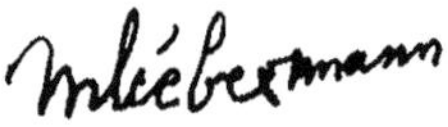

Lhermitte Léon A. 1844-1925

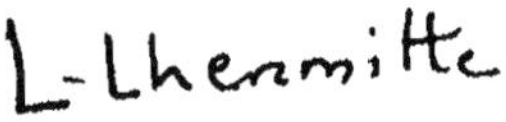

Lhote André 1885-1962

L'Huillier Jacques 1867

L'Huillier Jacques 1867

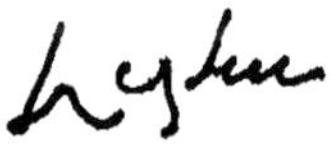

Liardo Filippo 1840-1917

Licata Antonino 1810-1891

Lichtenstein Roy 1923

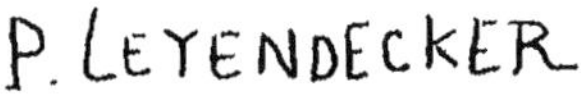

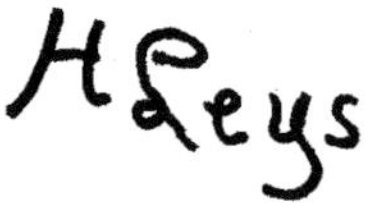

Lichtenstein Roy 1923

Lie Jonas 1880-1940

Liebermann Max 1847-1935

Liebermann Max 1847-1935

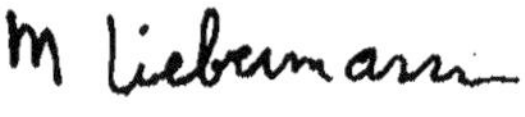

Liebermann Max 1847-1935

Liebscher Karl 1851-1906

Lier Adolf 1826-1882

Lieste Cornelis 1817-1861

Lievin Jacques 1854-1941

Lifshitz Uri 1936

Lilien Ephraim Moshe 1874-1925

Liljefors Bruno 1860-1939

Liljefors Bruno 1860-1939

Lilloni Umberto 1898-1980

Limouse Roger Marcel 1894-1989

Lince Marcel de 1886-1958

Lincott Edward Barnard XXe

Linderum Richard 1851

Lindholm Berndt 1841-1914

Lindin Carl 1869-1942

Lindner Richard 1901-1978

Lindner Richard 1901-1978

Lindsay Norman 1879-1969

Lindstrom Bengt 1925

Linnell John 1792-1882

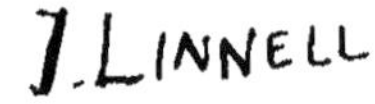

Lins Adolf 1856-1927

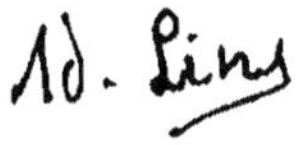

Lint Louis van 1909-1987

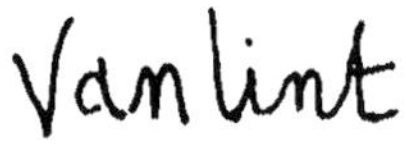

Lipchitz Jacques 1891-1973

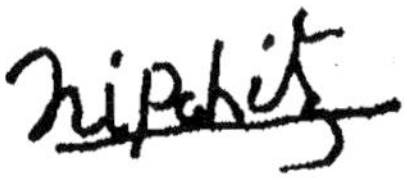

Lippens Marie XXe

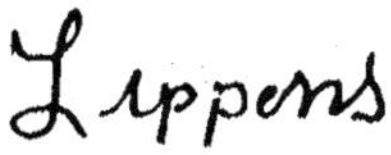

Lippens Piet 1890-1981

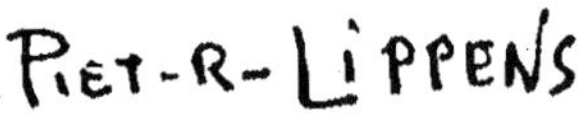

Lipton Seymour 1903-1986

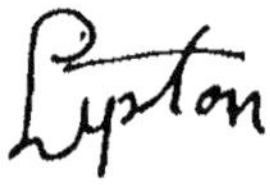

Lisio Arnaldo de 1869

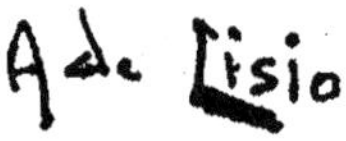

Lismonde Jules 1908

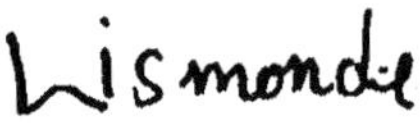

Lissac Pierre XXe

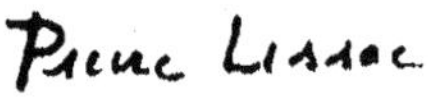

Lissim Simon 1900-1981

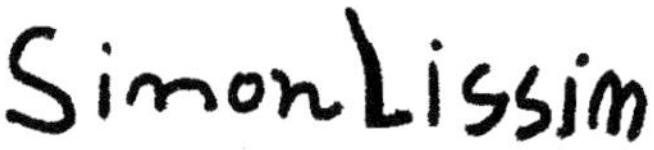

Lista Stanislao 1824-1908

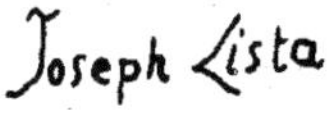

Litvinovsky Pinchas 1894-1985

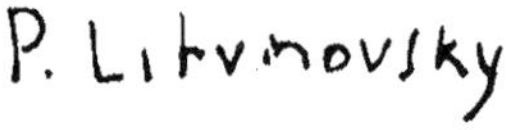

Livens Horace 1862-1936

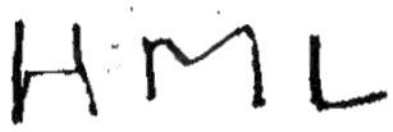

Ljuba 1934

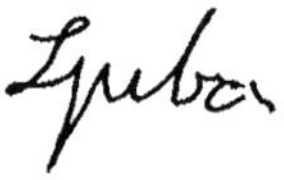

Lloyd Llewelyn 1879-1949

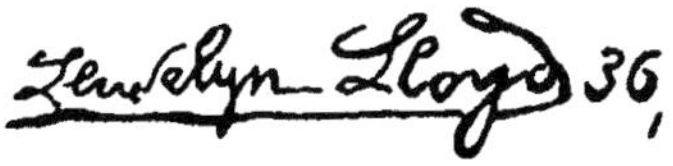

Lloyd Thomas James 1849-1910

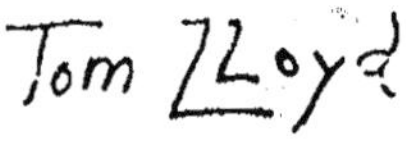

Lloyd William Stuart XIXe-XXe

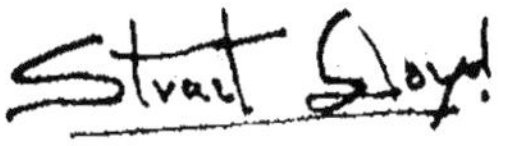

Lobre Maurice 1862-1951

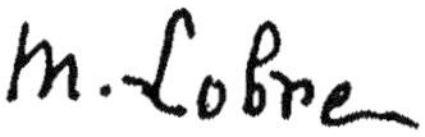

Lobrichon Timoleon 1831-1914

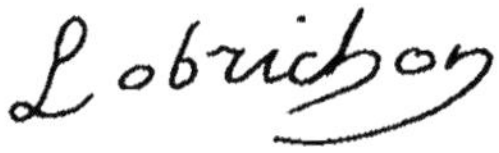

Locatelli Achille 1864-1948	Loir Luigi 1845-1916
Locher Carl 1851-1915	Loire Léon H. A. 1821-1898
Lochhead John 1866-1921	Loiseau Gustave 1865-1935
Loder James 1820-1860	Loiseau Gustave 1865-1935
Lodge George Edward 1860-1954	Lojacono Francesco 1841-1915
Loeb Pierre 1920	Lojacono Francesco 1841-1915
Löffler Bertold 1874-1960	Lojacono Francesco 1841-1915
Logelain Henri 1889-1968	Lojacono Luigi 1810-1880
Lohr Auguste 1843-1919	Lokke Marie 1876-1948
Löhr Gustave 1852-1926	Lomakine Oleg 1924

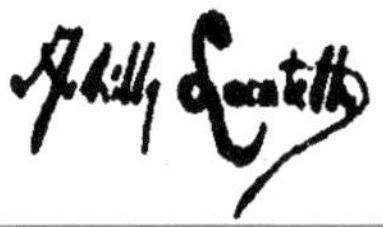

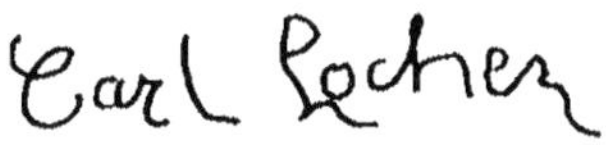

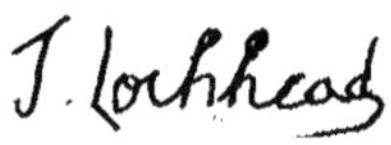

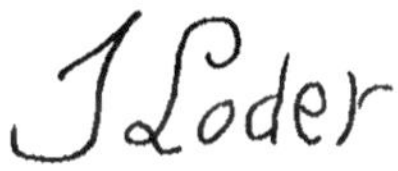

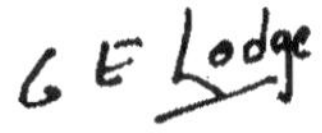

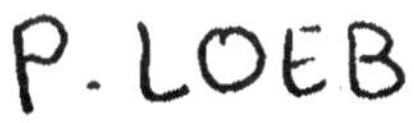

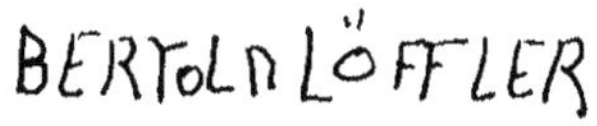

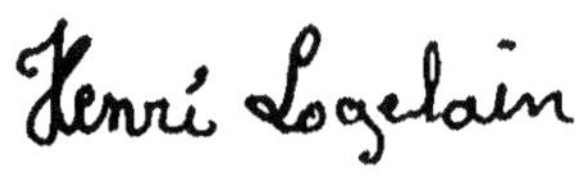

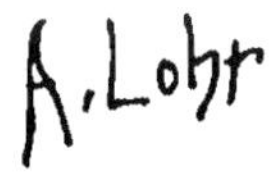

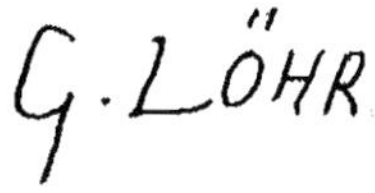

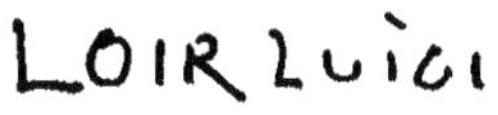

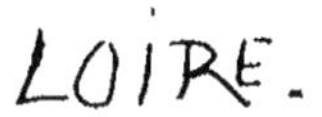

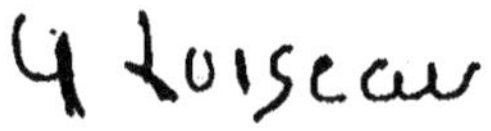

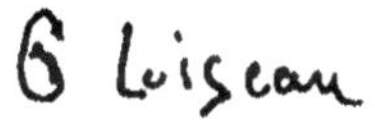

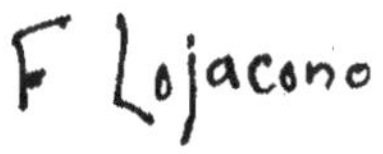

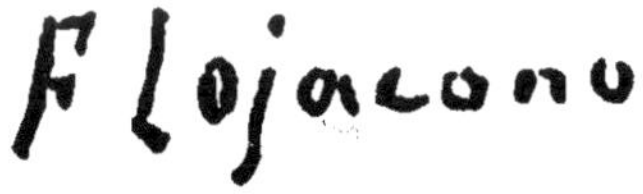

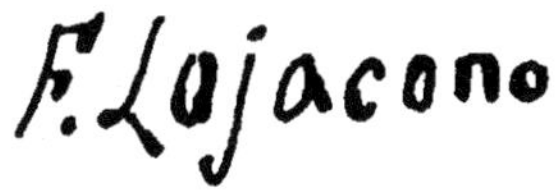

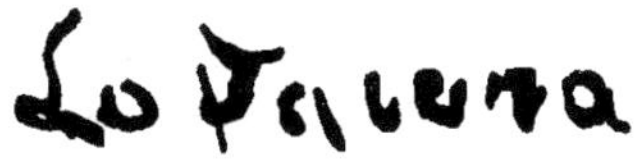

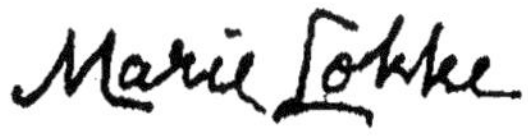

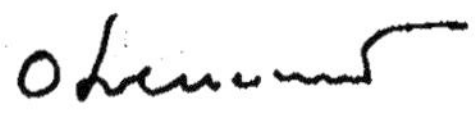

Lomakine Oleg 1924	Longoni Baldassare 1876-1956
Lomax John A. 1857-1923	Longoni Emilio 1859-1932
Lombard Jean 1895-1983	Longoni Emilio 1859-1932
Lombardi Luigi 1853-1940	Longpre Paul de 1855-1911
Lomi Giovanni 1899-1969	Longstaffe Edgar 1849-1912
Lommaert Léon 1922	Longuet Frédéric 1904-1987
Lonchamp P. XXe	Lonza Antonio 1846
Long Sydney 1878-1955	Loose Basile de 1809-1885
Longhi Giuseppe 1766-1831	Lopez Cabrera Ricardo 1864-1950
Longo Mancini Francesco XIXe	Lorck Carl Julius 1828-1882

Lorentzon Waldemar 1899-1982

Lotz Karl 1833-1904

Lorenz Richard 1858-1915

Loubon Emile 1809-1863

Lori Guglielmo Amedeo 1869-1913

Lourenco Armand 1925

Lori Guglielmo Amedeo 1869-1913

Loustaunau Louis Auguste 1846-1898

Lorjou Bernard 1908-1986

Loutreuil Maurice 1885-1925

Lorsch Dominique mort en 1990

Louvrier Maurice 1878-1954

Lory Gabriel 1784-1845

Lovatti Matteo 1861

Losques Daniel T. de 1880-1915

Loverini Ponziano 1846-1929

Lossow Heinrich 1843-1897

Löwith Wilhelm 1861-1932

Lotiron Robert 1886-1966

Lowry Lawrence 1887-1976

Lozowick Louis 1892-1973

Louis Lozowick

Luce Maximilien 1858-1941

Luce

Lubbers Adriaan 1892-1954

ADRIAAN LUBBERS 1919

Luce Maximilien 1858-1941

Luce

Lucas Albert Durer 1828-1918

A. D. LUCAS

Lucebert Jean 1924-1994

lucebert

Lucas John Templeton 1836-1880

J T Lucas

Lucebert Jean 1924-1994

lucebert

Lucas Richard 1925-1977

R. Lucas

Lucebert Jean 1924-1994

lucebert

Lucas Robiquet Marie 1858-1959

M Lucas-Robiquet

Lucke Edouard 1901-1972

Lucke

Lucas William 1840-1895

W. LUCAS

Ludovici Alberto 1852-1932

Ludovici 1911

Lucas y Villamil Eugenio 1858-1918

Lucas Villamil

Ludwig Louis 1856-1925

Louis Ludwig

Lucas-Lucas Henri F. mort en 1943

H J Lucas Lucas

Lugan Jean XXe

JEAN LUGAN

Lucchesi Giorgio 1855-1941

G. Lucchesi

Lugardon Albert 1827-1909

ALBERT LUGARDON

Luka Madeleine 1894-1989	Lupo Alessandro 1876-1953
Luks George 1867-1933	Lupo Alessandro 1876-1953
Luminais Evariste 1822-1896	Lupo Alessandro 1876-1953
Lundahl Amelia 1850-1914	Lurcat Jean 1892-1966
Lundbye Johan Thomas 1810-1848	Luscher Jean-Jacques 1884-1955
Lundbye Johan Thomas 1810-1848	Lussi Otto 1889-1942
Lundbye Johan Thomas 1810-1848	Luxardo Lazzaro 1865-1949
Lundhal Amelia Helga 1850-1914	Luxoro Alfredo 1859-1918
Lunois Alexandre 1863-1916	Luxoro Tammar 1825-1899
Lupertz Markus 1941	Luxoro Tammar 1825-1899

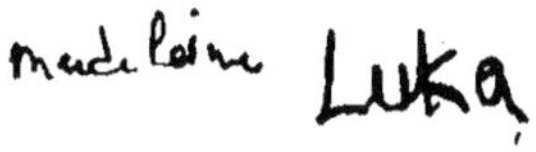

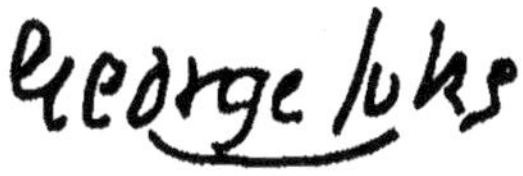

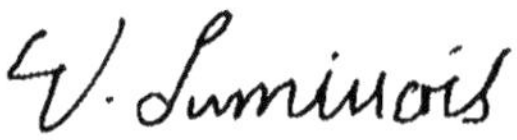

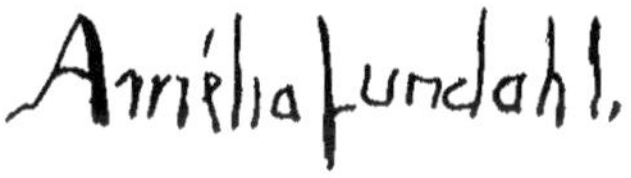

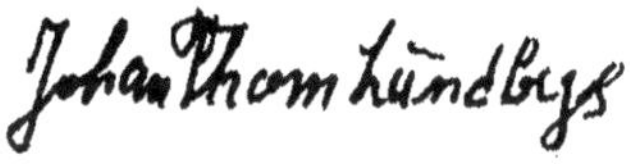

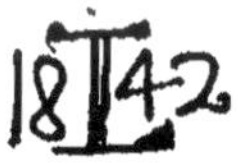

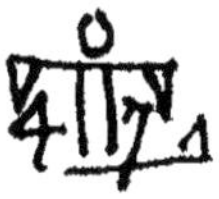

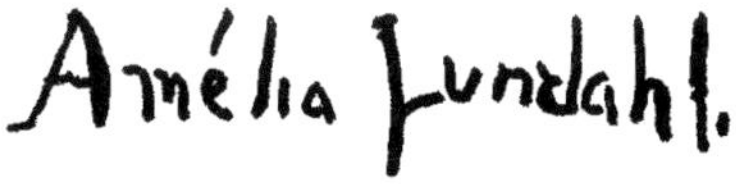

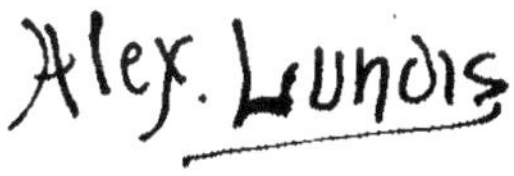

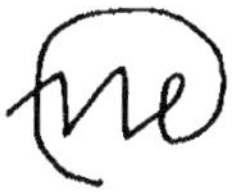

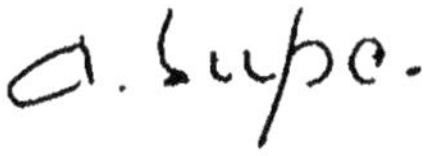

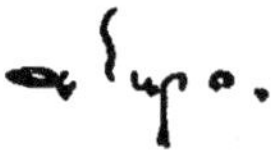

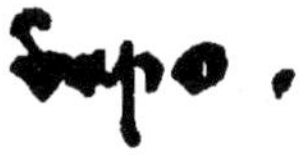

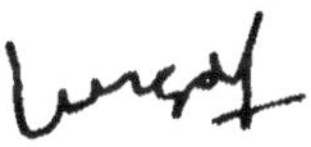

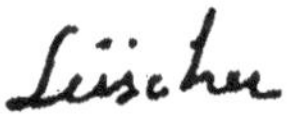

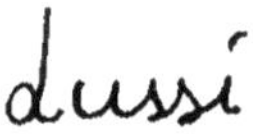

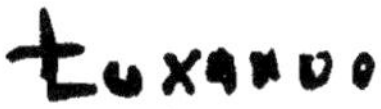

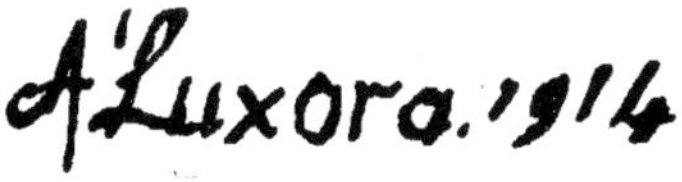

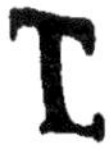

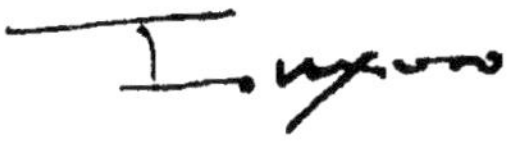

Luyten Henry 1859-1945	Mabe Manabu 1924
Lydis Mariette 1890-1970	Mac-Avoy Edouard G. 1905-1991
Lydis Mariette 1890-1970	Mac-Ewan Charles XIXe-XXe
Lydis Mariette 1890-1970	Mac-Kay William Darling 1844-1924
Lyman John Goodwin 1886-1967	Mac-Nee Robert Russell 1880-1952
Lyne Michael 1912-1989	Mac-Taggart William 1835-1910
Lynen Amédée 1852-1938	Mac-Whirter John 1839-1911
Lyngbye Lauritz B. 1805-1869	Maccari Cesare 1840-1919
Lytras Nicolas 1883-1927	Maccari Mino 1898-1989
Maas Paul 1890-1962	Macchiati Serafino 1860-1916

Macchiati Serafino 1860-1916

Macco Georg 1863-1933

Maccubin Fredrick 1855-1917

Macdonald Manly Edward 1889-1971

Machard Jules Louis 1839-1900

Macintyre Donald 1923

Mackay William Darling 1844-1924

Macke August 1887-1914

Mackensen Fritz 1866-1953

Maclet Elisée 1881-1962

Maclet Elisée 1881-1962

Maclot Armand 1877-1960

Macphail Rodger 1953

Macquoid Percy mort en 1925

Macreau Michel 1935

Mactaggart William 1835-1910

Madarasz Adelina K. XXe

Maddox William XXe

Madelain Gustave 1867-1944

Madeline Paul 1823-1920

Madiol Adrien Jean 1845-1892

Madoni Enrico 1862-1928

Madou Jean-Baptiste 1796-1877

Madrazo y Garreta R. 1841-1920

Madyol Jacques 1871-1950

Maertelaere Edmond de 1876-1938

Maes Eugène Rémy 1849-1931

Maetzel Emil 1877-1955

Mafai Mario 1902-1965

Mafai Mario 1902-1965

Mafli Walter 1915

Magaud Dominique 1817-1899

Maggi Cesare 1881-1961

Magistretti Carlo 1884-1954

Magistretti Emilio 1851-1936

Magnan Guislaine XXe

Magnelli Alberto 1888-1971

Magnelli Alberto 1888-1971

Magnelli Alberto 1888-1971

Magni Giuseppe 1869-1956

Magni L. XXe

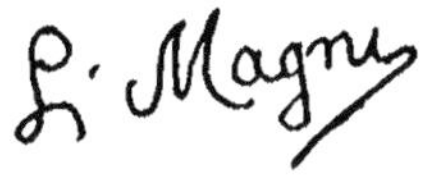

Magnus Camille 1850

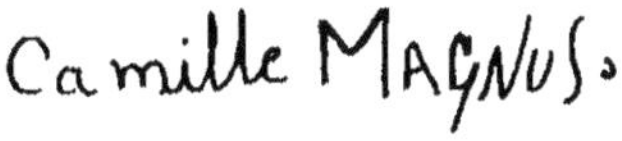

Magri Alberto 1880-1939

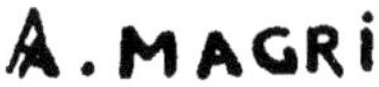

Magritte René 1898-1967

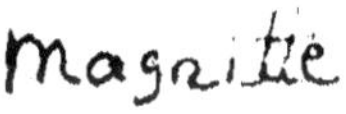

Magritte René 1898-1967

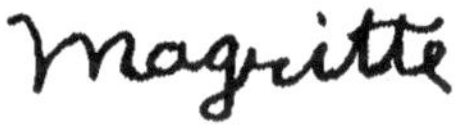

Maguet Richard 1896-1940

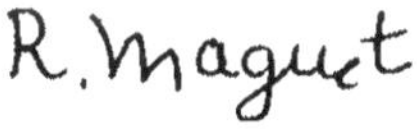

Mahaux Eugène 1874-1946

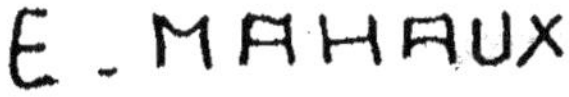

Mahudez Jeanne Louise 1876-1956

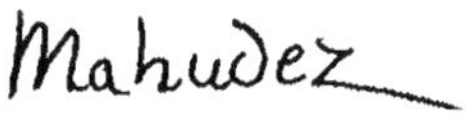

Mai Thu XXe

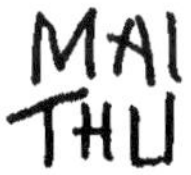

Maignan Albert 1845-1908

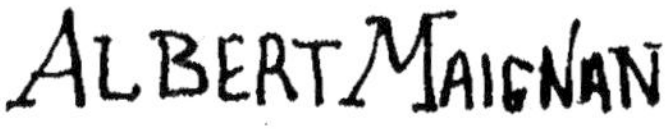

Maigret George Edmond XIXe

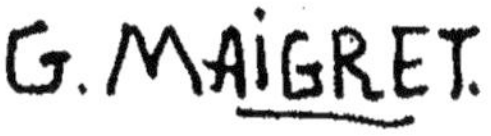

Maik Henri XXe

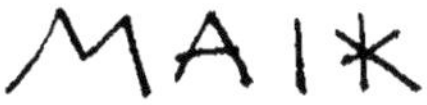

Maillart Diogène 1840-1926

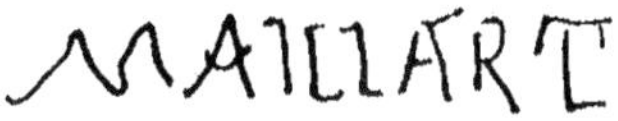

Maillaud Fernand 1862-1948

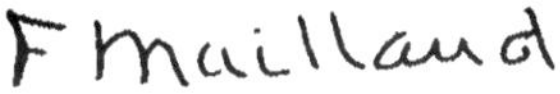

Maillol Aristide 1861-1944

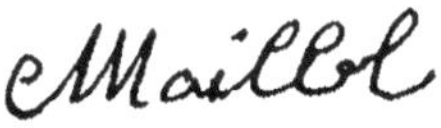

Maillol Aristide 1861-1944

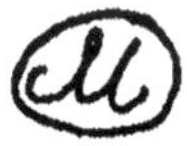

Mainella Raffaele 1858-1907

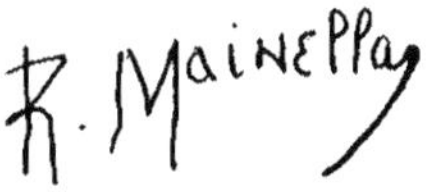

Mainella Raffaele 1858-1907

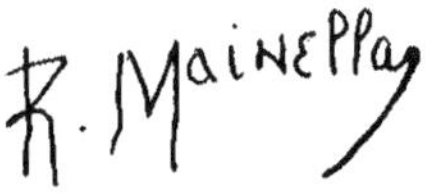

Mainssieux Lucien 1885-1958

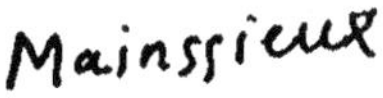

Maioli Camillo 1807-1889

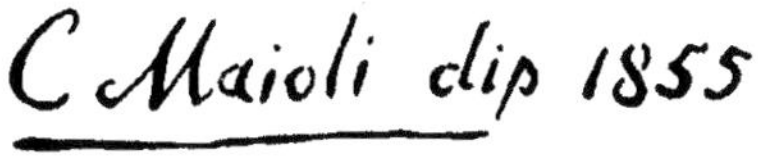

Maire André 1898-1984	Malacrea Francesco 1813-1886
Maire Ferdinand Henri 1909-1963	Malanca Jose 1897-1967
Mairovich Zvi 1911-1973	Malavolti Archimede XIXe
Maistre Roy de 1894-1968	Maldarelli Federico 1826-1893
Major Ernest L. 1864-1950	Maldarelli Gennaro 1796
Majorelle Jacques 1886-1962	Malespina Louis F. 1874-1940
Mak Paul XXe	Malet Albert 1905-1986
Makart Hans 1840-1884	Malet Albert 1905-1986
Makovsky Constantin 1839-1915	Malevitch Kasimir 1878-1935
Maks Kees 1876-1965	Malfait Hubert 1898-1971

Malfroy Charles 1862

Malfroy Henri 1895-1944

Mali Christian 1832-1906

Mali Christian 1832-1906

Mali Christian 1832-1906

Maliavine Philippe 1869-1939

Malinverni Angell 1877-1947

Malkine Georges 1898-1970

Malmestrom Akke Hugh 1884-1968

Malnovitzer Zwi 1945

Malskat Lothar 1912-1987

Malskat Lothar 1912-1987

Maly XXe

Maly August von 1835

Mambour Auguste 1896-1968

Mammen Jeanne 1890-1976

Man Ray 1890-1976

Man Ray 1890-1976

Man Ray 1890-1976

Manago Vincent 1880-1936

Manaresi Ugo 1851-1917

Manaresi Ugo 1851-1917

Mancinelli Gustano 1842-1933

Mancini Antonio 1852-1930

Mancini Antonio 1852-1930

Mancini Antonio 1852-1930

Mancini Carlo 1829-1910

Mandelli Pompilio 1912

Mander William Henri 1850-1920

Mandeville Bernard 1921

Mandin Richard 1909

Mandre Emile Alfred de 1869

Mane Katz 1894-1962

Mane Katz 1894-1962

Manessier Alfred 1911-1993

Manessier Alfred 1911-1993

Manet Edouard 1832-1883

Manev Nicolas 1940

Manguin Henri 1874-1949

Maniatis Tonis 1937

Mankes Jan 1889-1920

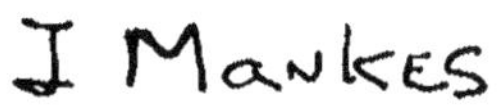

Mankes Jan 1889-1920

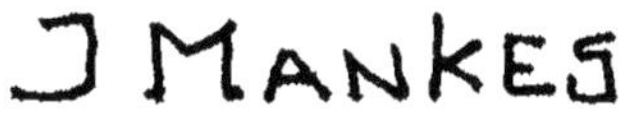

Mann Alexander 1853-1908

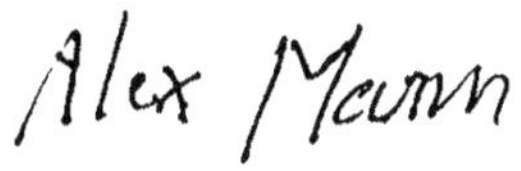

Mann Cathleen 1896-1959

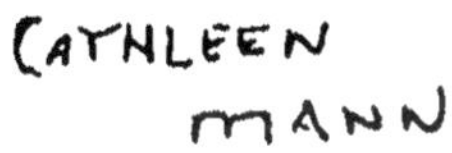

Mann Cathleen 1896-1959

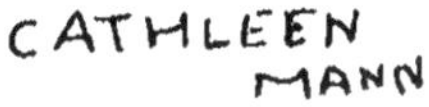

Mann Joshua Hargrove S. 1886

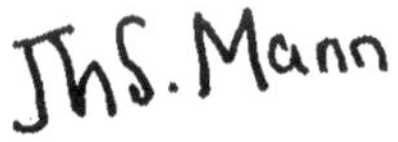

Mann von W. Geiger XXe

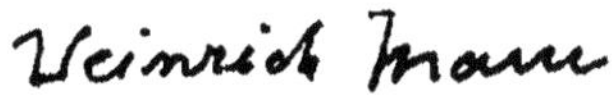

Mansfeld Josef 1819-1894

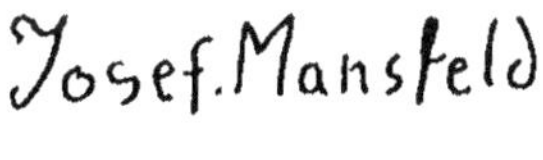

Mantegazza Giacomo 1853-1920

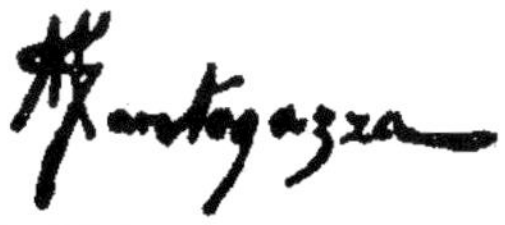

Mantovani Luigi 1880-1957

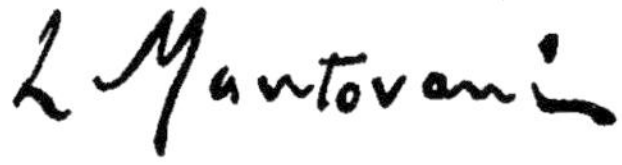

Manzana Pissarro Georges 1871-1961

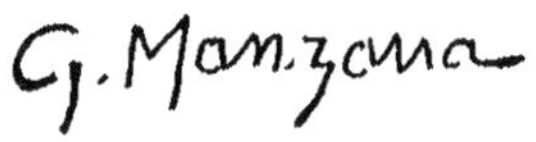

Manzana Pissarro Georges 1871-1961

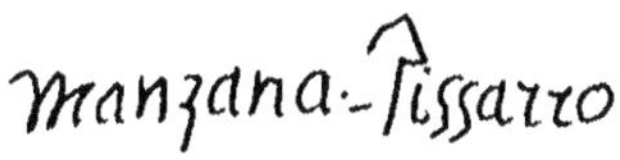

Manziana Carlo 1849-1925

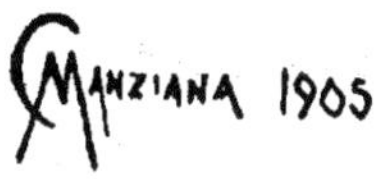

Manzoni Ignazio 1799-1888

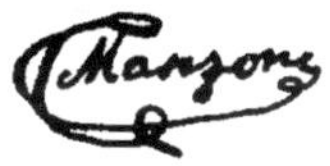

Manzoni Piero 1933-1963

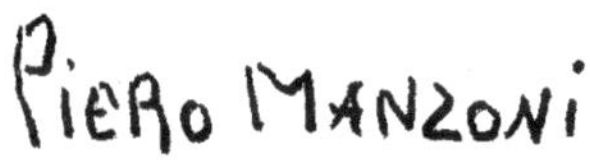

Manzu Giacomo 1908-1891

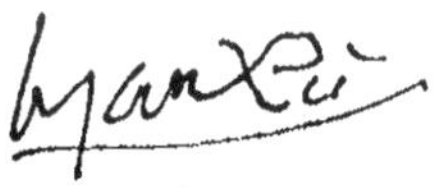

Mapplethorpe Robert 1946-1984

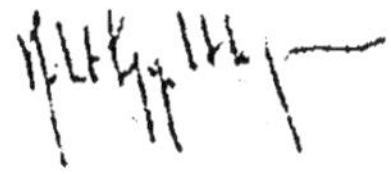

Mara Pol 1920

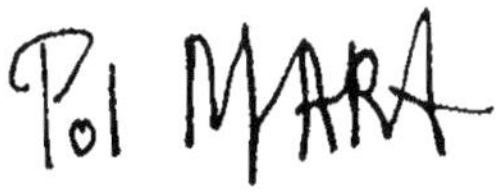

Maragliano Federico 1873-1852

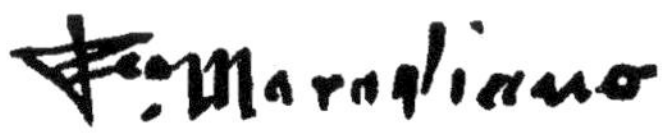

Marais Milton Victor 1872-1968

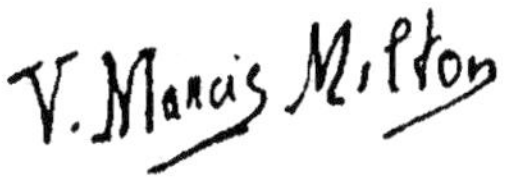

Marangio Carlo 1936	Marchard Jules Louis XIXe-XXe
Marasco Antonio 1896-1975	Marchetti Ludovico 1853-1909
Marc Franz 1880-1916	Marchetti Ludovico 1853-1909
Marc Franz 1880-1916	Marchini Giovanni 1877-1946
Marcel Clement Julien 1873	Marchiosio Andrea 1850-1927
Marcel Lenoir J. Oury dit 1872-1931	Marchou Georges 1898-1984
Marcette Alexandre 1853-1929	Marcke de Lummen E. van 1827-1890
Marcette Henri 1824-1900	Marcks Gerhard 1889-1961
Marchand André 1907	Marcoussis Louis 1883-1941
Marchand Jean Hyppolite 1883-1940	Marcus Kaete Ephrail 1892-1970

Mare André 1885-1932	Marguerray Michel 1938
Marec Victor 1862-1920	Margulies Joseph 1896-1984
Marechal Claude 1925	Mariani Cesare 1826-1901
Marenzi Andrea 1821-1891	Mariani Cesare 1826-1901
Marevna Marie Vorobieff 1892-1984	Mariani Pompeo 1857-1927
Marfaing André 1925	Mariani Pompeo 1857-1927
Margat André 1903	Marie Adrien 1848-1891
Marghinotti Giovanni 1798-1865	Marie Adrien 1848-1891
Margotton René 1915	Marilhat Prosper 1811-1847
Margotton René 1915	Marin Enrique 1876

Marin John 1870-1953

Marin John 1870-1953

Marin Marie 1901-1987

Marinelli Gaetano 1838-1924

Marinelli Gaetano 1838-1924

Marinelli Vincenzo 1820-1892

Marinelli Vincenzo 1820-1892

Marini Marino 1901-1980

Marini Marino 1901-1980

Marini Marino 1901-1980

Maris Jacob 1837-1899

Maris Willem 1844-1910

Marko Andreas 1824-1895

Marko Andreas 1824-1895

Marko Carl L. 1791-1860

Marko Henri 1855-1921

Marneff Ernest 1866-1921

Marold Ludwig 1865-1898

Maroniez Georges 1865-1933

Marquet Albert 1875-1947

Marquet Albert 1875-1947

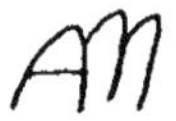

Marrani A. XIXe

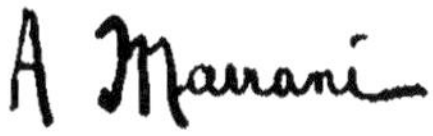

Marsal Edward 1845

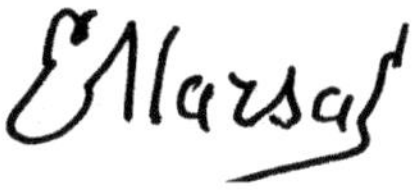

Marsh Reginald 1898-1954

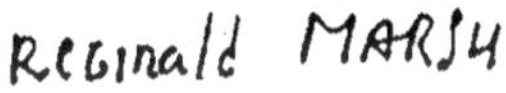

Marsh Reginald 1898-1954

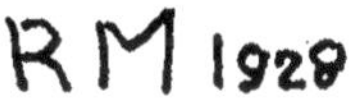

Marshall Ben 1767-1835

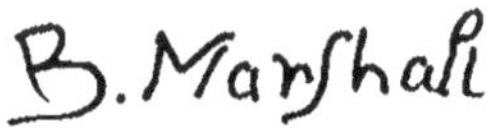

Marshall Herbert Menzies 1841-1913

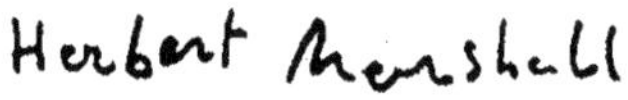

Marshall Roberto A. K. 1849-1902

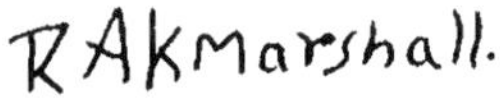

Marsigli Filippo 1790-1863

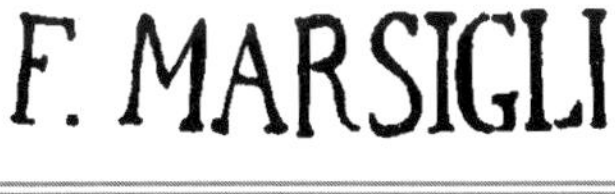

Martchenko Tatiana 1918

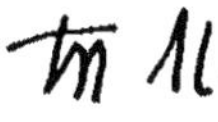

Martel Paul Jean 1879-1944

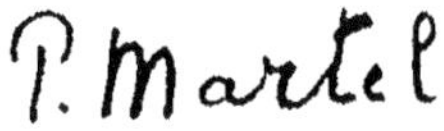

Martelli Achille 1829-1903

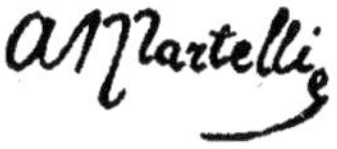

Martens Conrad mort en 1875

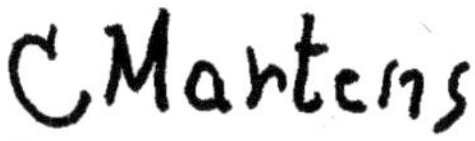

Martin Alfred 1888-1950

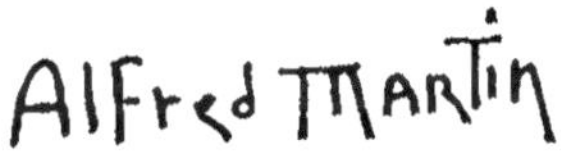

Martin Etienne 1913-1995

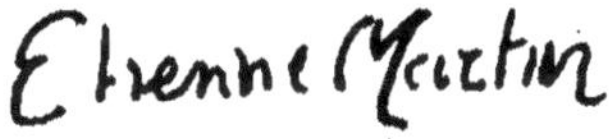

Martin Henri 1860-1943

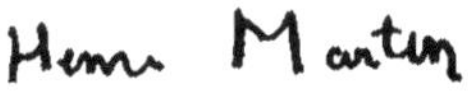

Martin Jean Julien XXe

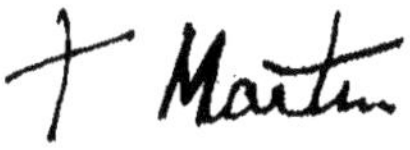

Martin John 1789-1854

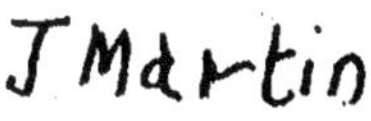

Martin Maurice 1894-1978

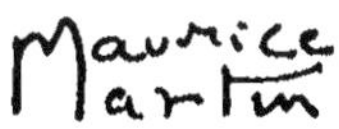

Martin Vicente 1911

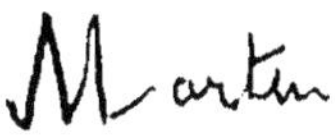

Martin Ferrieres Jac 1893-1972

Martinetti Maria 1864-1937

Martinez Ricardo 1918

Martini Alberto 1876-1954

Martino Eduardo de 1838-1912

Marval Jacqueline 1866-1932

Marval Jacqueline 1866-1932

Mary Véronique XIXe

Maryan Pinchas Burstein dit 1927-1977

Maryan Pinchas Burstein dit 1927-1977

Marzelle Jean 1916

Mas y Fondevila Arturo 1852-1934

Mascart Gustave 1834-1914

Masereel Frans 1889-1972

Masereel Frans 1889-1972

Masereel Frans 1889-1972

Massani Pompeo 1850-1920

Massani Pompeo 1850-1920

Massmann Hans 1887-1973

Masson André 1896-1987

Masson André 1896-1987	Mathieu Georges 1921
Masson Benedict 1819-1893	Mathieu Georges 1921
Masson Henri 1907-1996	Mathieu Georges 1921
Masson Marcel 1911-1988	Mathieu Paul 1872-1932
Massonet Armand 1892-1979	Mathieu Paul 1872-1932
Mastenbroeck Johan H. 1875-1945	Mathis Hans 1882-1944
Matania Edoardo 1847-1929	Matisse Henri 1869-1954
Matania Fortunino 1881-1963	Matisse Henri 1869-1954
Mathan Raoul de 1874-1938	Matisse Henri 1869-1954
Mathey Paul 1844-1929	Matisse Henri 1869-1954

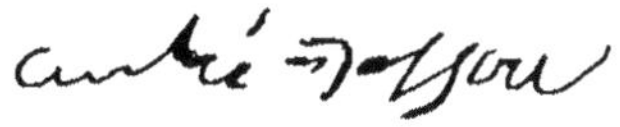

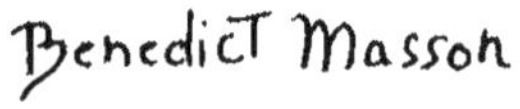

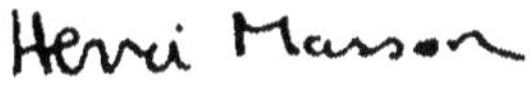

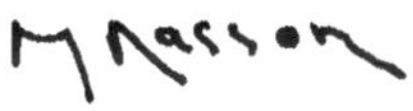

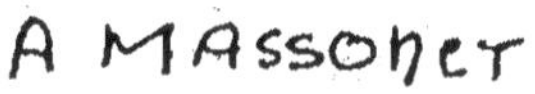

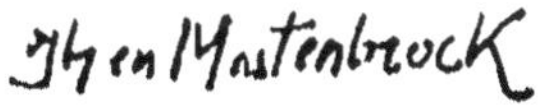

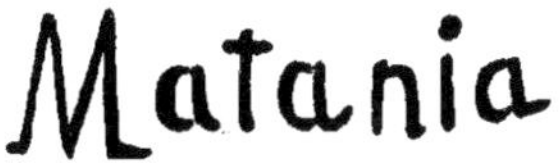

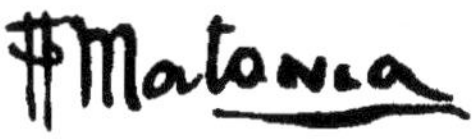

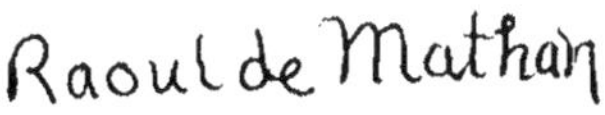

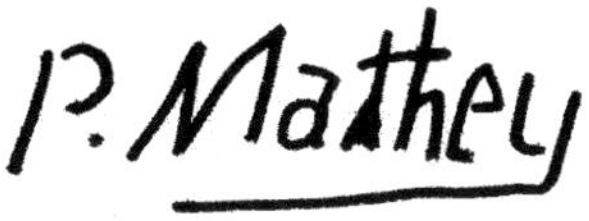

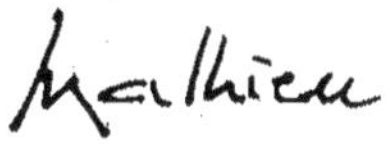

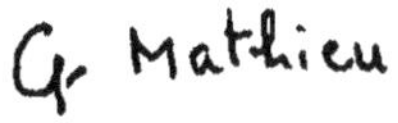

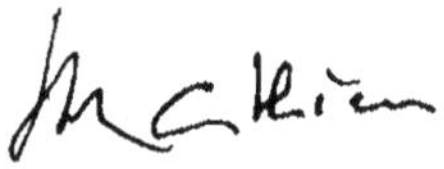

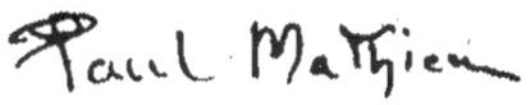

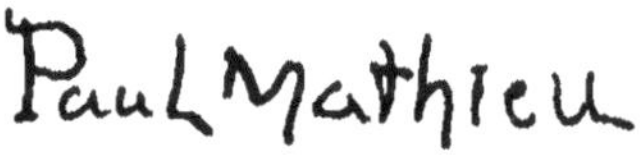

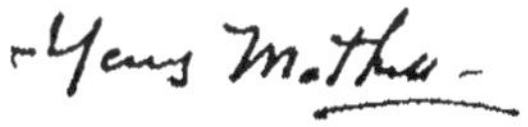

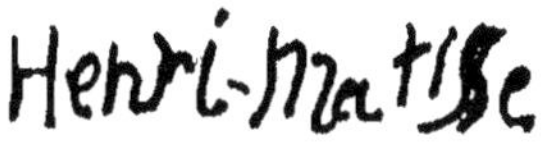

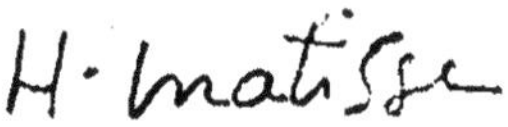

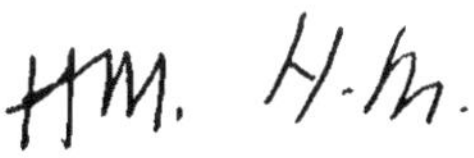

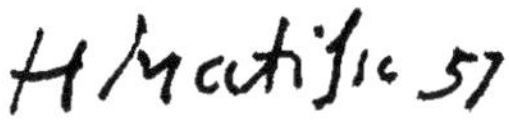

Matsievskaya Yadviga 1916

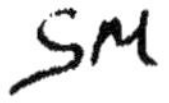

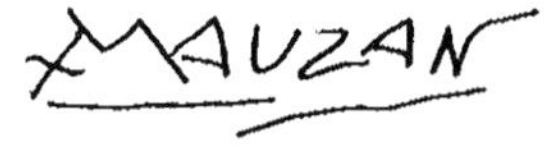

Mattioli Carlo 1911-1994

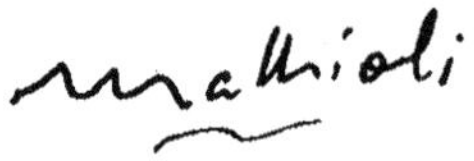

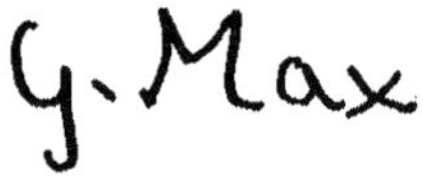

Matton Arsène 1873-1933

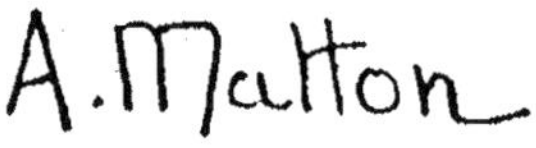

Matulka Jan 1890-1969

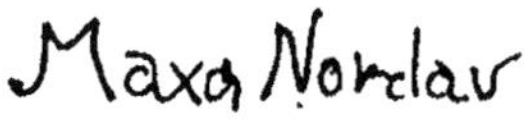

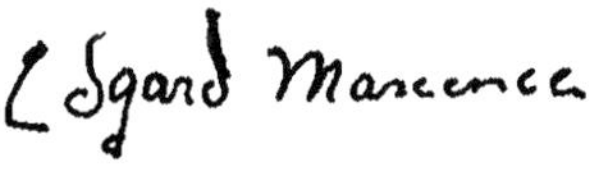

Matulka Jan 1890-1969

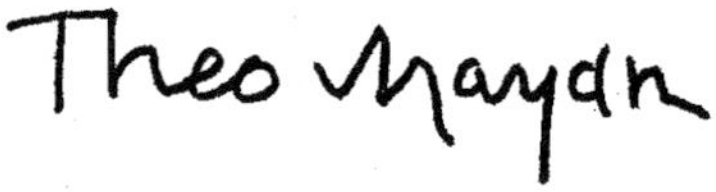

Mauch Richard 1874-1921

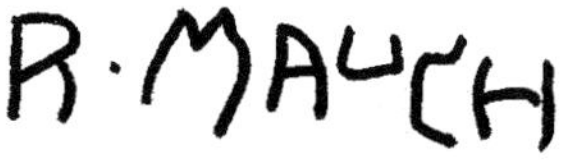

Maufra Maxime 1861-1918

Maufra Maxime 1861-1918

Maurel Louis XXe

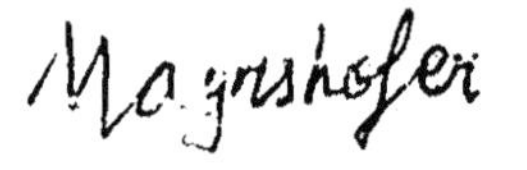

Mauve Anton 1838-1888

Mauzan Lucien Achille 1883-1952

Max Gabriel Ritter von 1840-1915

Maxa Nordan XXe

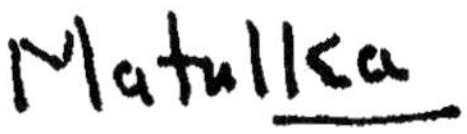

Maxence Edgard 1871-1954

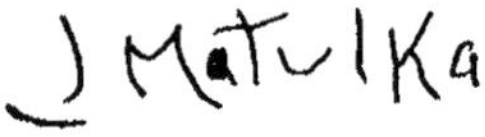

Mayan Théophile Henri 1850-1937

Mayan Théophile Henri 1850-1937

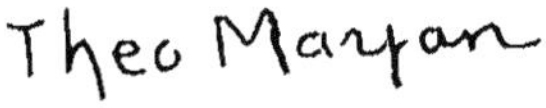

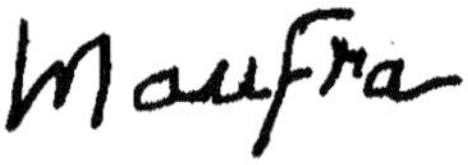

Mayer Constant 1832-1911

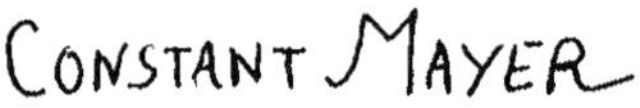

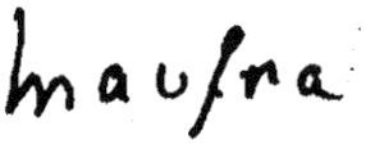

Mayne Jean 1850-1905

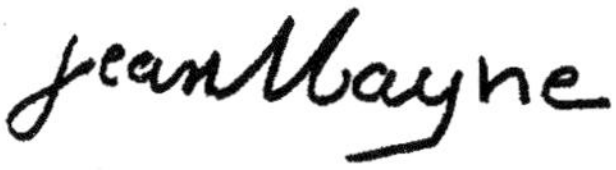

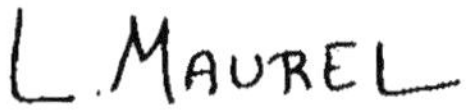

Mayrshofer Max 1875-1950

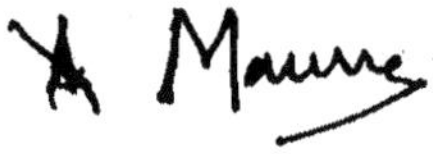

Maze Paul 1887-1979

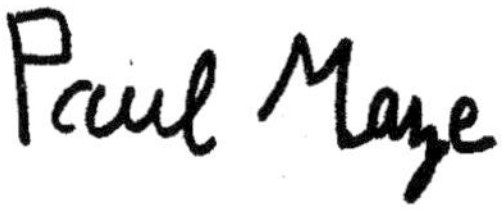

Maze Paul 1887-1979

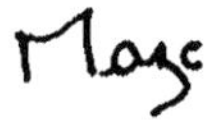

Mazerolle Alexis Joseph 1826-1899

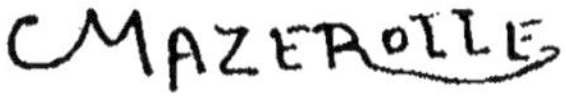

Mazier Claude Richard 1926

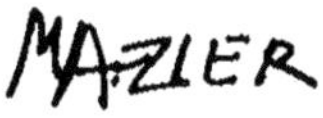

Mazot Louis 1919

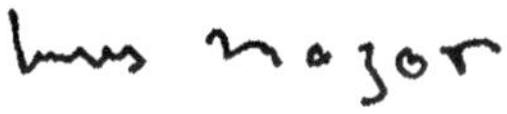

Mazuy Stanislas XXe

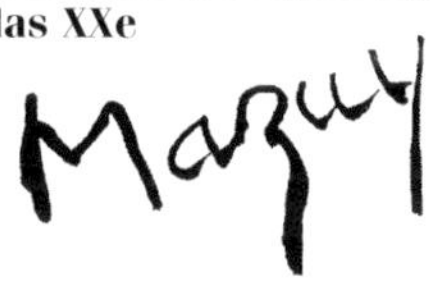

Mazza Aldo 1880-1964

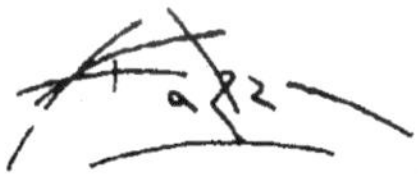

Mazza Salvatore 1819-1886

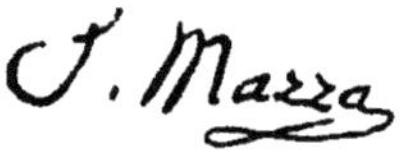

Mazzei Giuseppe 1867-1944

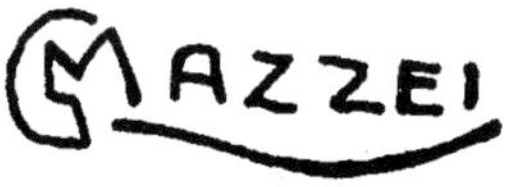

Mazzei Giuseppe 1867-1944

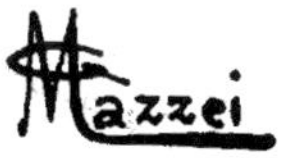

Mazzetti Erno 1870-1955

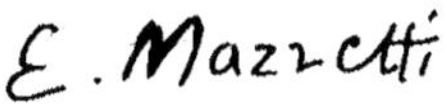

Mazzolari Ari Ugo 1873-1946

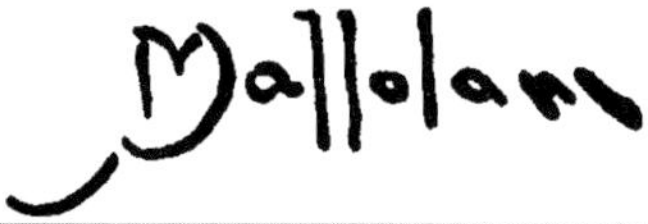

Mazzotta Federico XIXe

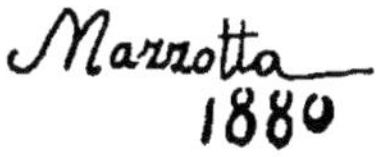

Meacci Riccardo 1856-1940

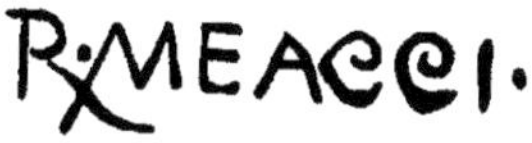

Meacci Riccardo 1856-1940

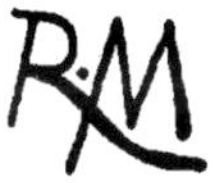

Meade Hope XXe

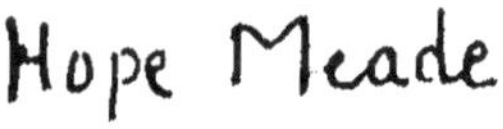

Meadows Arthur Joseph 1843-1907

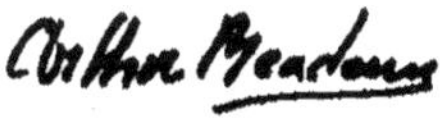

Meadows William XIXe

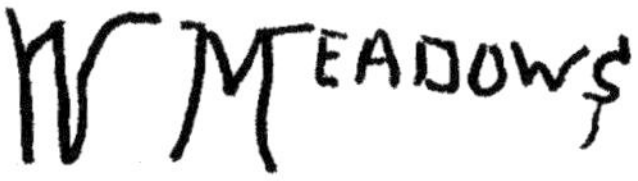

Meaulle Fortune L. 1844

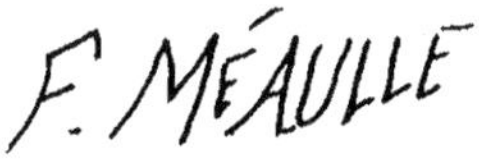

Medard Eugène 1847-1887

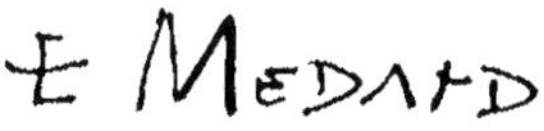

Meerts Franz 1836-1896

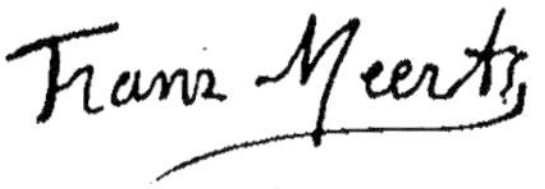

Meerts Franz 1836-1896

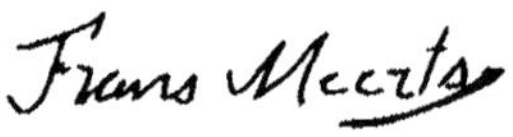

Meesters Dirk 1899-1950

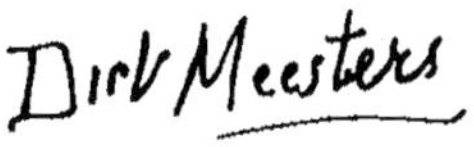

Meheut Mathurin 1882-1958

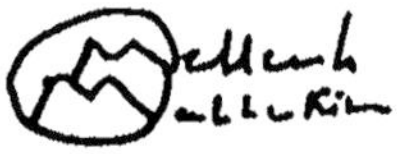

Meidner Ludwig 1884-1966

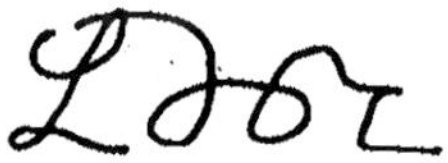

Meili Conrad 1895-1970

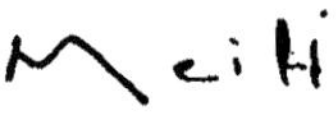

Meineri Guido 1869-1944

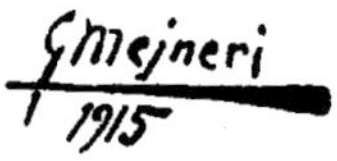

Meissner Ernst 1837-1902

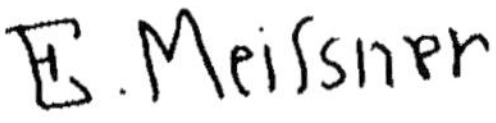

Meissonier Jean-Louis Ernest 1815-1891

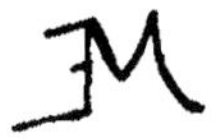

Meissonier Jean-Louis Ernest 1815-1891

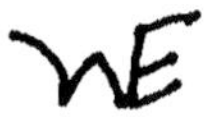

Meissonier Jean-Louis Ernest 1815-1891

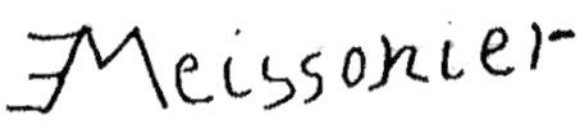

Meissonier Jean-Louis Ernest 1815-1891

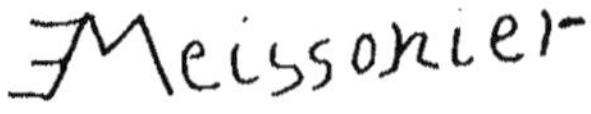

Melchers Franz 1868-1944

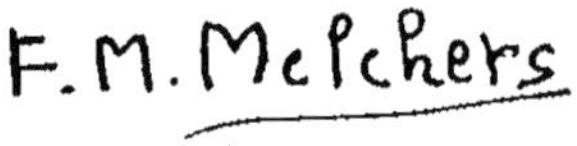

Melchers Gari 1860-1932

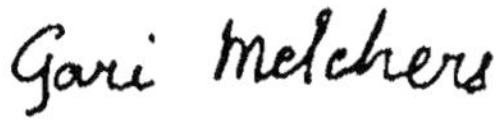

Meli Filippo XIX-XXe

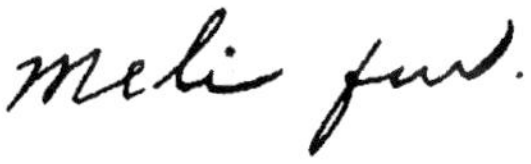

Mellery Xavier 1845-1921

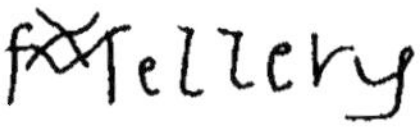

Melli Roberto 1885-1958

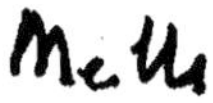

Mellor Everett W. 1878-1965

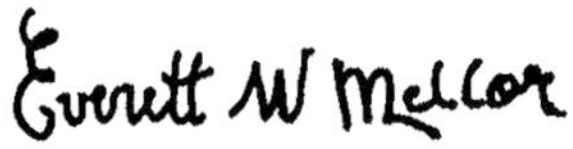

Mellor William1851-1931

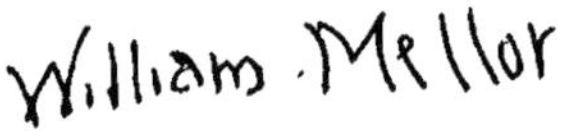

Meloni Gino 1905-1989

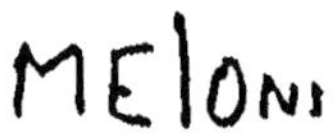

Melsen Marten 1870-1947

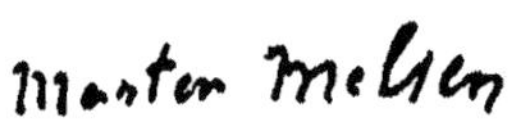

Melville Arthur 1855-1904

Melzer Moritz 1877-1966

Menard Claude XXe

Menard Marie A. E. 1862-1930

Menard René Joseph 1827-1887

Mende Adolf 1807-1857

Mendelson Marc 1915

Mendelson Marc 1915

Mendjisky Serge 1929

Menguy Frederic 1927

Menguy Frederic 1927

Menkes Sigmund 1896-1986

Mennec Jean-Jacques XXe

Mennessier Auguste 1803-1890

Mense Carlo (Marto) 1886-1965

Mensi Francesco 1800-1888

Menta Edouard 1858-1887

Mentessi Giuseppe 1857-1931

Mentor Blasco 1918

Menzel Adolf von 1815-1905

Menzel Adolf von 1815-1905

Menzler Wilhelm 1846-1926

Meoni Vittorio 1859-1937

Mercie Antonin 1845-1916

Mercker Erich 1891-1973

Merello Rubaldo 1872-1922

Merello Rubaldo 1872-1922

Merello Rubaldo 1872-1922

Meret Emile XIXe-XXe

Merida Carlos 1891-1984

Merk Eduard 1816-1888

Merle Hugue 1823-1881

Merlin Daniel 1861-1933

Merlo Camillo 1856-1931

Merson Luc Olivier 1846-1920

Merwart Paul 1855-1902

Meryon Charles 1821-1868

Meryon Charles 1821-1868

Mesdag Hendrik Willem 1831-1915 1853-1894

Meseck Félix 1883-1955

Meskert Théo 1853-1894

Mesples Paul Eugène 1849

Messagier Jean 1920

Messer Edmund Cl. 1842-1919

Metivet Lucien 1863-1937

Metzinger Jean 1883-1956

Metzinger Jean 1883-1956

Metzinger Jean 1883-1956

Meucci Michelangelo XIXe-XXe

Meulen Edmond van der 1841-1905

Meulenaere Edmond de 1884-1963

Meunier Constantin 1831-1905

Meurer Charles Alfred 1865-1955

Meuris Emmanuel 1894-1969

Meurs Harmen 1891-1964

Meyboden Hans 1901-1965

Meyer Claus 1856-1919

Meyer Jan 1927

Meyer Sal 1877-1965

Meyer von Bremen Johann Georg 1813-1886

Meyerheim Friedrich Ed. 1808-1879	Michael Max 1823-1891
Meyerheim Hermann 1840-1880	Michaux Henri 1899-1984
Meyerheim Paul Friedrich 1842-1915	Michaux John 1876-1956
Meyerheim Wilhelm 1815-1882	Michel Andrée 1908-1975
Meyers Isidoor 1836-1917	Michel Emile 1818-1909
Meynart Maurice 1894-1976	Michel Georges Michel XXe
Meys Marcel XIXe-XXe	Michel Henry 1928
Mezzera Rosa 1791-1826	Michel Robert 1897-1983
Micalli Giuseppe 1866	Michelacci Luigi 1879-1959
Micha Maurice 1890-1969	Michelacci Luigi 1879-1959

Micheli Guglielmo 1866-1926

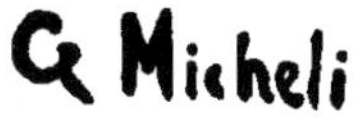

Mieghem Eugen van 1875-1930

Michelozzi Corrado 1851-1929

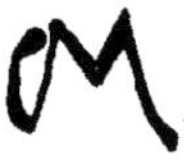

Mieghem Eugen van 1875-1930

Michetti Francesco Paulo 1851-1929

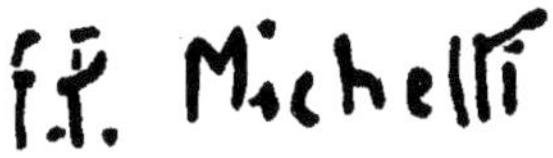

Mieth Hugo 1865

Michetti Francesco Paolo 1851-1929

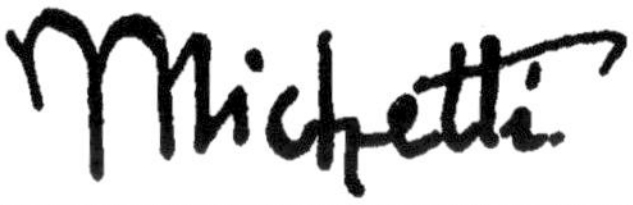

Migliara Giovanni 1785-1837

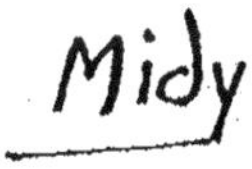

Michie James C. 1861-1919

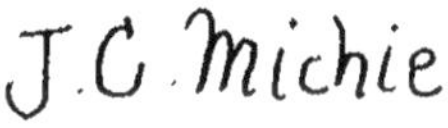

Migliara Giovanni 1785-1837

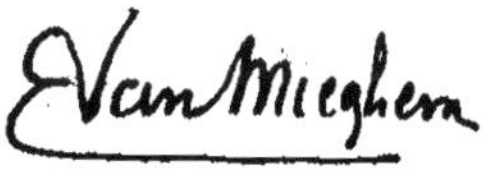

Michis Pietro 1834-1903

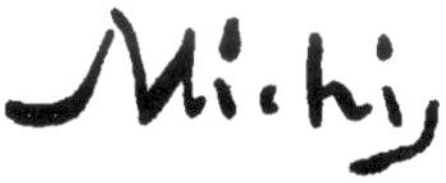

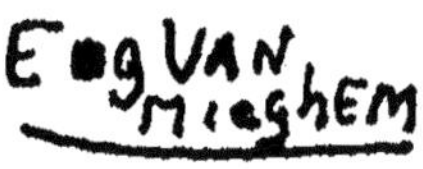

Migliaro Vicenzo 1858-1938

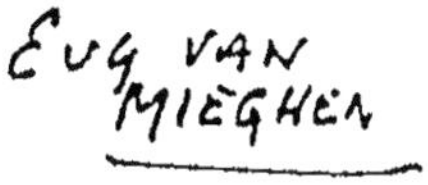

Michonze Grégoire 1902-1982

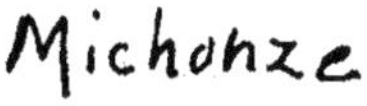

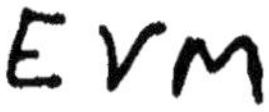

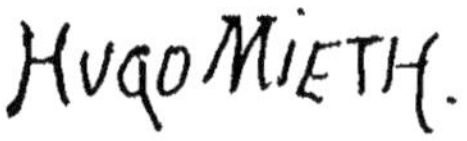

Migliaro Vicenzo 1858-1938

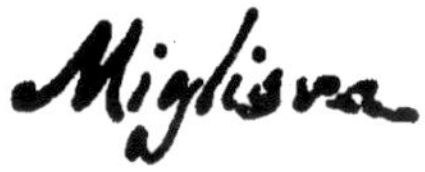

Midy Ernest 1878-1938

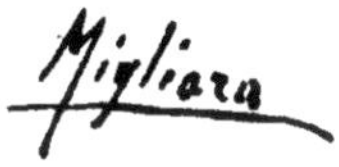

Migneco Giuseppe 1908

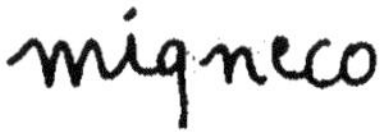

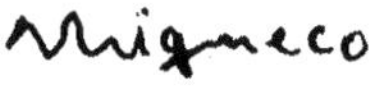

Mieghem Eugen van 1875-1930

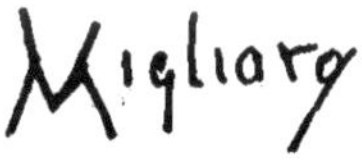

Migneco Giuseppe 1908

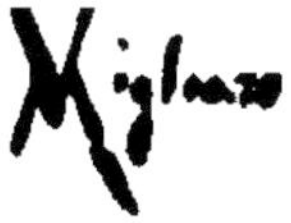

Mieghem Eugen van 1875-1930

Mignon Léon 1847-1898

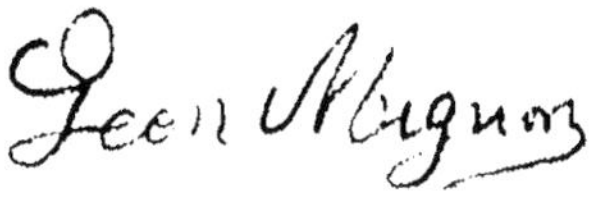

Mignon Lucien 1865-1944	Millares Manolo Migneco 1926-1972
Miguel Mariano XIXe-XXe	Millares Manolo Migneco 1926-1972
Mijares Jose 1921	Millasson Anne 1934
Mijares Jose 1921	Miller Alfred Jacob 1810-1874
Miles Thomas 1869-1906	Miller Richard Ed. 1875-1943
Milesi Alessandro 1856-1945	Millet Jean-François 1814-1875
Milesi Alessandro 1856-1945	Millet Jean-François 1814-1875
Milesi Alessandro 1856-1945	Millet Jean-François 1814-1875
Milesi Alessandro 1856-1945	Millet Jean-François 1814-1875
Millais John Everett 1829-1896	Milliere Maurice 1871-1946

Milo Jean 1906-1993

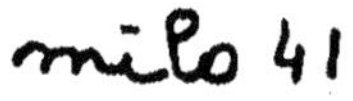

Milone Antonio XIXe-XXe

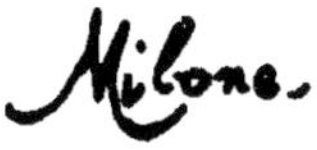

Minardi Tommaso 1787-1871

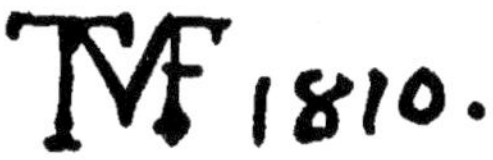

Minardi Tommaso 1787-1871

Minaux André 1923-1986

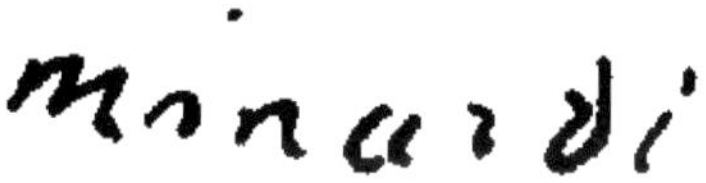

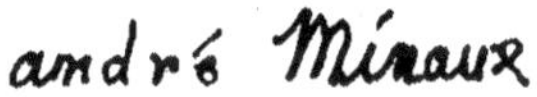

Minaux André 1923-1986

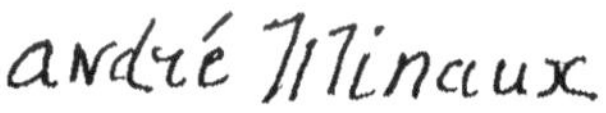

Minet Emile 1850-1920

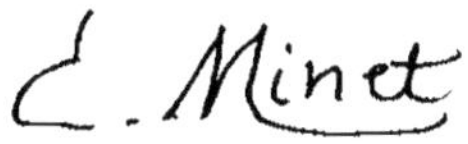

Minghetti Prospero 1786-1853

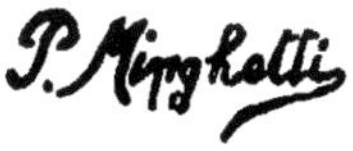

Minguet André 1818-1860

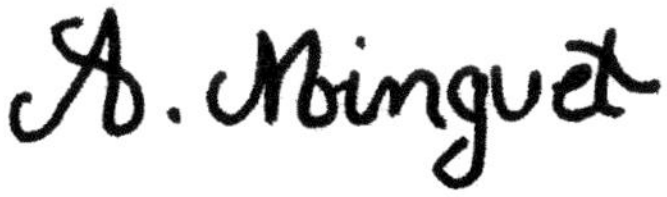

Minne George 1866-1941

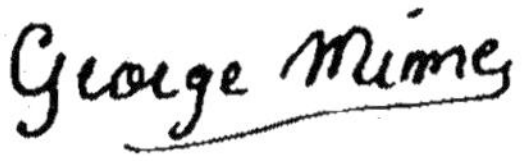

Minns Benjamin Edwin 1864-1937

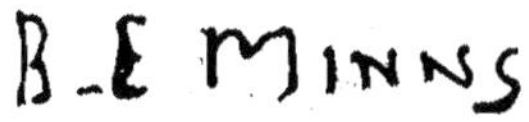

Mintchine Abraham 1898-1931

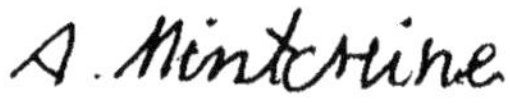

Minton John 1917-1957

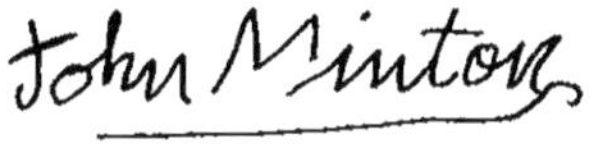

Miola Camillo 1840-1919

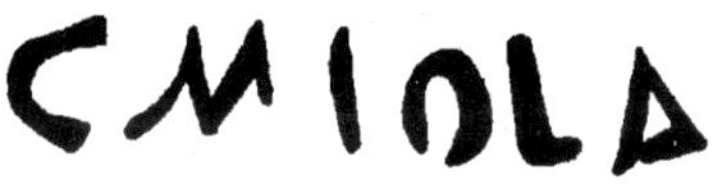

Mirabella Mario 1870-1931

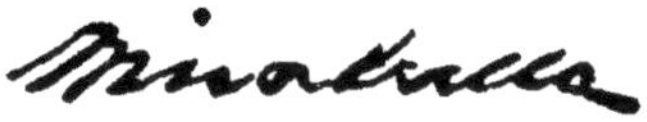

Miralles Francisco 1848-1901

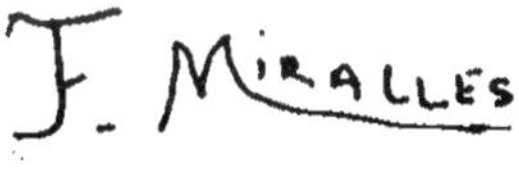

Miralles Francisco 1848-1901

Miro Joan 1893-1983

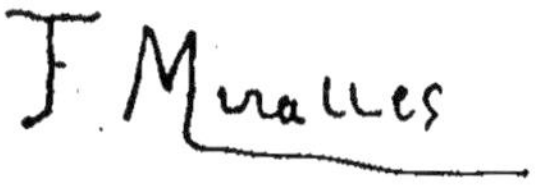

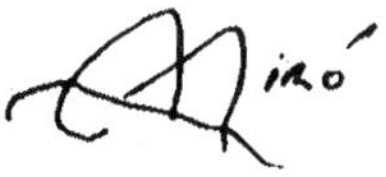

Miro Joan 1893-1983

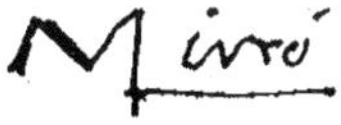

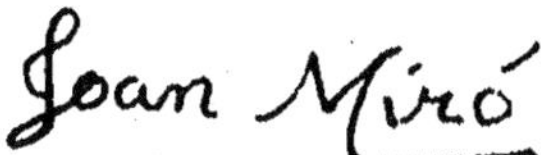

Miro Joan 1893-1983

Miro Joan 1893-1983

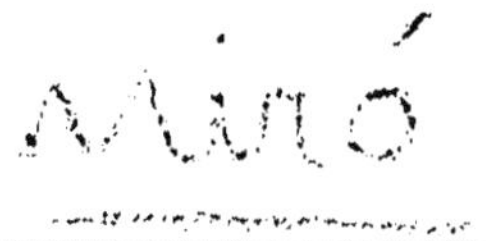

Miro Joaquim 1875-1941

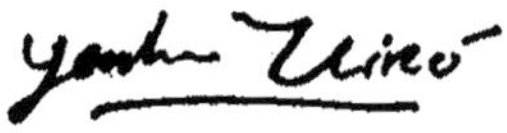

Miserocchi Domenico 1862-1917

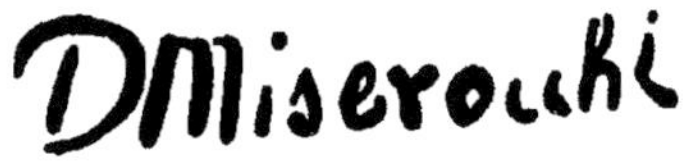

Mitchell Joan 1926-1993

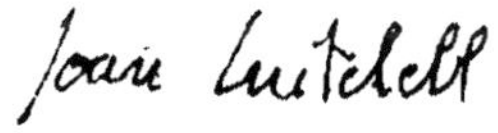

Mitizanetti Giuseppe 1859-1929

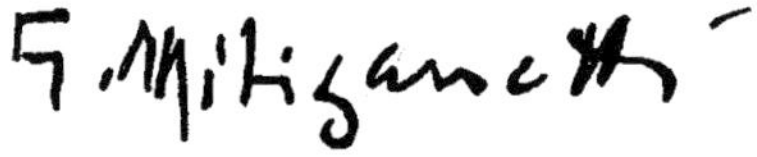

Moal Paul XXe

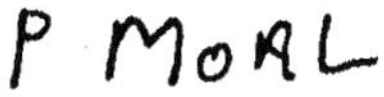

Modersohn Otto 1865-1943

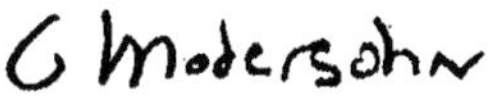

Modersohn Becker Paula 1876-1907

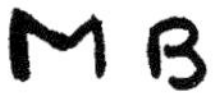

Modersohn Becker Paula 1876-1907

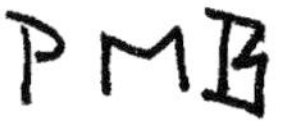

Modersohn Becker Paula 1876

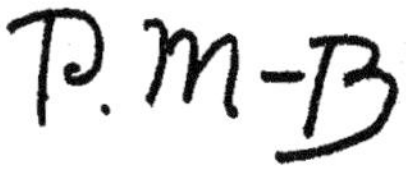

Modigliani Amedeo 1884-1920

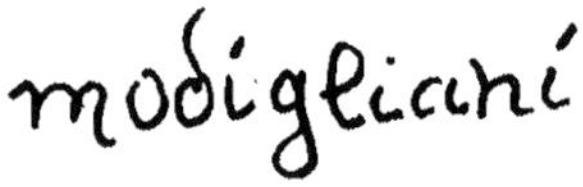

Modigliani Amedeo 1884-1920

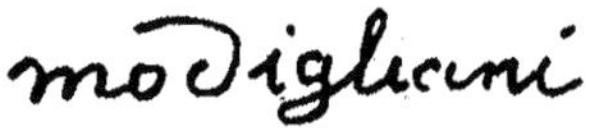

Moeller Arnold 1886-1853 - 1881-1863

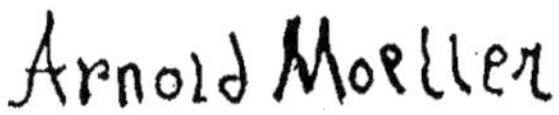

Moeschlin Walter J. 1902-1961

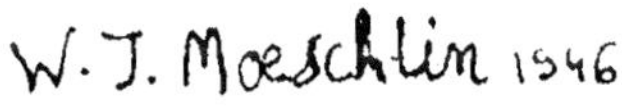

Mohn Viktor Paul 1842-1911

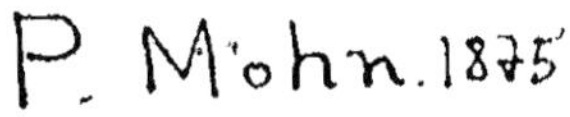

Moholy Nagy Laszlo 1895-1946

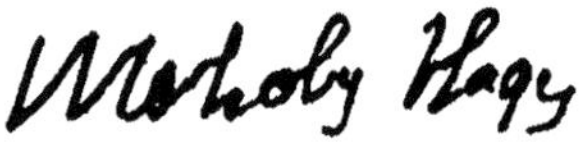

Mohr Albert XXe

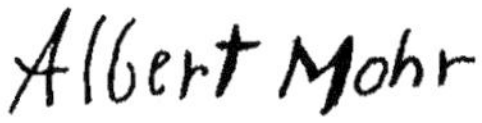

Moilliet Louis 1880-1962

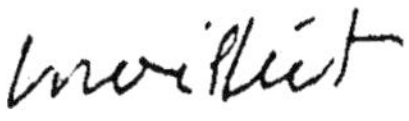

Moira Gérald 1867-1959

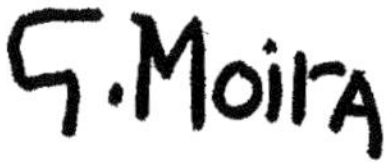

Moisset Raymond 1906

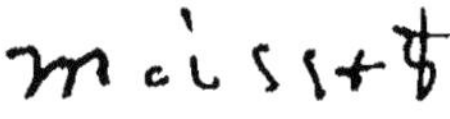

Mokady Moshe 1902-1975

Mokrov Nickolaï 1926

Moline A. de XIXe

Moll Carl 1861-1945

Moll Evert 1878-1955

Moll Oskar 1875-1947

Moller Arnold 1884-1963

Möller Carl 1845-1920

Mollica Achille XIXe

Mols Robert 1848-1903

Molsted Christian 1862-1930

Molteni Giuseppe 1800-1867

Moltke Harold Viggo 1871-1960

Mompo Manuel H. 1927-1992

Monachesi Sante 1910-1991

Monachesi Sante 1910-1991

Monchablon Jean F. 1855-1904

Moncourt Albert de 1858

Mondrian Piet 1872-1944

Mondrian Piet 1872-1944

Mondzain Simon 1890-1979	Montagne Louis Agricol 1879-1960
Monet Claude 1840-1926	Montagne Louis Agricol 1879-1960
Monet Claude 1840-1926	Montague Alfred 1832-1883
Monge Jules 1855	Montald Constant 1862-1944
Monge Luis 1920	Montan Anders 1845-1917
Mongin Antoine Pierre 1762-1827	Montanari Giuseppe 1889-1970
Monginot Charles 1825-1900	Montane Roger 1916
Monnot Maurice 1869	Montanella Evasio 1878-1940
Monsted Peder 1859-1941	Montani Carlo 1868-1936
Monsted Peder 1859-1941	Monteforte Edoardo 1849-1933

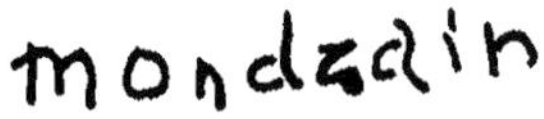

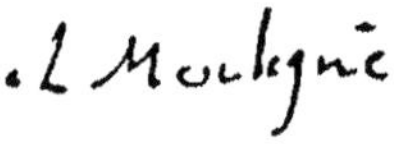

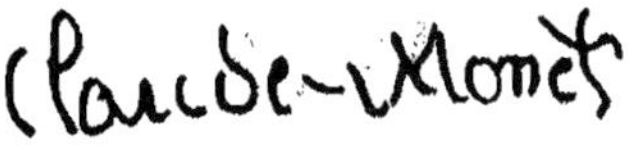

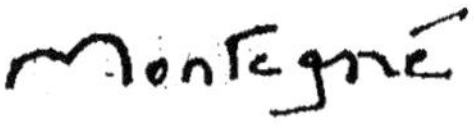

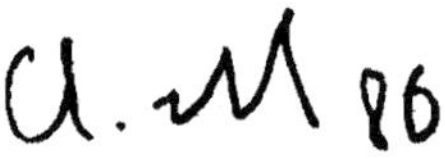

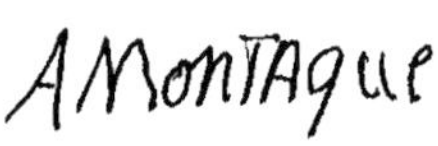

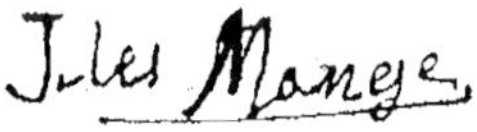

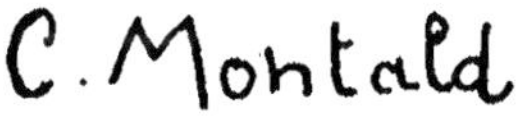

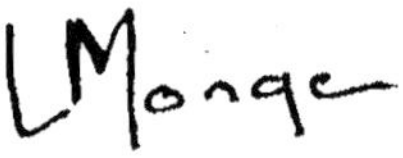

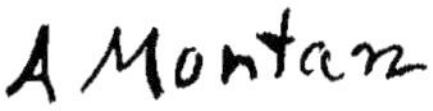

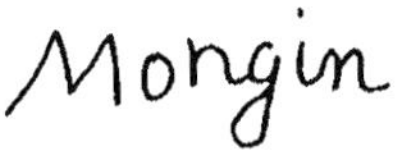

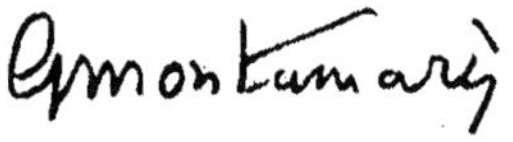

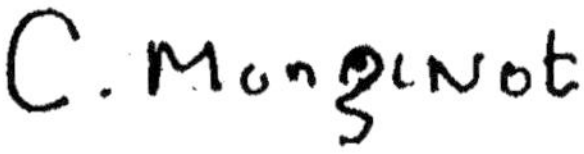

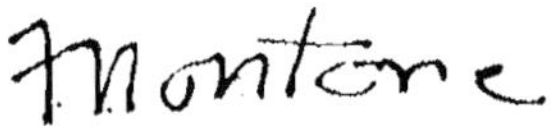

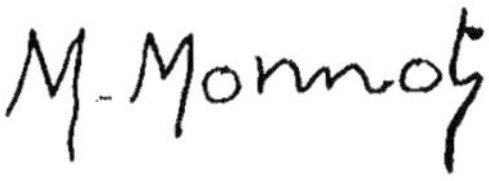

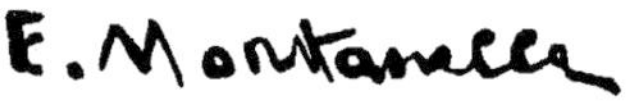

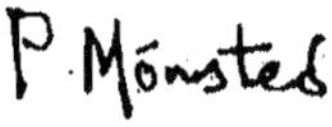

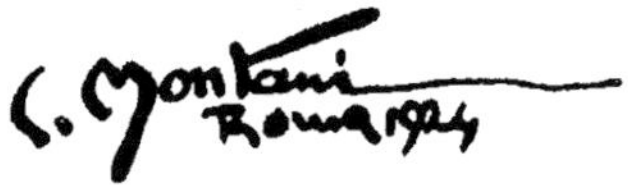

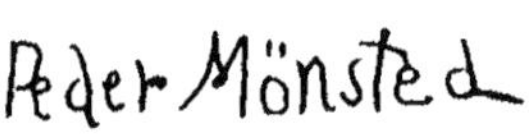

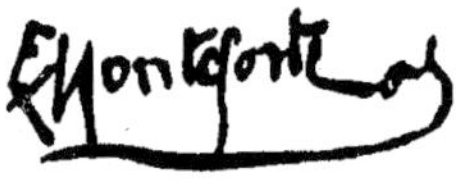

Montefusco Vincenzo 1852-1912	Monticelli Adolphe J. T. 1824-1886
Montegut Louis 1855	Monticelli Adolphe J. T. 1824-1886
Montenard Frédéric 1849-1926	Montigny Jenny 1875-1937
Montes Mauricio XXe	Montigny Jules 1840-1900
Montevecchi Amleto 1878-1964	Moody Fannie 1861
Monteverde Luigi 1841-1923	Moon Henry George 1857-1905
Montezin Pierre Eugène 1874-1946	Moore Albert Joseph 1841-1893
Montezin Pierre Eugène 1874-1946	Moore Henry 1898-1986
Montezin Pierre Eugène 1874-1946	Moore Henry 1898-1986
Montfort Franz van 1889-1980	Moormans Franz 1831-1893

Moos Max von 1903-1979

max von moos

Mora Alphonse 1891

ALPHONSE MORA

Mora Francis Luis 1874-1940

F Luis Mora

Moradei Arturo 1840-1901

A.Moradei

Morales Armando 1927

MORALES

Morales Rodolfo 1925

RODOLFO MORALES

Moralt Wlly 1884-1947

W Moralt

Moran Edward 1829-1901

E. Moran

Morandi Giorgio 1890-1964

Morendi

Morandi Giorgio 1890-1964

Morandi

Morandi Giorgio 1890-1964

Morandi

Morani Alessandro 1859-1941

A. Morani

Morani Vincenzo 1809-1870

Vincenzo Morani

Moras Walter 1856-1925

W. Moras

Morbelli Angelo 1853-1919

Morbelli 1909

Morbelli Angelo 1853-1919

Morbelli

Morchain Paul 1876-1939

Paul Morchain

Moreau Adrien 1843-1906

ADRIEN MOREAU

Moreau Charles 1890

ch. Moreau

Moreau de Tours Georges 1848-1901

MOREAU de TOURS

Moreau Gustave 1826-1898

Moreau Jacques 1903

Moreau Luc Albert 1882-1948

Moreau Nélaton Etienne A. 1859-1927

Moreaux XXe

Morel Fatio Antoine L. 1810-1871

Morelli Domenico 1823-1901

Morelli Domenico 1823-1901

Morelli Domenico 1823-1901

Morelli Domenico 1823-1901

Moreno Giuseppe 1866-1945

Moreno Michel 1945

Moret Henry 1856-1913

Moret Henry 1856-1913

Moretti Foggia Mario 1882-1954

Moretti Lucien Philippe 1922

Morgan Frederick 1856-1927

Morgari Luigi 1857-1935

Morgari Pietro 1852-1885

Morgari Rodolfo 1827-1909

Morgari Lomazzi Clementina 1819-1897	Morley Malcolm 1931
Morgenthaler Ernst 1887-1962	Morley Robert 1857-1941
Mori Ester 1918	Morley Robert 1857-1941
Moricci Giuseppe 1806-1879	Morlon Paul Emile Antony 1835
Moriggia Giovanni 1796-1878	Morlotti Ennio 1910-1992
Morinay Bernard XXe	Mormile Gaetano 1839-1890
Morisot Berthe 1841-1895	Morner Stellan 1896-1979
Morisset Henri François 1870	Morot Aimé 1850-1913
Morisset Henri François 1870	Morren Georges XXe
Morley Henry 1868-1937	Morris Cedric 1889-1982

Morris Charles G. 1861-1922	**Mossa Gustave Adolf 1883-1971**
CG Morris	GUSTAVADOLF MOSSA.
Morris Philip Richard vers1833-1902	**Mosson George 1851-1933**
Phil Morris	George Mosson
Mortelmans Frans 1865-1936	**Mostyn Thomas Edwin 1864-1930**
F. Mortelmans	TOM E MOSTYN
Morteo Ettore 1874-1939	**Motherwell Robert 1915-1991**
E Morteo	RM
Mortier Antoine 1908	**Motta Domingo 1872-1962**
Mortier	Domingo Motta
Morzenti Natale 1884-1947	**Mottet Yvonne 1906-1968**
Morzenti.	Mottet
Moser Carl 1873-1939	**Mottez Victor 1809-1897**
CM	V. MOTTEZ
Moser Carl 1873-1939	**Moualla Fikret 1903-1967**
CMOSER 07.	F. M.
Moser Wilfried 1914	**Moualla Fikret 1903-1967**
MOSER	Fikret MOUALLA 58
Moses Robertson Grandma 1860-1941	**Moulignon Henri L. 1821-1897**
MOSES	Leopold de Moulignon

Moulinet Edouard 1833-1891	Mucha Alphonse 1860-1938
Moulinet Edouard 1833-1891	Mucha Alphonse 1860-1938
Mouly Marcel 1918	Mücke Carl Emile 1847-1923
Mourgue Pierre XXe	Mueller Albert 1897-1926
Mouton Georges XIXe-XXe	Mueller Otto 1874-1930
Moutte Jean J. M. A. 1840-1913	Mueller Otto 1874-1930
Mozin Charles Edouard 1806-1862	Muenier Jules 1863-1942
Mucchi Vignoli Anton Maria 1871-1945	Muhlig Alexis Hugo 1863-1942
Muccini Marcello 1926-1978	Muller Alfredo 1869-1939
Muccioli Carlo 1857	Müller Anton 1853-1897

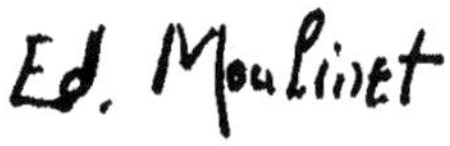

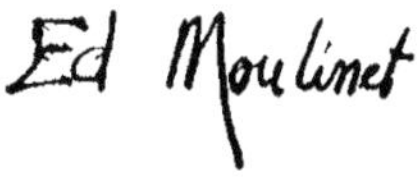

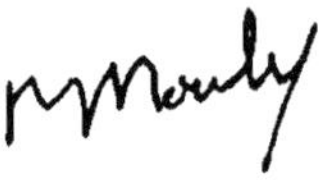

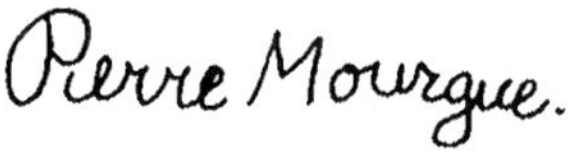

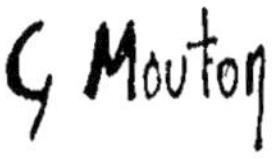

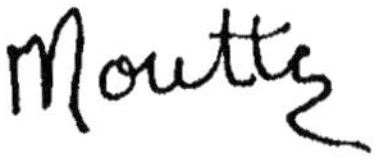

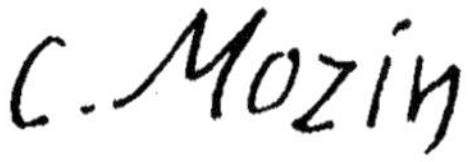

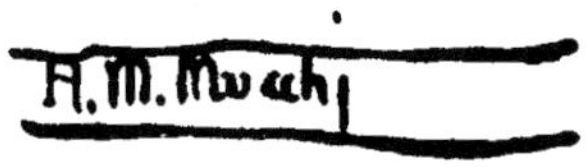

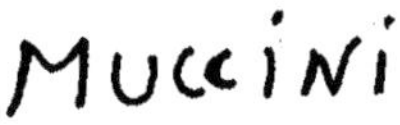

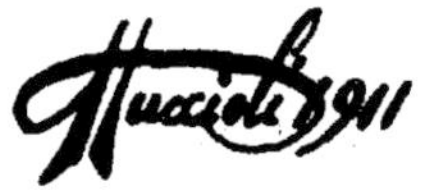

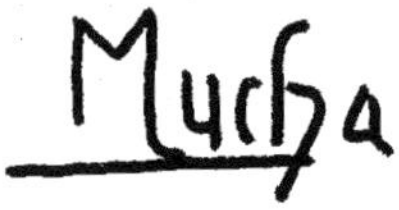

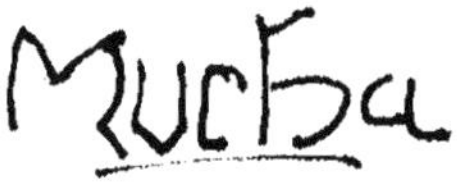

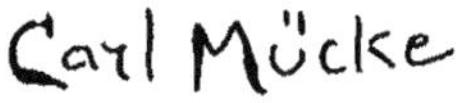

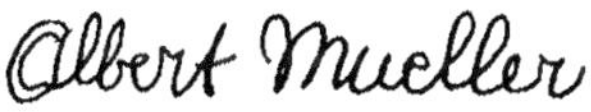

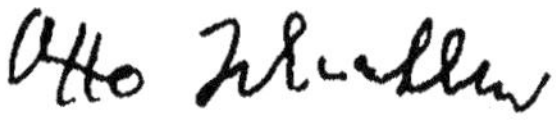

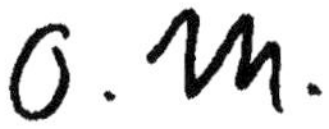

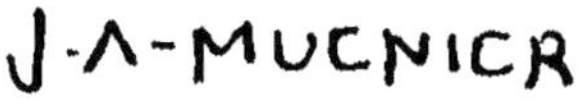

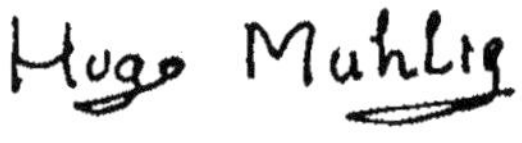

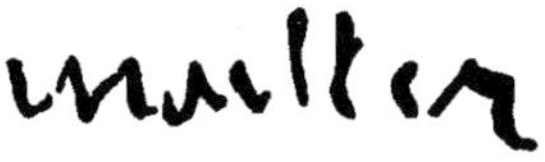

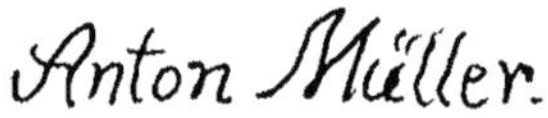

Muller Charles Louis 1815-1892

Müller Ernst 1823-1875

Muller Morten 1828-1911

Müller Peter Paul 1853-1915

Muller vom Siel Georg B. 1895-1977

Müller-Cornelius Ludwig 1864-1946

Muller Wischin Anton 1865-1949

Mulready Augustus E. mort en 1886

Mulready Augustus E. mort en 1886

Mulready William 1796-1863

Mumprecht Rudolf 1918

Munch Edvard 1863-1944

Munch Edvard 1863-1944

Munier Emile 1810-1895

Munier Emile 1810-1895

Munier Emile 1810-1895

Munkacsy Michael 1844-1900

Munnings Alfred J. 1878-1959

Munoz Otero Manuel 1850

Munoz Otero Manuel 1850

Munoz Renedo Mariano XIXe-XXe

Munoz y Cuesta Domingo 1850-1912

Munter Gabriele 1877-1962

Munthe Gerhard 1849-1929

Munthe Ludwig 1841-1896

Munzer Adolf 1870-1952

Murphy John Francis 1853-1921

Murray Charles Fairfax 1849-1919

Murray David 1849-1933

Murray Elizabeth 1940

Music Zoran A. 1909

Music Zoran A. 1909

Musick Archie 1911

Musin Auguste 1852-1920

Musin Auguste 1852-1920

Musin François Etienne 1820-1888

Muslin Joseph 1911

Mussini Luigi 1813-1888

Musso Benedetto 1835-1883

Muter Mela 1886-1967

Mützel Gustav 1839-1893

Muyden Alfred van 1818-1898

Muyden Evert van 1853-1922

Muzil Alfonso 1856

Muzzi Antonio 1815-1894

Muzzioli Giovanni 1854-1894

Muzzioli Giovanni 1854-1894

Mylius Agnese 1860-1927

Nacciarone Gustavo 1831-1929

Nagele Reinhold 1884-1972

Nagy Attila née 1928

Nahle Joumana XXe

Nahon Serge 1948

Nakken Willem Karel 1835-1926

Nam Jacques Lehmann dit 1881-1974

Namatjira Albert 1902-1959

Namur Emile 1852-1908

Nankivel John Frederick 1876-1950

Napier Charles 1889

Nappi Sigismondo XIXe

Nardi Enrico 1864-1947	Nautet Jean 1920
Nash Joseph 1808-1878	Navez François Joseph 1767-1869
Nash Paul 1889-1946	Navez Léon 1900-1967
Natali Renato 1883-1979	Navlet Joseph 1821-1889
Natali Renato 1883-1979	Navone Edoardo 1844-1912
Nattero Louis 1875-1915	Nay Ernst Wilhelm 1902-1968
Nattino Girolamo 1842-1913	Nay Ernst Wilhelm 1902-1968
Naudin Bernard 1876-1946	Nebel Kay Heinrich 1888-1953
Naudon Maurice XXe	Nebel Kay Heinrich 1888-1953
Nauer Ludwig 1888	Neder John Michael 1807-1882

Neder John Michael 1807-1882

Neder 1859

Neel Albert XIXe

A. Néel

Neel Alice 1900-1984

Neel

Neide Emil 1843-1908

Emil Neide

Neillot Louis 1898-1973

L NEILLOT

Nemes Endre 1909-1985

Endre Nemes

Nenci Francesco 1782-1852

Nenci

Neogrady Anton 1861-1942

Neogrady Laszlo

Nerenz Wilhelm 1804-1871

W. Nerenz

Nerli Girolamo P. 1863-1926

P Nerli

Nesbitt Frances E. 1864-1934

Frances E. Nesbitt

Nesch Rolf 1893-1951

Nesch

Nespolo Ugo 1941

Nespolo

Nespolo Ugo 1941

nespolo

Nessi Valtat Marie Lucie 1910-1992

Nessi

Netter Benjamin 1811-1881

B Netter

Netti Francesco 1832-1894

Netti

Netti Francesco 1832-1894

Netti

Neubert Louis 1846-1892

L Neubert

Neuhuys Johann Albert 1844-1914

Alb. Neuhuys

Neumann Carl 1833-1891

Neumann Jan Hendrik 1819-1893

Neumann Johan 1819-1898

Neuquelman Lucien 1909-1988

Neuville Alphonse de 1835-1885

Nevinson Christopher R. W. 1889

Newell Hugh 1830-1915

Nezot Noel XXe

Nibbrig Ferdinand 1866-1915

Nicco Carlo Emilio 1883-1973

Nicholson Ben 1894-1982

Nicholson William 1872-1949

Nicholson William 1872-1949

Nicol Erskine 1825-1904

Nicolas Roger XXe

Nicolet Gabriel 1856-1921

Nicolie Paul Emile 1828-1894

Nielly Patrice 1931

Nielsen Amaldus 1838-1932

Nielsen Kay 1882-1924

Niestle Jean Bloe 1884-1942

Nietsche Paul 1855-1950

Nieweg Jaap 1887-1955

Nigg Joseph 1782-1863

Niggl Thomas 1939

Nigris Giuseppe de 1832

Nigro Mario 1917-1992

Nikel Lea 1918

Nikos 1930

Nilson Severin 1846-1918

Nilsson Axel 1889-1981

Nilsson Nils 1901-1949

Ninon Jean-Jacques XXe

Niquet Marcel 1889-1960

Nitkowski Stani 1949

Nitsch Richard 1866

Nittis Giuseppe de 1846-1884

Nittis Giuseppe de 1846-1884

Nivinskij Ignatij 1881-1933

Nixon Kay 1895-1988

Noble John Sargent 1848-1896

J. S. Noble

Noble Robert 1857-1917

R.N

Noble Robert 1857-1917

R. Noble

Noci Arturo 1874-1953

Art Noci

Noel Georges 1924

Georges NOEL

Noel Hippolyte 1828

H Noel

Noel Jules 1815-1881

JULES NOEL

Nolan Robert Sydney 1917-1992

N.

Nolan Robert Sydney 1917-1992

N.

Nolde Emil 1867-1956

Nolde

Nolde Emil 1867-1956

Nolde

Nolde Emil 1867-1956

Emil Nolde

Noma Seiroku 1902-1966

SEIROKU
NOMA

Nomellini Plinio 1866-1943

P. Nomellini

Nomellini Plinio 1866-1943

P. Nomellini

Nomellini Plinio 1866-1943

P. NOMELLINI

Nomellini Plinio 1866-1943

P. NOMELLINI

Nonclerq Elie 1847

E Nonclercq

Nonnenbruch Max R. 1857-1922

M. NONNENBRUCH

Nonnenbruch Max R. 1857-1922

M. NONNENBRUCH

Nono Luigi 1850-1918

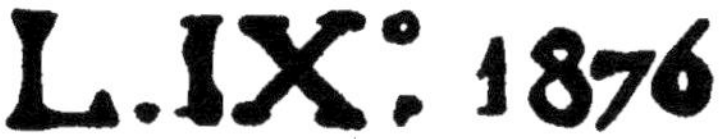

Nono Luigi 1850-1918

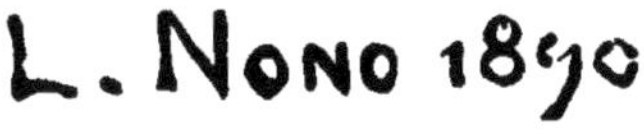

Noort Adrianus Cornelius van 1914

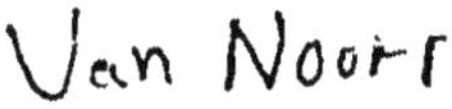

Noquet Jean-Michel 1950

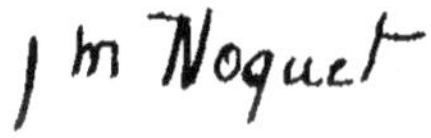

Nordenberg Bengt 1822-1902

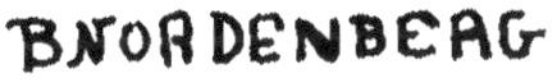

Nordenberg Carl Henrik 1857-1928

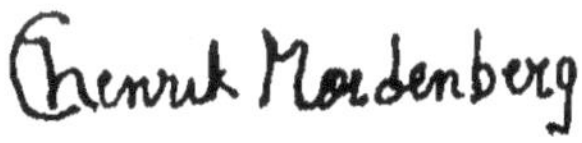

Norman Sven Olof XXe

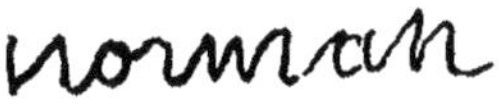

Normann Adelsteen 1848-1918

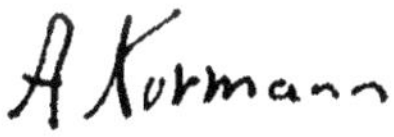

Noter David de 1825-1887 ou 92

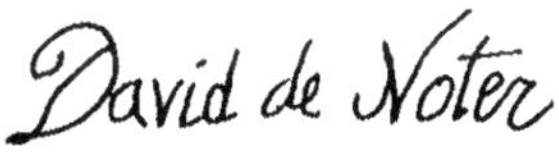

Noterman Emmanuel 1808-1863

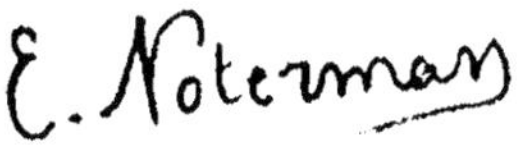

Nourse Elisabeth 1859-1938

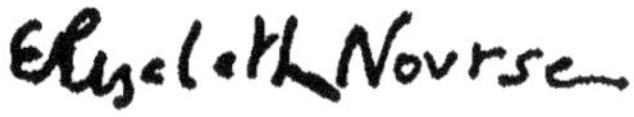

Nouveau Henri 1901-1959

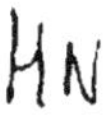

Novo Stefano 1862-1902

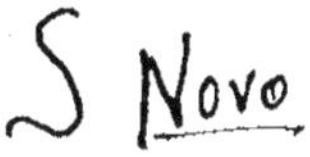

Noyer Philippe Henri 1917-1985

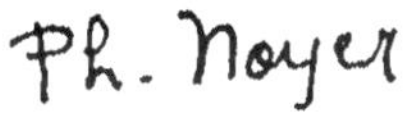

Noyer Philippe Henri 1917-1985

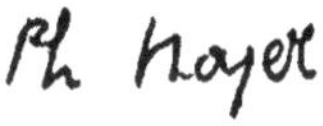

Noyer Philippe Henri 1917-1985

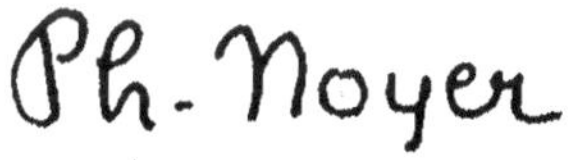

Noyes George Loftus 1864-1954

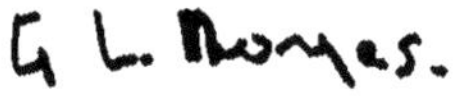

Nozal Alexandre 1852-1929

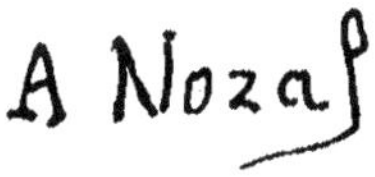

Nussbaum Félix 1904-1944

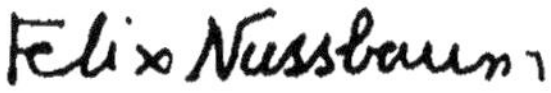

Nyblom Lennart 1872-1947

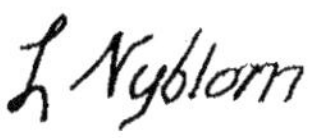

Nyel Robert 1930

Nyrop Borge 1881-1948

Nystrom Jenny 1854-1946

O'Connor Patrick XXe

O'Kelly Aloys 1853-1892

Oberto Antonio 1872-1954

Obin Donald XXe

Obin Philomé 1892-1986

Obin Philomé 1892-1986

Obregon Alejandro 1920-1992

Obrinba Nicolas 1913

Odin Blanche 1865

Oehlen Albert 1954

Oehlen Albert 1954

Oelze Richard 1900

Oenicke Clara 1818-1899

Oepts Wim 1904-1988

Oerder Frans 1867-1944

Offermans Tony 1854-1911

Oguiss Takanari 1901-1986

Oguiss Takanari 1901-1986

Ohl Gabrielle 1928

Oinonen Miko 1883-1956

Okada Kenzo 1902-1982

Okashy Avshalon 1916-1980

Okashy Avshalon 1916-1980

Oldenburg Claes 1929

Oldenburg Claes 1929

Oldenburg Claes 1929

Oleffe Auguste 1867-1931

Oleffe Auguste 1867-1931

Olga Styrofyrstinde 1882-1960

Olinsky Ivan G. 1878-1962

Olivari Eugenio 1882-1917

Olive Jean-Baptiste 1848-1936

Oliveira Nathan 1928

Oliver William 1819-1885

Olivero Matteo 1879-1932

Olivero Matteo 1879-1932

Olivetti Ercole 1874-1941

Olivie Léon 1833-1901

Olivier O. Olivier 1931

Olleros y Quintana Blas 1851-1919

Olofsson Pierre 1921

Olsen John 1928

Olssen Julius 1864-1942

Olsson Hagalund Olie 1904-1972

Omez Gérard XXe

Omiccioli Giovanni 1901-1975

Ommeganck Paul 1755-1826

Onetti Luigi 1876-1968

Ongania Umberto XIXe

Ooms Karel 1845-1900

Oort Hendrik van 1775-1847

Opdenhoff George Willem 1807-1873

Opitz Kurt 1887

Oppenheim Alfred N. 1873

Oppenheim Alfred N. 1873

Oppi Ubaldo 1889-1946

Oppler Ernst 1867-1929

Opsomer Isidoor 1878-1967

Orange Maurice 1868-1916

Orfei Orfeo 1836-1915

Orlandi Nazzareno 1861

Orlik Emil 1870-1932

Orlik Emil 1870-1932

Orlik Emil 1870-1932

Orozco Jose Clemente 1893-1949

Orpen William 1878-1931

Orselli Arturo XXe

Ortlieb Friedrich 1839-1909

Ortlieb Friedrich 1839-1909

Os Jan van 1744-1808

Osbert Alphonse 1857-1939

Osborne William 1823-1901

Osborne William 1823-1901

Osseniev Eduard 1946

Osslund Heimer 1866-1938

Osswald Eugène 1879-1960

Osswald Margherita T. 1897-1971

Ost Alfred 1884-1945

Osterlind Anders 1887-1960

Osuna Manuel XXe

Ottesen Otto Diderich 1816-1892

Ottevaere Henri 1870-1940

Ottevaere Henri 1870-1940

Ottman Henry 1877-1927

Ouderaa Piet van der 1841-1925

Oudinot Achille 1820-1891

Oudot Roland 1928

Outin Pierre 1840-1899

Ouvrie Pierre Justin 1806-1879

Oyens David 1842-1902

Oyens Pierre 1842-1894

Oyston George XIXe-XXe

Oz Viviane d' XXe

Ozenfant Amédé 1886-1966

Ozenfant Amédé 1886-1966

Paalen Wolfgang 1905-1959

Paalen Wolfgang 1905-1959

Paalen Wolfgang 1905-1959	**Pagliacci Aldo 1913**
Pabst Camille A. 1821-1898	**Pagni Ferruccio 1866-1935**
Paciscopi Leopoldo XXe	**Paice George XIXe-XXe**
Pacouil Georges XXe	**Pailes Isaac 1895-1978**
Padua Paul Mathias 1903-1981	**Pailhes Fred 1907-1991**
Paede Paul 1868-1929	**Pailos Manuel 1918**
Paefgen C. O. 1930	**Pajetta Guido 1898-1987**
Paerels Willem 1878-1962	**Pajetta Pietro 1845-1911**
Pages Jules Eugène 1867-1946	**Pal Fried 1914**
Pages Raymond XXe	**Palacios Joaquin Vaquero 1900**

Palacios Joaquin Vaquero 1900

Palagi Pelagio 1775-1860

Palanti Giuseppe 1881-1946

Palencia Benjamin 1900-1980

Palencia Benjamin 1900-1980

Palizzi Filippo 1818-1899

Palizzi Filippo 1818-1899

Palizzi Franceso Paolo 1825-1871

Palizzi Franceso Paolo 1825-1871

Palizzi Giuseppe 1812-1888

Palizzi Giuseppe 1812-1888

Palizzi Nicola 1820-1870

Pallares y Allustante J. 1853-1935

Pallares y Allustante J. 1853-1935

Palliere Jean Léon 1823-1887

Palm Anna 1859-1924

Palme Julius R. XXe

Palme Julius R. XXe

Palmer Hary Sutton 1854-1933

Palmeiro José 1903-1984

Palmeiro José 1903-1984	Pankok Otto 1893-1966
Paloscia Gaetano 1871-1942	Pann Abel 1883-1963
Palue Pierre 1920	Pantazis Pericles 1849-1884
Pamboujian Gérard 1941	Paoletti Antonio 1834-1912
Panamarenko 1940	Paoletti Silvio 1864-1921
Panerai Ruggero 1862-1923	Paolillo Luigi 1864-1934
Panerai Ruggero 1862-1923	Papaluca L. XIXe-XXe
Panitzsch Robert 1879-1949	Papart Max 1911-1994
Pankok Bernhard 1872-1943	Papazoff Georges 1894-1972
Pankok Otto 1893-1966	Pape Frank Cheyne 1878-1972

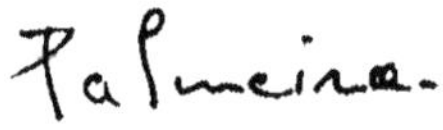

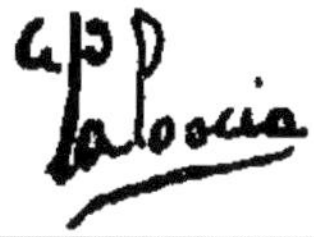

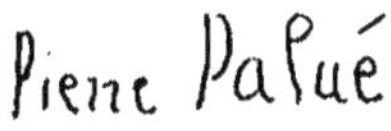

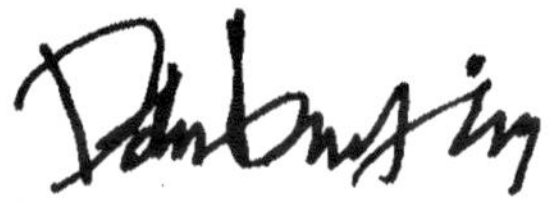

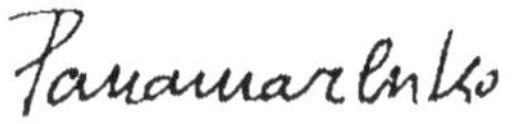

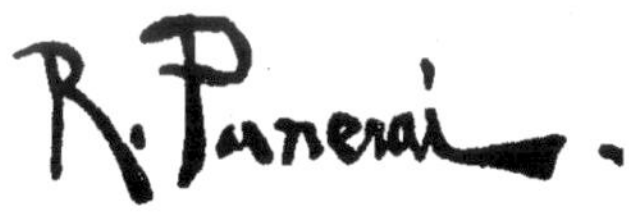

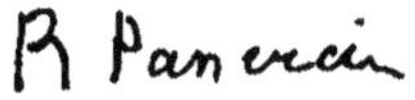

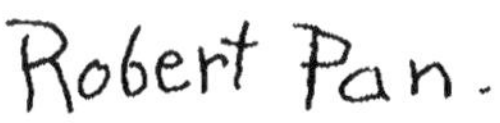

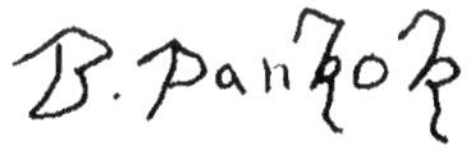

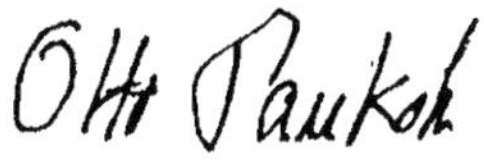

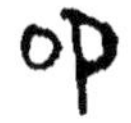

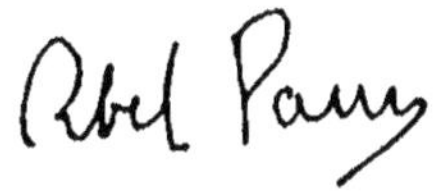

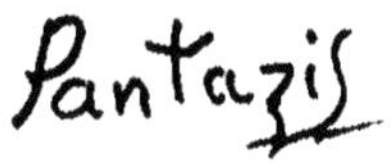

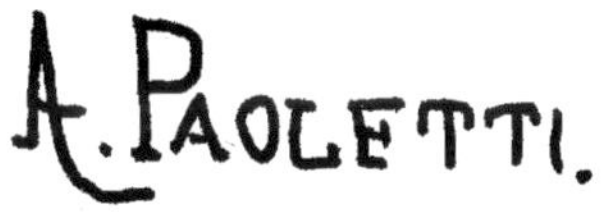

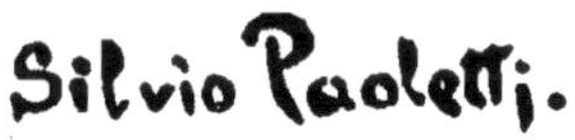

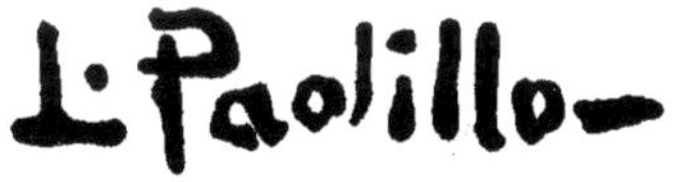

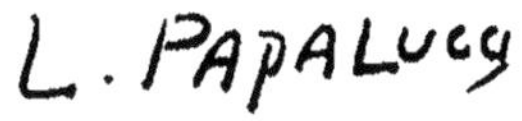

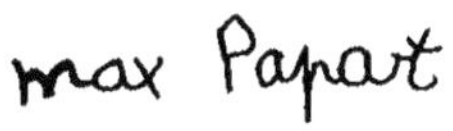

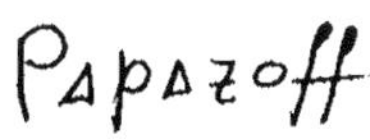

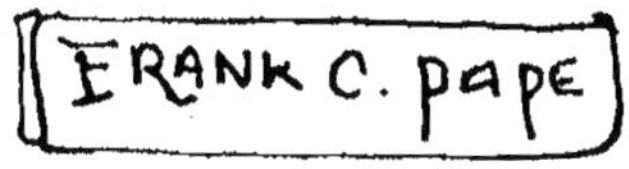

Parade Madeleine 1904	Parker Henry H. 1858-1930
Pardini Eugenio XIXe-XXe	Parker Henry Perle 1795-1873
Pardo Gennaro 1865-1927	Parkes Michael 1944
Paredes Vicente de 1857-1903	Parkes Michael 1944
Paredes Vicente de 1857-1903	Parma Emilio 1874-1950
Paresce René Herbert 1866-1937	Parquet Charles Gustave 1826
Paris Maurice 1903-1969	Parra Gines 1895-1960
Parisani Napoleone 1854-1932	Parre Michel 1938
Park John Anthony 1880-1962	Parrot Philippe 1831-1894
Park John Anthony 1880-1962	Parrow Karin 1900-1984

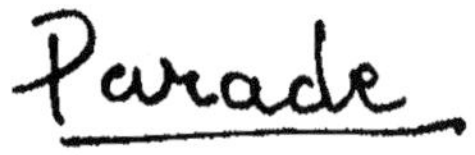

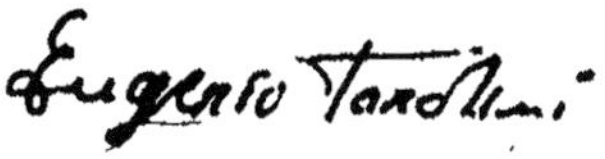

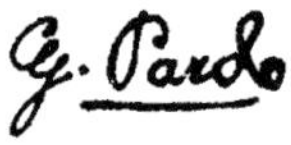

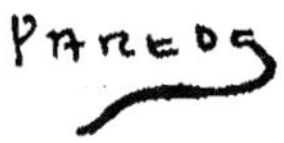

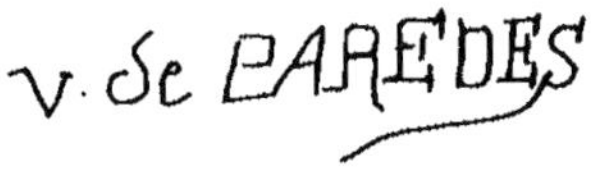

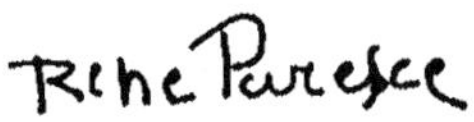

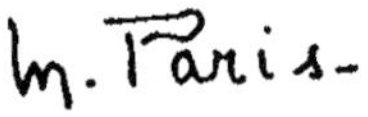

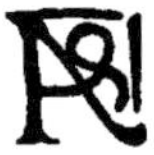

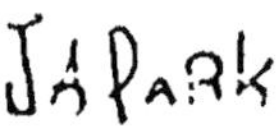

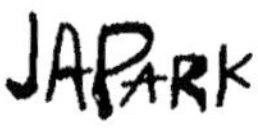

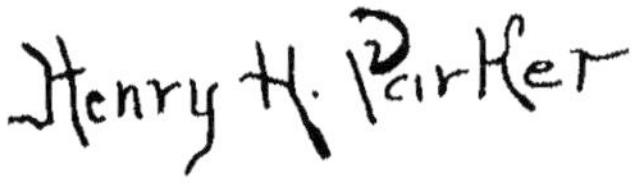

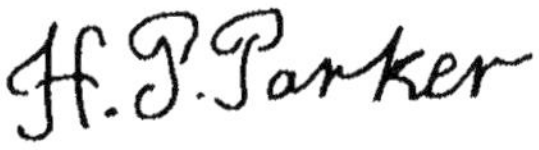

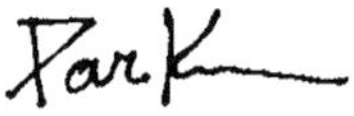

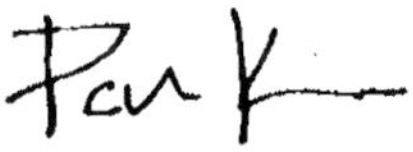

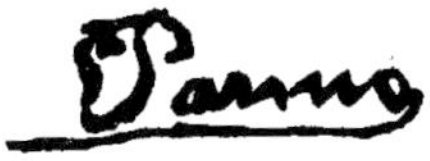

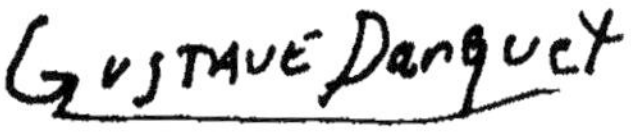

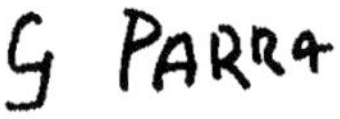

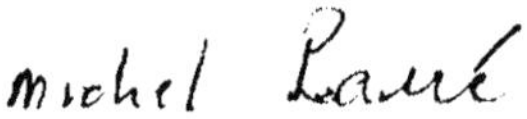

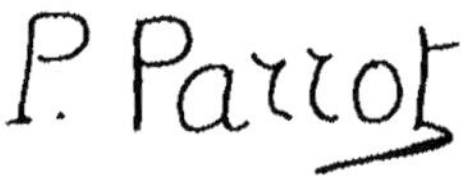

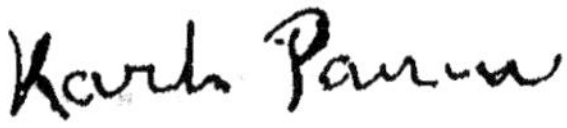

Parsons Béatrice 1870-1955

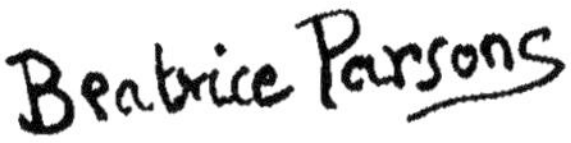

Parthenis Constantin 1878-1967

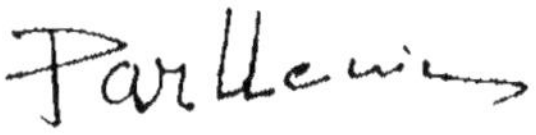

Partridge Bernard 1861

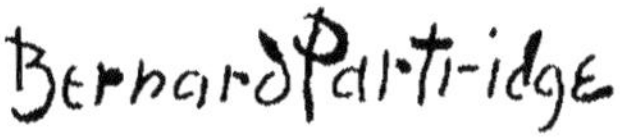

Pascal Angelo XIXe

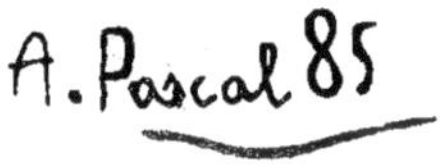

Pascal Paul 1832-1903

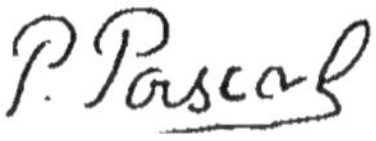

Pascarella Cesare 1858-1940

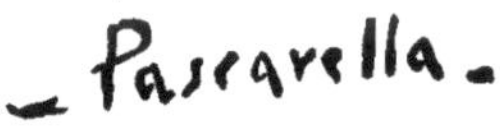

Pascin Jules 1885-1930

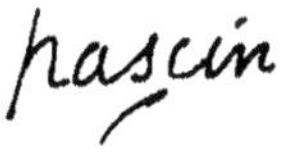

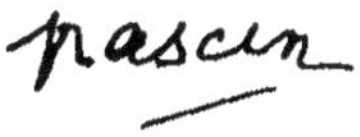

Pascin Jules 1885-1930

Pasco Alice XXe

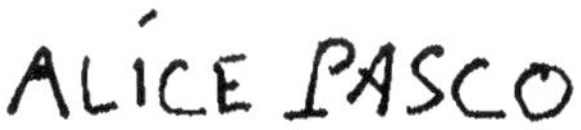

Pascutti Antonio 1832-1892

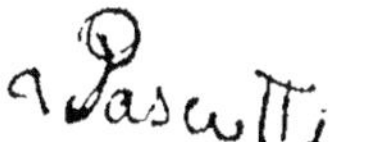

Pasinetti Antonio 1863-1940

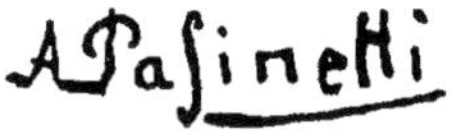

Pasini Alberto 1826-1899

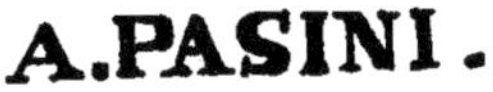

Pasini Alberto 1826-1899

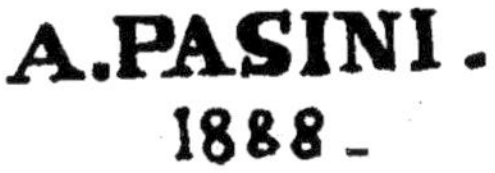

Pasini Alberto 1826-1899

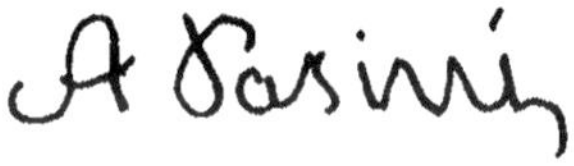

Pasini Emilio 1872-1953

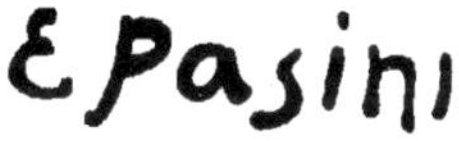

Pasini Emilio 1872-1953

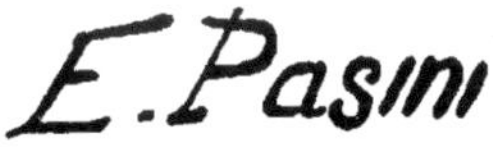

Pasini Lazzaro 1861-1949

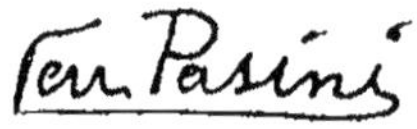

Pasmore Frederick G. XXe

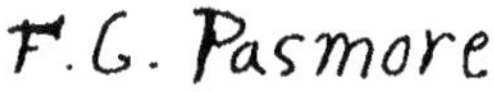

Pasmore Victor 1908

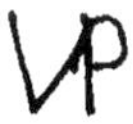

Pasqui Enzo XXe

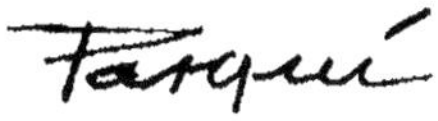

Pasquier XXe

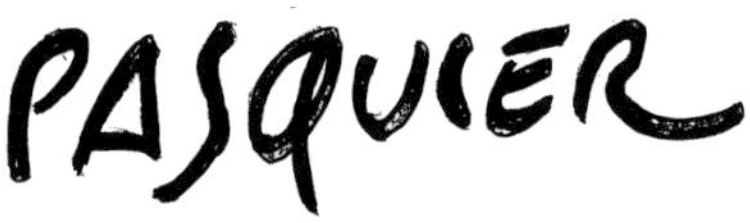

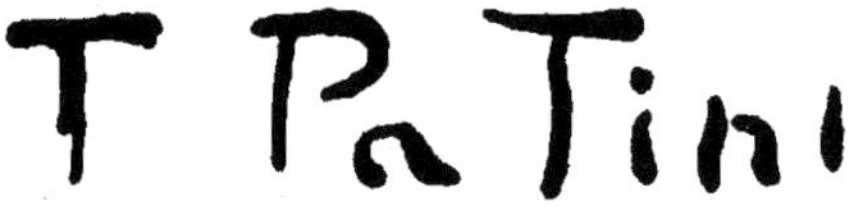

Patissou Jacques 1880-1925

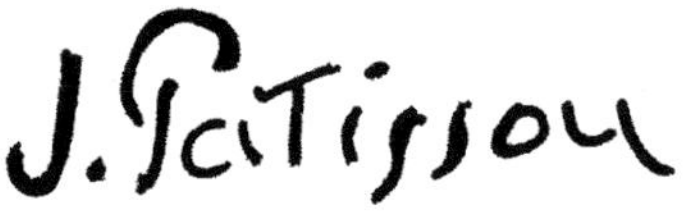

Pass Giacomo de XXe

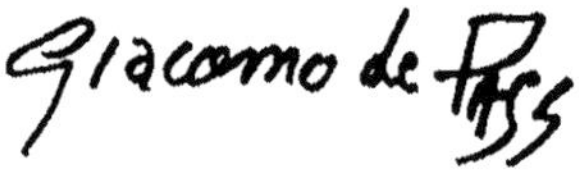

Paton Frank 1856-1909

Passet Gérard 1936

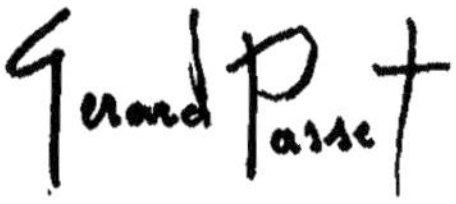

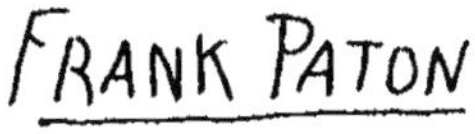

Patoux Emil Joseph 1893-1985

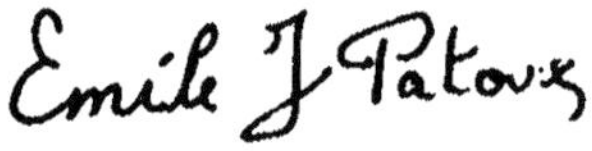

Passet Gérard 1936

Patri Mario 1883-1952

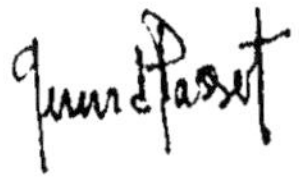

Passigli Carlo 1881-1953

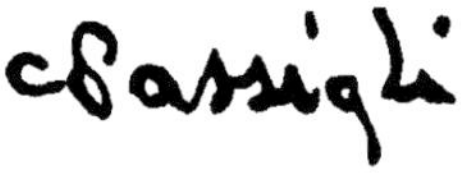

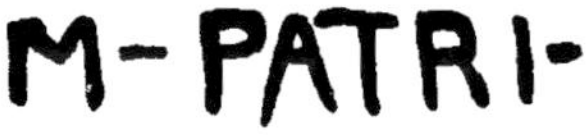

Patrix Michel 1917-1973

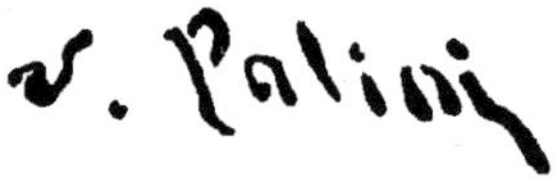

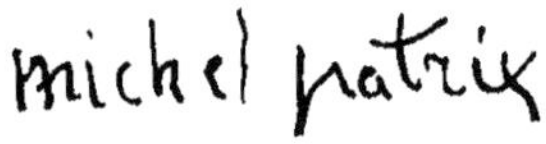

Pastega Luigi 1858-1929

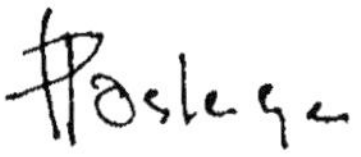

Patroni Diomede 1880-1968

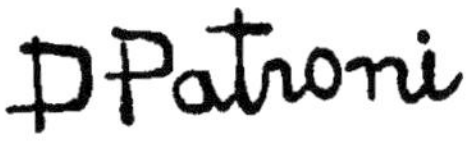

Pastega Luigi 1858-1929

Patroni Raffaele 1853-1925

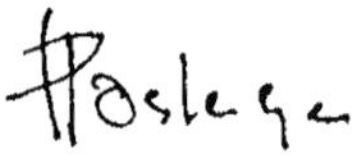

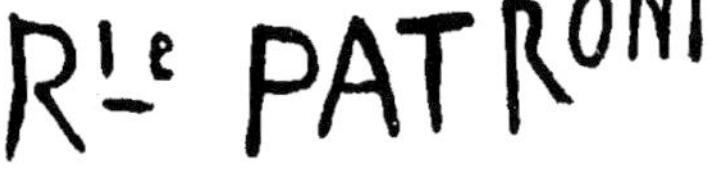

Pastoris di Casal Rosso Federico 1837-1884

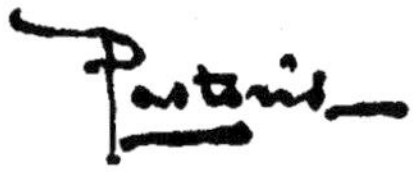

Pattein Cesar XIXe-XXe

Patini Teofilo 1840-1906

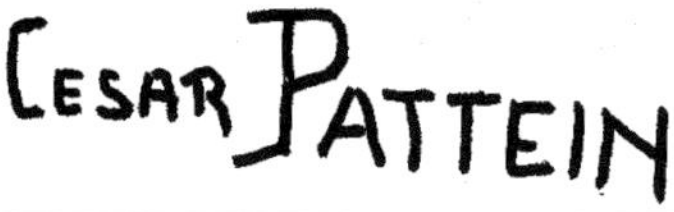

Paulsen Julius 1860-1940

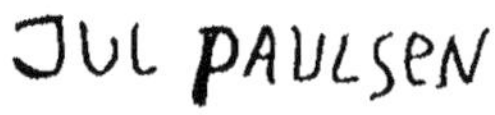

Patini Teofilo 1840-1906

Paulucci Enrico 1901

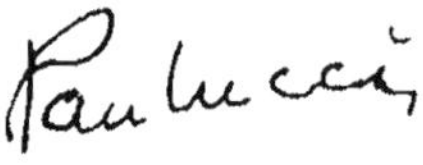

Paulus Pierre 1881-1959

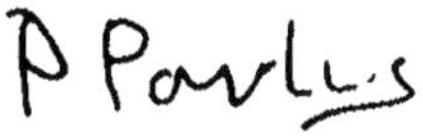

Pauser Sergius 1896-1970

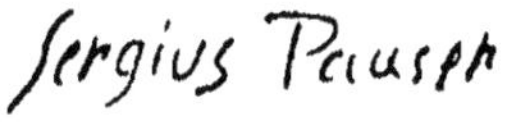

Pausinger Clemens von 1855-1936

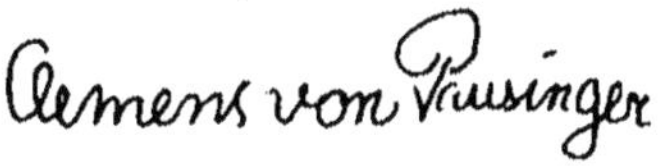

Pauw Gabriel de 1924

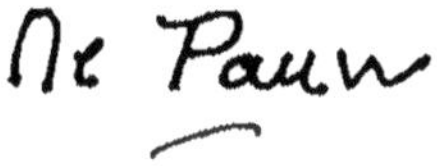

Pauw Jef de 1880-1930

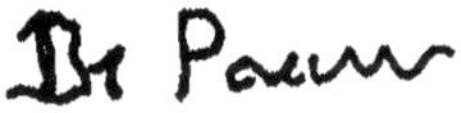

Pauw René de 1887-1946

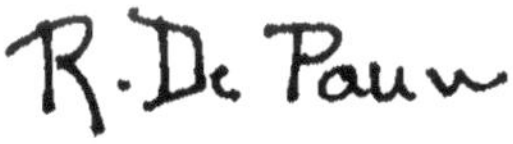

Pauwels Joseph 1903-1983

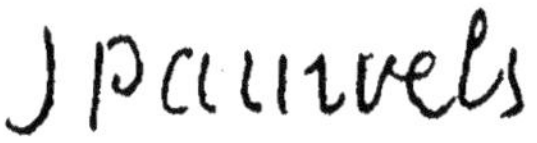

Pavard Robert 1922

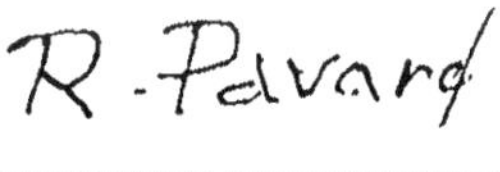

Pavil Elie Anatole 1873-1948

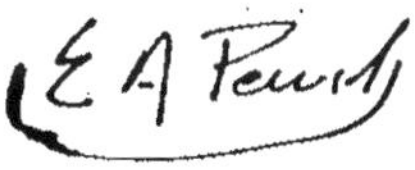

Pavy Eugène XIXe

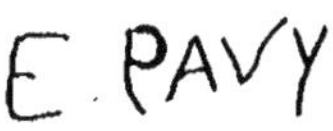

Paxton William 1861-1941

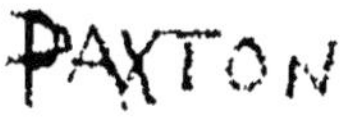

Payne Ch. J. dit Snaffles 1884-1947

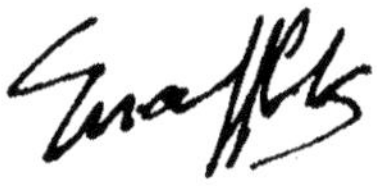

Payne Edgar 1882-1947

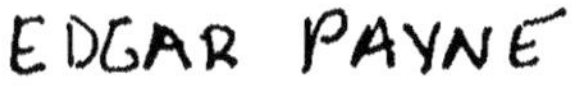

Pazzini Norberto 1856-1937

Peake Mervyn 1911-1968

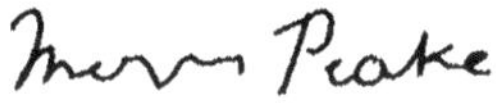

Peale Raphaelle 1774-1825

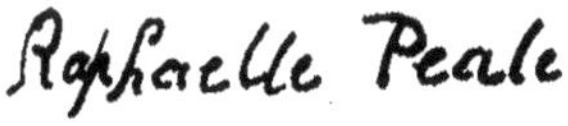

Pearce Charles Sprague 1851-1914

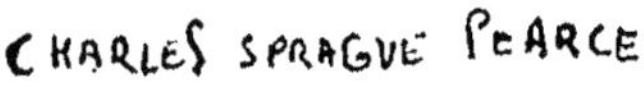

Pearson Marguerite Stubor 1898-1978

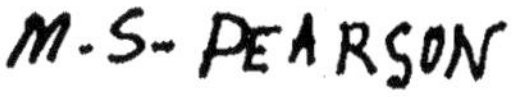

Pechaubes Eugène 1890-1967

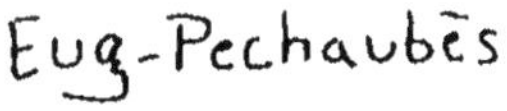

Pechstein Max 1881-1955

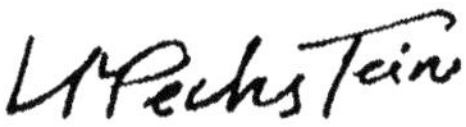

Pechstein Max 1881-1955

Pécrus Charles 1826-1907

Pécrus Charles 1826-1907

Pedersen Finn 1944

Pedersen Viggo 1854-1926

Peel James 1811-1906

Pegot Ogier Jean Bertrand 1877-1915

Pegurier Auguste 1856-1936

Peiffer-Wattenphul Mac 1896-1976

Peire Luc 1916-1994

Peiser Kurt 1887-1962

Pelaez Amelia 1897-1968

Pelaez Amelia 1897-1968

Pelayo Orlando 1920-1990

Pellegrini Alfred 1881-1958

Pellegrini Carlo 1839-1889

Pellegrini Ricardo 1863-1934

Pellegrini Ricardo 1863-1934

Pellegrini Ricardo 1863-1934

Pellicciotti Tito 1871-1950

Pelliciotti Tito 1871-1950	**Penne Charles Olivier de 1831-1897**
Pellini Eugenio 1864-1934	**Penone Giuseppe 1942**
Pellizza da Volpedo Giuseppe 1868-1907	**Peploe Samuel 1871-1935**
Pelouse Léon Germain 1838-1891	**Pequin Charles 1879-1963**
Peltriaux Bernard 1921	**Peradon Pierre Edmond 1893-1981**
Penck A.R. 1939	**Perboyre Paul Emile 1860**
Pendray John XXe	**Perceval John de Burgh 1923**
Pene du Bois Guy 1884-1958	**Perceval John de Burgh 1923**
Penet Lucien mort en 1897	**Perdriat Hélène 1894-1969**
Pennacchini Domenico 1860-1917	**Peretton E. XIXe-XXe**

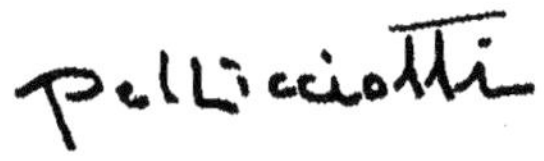

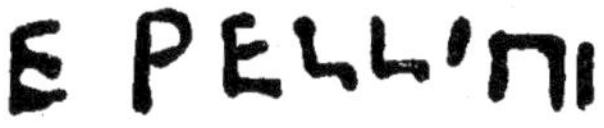

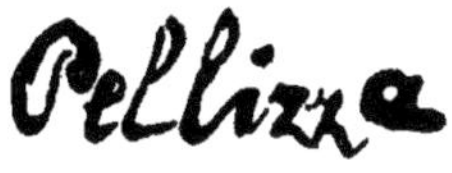

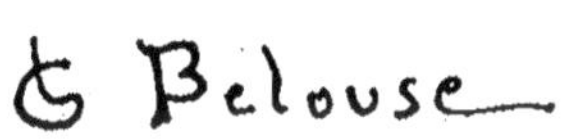

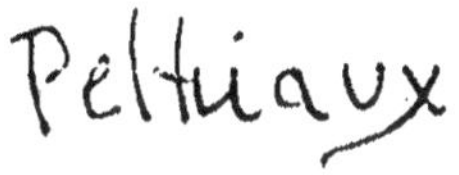

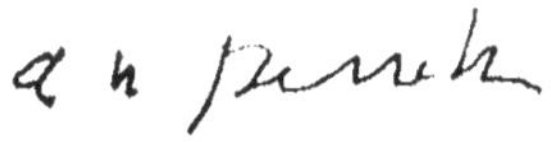

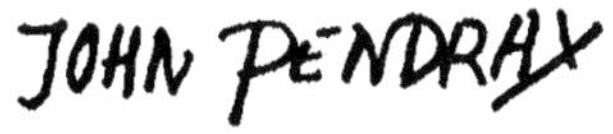

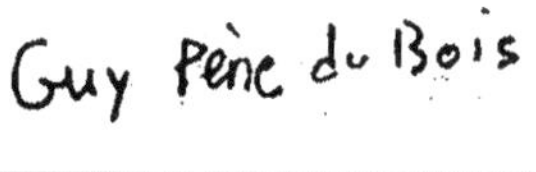

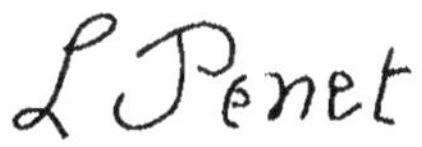

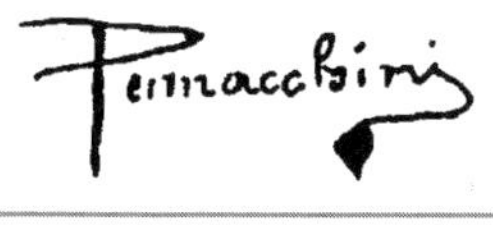

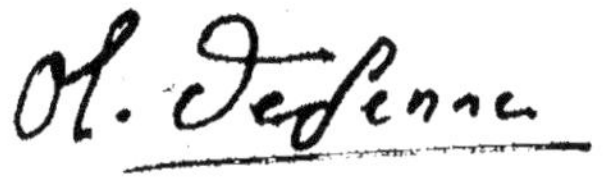

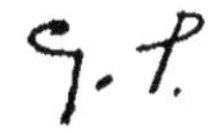

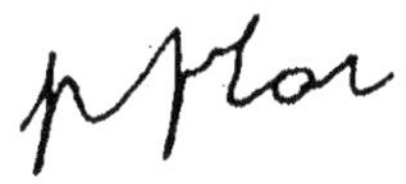

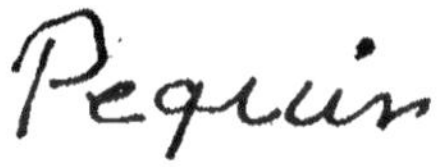

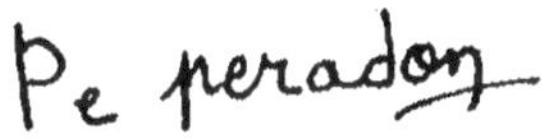

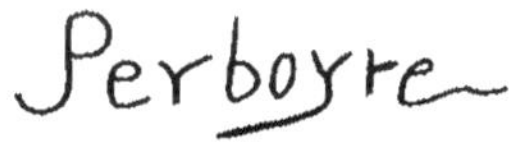

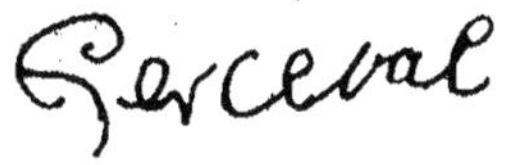

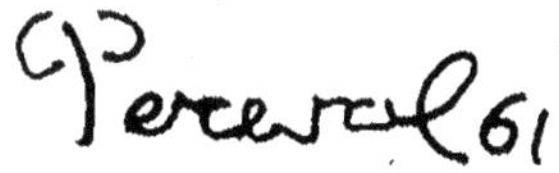

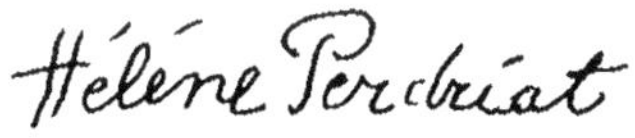

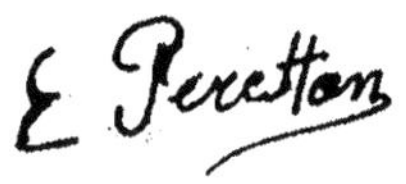

Perez Alonzo 1853-1929

Peri Laszlo 1889-1933

Peri Laszlo 1889-1933

Perlberg Friedrich 1848-1921

Permeke Constant 1886-1952

Permeke Constant 1886-1952

Permeke Henri-Louis 1849-1912

Péron Pierre 1905-1988

Perotti Edoardo 1824-1870

Perrachon André 1827-1909

Perrault Léon 1832-1908

Perre Danièle 1924

Perret Aimé 1847-1927

Perret Marius 1853-1900

Perrey Janine XXe

Perrin Alphonse 1798-1874

Perron Charles Clément 1893-1958

Perrot Maurice F. 1892

Perry Adelaide XXe

Perry Albert XXe

Person Ragnar 1905-1993

Person Ragnar 1905-1993

Pesenti Domenico 1843-1918

Peske Jean 1870-1949

Peske Jean 1870-1949

Pessina Angelo 1928

Pessina Giovanni 1836-1904

Peter Geri 1908-1969

Peters Anna 1843-1926

Peters Anna 1843-1926

Peters Udo 1884-1964

Peterson Jane 1876-1965

Peterson Jane 1876-1965

Petillion Jules 1845-1899

Petit Corneille XIXe

Petit Eugène 1839-1886

Petit Eugène 1839-1886

Petit Marc 1932

Petit-Gérard Pierre 1852

Petiti Filiberto 1845-1924

Petitjean Edmond M. 1844-1925	Pettoruti Emilio 1892-1971
Petitjean Edmond M. 1844-1925	Pettoruti Emilio 1892-1971
Petitjean Hippolyte 1854-1929	Petzl Joseph 1803-1871
Petley Roy 1951	Peugniez Pauline 1890-1987
Petley Roy 1951	Pevsner Antoine 1884-1962
Peto John Frederick 1854-1907	Peyrade XXe
Petrassi Luigi 1868-1948	Pezant Aymar 1846-1916
Petre Victor 1911-1976	Pezzati Pietro 1828-1890
Petrucci Carlo Alberto 1881-1963	Pezzotta Giovanni 1838-1911
Petruolo Salvatore 1857-1946	Pfeuffer Helmut 1933

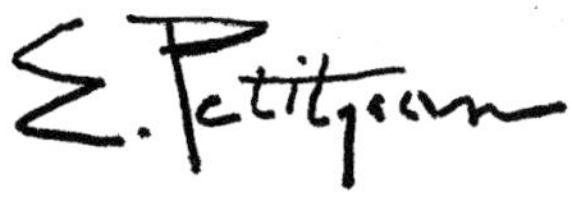

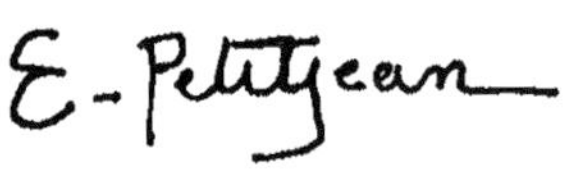

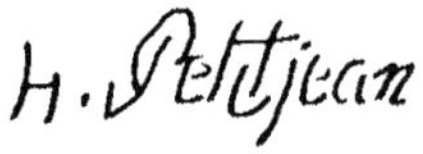

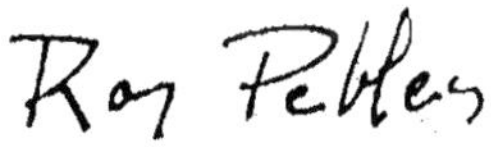

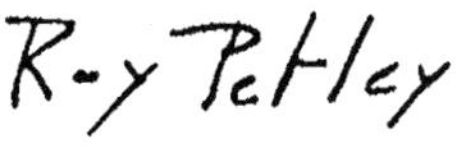

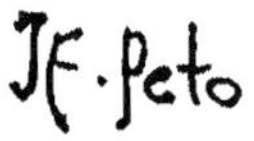

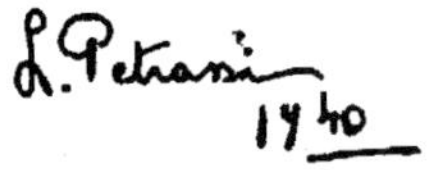

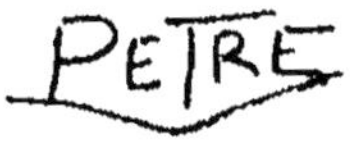

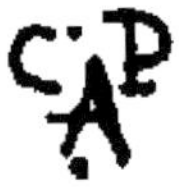

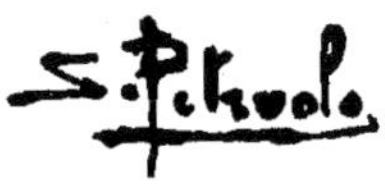

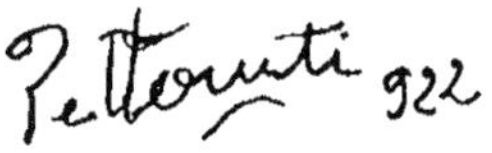

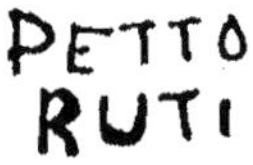

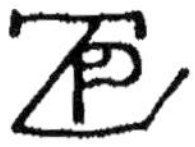

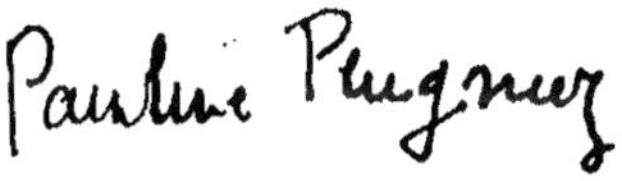

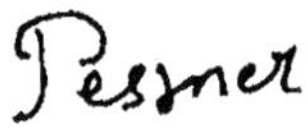

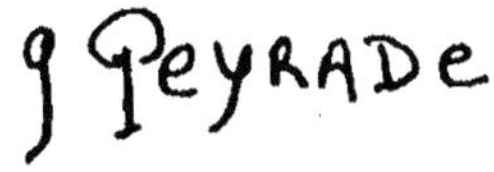

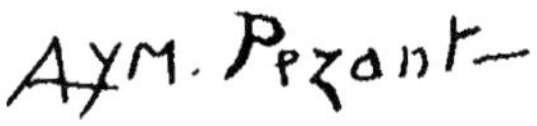

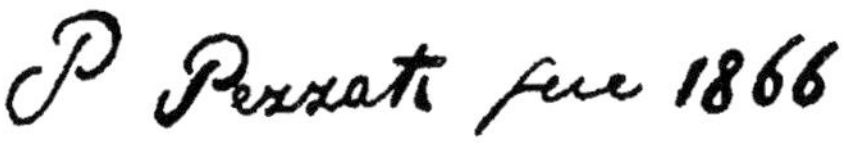

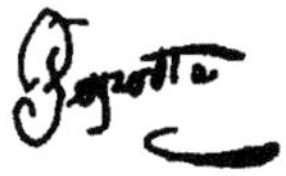

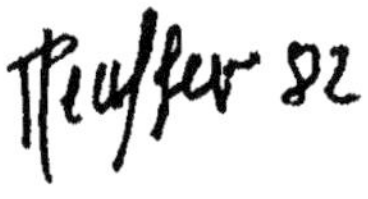

Philippoteaux Henri 1815-1894	Piazza Enrico 1864-1945
Philippoteaux Paul D. 1845	Picabia Francis 1879-1953
Piana Giuseppe Ferdinando 1864-1956	Picabia Francis 1879-1953
Piana Philippe 1940	Picard Georges 1857
Piana Philippe 1940	Picard Louis 1861
Piancastelli Giovanni 1845-1926	Picart Le Doux Charles A. 1881-1959
Piancastelli Giovanni 1845-1926	Picart Le Doux Charles A. 1881-1959
Piatti Antonio 1875-1962	Picasso Pablo 1881-1973
Piatti Prospero 1842-1902	Picasso Pablo 1881-1973
Piaubert Jean 1900	Picasso Pablo 1881-1973

Picasso Pablo 1881-1973

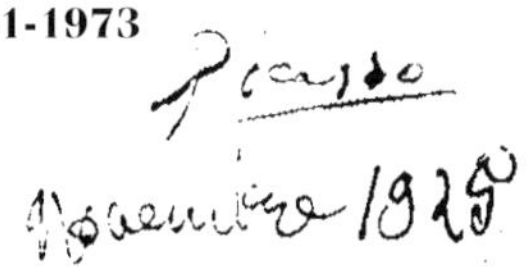

Picinni Antonio 1846-1920

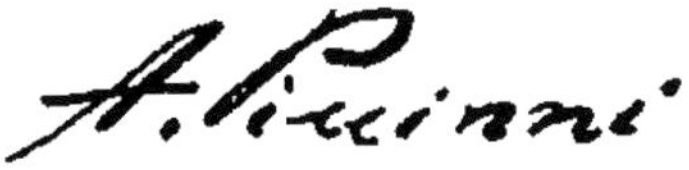

Piccioni Gino 1873-1941

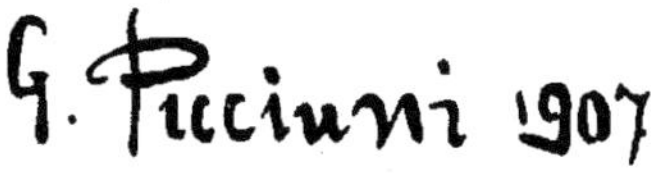

Picciotto Simone XXe

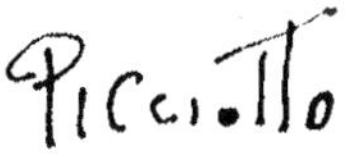

Pichot Emile Jules XXe

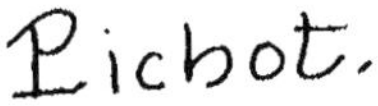

Pickering Joseph 1845-1912

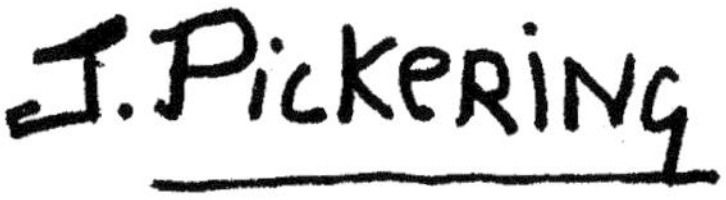

Picking John Xxe

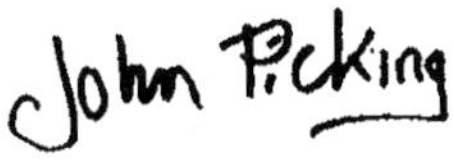

Picknell William Lamb 1854-1897

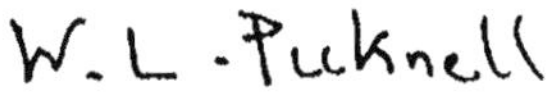

Picou Henry Pierre 1824-1895

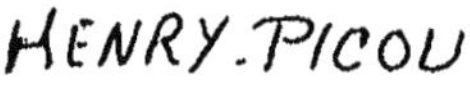

Pieler Franz Xavier 1876-1952

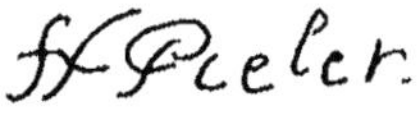

Piene Otto 1928

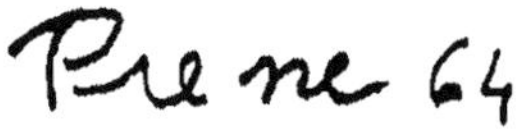

Pierrakos Alkis 1920

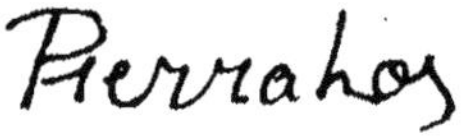

Pierre Gustave 1875

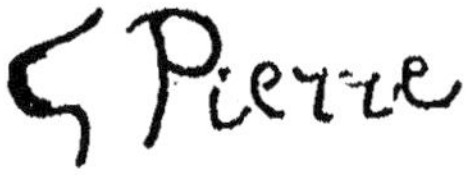

Pierre-Humbert Charles 1920

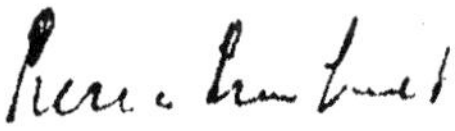

Piet Fernand 1869-1942

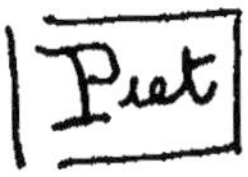

Piet Fernand 1869-1942

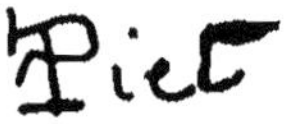

Pieters Evert 1856-1932

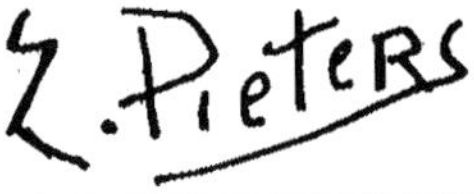

Piga Bernard 1934

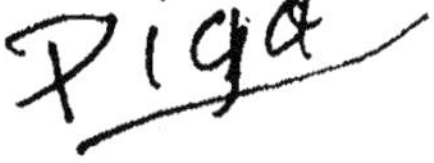

Pigal Edme Jean 1798-1872

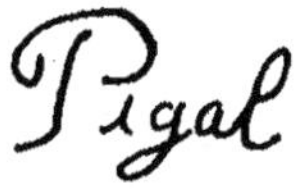

Pignon Edouard 1905-1993

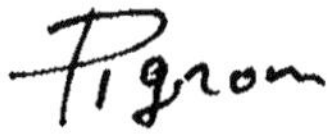

Pignon Edouard 1905-1993

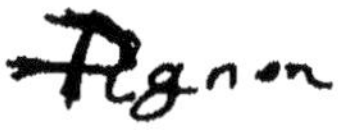

Pignon Edouard 1905-1993

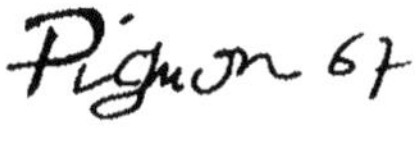

Piguet Jean-Louis 1944

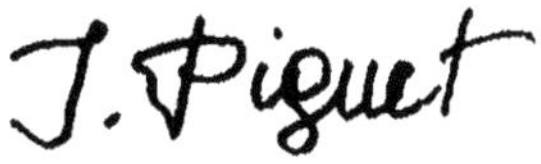

Pikelny Robert 1904-1986

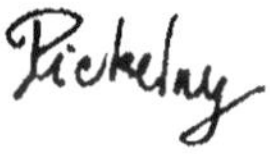

Pilichowski Léopold 1864-1934

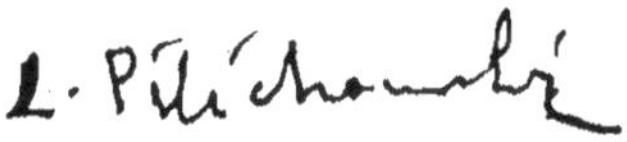

Pilny Otto 1866-1936

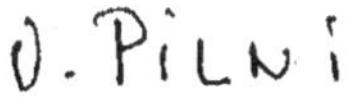

Pilot Robert Wakeham 1898-1968

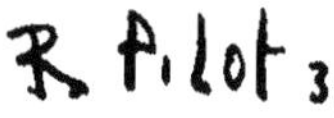

Piloty Carl Théodore 1824-1886

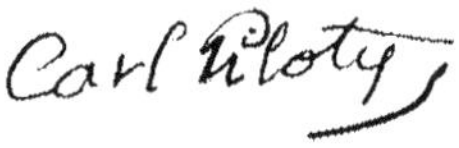

Pils Isidore 1813-1875

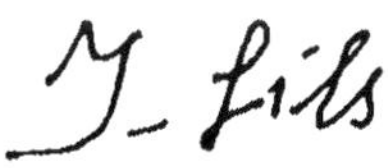

Pimentel Vicente 1948

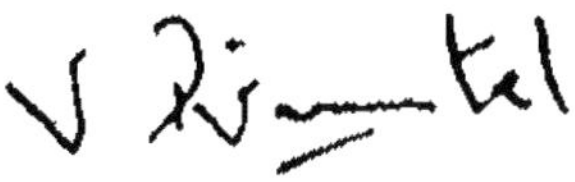

Pinchart Emile Auguste 1842-1924

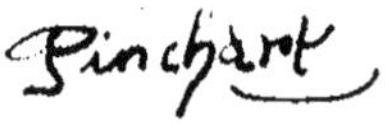

Pinchon Robert Antoine 1886-1943

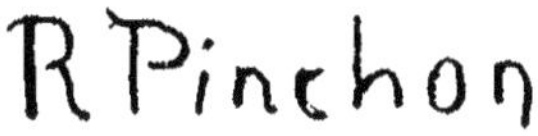

Pineau Giles XXe

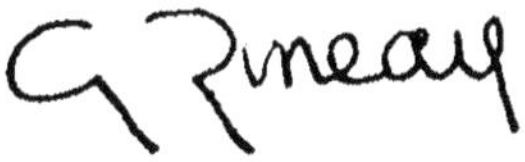

Pinel de Grandchamp 1831-1894

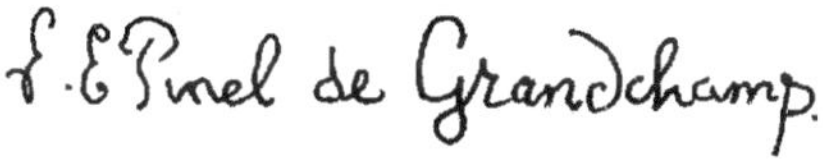

Pinelli Bartolomeo 1781-1835

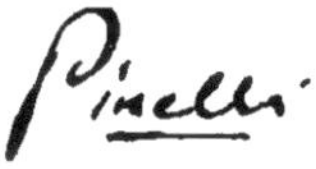

Pinelli Bartolomeo 1781-1835

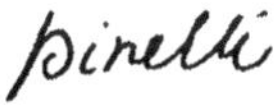

Pinole Nicanor 1878-1978

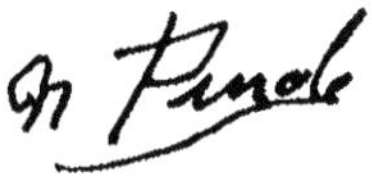

Pinot Albert 1875-1962

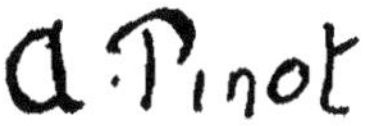

Piot René 1869-1934

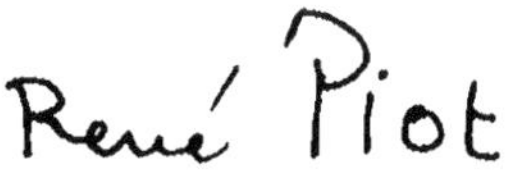

Piotrowski Antoni 1853-1924

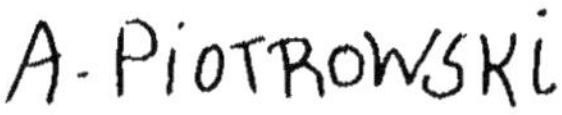

Piper John 1903-1992

John Piper

Pippel Otto Edouard 1878-1960

otto PippEL.

Pir Sophie 1858-1936

Sophie Pir

Pirandello Fausto 1899-1975

PIRANDELLO

Pirchan Emil 1884-1957

Pirchan

Pirchan Emil 1884-1957

PIRCHAN

Pirenne Maurice 1872-1968

M. Pirenne

Pirlet Octave 1914-1979

Pirlet

Pirovano Giovanni 1880-1959

Pirovano

Pisa Alberto 1864-1930

A. Pisa

Pisani Salvatore 1859-1920

Pisani

Pisano Giovanni 1875-1954

Pisano

Piscopo Vitorio XXe

V. Piscopo

Pisis Filippo de 1896-1956

de Pisis

Pissarro Camille 1830-1903

C. Pissarro

Pissarro Camille 1830-1903

C.P.

Pissarro H. Claude 1935

H. Claude Pissarro

Pissarro Lucien 1863-1944

L.P.

Pissarro Ludovic Rodo 1878-1952

Ludovic Rodo

Pissarro Orovida 1893-1968

Orovida

Pissarro Paul Emile 1884-1972

Pissarro Paul Emile 1884-1972

Pissarro Roboa XXe

Pistilli Ulrico 1854-1950

Pitard Ferdinand 1850-1894

Pitloo Anton Sminck 1791-1837

Pitloo Anton Sminck 1791-1837

Pitloo Anton Sminck 1791-1837

Pittara Carlo 1836-1890

Pittara Carlo 1836-1890

Piumati Giovanni 1850-1915

Pizio Oreste 1879-1938

Pizzi Carlo 1842-1908

Planson André 1898-1981

Planté Isabelle 1949

Plas Nicholaas van der 1954

Platschek Hans 1923

Plisson Henri 1908

Plomteux Leopold 1920

Plumot André 1829-1906

Pochintesta Ernesto 1840-1891

Pock Alexander 1871-1950

Podevin Jean Emile 1925

Podevin Jean Emile 1925

Poels Albert 1903-1984

Poeschmann Rudolf 1878-1954

Pogliaghi Ludovico 1857-1950

Point Armand 1860-1932

Pointelin Auguste 1839-1933

Poiret Paul 1879-1944

Poirier Ray 1938

Pol Louis van der 1896-1982

Poliakoff Serge 1900-1969

Poliakoff Serge 1900-1969

Polke Sigmar 1941

Pollaci Charles 1907-1989

Pollak August 1838

Pollentine Alfred 1851-1888

Pollonera Carlo 1849-1923

Poma Silvio 1840-1932

Pomar Julio 1926

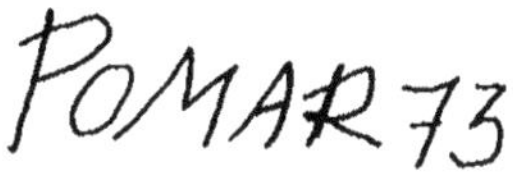

Pons Jean 1913

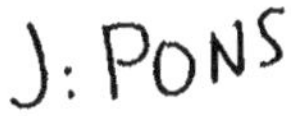

Ponson Luc Raphael 1835-1904

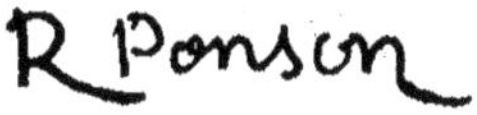

Pontecorvo Alain XXe

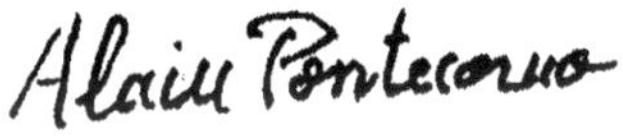

Ponti Pino 1905

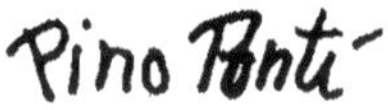

Ponticelli Giovanni 1855

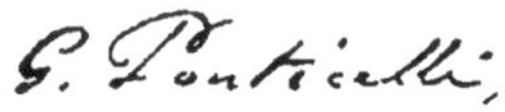

Pontieri Rita XXe

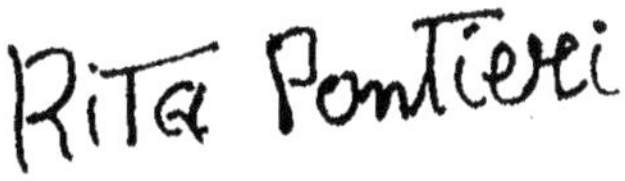

Pontoy Henri Jean 1888-1969

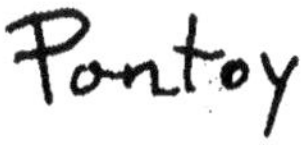

Pontremoli Raffaele 1832-1905

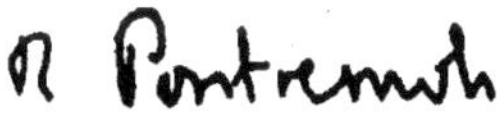

Poppe Fedor 1850

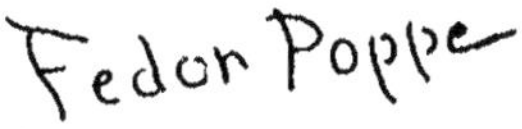

Poreau Oswald 1877-1955

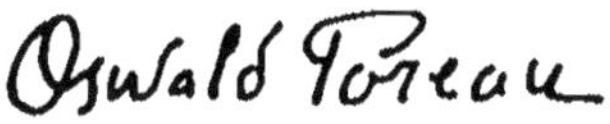

Poreau Oswald 1877-1955

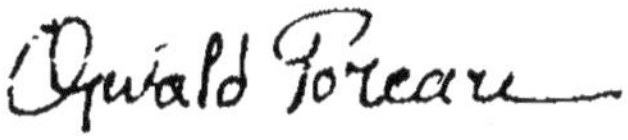

Poret François de XIXe-XXe

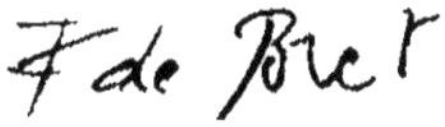

Porta Camilo 1932

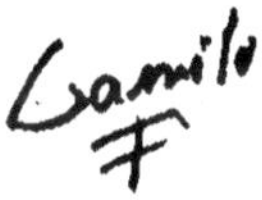

Portaels Jean-François 1818-1895

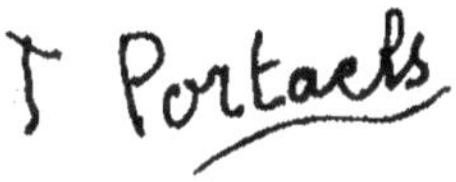

Portaels Jean-François 1818-1895

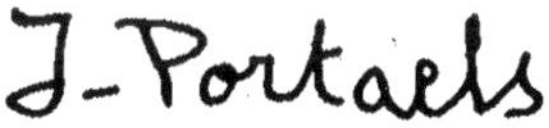

Porter Fairfield 1907-1975

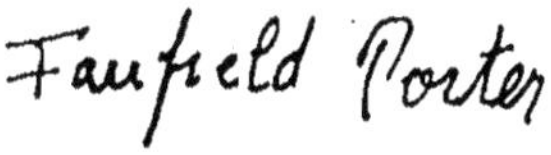

Portielje Edouard 1861-1949

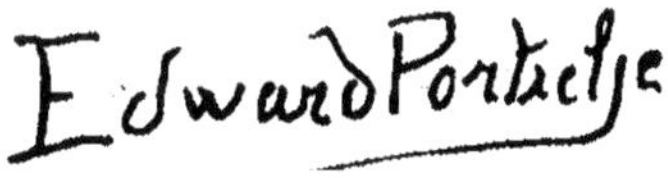

Portielje Gérard 1856-1929

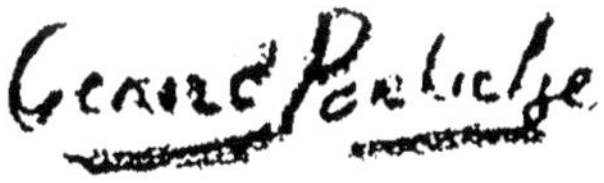

Portinari Candido 1903-1962

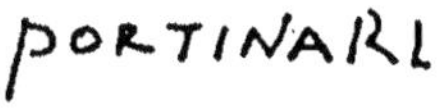

Posenaer William Merrit XXe

Post William Merrit 1856-1935

Postel Jules 1867-1955

Postel Jules 1867-1955

Postiglione Luca 1876-1936

Postiglione Luigi 1812-1881

Postiglione Salvatore 1861-1906

Pothast Bernard 1882-1966

Pott Laslet J. 1837-1898

Potter Charles 1878

Pougny jean Ivan Puni dit 1894-1956

Poulbot Francisque 1879-1946

Powell Joseph Rubens XIXe

Powell Lucien Whiting 1846-1930

Power Harold Septimus 1878-1951

Power Harold Septimus 1878-1951

Power John Wardell 1881

Powis Mary A. XIXe-XXe

Poynter Edward John 1836-1919

Poynter Edward John 1836-1919

Pradal Carlos XXe	**Prax Valentine 1899-1981**
Pradier James 1792-1852	**Prax Valentine 1899-1981**
Pradilla y Ortiz Francisco 1848-1921	**Pré Maurice XXe**
Pradilla y Ortiz Francisco 1848-1921	**Prell Hermann 1854-1922**
Prampolini Enrico 1894-1956	**Prem Heimrad 1934-1978**
Prampolini Enrico 1894-1956	**Prendergast Maurice B. 1861-1924**
Prassinos Mario 1916-1985	**Pressmane Joseph 1904-1967**
Pratella Attilio 1856-1949	**Preston Margaret R. 1875-1963**
Pratella Attilio 1856-1949	**Previati Gaetano 1852-1920**
Prati Romualdo 1874	**Previati Gaetano 1852-1920**

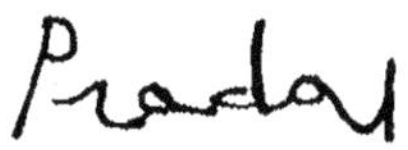

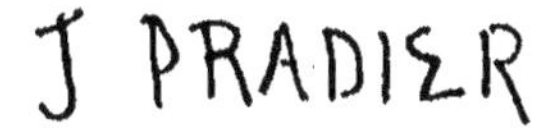

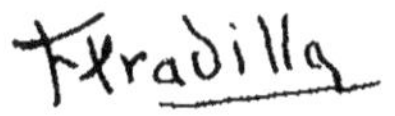

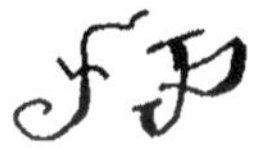

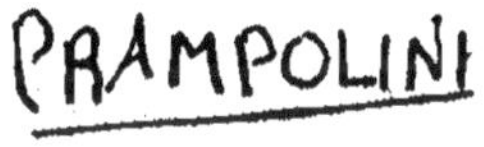

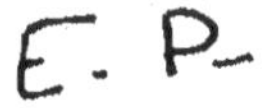

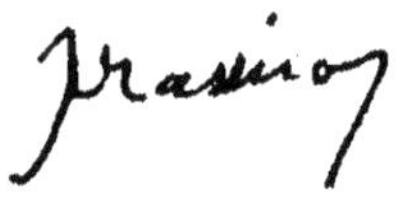

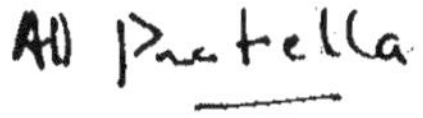

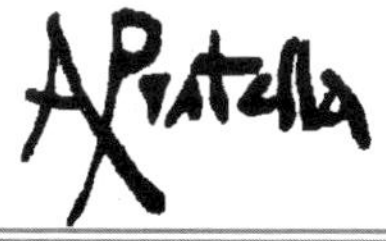

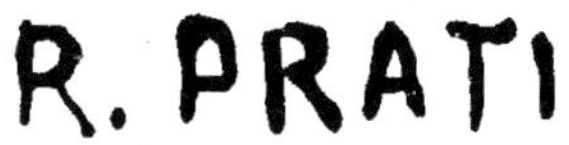

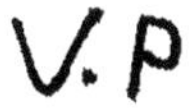

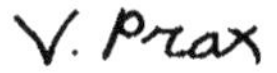

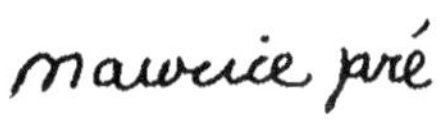

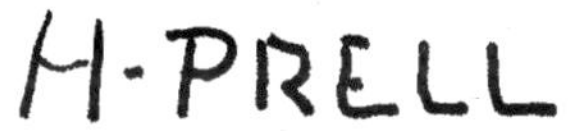

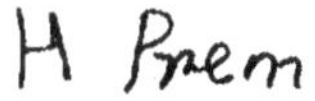

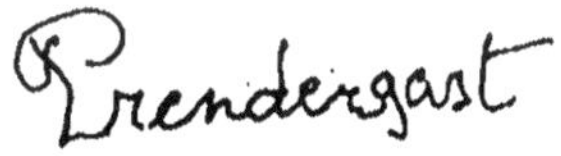

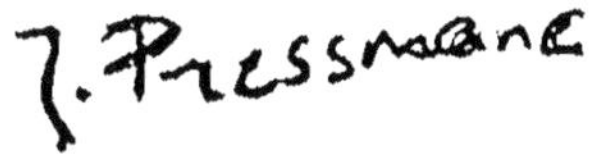

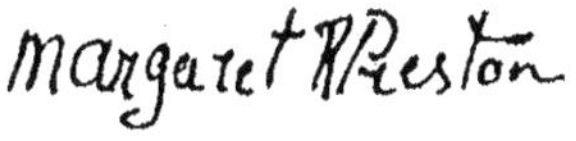

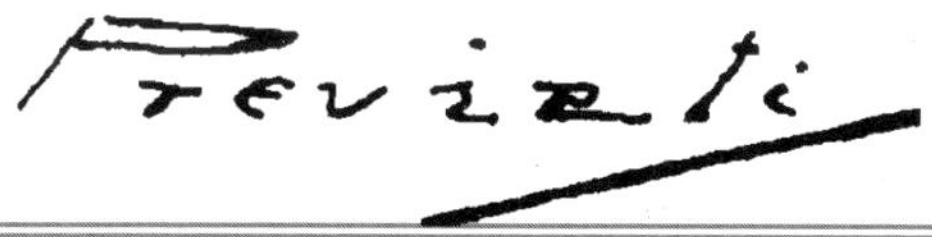

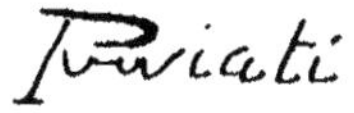

Prevot Valeri André 1890-1959	Prinet Xavier 1861-1946
Preyer Emilie 1849-1930	Prinetti Costantino 1825-1855
Preyer Johann Wilhelm 1803-1889	Prins Pierre Ernest 1838-1913
Preyer Paul 1847-1931	Priou Louis 1845
Preziosi Amedeo 1816-1882	Privat Livemont 1852-1936
Priechenfried Alois H. 1867-1953	Probst Carl 1854-1924
Priestman Bertram 1868-1951	Procter Dod 1892-1972
Prieur-Bardin François L. 1870-1939	Proctor Adam E. 1864-1913
Priking Franz 1927-1979	Prokofieff Dimitry von mort en 1944
Prina André Julien 1886-1941	Proost Alphonse 1880-1957

Prooyen Albert J. van 1834-1898

A J v Prooyen

Prosdocini Alberto 1852

A. Prosdocimi

Protais Paul Alexandre 1826-1890

A. Protais

Protti Alfredo 1882-1949

Protti 1913

Prout Margaret Fischer 1875-1963

Fisher Prout

Prout Samuel 1783-1852

Prout

Prouvé Victor 1858-1943

Vn Prouvé

Prucha Gustav 1875-1934

G. Prucha

Prud'hon Pierre Paul 1758-1823

P P Prudhon

Pruna Pedro 1904-1977

Pruna

Pryn Harald 1891-1968

Harald Pryn

Puccinelli Antonio 1822-1897

PucciNelli

Puccini Mario 1859-1920

M Puccini

Puccini Mario 1859-1920

Mo Puccini

Puccini Mario 1859-1920

Mo Puccini

Pugin Auguste Charles 1769-1832

A. Pugin

Pugliesi Levi Clemente 1855-1936

C. Pugliese

Puigaudeau Ferdinand du 1864-1930

F du Puigaudeau

Pujol Abel de le jeune XIXe

Abel de Pujol

Pujol Guastavino C. de 1850-1905

C Pujol

Purdy Donald 1924

Puricelli Giuseppe 1825-1894

Purificato Domenico 1915-1984

Purrmann Hans 1880-1966

Purvitis William 1872-1945

Pury Edmond J. de 1845-1911

Pury Edmond J. de 1845-1911

Pusterla Attilio 1862-1941

Pusterla Attilio 1862-1941

Putz Léo 1869-1940

Putz Léo 1869-1940

Puvis de Chavannes Pierre 1824-1898

Puvis de Chavannes Pierre 1824-1898

Puy Jean 1876-1960

Pycke François 1890-1960

Pyne Doria Grace XXe

Pyne James Baker 1800-1870

Pyne Thomas 1843-1935

Quaedvlieg Carel Max 1823-1874

Quadrelli Emilio 1863-1925

Quadrone Giovanni Battista 1844-1898	Quiesse Claude 1938
Quaglia Carlo 1903-1970	Quignon Fernand 1854-1941
Quaglio Franz 1844-1920	Quinaux Joseph 1822-1895
Quarck Karl 1869-1950	Quinche Henri XXe
Quatrociocchi Domenico 1872-1941	Quinet Mig. 1906
Quelvee François Albert 1884-1967	Quinquela Martin Benito 1895-1977
Quentin Bernard 1923	Quintana Juan Carlos XXe
Quentin Bernard 1923	Quintanilla Alberto 1934
Querena Lattanzio 1768-1853	Quintanilla Isabel 1938
Querena Luigi 1820-1887	Quintard Lucien 1849-1905

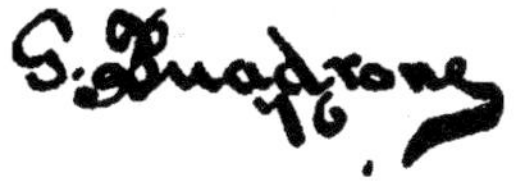

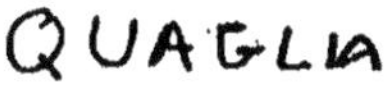

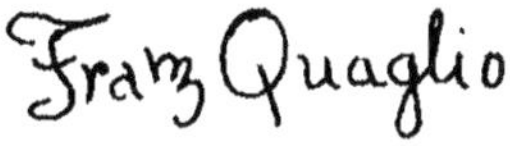

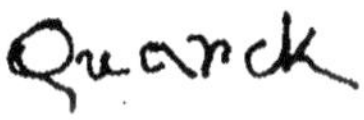

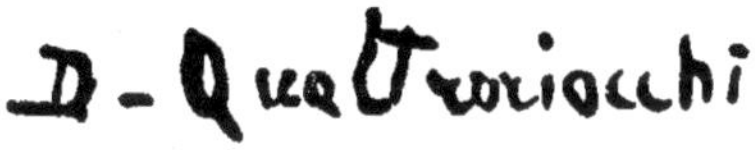

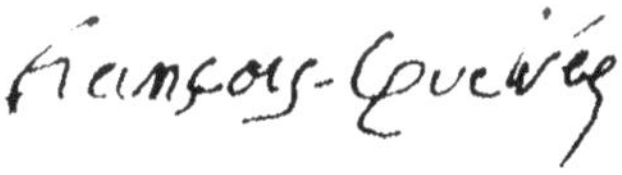

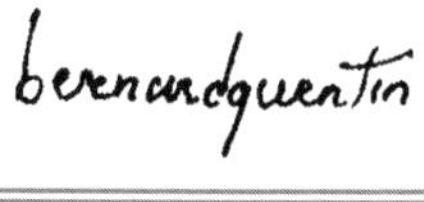

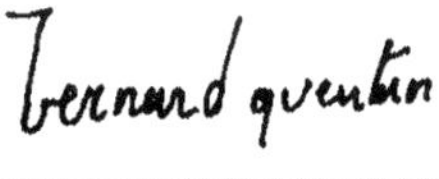

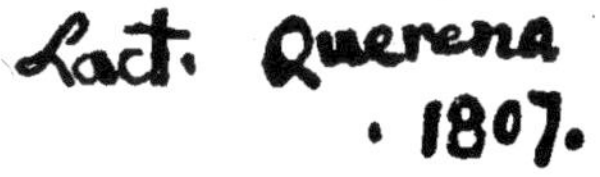

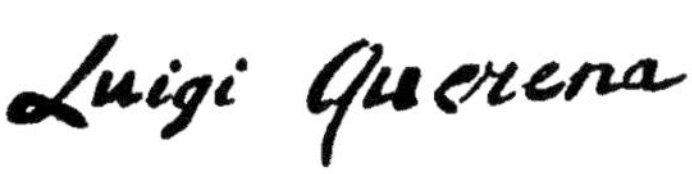

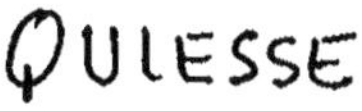

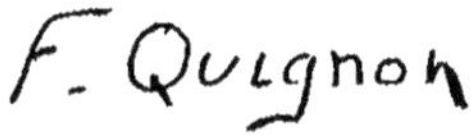

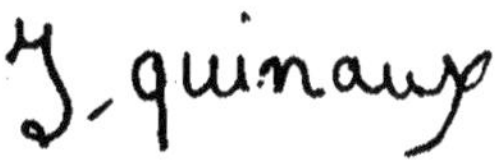

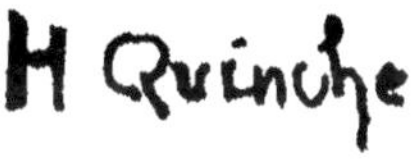

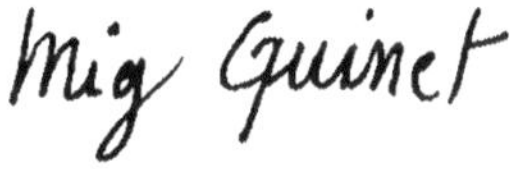

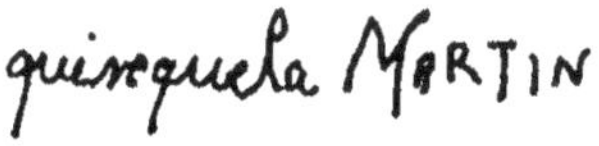

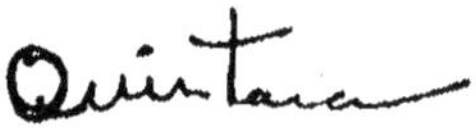

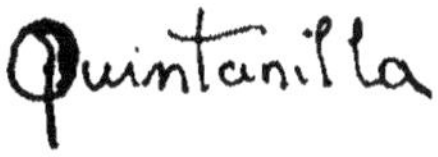

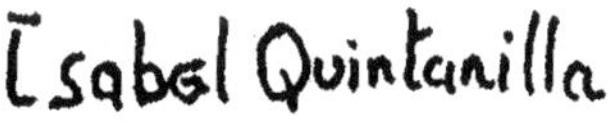

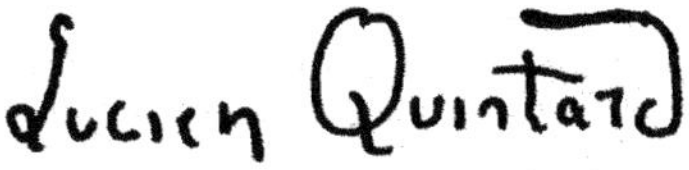

Quinton Alfred Robert 1853

Quinton Edmond 1892-1969

Quinzio Tullio Salvatore 1858-1918

Quiros Cesario B. 1881-1968

Quitton Edouard 1842

Quittot Danielle XXe

Quizet Alphonse 1885-1955

Quizet Alphonse 1885-1955

Raaphorst Cornelis 1875-1954

Rabes Max Friedrich 1868-1944

Rabes Max Friedrich 1868-1944

Rabine Oscar 1928

Rabioglio Domenico 1857-1903

Racim Mohammed 1896-1975

Rackham Arthur 1867-1939

Rackham Arthur 1867-1939

Raderscheidt Anton 1892-1970

Radinsky Vaclav 1867-1946

Radziwill Franz 1895-1983

Radziwill Franz 1895-1983

Radziwill Franz 1895-1983

Radziwill Franz 1895-1983

Raffaelli Jean François 1850-1924

Raffaelli Jean François 1850-1924

Raffele Ambrogio 1845-1928

Raffet Auguste 1804-1860

Raffler Max 1902-1988

Raffy le Persan Jean 1920

Raggio Giuseppe 1823-1916

Raggio Giuseppe 1823-1916

Ragione Raffaele 1851-1919

Ragione Raffaele 1851-1919

Ragless Max 1901-1981

Ragot Jules 1867-1896

Raimondi Aldo 1902

Raine Jacqueline XXe

Raine Jean 1927

Rainer Arnulf 1929

Rainer Arnulf 1929

Rajon P. Adolphe 1842-1888

Ralli Théodore 1852-1909

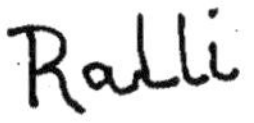

Ramauge Robert 1890

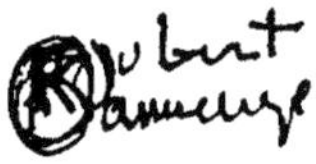

Rambeau Guylaine XXe

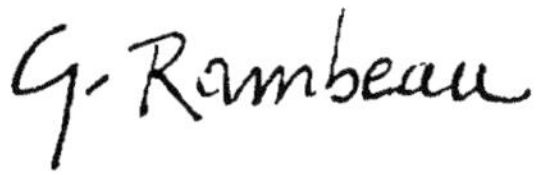

Rambier F. XXe

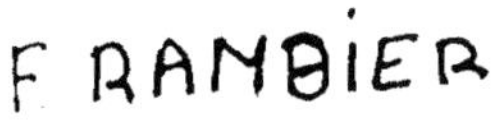

Rame Jules Louis 1855-1927

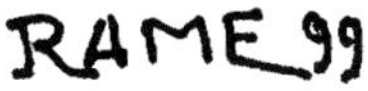

Rameix Jean Louis XXe

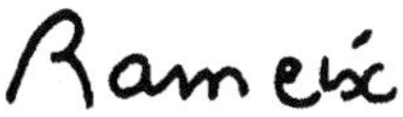

Ramos F. XIXe-XXe

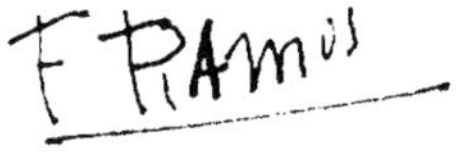

Ramos F. XIXe-XXe

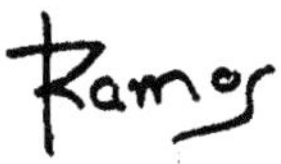

Ramos Martinez Alfredo 1872-1946

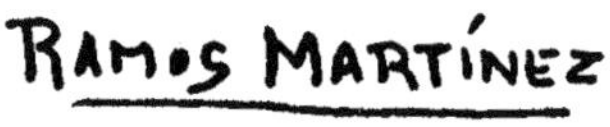

Ramsay Hugh 1877-1906

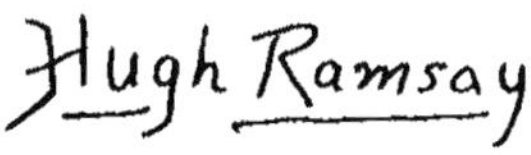

Ramsey Milne 1846-1915

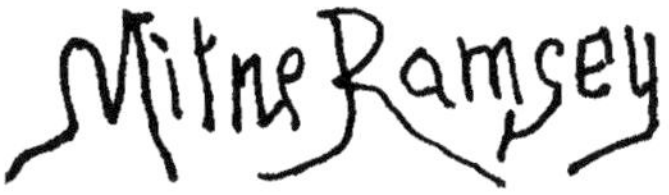

Ranson Paul Elie 1864-1909

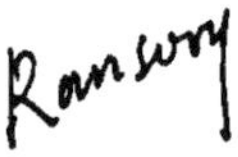

Ranson Paul Elie 1864-1909

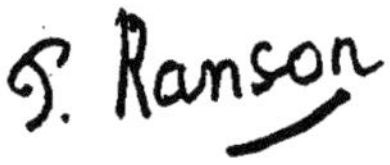

Ranzoni Daniele 1843-1889

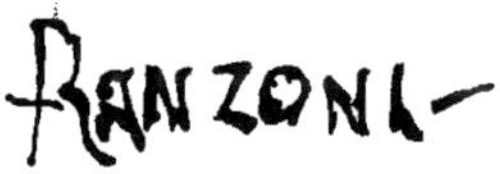

Rapetti Camilio 1859-1929

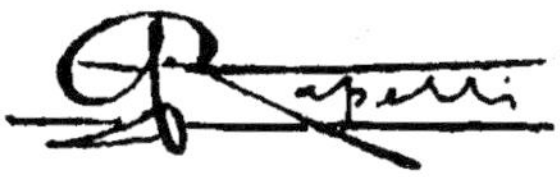

Rapin Aimé 1869

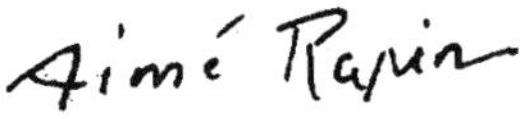

Rapin Alexandre 1839-1889

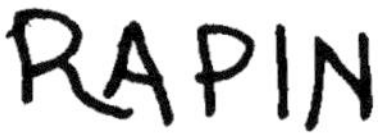

Rapin Alexandre 1839-1889

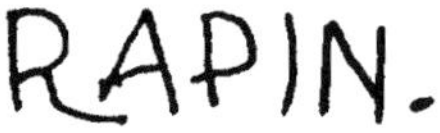

Rapp Alexander 1869-1927

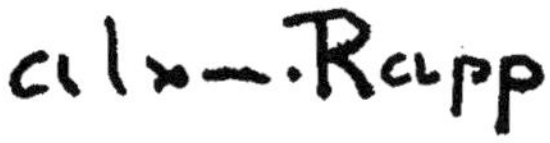

Raquin Iris 1933

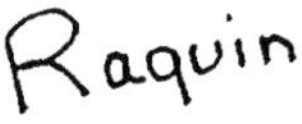

Rasch Heinrich 1840-1913

Rasky Marie Madeleine morte en 1982

Rasmussen Georg Anton 1842-1914

Rasponi Clelia XIXe

Rassenfosse Armand 1862-1934

Rassenfosse Armand 1862-1934

Ratcliffe William 1870-1955

Rathsman Siri 1895-1974

Raty Albert 1889-1970

Rau Emil 1858-1940

Raudnitz Albert 1814-1899

Rauh Caspar 1912-1983

Rauschenberg Robert 1925

Rauschenberg Robert 1925

Rava Giovanni 1874-1944

Raveel Roger 1921

Ravel Edouard 1847-1920

Ravet Victor 1840-1895

Ravetta Enrico 1864

Ravier François Auguste 1814-1895

Ravier François Auguste 1814-1895	Redfield Edward Willis 1869-1965
Raya Sorkine 1936	Redgrave Richard 1804-1888
Raymond Ludovico 1825-1898	Redin Carl 1892-1944
Rayper Ernesto 1840-1873	Redon Odilon 1840-1916
Rayper Ernesto 1840-1873	Redon Odilon 1840-1916
Real Bordalo Arthur XXe	Redoute Henri Joseph 1766-1852
Real del Sarte Maxime 1888-1954	Redoute Pierre Joseph 1759-1840
Réalier Dumas Maurice 1860-1928	Redpath Anne 1895-1965
Rebeyrolle Paul 1926	Rees Lloyd 1895-1988
Rebourgeon L. XIXe-XXe	Reffo Enrico 1831-1919

Regamey Frederic 1849-1925

Reggiani Liberio XXe

Reggianini Vittorio 1858-1938

Reggianini Vittorio 1858-1938

Regnault Henri A. 1843-1871

Regoyos y Valdes Dario de 1857-1913

Reheiser Jacqueline XXe

Rehfous Albert 1860-1912

Reichel Hans 1892-1958

Reichert Carl 1836-1918

Reid John Robertson 1851-1926

Reid Robert 1862-1929

Reille Karl 1886-1974

Reille Karl 1886-1974

Reinhardt Louis 1849-1870

Reinhold Franz 1816-1893

Reinhoud d'Haese 1928

Reiss Fritz 1857-1916

Reiss Winold 1886-1953

Remington Frederic 1861-1909

Remlinger Jean XXe

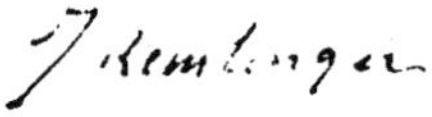

Remond Jean 1872-1913

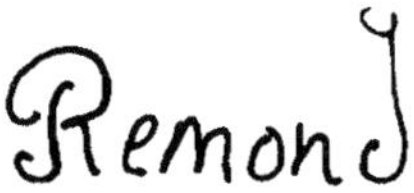

Remy M. 1829-1915

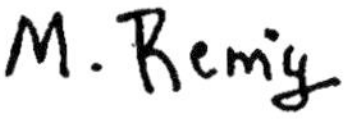

Rémy Réva XXe

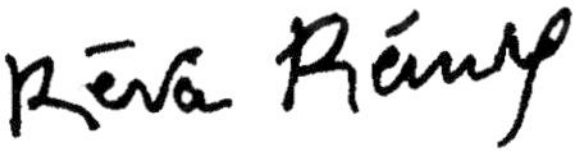

Renard Emile 1850-1930

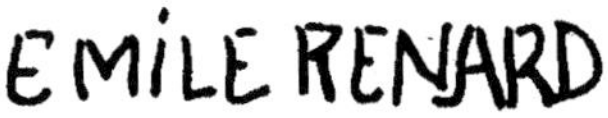

Renard Paul 1926

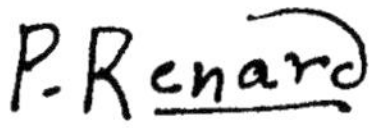

Renaudin Alfred 1866-1944

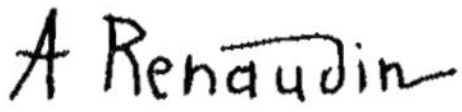

René Jean-Jacques 1943

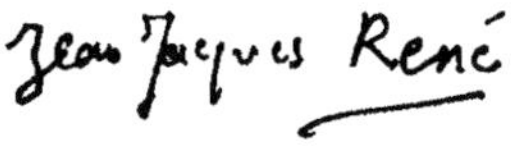

Renefer Raymond 1879-1957

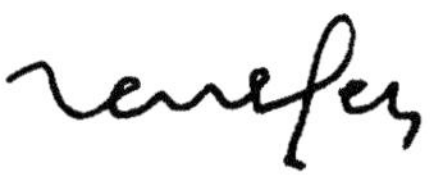

Reno Irène XXe

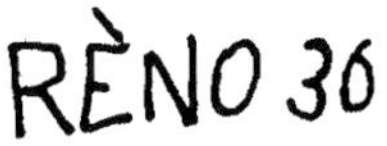

Renoir Auguste 1841-1919

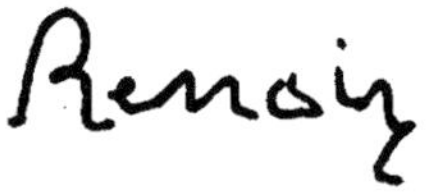

Renoir Auguste 1841-1919

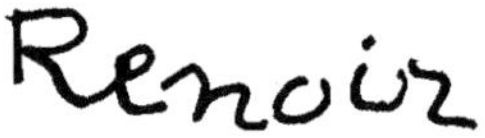

Renouard Paul 1845-1924

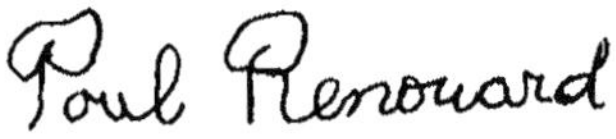

Renouf Emile 1845-1894

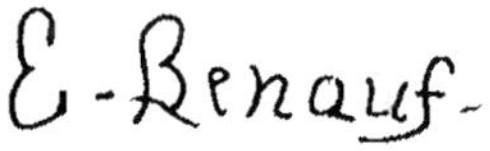

Renoux André 1939

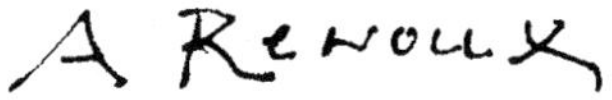

Renoux Jules Ernest 1863-1932

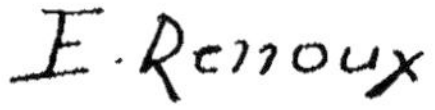

Renoux Jules Ernest 1863-1932

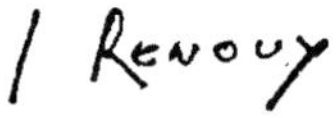

Renucci Renuccio 1880-1947

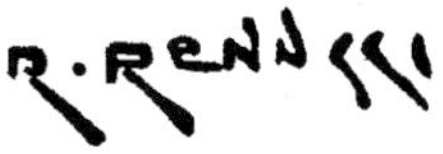

Repin Ilya 1844-1930

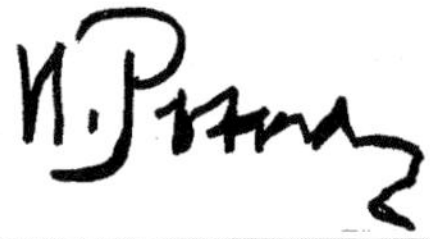

Repnik Anton XXe

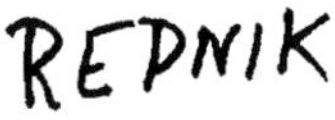

Rescalli Angelo 1884-1956

Rescalli Angelo 1884-1956

Reth Alfred 1884-1966

Reth Alfred 1884-1966

Rets Jean 1910

Rettig Heinrich 1859-1921

Reveron Armando 1889-1956

Revold Axel 1887-1962

Reycend Angelo XXe

Reycend Enrico 1855-1928

Reymen Joseph XIXe-XXe

Reymond Casimir 1893-1969

Reynaud François 1825-1909

Reynaud Rose XIX

Reynolds Franck 1895

Reyntjens Heinrich 1817-1900

Rhead Louis 1857-1926

Rheam Henry 1859-1920

Rhein Fritz 1873-1948

Rheiner Louis 1863-1924

Rheiner Louis 1863-1924

Rho Camillo 1872-1946

Rhodes Marion XXe

Riard Fernand 1896-1959

Riard Fernand 1896-1959

Ribak Louis Léon XXe

Ribera Pierre 1867-1932

Ribera Pierre 1867-1932

Riblet Fernand 1873-1944

Ribot Théodule 1823-1891

Ricard Louis Gustave 1823-1873

Ricca Pasquale 1854-1910

Ricci Alfredo 1864-1889

Ricci Arturo 1854-1919

Ricci Arturo 1854-1919

Ricci Guido 1836-1897

Ricci Pio mort en 1919

Ricciardi Oscar 1864-1935

Ricciardi Oscar 1864-1935

Richard Alain XXe

Richard Alexandre 1782-1859

Richard D. T. 1910

Richard René Jean 1895-1982

Richards Ceri 1903-1971

Richards William Trost 1833-1905

Richards William Trost 1833-1905

Richardson Thomas Miles 1813-1890

Richardson Thomas Miles 1813-1890

Richardson Volney 1880

Richet Léon 1847-1907

Richez Jacques XXe

Richir Herman 1866-1958

Richmond George 1809-1896

Richmond William Blake 1842-1921

Richter Aurel 1870-1957

Richter Hans 1888-1975

Richter Klaus 1887-1948

Richter Ludwig 1803-1884

Richter Luitpold Matthaus XXe

Richter Robert 1860

Richterich Marco 1929

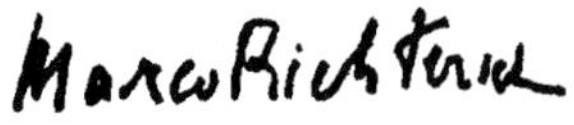

Ricklund Folke 1900-1986

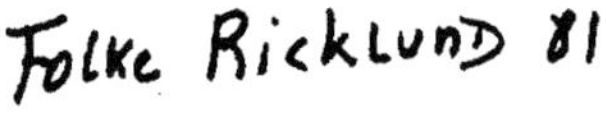

Rickman Philip 1891-1982

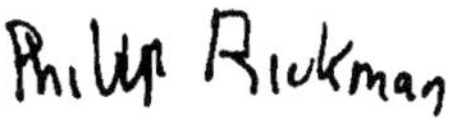

Rico y Ortega Martin 1833-1908

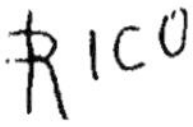

Ricquier Louis 1792-1844

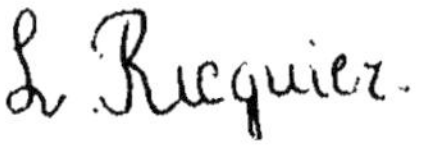

Ridel Louis 1866-1937

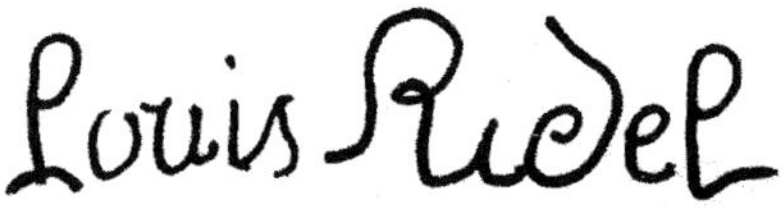

Ridel Louis 1866-1937

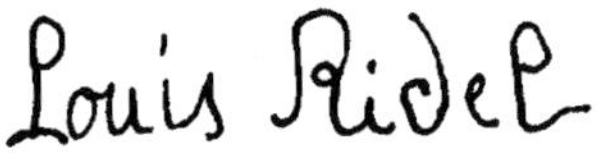

Rieger Albert 1834-1905

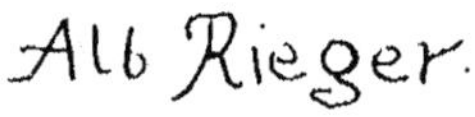

Rieger Frans XXe

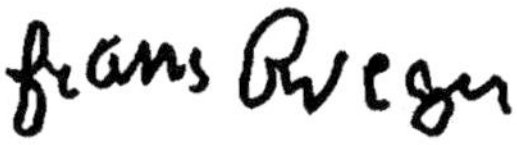

Riemerschmid Rudolf 1873-1953

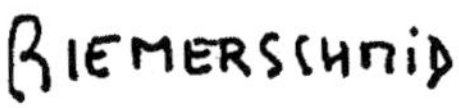

Riesener Léon Louis 1808-1878

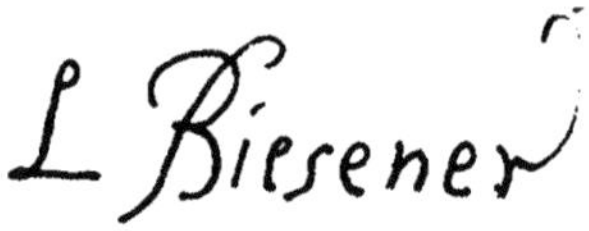

Riesener Léon Louis 1808-1878

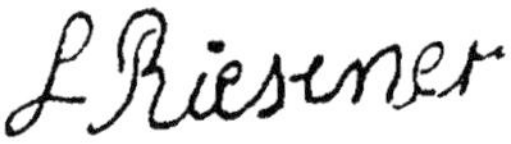

Rietti Arturo 1863-1943

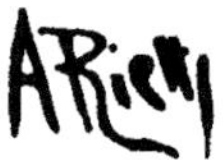

Rigal Yann 1928-1978

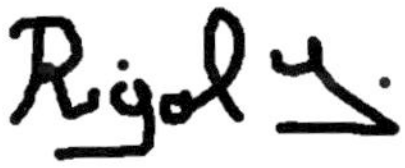

Rigaud Jean 1912

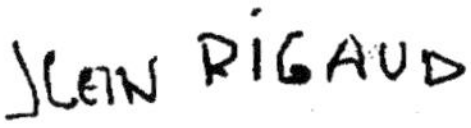

Rigaud Jean 1912

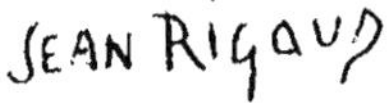

Rigaud Pierre Gaston 1874

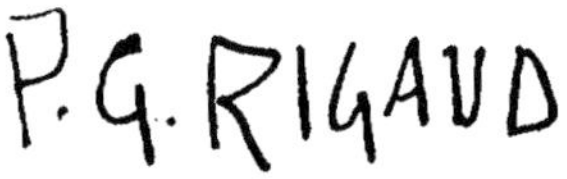

Rigaud Théo XXe

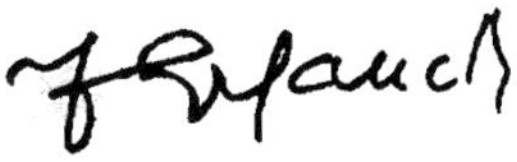

Rigolot Albert Gabriel 1862-1932

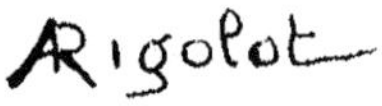

Riley Bridget 1931

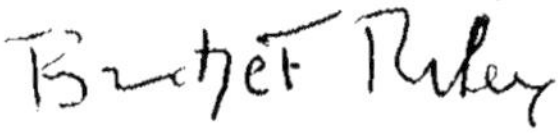

Riley Thomas XIXe

Riley William Edward 1852-1937

Rin Nicolas 1919

Rinaldi Alessandro 1839-1890

Ring Laurits Andersen 1854-1933

Ring Laurits Andersen 1854-1933

Ring Laurits Andersen 1854-1933

Ring Ole 1902-1972

Ringeling Hendrick 1812-1874

Ringelnatz Joachim 1883-1934

Rink Paul 1961-1903

Rinsema Thijs 1877-1947

Riopelle Jean Paul 1923

Rip Willem Cornelis 1856-1922

Rip Willem Cornelis 1856-1922

Ripari Virgilio 1843-1902

Ripley Alden Lasser 1896-1969

Rippe Michel XXe

Rippl Ronai Josef 1861-1927

Risse Roland 1835

Rist Luigi 1889-1959

Ritschl Otto 1885-1976

Ritsema Coba 1876-1961

Ritter Paul 1829-1907

Ritter Wilhelm von 1850-1926

Ritz Raphael 1829-1894

Riva Giovanni 1890-1973

Riva Giuseppe XIXe-XXe

Rivellini Ernesto 1869-1916

Rivera Diego 1886-1957

Rivera Diego 1886-1957

Rivera Diego 1886-1957

Rivers Larry 1923

Rivers Leopold 1852-1905

Riviere Briton 1840-1920

Riviere Henri 1864-1951

Riviere Henri 1864-1951

Rixens Jean André 1846-1924

Rizzi Emilio 1881-1952

Robaudi Alcide Théophile 1850-1928

Robaudi Alcide Théophile 1850-1928

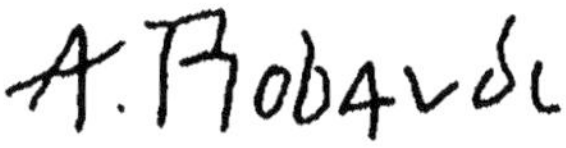

Robbe Henri 1807-1899

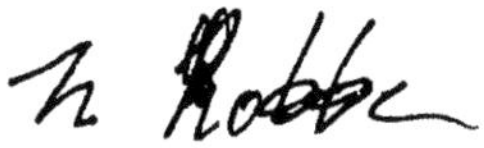

Robbe Louis 1806-1887

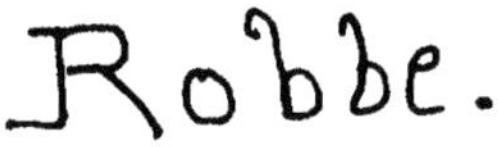

Robellaz Emile 1844-1882

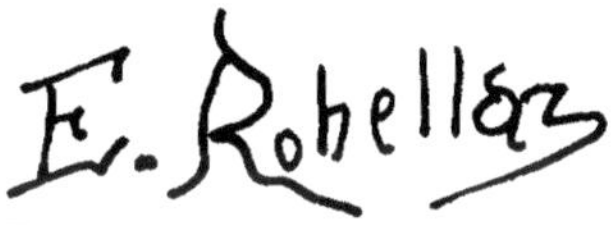

Robert Claude XXe

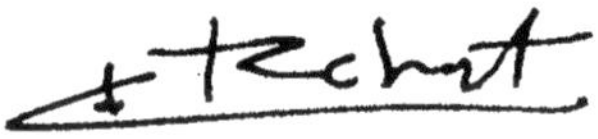

Robert Fleury Tony 1837-1912

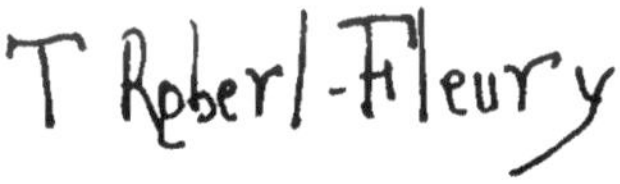

Robert Théophile Paul 1879-1954

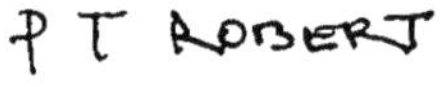

Roberti Albert Pierre 1811-1864

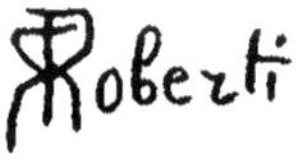

Roberts Edwin Thomas 1840-1917

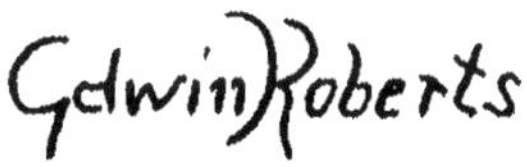

Roberts William Goodridge 1904-1974

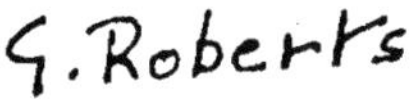

Robertson Charles 1844-1891

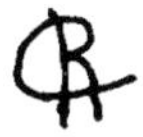

Robertson George E. 1964

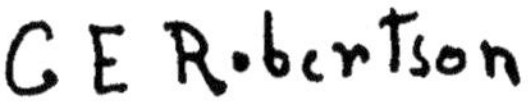

Robie Jean-Baptiste 1821-1910

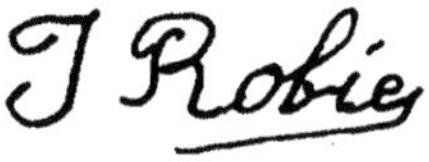

Robie Jean-Baptiste 1821-1910

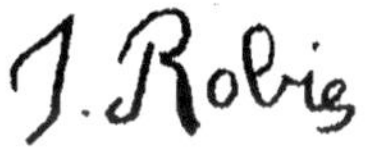

Robinson Théodore 1852-1896

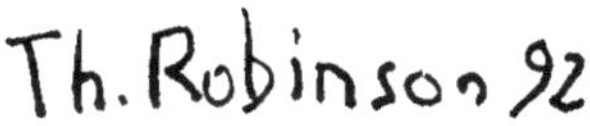

Robinson William Heath 1872-1944

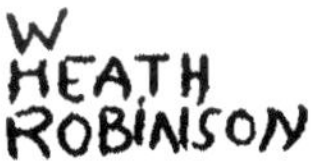

Robjent Richard 1937

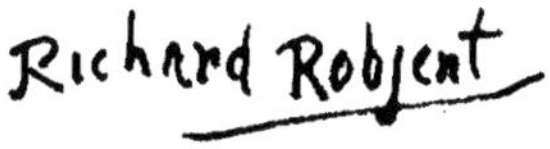

Rochat Alexandre 1895-1981

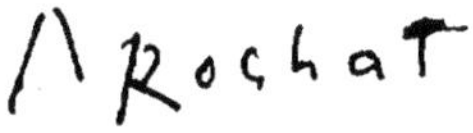

Roche Alexander 1863-1921

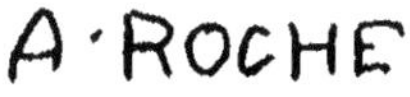

Roche Daniele XXe

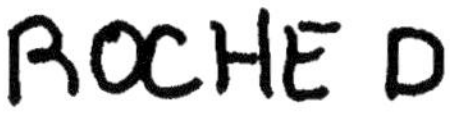

Roche Marcel 1890-1959

Rochegrosse Georges 1859-1938

Rocher Ch. 1890-1962

Rocher Emile XIXe-XXe

Rocher Ernest 1872-1936

Rocher Maurice 1918-1995

Rockline Vera 1896-1934

Rockwell Norman 1894-1978

Roda Leonardo 1868-1933

Rodchenko Alexander 1891-1956

Rode Heinrich 1727-1759

Rodel R. XXe

Rodin Auguste 1840-1917

Rodin Auguste 1840-1917

Rodin Auguste 1840-1917

Rodin Auguste 1840-1917

Rodna Marina XXe

Roe Frederic Rushing 1864-1947

Roe Frederic Rushing 1864-1947

Roejback Ingolf XXe

Roelofs Willem 1822-1897

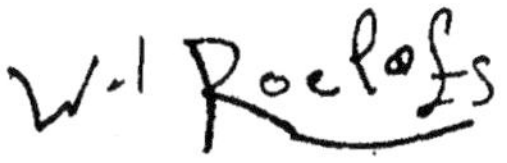

Roelofs Willem 1822-1897

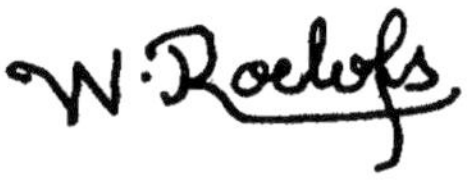

Roesen Severin 1815-1871

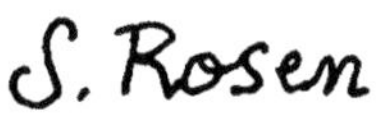

Roesler Franz Ettore 1845-1907

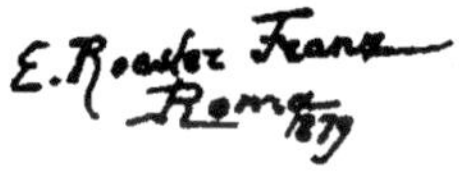

Roesler Franz Ettore 1845-1907

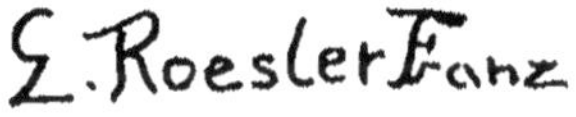

Roffiaen Jean François 1820-1898

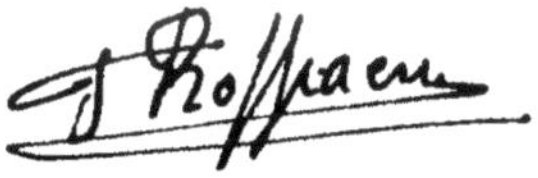

Roger André XXe

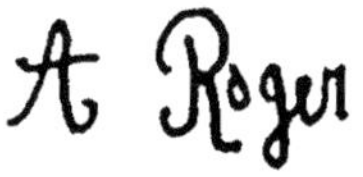

Roger Louis 1874-1953

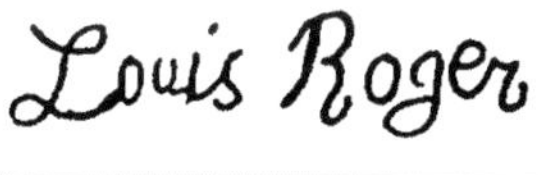

Roger Suzanne 1899-1986

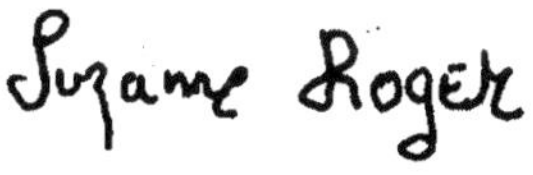

Rogers William P. 1854-1931

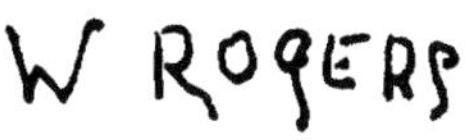

Rohlfs Christian 1849-1938

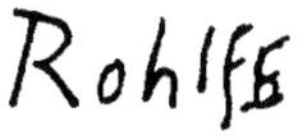

Rohlfs Christian 1849-1938

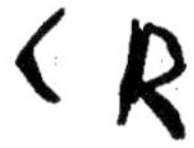

Rohner Georges 1913

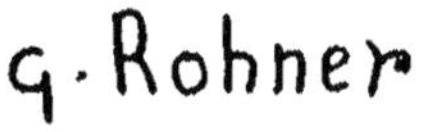

Röhricht Walter 1886-1953

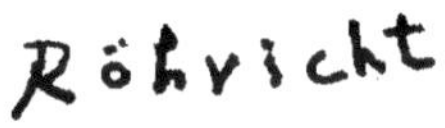

Roidot Henri 1877-1960

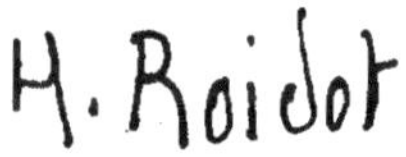

Roidot Henri 1877-1960

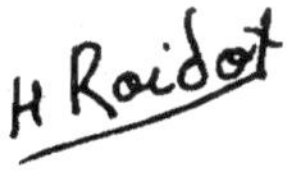

Roig y Soler Joan 1852-1909

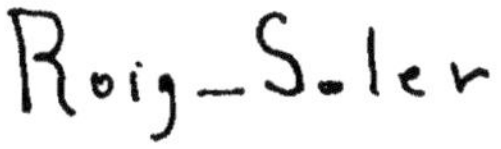

Roig y Soler Joan 1852-1909

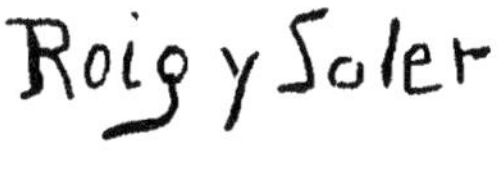

Rojas Elmar 1938

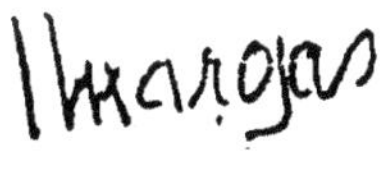

Röjgard Katarina XXe

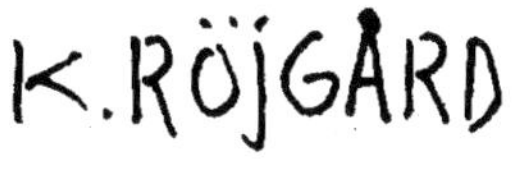

Roldan Enrique XIXe-XXe

Roll Alfred 1846-1919

Rollier Charles 1912-1968

Rollins Warren Eliphalet 1861-1962

Romako Anton 1832-1889

Romako Anton 1832-1889

Romanach Leopoldo 1862-1951

Romanet Ernest 1876

Romani Juana 1869-1924

Romeo Adolfo XXe

Romero Frank XXe

Romiti Gino 1881-1967

Roncoroni Luciano XXe

Rondel Henri 1857-1919

Rondel Henri 1857-1919

Ronfaut Bernard XXe

Ronner Knip Henriette 1821-1909

Ronner Knip Henriette 1821-1909

Ronsin Jean 1905

Rontini Alessandro 1854

Roosenboom A. 1845-1875

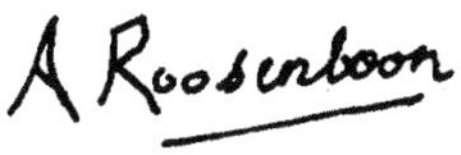

Roosenboom Margherite 1843-1896

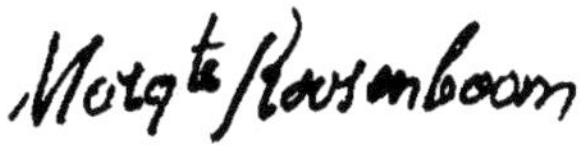

Roosenboom Margherite 1843-1896

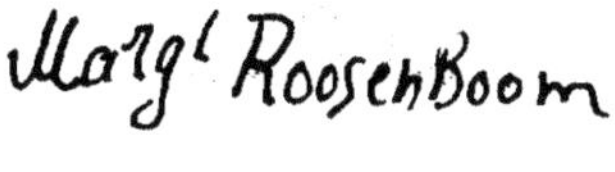

Rooskens Anton 1906-1976

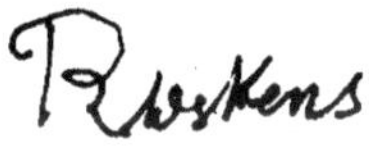

Ropert Annick XXe

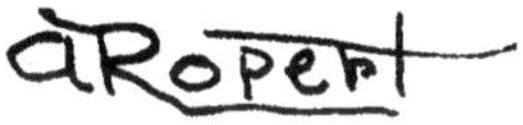

Rops Félicien 1833-1898

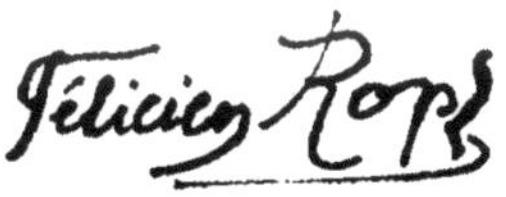

Rops Félicien 1833-1898

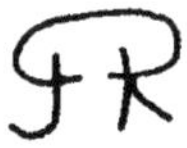

Rops Félicien 1833-1898

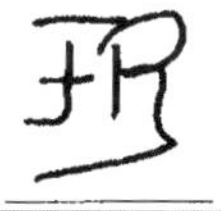

Roqueplan Camille 1803-1855

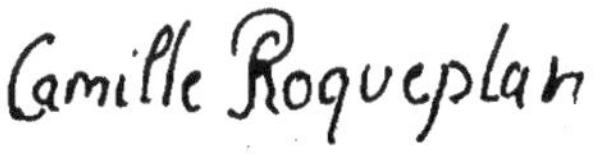

Rörbye Martinus 1803-1848

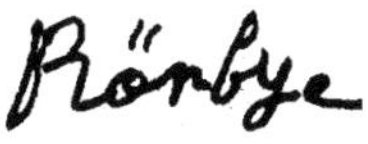

Rosa Costantino 1803-1878

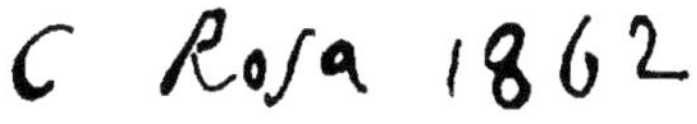

Rosai Ottone 1895-1957

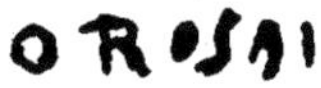

Rosati Giulio 1858-1917

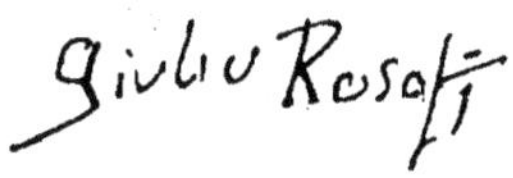

Rose Gérard de 1921

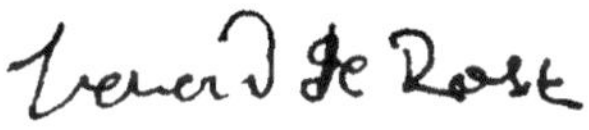

Roseland Harry 1868-1950

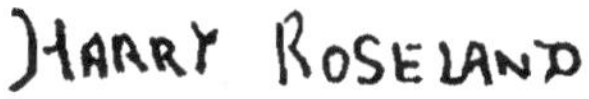

Rosen Per Olof XXe

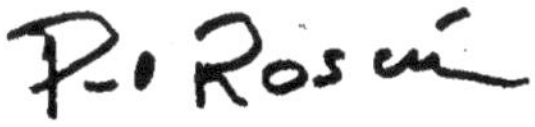

Rosenberg Edward 1858-1934

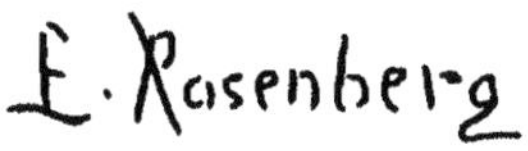

Rosenborg Rarlf 1913

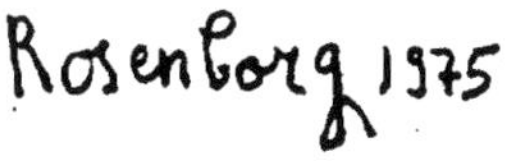

Rosenstand Emil 1859-1932

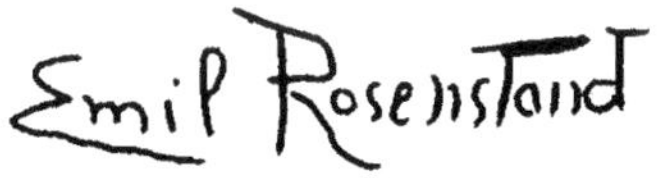

Rosier André XXe

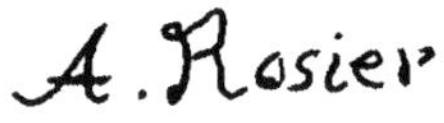

Rossano Federico 1835-1912	Rossi Erminio 1871-1942
Rosseau Percival Léonard 1859-1937	Rossi Giuseppe 1820-1899
Rosseels Jacques 1828-1912	Rossi Joseph 1892-1930
Rosset René Pierre XXe	Rossi Lucius 1846-1913
Rossetti Dante Gabriel 1828-1882	Rossi Lucius 1846-1913
Rossetti Dante Gabriel 1828-1882	Rossi Lucius 1846-1913
Rossi Alberto 1858-1936	Rossi Luigi 1853-1923
Rossi Alberto 1858-1936	Rossi Luigi 1853-1923
Rossi Enrico 1866-1947	Rossi Luigi 1853-1923
Rossi Enrico 1858-1916	Rossi Pietro 1829-1893

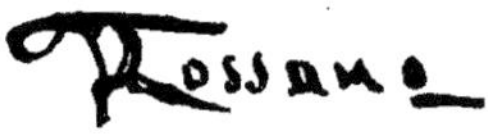

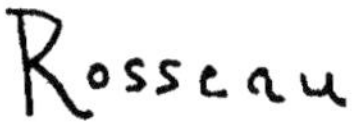

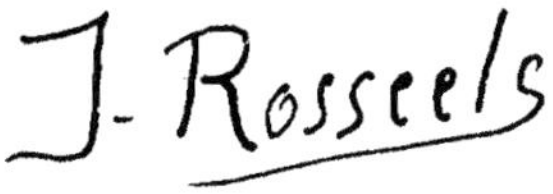

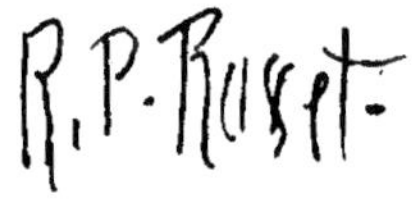

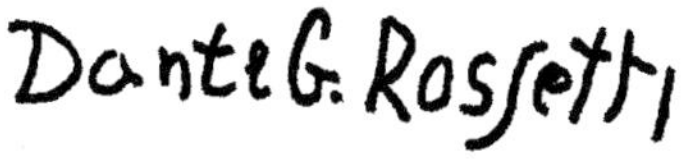

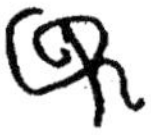

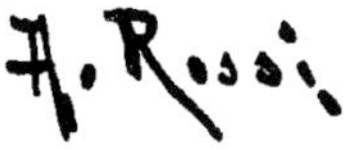

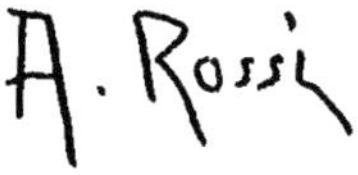

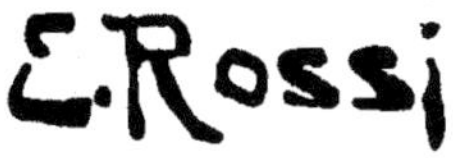

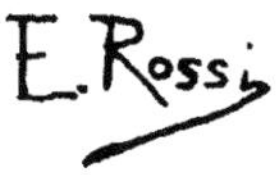

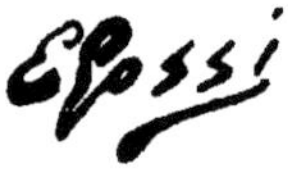

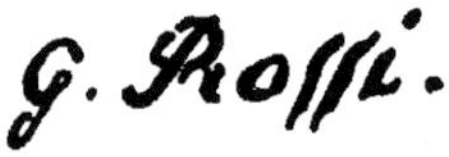

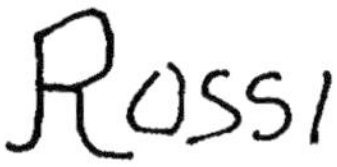

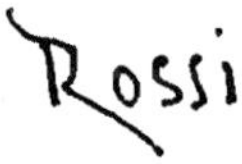

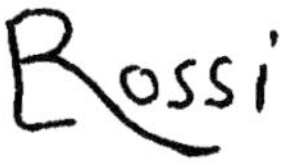

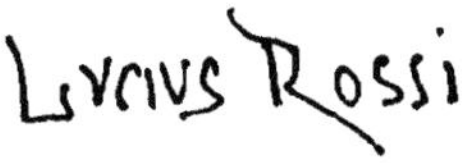

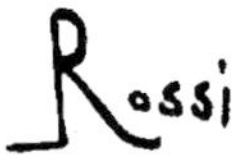

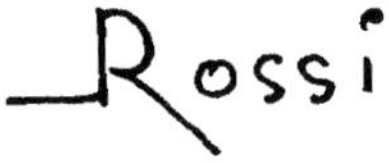

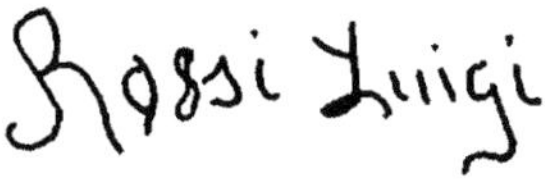

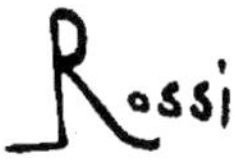

Rossie Marcel J. XXe

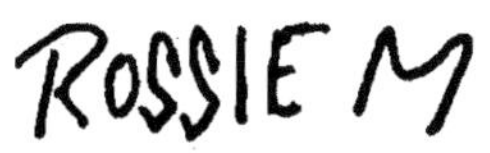

Rosso Medardo 1858-1928

Rosso Medardo 1858-1928

Rosso Medardo 1858-1928

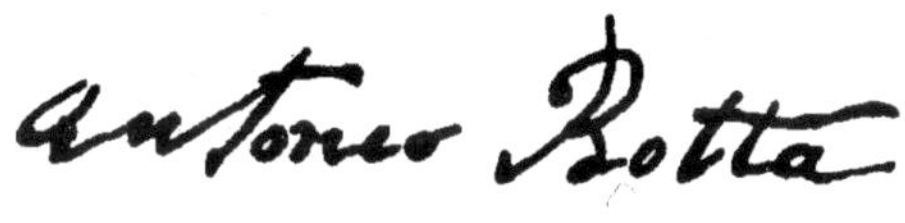

Rossotti Matteo 1865

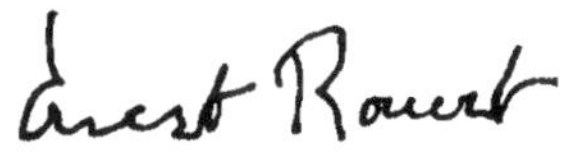

Rota Angelo 1836-1903

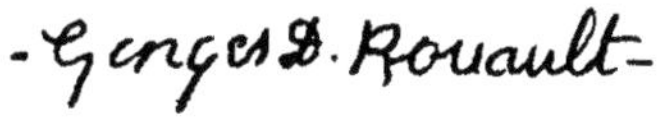

Rotella Mimmo 1918

Rotella Mimmo 1918

Roth Daniel XXe

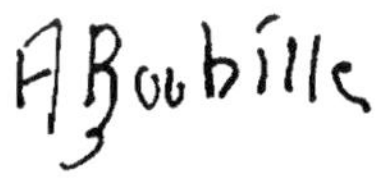

Röth Philip 1841-1921

Rothaug Alexander 1870-1946

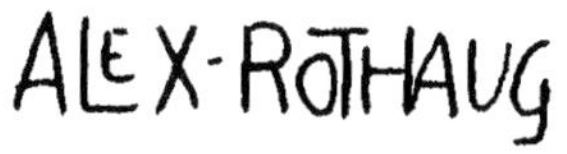

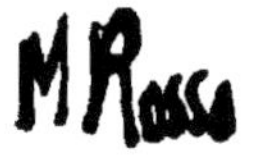

Rothenstein William 1872-1945

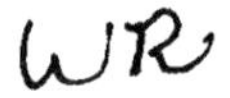

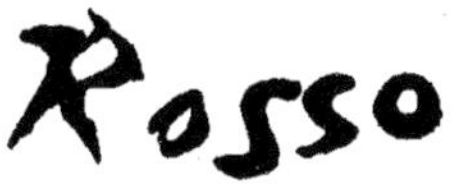

Rötig Georges Frédéric 1873-1961

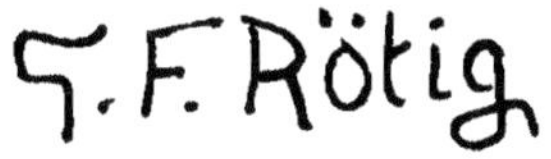

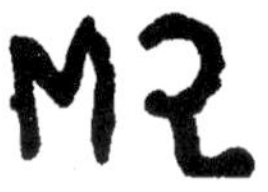

Rotta Antonio 1828-1903

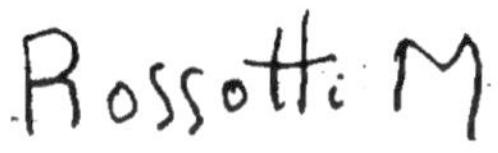

Rouart Ernest 1874-1942

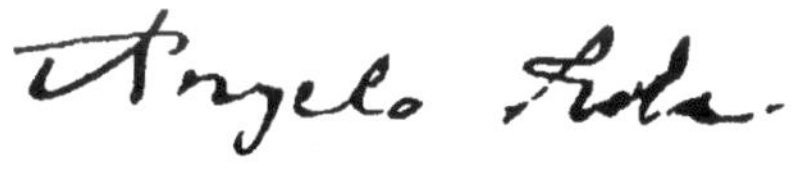

Rouault Georges 1871-1958

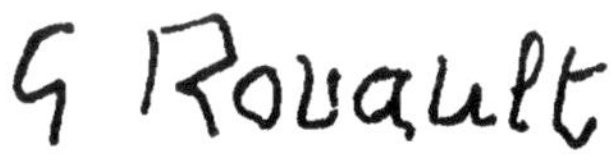

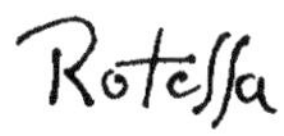

Rouault Georges Dominique 1904

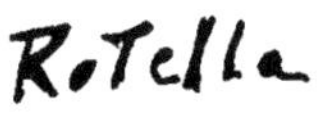

Roubaud Franz 1856-1928

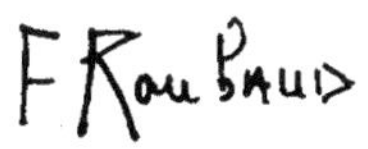

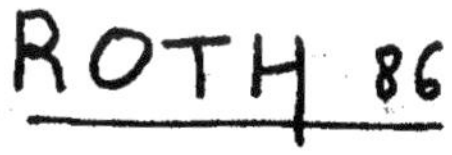

Roubille Auguste fils 1872-1955

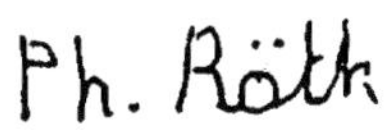

Roubtzoff Alexandre 1884-1949

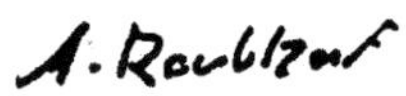

Roulland Jean 1931

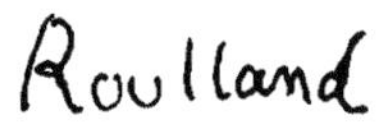

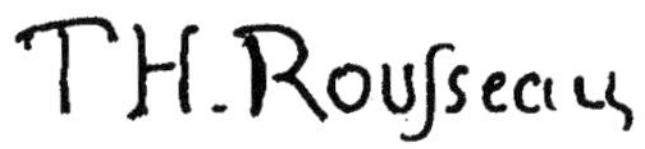

Roullet Gaston 1847-1925

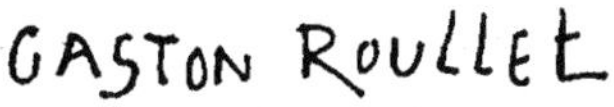

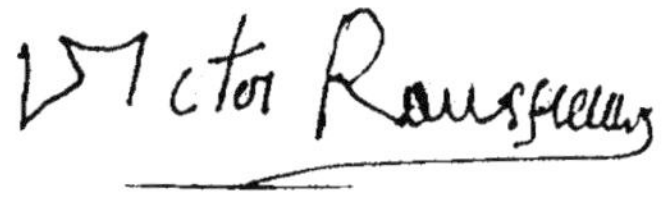

Roullier Alain 1946

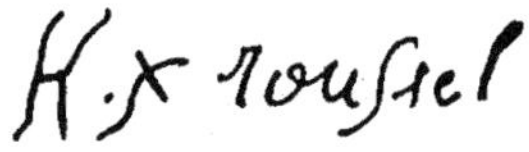

Rousseau Alain 1926

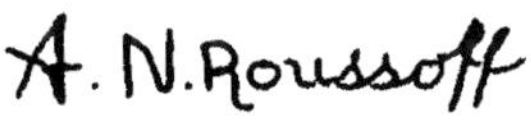

Rousseau Albert 1908-1982

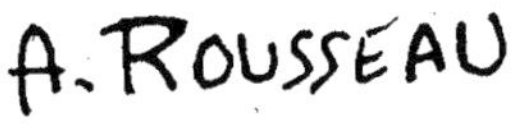

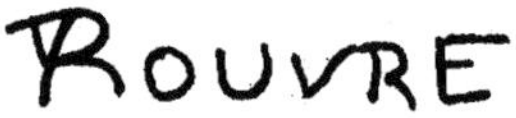

Rousseau Charles 1862-1916

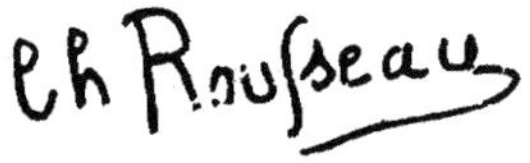

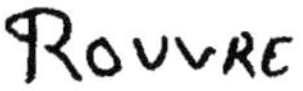

Rousseau Henri Emilien 1875-1933

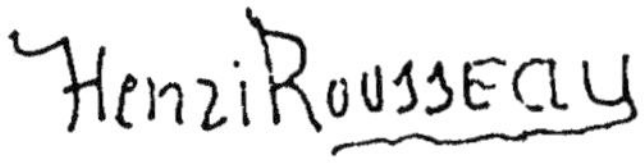

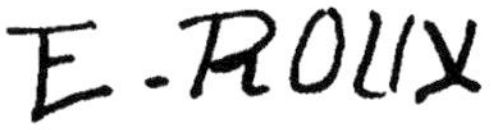

Rousseau Henri Emilien 1875-1933

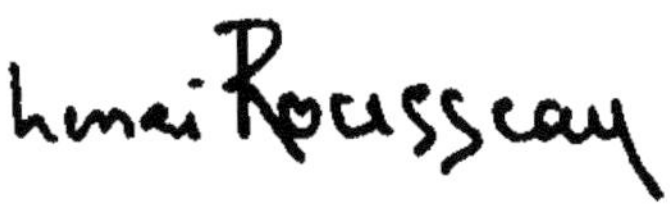

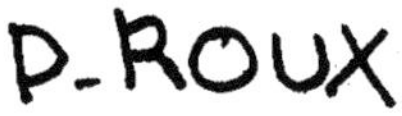

Rousseau H. (le Douanier) 1844-1910

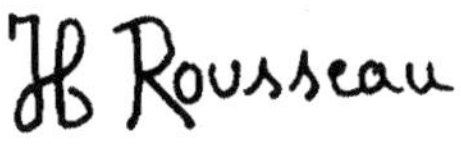

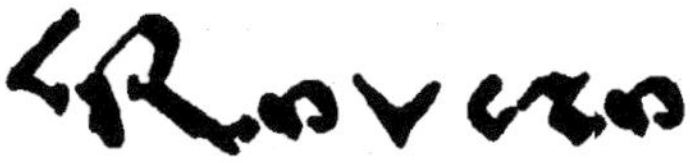

Rousseau Philippe 1816-1887

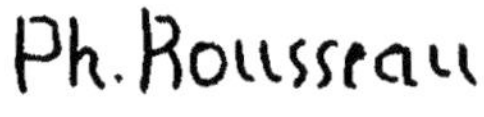

Rousseau Théodore 1812-1867

Rousseau Victor 1865-1954

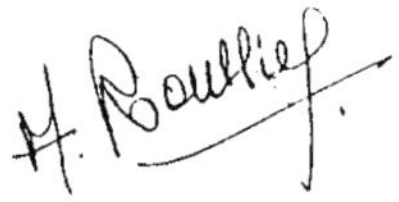

Roussel Ker Xavier 1867-1944

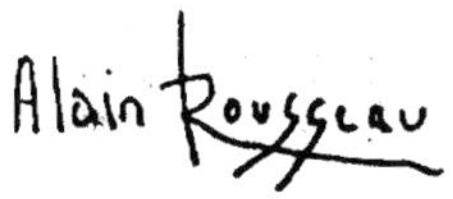

Roussoff Alexandre 1844-1928

Rouvre Yves 1910

Rouvre Yves 1910

Roux Emile XIXe

Roux Pierre 1932

Rovero Giovanni 1885-1971

Rovero Giovanni 1885-1971

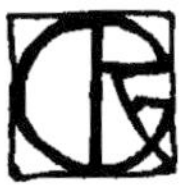

Rovetta Francesco 1849-1932

Rowan Ellis 1858-1922

Rowbotham Charles 1858-1921

Rowlandson Thomas 1756-1827

Roy Dolf van 1858-1943

Roy Louis 1862-1907

Roy Marius 1833

Roy Pierre 1880-1950

Roybet Ferdinand 1840-1920

Roye Jozef van de 1861-1941

Royer Henri 1869-1938

Royer Jean XXe

Royle Stanley 1888-1961

Rozier Dominique Hubert 1840-1901

Rozynski Kurt von XIXe-XXe

Rubin Reuven 1893-1974

Rubino Edoardo 1871-1954

Ruby René 1908-1983

Rude Olaf 1886-1957

Rüdell Carl 1855-1939

Ruiperez Luis 1832-1867

Ruith Horace van 1839-1923

Ruith Horace van 1839-1923

Ruiz Pipo Manolo 1929

Rul Henri 1862-1942

Rumpler Franz 1848-1922

Runze Wilhelm 1887-1973

Ruperti Madva 1903-1981

Rupprecht Tini Albertina 1867-1956

Rusinol Santiago 1861-1931

Ruskin John 1819-1900

Ruspoli Ippolito XIXe

Russel John 1745-1806

Russell Charles Marion 1864-1926

Russell Walter Westley 1871-1963

Russo Domenico 1832-1907

Rust Johan Adolph 1828-1915

Rustin Jean 1928

Rutelli Mario 1859-1941

Ruyten Jan Michael 1813-1881

Ruyten Jan Michael 1813-1881	Saccaggi Cesare 1868-1934
Ruytinx Alfred 1871	Sacheri Giuseppe 1863-1950
Ruzicka Othmar 1877-1962	Sacré Emile 1844-1882
Ryback Issachar 1897-1935	Sadan Suraj XXe
Rybin Sven XXe	Sadee Philip Lodewijk 1837-1904
Ryder Chauncey Foster 1868-1949	Sadler Walter Dendy 1854-1923
Ryland Henry 1856-1924	Saedeleer Elisabeth de 1902-1972
Ryssel Louis van 1873-1962	Saedeleer Valerius de 1867-1941
Rysselberghe Théo van 1862-1926	Saedeleer Valerius de 1867-1941
Rysselberghe Théo van 1862-1926	Safokhine Anatoli 1928

Saietz Gunnar 1936	Saintin Henry 1846-1899
Sain Edouard 1830-1910	Saja Pietro XIXe-XXe
Sain Edouard 1830-1910	Sakiroff Henry XXe
Saint Alban Michel de 1923	Sala Jean 1867-1918
Saint Delis Henri de 1878-1949	Sala Eliseo 1813-1879
Saint Germier Joseph 1860-1925	Sala Eliseo 1813-1879
Saint Jean Simon 1808-1860	Sala Paolo 1859-1924
Saint Marcel Edme 1819-1890	Sala Paolo 1859-1924
Saint-Pierre Gaston C. 1833-1916	Sala Paolo 1859-1924
Saint-Saens Marc 1903	Saladini Achille 1895

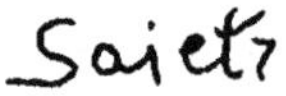

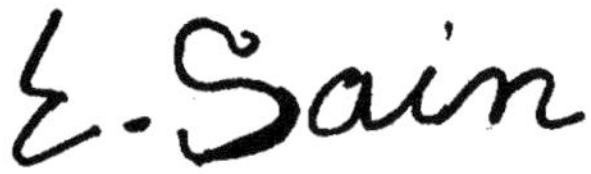

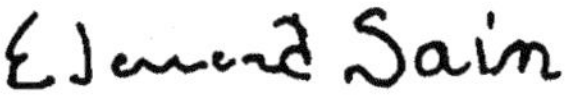

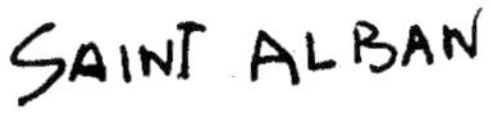

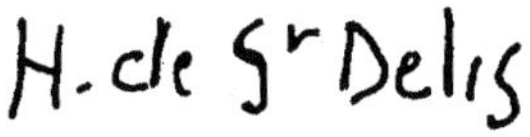

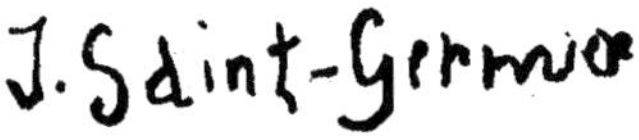

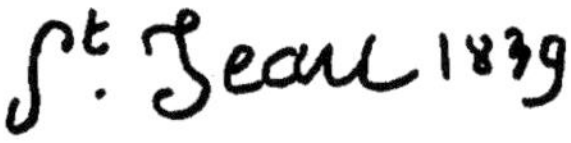

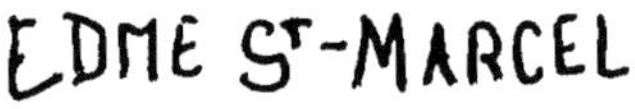

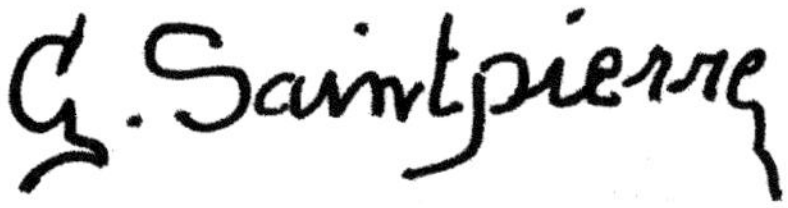

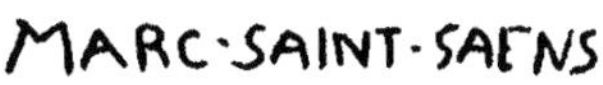

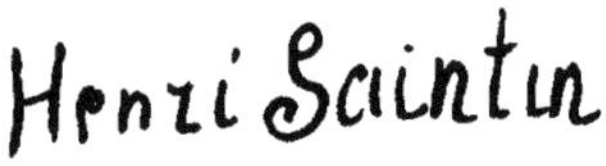

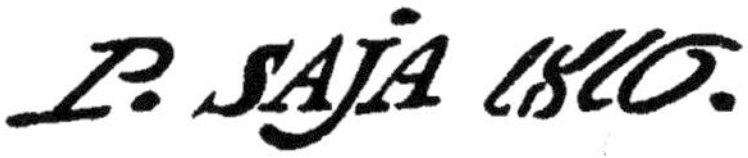

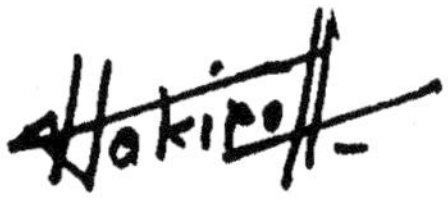

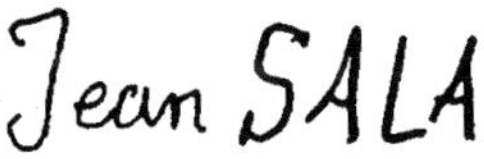

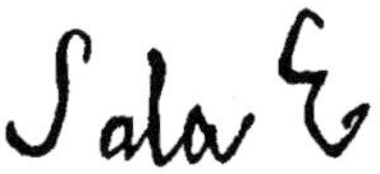

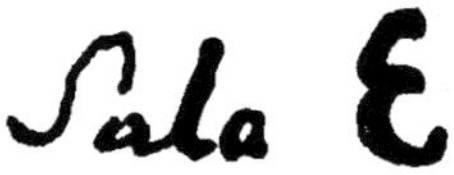

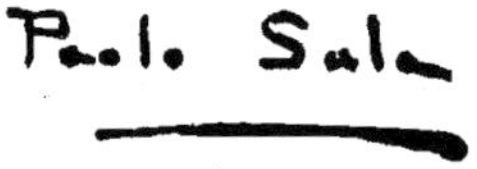

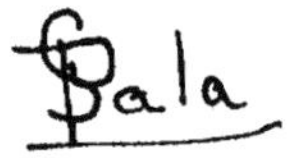

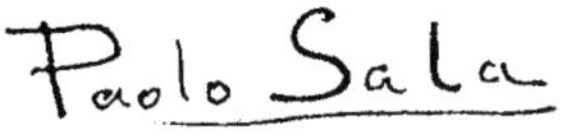

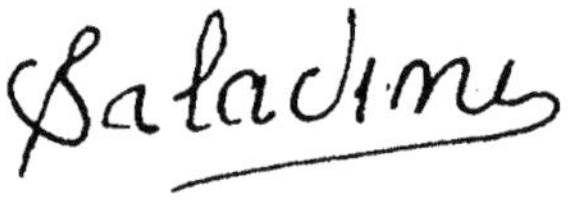

Salanson Eugenie Marie XIXe-XXe

Salassa Simone 1863-1930

Salentin Hubert 1822-1910

Sales Francisco 1904-1977

Salinas y Teruel Pablo 1871-1946

Sallard Annie XXe

Salle David 1952

Salles Francis 1926

Sallinen Tyko 1879-1955

Salmon Michele 1946

Salmson Hugo 1843-1894

Salome Emile 1954

Salvat François M. 1894-1974

Salvetti Antonio 1854-1931

Salvi Luigi XXe

Salvo Salvatore M. 1947

Samanos Pierre XXe

Samartino Edoardo 1901

Samios 1948

Sample Paul 1896

San-Jose Francisco 1922-1981	Sandrock Léonard 1867-1945
Sanchez Cortes Antonio XIXe-XXe	Sani Alessandro XIXe
Sanchez-Perrier Emilio 1855-1907	Sanko Lazlo XXe
Sanctis Giuseppe de 1858-1924	Sanquirico Alessandro Jr. 1847-1926
Sand Maurice 1823-1889	Sanquirico Pio 1847-1900
Sandberg Ragnar 1902-1972	Santi Luigi XIXe-XXe
Sandberg Ragnar 1902-1972	Santomaso Giuseppe 1907-1990
Sander Plump Agnes 1888-1960	Santoro Francesco Raffaele 1844-1927
Sanders Julius XXe	Santoro Rubens 1859-1942
Sandoz Auguste 1901-1964	Santoro Rubens 1859-1942

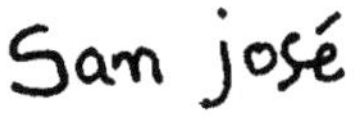

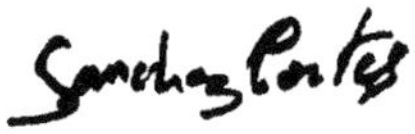

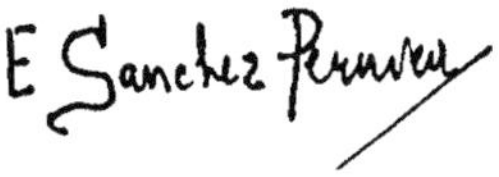

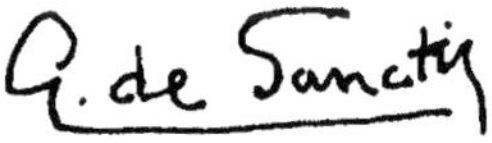

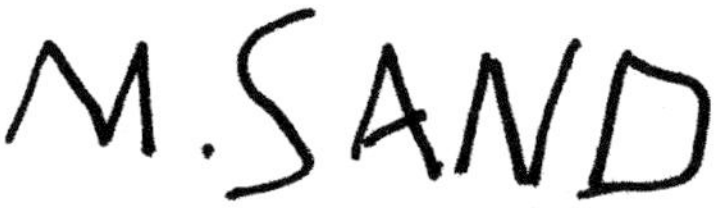

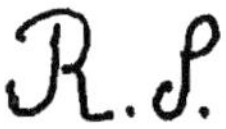

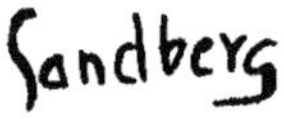

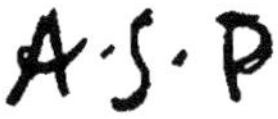

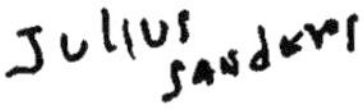

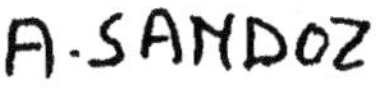

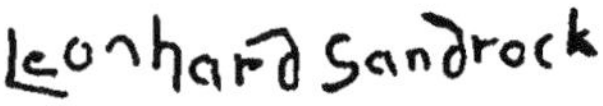

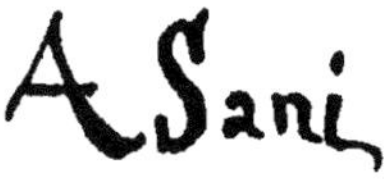

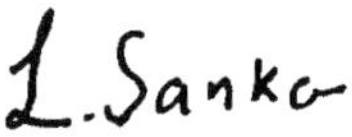

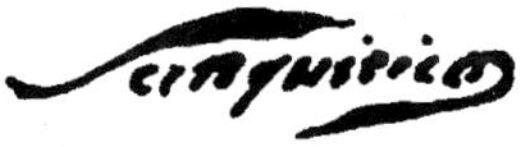

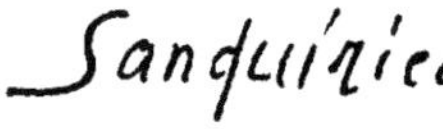

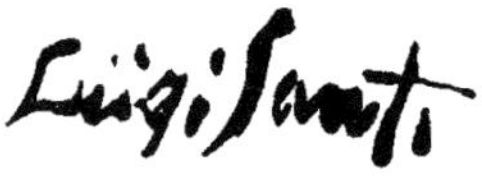

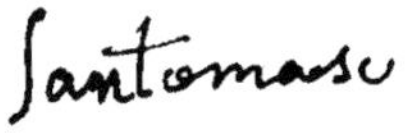

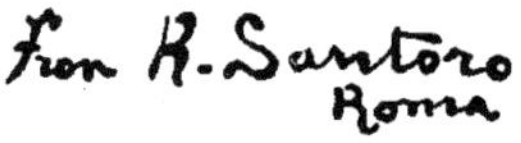

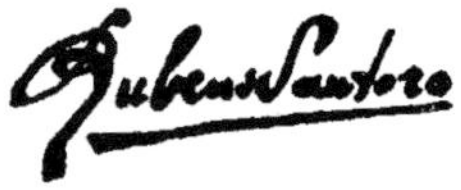

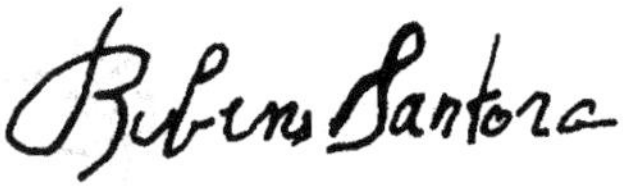

Santoro Rubens 1859-1942	Sartorelli Francesco 1856-1939
Sanvitale Giovanni 1935	Sartori Augusto 1880
Saporetti Edgardo 1865-1909	Sartorio Giulio Aristide 1860-1932
Saporetti Edgardo 1865-1909	Sartorio Giulio Aristide 1860-1932
Saporiti Rinaldo 1840-1913	Sartorio Giulio Aristide 1860-1932
Sargent John Singer 1856-1925	Sassenbrouck Achiel van 1886-1980
Sarluis Léonard 1874-1949	Sassu Aligi 1912
Saroni Sergio 1935	Sauer Walter 1889-1927
Sarri Egisto 1837-1901	Saunier Noël 1847-1890
Sarthou Maurice Elie 1911	Saura Antonio 1930

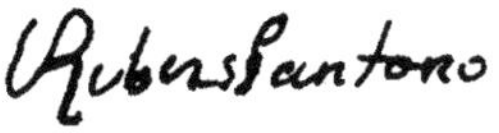

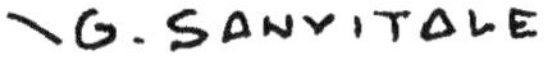

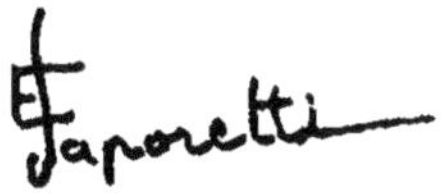

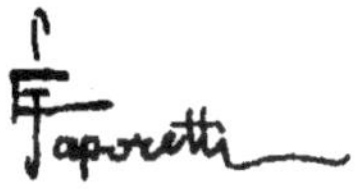

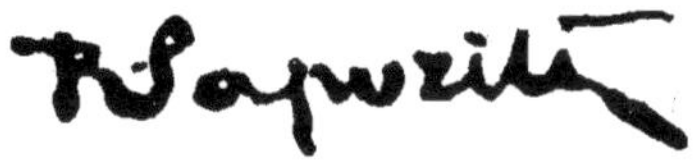

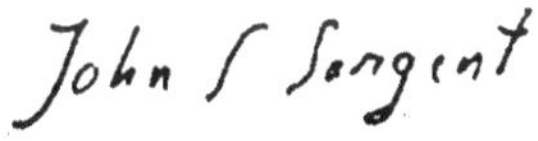

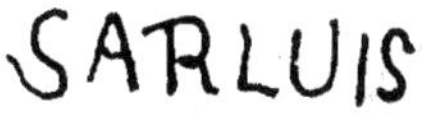

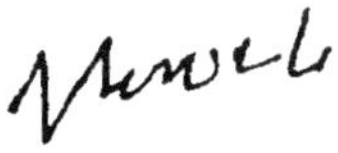

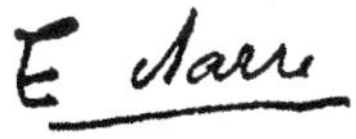

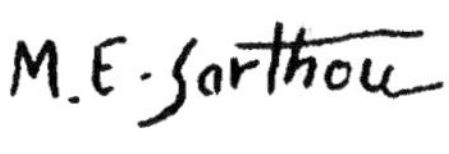

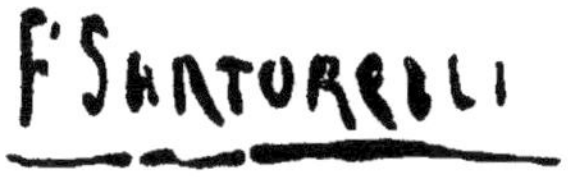

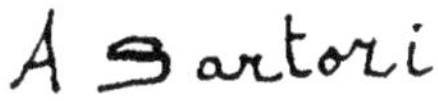

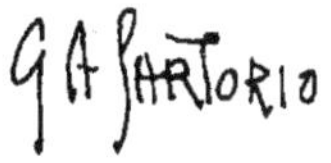

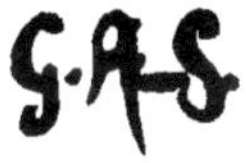

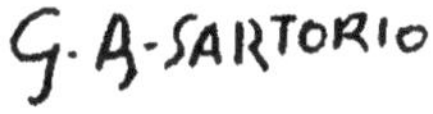

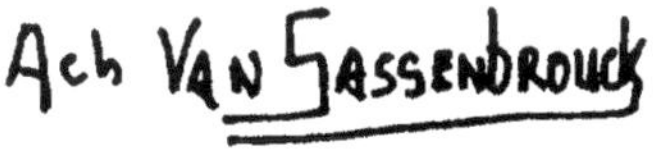

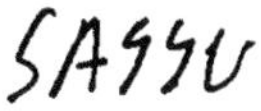

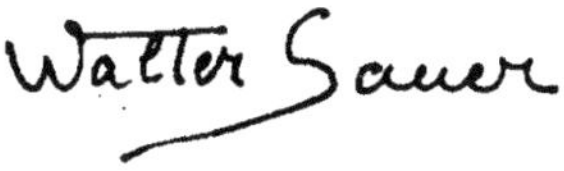

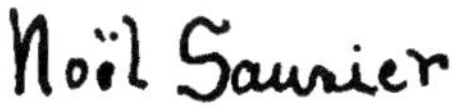

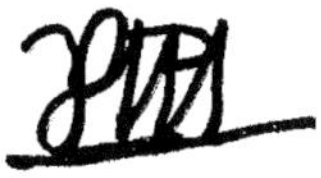

Saurfelt Léonard XIXe	Saverys Albert 1886-1964
Sautai Paul Emile 1842-1901	Saverys Albert 1886-1964
Sauter Georg 1866-1937	Saverys Jean 1924
Sauter Rudolf 1895	Savin Maurice 1894-1973
Sautin René 1881-1968	Savini Alfonso 1836-1908
Sauvageot Charles Th. 1826-1883	Savinio Alberto 1891-1952
Sauvaige Louis Paul 1827-1885	Savreux Maurice 1884-1971
Sauzay Adrien Jacques 1841-1928	Savry Hendrick 1823-1907
Savary Robert 1920	Scaffai Luigi 1837
Savelieva Valentina 1938	Scaglia Giuseppe Michele 1859-1918

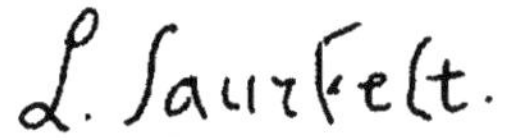

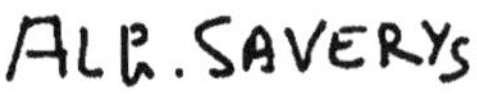

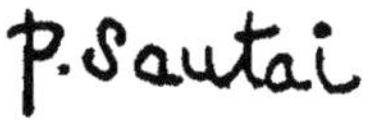

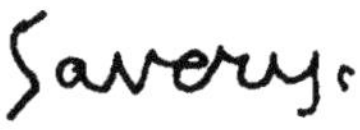

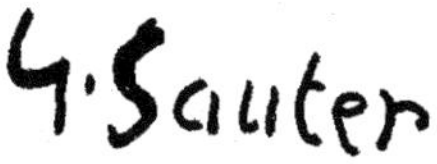

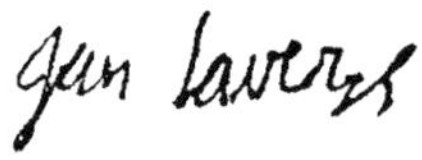

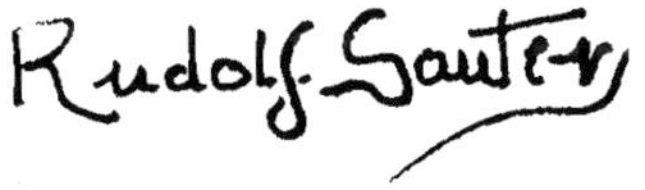

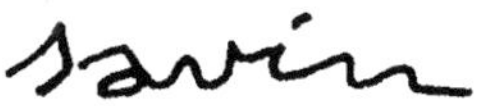

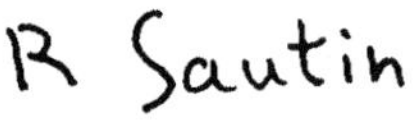

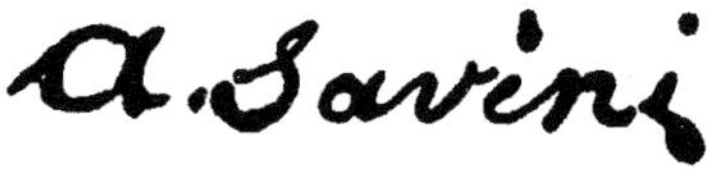

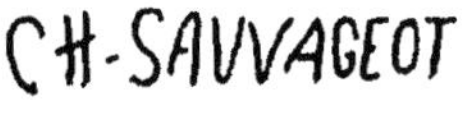

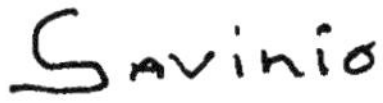

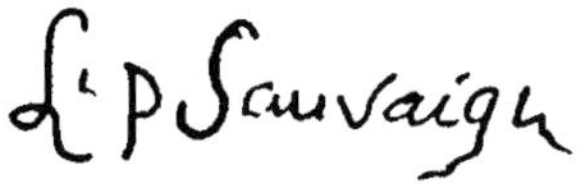

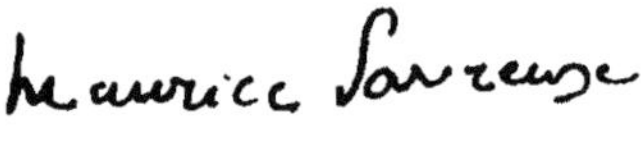

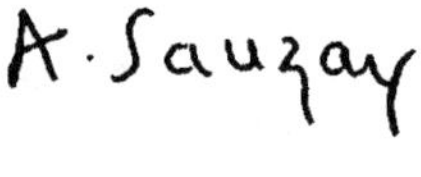

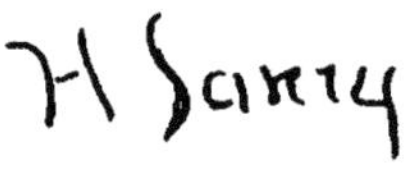

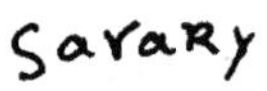

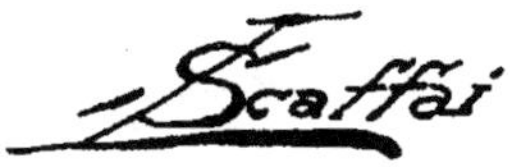

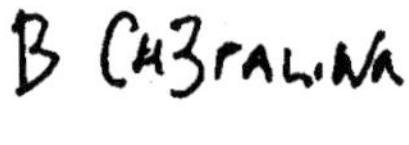

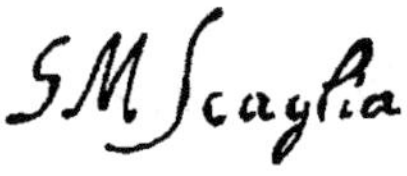

Scala Marie-Ange 1937

Marie-Ange Scala

Scalbert Jules 1851

Scalbert

Scarborough Frank W. XIXe-XXe

F.W. Scarbrough

Scattola Ferruccio 1873-1950

F Scattola

Scauflaire Edgard 1893-1960

ed. Scauflaire

Schaan Paul XIXe-XXe

P. Schaan

Schachner Thérèse 1869-1950

T. Schachner

Schad Christian 1894-1982

SCHAD

Schad Christian 1894-1982

SCHAD

Schad Rossa Paul 1862-1916

Sch. R—

Schaefels Hendrik 1827-1904

Hendrik Schaefels

Schaefels Lucas 1824-1885

Luc Schaefels

Schaeffer Gertrud 1892

Schaeffer 32.

Schaep Henri 1826-1870

Henri Schaep

Schare Josef XXe

Jos Scharl

Schawinsky Xanti 1904-1979

Schawinsky

Scheffer Ary 1795-1858

Ary Scheffer

Scheffer Henry 1798-1862

henry Scheffer

Scheffer Henry 1798-1862

henry Scheffer

Scheiber Hugo 1873-1950

Scheiber

Scheiber Hugo 1873-1950	Scherb Brabbe Anna XXe
Scheiber H	AB
Schelck Maurice 1906-1978	Schermer Cornelius 1824-1915
Schelck	C Schermer
Schelfhout Andreas 1787-1870	Scherres Alfred 1864-1924
A. Schelfhout	Alfred Scherres
Schellinger Hans XXe	Scherrewitz Johan 1868-1951
Schellinger	J. F Scherrewitz
Schenck August Fr. A. 1828-1901	Scheuerer Julius 1859-1913
Schenck	Jul Scheuerer
Schendel Petrus van 1806-1870	Scheuerer Otto 1862-1934
P. van Schendel	Otto Scheuerer
Schenk Karl 1905-1973	Schiaffino Antonio 1879-1968
K. Schenk	A Schiaffino 908
Schenkel Joseph XIXe-XXe	Schiavoni Natale 1777-1858
Schenkel	N. Schiavoni
Schenker Mathias 1854-1927	Schiele Egon 1890-1918
Schenker	SCHIELE EGON
Schepens Louis 1816-1884	Schifano Mario 1934
L. Schepens	Scha

Schiff Mathias 1862

Schiffi Ezio 1859-1940

Schild Eduard 1878

Schille Adolf 1848-1911

Schindler Emil Jacob 1842-1892

Schiöler Inge 1908-1971

Schipperus Pieter A. 1840-1929

Schirren Ferdinand 1872-1944

Schjerfbeck Hélène 1862-1946

Schjerfbeck Hélène 1862-1946

Schleich Robert 1845-1934

Schlesinger Carl 1826-1893

Schlesinger Félix 1833-1910

Schlichter Rudolf 1890-1955

Schlichting Max 1866-1937

Schlippe Alexei von XXe

Schlitt Heinrich 1849-1923

Schlitt Heinrich 1849-1923

Schlittgen Hermann 1859-1930

Schmalix Hubert 1952

Schmalz Herbert 1857-1935

Schmied François L. 1873-1941

Schmalzigaug Jules 1886-1917

Schmitt Guido 1834-1922

Schmid Mathias 1835-1923

Schmurr Wilhelm 1878-1959

Schmid Wilhelm 1892-1971

Schmutzler Leopold 1864-1941

Schmidt Albert 1883-1970

Schnee Hermann 1840-1926

Schmidt Paul 1912-1983

Schneider Gérard 1896-1986

Schmidt Reinhold 1861

Schneider Gérard 1896-1986

Schmidt Rottluf Karl 1884-1976

Schneidt Max 1858-1937

Schmidt Rottluf Karl 1884-1976

Schnetz Jean Victor 1787-1870

Schmidt Rottluf Karl 1884-1976

Schnorr von Carosfeld J. 1794-1872

Schobinger Karl Friedrich 1879-1951

Schodl Max 1834-1921

Scholz Werner 1898-1982

Scholz Werner 1898-1982

Schommer François 1850-1935

Schonberger Armand 1885-1974

Schonleber Gustav 1851-1917

Schoonover Frank Earle 1877-1972

Schotel Anthonie Pieter 1890-1958

Schotel Petrus Johannes 1808-1865

Schou Peter Johan 1863-1934

Schouten Henry 1864-1927

Schovelin Axel Th. 1827-1893

Schrag Karl 1912

Schramm Alois Hans 1864-1919

Schramm Zittau Rudolf 1874-1950

Schreckhaase Paul mort en 1912

Schreuer Carl Wilhelm 1866-1933

Schreyer Adolf 1828-1899

Schreyer Adolf 1828-1899

Schrimpf Georg 1889-1938

Schröder Albert 1854-1939

Schryver Louis Marie de 1862-1942

Schryver Louis Marie de 1862-1942

Schryver Louis Marie de 1862-1942

Schuffenecker Claude Emile 1851-1934

Schuffenecker Claude Emile 1851-1934

Schulman David 1881-1966

Schultz George F. 1869

Schultz Gottfried 1842

Schultzberg Anshelm 1862-1945

Schumacher Emil 1912

Schunch Johann Robert XIXe

Schurr Claude 1921

Schuster Karl 1854-1925

Schütz Johannes 1817-1888

Schuz Christian G. le Vieux 1718-1791

Schwab Marc XIXe-XXe

Schwabe Carlos 1866-1926

Schwar Wilhelm 1860-1943

Schwartze Thérèse 1851-1918

Schwebel Ivan 1932

Schweninger Carl 1818-1887

Schweninger Carl Junior 1854-1903

Schwimmer Max 1895-1960

Schwinge Friedrich B. 1852 -1913

Schwitters Kurt 1887-1948

Schwitters Kurt 1887-1948

Scifoni Anatolio 1841-1884

Sciltian Gregorio 1900-1985

Sciuti Giuseppe 1834-1911

Sciuti Giuseppe 1834-1911

Sckell Ludwig 1833-1912

Scognamiglio Roberto 1883-1965

Scomparini Eugenio 1845-1913

Scoppetta Pietro 1863-1920

Scoppetta Pietro 1863-1920

Scordia Antonio 1918

Scoriel Jean-Baptiste 1883-1956

Scorzelli Eugenio 1890-1958

Scott George 1874-1942

Seailles Andrée 1891

Scott John 1802-1885

Seavey George W. 1841-1916

Scott Peter 1909-1989

Sebelancon Renée 1944

Scott Peter 1909-1989

Seben Henri van 1825-1913

Scott Septimus 1879-1962

Sebilleau Paul 1867-1907

Scoupreman Pierre 1873-1960

Sebire Gaston 1920

Scrosati Luigi 1814-1869

Sebron Hippolyte 1801-1879

Scuri Enrico 1806-1884

Secchi Giovanni 1876-1950

Seaby Allen William 1867-1953

Secchi Giovanni 1876-1950

Seago Edward 1910-1974

Seddon Thomas B. 1821-1856

Sedlacek Stephan XIXe-XXe

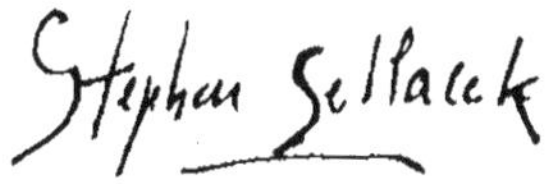

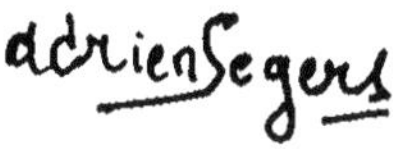

Seghers Maurice 1883-1959

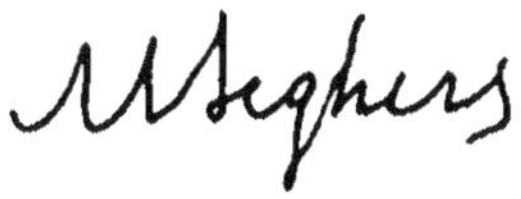

Seel Adolf Wolfgang 1829-1907

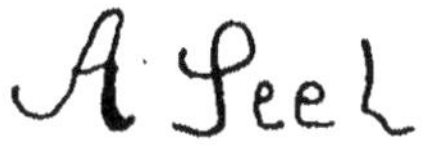

Segoni Alcide 1847-1894

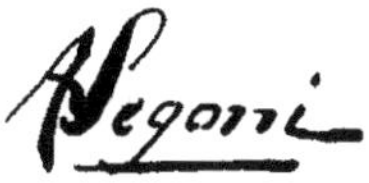

Seevagen Lucien 1887-1959

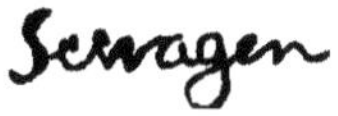

Segovia Andres 1929

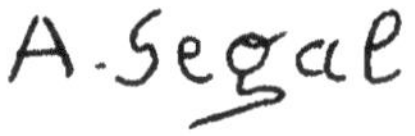

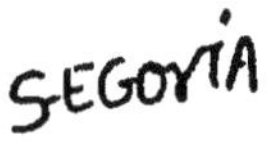

Seffer Alessandro 1831-1905

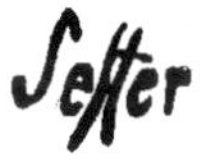

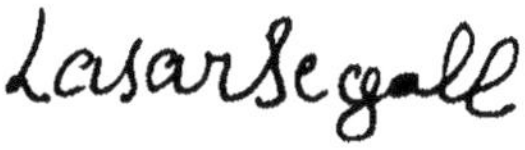

Seguela Harry 1921

Segal Arthur 1875-1944

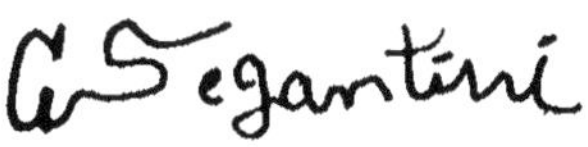

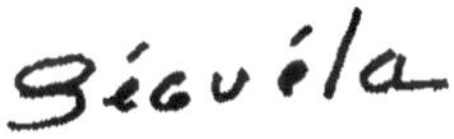

Seifert Alfred 1850-1901

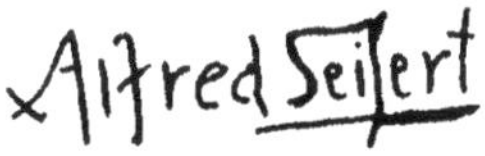

Segal Hyman 1914

Seigle Henri Julien 1911

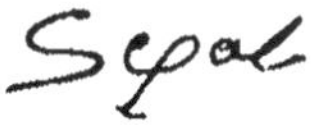

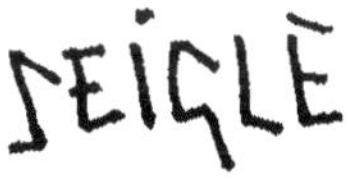

Segall Lasar 1889-1957

Seignac Guillaume 1870-1924

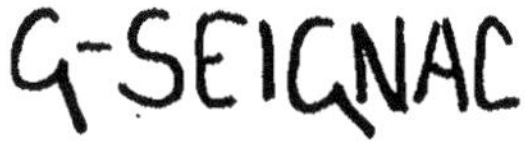

Segantini Giovanni 1858-1899

Seignac Paul 1826-1904

Segantini Giovanni 1858-1899

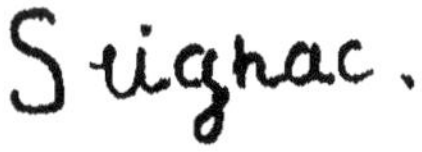

Seiler Carl 1846-1921

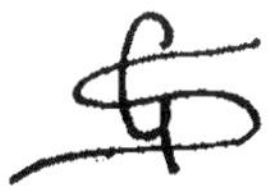

Segers Adrien 1876-1950

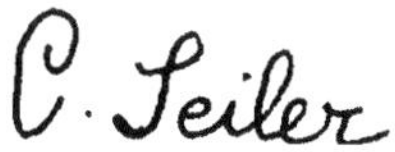

Seitz Anton 1829-1900

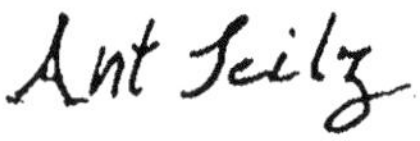

Seitz Johann Georg 1810-1870

Seitz Otto 1846-1912

Seligmann Kurt 1900-1962

Sell Christian 1831-1883

Sellier Charles 1830-1882

Selmersheim Desgranges J. 1877-1958.

Selmy Eugène 1874

Selvatico Lino 1872-1924

Sem Goursat dit 1863-1934

Semelet Martine XXe

Semenowsky Eismann mort en 1911

Semino Francesco 1832-1883

Sempé Jean-Jacques 1932

Sena-Lazcano Milagros XXe

Senet Perez Rafael 1856-1926

Senior Mark 1864-1927

Senior Mark 1864-1927

Senno Pietro 1831-1904

Seradour Guy 1922

Seradour Guy 1922

Séraphine de Senlis Louis 1864-

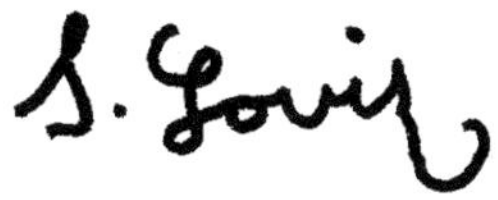

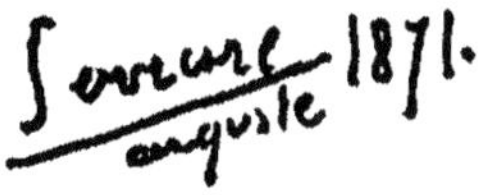

Serdioukov Mikhail XXe

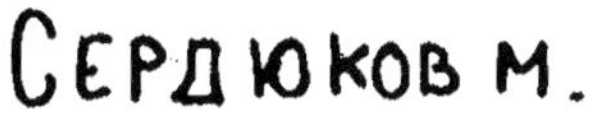

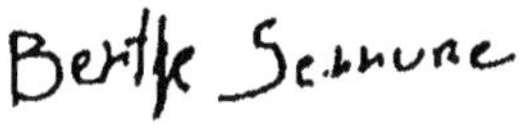

Sergent Lucien 1849-1904

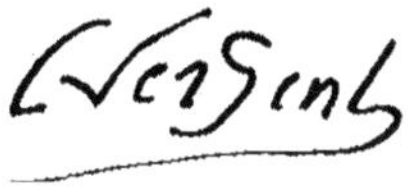

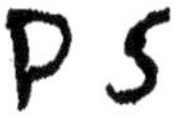

Sernesi Raffaello 1835-1866

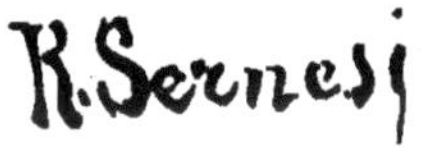

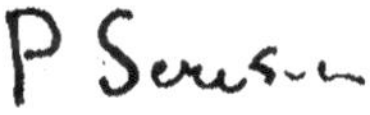

Serov Valentin A. 1865-1911

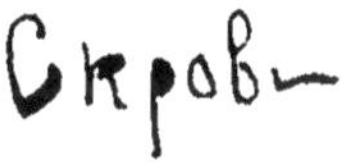

Serra Arnaldo XXe

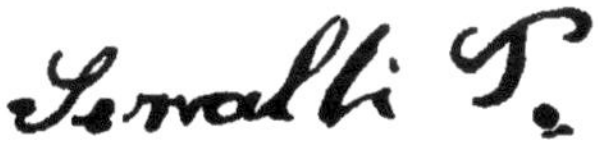

Serra y Auque Enrique 1859-1918

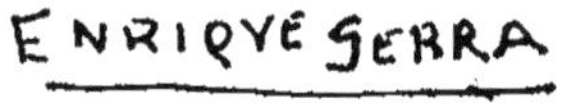

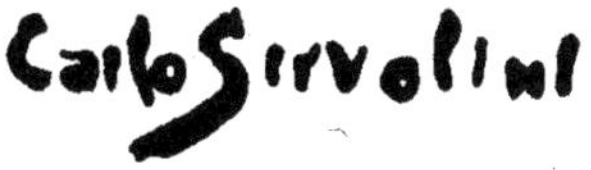

Serraf Luc Elysée XXe

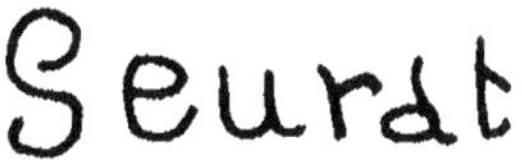

Serralunga Luigi 1880-1940

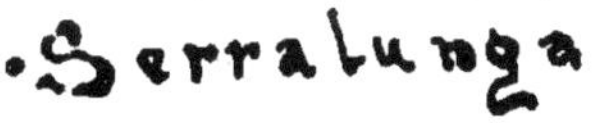

Serrano Enrique XXe

Serrure Auguste 1825-1903

Serrure Berthe 1891-1985

Serusier Paul 1864-1927

Serusier Paul 1864-1927

Servaes Albert 1883-1966

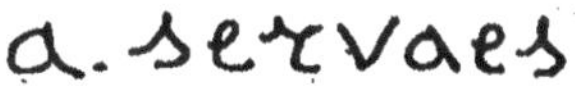

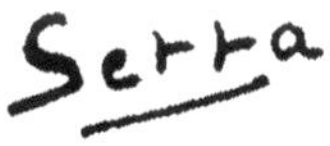

Servalli Pietro 1883-1973

Servolini Carlo 1876-1948

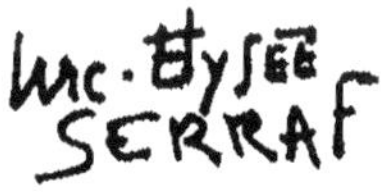

Seurat Georges 1859-1891

Severdonck Frans van 1809-1889

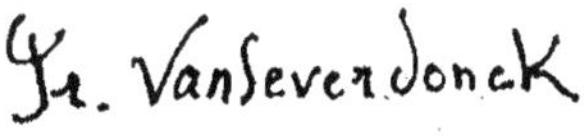

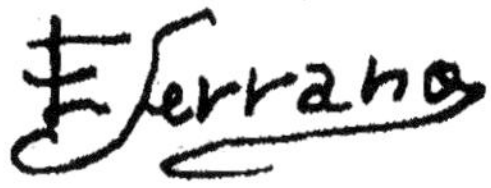

Severi Aldo 1876-1956

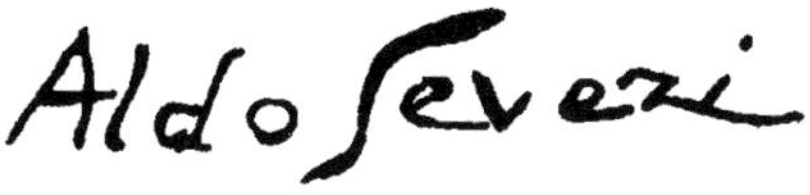

Severini Gino 1883-1966

Severini Gino 1883-1966

Severn Joseph Arthur 1842-1931

Seveso Pompilio 1877-1949

Sevranckx Victor 1897-1965

Seydel Edward 1822-1881

Seyler Julius 1873-1955

Seyler Julius 1873-1955

Seymour-Haden Francis 1818-1910

Seyssaud René 1867-1952

Shan Merry XXe

Shanks William S. 1864-1951

Shannon Charles H. 1863-1937

Sharp Dorothea 1874-1955

Sharp Dorothea 1874-1955

Sharp Joseph Henry 1859-1953

Shart Serge XXe

Shayer William 1788-1879

Shayer William Joseph 1811-1892

Sheffield George 1839-1892

Shephard Ernest H. 1879-1976	**Shoman Suha XXe**
Shepherd David 1931	**Sicard Nicolas mort en 1920**
Sherrin Daniel 1868-1942	**Sicard Pierre 1900-1980**
Sherrin John 1819-1896	**Sichel Nathaniel 1843-1957**
Sherwyn Frank XXe	**Sickert Walter Richard 1860-1942**
Shiko Itoh XXe	**Sickert Walter Richard 1860-1942**
Shinn Everett 1876-1953	**Siebert Carl XIXe**
Shinn Everett 1876-1953	**Sieffert Paul 1874-1957**
Shirlaw Walter 1838-1909	**Siegen August von XIXe-XXe**
Shirlaw Walter 1838-1909	**Sierhuis Jan 1928**

Signac Paul 1863-1935	Sijs Maurice 1880-1975
Signac Paul 1863-1935	Sikora Franz XXe
Signac Paul 1863-1935	Sillen Herman Af. 1857-1908
Signol Emile 1804-1892	Silvestri Oreste 1858-1936
Signorini Giuseppe 1857-1932	Silvie Lucien XXe
Signorini Giuseppe 1857-1932	Sima Joseph 1891-1971
Signorini Telemaco 1835-1901	Simbari Nicola 1927
Signorini Telemaco 1835-1901	Simbari Nicola 1927
Signorini Telemaco 1835-1901	Simbari Nicola 1927
Sigriste Guido 1864-1915	Simberg Hugo 1873-1917

Simi Filadelfo 1849-1923

Simon Auguste Simon 1909

Simon François 1818-1896

Simon Lucien 1861-1945

Simon Mia XXe

Simon Tavik Frantisek 1877-1942

Simon Yohanan 1905-1976

Simonetti Attilio 1843-1925

Simonetti Ettore XIXe

Simoni Gustavo 1846-1926

Simoni Gustavo 1846-1926

Simoni Scipione 1853-1918

Simonidy Michel 1870-1933

Simonin Victor 1877-1946

Simpson Charles 1885-1971

Sims Charles 1873-1928

Sinding Knud 1875-1946

Sinding Otto Ludwig 1842-1909

Singer Clyde 1908

Singier Gustave 1909-1984

Singier Gustave 1909-1984

Singier Gustave 1909-1984

Sinibaldi Paul 1857-1909

Sintenis Renée 1888-1965

Siqueiros David Alfaro 1898-1974

Siqueiros David Alfaro 1898-1974

Sir L. XXe

Sironi Mario 1885-1961

Sirtaine Albert 1868-1959

Sisley Alfred 1839-1899

Sisley Alfred 1839-1899

Sissoiev Vadim 1966

Siudmak Wojtek XXe

Sjoberg Axel 1866-1950

Skarbina Franz 1849-1910

Skarbina Franz 1849-1910

Skeaping John 1901-1980

Skeaping John 1901-1980

Skold Otte 1894-1958

Skredsvig Christian E. 1854-1924

Skum Nils Nilsson 1872-1951	Smeers Frans 1873-1960
Slabbinck Rik 1914-1991	Smet Gustave de 1877-1943
Slater Charles H. XIXe-XXe	Smet Gustave de 1877-1943
Slater John Falconer 1857-1937	Smet Léon de 1881-1966
Slevogt Max 1868-1932	Smet Léon de 1881-1966
Sloan John 1871-1951	Smet Léon de 1881-1966
Sloane Marian Parkhurst 1875-1955	Smet Léon de 1881-1966
Sluiter Willy1873-1949	Smetham James 1821-1889
Sluyters Jan 1881-1957	Smirnov Constantin XXe
Smart Frank Jeffrey Edson 1921	Smith Arthur Reginald 1872-1934

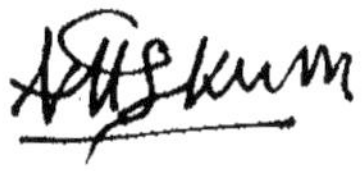

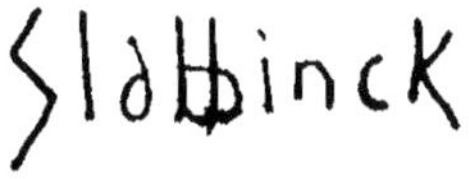

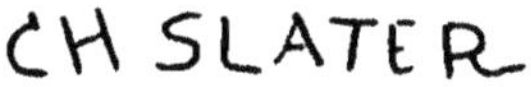

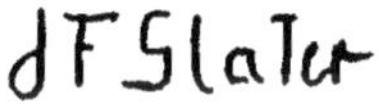

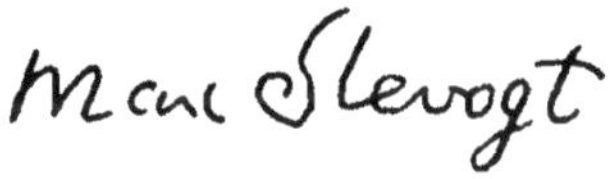

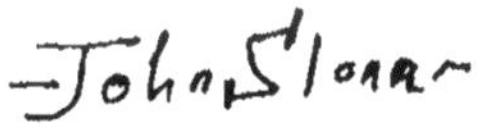

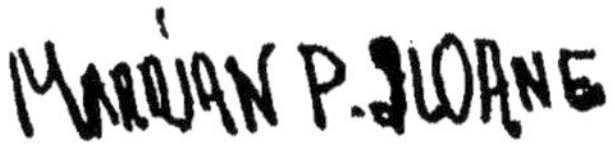

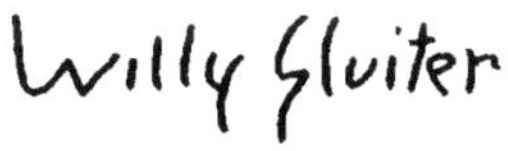

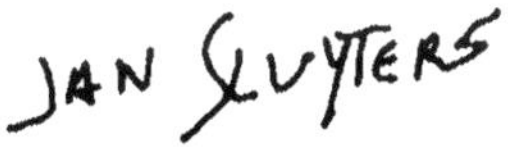

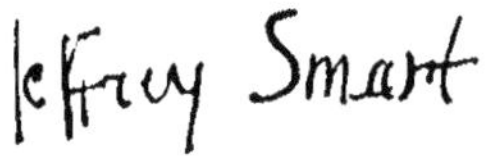

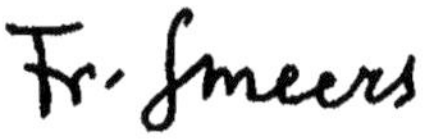

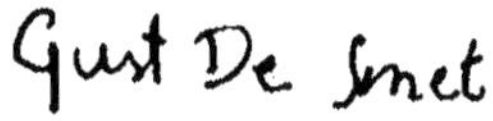

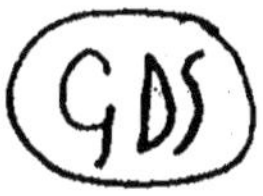

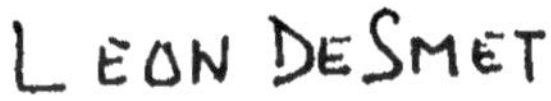

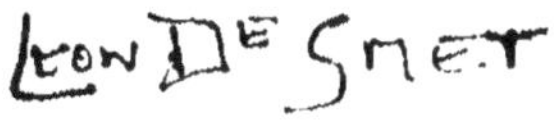

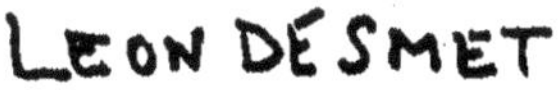

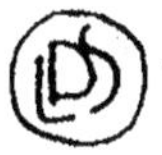

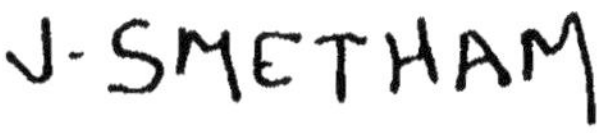

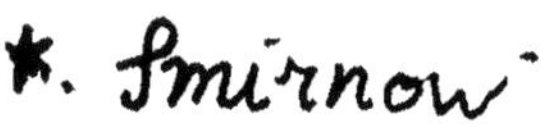

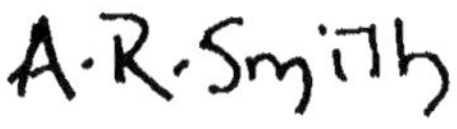

Smith Carlton Alfred 1853-1946

Smith Frithjof 1859-1917

Smith George 1829-1901

Smith George 1829-1901

Smith Hobbe 1862-1942

Smith Matthew 1879-1959

Smith Matthew 1879-1959

Smith Ray 1959

Smith Hald Frithjof 1846-1903

Smith Hald Frithjof 1846-1903

Smits Eugene 1826-1912

Smits Eugene 1826-1912

Smolders Pol 1921

Smythe Edward Robert 1810-1899

Smythe Thomas 1825-1906

Snaffles C. Johnson Payne dit 1884-1967

Snijders Chris 1881-1943

Sobrile Giuseppe 1879-1956

Soeborg Knud Christian 1861-1906

Soffici Ardengo 1879-1964

Soffici Ardengo 1879-1964

Sofronowa Antonina 1892-1966

Sofronowa Antonina 1892-1966

Sohlberg Harald Oscar 1869-1935

Sohn Carl 1845-1908

Sokol Rudolf 1887

Sokolova Anastasia 1967

Solana Jose Gutierez 1886-1945

Soldati Anastasio 1896-1953

Soldi Antenore 1844-1877

Soldini Arnaldo 1862-1936

Solenghi Giuseppe 1879-1944

Solenghi Giuseppe 1879-1944

Soler Jean XXe

Soler Pilar XXe

Sollier Henri Alexandre 1886-1966

Solomon Abraham 1824-1862

Solomon Siméon 1840-1905

Somers Louis 1813-1880

Somm Henry 1844-1907

Somville Roger 1923

Sonderborg K. Hoffmann dit 1923

Sonderland Fritz 1836-1896

Sonrel Elisabeth 1874-1953

Soonius Louis 1883-1956

Sorbi Giulio 1883-1975

Sorbi Raffaello 1844-1931

Sorbi Raffaello 1844-1931

Sorensen Carl Frederik 1818-1879

Sorensen Carl Frederik 1818-1879

Sorensen Jens 1887-1953

Soriano Juan 1920

Sorolla y Bastida Joaquin 1863-1923

Sotomayor y Zaragoza F. A. 1875-1960

Sottocornola Giovanni 1855-1917

Sottocornola Giovanni 1855-1917

Sottocornola Giovanni 1855-1917

Sottocornola Giovanni 1855-1917

Soudan Octaaf 1872-1948

Souillet Georges 1861-1957

Soulacroix Charles J. Fr.1825-1879

Soulages Pierre 1919

Soulages Pierre 1919

Souleil Yannick XXe

Soulikias Paul 1926

Sourdy Louise XXe

Soussa Edmond XXe

Southall Joseph Edw. 1861-1944

Southgate Frank 1872-1916

Soutine Chaim 1894-1943

Soutine Chaim 1894-1943

Soutra Michel XXe

Souverbie Jean 1891-1981

Soyer Paul 1823-1903

Soyer Raphaël 1899-1987

Spaendonck Cornelis van 1756-1840

Spala Vaclav 1885-1946

Spala Vaclav 1885-1946

Spare Austin Osman 1888-1956

Spear Ruskin 1911-1990

Speed Harold 1872-1957	**Spiridon Ignace XIXe-XXe**
Spencelayh Charles 1865-1958	**Spiro Eugen 1874-1972**
Spencer Stanley 1891-1959	**Spiro Eugen 1874-1972**
Sperl Johann 1840-1914	**Spiro Georges 1909-1984**
Sperlich Sophie 1880	**Spitzer Walter 1927**
Sperling Heimrich 1844-1924	**Spitzweg Carl 1808-1885**
Speyer Christian 1855-1929	**Spohler Jan Jacob 1811-1879**
Spilimbergo Lino E. 1896-1964	**Spohler Johannes Fr. 1853-1894**
Spilliaert Léon 1881-1946	**Spring Alphonse 1843-1908**
Spilliaert Léon 1881-1946	**Springer Cornelis 1817-1891**

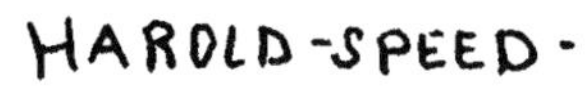

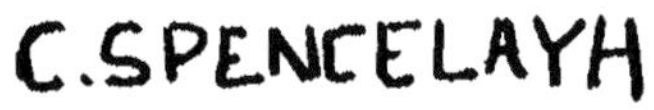

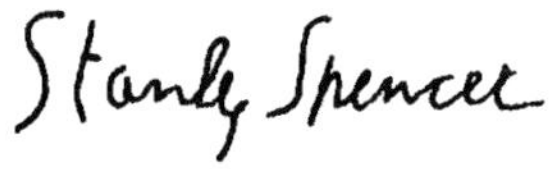

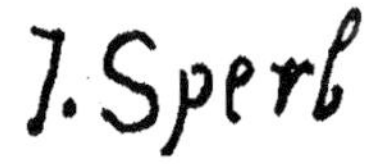

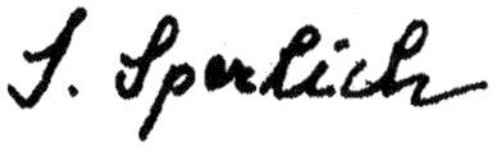

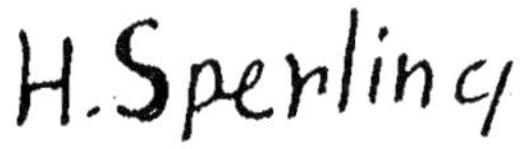

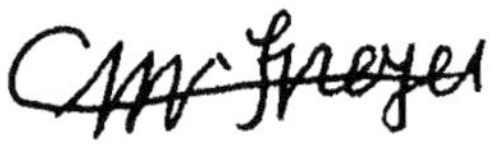

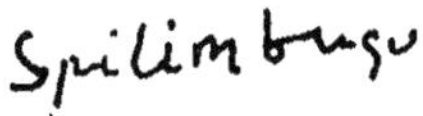

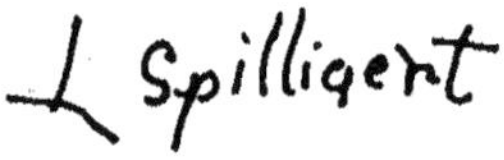

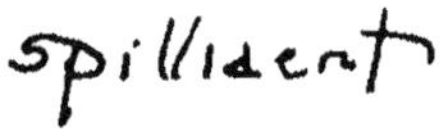

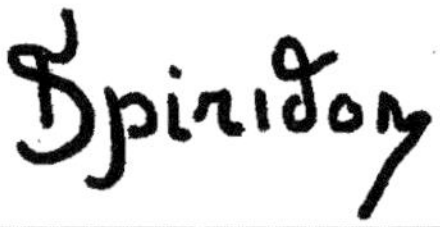

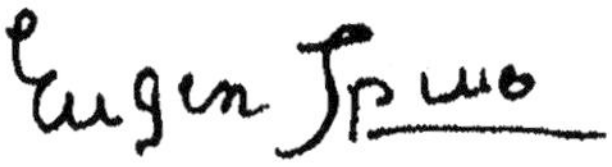

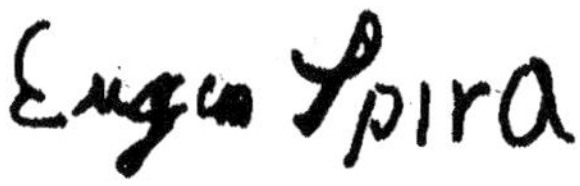

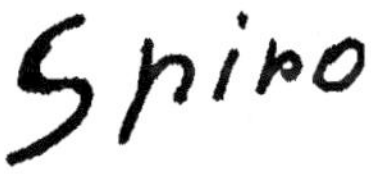

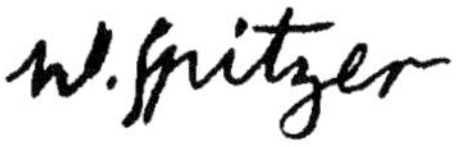

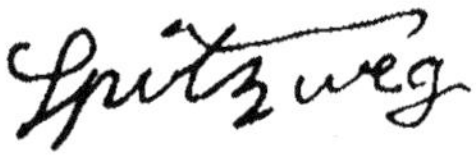

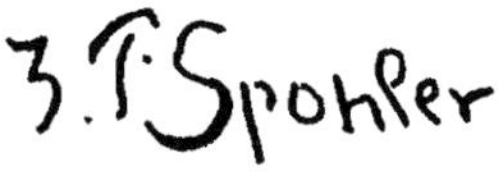

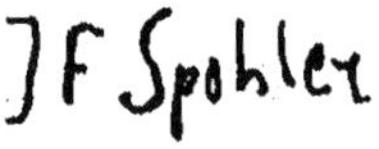

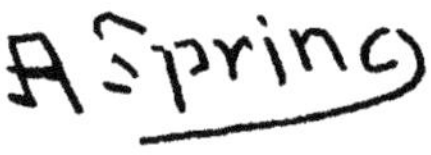

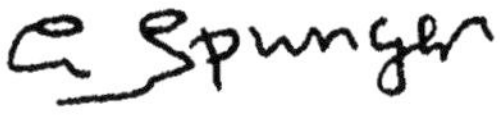

Springer Ferdinand 1907

Sprotte Siegward 1913

Staal Gustave 1817-1882

Stacey Anna Lee 1865-1943

Stacey Walter S. 1846-1929

Stäck Josef Magnus 1812-1868

Stacquet Henri 1838-1906

Stademan Adolf 1824-1895

Stael Nicolas de 1914-1955

Stagliano Arturo 1870-1936

Stagliano Arturo 1870-1936

Staglieno Patocchi Mucci XXe

Stainton George 1838-1900

Stallaert Joseph 1825-1903

Stamos Theodoros 1922

Stanley Caleb Robert 1790/95-1868

Stanley John Mix. 1814-1872

Stannard Eloise H. 1828-1915

Stannard Henry John S. 1870-1951

Stannard Henry John S. 1870-1951

Stannard Lilian 1877-1944	Stefani Vincenzo de 1859-1937
Stannard Lilian 1877-1944	Steffani Luigi 1827-1898
Stanton George Clark 1832-1894	Steffeck Carl 1818-1890
Staring Willem Constantin 1847-1916	Steffensen Paul 1866-1923
Stark Karl 1921	Stefula Gyorgy 1913
Staudacher Hans 1923	Stehle Claude XXe
Stauffer Fred 1892-1980	Stein Georges 1870
Stauffer Fred 1892-1980	Steinberg Saul 1914
Steelink Willem 1856-1928	Steinberg Saul 1914
Steer Philip Wilson 1860-1942	Steiner Anita XXe

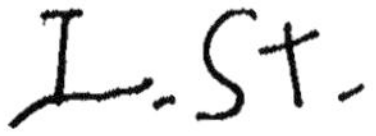

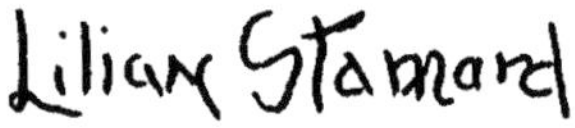

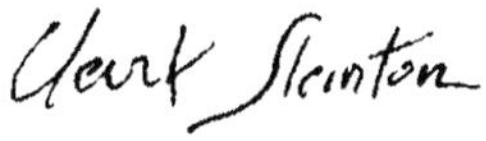

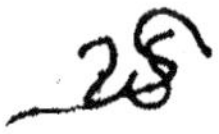

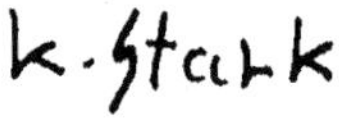

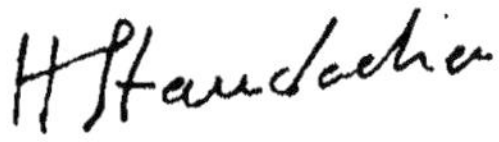

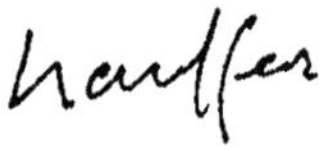

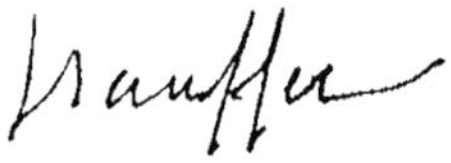

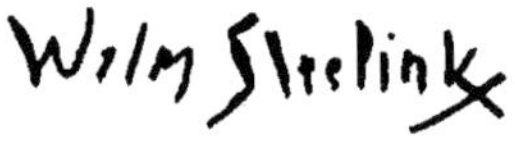

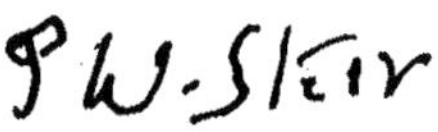

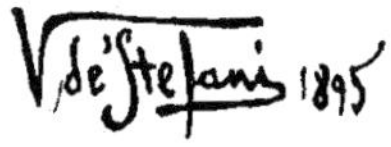

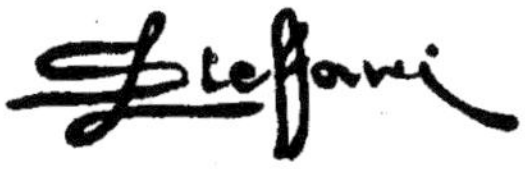

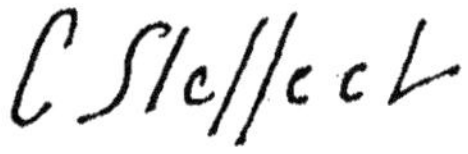

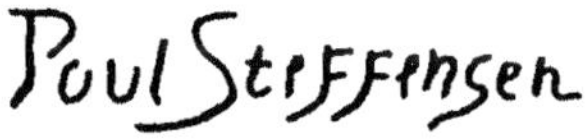

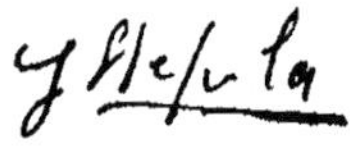

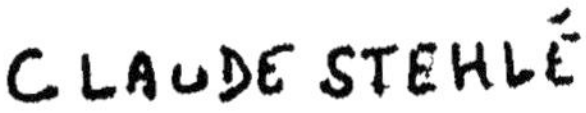

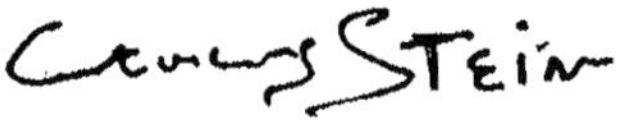

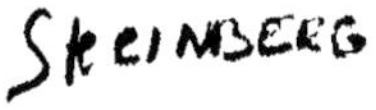

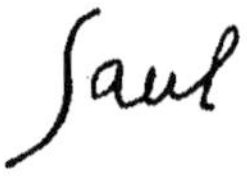

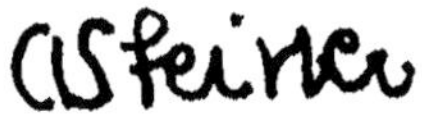

Steinhardt Jakob 1887-1968

Steinhardt Jakob 1887-1968

Steinhardt Jakob 1887-1968

Steinlen Théophile 1859-1923

Steinrucker Léopold 1801-1879

Stella Guglielmo 1828-1888

Stella Guglielmo 1828-1888

Stella Yvana 1945

Stengelin Alphonse 1852-1938

Steppe Romain 1859-1927

Stern Ernst 1876

Sterne Maurice 1878-1957

Steuben Carl August von 1788-1856

Stevens Alfred 1823-1906

Stevens Alfred 1823-1906

Stevens J. XXe

Stevens Lester W. 1888-1969

Stevens René 1858-1937

Steynovitz Zamy XXe

Stienon du Pré Caroline 1883-1979

Stiepevitch Vincent G. 1841-1910

Stifter Moritz 1857-1905

Stobart John XIXe

Stobbaerts Jan 1834-1914

Stobbaerts Marcel 1889-1979

Stock Henri John 1853-1931

Stockmann Hermann 1867-1938

Stocquart Ildephonse 1819-1889

Stoessel Catherine XXe

Stohrer Walter 1937

Stoiloff Constantin 1800-1900

Stoilov Stoimen XXe

Stoitzner Carl 1866-1943

Stoitzner Josef 1884-1951

Stojanov C. Piotr 1887

Stokes Adrian 1854-1935

Stokes Adrian 1854-1935

Stollreither P. 1886-1973

Stone Marcus 1840-1921

Stone Marcus 1840-1921

Storm-Petersen Robert 1882-1949

Storrier Thimoty Austin XXe

Story Julian 1850-1919

Stott Edward 1859-1918

Strachan Claude 1865-1929

Stradone Giovanni 1911-1981

Strang Jan 1886-1952

Strasser Roland 1895-1974

Strathmann Carl 1866-1949

Stratta Carlo 1852-1936

Strauss André 1885-1971

Strawalde 1931

Strebelle Rodolphe 1880-1959

Streeton Arthur Ernest 1867-1943

Streeton Arthur Ernest 1867-1943

Streeton Arthur Ernest 1867-1943

Stroebel Johannes A. B. 1821-1905

Stroobant François 1819-1916

Struck Herman 1876-1944

Strudwick John M. 1849-1937

Strudwick John M. 1849-1937

Stückelberg Ernst 1831-1903

Strutt Alfred William 1856-1924

Stuckenberg Fritz 1881-1944

Strutt Arthur John 1819-1888

Studnitzka Anton XXe

Strutt William 1826-1915

Stuhlmüller Karl 1858-1930

Strutzel Otto 1855-1930

Stull Henry 1851-1913

Strutzel Otto 1855-1930

Stupar Marco 1936

Struys Alexandre 1852-1941

Sturm Helmut 1932

Strydonck Guillaume van 1861-1937

Sturm Helmut 1932

Stuck Franz von 1863-1928

Styka Adam 1890-1970

Stuck Franz von 1863-1928

Styka Adam 1890-1970

Styka Jan 1858-1925

Styka Tadé 1889-1954

Suarez Antonio 1923

Suau Josep XXe

Suchet Joseph François 1824-1896

Suda B. XXe

Suddaby Rolland 1912-1973

Sue Louis 1875-1968

Suetin Nikolai 1897-1954

Suger Suzanne 1954

Sughi Arturo XXe

Suisse Gaston 1896-1989

Sullivan Edmund J. 1869-1933

Summa Emily B. XIXe-XXe

Sunyer Y Miro Joaquin 1875-1956

Surand Gustave 1860-1937

Surbek Victor 1885-1975

Surin Jean Paul XXe

Surtel Paul 1893-1985

Survage Léopold 1879-1968

Survage Léopold 1879-1968

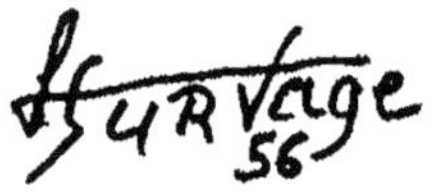

Sutcliffe Lister XIXe-XXe

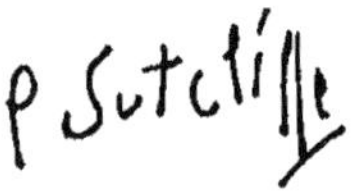

Suter Willy 1918

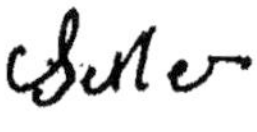

Sutherland Graham 1903-1980

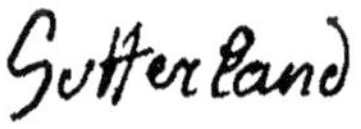

Sutter Jules de 1895-1970

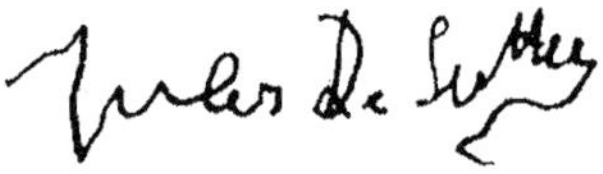

Suzanne André XXe

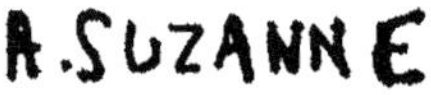

Suzanne Léon 1870-1923

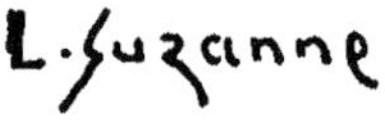

Suzuki James Hiroshi XXe

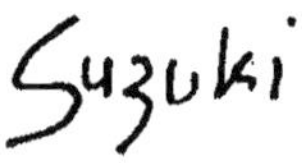

Suzuki James Hiroshi XXe

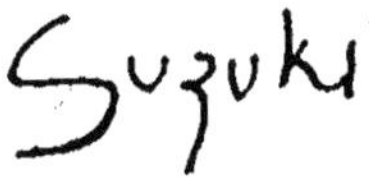

Svedberg Lena 1946-1972

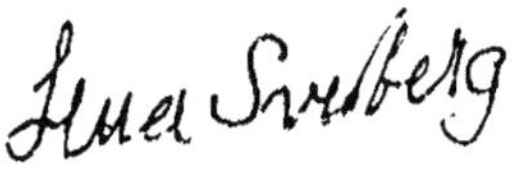

Svendsen Svend 1864-1934

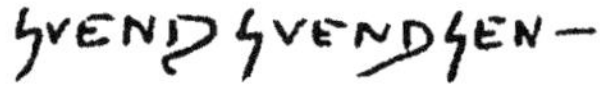

Svensson Uno 1919

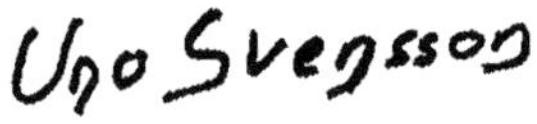

Swan Cuthbert E. 1870-1931

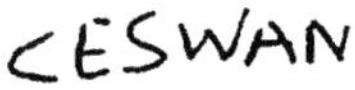

Swan Cuthbert E. 1870-1931

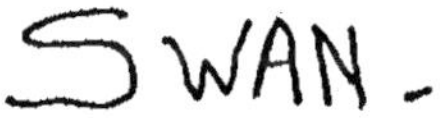

Swane Christine 1876-1960

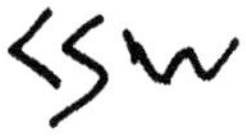

Swanwick Harold 1866-1929

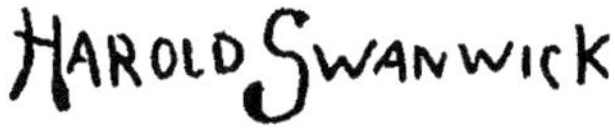

Swebach Bernard Ed. 1800-1870

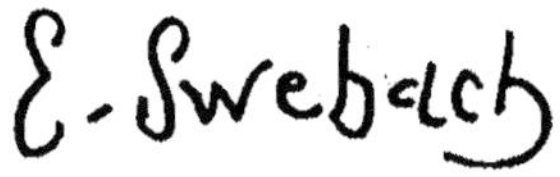

Swinstead George H. 1860-1926

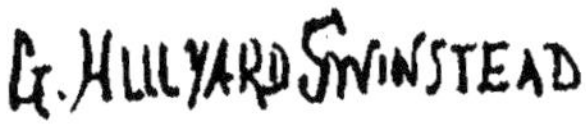

Swyncop Philippe 1878-1949

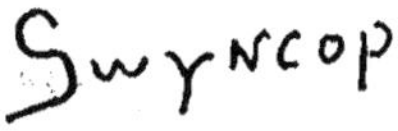

Syer John Jon 1815-1885

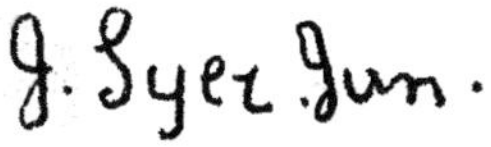

Sylvestre Joseph Noël 1847-1926	Tabar François Germain 1818-1869
Symons George Gardner 1862-1930	Taelemans Jean François 1851-1931
Synave Tancrède 1860	Taeuber Sophie 1889-1943
Sypiorsky Antoine de 1880	Tafuri Clemente 1903-1971
Szafran Sam 1930	Talarico Achille 1837-1902
Szalai Gerda XXe	Tailleux Francis 1913
Szantho Maria 1898-1984	Tait George Hope XXe
Szinyei Merse Paul 1854-1920	Takis Nicolas 1905-1955
Szirmai Anton 1860-1927	Talbot Kelly C. E. XIXe-XXe
Szyk Arthur 1894-1951	Talbot Kelly Robert G. 1861-1934

Tal Coat Pierre 1905-1985	Tanaka Yasushi 1886
Tal Coat Pierre 1905-1985	Tanguy Yves 1900-1955
Tallone Cesare 1853-1919	Tanguy Yves 1900-1955
Tallone Cesare 1853-1919	Tani Edoardo 1880-1948
Talmage Algernon 1871-1939	Tannaes Marie 1854-1939
Tamara XXe	Tanning Dorothea 1912
Tamayo Rufino 1899-1991	Tanoux Adrien 1865-1923
Tamayo Rufino 1899-1991	Tanzi Louis Léon 1846-1913
Tamburini Arnaldo 1853-1908	Tanzi Louis Léon 1846-1913
Tamburini Arnaldo 1853-1908	Taparelli d'Azeglio Massimo 1798-1866

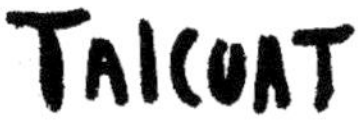

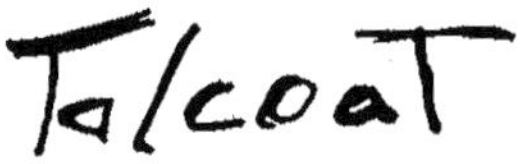

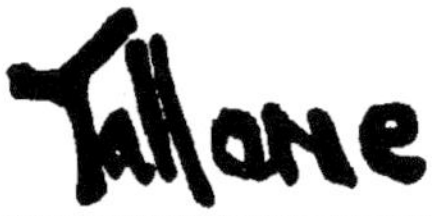

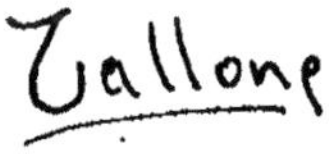

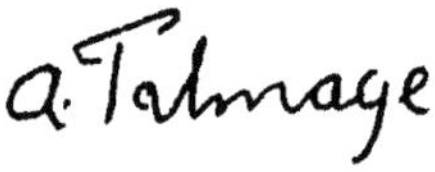

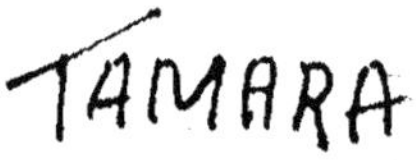

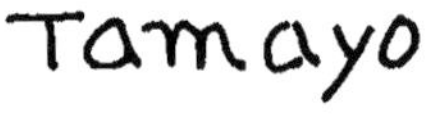

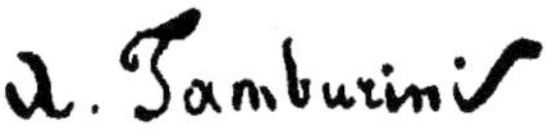

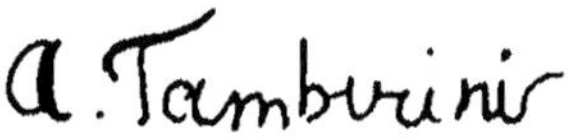

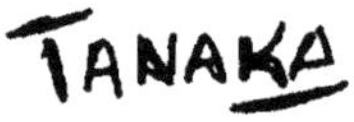

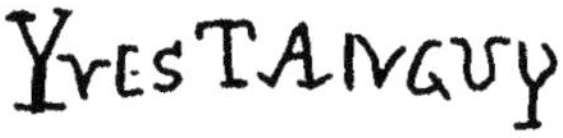

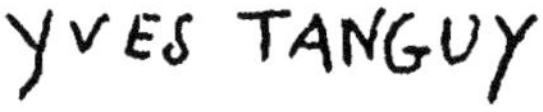

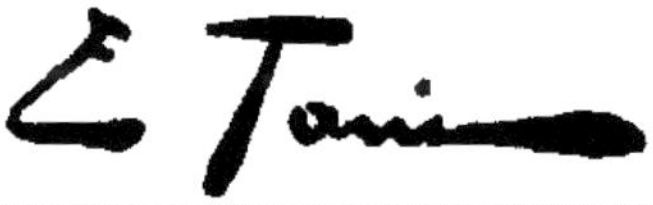

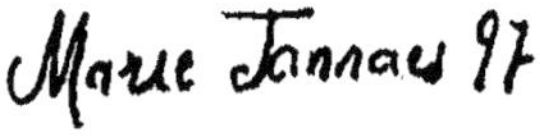

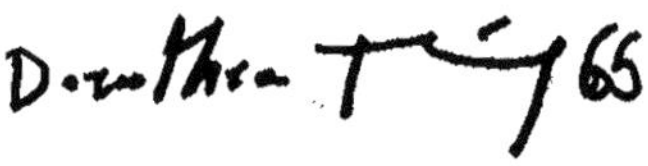

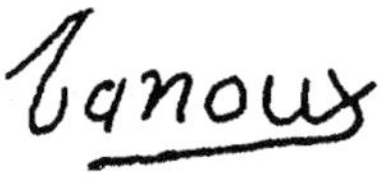

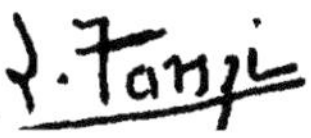

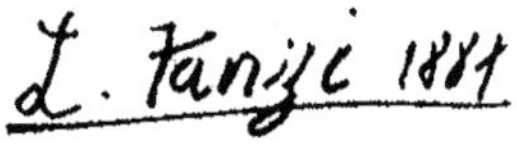

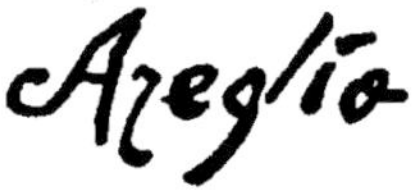

Tapies Antoni 1923

Tarenghi Enrico 1848-1938

Tapiro-y-Baro José 1830-1913

Tarkhoff Nicolas 1871-1920

Tapparo Nino XXe

Tarkhoff Nicolas 1871-1920

Tappert Georg 1880-1957

Tarrant Margaret W. 1888-1959

Tappert Georg 1880-1957

Tarrant Percy XIXe-XXe

Tarbell Edmund 1862-1938

Taskowski Vasko 1937

Tardieu Victor 1870-1937

Tassaert Octave 1800-1874

Tarenghi Enrico 1848-1938

Tato 1896-1974

Tarenghi Enrico 1848-1938

Tatsuri Yuri XXe

Tarenghi Enrico 1848-1938

Tattegrain Francis 1852-1915

Taurel Henri 1843-1927	Teed Douglas Arthur 1864-1929
H. Taurel	Douglas Arthur [illegible]
Taverne Louis 1859-1934	Teja Casimiro 1830-1897
L. Taverne	MJ. 1863
Tavernier Andrea 1858-1932	Temple George XIXe-XXe
A. Tavernier	GEO TEMPLE
Tavernier Andrea 1858-1932	Ten Encarna XXe
A Tavernier A	Ten
Tavernier Andrea 1858-1932	Ten Cate Siebe Johannes 1858-1908
A.TAVERNIER	ten Cate
Tavernier Paul 1852	Ten Kate Herman Fr. C. 1822-1891
Paul Tavernier	Herman ten Kate
Tayler John Frederick 1802-1889	Ten Kate Johan Mari Henri 1831-1910
F Tayler	Mari Ten Kate
Taylor Julian XXe	Tenerani Pietro 1789-1869
JULIAN Taylor	P.TENERANI
Tchelitchew Pavel 1898-1957	Tennant John Frederick 1796-1872
P. Tchelitchew.	F Tennant
Tedesco Michele 1834-1918	Tenre Henry 1864-1926
MJ. 1863	HENRY TENRÉ

Terechkovitch Constantin 1902-1978

Ter-Meulen Francis Pieter 1843-1927

Ter-Meulen Francis Pieter 1843-1927

Terlouw Kess 1890-1948

Terraire Clovis 1858-1931

Terrana Domenico XXe

Terris John 1865-1914

Terry Joseph Alfred 1872

Terzi Luigi 1848-1888

Terziev Brigitte XXe

Teschendorff Emil 1833-1894

Tessier Louis Adolphe XIXe

Tesson Louis 1820-1870

Testi Alberto 1874-1954

Testi Alfonso 1842-1919

Tetar van Elven Pierre 1828-1908

Tetar van Elven Pierre 1828-1908

Teubel Friedrich 1884-

Thamm Adolf 1859-1925

Thans Willem 1816-1849

Thaulow Fritz 1847-1906

Thaulow Fritz 1847-1906

Thaulow Fritz 1847-1906

Thegerstrom Robert 1857-1919

Thelot Charles 1798-1853

Therkildsen Michael 1850-1925

Thermignon Carlo 1857-1938

Theron Pierre 1918

Therond Emile 1821

Theuvenot Alexandre XIXe

Thevenet Louis 1874-1930

Thevenet Pierre 1870-1937

Thiebaud Wayne 1920

Thiebaut Eduard 1878

Thiel Ewald 1855

Thiele Alexander 1924

Thieler Fred 1916

Thieler Fred 1916

Thiem Paul 1858-1922

Thierot Henri 1863-1905

Thierriat Augustin 1789-1870

Thieulin Jean 1894-1960

Thirion Charles Victor 1833-1878

Thirion Charles Victor 1833-1878

Thirion Eugène 1839-1910

Thiriot Pierre 1904

Tholen Willem 1860-1931

Thoma Hans 1839-1924

Thomas Henri 1878-1972

Thomas Henri 1878-1972

Thomas Paul 1859-1910

Thomassin Désiré 1858-1933

Thomsen Carl 1847-1912

Thomsen Emma 1820-1897

Thomson Hugh 1860-1920

Thomson Hugh 1860-1920

Thomson John Murray 1885

Thony Wilhelm 1888-1949

Thorburn Archibald 1860-1935

Thoren Esaias 1901-1981

Thorensen Else 1909

Thornburn Archibald 1860-1935

Thorne Waite Robert 1842-1935

Thornley William 1857-1935

Thors Joseph 1835-1884

Thors Joseph 1835-1884

Thysebaert Emile 1871-1962

Tibi Joseph XXe

Ticho Anna 1894-1980

Ticho Anna 1894-1980

Tidemand Adolphe 1814-1876

Tiedjen Willy 1881-1950

Tiffany Louis Comfort 1848-1933

Till Léopold 1830-1893

Tillier Paul 1843

Tilson Joe 1928

Timergaleev Amir 1955

Timmermans Jean 1899-1986

Timmermans Louis Etienne 1846-1910

Timmermans Louis Etienne 1846-1910

Tinayre Louis 1861	Tissot James Jacques Joseph 1836-1902
Tinguely Jean 1925-1991	Tissot Marie XXe
Tinguely Jean 1925-1991	Tito Ettore 1859-1941
Tinguely Jean 1925-1991	Tivoli Giuseppe 1845
Tiratelli Aurelio 1842-1900	Tivoli Serafino de 1826-1892
Tiratelli Cesare 1864-1933	Tobey Mark 1890-1976
Tirvert Eugène 1881-1948	Tobiasse Théo 1927
Tischler Victor 1890-1951	Todd Henry George 1847-1898
Tisot Félix 1909-1979	Todd Ralph 1856-1932
Tissier Ange 1824-1876	Todd-Brown William 1875-1952

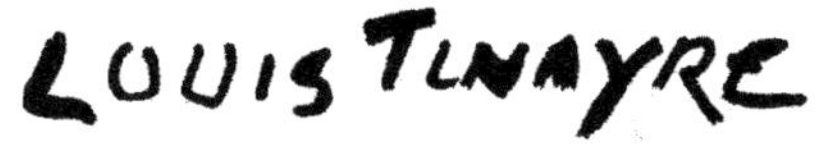

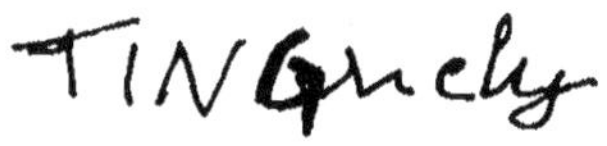

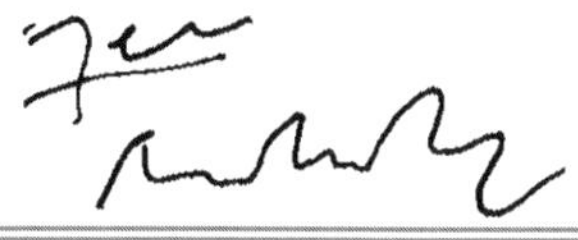

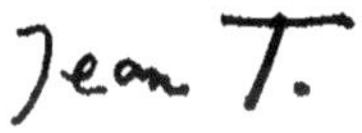

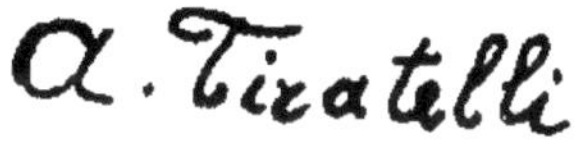

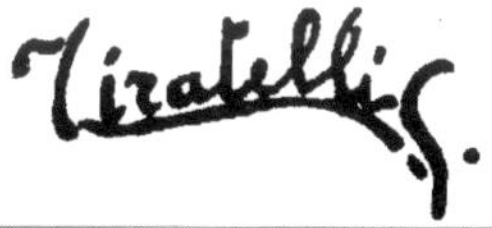

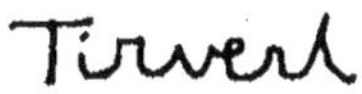

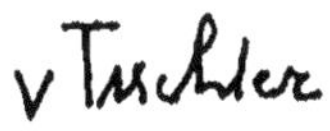

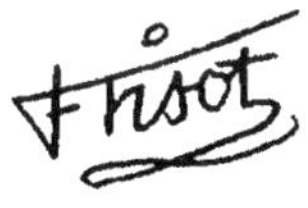

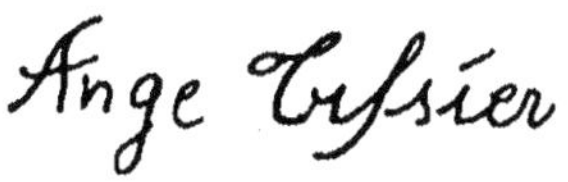

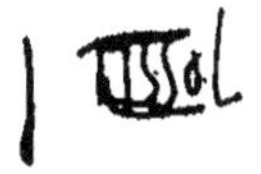

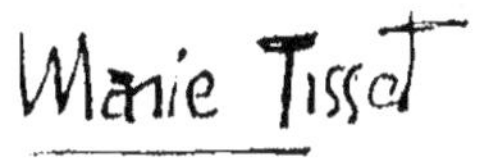

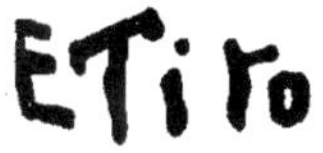

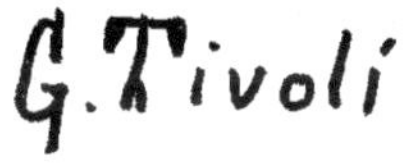

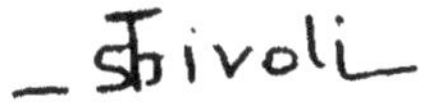

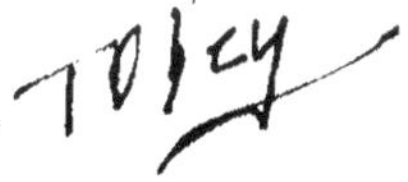

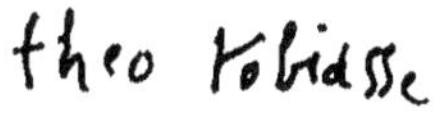

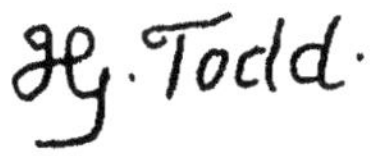

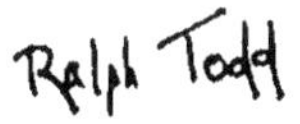

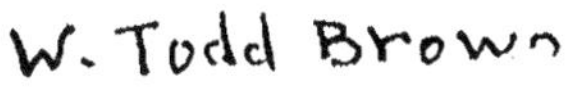

Todeschini Giovanni Battista 1857-1938	Tomaselli Onofrio 1866-1956
Todt Max 1847-1890	Tomea Fiorenzo 1910-1960
Tofano Edoardo 1838-1920	Tomerlin Slavko 1892
Toffoli Louis 1907	Tominz Alfredo 1854-1936
Togni Ponziano 1906-1971	Tominz Alfredo 1854-1936
Tojetti Virgilio 1851-1901	Tommasi Adolfo 1851-1933
Toledo Francisco 1940	Tommasi Angiolo 1858-1923
Tolentino Ines 1955	Tommasi Lodovico 1866-1941
Tollet Tony 1857	Toncini Louis 1907
Tom Jan Bedys 1813-1894	Tooby Charles 1863-1918

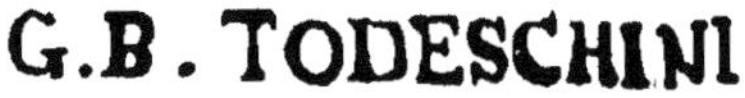

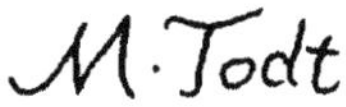

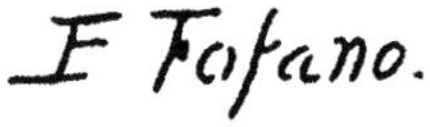

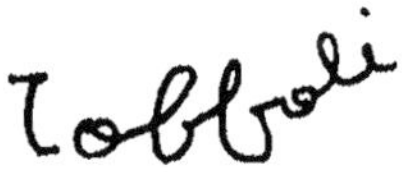

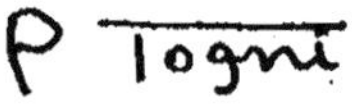

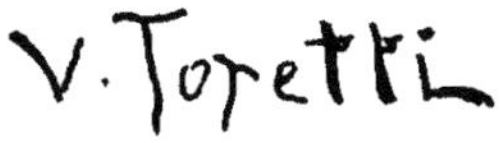

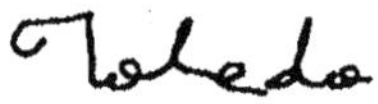

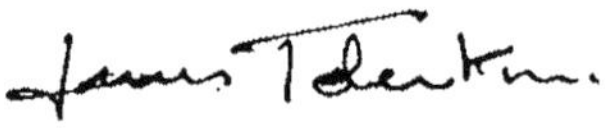

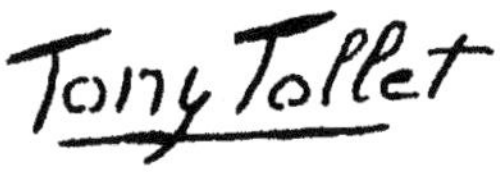

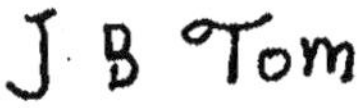

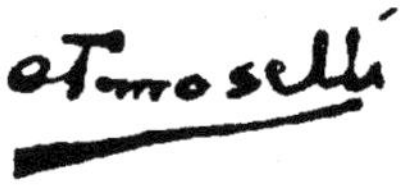

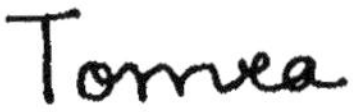

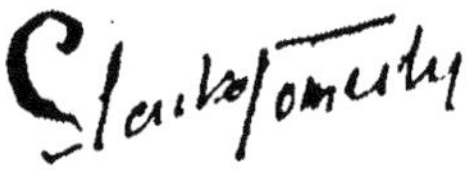

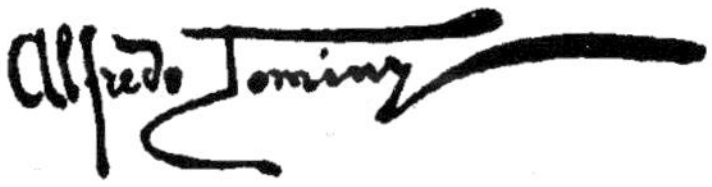

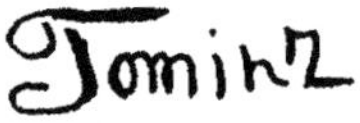

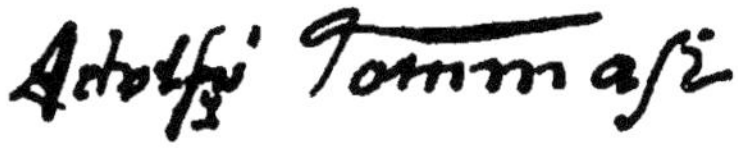

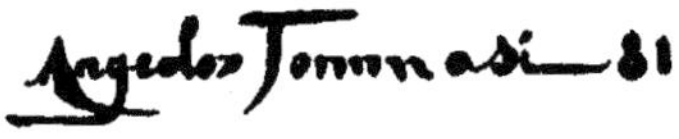

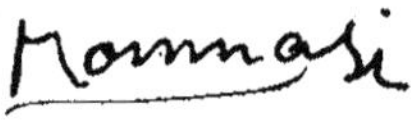

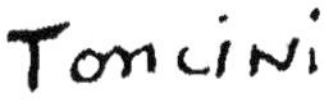

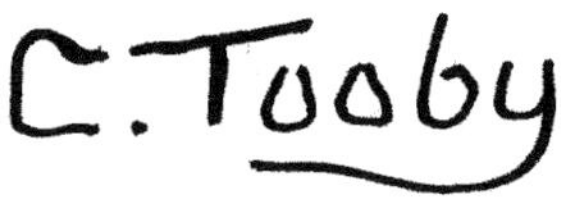

Toorop Charley 1891-1955	Torres Augusto 1913
Toorop Jan 1858-1928	Torres-Garcia Joaquin 1874-1949
Toorop Jan 1858-1928	Torres-Garcia Joaquin 1874-1949
Topham Frank W. W. 1838-1924	Torres-Garcia Joaquin 1874-1949
Tordi Sinibaldo 1876-1955	Torriglia Giovanni Battista 1857-1937
Torikian Marc XXe	Toscani Fedele 1876-1906
Torna Oscar 1843-1894	Toschi Paolo 1788-1854
Tornai Gyula 1861-1928	Tosi Arturo 1871-1956
Toro Attilio 1892	Touchagues Louis 1893-1974
Torre Giulio del 1856-1932	Touchagues Louis 1893-1974

Toudouze Edouard 1848-1907	Toussaint Fernand 1873-1956
Toulouse Roger 1918-1994	Toussaint Raphael XXe
Toulouse Roger 1918-1994	Towne Charles 1763-1840
Toulouse-Lautrec Henri de 1864-1901	Toyen Marie Germinover dite 1902-1980
Toulouse-Lautrec Henri de 1864-1901	Tozzi Mario 1895-1979
Toulouse-Lautrec Henri de 1864-1901	Tozzi Mario 1895-1979
Tourbatez Jean Paul XXe	Trachsel Albert 1863-1929
Tournemine Charles E. de 1812-1872	Traffelet Friedrich 1897-1954
Toussaint Fernand 1873-1956	Tragardh Carl 1861-1899
Toussaint Fernand 1873-1956	Trassard Jean XXe

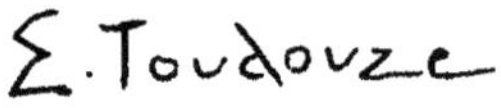

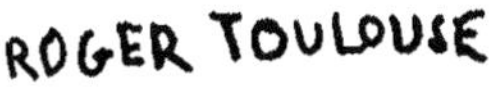

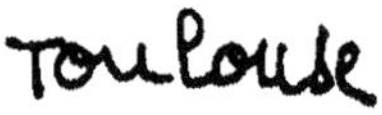

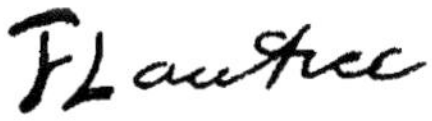

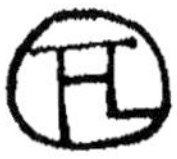

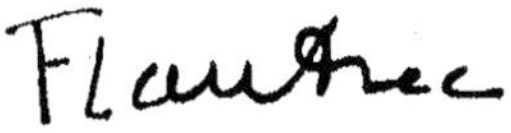

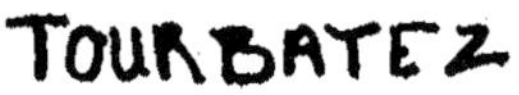

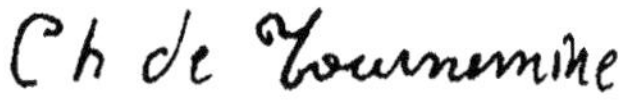

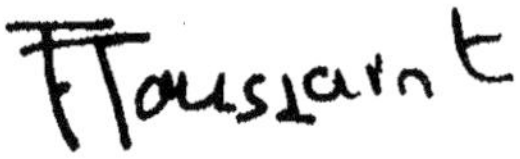

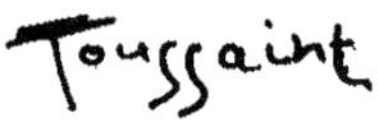

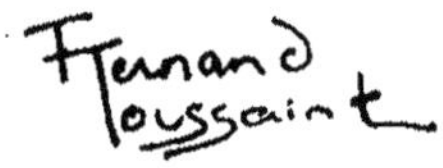

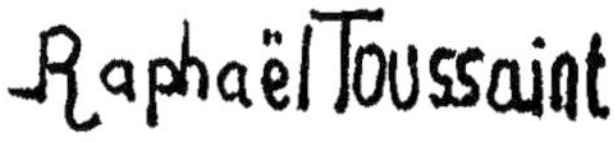

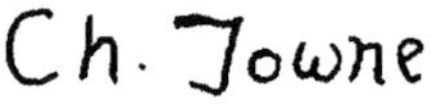

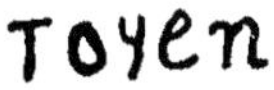

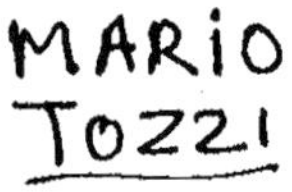

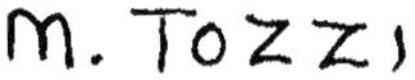

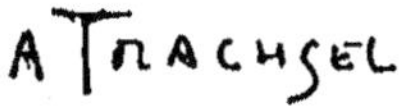

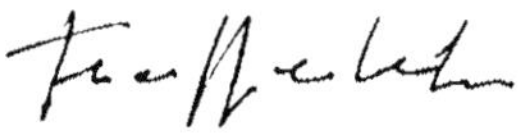

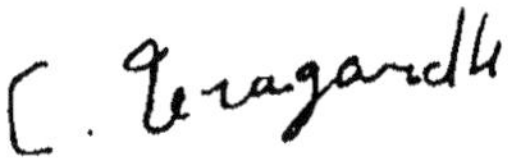

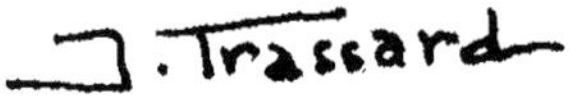

Tratchenko Mikhail 1860

Trayer Jules 1824-1909

Trécourt Giacomo 1812-1882

Tremerie Carolus 1858-1945

Tremerie Carolus 1858-1945

Trenk Franz 1899-1960

Trentacoste Domenico 1856-1933

Trentin Angelo 1850-1912

Tresch Georges Albert 1881-1948

Trevelyan Julian 1910-1988

Trevor Edward XXe

Trezzini Angelo 1827-1904

Tricca Angiolo 1817-1884

Trier Josef XIXe-XXe

Trincot Georges 1921

Trincot Georges 1921

Trinquier Antoine 1833

Trofimenko Boris 1919

Trokes Heinz 1913

Trokes Heinz 1913

Tromp Jan Zoetelief 1872-1946

Troncy Emile 1860

Trood William Henry H. 1848-1899

Trotzier Jean Bernard 1950

Troubetzkoy Paul 1866-1938

Trouillebert Paul Désiré 1829-1900

Troyer Prosper de 1880-1961

Troyon Constant 1810-1865

Troyon Constant 1810-1865

Trubner Wilhelm 1851-1917

Trubner Wilhelm 1851-1917

Truchet Abel 1857-1918 (Abel Truchet)

Trupheme Auguste Joseph 1836-1898

Truphémus Jacques 1922

Tschabasov Nahum 1899

Tschaggeny Charles 1815-1894

Tschaggeny Edmond 1818-1873

Tschaggeny Edmond 1818-1873

Tschaggeny Frederic 1851-1921

Tschelan Hans 1873-1964

Tschumi Otto 1904-1985

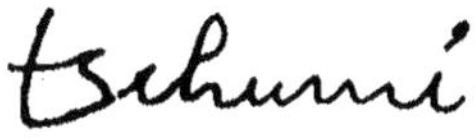

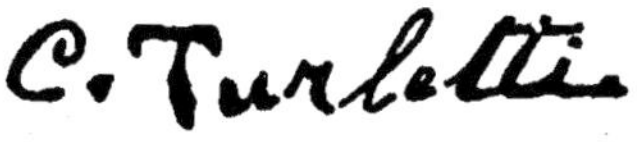

Turnbull William 1922

Tsingos Thanos 1914-1965

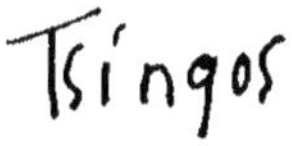

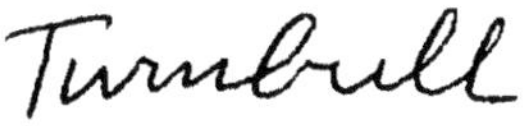

Turner James A. vers 1860-1908

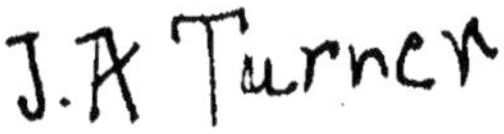

Tucker Ada Elizabeth XXe

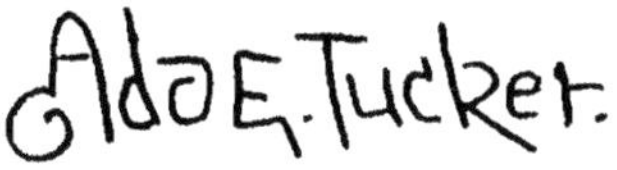

Turner Joseph Mallard W. 1775-1851

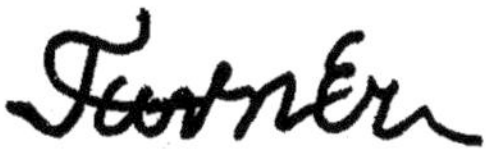

Tuerenhout Jef van 1926

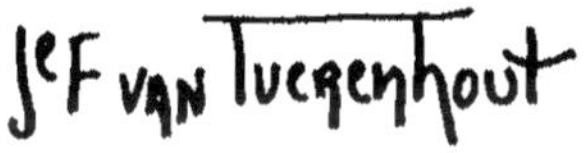

Turner Joseph Mallard W. 1775-1851

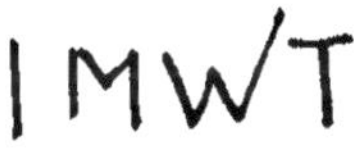

Tuke Henry Scott 1858-1929

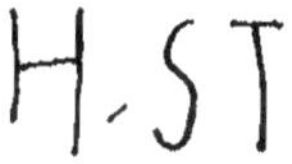

Turner Joseph Mallard W. 1775-1851

Tumarkin Igael 1933

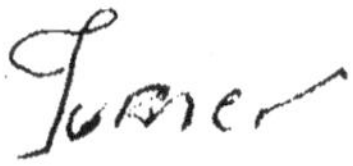

Turovsky Mikhail 1932

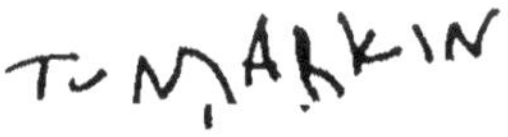

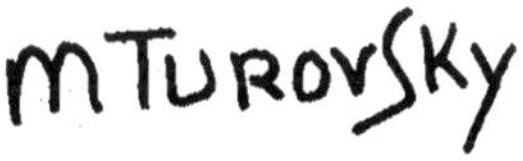

Tunnicliffe Charles 1901-1979

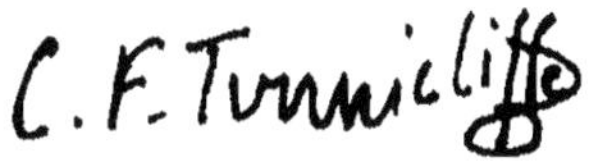

Turrian Georges XXe

Tunold Bernt 1877-1946

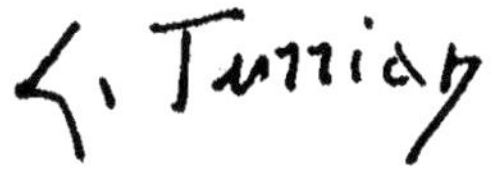

Tutundjian Léon 1906-1968

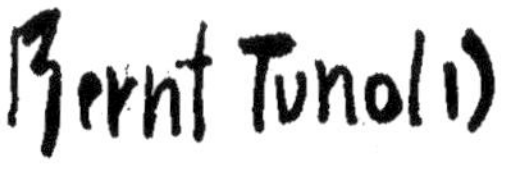

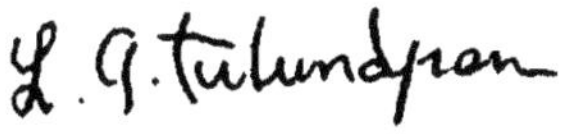

Turcato Giulio 1912-1995

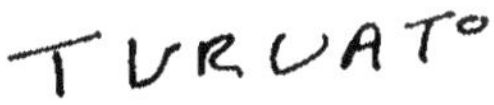

Twachtman John H. 1853-1902

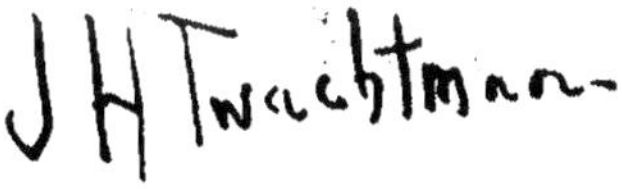

Turletti Celestino 1845-1904

Twombly Cy 1929

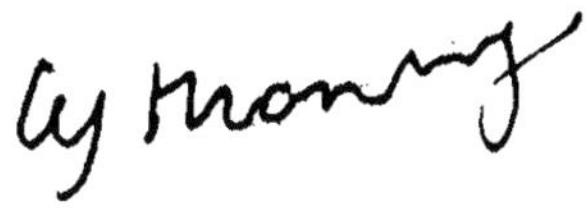

Tyndale Walter Fr. 1855-1943

Walter Tyndale

Uhde Fritz von 1848-1911

F v Uhde

Tyndale Walter Fr. 1855-1943

Walt Tyndale

Uhde Fritz von 1848-1911

Fr Uhde

Tyran Gilbert XXe

G Tyran

Uhl Louis 1860-1909

Louis Uhl

Tytgat Edgard 1879-1957

Edgard Tytgal

Uhrdin Sam 1886-1964

Sam Uhrdin.

Tzara Tristan 1896-1963

Tzara

Ulfsten Nikolai 1854-1885

N. Ulfsten

Ubac Raoul 1910-1984

R. Ubac

Umbricht Honoré Louis 1860

H. Umbricht

Ubertalli Romolo 1871-1928

R. Ubertalli

Underwood Léon 1890-1975

Leon U.

Uberti Dino 1885-1949

Dino Uberti 1933

Underwood Léon 1890-1975

Underwood

Uchermann Karl Kristian 1855-1940

Karl Uchermann

Unger Carl 1915

C. Unger

Uchermann Karl Kristian 1855-1940

Karl Uchermann

Ungewitter Hugo 1869

UNGEWITTER

Unker Carl d' 1828-1866	**Ussi Stefano 1822-1901**
Unold Max 1885-1964	**Utrillo Maurice 1883-1955**
Unterberger Franz R. 1832-1902	**Utrillo Maurice 1883-1955**
Uphoff Carl Emil 1885-1971	**Utter André 1886-1948**
Urban Hermann 1866-1946	**Utter André 1886-1948**
Uren Esref 1897-1980	**Uva Cesare 1824-1886**
Ursula Schultze Bluhm 1921	**Uytterschaut Victor 1847-1917**
Ury Lesser 1861-1931	**Vacha Rudolph 1860-1939**
Usellini Gian Filippo 1903-1971	**Vaeltl Otto 1885-1977**
Ussi Stefano 1822-1901	**Vaerten Jan 1909-1980**

Vaes Walter 1882-1958

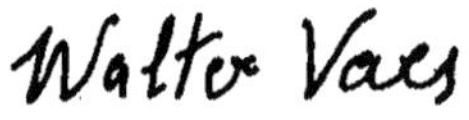

Vafiadis Michel 1931

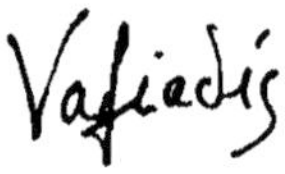

Vagh-Weinmann Maurice 1899-1986

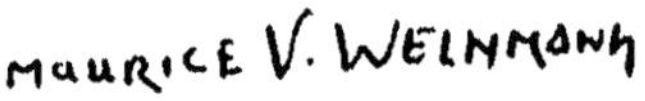

Vaillant Jacques Gaston 1879-1934

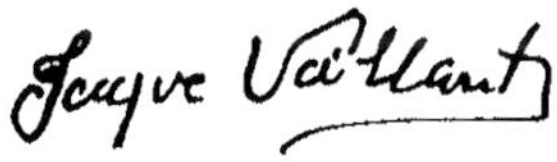

Vaito Agathe 1928-1973

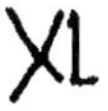

Valadon Jules 1826-1900

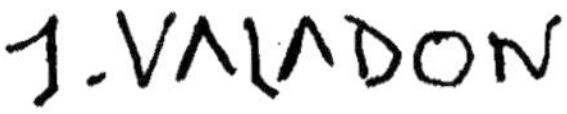

Valadon Suzanne 1865-1938

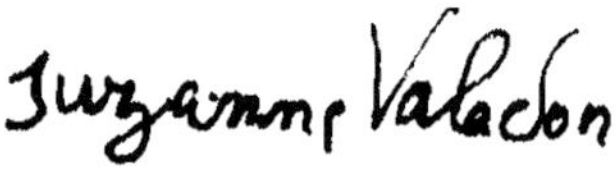

Valadon Suzanne 1865-1938

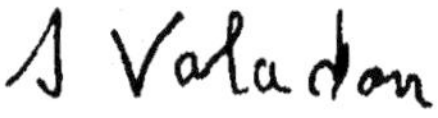

Valcin Gérard 1927-1988

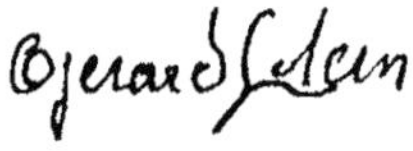

Valcin Pierre Joseph XXe

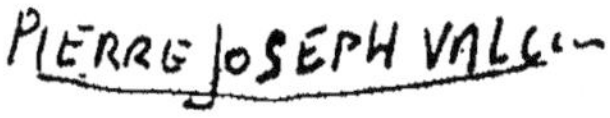

Valcin Pierre Joseph XXe

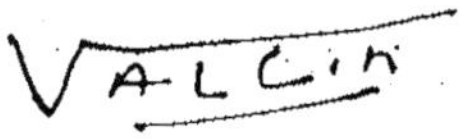

Valensi Henry 1883-1960

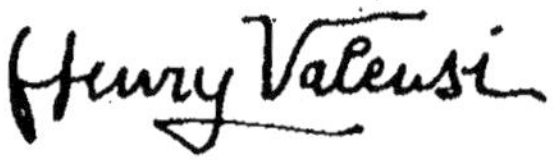

Valenti Italo 1912-1995

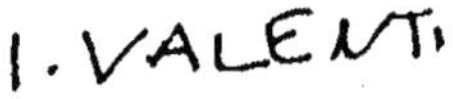

Valentini Gottardo 1820-1884

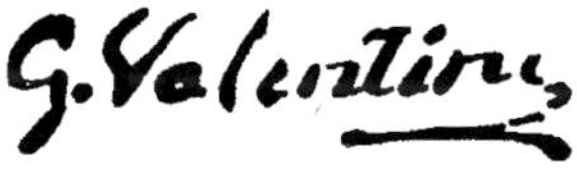

Valentiny Janos XXe

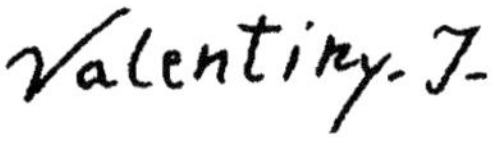

Valerio Raymond de XXe

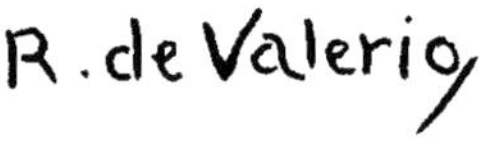

Valiakhmetov Amir 1927

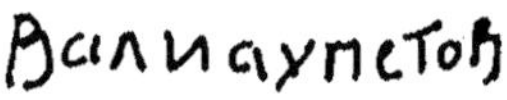

Valiente Manolo XXe

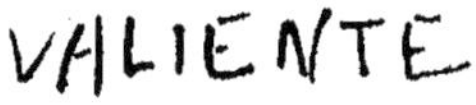

Valkenburg Hendrik 1826-1896

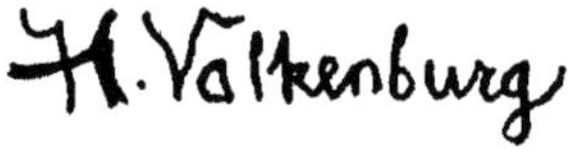

Vallée Ludovic 1864-1939

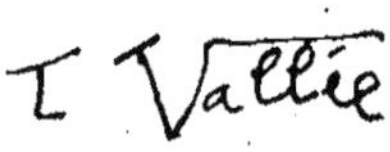

Vallet Bisson Frédérique 1885	Valluy Paul XXe
Vallet Charles Robert XIXe-XXe	Valmier Georges 1885-1937
Vallet Edouard 1876-1929	Valore Lucie 1878-1965
Vallet Edouard 1876-1929	Valtat Louis 1869-1952
Vallet Edouard 1876-1929	Valtat Louis 1869-1952
Vallotton Félix 1865-1925	Vanderborght Hendrik 1849-1918
Vallotton Félix 1865-1925	Vandercam Serge 1924
Vallotton Félix 1865-1925	Vandercammen Edmond 1901-1980
Vallotton Félix 1865-1925	Vanderlick Armand 1897-1985
Vallotton Félix 1865-1925	Vannutelli Scipione 1834-1894

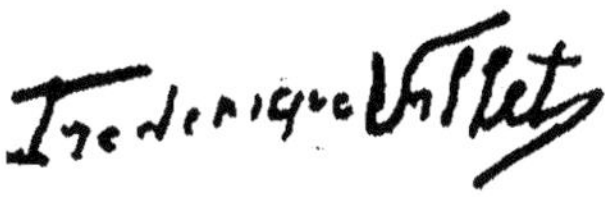

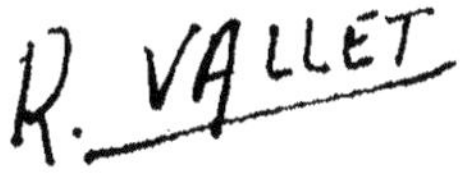

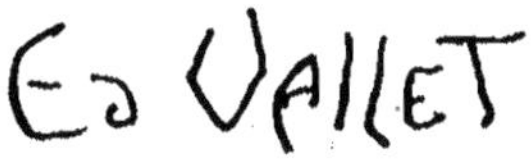

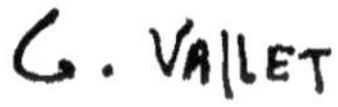

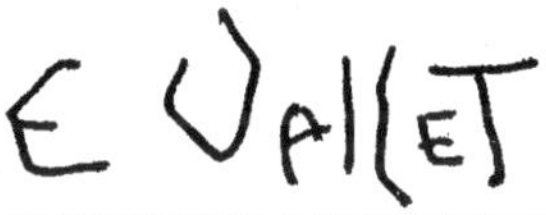

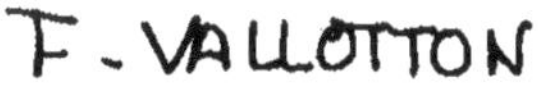

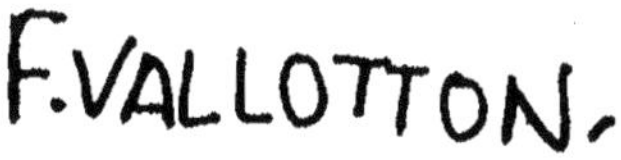

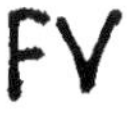

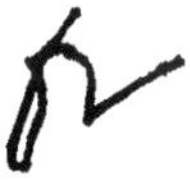

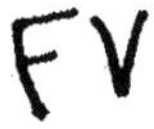

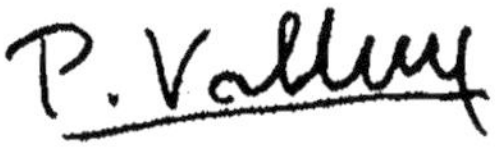

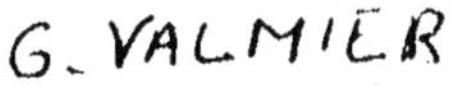

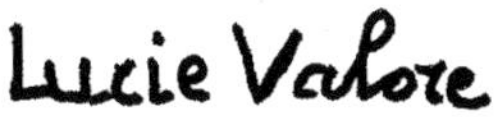

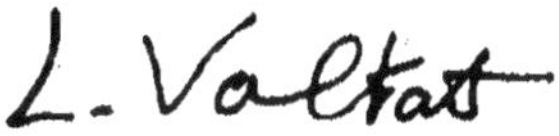

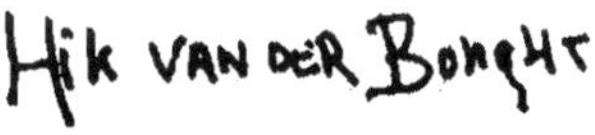

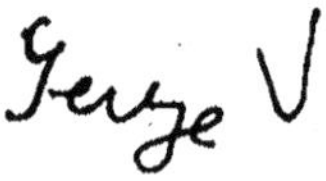

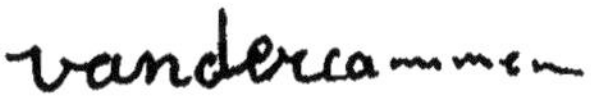

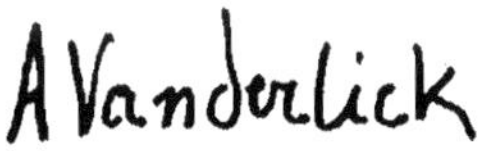

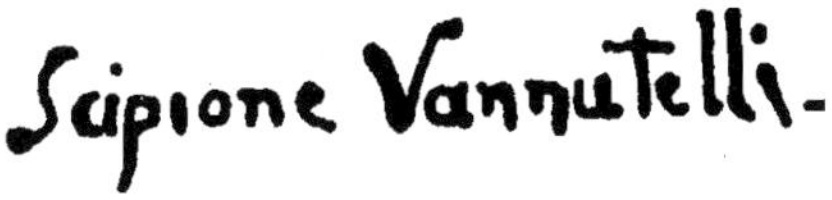

Vannutelli Scipione 1834-1894	Vassilieff Marie 1884-1957
Vantini Domenico 1765-1821	Vassine Victor 1919
Varese Gerolamo 1860-1935	Vastagh Geza 1866-1919
Vargas Ramon de XXe	Vaughan Keith 1912-1977
Varla Félix 1903	Vaughan Keith 1912-1977
Varley John 1850-1933	Vauthier Pierre 1845-1916
Varo Remedios 1900-1963	Vauthrin Ernest 1878-1949
Vasarely Victor 1908-1997	Vautier Benjamin Senior 1829-1898
Vasnetsov Victor 1848-1927	Vautier Hans 1891-1979
Vasquez-Diaz Daniel 1881-1969	Vautier Otto 1863-1919

Vautier Otto 1863-1919

O Vautier

Velde Geer van 1898-1978

GvV

Vayson Paul 1842-1911

P. VAYSON

Velde Henry van de 1869-1957

v.d. Velde 1903

Vazquez Carlos 1869-1944

carlos VAZQVEZ

Velten Wilhelm 1847-1929

W Velten

Veber Jean 1864-1928

Jean Veber

Venard Claude 1913

C. VENARD

Veder Eugène 1876-1976

Eug Veder

Venard Claude 1913

C VENARD

Veen Pieter van 1875-1961

P. van Veen

Venne Adolf van der 1828-1911

A. vander Venne

Veith Eduard 1856-1925

E. VEITH

Venne Fritz van der XIXe-XXe

Fritz vanderVenne

Vela-Zanetti José 1913

VelaZanetti

Ventrone Luciano 1942

L VENTRONE

Velasco Jose Maria 1840-1912

José M Velasco

Vera Paul 1882-1957

Paul Vera

Velde Bram van 1895-1981

B v Velde

Verboeckhoven Eugène 1799-1881

Eugène Verboeckhoven

Verboeckhoven Louis 1802-1889

Verburgh Médard 1886-1957

Verdier Jean 1901-1969

Verdier Marcel 1817-1856

Verdijk Gérard 1934

Verdilhan Louis Mathieu 1875-1928

Verdilhan Louis Mathieu 1875-1928

Verduyn Jacques 1946

Verdyen Eugène 1836-1903

Verge-Sarrat Henri 1880-1966

Verhaegen Fernand 1883-1975

Verhaert Piet 1852-1908

Verhaert Piet 1852-1908

Verhas Jan 1834-1896

Verheyden Frans 1806-1889

Verheyden Isidor 1880

Verlat Charles Michel 1824-1890

Vermehren Frits 1823-1910

Vermeir Alfons 1905-1994

Vernay François 1821-1896

Vernazza Angelo 1869-1937	Verschuur Wouterus 1812-1874
A. V.	W. Verschuur
Vernet Horace 1789-1863	Verster Floris H. 1861-1927
H Vernet	F. V.
Vernet Horace 1789-1863	Verstraete Theodor 1851-1907
Horace Vernet	Theod Verstraete
Vernier Emile 1829-1887	Verstraete Theodor 1851-1907
Emile. Vernier	Verstraete
Vernon Arthur L. vers 1871-1922	Verstraeten Edmond 1870-1956
AL Vernon 81	
Vernon Emile XIXe-XXe	Verstraeten Edmond 1870-1956
Veron Alexandre René 1826-1897	Vertes Marcel 1895-1961
A VERON	
Verone XXe	Vertin Petrus 1819-1893
	P. G. Vertin
Veronesi Luigi 1908	Vertunni Achille 1826-1897
L VERONESI	A. Vertunni
Verschaffelt Edouard 1874-1955	Veruda Umberto 1868-1904
E. Verschaffelt	Veruda 92

Vervisch Godfried 1930	Viani d'Ovrano Mario 1862-1922
Verwee Alfred 1838-1895	Viardot Léon 1805-1900
Vesin Jaroslaw 1859-1915	Viazzi Alessandro 1872-1956
Vetri Paolo 1855-1937	Viazzi Cesare 1857-1943
Veyrassat Jules Jacques 1828-1893	Viazzi Cesare 1857-1943
Vezzoli Alcide 1870-1919	Vibert Jehan Georges 1840-1902
Vialov Constantin 1900-1976	Vibert Pierre 1875-1937
Vianelli Achille 1803-1894	Vickers Alfred H. 1786-1868
Vianelli Achille 1803-1894	Vidal Eugène 1850-1908
Viani Lorenzo 1882-1936	Vieillard Luc XXe

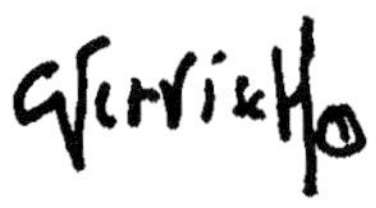

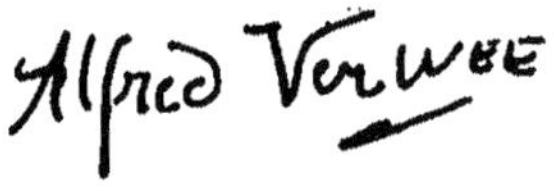

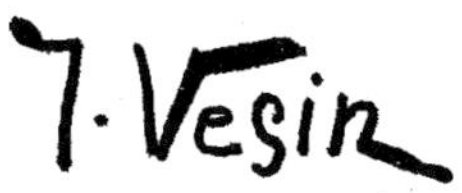

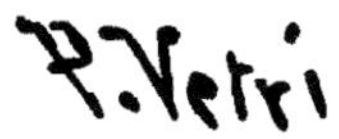

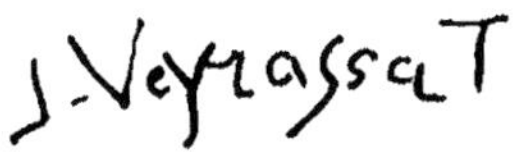

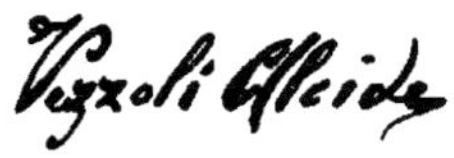

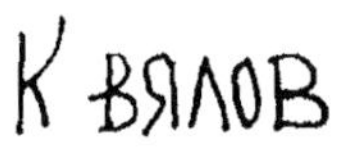

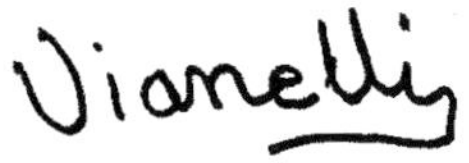

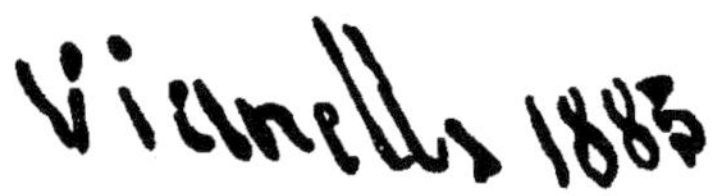

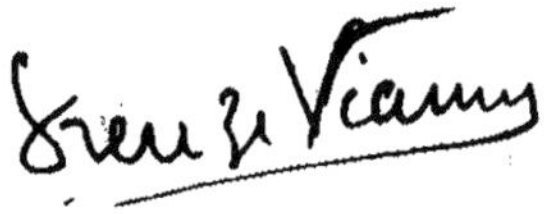

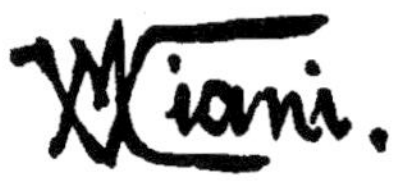

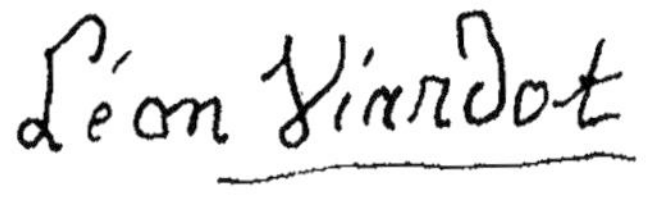

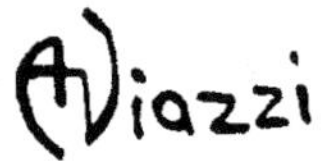

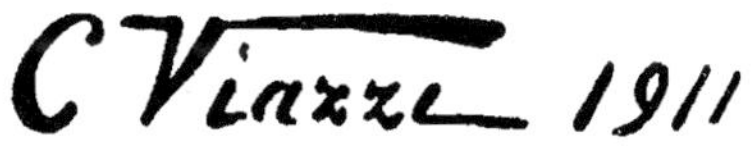

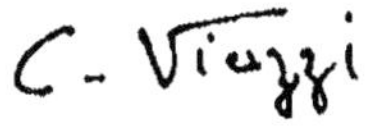

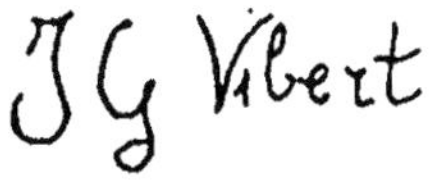

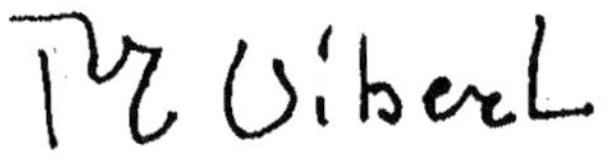

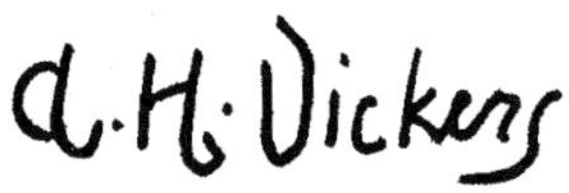

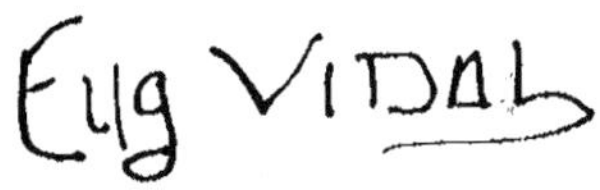

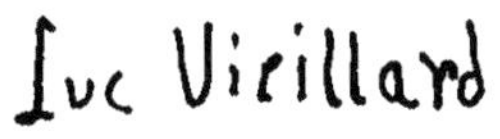

Vieira-da-Silva Maria 1909-1992

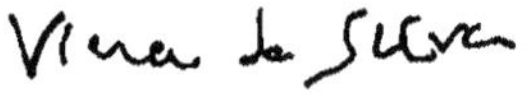

Vieira-da-Silva Maria 1909-1992

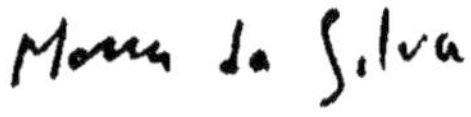

Vighi Coriolano 1852-1905

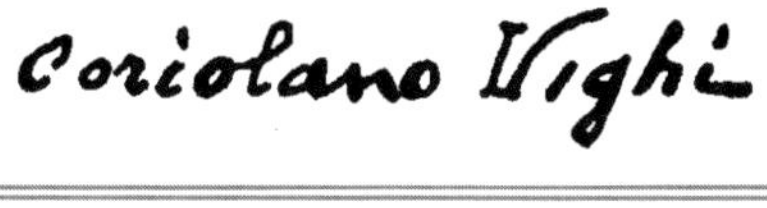

Vignal Pierre 1855-1925

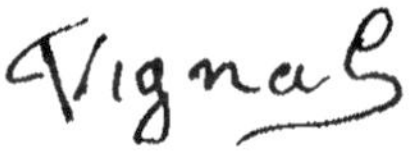

Vignoles André 1920

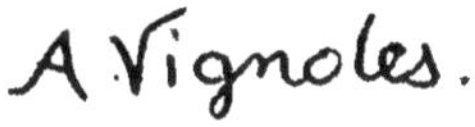

Vignon Victor 1847-1909

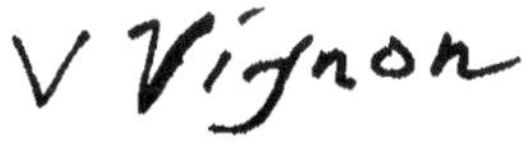

Vigon Louis Jacques 1897-1985

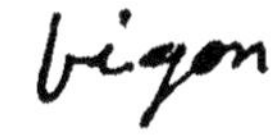

Vilato Javier 1921

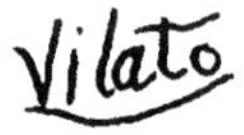

Villa Aleardo 1865-1906

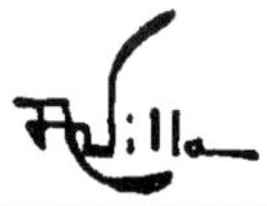

Villa Aleardo 1865-1906

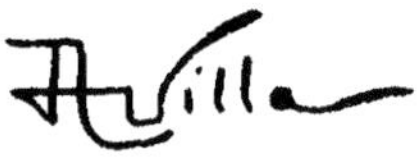

Villani Gennaro 1885-1948

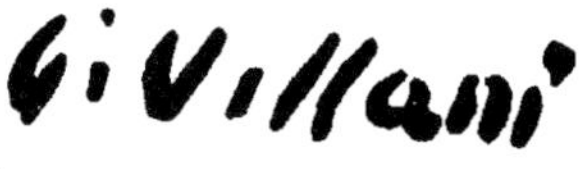

Villani Gennaro 1885-1948

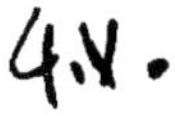

Villard Antoine 1867-1934

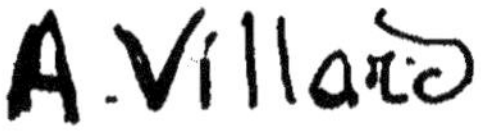

Villegas-y-Cordero Jose 1848-1922

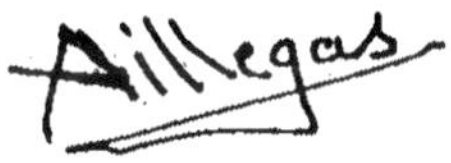

Villers Gaston de 1870

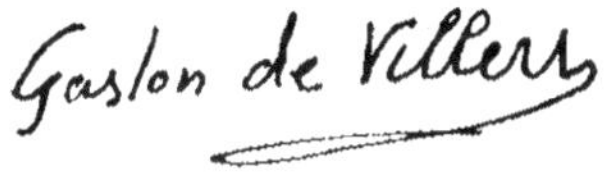

Villon Eugène 1879-1951

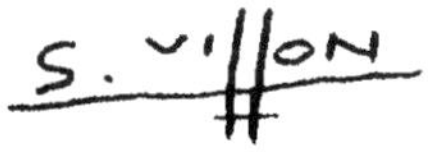

Villon Jacques 1875-1963

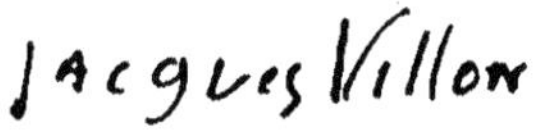

Vin Paul van der 1823-1887

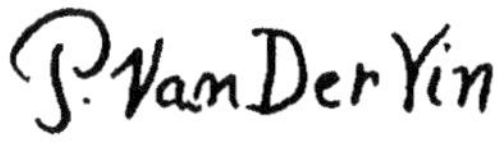

Vincent René 1879-1936

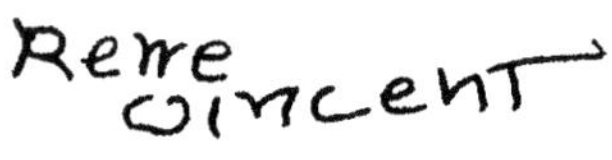

Vincenti Lionel 1965

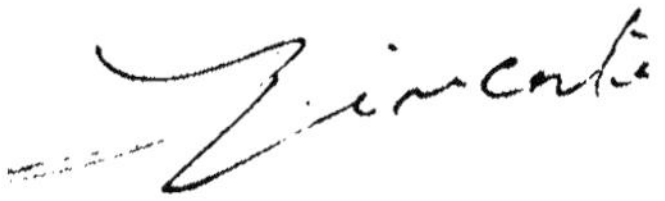

Vinck Frans 1827-1903	Viollet Pierre 1920
Vinea Francesco 1845-1902	Viollier Jean 1896-1985
Vinea Francesco 1845-1902	Violot Eric 1952
Vinea Francesco 1845-1902	Viotti Giulio 1845-1878
Vines Hernando 1904-1993	Virgone Joseph XXe
Vinter John Alfred 1828-1905	Virke John XXe
Vinzio Giulio Cesare 1881-1940	Viry Paul A. XIXe
Viola Manuel 1919-1987	Virzi Nicolo 1878-1963
Viollet le Duc Eugène 1814-1879	Vitali Edoardo XIXe-XXe
Viollet le Duc Victor 1848-1901	Vitalini Francesco 1865-1905

Viti Eugenio 1881-1952	Vogeler Heinrich 1872-1942
Vivancos Miguel Garcia 1895-1972	Vogels Guillaume 1836-1896
Vives Martin XXe	Vogler Paul 1852-1904
Viviani Giuseppe 1898-1965	Voigt August XIXe
Viviani Raul 1883-1965	Voillemot André Charles 1823-1893
Vivin Louis 1861-1936	Voirin Jules Antoine 1833-1898
Vivrel André 1886-1976	Voirin Jules Antoine 1833-1898
Vlaminck Maurice de 1876-1958	Voirin Léon Joseph 1833-1887
Vlaminck Maurice de 1876-1958	Volang Jean 1921
Vogel Cornelius Jan de 1824-1879	Volckaert Piet 1902-1973

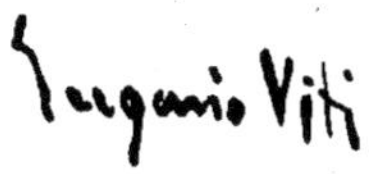

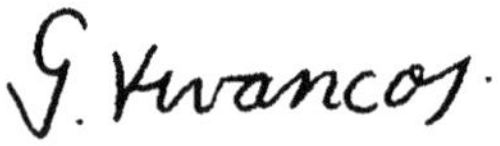

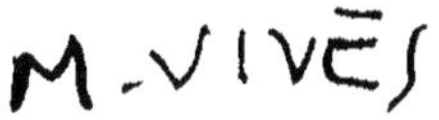

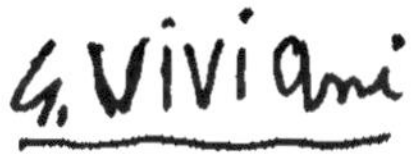

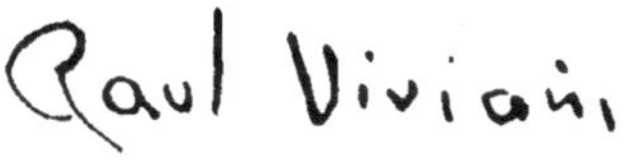

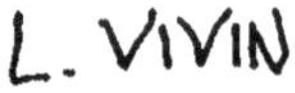

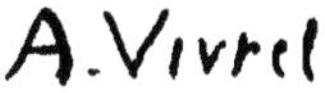

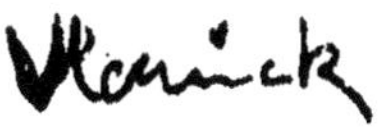

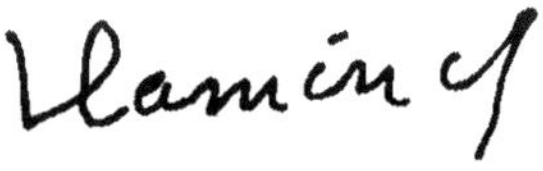

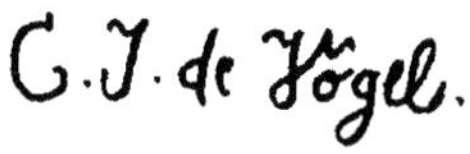

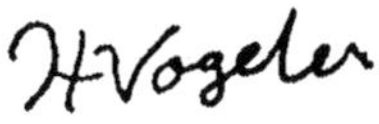

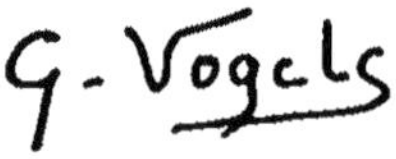

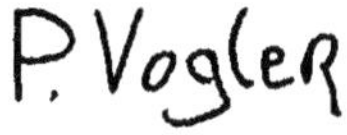

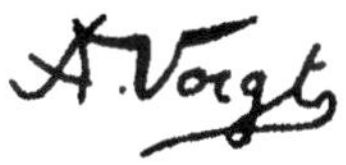

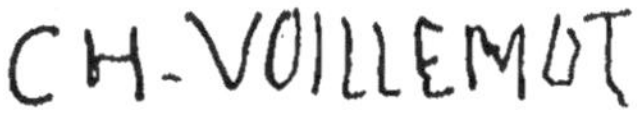

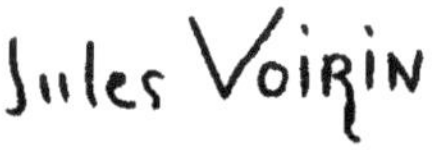

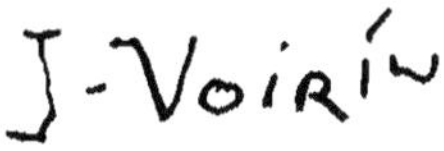

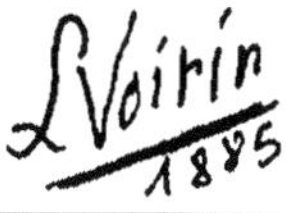

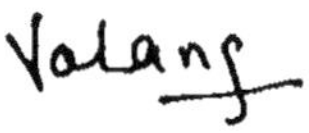

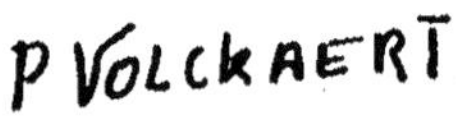

Volkers Adriano 1904 A.VOLKERS	Volpe Vincenzo 1854-1929 V.Volpe.
Volkers Emil Ferdinand Heinrich 1831-1905 E Volkers	Volpe Vincenzo 1854-1929 V.Volpe
Volkhart Max 1848-1921 MAX VOLKHART	Volti Antoniucci 1915-1990 Volti
Volkmann Hans R. von 1860-1927 HR.v.V.	Volti Antoniucci 1915-1990 Volti
Vollet Henri 1861-1945 H Vollet	Voltz Friedrich 1817-1886 F Voltz
Vollmar Ludwig 1842-1884 L. Vollmar.	Volz Wilhelm 1855-1901 W. VOLZ
Vollon Alexis 1865-1945 A. Vollon	Vos Firmin de XIXe-XXe F. DeVos
Vollon Antoine 1833-1900 A. Vollon	Vos Léon de 1897-1974 LEON DE VOS
Volovick Lazare 1902-1977 Volovick	Voss Jan 1936 VOSS
Volpe Angelo 1840-1896 AVolpe	Vreendenburgh Cornelius 1880-1946 C.Vreedenburgh.

Vu Yannick XIXe

Vuillard Edouard 1868-1940

Vuillard Edouard 1868-1940

Vuillard Edouard 1868-1940

Vuillard Edouard 1868-1940

Vuillemin Philippe XXe

Vuillefroy Félix de 1841-1910

Vulliamy Gérard 1909

Vyboud Jean 1872

Vytlacil Vaclav 1892-1984

Waagen Adalbert 1833-1898

Waay Nicolaas van der 1855-1936

Wabel Henri 1889-1981

Wach Aloys 1892-1940

Wachsmann Serge XXe

Wacksmuth Max 185-1912

Wagemaekers Victor 1876-1953

Wagemaker Josep XXe

Wagemans Maurice 1877-1927

Wagner Alexander von 1838-1919

Wagner France 1943	Walch Charles 1898-1948
Wagner Fritz 1896-1939	Walcher Ferdinand E. 1895-1955
Wagner Otto 1803-1861	Walckiers Gustave 1831-1891
Wagner Pierre 1897-1943	Walcot William 1874-1943
Wagrez Jacques Clément 1846-1908	Walde Alfons 1891-1958
Wain Louis William 1860-1939	Walde Alfons 1891-1958
Wain Louis William 1860-1939	Waldmuller Ferdinand 1793-1865
Wainwright John XIXe	Waldorp Antoine 1803-1866
Wakelin Roland Shakespeare 1887-1971	Walhain Charles 1877-1936
Walbourn Ernest 1872-1927	Walker Frederick 1840-1875

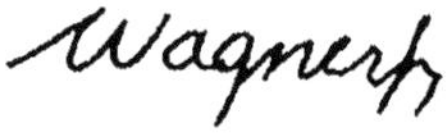

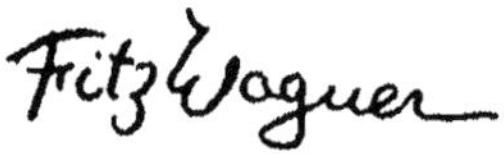

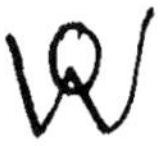

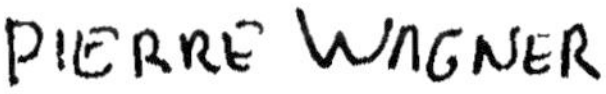

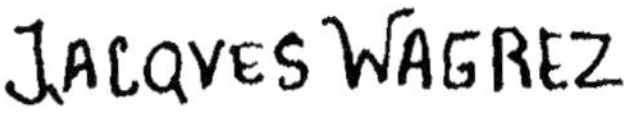

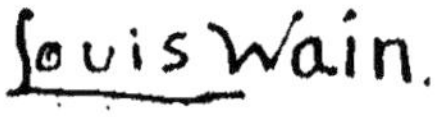

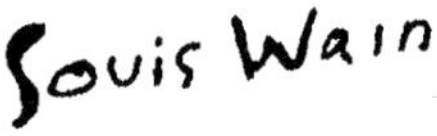

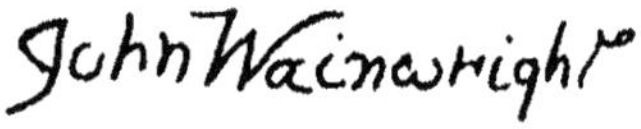

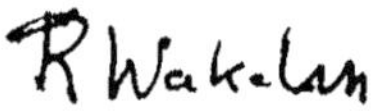

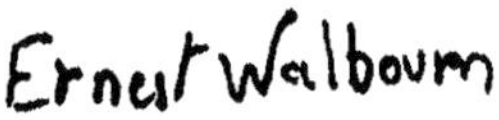

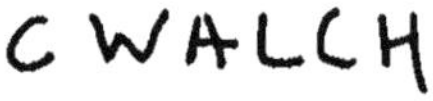

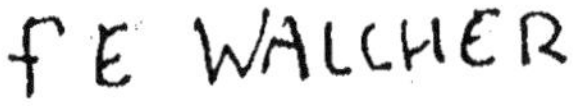

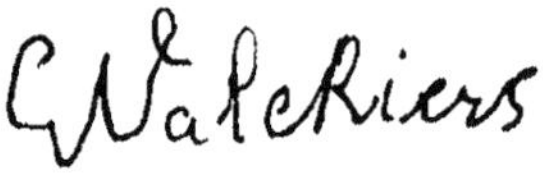

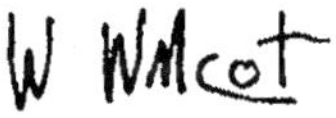

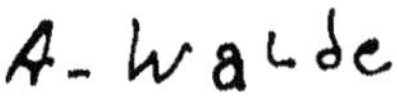

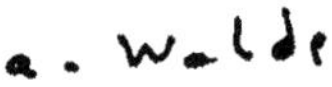

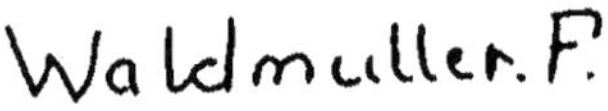

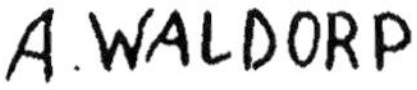

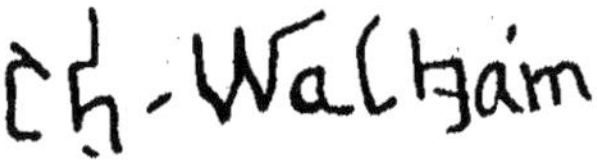

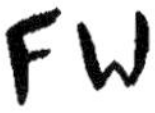

Walker Horatio 1858-1938

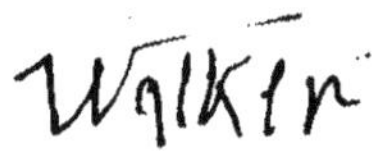

Walker William Eyre 1847-1930

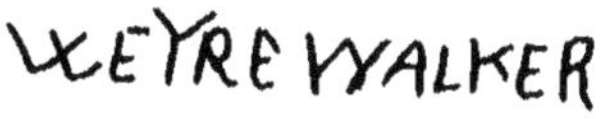

Wallace Harold Franck 1881

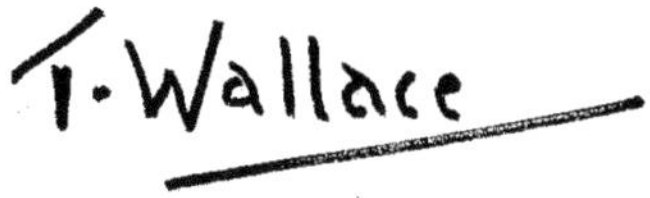

Waller Samuel Edmund 1850-1903

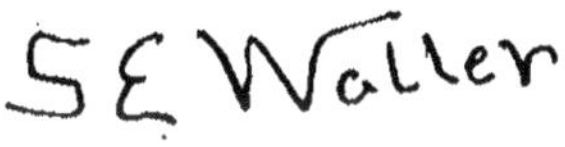

Wallert Axel 1890-1962

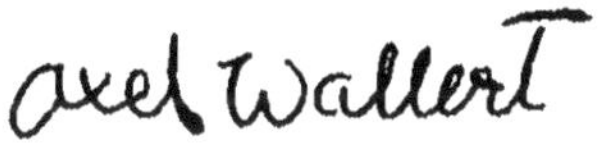

Wallet Taf 1902

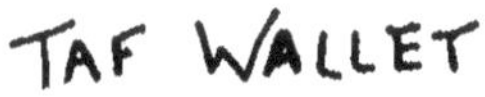

Wallis Alfred 1855-1942

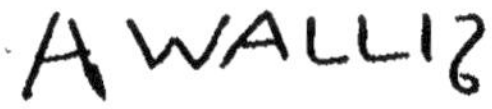

Walls William 1860-1942

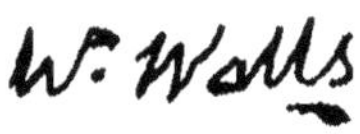

Walraven Jan 1827

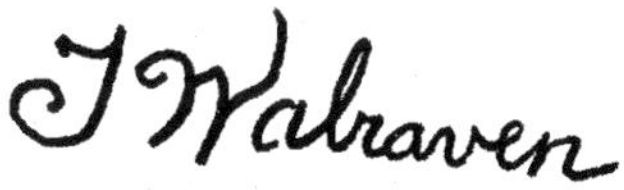

Walter Otto 1853-1904

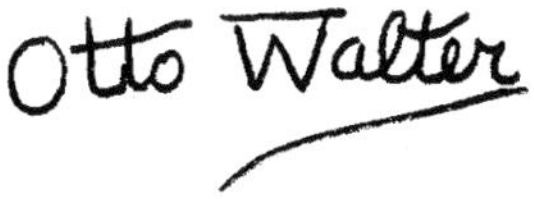

Walter Pierre Frederic 1816-1855

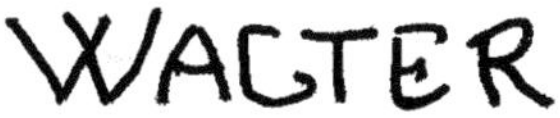

Walters George Stanfield 1838-1924

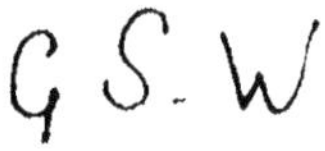

Walters George Stanfield 1838-1924

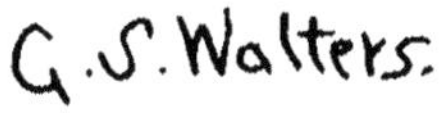

Walther Charles A. 1879-1937

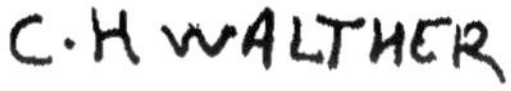

Walther Karl 1905-1981

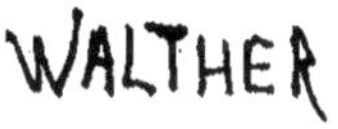

Walton Edward Arthur 1860-1922

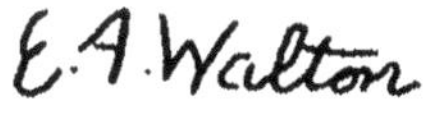

Walton Frank 1840-1928

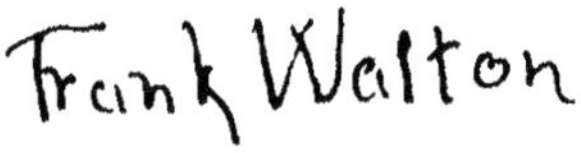

Waning Cornelis van 1861-1929

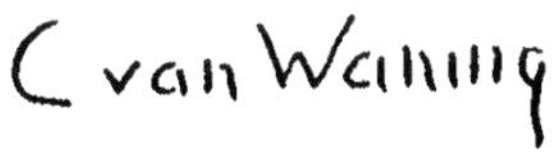

Wappers Gustav 1803-1874

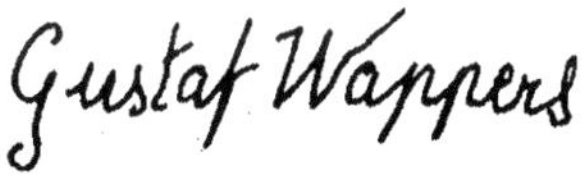

Wappers Gustav 1803-1874

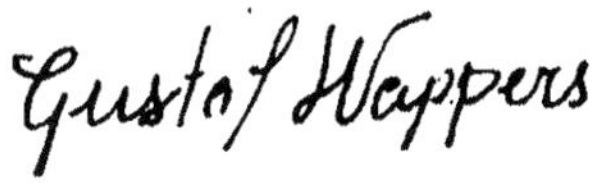

Ward James Charles XIXe

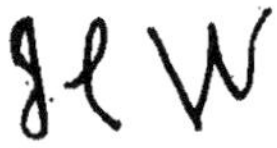

Ward James Charles XIXe

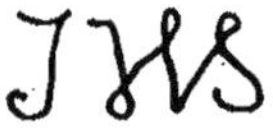

Ward Leslie 1851-1922

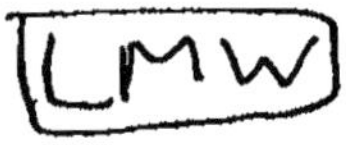

Ward Vernon 1905-1985

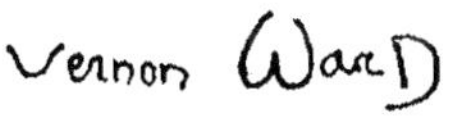

Wardle Arthur 1864-1949

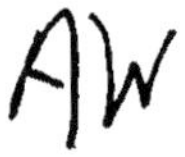

Wardle Arthur 1864-1949

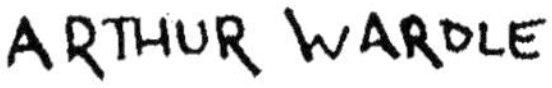

Wardle Arthur 1864-1949

Warhol Andy 1930-1987

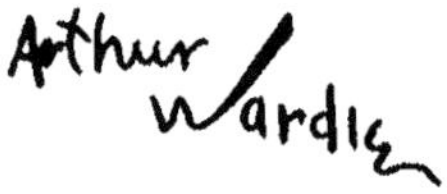

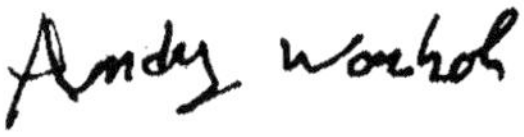

Warhol Andy 1930-1987

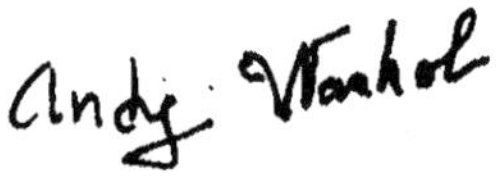

Waroquier Henry de 1881-1970

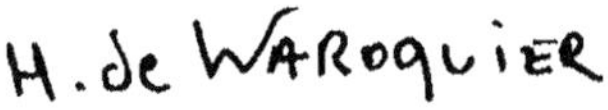

Warshawsky Alexander 1887-1945

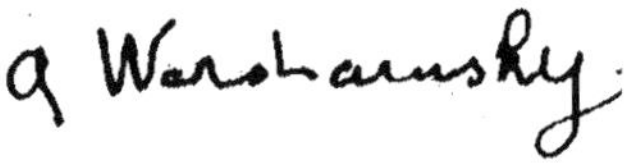

Washington Georges 1827-1910

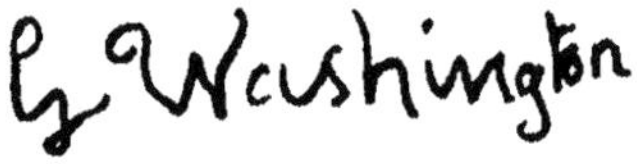

Waske Erich 1889-1978

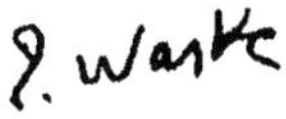

Waske Erich 1889-1978

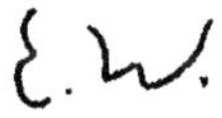

Watelet Charles J. 1867-1954

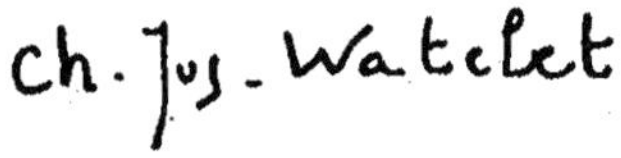

Watelet Louis Etienne 1780-1866

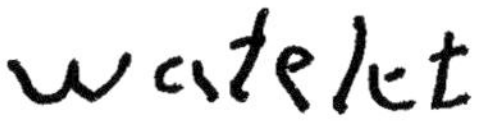

Watelin Louis Victor 1838-1907

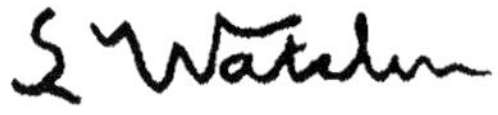

Waterford Lady Louisa 1818-1891

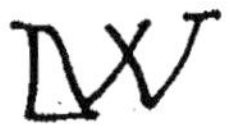

Waterhouse John William 1849-1917

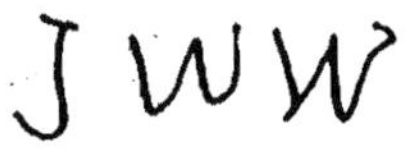

Waterhouse John William 1849-1917

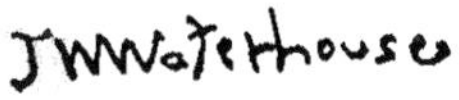

Waterloo Ernest 1850-1919	**Way Charles Jones 1834-1919**
Watson Charles John 1846-1927	**Way Tom Robert 1861/62-1913**
Watson John Dawson 1832-1892	**Weatherill George 1810-1890**
Watson William mort en 1921	**Webb James 1825-1895**
Watts George Frederick 1817-1904	**Webb William Edward 1862-1903**
Watts George Frederick 1817-1904	**Weber Alfred Charles 1862-1922**
Wauters Alex 1899-1965	**Weber Max 1881-1961**
Wauters Camille 1856-1919	**Weber Otto 1832-1888**
Wauters Emile 1846-1933	**Weber Paul 1898-1957**
Wauters Jef 1927	**Weber Theodor A. 1838-1907**

Weber Werner 1892-1977	Weert Anna de 1867-1950
Werner Weber	A. De Weert 1902
Weber Fulop Elizabeth 1883	Weert Jan van 1871-1955
E Weber Tül-1	Jan van Weert
Webster Herman Armour 1878-1965	Weerts Jean Joseph 1847-1927
Hawebster	J.J. Weerts
Webster Thomas 1800-1886	Wegelin Emile 1875-1962
T. Webster	Wegelin
Webster Walter Ernest 1878-1959	Wegener Einar 1883-1931
Webster	Einar Wegener
Wedepohl Theodor 1863-1923	Wegener Gerda 1885-1940
T-W	Gerda Wegener
Weedon Augustus Walford 1838-1908	Wegmann Bertha 1847-1926
A.W Weedon	B Wegmann
Weekes Herbert W. 1864-1904	Wegner Eric 1899-1980
Weekes	Wegner
Weeks Edwin Lord 1849-1903	Weguelin John Reinhard 1849-1927
E L Weeks	J.R. Weguelin
Weeks Edwin Lord 1849-1903	Weibel Louise morte en 1865
E. L. Weeks	L Weibel

Weight Carel 1908	**Weiss Carl 1860**
Weil Ernest 1919	**Weiss Jose 1859-1919**
Weiland Johannes 1856-1909	**Weisse Rudolph 1869**
Weiland Johannes 1856-1909	**Weissenbruch Jan Hendrik 1824-1903**
Weir Harrisson William 1824-1906	**Weisz Adolphe 1868**
Weir Henri Stuart XXe	**Welch Thaddeus 1844-1919**
Weisbuch Claude 1927	**Wellington Hubert 1879**
Weisbuch Claude 1927	**Welliver Neil 1929**
Weise Robert 1870-1923	**Wells John S. Sanderson 1872-1919**
Weisgerber Albert 1878-1915	**Wells William 1871-1923**

Welvaert Ernest 1880-1946

Wentorf Carl 1863-1914

Wentscher Julius 1842-1918

Wentzel Gustav 1859-1927

Werenskiold Erik Théodor 1855-1938

Werenskiold Erik Théodor 1855-1938

Werner Carl Friedrich 1808-1894

Werner Carl Friedrich 1808-1894

Werner Michael XXe

Werner Theodor 1886-1969

Werner Theodor 1886-1969

Wertheimer Gustave 1847-1904

Wery Emile 1868-1935

Wesemann Alfred 1874

Wesson Edward 1910

West Levon 1900-1968

Westall John XIXe

Westerbeek Cornelis 1844-1906

Westwood Susan XXe

Wexelsen Christian 1830-1883

Weys Anton XIXe-XXe

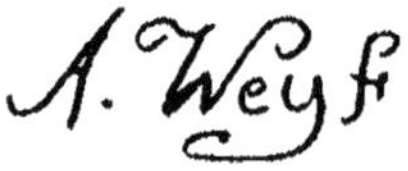

Whaite James XIXe

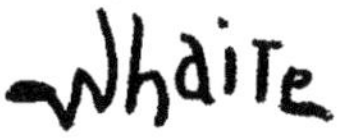

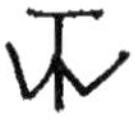

Wheatley Grace 1888

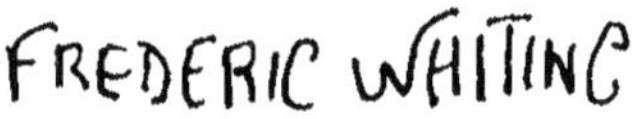

Wheeler Alfred 1851-1932

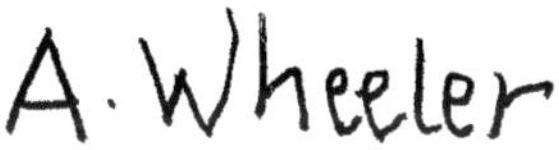

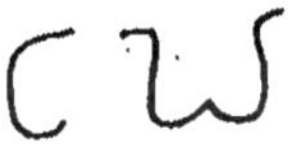

Wheelwright Roland 1870-1955

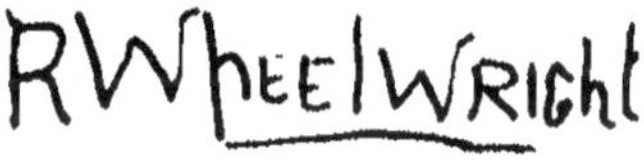

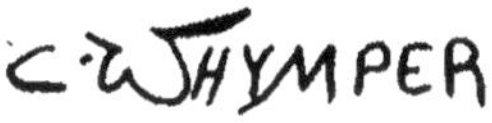

Whistler James Abbott Mc Neil 1834-1903

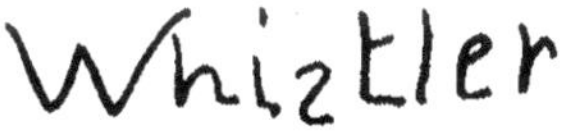

Whitcombe Sidney XXe

White Ethelbert 1891-1972

White Ethelbert 1891-1972

White John 1851-1933

White Orrin Augustine 1883-1969

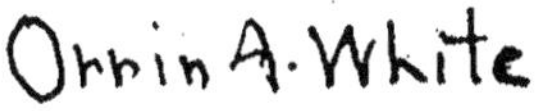

Whitehead Tomy 1886

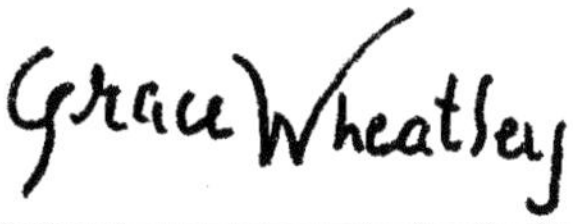

Whiting Frederic 1874-1962

Whymper Charles 1854-1941

Whymper Charles 1854-1941

Wiberg Harald 1908-1986

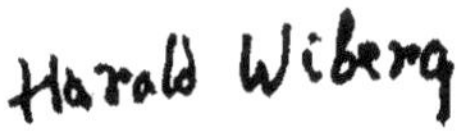

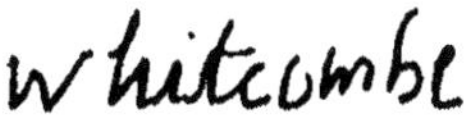

Widhopff D. O. 1867-1933

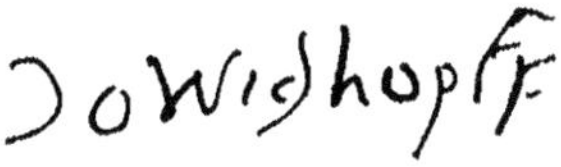

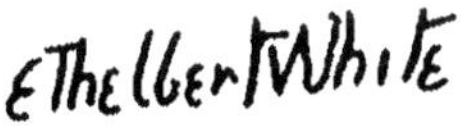

Wiegandt Bernhard 1851-1918

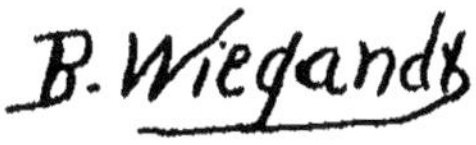

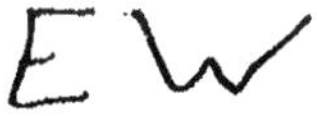

Wiegele Edwin 1954

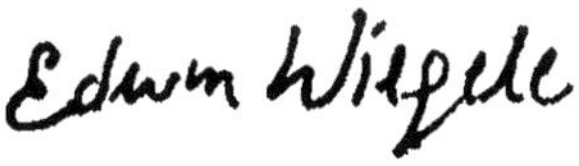

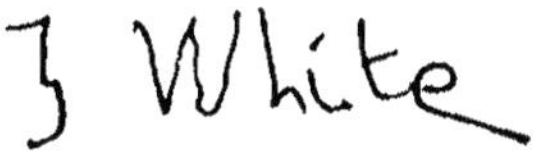

Wieghorst Olaf Carl 1899-1988

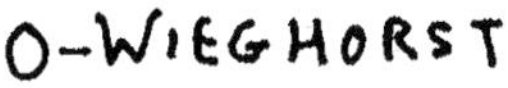

Wiertz Antoine Joseph 1806-1865	Wilhelm Paul 1886-1965
Wieruz-Kowalski A. von 1849-1915	Wilhelmson Carl Wilhelm 1866-1928
Wigdahl Anders G. 1830-1914	Wilkie David 1785-1841
Wiggins Guy Carleton 1883-1962	Wilkinson Norman 1878-1971
Wijnants Ernest 1878-1964	Wilkinson Norman 1878-1971
Wijnveld Barend 1820-1902	Wilkinson Norman 1878-1971
Wild Ernst 1924-1985	Willaert Ferdinand 1861-1938
Wilda Charles 1854-1907	Willaert Jozef 1936
Wilder André 1871-1965	Willems Florent 1823-1905
Wilder André 1871-1965	Willems Florent 1823-1905

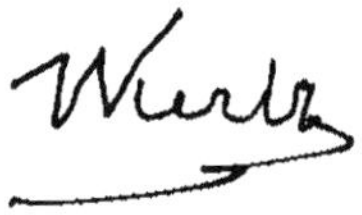

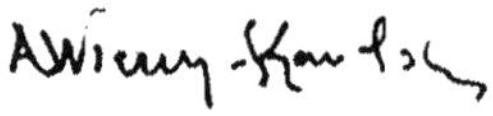

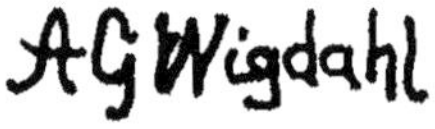

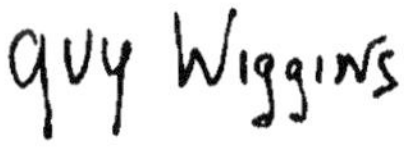

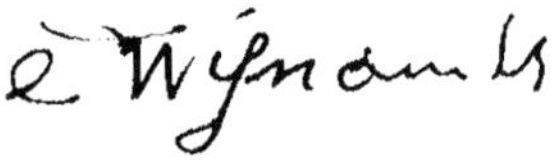

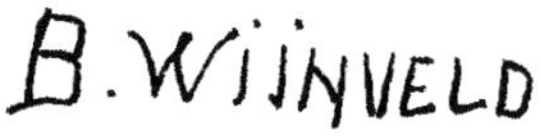

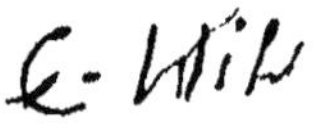

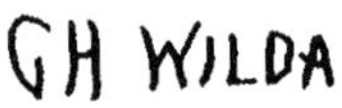

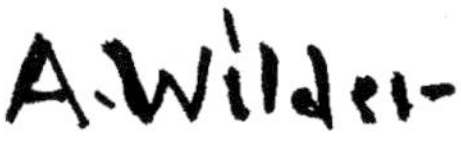

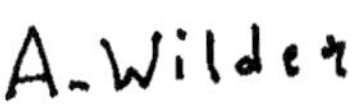

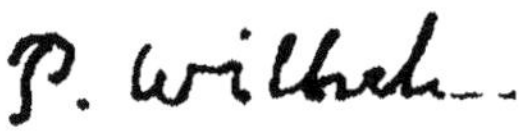

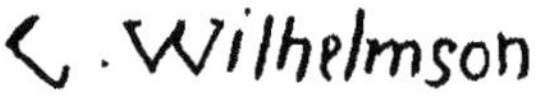

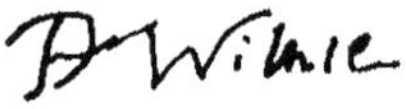

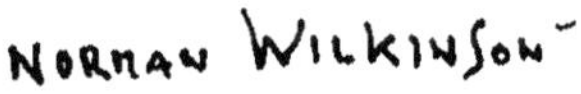

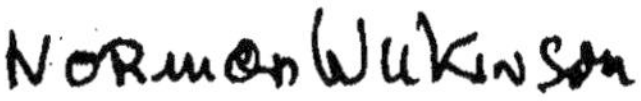

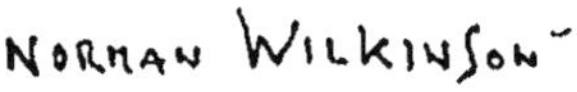

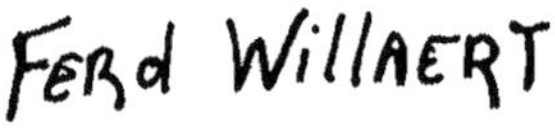

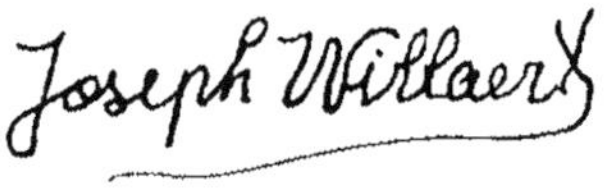

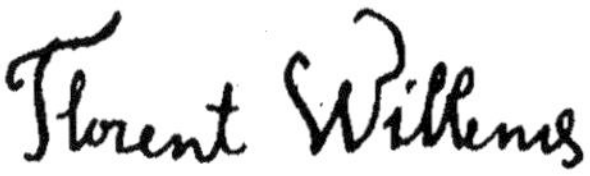

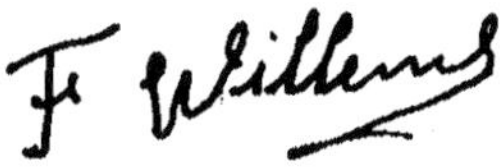

Willems Piet XXe	**Wilson Dora Lynell 1883-1946**
Williams Edward 1807-1880	**Wilson John James 1818-1875**
Williams Frederick Ronald 1927-1982	**Wilson Oscar 1867-1930**
Williams George Augustus 1814-1901	**Wilson Philip Mac Gregor mort en 1928**
Williams Terrick John 1860-1936	**Wilson Robert dit Scottie 1889-1972**
Willink Carel 1900-1979	**Wilson Thomas Walker 1851-1912**
Willroider Ludwig 1845-1910	**Wilson William 1905-1972**
Willumsen Jens Ferdinand 1863-1958	**Wilson Winifred XXe**
Wils Lydia 1924-1982	**Wimperis Edmund Morison 1835-1900**
Wilson Charles Edward 1854-1941	**Wimperis Edmund Morison 1835-1900**

Windt Christopher van der 1877-	Wit Prosper de 1862-1951
Wingate James Lawton 1846-1924	Withers Walter 1854-1914
Winge Sigurd 1909-1970	Witkamp Ernest Jr. 1854-1897
Wingfield James Digman mort en 1872	Witsen Willem 1860-1923
Winne Lievin de 1821-1880	Witte Adrien de 1850-1935
Winter Fritz 1905-1976	Wittevrongel Roger 1933
Winter Fritz 1905-1976	Wittke Carl XXe
Wintherhalter Franz Xaver 1805-1873	Wittlin Alois E. 1903
Wintz Raymond 1884	Woestijne Gustave van 1881-1947
Wirz Karl 1885-1957	Woffson William XXe

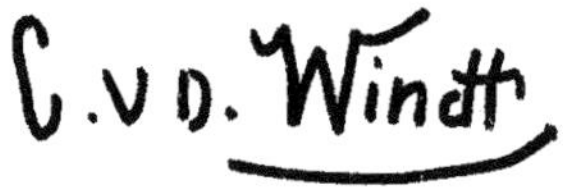

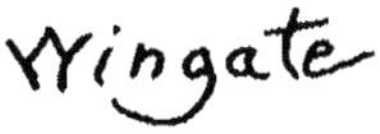

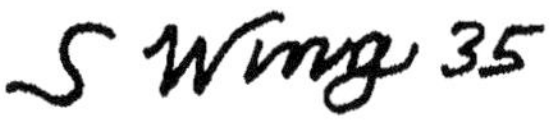

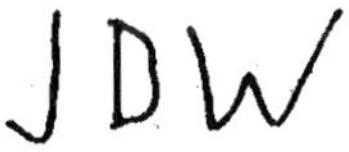

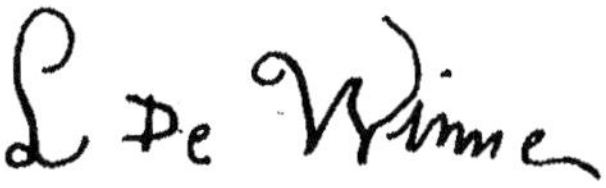

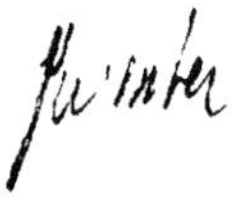

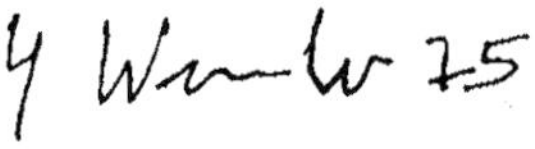

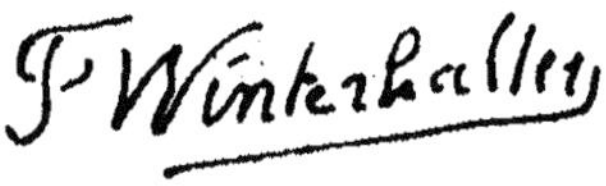

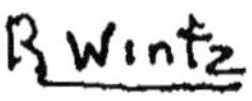

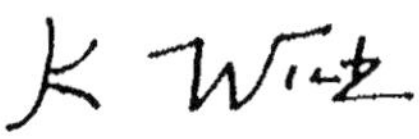

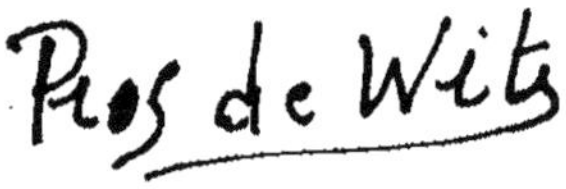

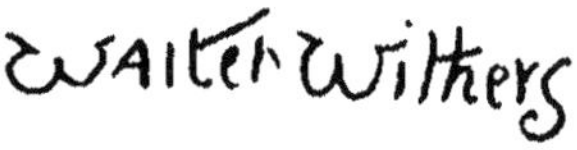

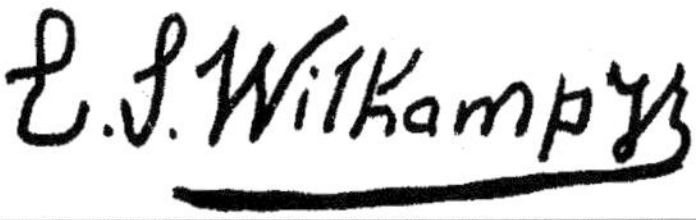

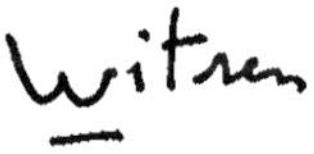

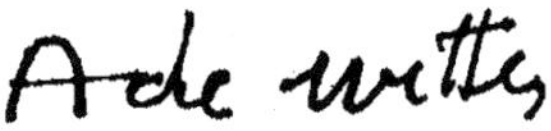

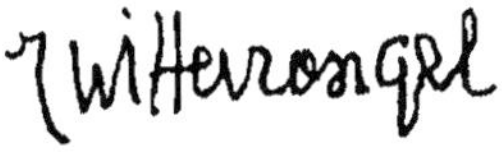

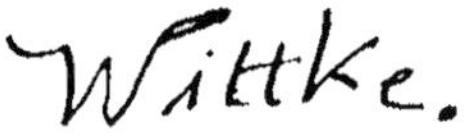

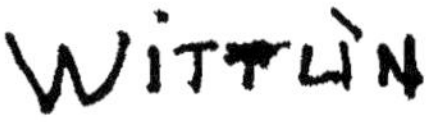

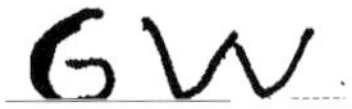

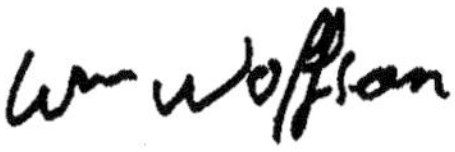

Wolf Franz Xaver 1896-1990	Wols Otto 1913-1951
F. X. Wolf	WOLS
Wolf Georg 1882-1962	Wolsfeld Erich 1884-1956
G Wolf	Erich Wolfeld
Wolf Georg 1882-1962	Wolter Hendrik Jan 1873-1952
G Wolf	H Wolter
Wolfe Edward 1897-1982	Wolters Eugène 1844
Edward Wolfe	Eugène Wolters
Wolff Jose 1884-1964	Woltze Berthold 1829-1896
J Wolff	B. WOLTZE
Wolfle Franz Xavier 1887-1989	Wolvecamp Theo 1925-1992
X. Wölfle.	wolvecamp
Wollen William Barnes 1857-1986	Wolvens Henri Victor 1896-1977
W.B. WOLLEN	H. V. Wolvens
Wollens Karel 1912	Wood Christopher 1901-1930
K Wollens	Christopher Wood
Wollheim Gert Heinrich 1894-1974	Wood Francis Derwent 1871-1926
Wollheim	F. D. W.
Wolmark Alfred Aaron 1877-1961	Wood Grant 1892-1942
WOLMARK	Grant Wood

Wood Grant 1892-1942

Wood Lawson 1878-1957

Wood Stanley L. 1866-1928

Wood Thomas Waterman 1823-1913

Woodhouse William 1857-1939

Woodlock David 1842-1929

Woods Henry 1846-1921

Woodville Richard Caton 1856-1926

Woodward Thomas 1801-1852

Woog Raymond 1875

Woog Raymond 1875

Wopfner Joseph 1843-1927

Worms Jules 1832-1924

Wostry Carlo 1865-1943

Wotruba Fritz 1907-1975

Woutermaertens Edouard 1819-1897

Wouters Jan XIXe

Wouters Rik 1882-1916

Wrangel Natacha XXe

Wright George 1862-1942

Wright Gilbert Scott 1803-1877

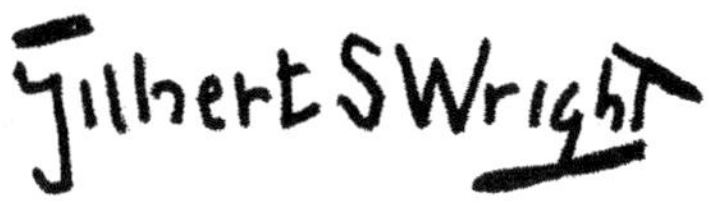

Wuttke Carl 1849-1927

Wright Gilbert Scott 1803-1877

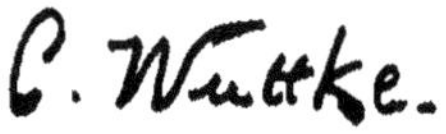

Wyckaert Maurice 1923

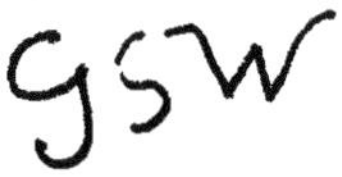

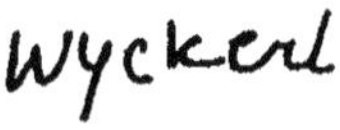

Wright Richard 1857-1930

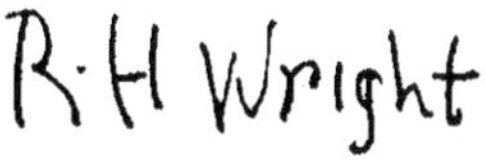

Wyeth Andrew 1916

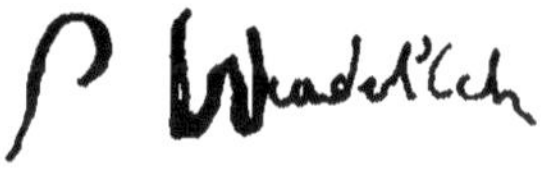

Wright Robert W. XIXe-XXe

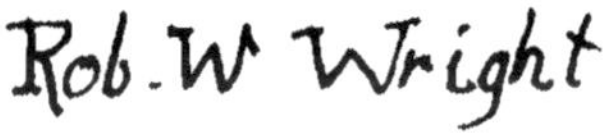

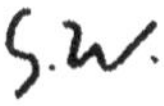

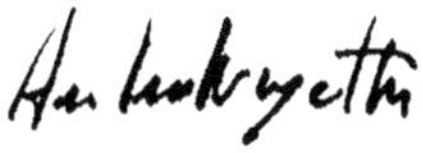

Wyld William 1806-1889

Wunderlich Paul 1927

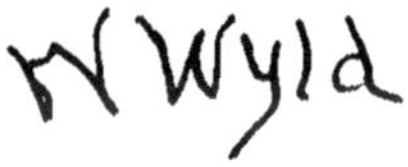

Wylie Robert 1839-1877

Wunderwald Gustav 1882-1945

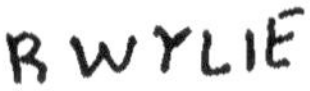

Wyllie Harold 1880-1975

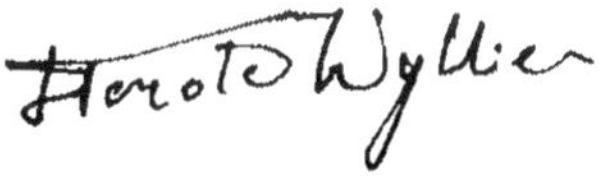

Wunderwald Gustav 1882-1945

Wyllie William Lionel 1851-1931

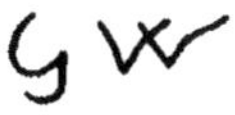

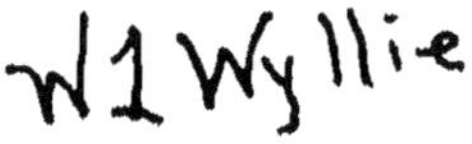

Wünnenberg Carl 1850-1929

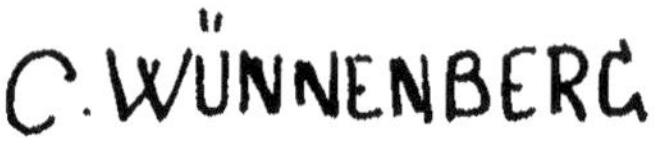

Wyngaerdt Piet van 1873

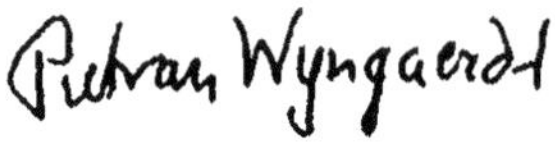

Wurth Xavier 1869-1933

Wyrezwalsky Felix M. I. XIXe-XXe

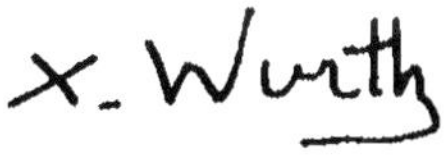

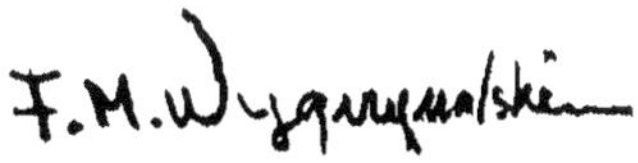

Wust A. Alexander 1837-1876

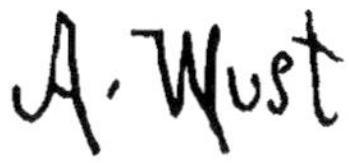

Wytsman Juliette 1866-1925

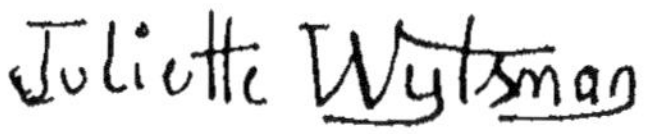

Wytsman Rodolphe 1860-1927

Wywiorski Michael G. 1861-1926

Xceron Jean 1890-1967

Yamauchi Yuriko XXe

Yan Robert 1901-1994

Yankel Jacques 1920

Yeats Jack Butler 1871-1957

Yeend King Henry John 1855-1924

Yon Edmond Charles J. 1836-1897

Young Alexander 1865-1923

Young William Blamire 1860-1935

Ysendyck Anton van 1801-1875

Ysern y Alie Pedro 1872-1946

Yvel Claude 1930

Yvon Adolphe 1817-1893

Zacchi XXe

Zacho Christian 1843-1913

Zadkine Ossip 1890-1967

Zadkine Ossip 1890-1967

Zago Erma 1880-1942

Zak Eugène 1884-1926

Zamacois y Zabala E. 1842-1871

Zamparo Giorgio XXe

Zampighi Eugenio 1859-1944

Zampighi Eugenio 1859-1944

Zandomeneghi Federico 1841-1917

Zandomeneghi Federico 1841-1917

Zandvoort Hans XIXe

Zanetti Zilla Vittore 1864-1946

Zannoni Giuseppe 1849-1903

Zapater Juan Jose 1867-1922

Zapelloni Andrea 1877-1961

Zappettini Giovanni 1878-1958

Zardo Alberto 1876-1959

Zarraga Angel 1886-1946

Zarraga Angel 1886-1946

Zattera Giuseppe 1825-1891

Zatzka Hans 1859-1945

Zatzka Hans 1859-1945

Zbinden Emil 1908-1991

Zee Jan van 1889-1988	Zethraeus Agatha 1872-1966
Zelger Jakob Joseph 1812-1885	Zettler Max 1886-1925
Zelin Elaine XXe	Zewy Carl 1855-1929
Zeller Fred 1912	Zickendracht Barnhard 1854-1937
Zelter Georges 1932	Ziegler Jules Claude 1804-1856
Zendel Gabriel 1906	Ziegler Richard 1891-1992
Zephirin Frantz 1964	Ziegra Max 1852
Zerilli Francesco 1793-1837	Ziem Félix 1821-1911
Zerilli Francesco 1793-1837	Ziem Félix 1821-1911
Zerlacher Ferdinand 1877-1923	Ziem Félix 1821-1911

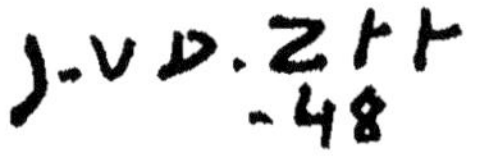

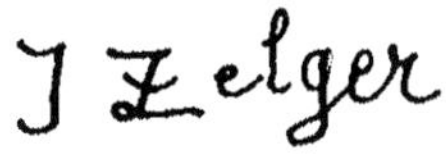

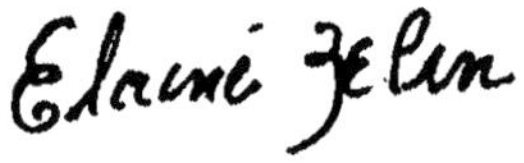

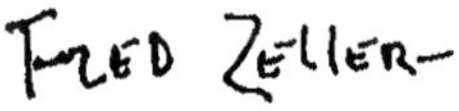

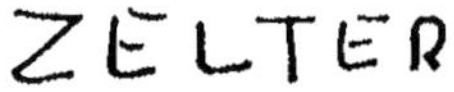

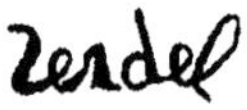

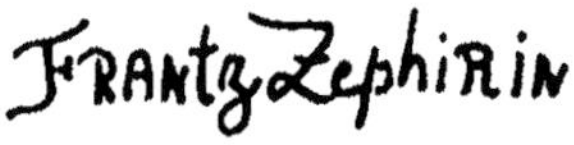

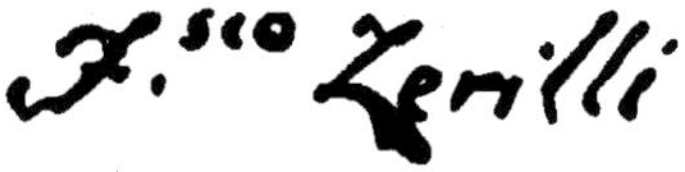

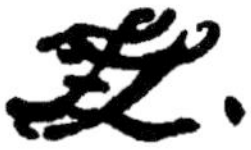

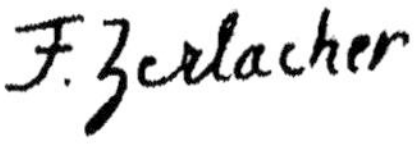

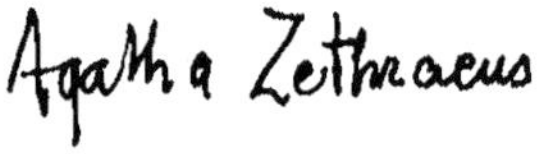

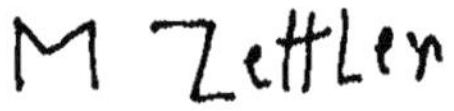

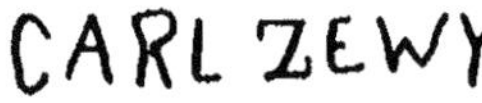

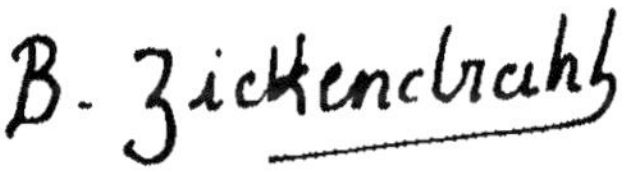

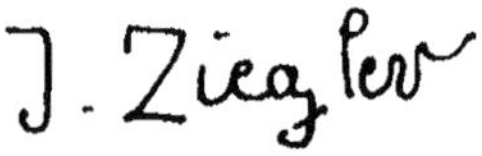

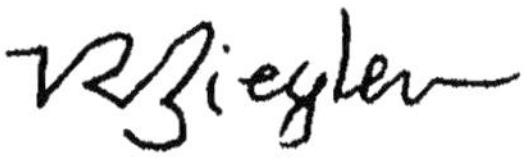

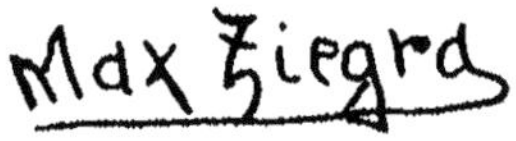

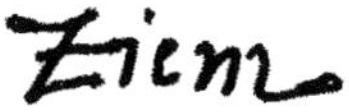

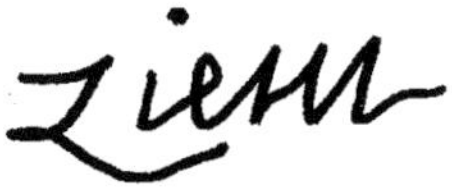

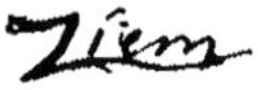

Zier Edouard 1856-1924

Zille Heinrich 1858-1929

Zille Heinrich 1858-1929

Zille Heinrich 1858-1929

Zille Heinrich 1858-1929

Zimmer Hans Peter 1936-1992

Zimmer Hans Peter 1936-1992

Zimmer Hans Peter 1936-1992

Zimmer Wilhelm Carl 1853-1937

Zimmermann August Albert 1808-1888

Zimmermann Friedrich 1823-1884

Zimmermann Marc 1912-1995

Zimnik Reiner 1930

Zingaro Astolfo 1931

Zingg Jean-Pierre 1925

Zingg Jules Emile 1882-1942

Zingoni Aurelio 1853-1922

Zinkeisen Anna 1901

Zinnogger Leopold 1811-1872

Zirianov Victor XXe

Ziya Nazmi 1881-1937	Zoppi Antonio 1860-1926
N Ziya	A. Zoppi
Zo Henri A. 1873-1933	Zord Arnold 1887-1957
Henri A-Zo	ZORD A. 913
Zocchi Guglielmo 1874	Zorn Anders Léonard 1860-1920
G. Zocchi	Zorn
Zocchi Guglielmo 1874	Zorn Anders Léonard 1860-1920
G. Zocchi	Zorn
Zogmaier Léo XXe	Zorn Anders Léonard 1860-1920
Zogmaier	ZORN
Zoia Född 1909	Zotti Ignazio 1806
Zoia	Ignazio Zotti
Zoir Emile 1860-1920	Zouiev Ievgueni 1923-1987
EMIL-ZOIR·	E. Zouiev
Zona Antonio 1814-1892	Zuber Henri 1844-1909
A Zona	H·Zuber
Zonaro Fausto 1854-1929	Zuber-Buhler Fritz 1822-1896
F. Zonaro	Zuber-Buhler
Zonaro Fausto 1854-1929	Zubiaurre Valentin de 1879-1963
F. Zonaro	VALENTIN DE ZUBIAURRE

Zuccoli Luigi 1815-1876

Luigi Zuccoli

Zugel Heinrich von 1850-1941

H Zugel

Zugel Heinrich von 1850-1941

H Zugel

Zuloaga Ignacio 1870-1945

I. Zuloaga

Zumel Nelson XXe

N Zumel

Zünd Robert 1827-1909

R. Zünd

Zuniga Francisco 1913

Zuniga

Zuniga Francisco 1913

Zurkinden Irene 1909-1987

Irene Zurkinden

Zwart Petrus Anton de 1880-1967

A. de. Zwart

Zwart Willem de 1862-1931

W. de Zwart

Zwengauer Anton 1810-1884

AZwgr

Monogrammes

Monograms

Monogramme

Monogramas

Monogrammi

A Adam Julius 1852-1913	Benois Alexandre Nikolaevitch 1870-1960
Annecke Edith XXe	Benois Alexandre Nikolaevitch 1870-1960
Stevens Alfred 1823-1906	Benois Alexandre Nikolaevitch 1870-1960 1940
AA Anastasi Auguste Paul Charles 1820-1889	Bernard Adolphe 1812
Appiani Andréa 1754-1817	Besnard Albert (Paul Albert) 1849-1934
AAG Glendening Alfred Augustus jr. 1861-1907 A.A.G.	Bloemers Arnoldus vers 1786-1844
AB Ancillotti Goretti Béatrice 1876-1937	Bonaccorsi Antonio 1826-1897
Barabino Angelo 1883-1950	Braith Anton 1836-1905
Beccaria Angelo 1820-1897	Braith Anton 1836-1905
Benois Alexandre Nikolaevitch 1870-1960 1932	Breanski Sir Alfred de 1852-1928

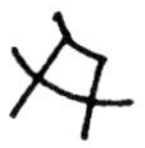

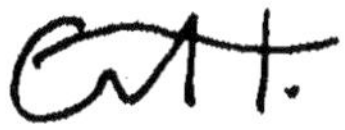

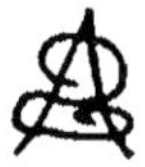

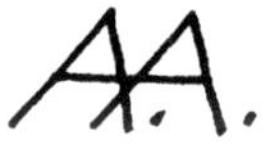

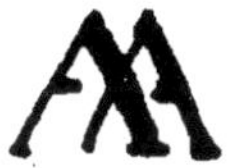

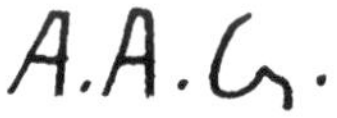

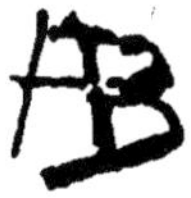

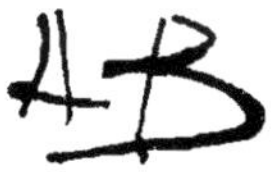

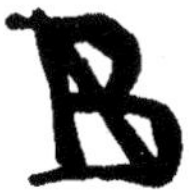

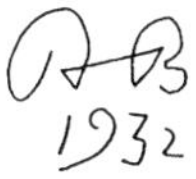

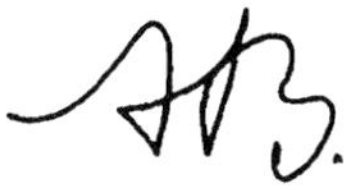

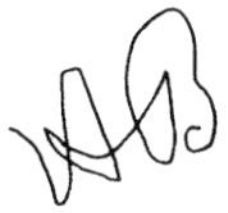

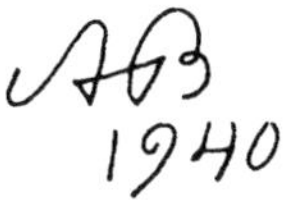

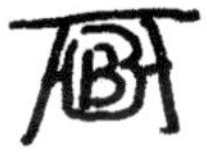

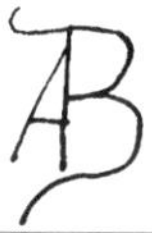

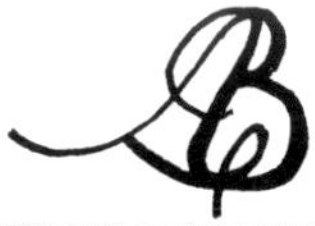

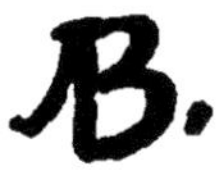

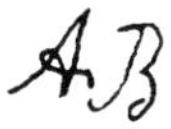

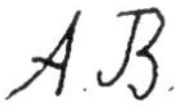

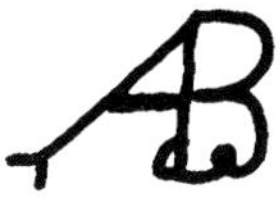

AB

Brenet Albert mort en 1903

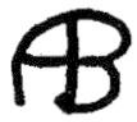

Brown John Alfred Arnesby 1866-1935

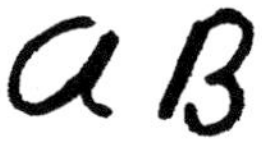

Brunet-Debaines Alfred Louis 1845

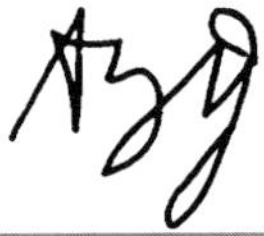

Bryan Alfred 1852-1899

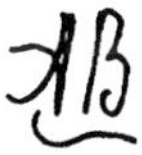

Bryan Alfred 1852-1899

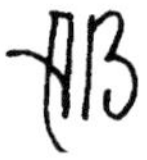

Scherb Brabbe Anna XXe

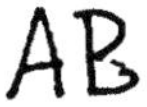

ABD

Brunet-Debaines Alfred Louis 1845

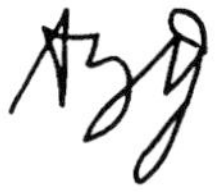

AC

Calame Alexandre 1810-1864

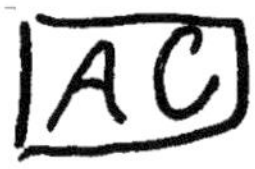

Carigiet Alois 1902-1985

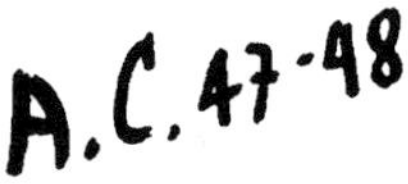

Carigiet Alois 1902-1985

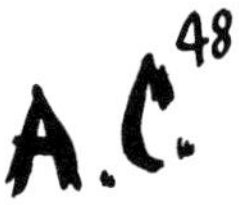

Castaigne J. André 1861-1929

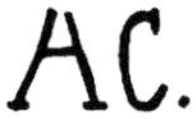

Castaigne J. André 1861-1929

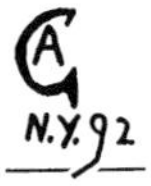

Cattaneo Achille 1872-1931

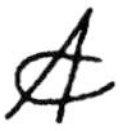

Corelli Augusto 1853-1910

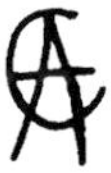

Corelli Augusto 1853-1910

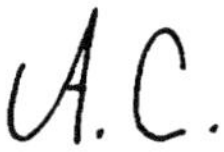

AD

Derain André 1880-1954

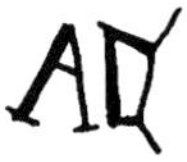

Derain André 1880-1954

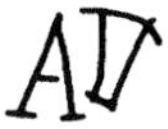

Derain André 1880-1954

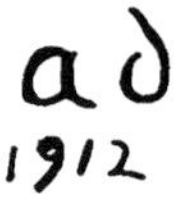

Derain André 1880-1954

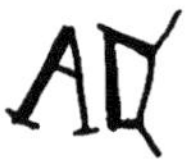

Derain André 1880-1954

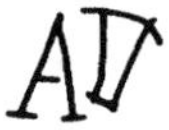

Derain André 1880-1954

ADEN Neuville Alphonse Marie de 1835-1885

Neuville Alphonse Marie de 1835-1885

ADEP La-Patelliere Amédée M. 1890-1932

Prades Antony F. de XIXe

AE East Alfred 1849-1913

Eberle Adolf 1843-1914

Echtler Adolf 1843-1914

Echtler Adolf 1843-1914

Erbsloh Adolf 1881-1947

Erdmann Alma 1872

Erdmann Alma 1872

Erdmann Alma 1872

Kieldrup Anton Edward 1826-1869

Russell George William 1867-1935

AEC Cooper Alfred Egerton 1883-1974

AEK Kieldrup Anton Edvard 1827-1869

Kieldrup Anton Edvard 1827-1869

AF Anivitti Filippo 1876-1955

Fabres Y Costa Antonio 1854-1938

Fabres Y Costa Antonio 1854-1938

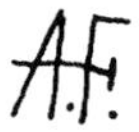

Feuerbach Anselme 1829-1880

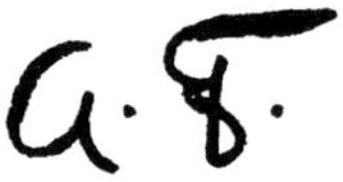

Fisher Alfred Hugh 1867

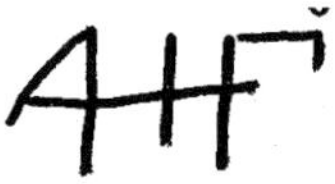

Freundlich Otto 1878-1943

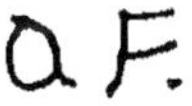

Frohlich Anton 1776-1841

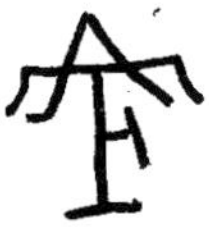

AFM Mutrie Annie Feray 1826-1893

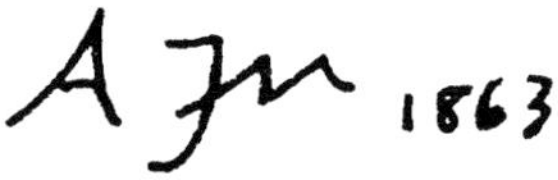

Mutrie Annie Feray 1826-1893

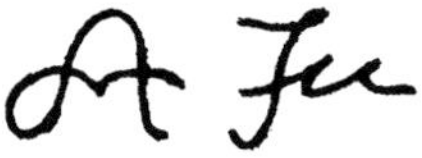

AFW Werner Alexander Friedrich 1827-1908

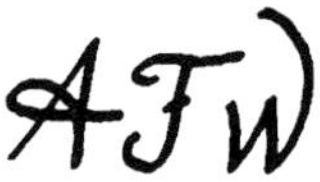

AG Gallen Kallela Akseli Valdemar 1865-1931

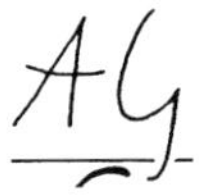

Gaskin Arthur Joseph 1862-1928

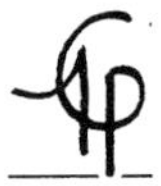

Giacometti Augusto 1877-1947

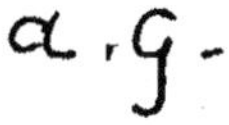

Gilbert Anthony XXe

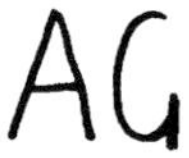

Goodwin Albert 1845-1932

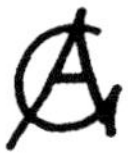

Goodwin Albert 1845-1932

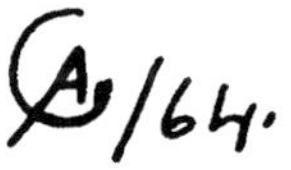

Guillaumin Armand Jean-Baptiste 1841-1927

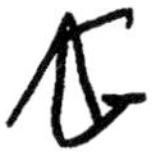

Guillaumin Armand Jean-Baptiste 1841-1927

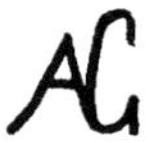

Guillaumin Armand Jean-Baptiste 1841-1927

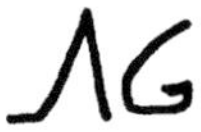

Guillon Adolphe Irénéee 1829-1896

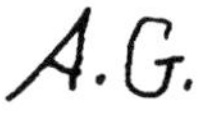

AGJ Jones Alfred Garth 1872

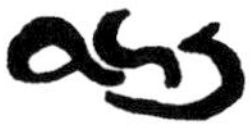

AGM Mac-Gregor Archie XXe

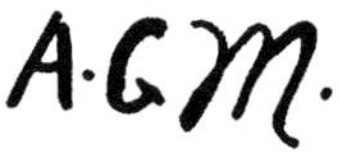

Mac-Gregor Archie XXe

A·G.M.

AGS Jones Alfred Garth 1872

AGW Walker Arthur George 1861-1939

AH Haanen Adriana 1814-1895

A.H.

Hengeler Adolf 1863-1927

A.H.

Hengeler Adolf 1863-1927

A.H.

Hirsch Alphonse 1834-1884

AH

Hopkins Arthur 1848-1930

AH

Hopkins Arthur 1848-1930

A.H.

AHF Fisher Alfred Hugh 1867

AHF

AHP Pellegrini Alfred 1881-1958

AHP 30

AI Jawlensky Alexej 1864-1941

Jawlensky Alexej 1864-1941

A.J

Jawlensky Alexej 1864-1941

Jawlensky Alexej 1864-1941

Jawlensky Alexej 1864-1941

AIS Schreyer Adolf 1828-1899

a.i.S.

Schreyer Adolf 1828-1899

a.i.S.

Aj Aman-Jean Edmond François 1860-1935

Aman-Jean Edmond François 1860-1935

AJ

Austen John 1886-1948	Kolig Anton 1886-1950 A K
AJD Daiwaille Alexander Joseph 1818-1888 A.J.D	**AKB** Brown Alexander Kellock 1849-1922 A.K.B.
Daiwaille Alexander Joseph 1818-1888 A. J. D-f1844	Brown Alexander Kellock 1849-1922 A.K.B.
AJF Foster Arthur J. XIXe-XXe 19 10	**AL** Lebourg Albert Charles 1849-1928 AL
AJG Gaskin Arthur J. 1862-1928 A J G	Lebourg Albert Charles 1849-1928 AL.
AJM Miller Alfred Jacob 1810-1874	**ALBN** Neuhuys Albert 1844-1914 ALB. N.
Munnings Alfred James 1878-1959 A. J. M.	**ALR** Richter Adrian Ludwig 1803-1884 ALR
Munnings Alfred James 1878-1959 AJM	**AM** Armfield Maxwell 1882-1972
AK Koester Alexander Max 1864-1932 AK	Armfield Maxwell 1882-1972
Kolig Anton 1886-1950 AK	Armfield Maxwell 1882-1972 1 4

Mancini Antonio 1852-1930

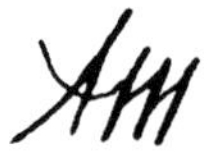

Perez Alonso 1853-1929

Marquet Pierre Albert 1875-1947

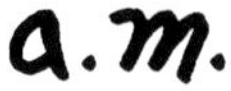

Perez Alonso 1853-1929

Marquet Pierre Albert 1875-1947

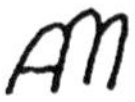

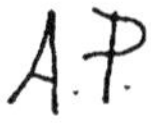

Petrich Andras 1765-1842

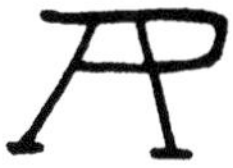

Mauve Anton 1838-1888

Pusterla Attilio 1862-1941

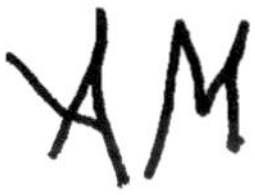

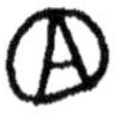

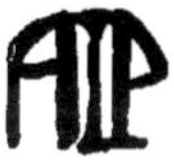

AN Normann Adelsteen 1848-1918

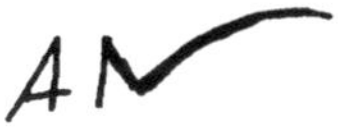

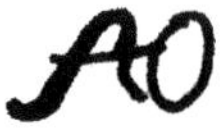

APT Thomson Alexander P. XXe

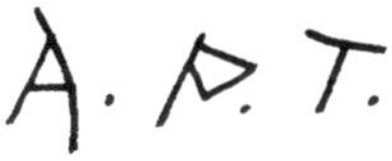

AO Oppenheim Alfred N. 1873

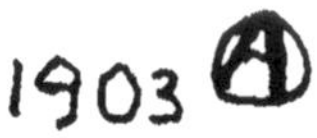

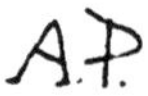

AR Rankley Alfred 1819-1872

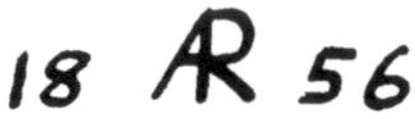

Ost Alfred 1884-1945

Rassenfosse Armand A. L. 1862-1934

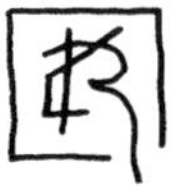

Osterlind Anders 1887-1960

Rassenfosse Armand A. L. 1862-1934

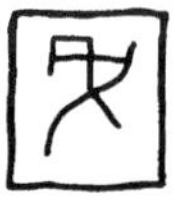

Osterlind Anders 1887-1960

Rassenfosse Armand A. L. 1862-1934

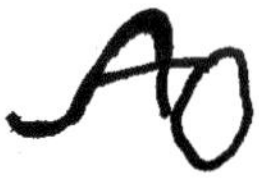

AP Pelaez Amelia 1897-1968

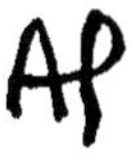

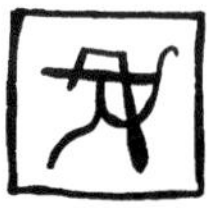

Redpath Anne 1895-1965

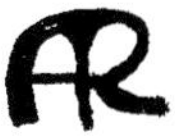

Reich Albert 1881 A.R.	Seifert Alfred 1850-1901 A.S.
Reich Albert 1881 A.R	Solomon Abraham 1842-1862 AS 1861
Robaudi Alcide Théophile 1850-1928 A/R	Spring Alfons 1843-1908 A.S.
Robaudi Alcide Théophile 1850-1928 A·R	Stokes Adrian 1854-1935 AS
Rodin René François Auguste 1840-1917 AR	Streeton Arthur Ernest 1867-1943 A·S
Rodin René François Auguste 1840-1917 AR	**ASP** Sander Plump Agnes 1888-1980 A·S·P
ARF Fleischmann Adolf Richard 1892-1968 ARF	**AST** Stademan Adolph 1824-1895 A.St.
Fleischmann Adolf Richard 1892-1968 ARF	**AT** Thorburn Archibald 1860-1935 A. T.
AS Schrodl Anton 1820-1906 AS	Thorburn Archibald 1860-1935 A.T.
Schrodl Anton 1820-1906 AS	**AV** Utter André 1886-1948 AV 1929

Avondo Vittorio 1836-1910	**AZ** Ajdukiewicz Zygmunt 1861-1917
Utter André 1886-1948	Ajdukiewicz Zygmunt 1861-1917
Vernazza Angelo 1869-1937	**B** Baumeister Willi 1889-1955
AVW Weber Anton von 1833-1909	Baumeister Willi 1889-1955
Werner Anton Alexander von 1843-1915	Bistolfi Leonardo 1859-1933
Werner Anton Alexander von 1843-1915	Bonnard Pierre 1867-1947
AW Wardle Arthur 1864-1949	Bonnat Léon Joseph Florentin 1834-1922
Webb Archibald XIXe-XXe	Braquemond Felix 1833-1914
Wright Alan 1900	Brangwyn Frank William sir 1867-1956
AWK Wierusz-Kowalski Alfred von 1849-1915	Brangwyn Frank William sir 1867-1956

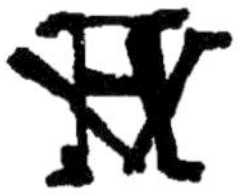

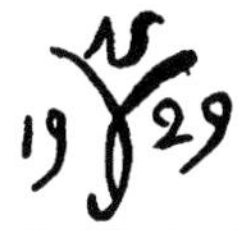

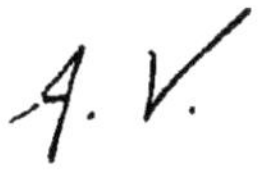

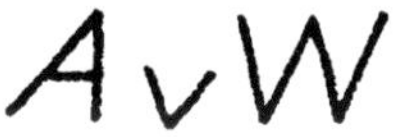

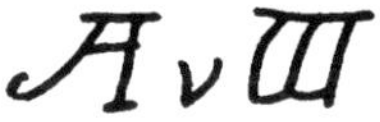

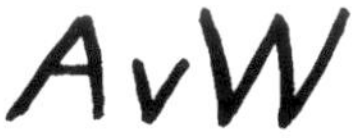

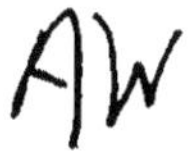

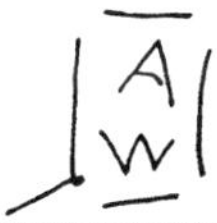

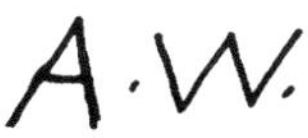

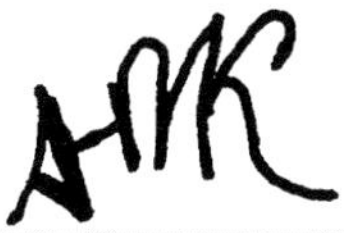

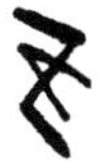

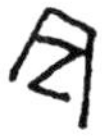

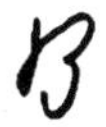

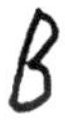

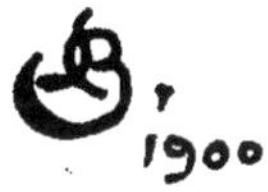

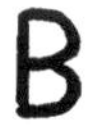

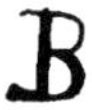

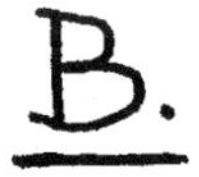

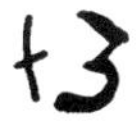

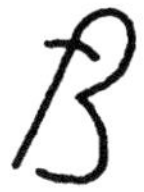

B

Monogram	Artist
	Brangwyn Frank William sir 1867-1956
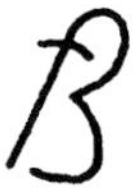	Brangwyn Frank William sir 1867-1956
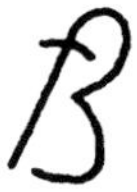	Brozik Wenceslas Vacslav de 1851-1901
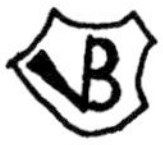	Schiele Egon 1890-1918
BA	Becchi Andrea 1851-1926
BB	Bairnsfather (capt.) Bruce 1888-1959
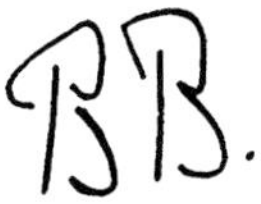	Baker Blanche 1844-1929
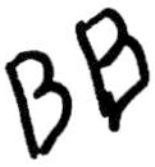	Bamber Bessie XIXe-XXe
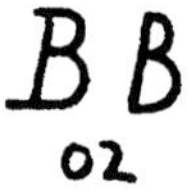	Bradley Basile 1842-1904
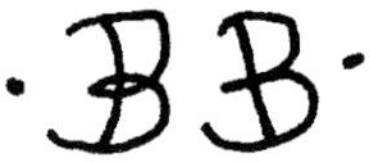	Buffet Bernard 1928
BC	Constant Benjamin Jean Joseph 1845-1902
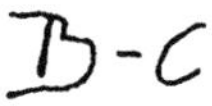	Constant Benjamin Jean Joseph 1845-1902
BCY	Benczur Gyula 1844-1910
BE	Becker Curt Georg 1904-1972
BF	Foster Myles Birket 1825-1899
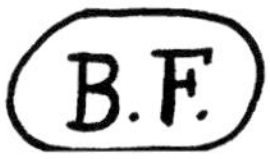	Foster Myles Birket 1825-1899
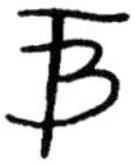	Foster Myles Birket 1825-1899
BG	Genzmer Berthold 1858-1927
BKP	Kovacs Balazs Peter XXe
BLO	Löffler Berthold 1874-1960

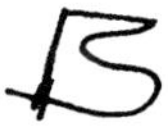

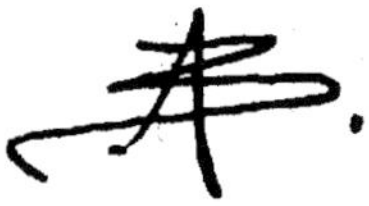

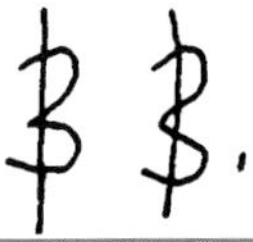

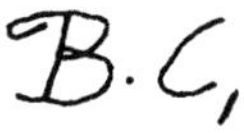

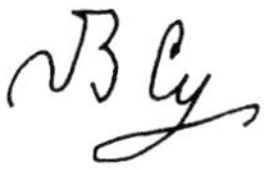

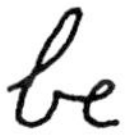

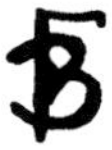

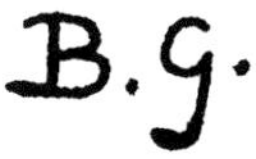

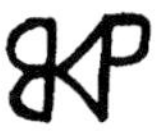

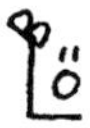

Monogram	Artist
	Löffler Berthold 1874-1960
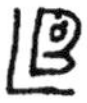	Löffler Berthold 1874-1960
BLW	Wolpe Berthold 1905
BM	Boutet de Monvel Bernard 1884-1949
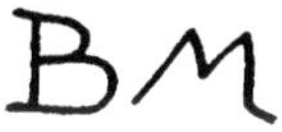	Boutet de Monvel Bernard 1884-1949
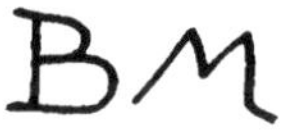	Makovsky Konstantin Jagorovitch 1839-1915
BMB	Boutet de Monvel Bernard 1884-1949
BP	Partridge John Bernard 1861-1945
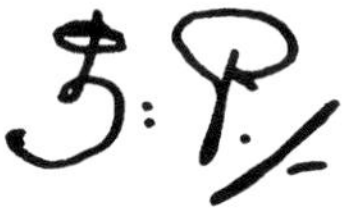	Priestman Bertram 1868-1951
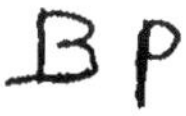	Priestman Bertram 1868-1951
BR	Berard Christian 1902-1949
BRW	Baranoff-Rossine Daniel Vld. 1888-1944
BVG	Gamp Botho von 1894-1977
BW	Becker Jacob 1810-1872
BWL	Leader Benjamin W. 1831-1923
C	Couturier Léon 1842-1935
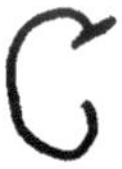	Craig Edward Gordon 1872-1966
	Craig Edward Gordon 1872-1966
	Crofts Ernest 1847-1911
CA	Ademollo Carlo 1825-1911

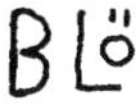

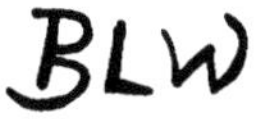

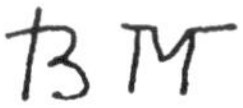

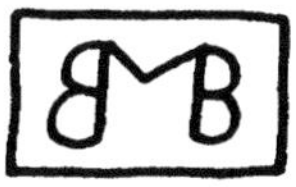

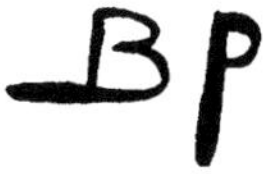

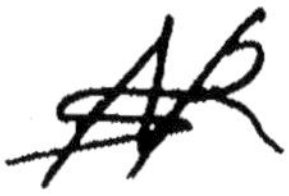

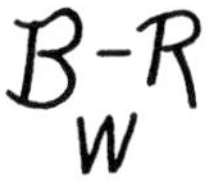

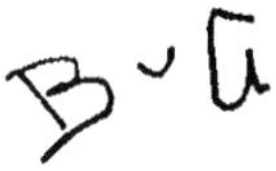

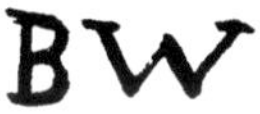

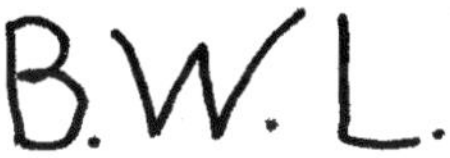

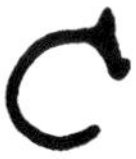

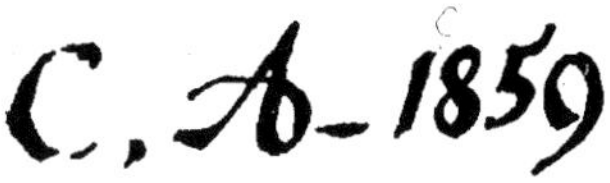

CA

Amiet Cuno 1868-1961

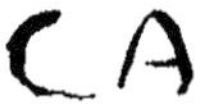

Armytage Charles XIXe

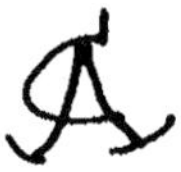

Calder Alexander 1898-1976

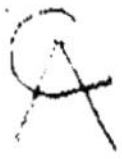

Carte Anton 1886-1954

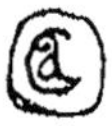

Cassioli Amos 1832-1891

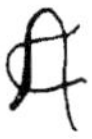

Cavael Rolf 1898-1979

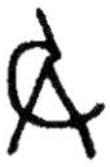

Costa Angelo 1858-1911

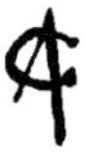

CAP

Petrucci Carlo Alberto 1881-1963

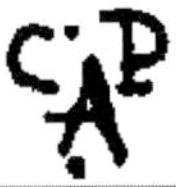

CB

Barzaghi Cattaneo 1834-1922

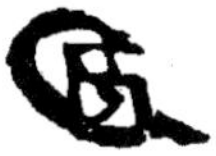

Becker Curt Georg 1904-1972

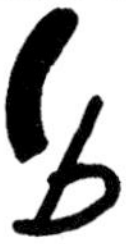

Beckmann Curt 1901-1970

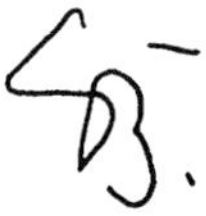

Berard Christian 1902-1949

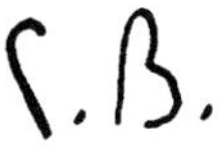

Boutibonne Charles Edouard 1816-1897

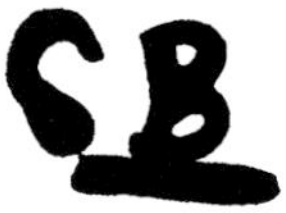

CBB

Brainwhite Charles 1851-1929

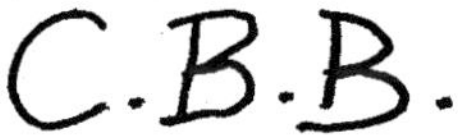

CC

Callcott Charles XIXe

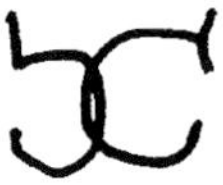

Cocteau Jean 1889-1963

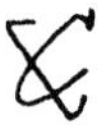

Corot Jean-Baptiste Camille 1796-1875

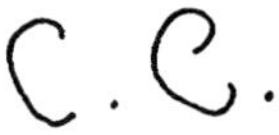

CD

Cambellotti Diulio 1876-1960

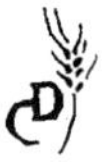

Carolus-Duran Charles Emile 1837-1917

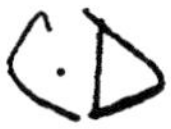

Detti Cesare Auguste 1847-1914

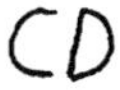

Detti Cesare Auguste 1847-1914

Green Charles 1844-1915

CEM Mucke Carl Emil 1847-1923

CGK Karlsson C. Göran 1944

CF Firmin Claude 1864-1944

CH Cheret Jules 1836-1932

CFM Murray Charles Fairfax 1849-1919

Cheret Jules 1836-1932

CFS Smith Carl Frithjof 1859-1917

Cheret Jules 1836-1932

CG Combaz Gisbert 1869-1941

Christiansen Hans 1866-1945

Giarrizzo Carmelo 1850-1917

Christiansen Hans 1866-1945

Green Charles 1844-1915

Hansen (Carl Christian) C. 1804-1880

Green Charles 1844-1915

Haugen Christian XXe

Green Charles 1844-1915

Herpfer Carl 1836-1897

Code	Artist	Code	Artist
	Hofer Karl 1878-1955		Kroner Christian Johann 1838-1911
	Hofer Karl 1878-1955	CHM	Mali Christian 1832-1906
	Hofer Karl 1878-1955	CHN	Hemy Charles Napier 1841-1917
	Hofer Karl 1878-1955	CHRB	Blache Christian Virgilius 1838-1920
	Hunt Charles 1803-1877	CJ	Jacques Chales Emile 1813-1894
	L'Herbier Christian XXe		Jones Charles 1836-1892
	L'Herbier Christian XXe	CJB	Carpeaux Jean-Baptiste 1827-1875
CHB	Breitner George Hendrik 1858-1923	CK	Keene Charles Samuel 1823-1891
CHG	Guerin Charles François Prosper 1875-1939		Keene Charles Samuel 1823-1891
CHK	Kroner Christian Johann 1838-1911		Keene Charles Samuel 1823-1891

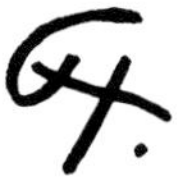

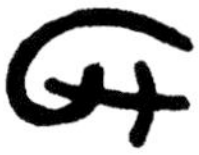

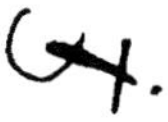

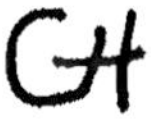

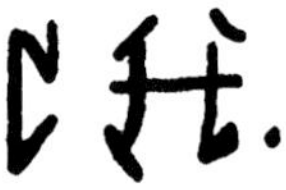

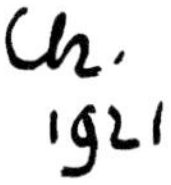

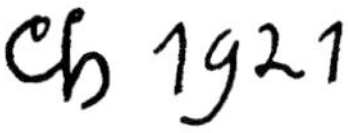

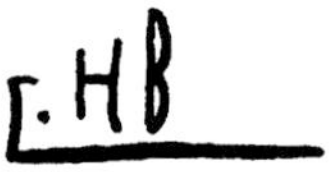

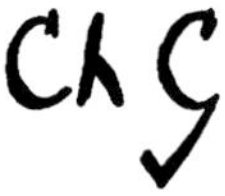

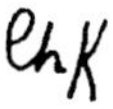

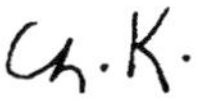

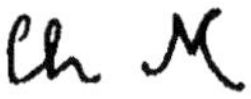

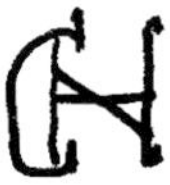

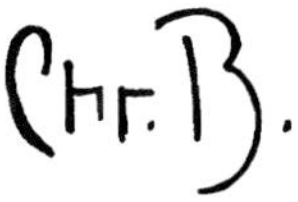

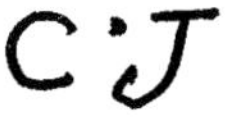

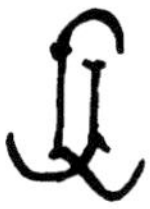

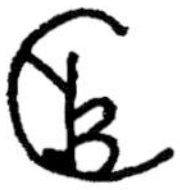

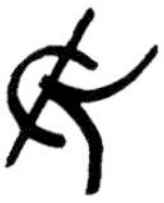

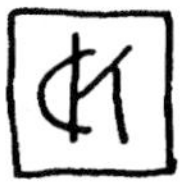

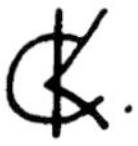

Keene Charles Samuel 1823-1891

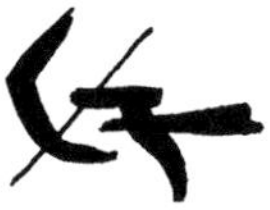

Keene Charles Samuel 1823-1891

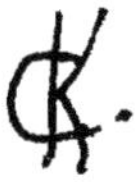

Kronberger Carl 1841-1921

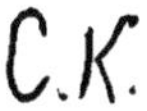

Kylberg Carl 1878-1952

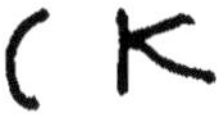

CKA

Arnold Karl 1883-1953

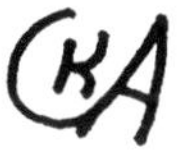

CL

Cima Luigi 1860-1938

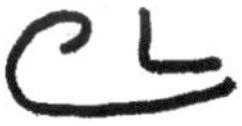

Cima Luigi 1860-1938

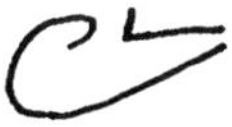

Larsson Carl Olof 1853-1919

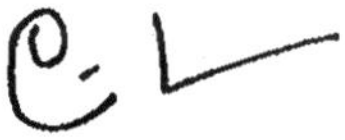

Larsson Carl Olof 1853-1919

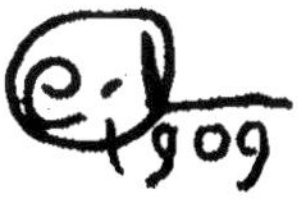

Larsson Carl Olof 1853-1919

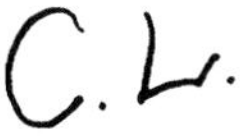

Larsson Carl Olof 1853-1919

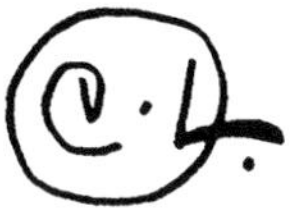

Leandre Charles Emile 1862-1930

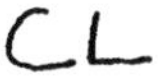

Leandre Charles Emile 1862-1930

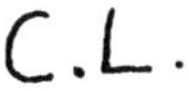

CM

Conti Metrodoro XXe

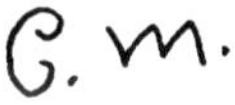

Conti Metrodoro XXe

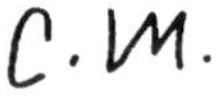

Merlo Camillo 1856-1931

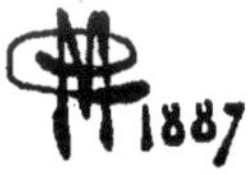

Meryon Charles 1821-1868

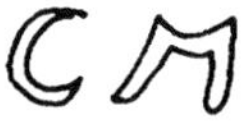

Meryon Charles 1821-1868

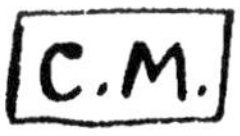

Michelozzi Corrado 1883-1965

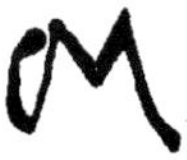

Moser Carl 1873-1939

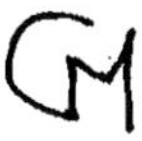

CMD Detmold Charles Maurice 1883-1908

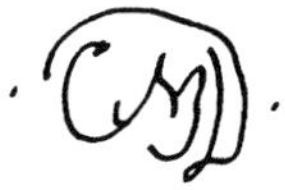

CMH Hardie Charles Martin 1858-1916

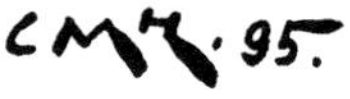

Hardie Charles Martin 1858-1916

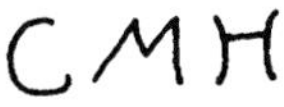

CNH Hemy Charles Napier 1841-1917

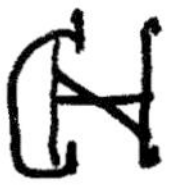

Hemy Charles Napier 1841-1917

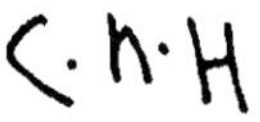

CNS Shannon Charles Haslewood 1863-1937

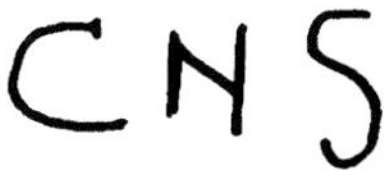

CO Oldenburg Claes 1929

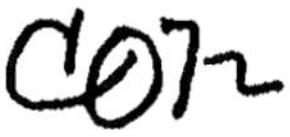

Oldenburg Claes 1929

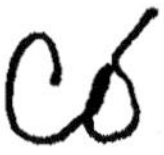

COP Paeffgen C. O. 1933

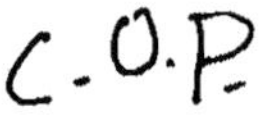

CP Permeke Constant 1886-1952

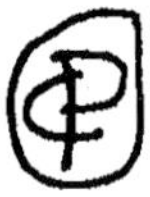

Pettitt Charles XIXe

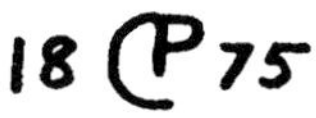

Pissarro Camille 1830-1903

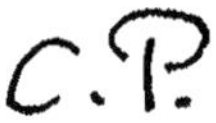

Pissarro Camille 1830-1903

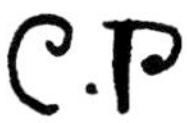

Pissarro Camille 1830-1903

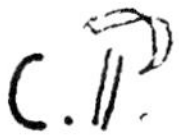

Probst Carl 1854-1924

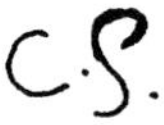

Probst Carl 1854-1924

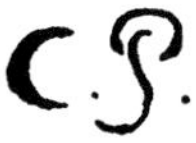

CR Rasponi Clelia XIXe

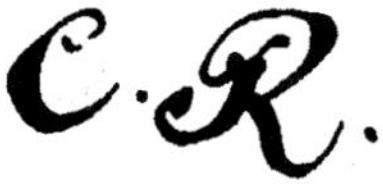

Reymond Casimir 1893-1969

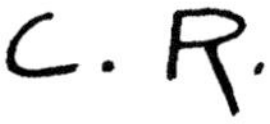

Robertson Charles 1844-1891

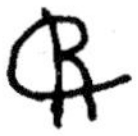

Rochussen Charles 1824-1894

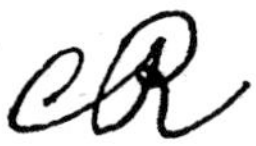

Rochussen Charles 1824-1894

Rochussen Charles 1824-1894

Rohlfs Christian 1849-1938

Rohlfs Christian 1849-1938

Rohlfs Christian 1849-1938

Rohlfs Christian 1849-1938

Rohlfs Christian 1849-1938

Rohlfs Christian 1849-1938

Rohlfs Christian 1849-1938

CRH Schmidt-Rottluff Karl 1884-1976

CS Shannon Charles Haslewood 1863-1937

Somov Constantin Andreevich 1869-1939

Springer Cornelius 1817-1891

CSL Lidderdale Charles Sillem 1831-1895

Lidderdale Charles Sillem 1831-1895

CT Cremona Tranquillo 1837-1878

Terechkovitch Kostia 1902-1978

Thomsen Carl Christian 1847-1912

Thomsen Carl Christian 1847-1912

CW Callow William 1812-1908

Whymper Charles 1854-1941

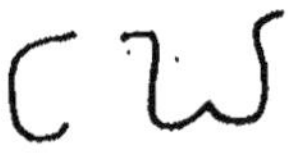

CWB Bartlett Charles William 1860-1940

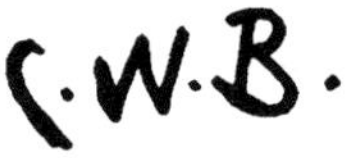

CWC Cope Charles West 1811-1890

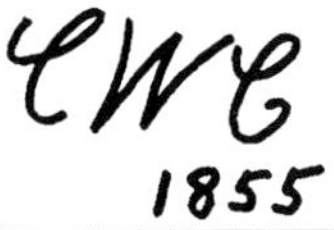

CWR Rauh Caspar W. 1912-1983

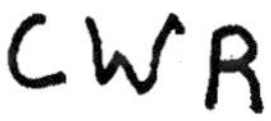

CZ Zewy Karl 1855-1929

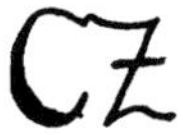

D Dix Otto 1891-1969

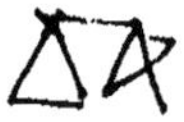

Dix Otto 1891-1969

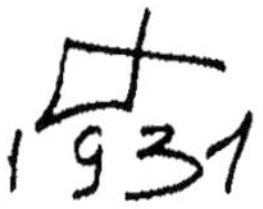

Dufy Raoul 1877-1953

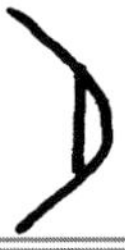

Dufy Raoul 1877-1953

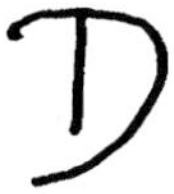

Grunewald Dietrich XXe

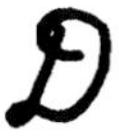

DB Bruschi Domenico 1840-1910

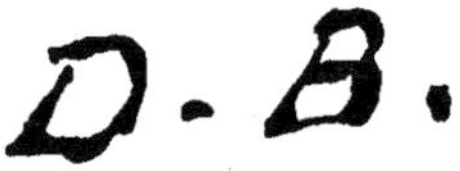

Burckhardt Daniel 1752-1819

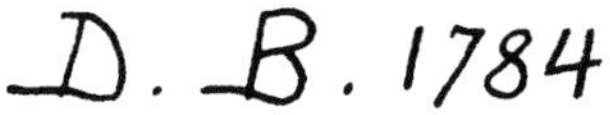

DBH Berteaux Hippolyte Dominique 1843-1928

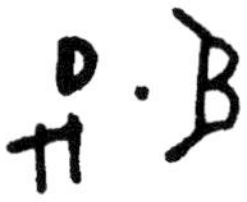

DC Cambiaso Pasquale Domenico 1811-1894

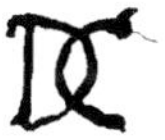

Cambiaso Pasquale Domenico 1811-1894

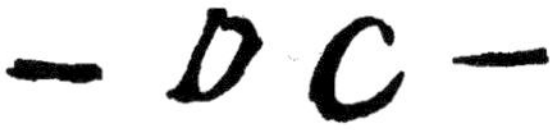

Daubigny Charles François 1817-1878

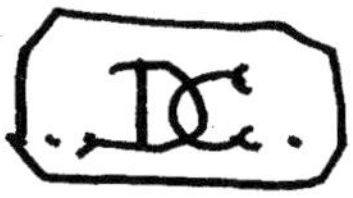

Decamps Alexandre Gabriel 1803-1860

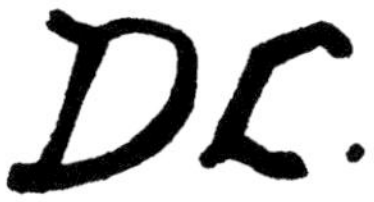

Detti Cesare Auguste 1847-1914

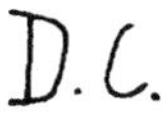

DCR Rossetti Dante Charles Ga. 1828-1882

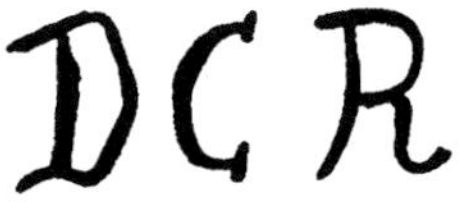

Rossetti Dante Charles Ga. 1828-1882

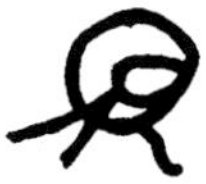

Monogram	Artist	Monogram	Artist
DE	Domanovzky Endre 1907-1974	DP	Didier-Pouget William 1864-1959
DH	Harding Dorothea 1898	DS	Salle David 1952
	Hockney David 1937	DT	Dunant Jean-François 1780-1858
	Hockney David 1937	EA	Ardizzone Edward 1900-1978
	Hoog Bernard de 1867-1943	EB	Beskow Elsa 1874-1953
DM	Maclise Daniel 1806-1870		Bieler Ernest 1863-1948
	Maclise Daniel 1806-1870		Bieler Ernest 1863-1948
	Morelli Domenico 1823-1901		Block Eugène 1812-1893
	Morelli Domenico 1823-1901		Bosch Ernst 1834-1917
DMB	Dix Otto 1891-1969		Bosch Ernst 1834-1917

Boudin Eugène Louis 1824-1898

E.B

Boudin Eugène Louis 1824-1898

EB

Brack Emil 1860-1905

EB

Brandin Edmund XXe

eb

Brands Eugen 1913

EB

Brickdale Eleanor F. 1871-1945

EB

EBB Berne-Bellecour Etienne P. 1838-1910

E.B-B.

EBJ Burne Jones Edward Coley 1833-1898

EBJ

Burne Jones Edward Coley 1833-1898

EBJ

EBL Leighton Edmund Blair 1853-1922

E.B.L

Leighton Edmund Blair 1853-1922

E.B.L

EBS Smith Elinor Ballingham XXe

E.B.S

EC Caldwell Edmund 1852-1930

Calvert Edith XIXe-XXe

E.C.

Chahine Edgar 1874-1947

EC.

Crofts Ernest 1847-1911

ECB Barnes Edward Charles XIXe

ECB

ECM Messer Edmund Cl. 1842-1919

E.C.M.

ECW Williams Edward Charles 1807-1881

1859

ED Dalbono Eduardo 1841-1915

ED

Code	Artist	Code	Artist
	Delacroix Ferdinand V. Eugène 1798-1863	EDV	Vallet Edouard 1876-1929
	Delacroix Ferdinand V. Eugène 1798-1863	EE	Ehrlich Eva XXe
	Delacroix Ferdinand V. Eugène 1798-1863	EF	Ferrari Ettore 1845-1929
	Delacroix Ferdinand V. Eugène 1798-1863		Fromentin Eugène 1820-1876
	Delacroix Ferdinand V. Eugène 1798-1863		Fruh Eugen 1914-1975
	Detaille Jean-Baptiste Edouard 1848-1912	EFB	Brewtnall Edward Frederick 1846-1902
	Douglas Edwin (sir) 1848-1914		Brickdale Eleanor Fortescue 1871-1945
	Douglas Edwin (sir) 1848-1914	EG	Geitlinger Ernst 1895-1972
	Douglas Edwin (sir) 1848-1914		Gill Edmond 1820-1894
EDGF	Farasyn Edgar 1858-1938		Gill Edmond 1820-1894

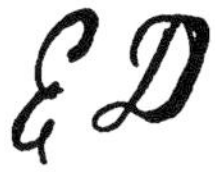

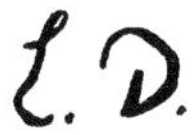

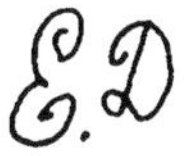

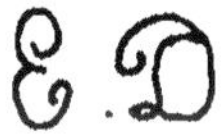

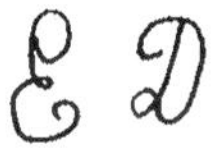

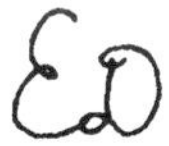

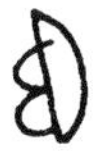

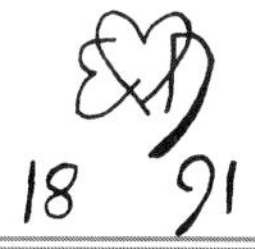

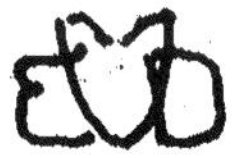

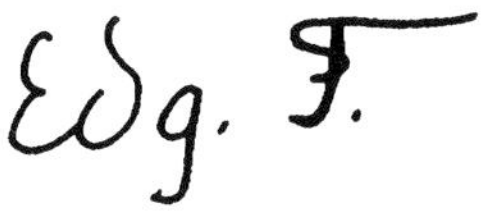

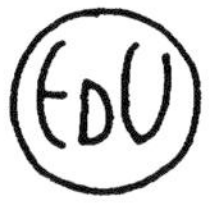

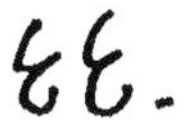

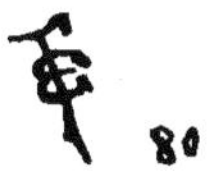

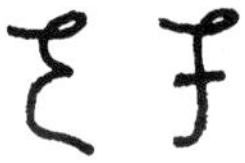

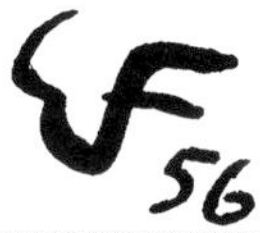

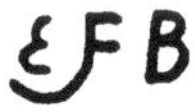

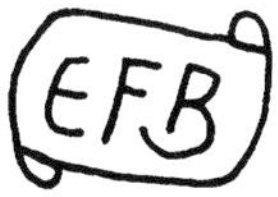

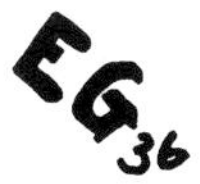

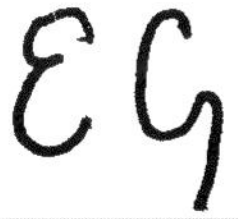

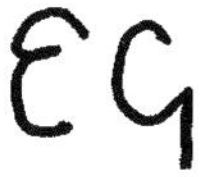

Girardet Edouard Henri 1848-1904

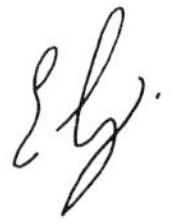

Girardet Eugène Alexis 1853-1907

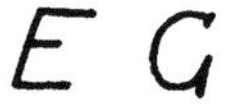

Griset Ernest Henry 1844-1907

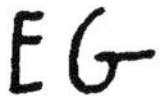

Griset Ernest Henry 1844-1907

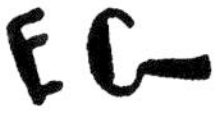

Griset Ernest Henry 1844-1907

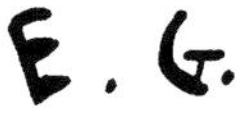

EH

Harburger Edmund 1846-1906

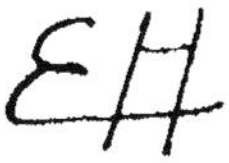

Hareux Ernest Victor 1847-1909

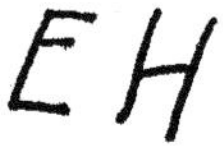

Hareux Ernest Victor 1847-1909

Heckel Erich 1883-1970

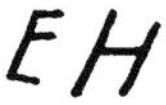

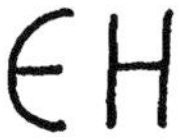

Heckel Erich 1883-1970

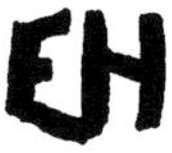

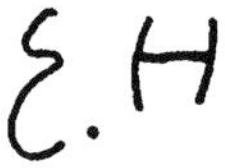

Heckel Erich 1883-1970

EHJ

Johannessen Erik 1902-1980

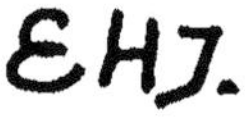

EHL

Landseer Edwin Henry 1802-1873

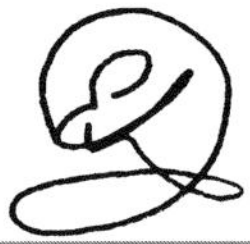

EHS

Shepard Ernest Howard 1879-1976

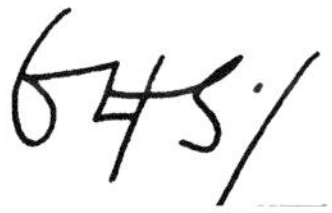

EI

Isenbart Emile M. V. 1846-1921

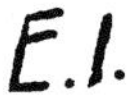

EJ

Isabey Louis Gabriel Eugène 1803-1886

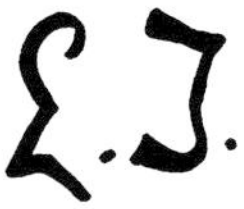

Isabey Louis Gabriel Eugène 1803-1886

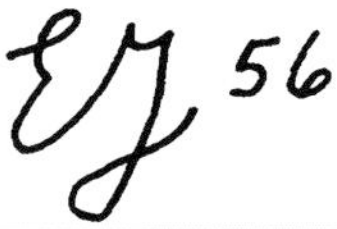

Isabey Louis Gabriel Eugène 1803-1886

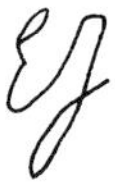

EJD

Detmold Edward Julius 1883-1957

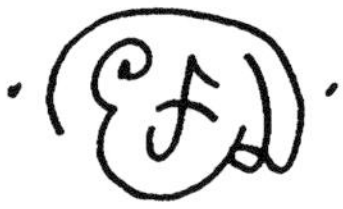

Detmold Edward Julius 1883-1957

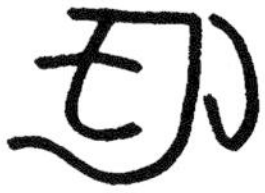

EJH Harding Emily J. XIXe-XXe	Laermans Eugène Jules Joseph 1864-1940
EJH	EL
EJP Poynter Edward John 1836-1919	Laermans Eugène Jules Joseph 1864-1940
EJP	EL
Poynter Edward John 1836-1919	Landseer Edward Henry 1802-1873
18EJP75	
EJS Southall Joseph Edward 1861-1944	Landseer Edward Henry 1802-1873
	EL
Southall Joseph Edward 1861-1944	Landseer Edward Henry 1802-1873
1916	
EK Kauffer Edward Mc Knight 1890-1954	Viollet-le-Duc Eugène Emmanuel 1814-1879
EK	
Keith Elizabeth 1887	**ELG** Garrido Eduardo Leon 1856-1906
EK	
Keith Elizabeth 1887	**EM** Manet Edouard 1832-1883
E·K· 1919	
EL Ladell Edward 1821-1886	Meheut Mathurin 1882-1958
Ladell Edward 1821-1886	Meissonier Jean-Louis Ernest 1815-1891

Monogram	Artist	Monogram	Artist
	Meissonier Jean-Louis Ernest 1815-1891		Prampolini Enrico 1894-1956
	Meissonier Jean-Louis Ernest 1815-1891	ES	Schiele Egon 1890-1918
	Morgenthaler Ernst 1887-1962		Stott Edward 1859-1918
	Munch Edvard 1863-1944		Stott Edward 1859-1918
EMW	Wimperis Edmund Morison 1835-1900	ESW	Swerbach Edward 1800-1870
	Wimperis Edmund Morison 1835-1900	ET	Taylor Edward Robert 1838-1911
EN	Noterman Emmanuel 1808-1863		Tschaggeny Edmond 1818-1873
EODVG	Guillonnet Octave Denis V. 1872-1967	ETC	Compton Edward Theodore 1849-1921
EP	Morgan Evelyn de (Pickering) 1850-1919		Compton Edward Theodore 1849-1921
	Morgan Evelyn de (Pickering) 1850-1919	ETD	Daniell Edward Thomas 1804-1842

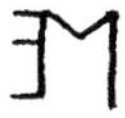

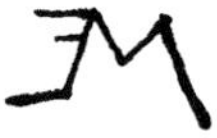

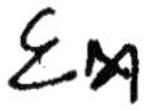

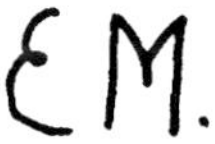

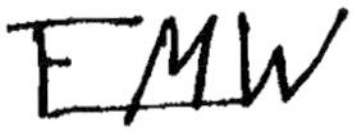

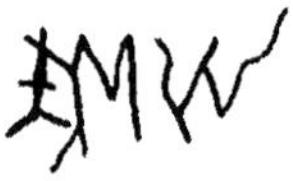

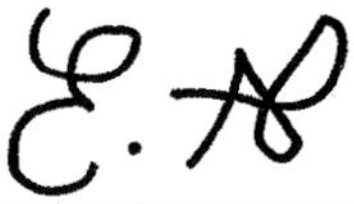

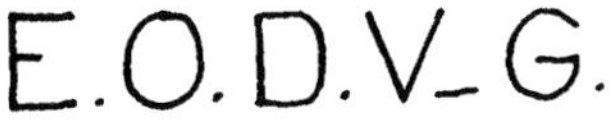

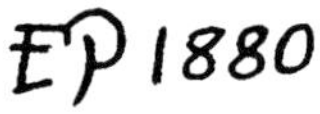

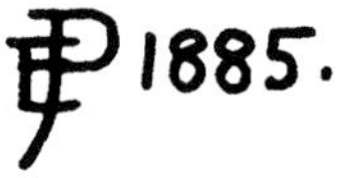

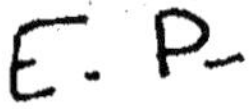

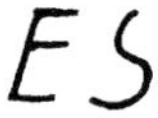

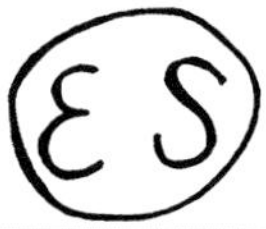

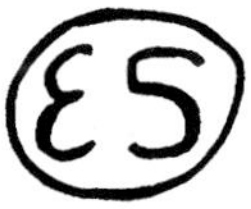

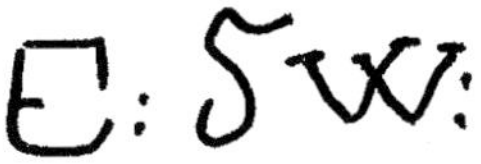

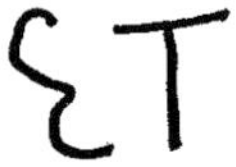

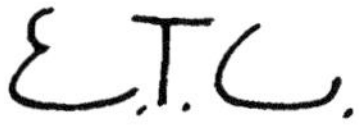

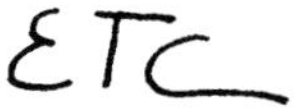

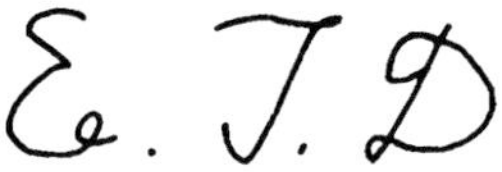

EV Vallet Edouard 1876-1929	White Ethelbert 1891-1972
Verstraeten Edmond 1870-1956	Wilke Erich 1879-1936
Verstraeten Edmond 1870-1956	Wilke Erich 1879-1936
Vuillard Edouard 1868-1940	Williams Edward Charles 1807-1881
Vuillard Edouard 1868-1940	**EWW** Waite Edward W. 1854-1924
EVM Mieghem Eugen van 1875-1930	**EZ** Zampighi Eugenio 1859-1944
EVW Waske Erich 1889-1978	**F** Cocteau Jean 1889-1963
EW Waske Erich 1889-1978	Ferraguti Arnaldo 1862-1925
Werenskiold Erik 1855-1938	Forain Jean-Louis 1852-1931
Wery Emile Auguste 1868-1935	Forain Jean-Louis 1852-1931

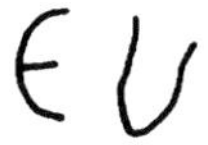

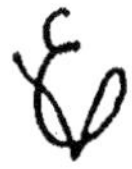

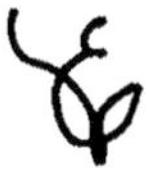

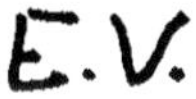

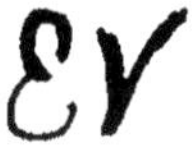

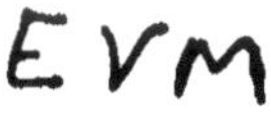

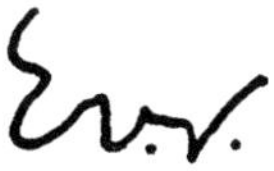

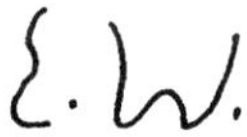

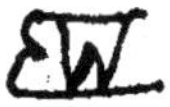

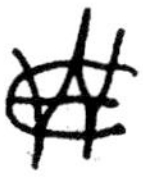

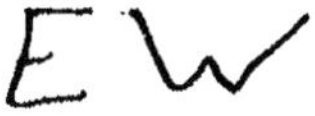

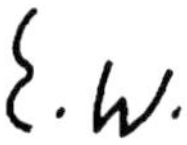

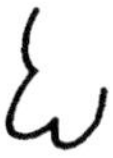

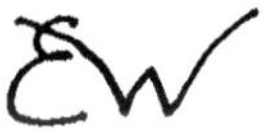

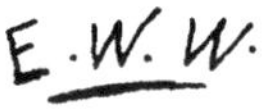

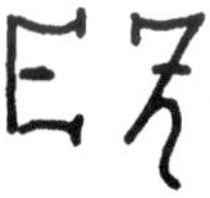

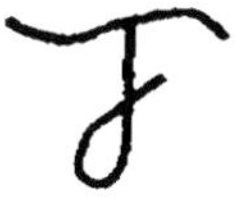

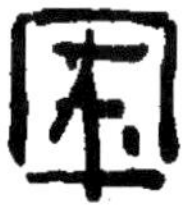

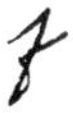

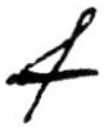

Forain Jean-Louis 1852-1931

Forain Jean-Louis 1852-1931

FA

Alt Franz 1821-1914

Amerling Friedrich von 1803-1887

Andreotti Federigo 1847-1930

Fenyes Adolf 1867-1945

Frohlich Anton 1776-1841

FAW

Werner Alexander Friedrich 1827-1908

FB

Bergamini Francesco 1815-1883

Bergamini Francesco 1815-1883

Bouisset Etienne Firmin 1859-1925

Bouisset Etienne Firmin 1859-1925

Brissot-de-Warville Félix S. 1818-1892

Buchser Frank 1828-1890

Buchser Frank 1828-1890

Ferenczy Beni (Benjamin) 1890-1967

Foster Myles Birket 1825-1899

FBE

Barnard Frederick 1846-1896

Barnard Frederick 1846-1896

Barnard Frederick 1846-1896

Monogram	Artist	Monogram	Artist
FC	Courtens Franz 1850-1943		Gauermann Friedrich 1807-1862
FD	Desmoulin Fernand 1853-1914		Goodall Frederick 1822-1904
FDEM	Madrazo y Kuntz F. 1815-1894		Gueldry Ferdinand Joseph 1858-1933
FDW	Wood Francis Derwent 1871-1926	FH	Fenn Harry 1845-1911
	Wood Francis Derwent 1871-1926		Fenn Harry 1845-1911
FE	Cocteau Jean 1889-1963	FHM	Mason Frank Henry 1876-1965
	Ferrari Ettore	FKG	Gotsch Friedrich Karl 1900-1984
FF	Fabbi Fabio 1861-1946	FL	Leger Fernand 1881-1955
	Fildes Fanny Woods XIXe-XXe		Leger Fernand 1881-1955
FG	Ferrier Gabriel Joseph Marie A. 1847-1914		Leighton Frederic 1830-1896

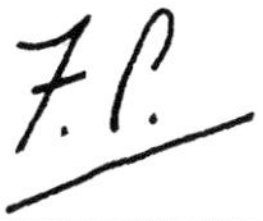

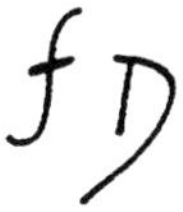

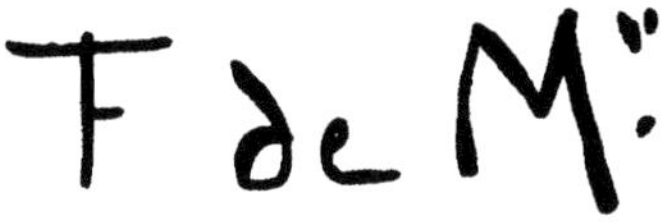

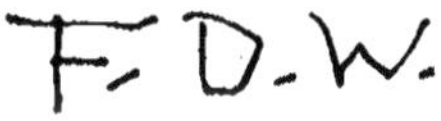

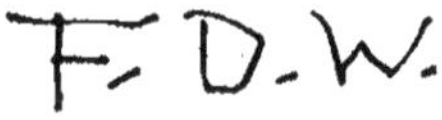

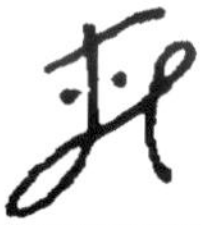

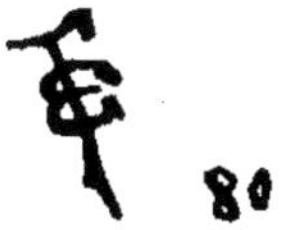

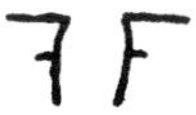

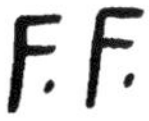

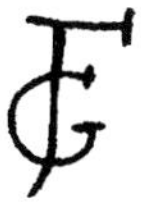

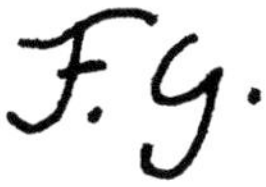

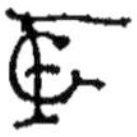

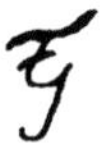

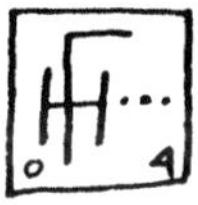

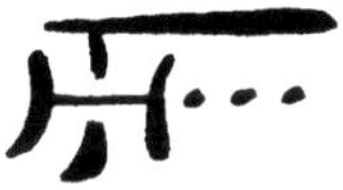

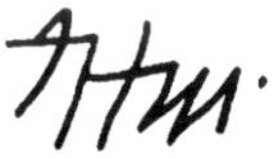

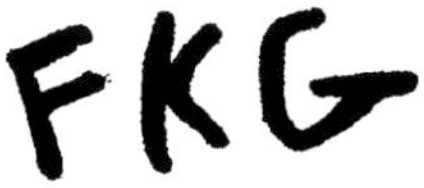

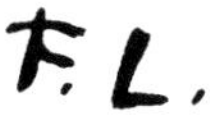

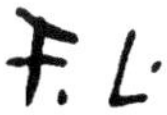

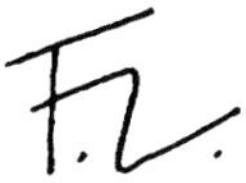

Leighton Frederic 1830-1896

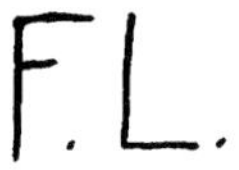

Leighton Frederic 1830-1896

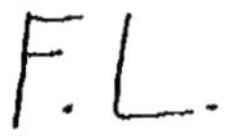

Leisten Jacobus 1844-1918

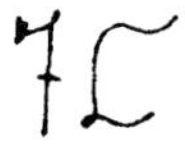

FM

Felixmuller Conrad 1897-1977

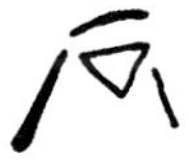

Felixmuller Conrad 1897-1977

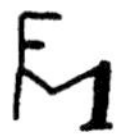

Felixmuller Conrad 1897-1977

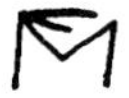

Mackensen Fritz 1866-1953

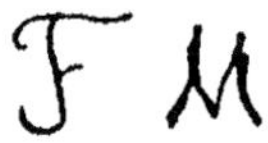

Marshall Francis XXe

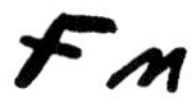

Marshall Francis XXe

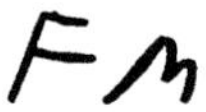

Masereel Frans 1884-1972

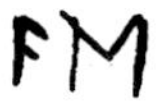

Masereel Frans 1884-1972

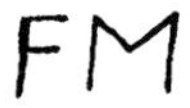

Masereel Frans 1884-1972

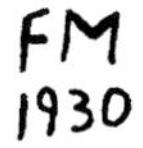

Moualla Fikret 1903-1967

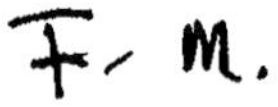

FMB

Brown Ford Madox 1821-1893

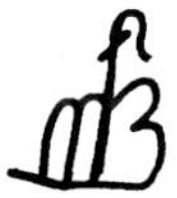

Brown Ford Madox 1821-1893

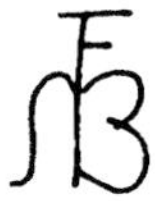

Brown Ford Madox 1821-1893

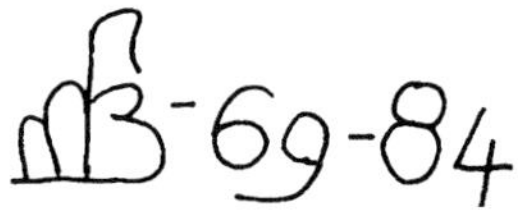

FMM

Miller Felix Martin 1842-1880

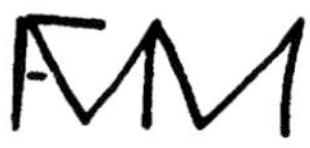

FO

Ortlieb Friedrich 1839-1909

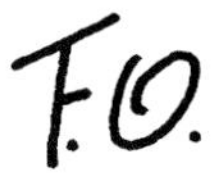

FP

Pradilla y Ortiz Francisco 1848-1921

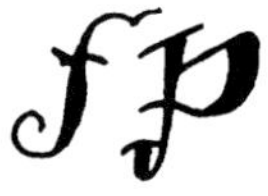

Pradilla y Ortiz Francisco 1848-1921

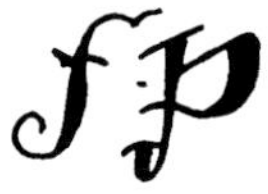

Pradilla y Ortiz Francisco 1848-1921	Ribot Théodule Augustin 1823-1891
FR La Fresnaye Roger de 1885-1825	Rops Félicien J. V. 1833-1898
La Fresnaye Roger de 1885-1825	Rops Félicien J. V. 1833-1898
La Fresnaye Roger de 1885-1825	Rops Félicien J. V. 1833-1898
Radziwill Franz 1895-1983	Rops Félicien J. V. 1833-1898
Radziwill Franz 1895-1983	Rops Félicien J. V. 1833-1898
Radziwill Franz 1895-1983	Rops Félicien J. V. 1833-1898
Radziwill Franz 1895-1983	Roybet Ferdinand Victor Léon 1840-1920
Radziwill Franz 1895-1983	FRP Pickersgill Frederick Richard 1820-1900
Ribot Théodule Augustin 1823-1891	Pickersgill Frederick Richard 1820-1900

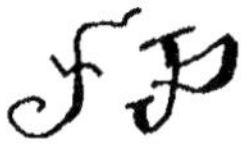

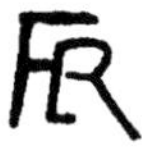

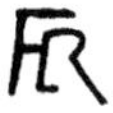

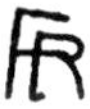

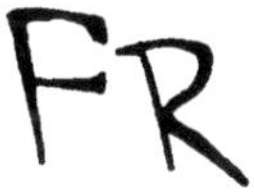

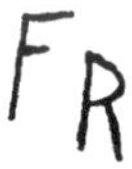

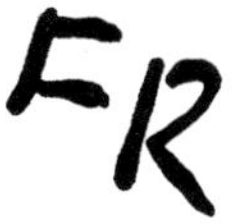

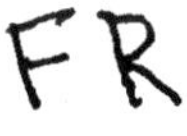

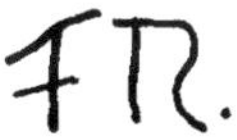

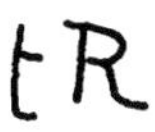

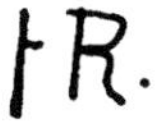

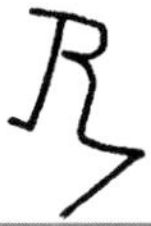

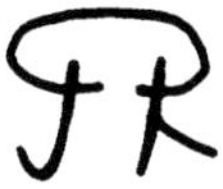

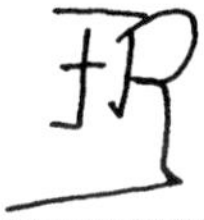

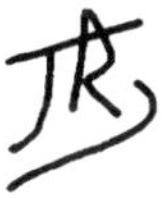

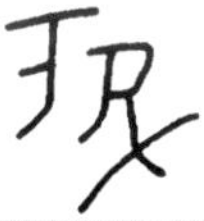

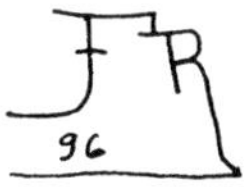

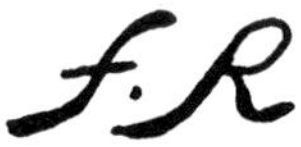

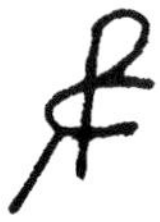

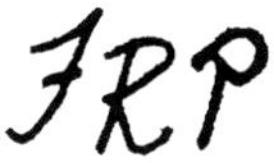

FS Smeers Frans 1873-1960	Verster Floris Hendrik 1861-1927
Smith Carl Frithjof 1859-1917	Volts Johann Friedrich 1817-1886
FSCH Schlesinger Félix 1833-1910	Volts Johann Friedrich 1817-1886
Schlesinger Félix 1833-1910	Volts Johann Friedrich 1817-1886
FT Tayler John Frederick 1802-1889	Volts Johann Friedrich 1817-1886
Thaulow Fritz 1847-1906	**FW** Walker Frederick 1840-1875
FV Vallotton Félix 1865-1925	Walker Frederick 1840-1875
Vallotton Félix 1865-1925	Willaert Ferdinand 1861-1938
Vallotton Félix 1865-1925	Willems Florent Joseph Marie 1823-1905
Vermehren Frits 1823-1910	Winter Fritz 1905-1976

	Winter Fritz 1905-1976	GA	Abbatii Giuseppe 1836-1868
FY	Yates Frederick 1854-1919		Goodwinn Albert 1845-1932
FZ	Zandomeneghi Federico 1841-1917	GAS	Sartorio Giulio 1860-1932
	Zandomeneghi Federico 1841-1917		Storey George Adolphus 1834-1919
G	Gavarni Paul S. G. Chevalier 1804-1866	GAW	Williams George Augustus 1814-1901
	Gavarni Paul S. G. Chevalier 1804-1866		Williams George Augustus 1814-1901
	Geiger Willi 1878-1971	GB	Barbaglia Giuseppe 1841-1910
	Geiger Willi 1878-1971		Barilli Cecrope 1839-1911
	Gromaire Marcel 1892-1971		Baselitz Georg 1938
	Gussman Otto 1869		Baselitz Georg 1938

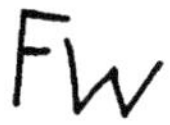

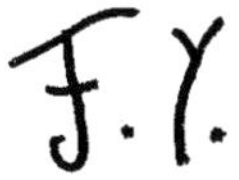

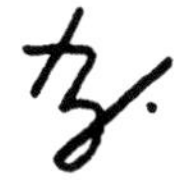

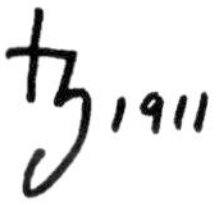

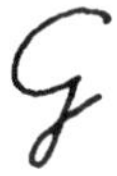

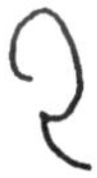

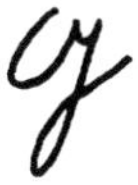

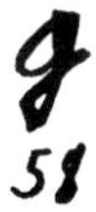

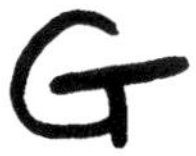

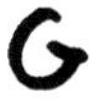

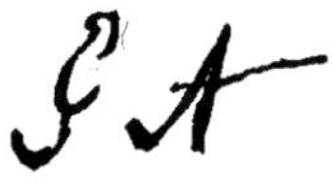

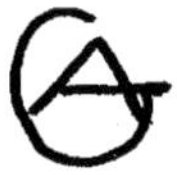

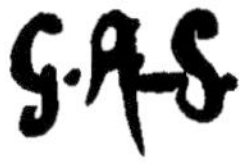

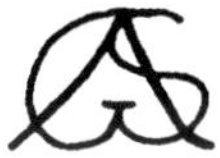

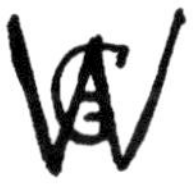

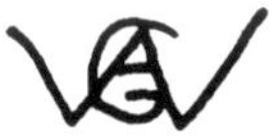

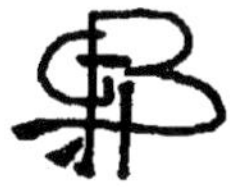

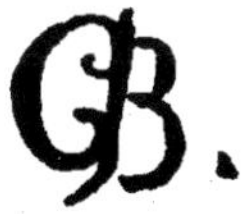

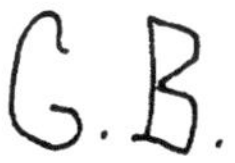

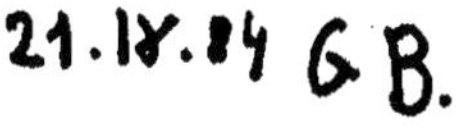

Baumann Gustave 1881-1971	Browne Gordon Frederick 1858-1932
Berndtson Gunnar Frederik 1854-1895	Browne Gordon Frederick 1858-1932
Bottini Georges Alfred 1874-1907	Browne Gordon Frederick 1858-1932
Boulanger Gustave Clarence 1824-1888	**GBB** Barber Charles Burton 1845-1894
Boulanger Gustave Clarence 1824-1888	**GC** Cellini Giuseppe 1855-1940
Braque Georges 1882-1963	Chierici Gaetano 1838-1920
Braque Georges 1882-1963	Chirico Giorgio de 1888-1978
Braque Georges 1882-1963	Chirico Giorgio de 1888-1978
Braque Georges 1882-1963	Christiansen Godfred 1845-1928
Browne Gordon Frederick 1858-1932	Clairin Georges 1843-1919

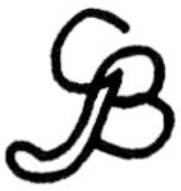

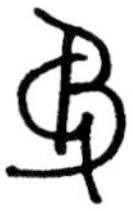

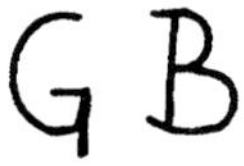

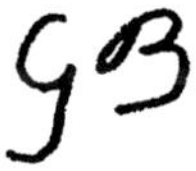

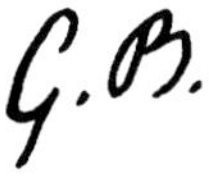

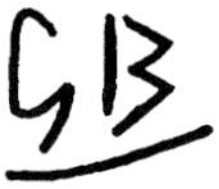

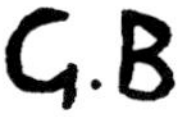

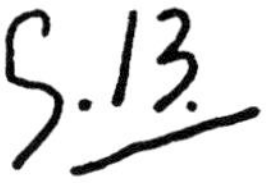

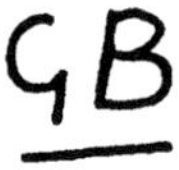

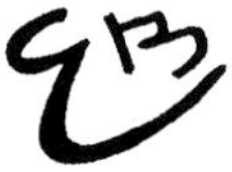

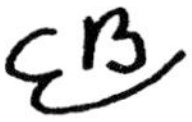

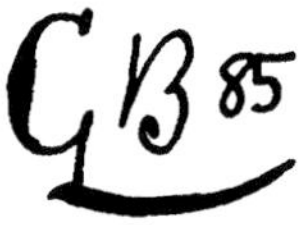

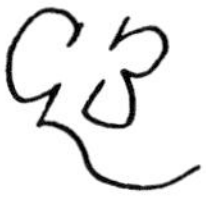

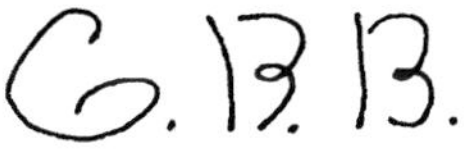

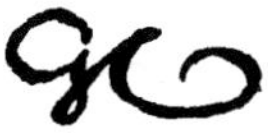

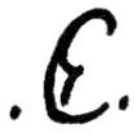

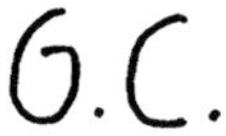

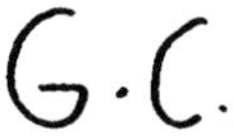

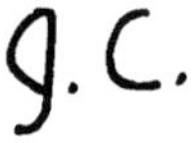

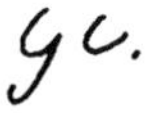

Clairin Georges 1843-1919

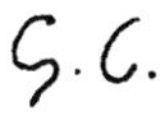

Clairin Georges 1843-1919

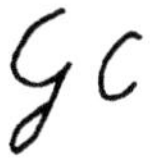

Costa Giovanni (Nino) 1826-1903

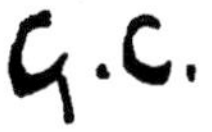

Courbet Gustave 1819-1877

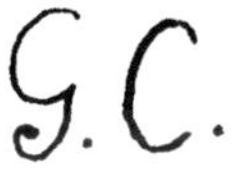

Courbet Gustave 1819-1877

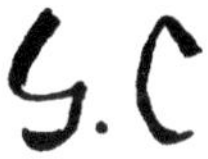

Craig Edward Gordon 1872-1966

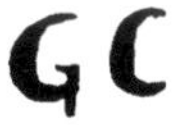

Craig Edward Gordon 1872-1966

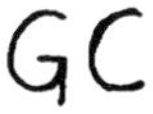

GCM Gere Charles March 1869-1957

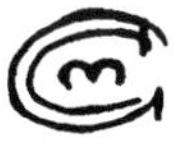

GD Carolus-Duran Charles Emile 1837-1917

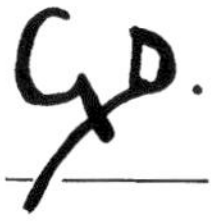

Carolus-Duran Charles Emile 1837-1917

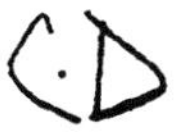

Carolus-Duran Charles Emile 1837-1917

Doré Gustave 1832-1883

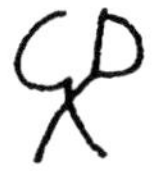

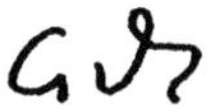

Doré Gustave 1832-1883

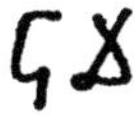

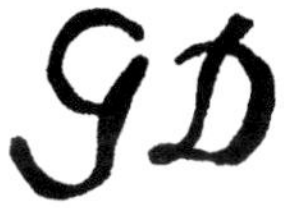

Doré Gustave 1832-1883

GDE Espagnat Georges d' 1870-1950

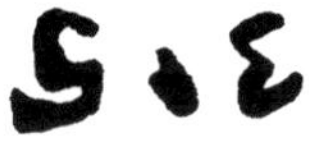

Espagnat Georges d' 1870-1950

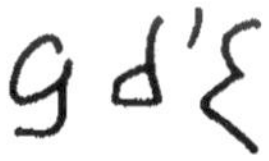

GDL Leslie Georges Dunlop 1835-1921

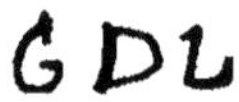

GDS Smet Gustave de 1877-1943

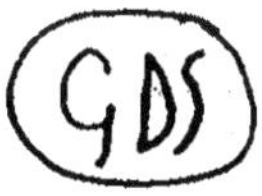

GDV Denes Valeria 1877-1915

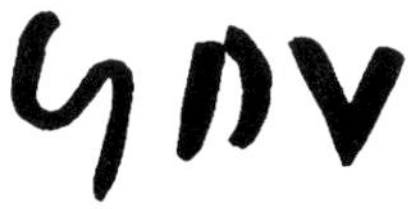

GE Grasset Eugène 1841-1917

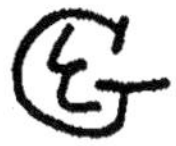

Grasset Eugène 1841-1917	**GG** Giacometti Giovani 1868-1933
GECG Gaskin Georgina E. Cave XIXe-XXe	Grevedon Henri Pierre Louis 1776-1860
GF Favretto Giacomo 1849-1887	Grevedon Henri Pierre Louis 1776-1860
Goodall Frederick 1822-1904	**GH** Hayter George 1792-1871
Goodall Frederick 1822-1904	Hayter George 1792-1871
Goodall Frederick 1822-1904	Herdman Robert 1829-1888
GFW Watts George Frederic 1817-1904	Holiday Gilbert Joseph 1879-1937
Watts George Frederic 1817-1904	**GHW** Williams George Augustus 1814-1901
Watts George Frederic 1817-1904	**GK** Koch Georg 1878
White George F. 1808-1898	Koch Georg 1878

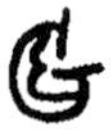

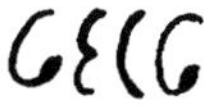

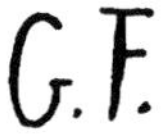

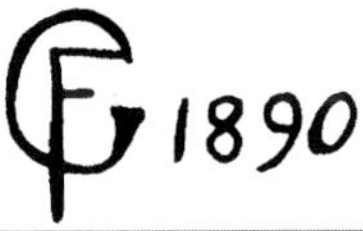

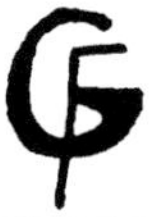

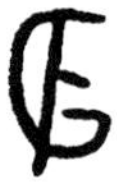

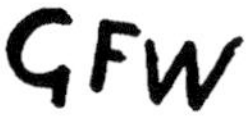

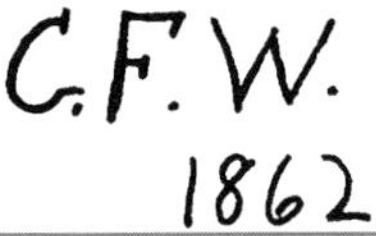

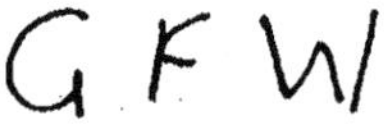

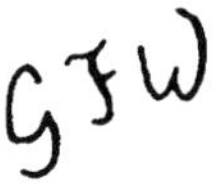

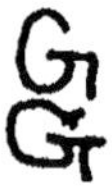

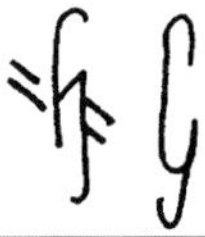

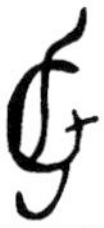

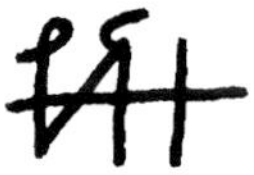

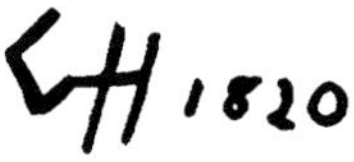

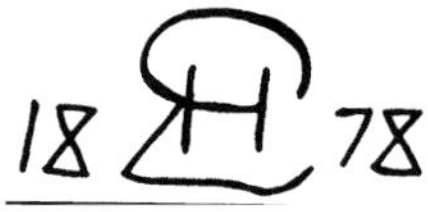

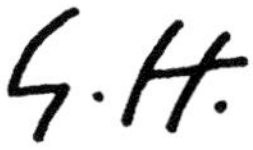

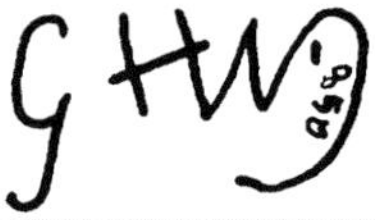

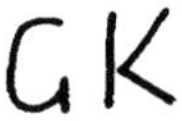

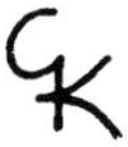

Koch Georg 1878	Martin Henri Jean-Guillaume 1860-1943
Kolbe Georg 1877-1947	Martin Henri Jean-Guillaume 1860-1943
Kolbe Georg 1877-1947	Munter Gabrielle 1877-1962
Kolbe Georg 1877-1947	**GN** Nicolet Gabriel Emile Ed. 1856-1921
Kolbe Georg 1877-1947	Nicolet Gabriel Emile Ed. 1856-1921
Kolbe Georg 1877-1947	**GOO** Owen George O. XXe
GL Lacombe George 1868-1916	**GOS** Gos Albert 1852-1942
Lacombe George 1868-1916	**GP** Penone Giuseppe 1942
Lemmen Georges 1865-1916	Philpot Glyn Warren 1884-1937
GM Marinelli Gaetano 1838-1924	Philpot Glyn Warren 1884-1937

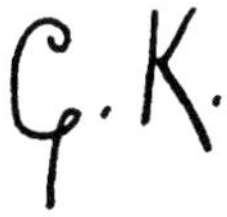

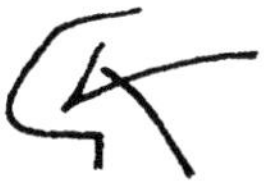

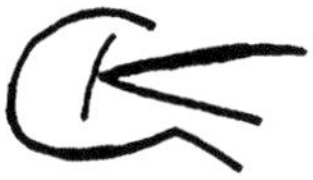

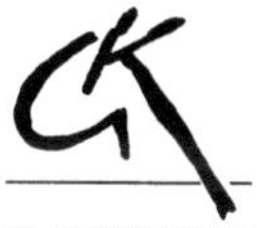

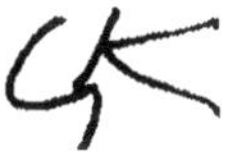

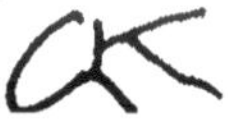

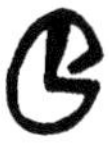

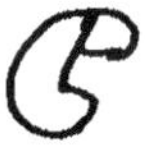

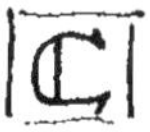

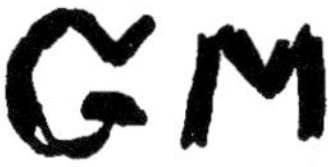

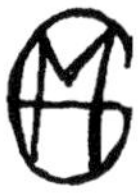

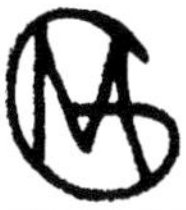

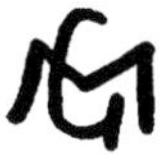

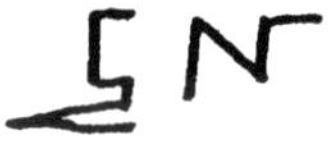

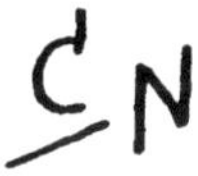

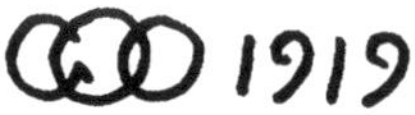

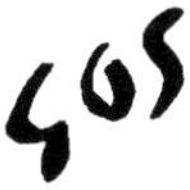

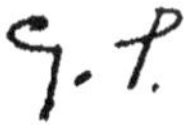

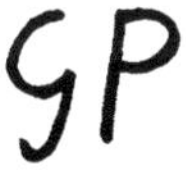

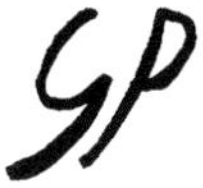

GR	Gallon Robert 1868-1903
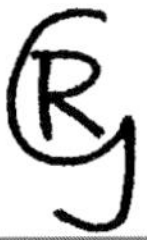	Richard Gustave 1823-1873
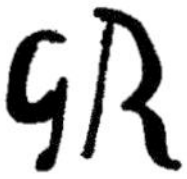	Rouault Georges 1871-1958
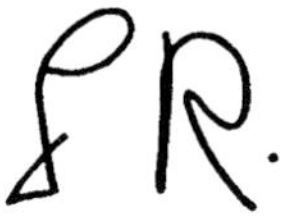	Rouault Georges 1871-1958
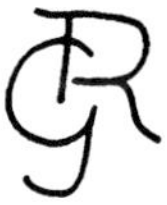	Rovero Giovanni 1885-1971
GRD	Ribemond-Dessaignes Georges 1884-1974
GRIT	Gritchenko Alexis 1883-1977
GS	Simoni Gustavo 1846-1926
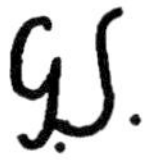	Simoni Gustavo 1846-1926
GSW	Walters Geore Stanfield 1838-1924
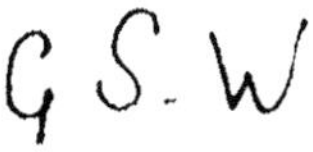	Wright Gilbert Scott 1880-1958
GV	Villani Gennaro 1885-1948
GVB	Bochmann Gregor A. von 1850-1939
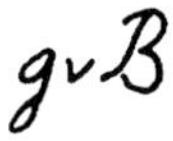	Bochmann Gregor Alexander von 1850-1939
GVS	Stokes George Vernon 1873-1954
GVV	Velde Geer van 1898-1978
GW	Wunderwald Gustav 1882-1945
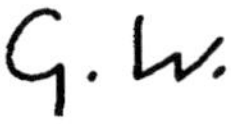	Wunderwald Gustav 1882-1945
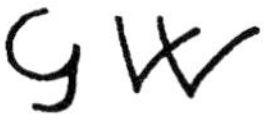	Wunderwald Gustav 1882-1945
H	Adam Julius 1852-1913

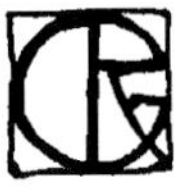

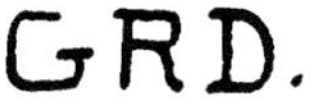

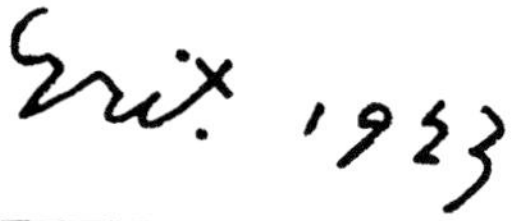

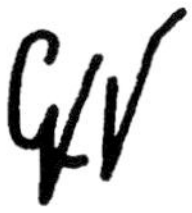

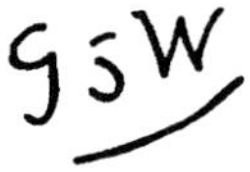

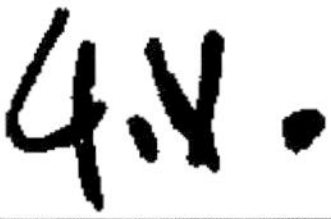

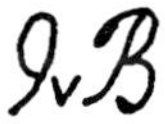

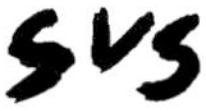

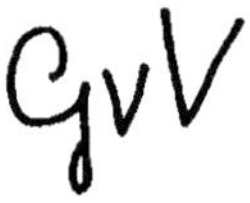

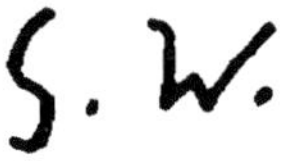

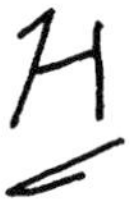

Charlamoff-Harlamoff Alexei Al. 1842-1915	Brabazon Hercules Brabazon 1821-1906
Hartung Hans Heinrich Ernst 1904-1989	Brabazon Hercules Brabazon 1821-1906
Hartung Hans Heinrich Ernst 1904-1989	**HC** Casson Hugh 1910
Hartung Hans Heinrich Ernst 1904-1989	Casson Hugh 1910
Hassebrauk Ernst 1905-1974	Charlemont Hugo 1850-1939
Heckel Erich 1883-1970	Christiansen Hans 1866-1945
HA Avelot Henri 1935	Cole Robert XXe
Avelot Henri 1935	Couldery Horatio Henry 1832-1893
HB Bodington Henry 1811-1865	Charlemont Hugo 1850-1939
HBB Brabazon Hercules Brabazon 1821-1906	**HD** Danger Henri Camille 1857-1937

HD

Daumier Honoré 1808-1879

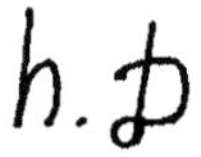

HEC Cross Henri Edmond 1856-1910

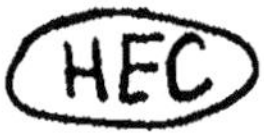

HEW Waroquier Henry de 1881-1970

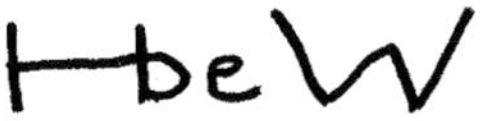

HG Goseda Horyu 1864-1943

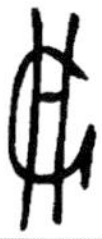

Grevedon Henry Pierre Louis 1776-1860

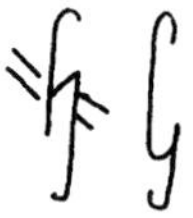

Hincz Gyulia 1904

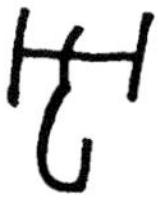

HH Hansen Heinrich 1821-1890

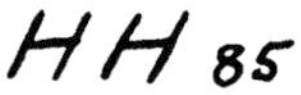

Herkomer Hubert von 1849-1914

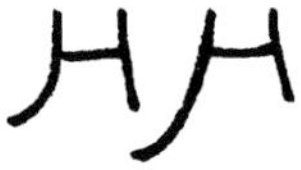

Herkomer Hubert von 1849-1914

Hoch Hannah 1889-1977

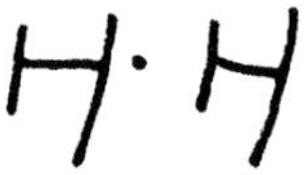

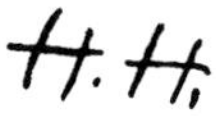

Hoch Hannah 1889-1977

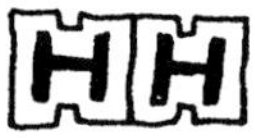

Hodgkin Howard 1932

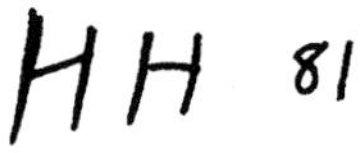

Hodgkin Howard 1932

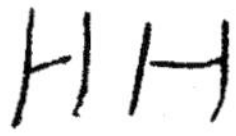

HI Janssen Horst 1929-1995

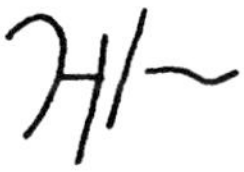

HJ Hornung-Jensen Carlo Chr. 1882-1960

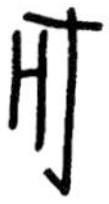

HJA Janssen Horst 1929-1995

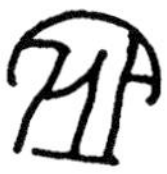

Janssen Horst 1929-1995

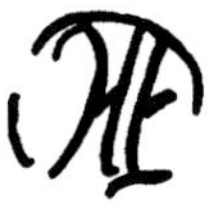

HJD Draper Herbert James 1864-1920

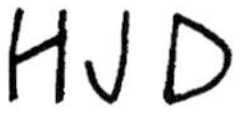

HJF Ford Henri Justice 1860-1941

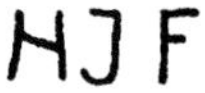

HK Falk Hans 1918

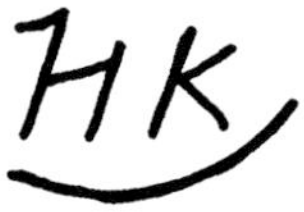

Kauffmann Hugo 1844-1915

Kaulbach Hermann 1846-1909

Kaulbach Hermann 1846-1909

Kaulbach Hermann 1846-1909

Kaulbach Hermann 1846-1909

HL

Laurens Henri 1885-1954

Laurens Henri 1885-1954

Laurens Henri 1885-1954

Laurens Henri 1885-1954

Lefler Heinrich 1863-1919

Lefler Heinrich 1863-1919

Lefler Heinrich 1863-1919

Lefler Heinrich 1863-1919

Livens Henry XIXe-XXe

HLW

Hawkins Louis Welden 1849-1910

Hawkins Louis Welden 1849-1910

HM

Malfait Hubert 1898-1971

Matisse Henri 1869-1954

Matisse Henri 1869-1954

Michaux Henri 1899-1984

HM

Michaux Henri 1899-1984

Michaux Henri 1899-1984

Moltke Harold Viggo 1871-1960

HMB Bateman Henry Mayo 1887

Brock Henry Matthew 1875-1960

HMP Paget Henry Marriott 1857-1936

HN Nouveau Henri 1901-1959

HNH Hansen Hans Nikolaj 1853-1923

HO Ospovat Henry 1877-1909

Ottevaere Henri 1870-1940

HPZ Zimmer Hans Peter 1936-1992

HR Ronner-Knip Henriette 1821-1909

Ryland Henry 1856-1924

HRBG Ramberg Johann Heinrich 1763-1840

HRVV Volkmann Hans R. von 1860-1927

HS Salentin Hubert 1822-1910

Schjerbeck Helena 1862-1946

HST Steiner-Prag Hugo 1880

Tuke Henry Scott 1858-1929

HT Thomson Hugh 1860-1920

Thomson Hugh 1860-1920	HYF Furniss Harry 1854-1925
Thomson Hugh 1860-1920	HZ Zille Heinrich 1858-1929
Thomson Hugh 1860-1920	Zugel Heinrich 1850-1941
HTH Thoma Hans 1839-1924	IA Abosenilis Ivar Axel Henrik XXe
Thoma Hans 1839-1924	ID Duret-Dujarric Isabelle 1949 *(gouache)*
Thoma Hans 1839-1924	IG Gonzalez Julio 1876-1942
Thoma Hans 1839-1924	IH Heine Thomas Theodor 1867-1948
HV Vernet Emile Jean Horace 1789-1863	IK Kerkovius Ida 1879-1970
HW Wallis Henry 1830-1916	Kerkovius Ida 1879-1970
Wedepohl Theodor XIXe-XXe	Kerkovius Ida 1879-1970

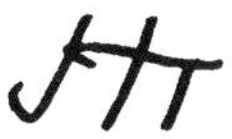

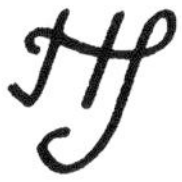

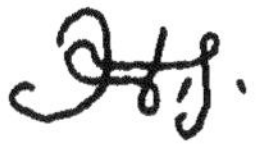

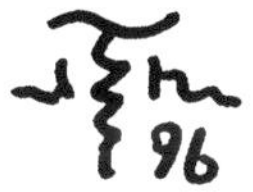

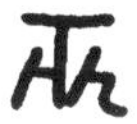

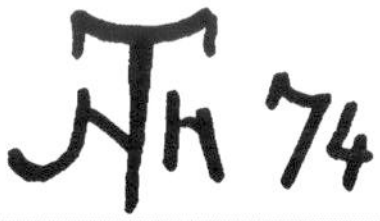

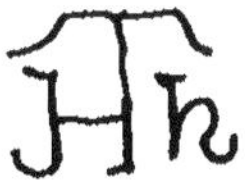

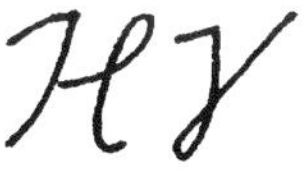

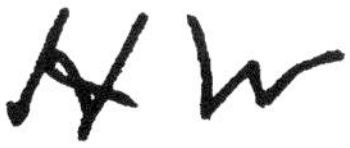

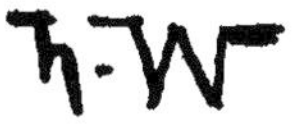

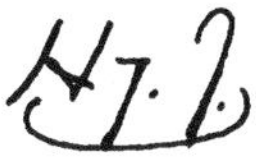

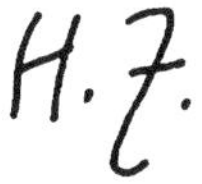

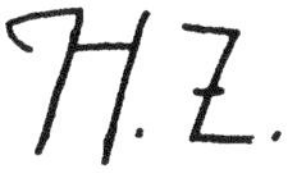

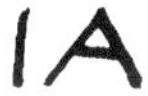

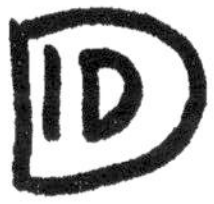

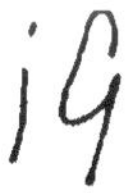

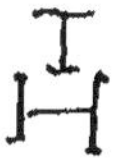

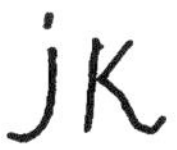

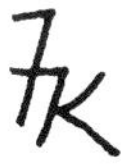

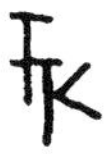

IK

Kerkovius Ida 1879-1970

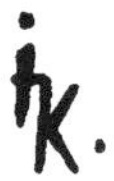

Kerkovius Ida 1879-1970

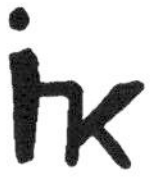

Kerkovius Ida 1879-1970

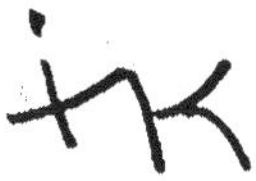

IM

Ingres jean Auguste D. 1780-186

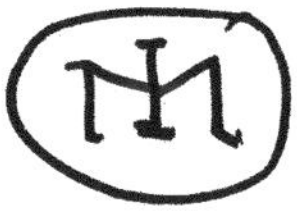

IMWT

Turner Joseph Mallord W. 1775-1851

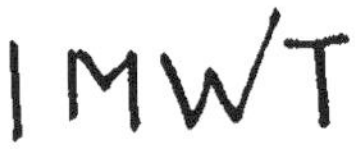

IPMB

Modersohn-Becker Paula 1876-1907

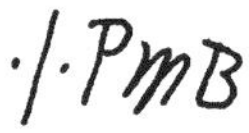

IR

Kaa Jan van der 1813-1877

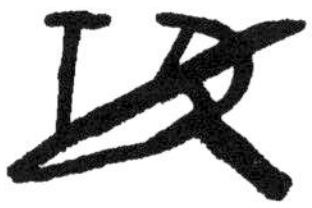

Kaa Jan van der 1813-1877

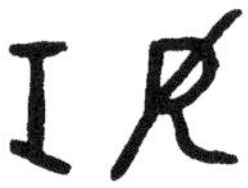

IS

Schnorr von Carolsfeld Julius V. 1794-1872

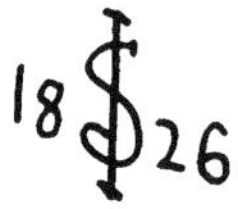

JA

Adam Julius 1852-1913

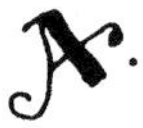

Adam Julius 1852-1913

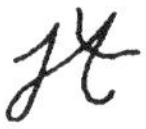

Archer James 1824-1904

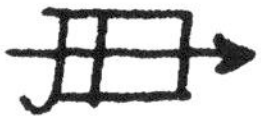

Archer James 1824-1904

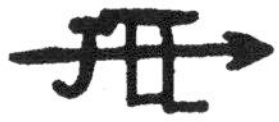

Armstrong John 1893-1973

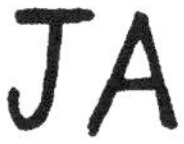

Armstrong John 1893-1973

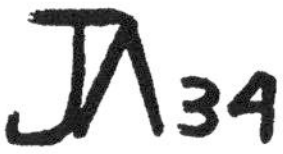

JB

Bilbo Jack 1907

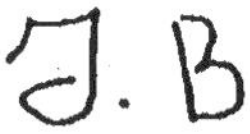

Boullaire Jacques 1893

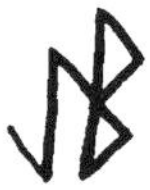

Brandt Josef von 1841-1928

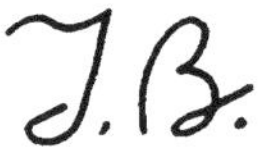

Brandt Josef von 1841-1928

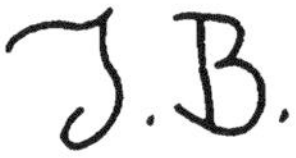

Brandt Josef von 1841-1928

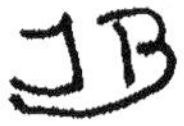

JC Charles James 1851-1906 JC	Dupré Jules 1811-1889 J.D.
Clark James 1858-1943 JC	**JDH** Harding James Duffield 1798-186 JDH
Colin Jean 1881-1961 J.C.	**JDW** Wingfield James Digman mort en 1872 JDW
JCD Dollman John Charles 1851-1934 JCD	**JE** Exner Julius 1825-1910 J.E.
JCH Chelmonski Jozef 1850-1914 J.CH.	**JEAN** Cocteau Jean 1889-1963 Jean
JD Delville Jean 1867-1953 JD	**JEL** Laboureur Jean Emile 1877-1943 J E L
Delville Jean 1867-1953 JD 1897	**JF** Frappa Jose 1854-1904 J.F.
Dubuffet Jean 1901-1985 J.D.	**JFH** Horrabin James Francis 1884-1962 J.F.H.
Dubuffet Jean 1901-1985 J.D.	**JFM** Millet Jean-François 1814-1875 JF.M
Dupré Jules 1811-1889 J.D.	Millet Jean-François 1814-1875 J.F.M

JFR Raffaelli Jean-François 1850-1924

Raffaelli Jean-François 1850-1924

JFW Willumsen Jens Ferdinand 1863-1958

JG Gallegos José 1859-1917

Gallegos José 1859-1917

Gilbert John 1817-1897

Grassi Josef XXe

Tornai Gyula 1861-1928

JGK Keulemans Johannes Gerardus 1842-1878

Keulemans Johannes Gerardus 1842-1878

JH Holland James 1799-1870

Holland James 1799-1870

JHM Mole John Henry 1814-1886

JHR Ramberg Johann Heinrich 1763-1840

JJ Israels Josef 1824-1911

Israels Josef 1824-1911

JJT Tissot James Jacques J. 1836-1902

Tissot James Jacques J. 1836-1902

JK Kolar Jiri 1914

JL Larsen Johannes 1867-1961

Lawson Akuete jacques 1960

Lawson Lolo Edo XXe

Leech John 1817-1864

Leech John 1817-1864

Leech John 1817-1864

Lefebvre Jules Joseph 1836-1911

JLA Agasse Jacques Laurent 1767-1849

JLD David Jacques Louis 1748-1825

JLG Gerome Jean Léon 1824-1904

JM Mammen Jeanne 1890-1976

Meijers Jan 1927

JMS Strudwick John M. 1849-1937

Strudwick John M. 1849-1937

JP Peske Jean 1870-1949

Peske Jean 1870-1949

Peters J. XXe

Phillip John 1817-1867

Phillip John 1817-1867

Phillip John 1817-1867

Piper John 1903-1992

JP

Piper John 1903-1992

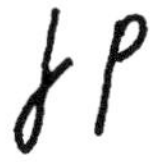

JR

Raine Jean 1927-1986

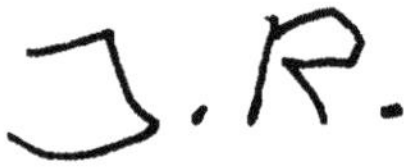

Rossi Luigi 1853-1923

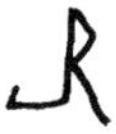

Rossi Luigi 1853-1923

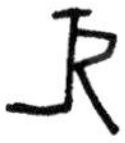

Ruskin John 1819-1900

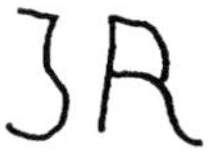

Ruskin John 1819-1900

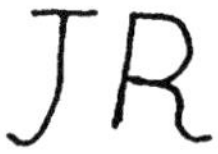

Russel John XIXe

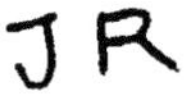

JRW

Weguelin John Reinhard 1849-1927

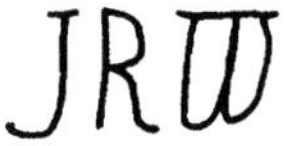

Weguelin John Reinhard 1849-1927

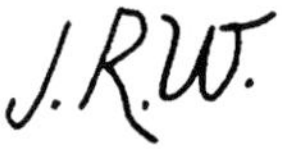

JST

Steinhardt Jakob 1887-1968

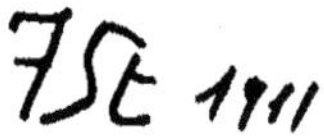

Steinhardt Jakob 1887-1968

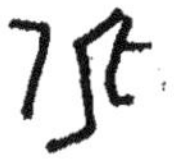

JT

Tenniel John 1820-1914

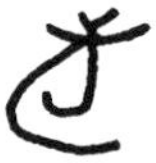

Tenniel John 1820-1914

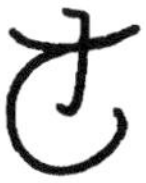

JTC

Tissot James Jacques J. 1836-1902

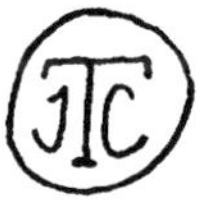

JTG

Torres-Garcia Joaquin 1874-1949

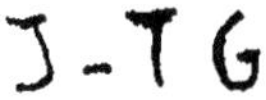

JV

Veyrassat Jules Jacques 1828-1893

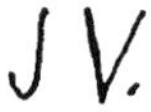

Veyrassat Jules Jacques 1828-1893

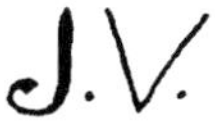

Villon Jacques 1875-1963

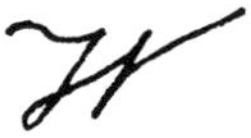

Villon Jacques 1875-1963

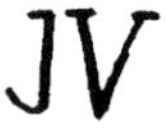

JW

Webb James mort en 1895

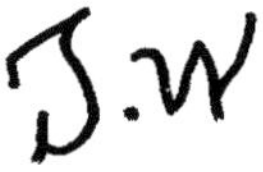

	Welti Jakob Friedrich 1871-1952	JX	Xceron Jean 1890-1967
	J.W. 1898		J.X.
	Wiegers Jan 1893-1959	K	Kalab Frantisek 1908-1950
	J.W.		K
	Wiegers Jan 1893-1959		Kandinsky Wassily 1866-1944
	J.W.		
	Worms Jules 1832-1924		Kandinsky Wassily 1866-1944
	JW		
	Worms Jules 1832-1924		Kaulbach Hermann 1846-1909
	JW		K
	Wouters Jan XIXe		Kippenberger Martin 1953-1997
			K 83
JWS	Ward James 1769-1859		Kluth Karl 1898-1972
	JWS		
	Ward James 1769-1859		Korovine Konstantin Alexeievitch 1861-1939
	JWS		K.
	Ward James 1769-1859		Krasnopevtsev Dimitri 1925
	JWS		K 67
JWW	Waterhouse John William 1849-1917	KA	Armitage Kenneth 1916
	JWW		KA

KB Baumgartner Karl 1898-1981	Girardet Karl 1813-1871
Bickel Karl 1886	**KH** Heffner Karl 1849-1925
Bickel Karl 1886-1982	Heffner Karl 1849-1925
Bodmer Karl 1809-1893	**KL** Kassak Lajos 1887-1967
Bodmer Karl 1809-1893	Klemann Adolf 1887
KC Cameron Katherine 1874-1965	Lehmann Kurt 1905
Kollwitz Kathe 1867-1945	**KM** Maes Karel 1900
Kollwitz Kathe 1867-1945	Makovsky Konstantin Jegorovitch 1839-1915
KE Koekkoek Hermanus 1836-1909	Malevitch Kasimir 1878-1935
KG Girardet Karl 1813-1871	**KO** Oritz Kurt XXe

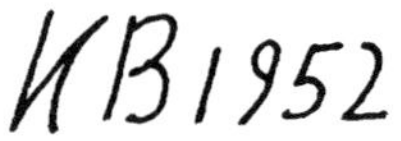

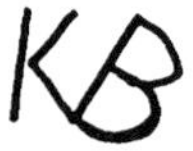

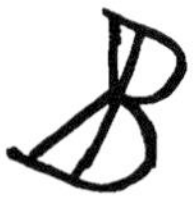

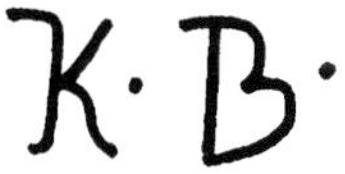

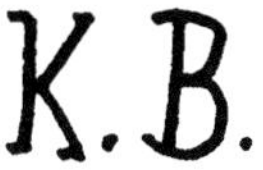

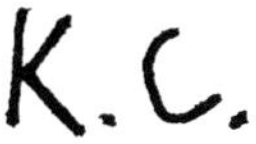

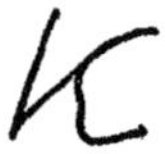

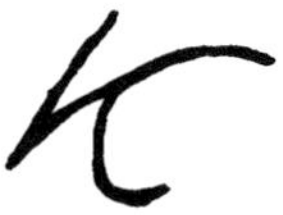

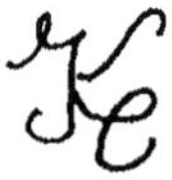

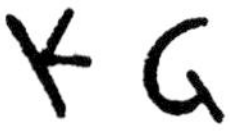

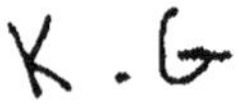

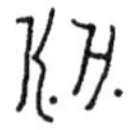

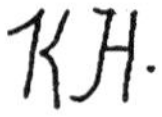

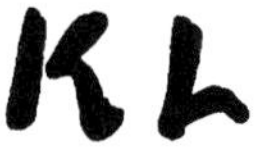

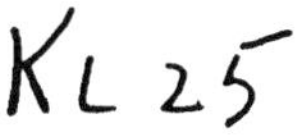

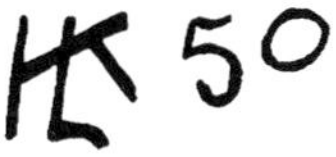

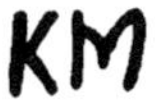

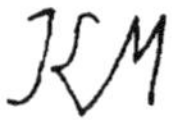

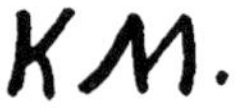

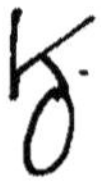

KS Knowles George Sheridan 1863-1931

Schwitters Kurt 1887-1948

Schwitters Kurt 1887-1948

Schwitters Kurt 1887-1948

Schwitters Kurt 1887-1948

Seligmann Kurt 1900-1962

Seligmann Kurt 1900-1962

KW Williams Kyffyn 1918

Williams Kyffyn 1918

KZ Zewy Karl 1855-1929

L Laboureur Jean Emile 1877-1943

Lundbye Johan Thomas 1810-1848

Lundbye Johan Thomas 1810-1848

LA Ansingh Lissy 1875-1959

Appelbee Leonard 1914

Artan de Saint-Martin Louis 1837-1890

LB Baumer Lewis 1870-1963

Baumer Lewis 1870-1963

Berman Leonid 1898-1976

Boilly Louis Léopold 1761-1845

Bonhomme Léon Félix Georges 1870-1924	Le Corbusier Charles Edouard J. 1887-1965
Bonnat Léon Joseph Florentin 1834-1923	**LCT** Tiffany Louis Comfort 1848-1933
Bonnat Léon Joseph Florentin 1834-1923	**LD** Deicher Louise 1891-1973
Bonnat Léon Joseph Florentin 1834-1923	**LDS** Smet Léon de 1881-1966
LC Cavaleri Ludovico 1867-1942	**LE** Edwards lionel 1878-1966
Comerre Léon François 1850-1916	Lear Edward 1812-1888
Crawshaw Lionel Townsend mort en 1949	**LF** Fauret Jean Joseph Léon 1863-1955
Le Corbusier Charles Edouard J. 1887-1965	**LG** Lehner Gilbert 1844
Le Corbusier Charles Edouard J. 1887-1965	**LH** Haghe Louis 1806-1885
Le Corbusier Charles Edouard J. 1887-1965	Haghe Louis 1806-1885

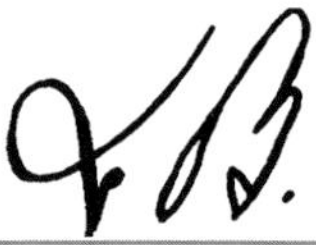

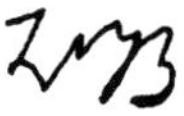

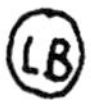

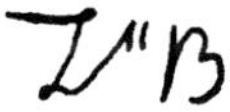

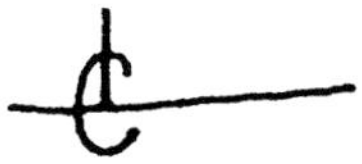

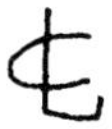

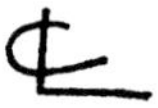

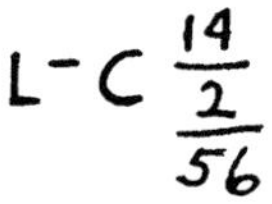

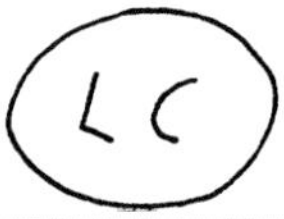

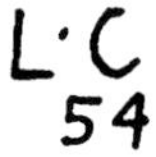

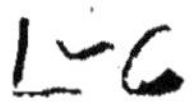

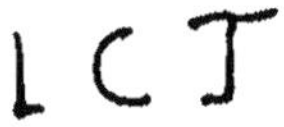

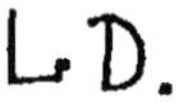

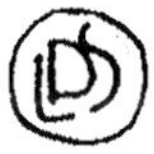

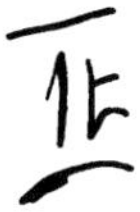

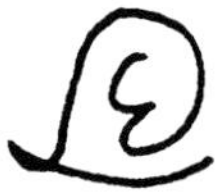

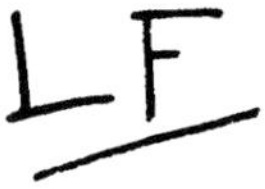

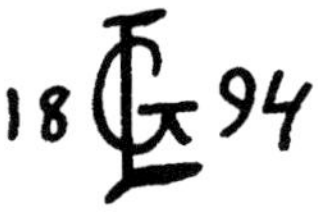

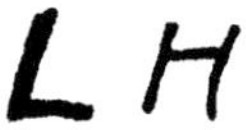

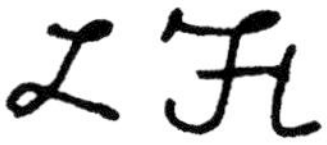

Hartmann Ludwig 1835-1902

L.H.

Hartmann Ludwig 1835-1902

LH

Hartz Lauritz 1903-1987

LH 46

Hoquet Louis XIXe

LH

LK

Knaus Ludwig 1829-1910

LK

Knaus Ludwig 1829-1910

LK

Lotz Karoly 1833-1904

L.K.

LKA

Appel Karel 1921

L-K.A

LL

Heider Hans 1861-1947

Israels Isaac 1865-1934

Lombardi Luigi 1853-1940

Louber Lou XXe

LL47

Lozowick Louis 1892-1973

Lozowick Louis 1892-1973

LLB

Brooke Leonard Leslie 1862-1940

L.L.B.

LM

Marchetti Ludovico 1853-1909

Meidner Ludwig 1884-1966

LM

Meidner Ludwig 1884-1966

Meidner Ludwig 1884-1966

LMH

Hamilton Letitia 1879-1964

LMH

LMV Verdilhan Louis Matthieu 1875-1928

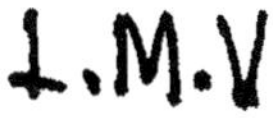

LMW Ward Leslie 1851-1922

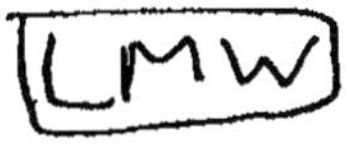

LO Löffler Berthold 1874-1960

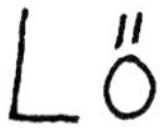

LP Pissarro Lucien 1863-1944

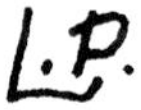

Pissarro Lucien 1863-1944

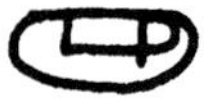

LR Rees Lloyd 1895

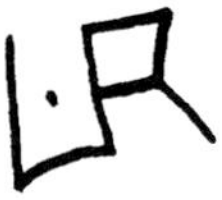

LS Survage Leopold 1879-1968

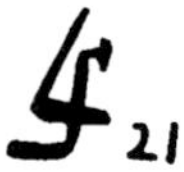

LST Stannard Lilian 1877-1944

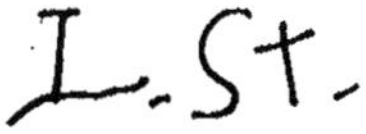

LV Valtat Louis 1869-1952

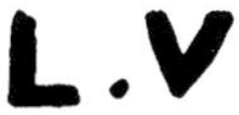

LVR Ryssel Louis van 1873-1962

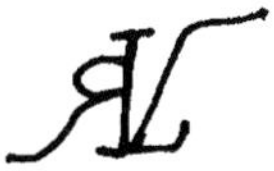

LW Willroider Ludwig 1845-1910

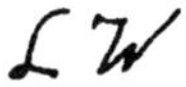

Willroider Ludwig 1845-1910

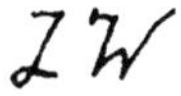

Willroider Ludwig 1845-1910

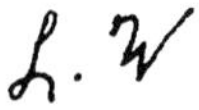

M Boutet de Monvel Bernard 1884-1949

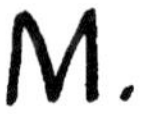

Macke August 1887-1914

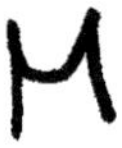

Macke August 1887-1914

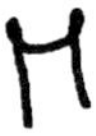

Mahoney James 1816-1879

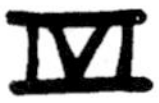

Mahoney James 1816-1879

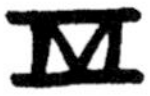

Maillol Aristide 1861-1944

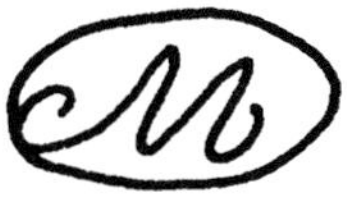

Mainssieux Lucien 1885-1958

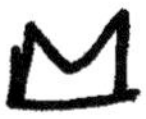

Matiushin Mikhail 1861-1934

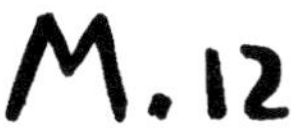

Millais John Everett 1829-1896

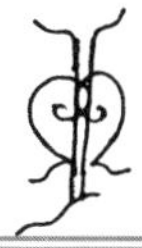

Millais John Everett 1829-1896

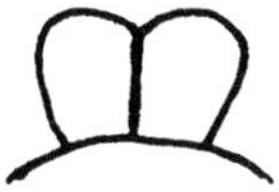

Muche Georg 1895-1987

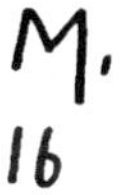

Münter Gabrielle 1877-1962

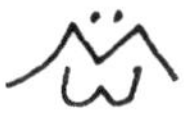

Münter Gabrielle 1877-1962

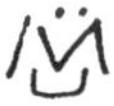

Münter Gabrielle 1877-1962

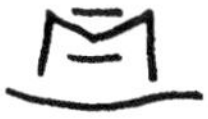

Münter Gabrielle 1877-1962

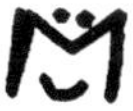

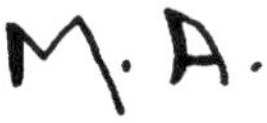

MA

Ackermann Max 1887-1975

Ackermann Max 1887-1975

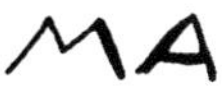

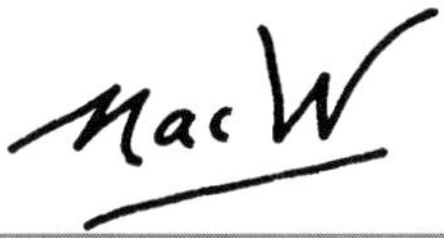

MACW

Mac-Whirter John A. 1839-1911

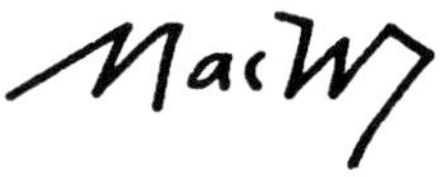

Mac-Whirter John A. 1839-1911

Mac-Whirter John A. 1839-1911

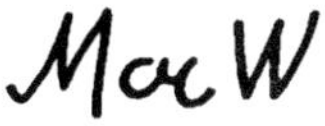

MAVD

Denis Maurice 1870-1943

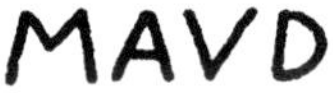

MB

Balle Mogens 1921

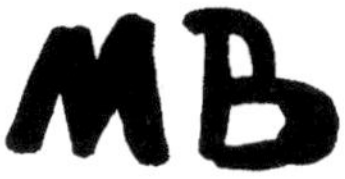

Balle Mogens 1921

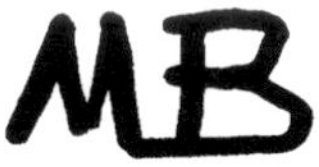

Benka Martin 1888-1971

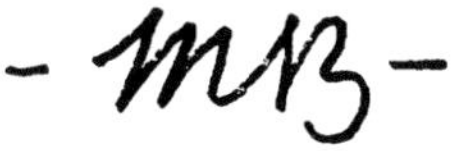

Bianchi Mose di Giosue 1840-1904

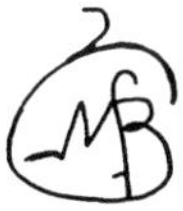

Modersohn-Becker Paula 1876-1907

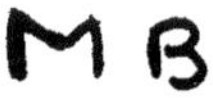

Modersohn-Becker Paula 1876-1907

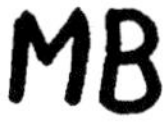

Modersohn-Becker Paula 1876-1907	**MD** Denis Maurice 1870-1943
MC Ciry Michel 1919	Denis Maurice 1870-1943
Clarenbach Max 1880-1952	Desboutin Marcellin Gilbert 1823-1902
Mac-Intyre James XIX-XXe	Dufrene Maurice 1876-1955
MCE Escher Maurits Cornelius 1898-1972	Dufrene Maurice 1876-1955
Escher Maurits Cornelius 1898-1972	Madoux Jean-Baptiste 1796-1877
MCH Chagall Marc 1887-1985	**ME** Earl Maud 1864-1943
Myrbach-Rheinfeld Félicien F. 1853-1940	Earl Maud 1864-1943
MCP Molnar Pal C. 1894-1981	Lupertz Markus 1941
MCT Caspar Filser Maria 1878-1968	Lupertz Markus 1941

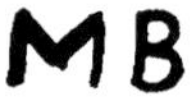

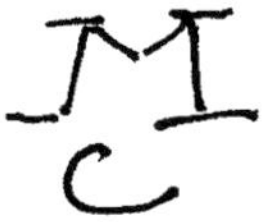

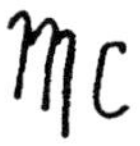

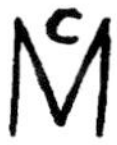

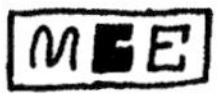

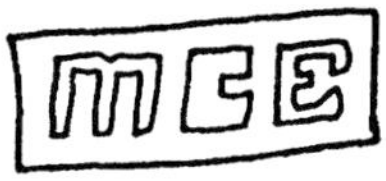

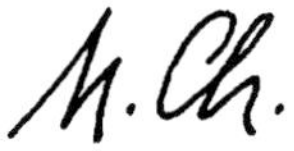

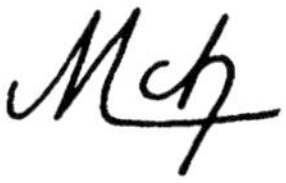

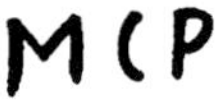

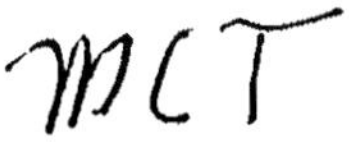

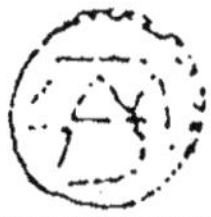

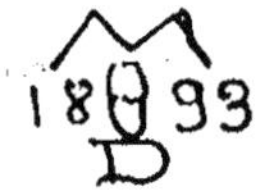

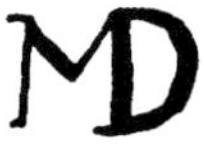

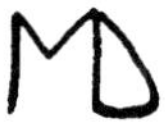

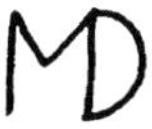

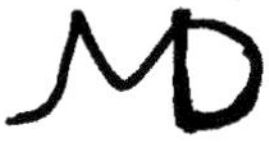

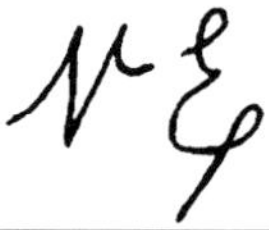

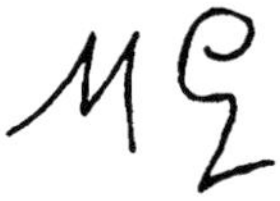

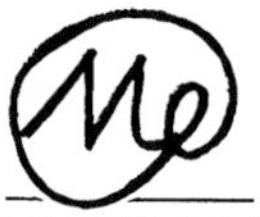

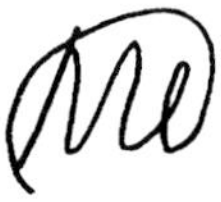

Meheut Mathurin 1882-1958	MI Ingres Jean Auguste D. 1780-1867
MEC Escher Maurits Cornelius 1898-1972	Ingres Jean Auguste D. 1780-1867
MF Caspar-Filser Maria 1878-1968	MK Kaus Max 1891-1977
Frampton Meredith 1894-1984	Kaus Max 1891-1977
Frampton Meredith 1894-1984	Kikoine Michel 1892-1968
Mason Frederick XIXe-XXe	Klinger Max 1857-1920
MG Gordigiani Michelle 1835-1909	Klinger Max 1857-1920
MH Haubtmann Michael 1843	Klinger Max 1857-1920
Heritier-Marrida Marcel 1937	Kogan Moissey 1879-1942
MHK Meyer-Waldeck Kunz 1859-1953	Mane Katz 1894-1962

ML	Langaskens Maurice 1884-1946		Liebenwein Maximilian 1869-1926
	Larionov Mikhail F. 1881-1964		Liebermann Max 1847-1935
	Larionov Mikhail F. 1881-1964		Liebermann Max 1847-1935
	Larionov Mikhail F. 1881-1964	MLA	Attwell Mabel Lucie 1879-1964
	Laurencin Marie 1885-1956	MLG	Gow Mary L. 1851-1925
	Laurencin Marie 1885-1956	MM	Maris Mathijs 1839-1917
	Laurencin Marie 1885-1956		Maris Mathijs 1839-1917
	Laurencin Marie 1885-1956		Morley Malcolm 1931
	Liebenwein Maximilian 1869-1926	MP	Pechstein Max Hermann 1881-1955
	Liebenwein Maximilian 1869-1926	MPW	Peiffer-Watenphul Max 1896-1976

Peiffer-Watenphul Max 1896-1976

M. P. W

Stainforth Martin XIXe-XXe

MS. 1916

MR

Menard René Joseph 1827-1887

Stokes Marianne 1855-1927

MS

Merello Rubaldo 1872-1922

M R.

MT

Thalmann Max 1890-1944

MT

Rorbye Martinus 1803-1848

M. R. 1840

Toussaint Maurice XXe

MT

Rosso Medardo 1858-1928

MR

MTH

Thalmann Max 1890-1944

MTh 19

Roy Marius 1833

M.R.

Therkildsen Michael 1850-1925

MTh

MS

Senior Mark 1864-1927

MS

MW

Weber Marie 1899-1970

M.W.

Slevogt Max Franz Theodore 1868-1932

M. S. 1901

Weber Marie 1899-1970

M.W.

Smith Matthew (Sir) 1879-1959

MS

MX

Beerbohm Max 1872-1956

MX

Smith Matthew (Sir) 1879-1959

MS

N

Nepo Ernst 1895-1971

N

Nepo Ernst 1895-1971

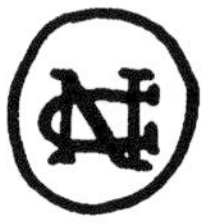

Nicholson William 1872-1949

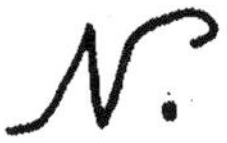

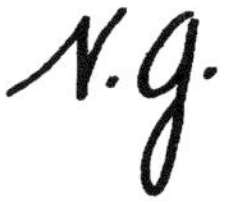

Nolan Robert Sidney 1917-1992

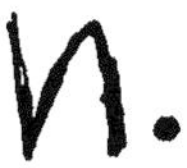

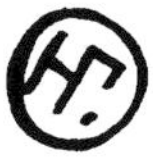

NA Adams Norman 1927

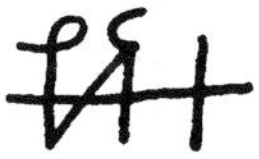

NB Baird Bathaniel Hughes 1865-1936

Baird Bathaniel Hughes 1865-1936

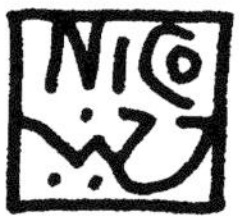

ND Diaz de la Pena Narcisse V. 1807-1876

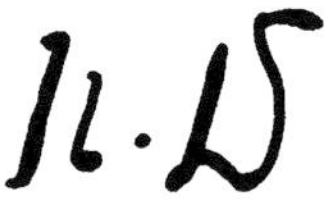

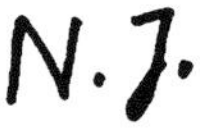

NE Nicol Erskine 1825-1904

Nicol Erskine 1825-1904

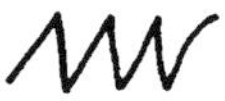

NF Fechin Nicolai Ivanovich 1881-1955

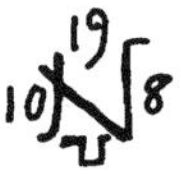

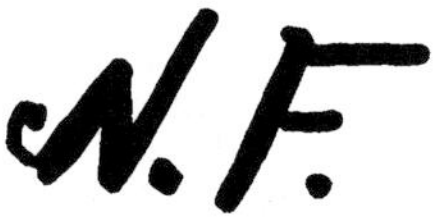

NG Goeneutte Norbert 1854-1894

Gontcharova Natalia S. 1881-1963

Gontcharova Natalia S. 1881-1963

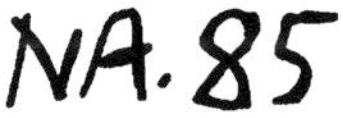

NH Hayter George 1792-1871

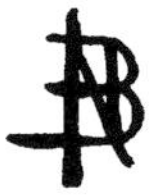

Henderson Nigel 1917-1985

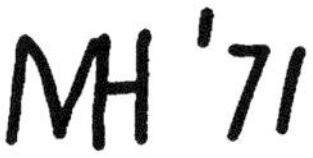

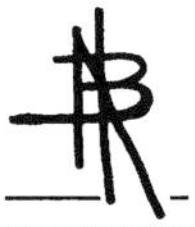

NICO Jungmann Nico W. 1872-1935

NJ Nagy Istvan 1873-1937

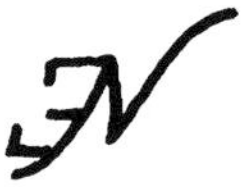

NK Kreuger Nils 1858-1930

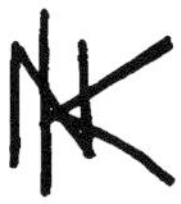

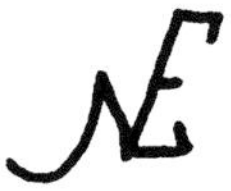

NW Wilkinson Norman 1878-1971

Wilkinson Norman 1878-1971

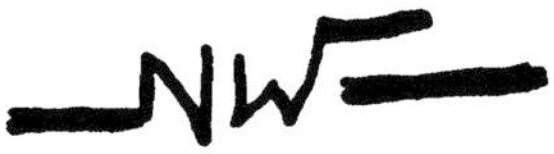

Wilkinson Norman 1878-1971 NW	Overbecl Johann Fried. 1789-1869
OB Bache Otto 1839-1927 OB	**OG** Gussman Otto 1869-1926 OG
Banninger Otto Charles 1897-1973 OB	Gussman Otto 1869-1926 OG
Banninger Otto Charles 1897-1973 OB 1938	**OK** Kokoschka Oscar 1886-1980 OK
OBE Engel Otto Heinrich 1866-1949 OBE	Kokoschka Oscar 1886-1980 OK 42
OD Debre Olivier 1920 OD	Kokoschka Oscar 1886-1980 OK
Dix Otto 1891-1969	Kokoschka Oscar 1886-1980 OK
OF Freundlich Otto 1878-1943 O.F.	Kokoschka Oscar 1886-1980 OK
Freundlich Otto 1878-1943 O.F.	**OM** Mueller Otto 1874-1930 O.M.
Freundlich Otto 1878-1943 OF	Mueller Otto 1874-1930 O.M

Monogram	Artist
OR	Reiniger Otto 1863-1909
OSS	Diggelmann Alex Walter 1902-1987
OW	Osborne William 1823-1901
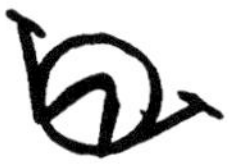	Wagner Otto 1803-1861
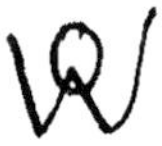	Wilson Oscar 1867-1930
P	Perugini Charles Marie 1839-1918
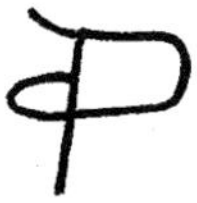	Picart le Doux Charles A. 1902-1982
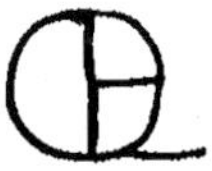	Pieters Evert 1856-1932
PA	Parisani Napoleone 1854-1932
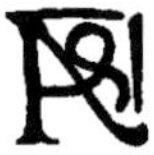	Rodchenko Alexander M. 1891-1956
PAB	Birot Pierre Albert 1876-1967
PAL	Laszlo Philip A. de 1869-1937
PB	Baum Paul 1859-1932
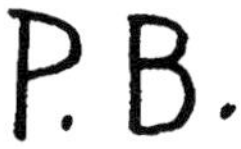	Berthon Paul Emile 1872-1909
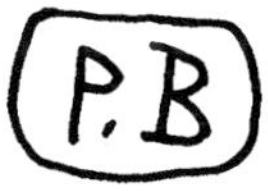	Berthon Paul Emile 1872-1909
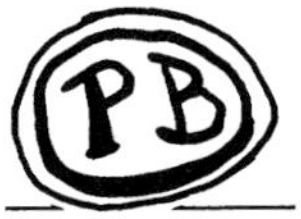	Bonnard Pierre 1867-1947
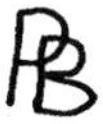	Bonnard Pierre 1867-1947
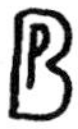	Bonnard Pierre 1867-1947
PC	Connard Philip 1875-1958
PF	Fischer Paul Gustav 1860-1934

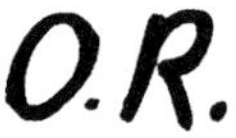

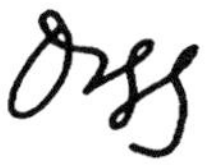

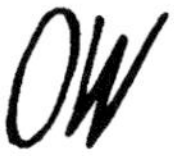

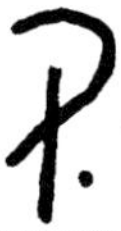

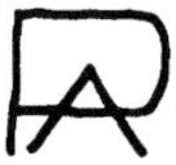

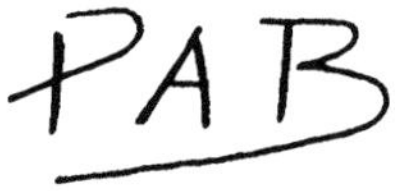

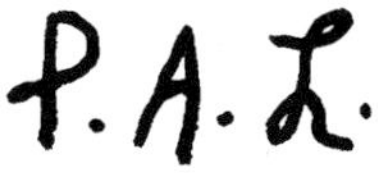

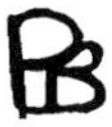

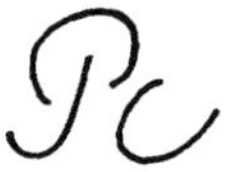

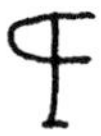

PFG	Gernez Paul Elie 1888-1948	PK	Klee Paul 1879-1940
PG	Gauguin Paul 1848-1903		Klee Paul 1879-1940
	Gauguin Paul 1848-1903		Knauer-Hase Paul Emil Hugo 1878
	Gauguin Paul 1848-1903		Koch Pyke 1901-1991
	Gusman Pierre 1862	PKL	Kleinschmidt Paul 1883-1949
	Gusman Pierre 1862		Kleinschmidt Paul 1883-1949
	Gutersloh Albert 1887-1973	PM	Massani Pompeo 1850-1920
PGO	Gauguin Paul 1848-1903		Mondriaan Piet Cornelius 1872-1944
PH	Hansen Peter 1868-1928		Mondriaan Piet Cornelius 1872-1944
	Hansen Peter 1868-1928		Mondriaan Piet Cornelius 1872-1944

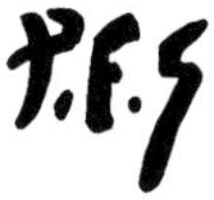

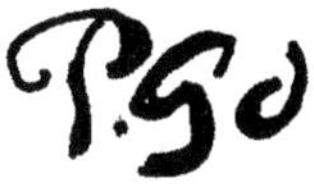

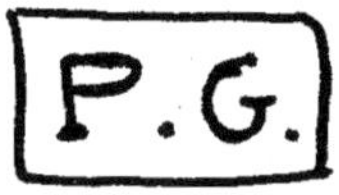

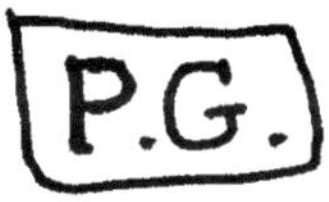

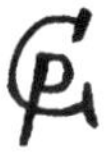

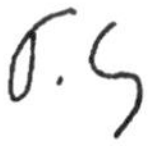

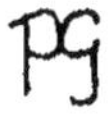

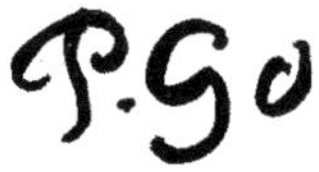

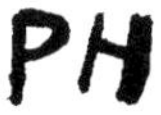

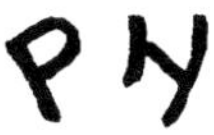

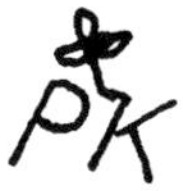

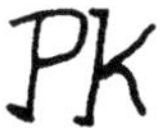

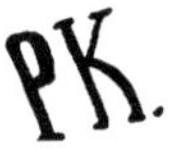

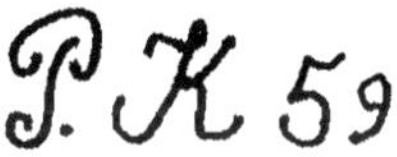

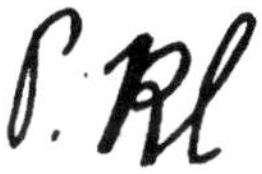

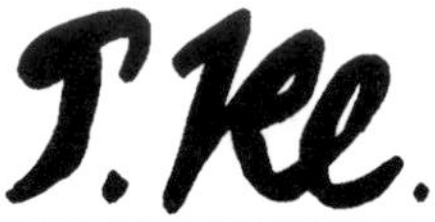

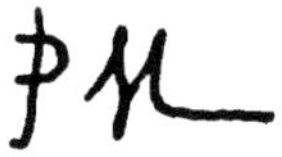

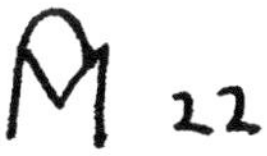

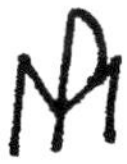

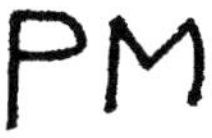

PN Nomellini Plinio 1866-1943

PPC Puvis-de-Chavannes Pierre 1824-1898

PPLG Glaize Pierre Paul Léon 1842-1932

PR Rickman Philip Charles 1891-1982

PRN Renouard Charles Paul 1845-1924

Renouard Charles Paul 1845-1924

Renouard Charles Paul 1845-1924

PS Serusier Paul 1864-1927

Signac Paul 1863-1935

PT Tarrant Percy XIXe-XXe

PVS Schantz Philip von 1928

PY Piloty Carl Theodor 1824-1886

Piloty Carl Theodor 1824-1886

R Rainer Arnulf 1929

Richmond William Blake 1842-1921

Rossetti Dante Gabriel 1828-1882

RA Ansdell Richard 1815-1885

Armenise Raffaele 1852-1925

Assmus Robert 1837

Assmus Robert 1837

Assmus Robert 1837	Dufy Raoul 1877-1953
Auberjonois René Victor 1875-1957	**REEC** Chambers Richard E. E. 1863-1944
Auberjonois René Victor 1875-1957	**RENEA** Auberjonois René Victor 1875-1957
RB Barton Rose 1856-1929	**RF** La Fresnaye Roger de 1885-1925
Bergh Sven Richard 1858-1919	Kleukens Friedrich Wilhelm 1887
Bergh Sven Richard 1858-1919	**RFY** Robert-Fleury Joseph N. 1790-1890
RC Caldecott Randolph 1846-1886	**RG** Regamey Guillaume 1837-1875
RCWB Bunny Rupert Charles W. 1864-1947	**RGH** Hutchinson Robert Gemmell 1855-1936
RD Delaunay Robert 1885-1941	**RH** Hillingford Robert A. 1825-1904
Dufy Raoul 1877-1953	**RHW** Whitehead R. H. 1855-1889

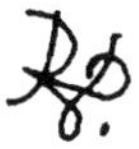

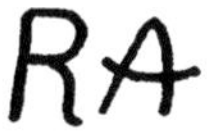

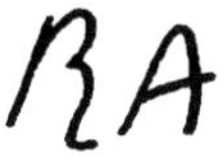

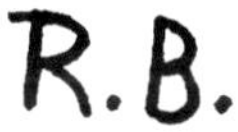

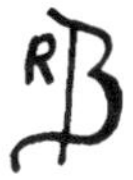

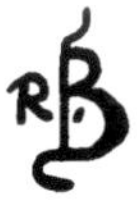

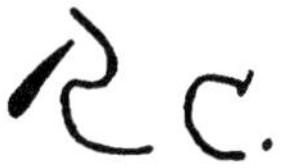

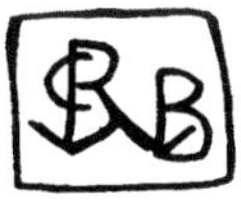

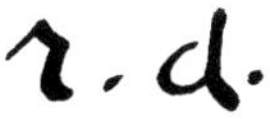

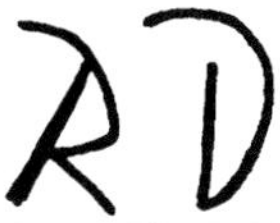

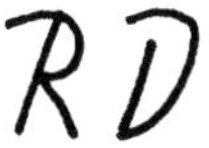

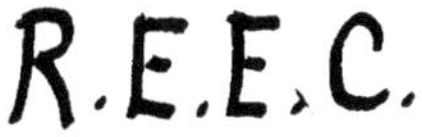

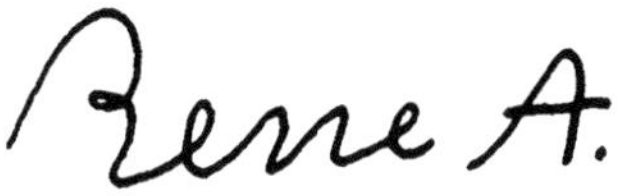

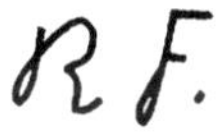

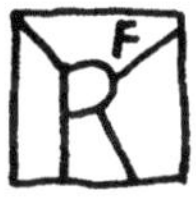

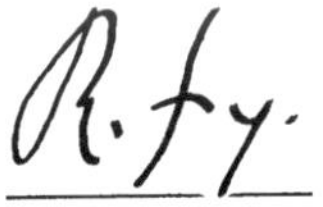

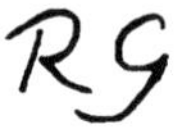

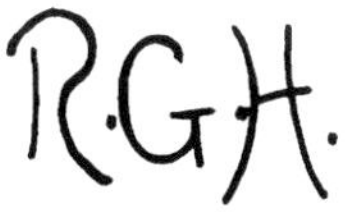

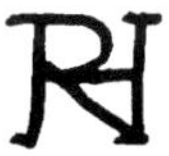

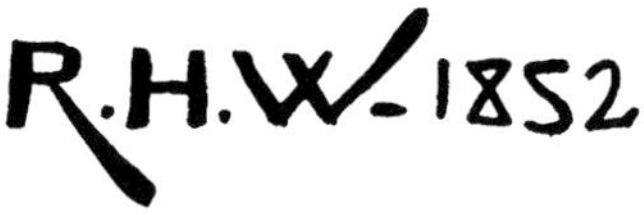

RJB — Burn Rodney J. 1899

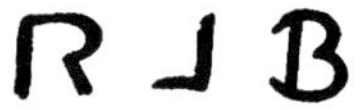

RLF — La Fresnaye Roger de 1885-1925

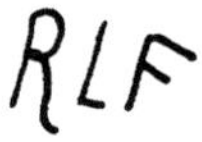

RM — Meacci Ricardo 1856

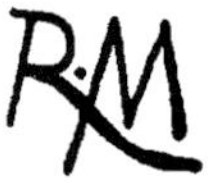

Michel Robert 1897-

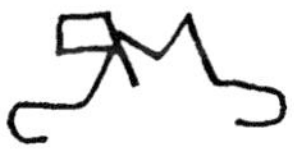

Motherwell Robert 1915-1991

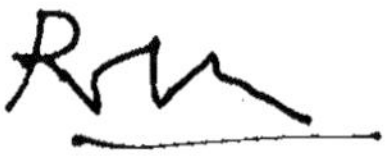

Muller Robert 1920

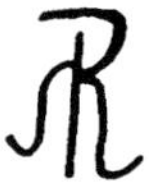

RN — Nagele Reinhold 1884-1972

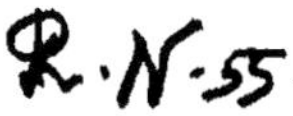

Noble Robert 1857-1917

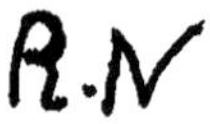

Sickert Walter Richard 1860-1942

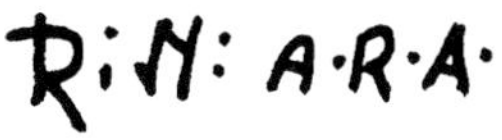

RO — Oudot Roland 1897-1981

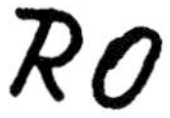

Oudot Roland 1897-1981

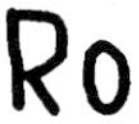

RP — Person Ragnar 1905-1993

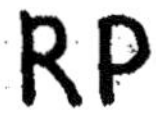

RPB — Bonington Richard Parkes 1801-1828

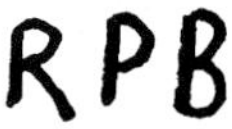

RR — Rippl-Ronai Josef 1861-1927

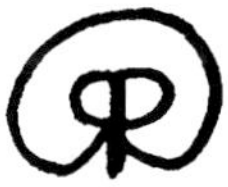

RS — Sandberg Ragnar 1902-1972

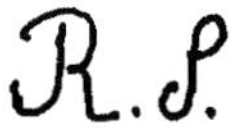

Sandberg Ragnar 1902-1972

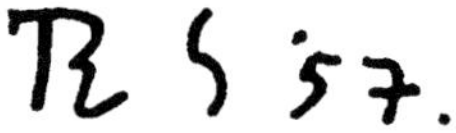

Sorbi Raffaello 1844-1931

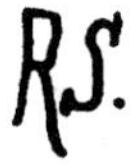

RSA — Austin Robert Sargent 1895-1973

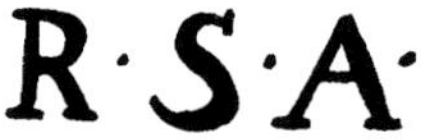

Austin Robert Sargent 1895-1973

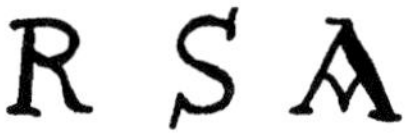

RSD — Dewez-Sancho Rosita XXe

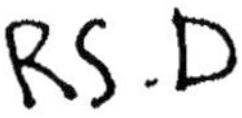

RT Thornburn Robert 1818-1885	Seago Edward Brian 1910-1974
RTK Kelly Richard Barrat T. 1896-1971	Sottocornola Giovanni 1855-1917 1904
Kelly Richard Barrat T. 1896-1971	Spitzweg Carl 1808-1885
RZ Ziegler Richard 1891-1992	Steinheil Louis Charles August 1814-1885
S Salinas y Teruel Pablo 1871-1946	**SA** Anderson Stanley 1884-1966
Schiele Egon 1890-1918	Sadler Walter Dendy 1854-1923
Schiele Egon 1890-1918	Schreyer Adolf 1828-1899
Schiele Egon 1890-1918	Schreyer Adolf 1828-1899
Schnorr von Carolsfeld Julius T. 1794-1872	Schreyer Adolf 1828-1899
Seago Edward Brian 1910-1974	Stevens Alfred 1823-1906

SA

Stevens Alfred 1823-1906

SAT Alma-Tadema Lawrence (Sir) 1836-1912

SB Bruzzi Stefano 1835-1911

Pisis Filippo de 1896-1956

SC Sellier Charles 1830-1882

SD Delaunay Sonia 1885-1979

Durand Simon 1838-1896

Durand Simon 1838-1896

SG Gordini Silvio 1849-1937

SH Hallstrom Staffan 1914-1976

SIR Sironi Mario 1885-1961

SJ Skeaping John 1901-1980

Styka Jan 1858-1925

SJS Solomon Solomon Joseph 1860-1927

SK Schmidt-Rottluff Karl 1884-1976

SL Lega Silvestro 1826-1895

Lega Silvestro 1826-1895

SM Matsievskaya Yadviga XXe

SN Nolan Sidney 1917-1992

SP Prout Samuel Gillespie 1822-1911

Signac Paul 1863-1935	Solomon Simeon 1840-1905
Signac Paul 1863-1935	Solomon Simeon 1840-1905
Signac Paul 1863-1935	**ST** Ilsted Peter Vilhelm 1861-1933
Signac Paul 1863-1935	Ilsted Peter Vilhelm 1861-1933
Signac Paul 1863-1935	Ilsted Peter Vilhelm 1861-1933
Soulages Pierre 1919	Steinlen Théophile 1859-1923
SR Schmidt-Rottluff Karl 1884-1976	Steinlen Théophile 1859-1923
Schmidt-Rottluff Karl 1884-1976	**STG** Gill Samuel Thomas 1818-1880
Schmidt-Rottluff Karl 1884-1976	**SW** Sheldon-Williams Alfred mort en 1880
SS Solomon Simeon 1840-1905	Weidl Seff 1915-1972

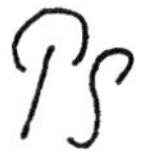

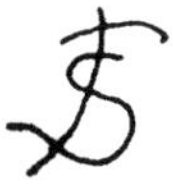

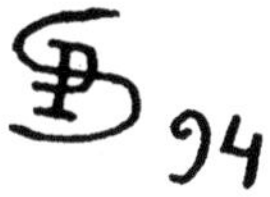

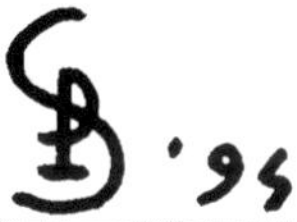

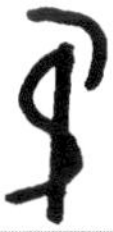

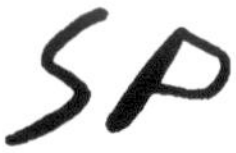

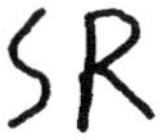

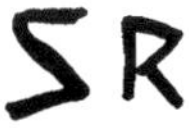

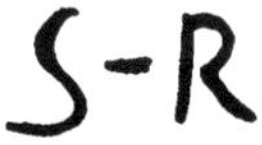

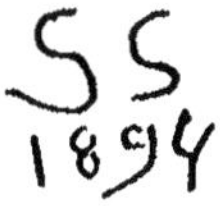

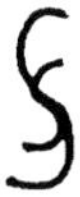

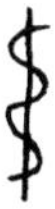

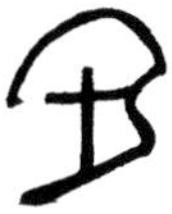

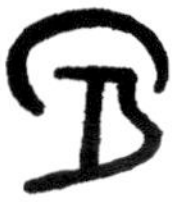

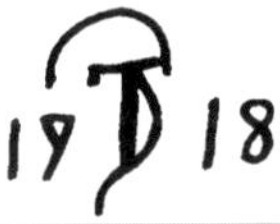

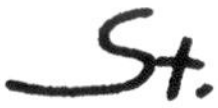

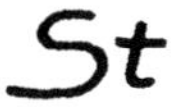

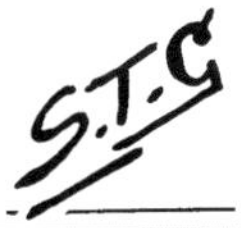

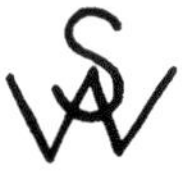

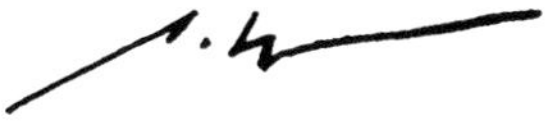

T

T Turner Joseph M. W. 1775-1851	Hummel Theodor 1864-1939
TB Bock Théophile E. A. de 1851-1904	**THF** Fabricius Th. XIXe-XXe
Bock Théophile E. A. de 1851-1904	**THL** Toulouse-Lautrec Henri de 1864-1901
Bock Théophile E. A. de 1851-1904	Toulouse-Lautrec Henri de 1864-1901
TC Couture Thomas 1815-1879	**THR** Rousseau Pierre Etienne Th. 1812-1867
Thelot Charles 1793-1853	Rousseau Pierre Etienne Th. 1812-1867
Thomsen Carl 1847-1912	**THW** Weber Théodore 1838-1907
TCB Bale Charles Thomas XIXe	Weber Théodore 1838-1907
TE Ender Thomas 1793-1875	**TJR** Rinsema Thijs 1877-1947
TH Hummel Theodor 1864-1939	**TL** Lawrence Thomas 1769-1830

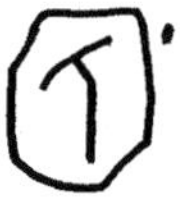

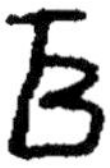

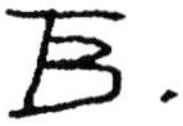

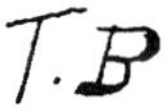

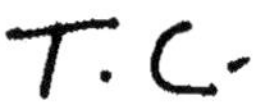

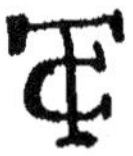

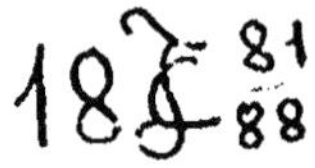

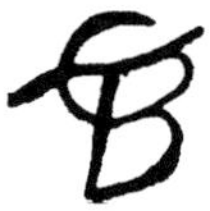

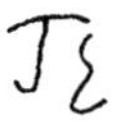

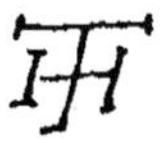

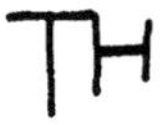

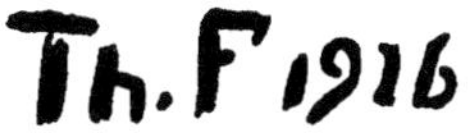

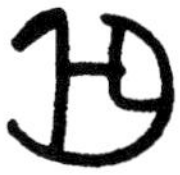

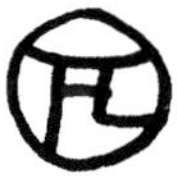

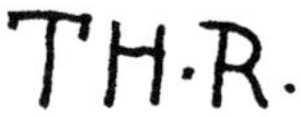

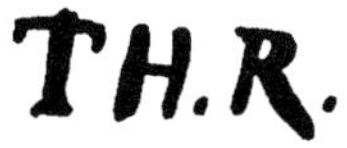

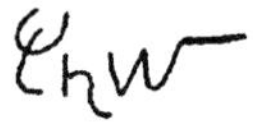

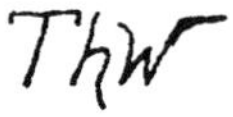

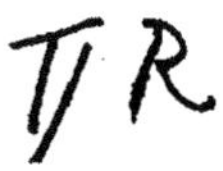

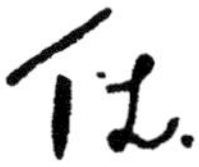

Luxoro Tammar 1825-1899

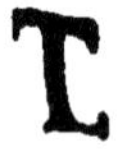

Toulouse-Lautrec Henri de 1864-1901

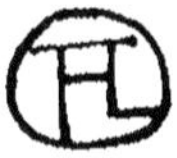

TM Mattenheimer Théodor Andreas 1787-1856

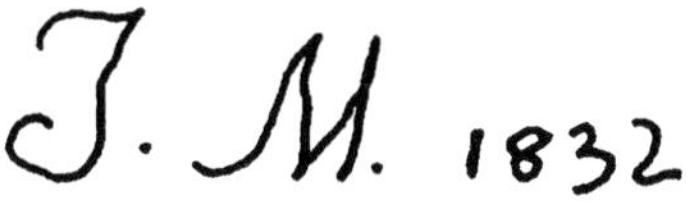

TMR Richardson Thomas Miles 1813-1890

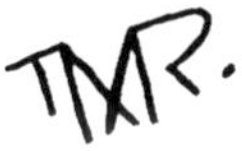

TO Tihy Olivier 1967

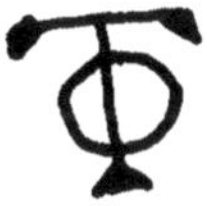

TP Phillips Tom 1937

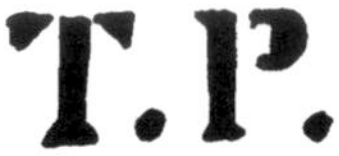

TS Signorini Telemaco 1835-1901

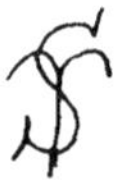

Signorini Telemaco 1835-1901

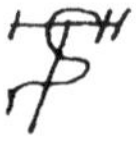

TVE Eckenbrecher Karl Th. 1842-1921

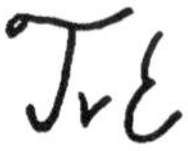

Eckenbrecher Karl Themistocles 1842-1921

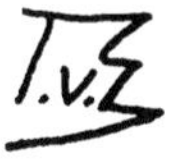

Eckenbrecher Karl Themistocles 1842-1921

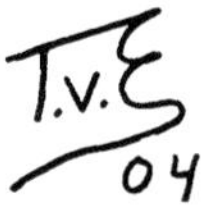

TW Dobson Walter Charles Thomas 1817-1898

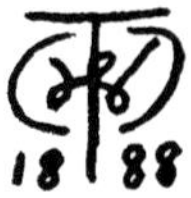

Weber Théodore 1838-1907

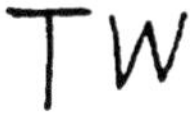

Webster Thomas 1800-1886

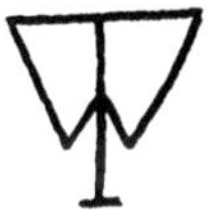

Webster Thomas 1800-1886

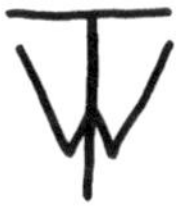

Webster Thomas 1800-1886

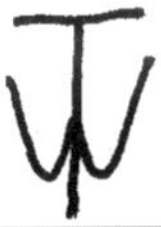

Whitehead Tomy 1886

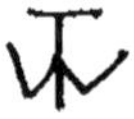

Woodward Thomas 1801-1852

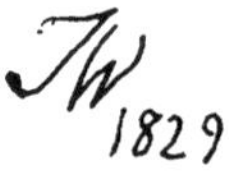

TWW Wilson Thomas Walker 1851-1912

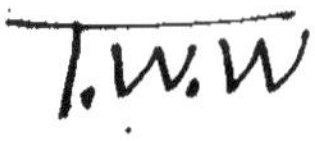

VA Avondo Vittorio 1836-1910

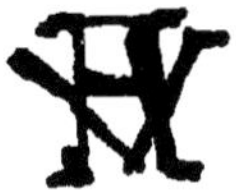

VB Bell Vanessa 1879-1961

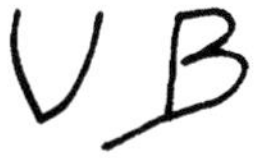

Bell Vanessa 1879-1961

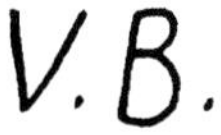

Brauner Victor 1903-1966

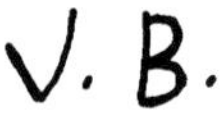

Brauner Victor 1903-1966

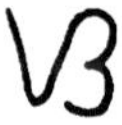

VBB Balfour-Browne Vincent S. P. 1880-1963

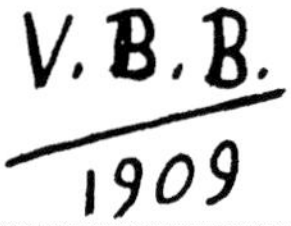

VBX Brauner Victor 1903-1966

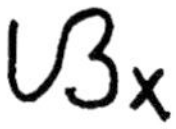

VC Cabianca Vincenzo 1827-1902

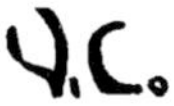

Camuccini Vincenzo 1771-1844

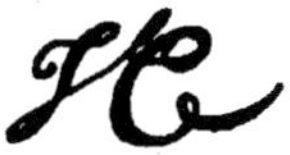

Caprile Vincenzo 1856-1936

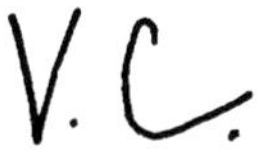

Cole George Vicat 1833-1892

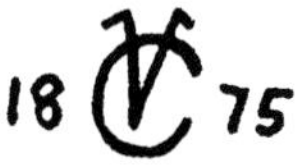

Cole George Vicat 1833-1892

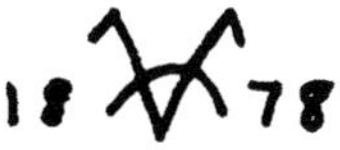

VD Dongen Kees van 1877-1968

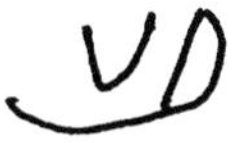

VDB Demont-Breton Virginie 1859-1935

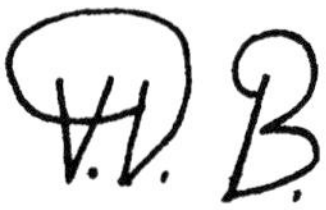

VG Gilbert Victor Gabriel 1847-1933

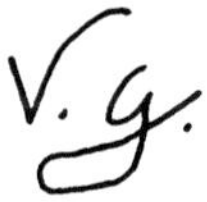

Gilbert Victor Gabriel 1847-1933

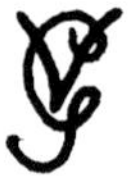

Gilbert Victor Gabriel 1847-1933

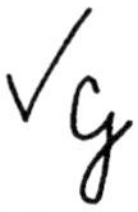

Gilbert Victor Gabriel 1847-1933

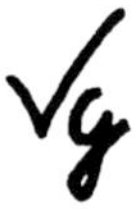

VH Hammerschoi Vilhelm 1864-1916

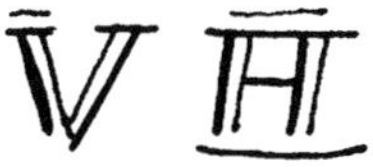

Hammerschoi Vilhelm 1864-1916

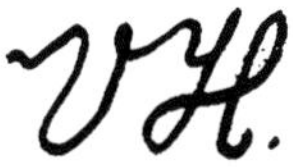

Hugo Valentine 1890-1968

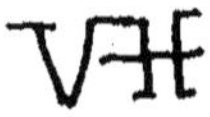

VL Viollet le Duc Victor 1848-1901	Rysselberghe Théo van 1862-1926
VO Ormsby Victor XIXe	Rysselberghe Théo van 1862-1926
VP Pasmore Victor 1908	**VS** Vannutelli Scipione 1834-1894
Pasmore Victor 1908	**W** Beckerath Willy von 1868-1938
Pasmore Victor 1908	Bilinsky Boris 1900-1948
Pasmore Victor 1908	Way Charles Jones 1834-1919
Prax Valentine 1899-1981	Woog Raymond 1875
VR Rees Otto van 1884-1957	Woog Raymond 1875
Reggianini Victor 1858-1938	Woog Raymond 1875
Rysselberghe Théo van 1862-1926	**WA** Weber Anton von 1833-1909

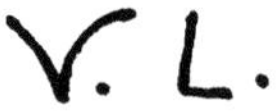

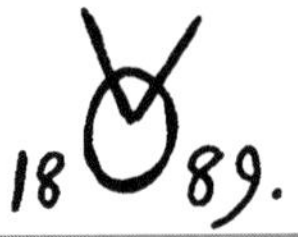

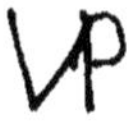

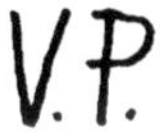

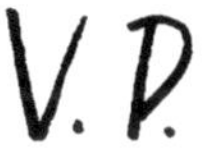

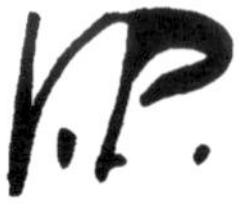

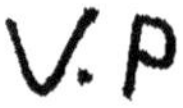

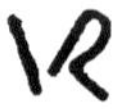

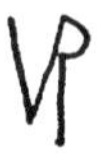

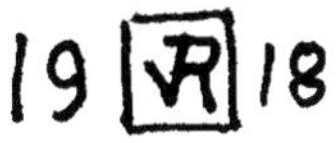

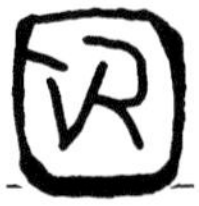

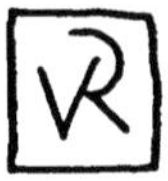

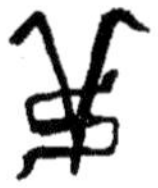

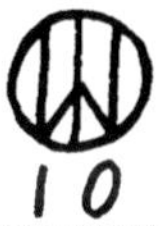

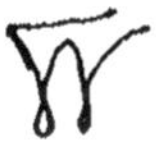

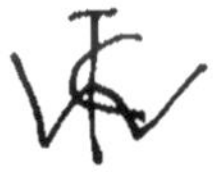

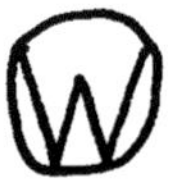

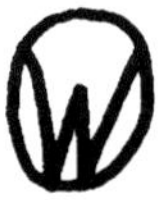

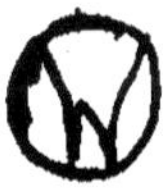

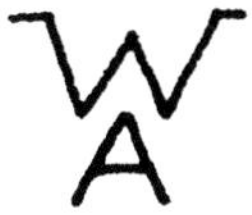

Wright Alan 1900

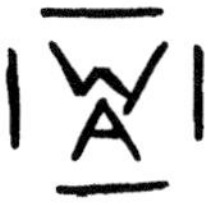

WB

Barker Wright 1864-1941

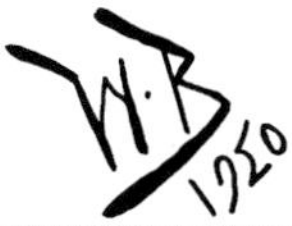

Baumeister Willi 1889-1955

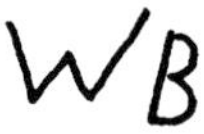

Bechtejeff Wladimir von 1878

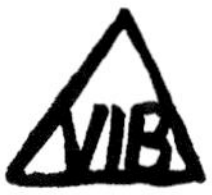

Bromley William 1796-1842

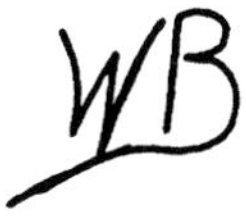

Busch Wilhelm 1832-1908

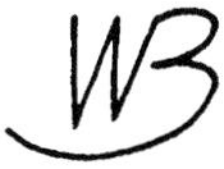

WBG

Gardner William Biscombe 1847-1917

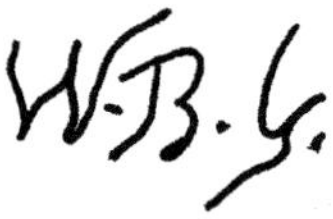

Gardner William Biscombe 1847-1917

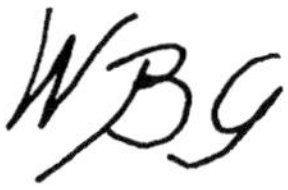

WBR

Richmond William Blake 1842-1874

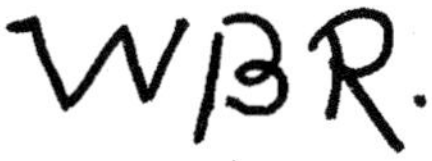

WC

Camphausen Wilhelm 1818-1885

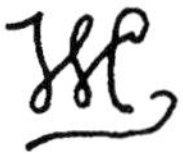

WD

Dexter Walter 1876-1958

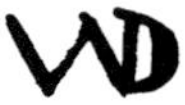

Dressler August Wilhelm 1886-1970

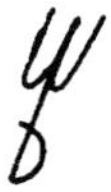

Dressler August Wilhelm 1886-1970

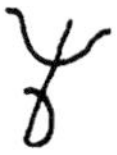

WDM

Mac-Kay William Darling 1854-1924

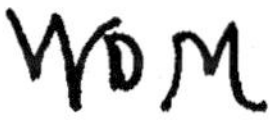

Mac-Kay William Darling 1854-1924

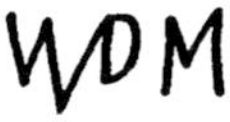

Mac-Kay William Darling 1854-1924

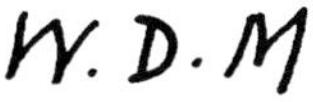

Mac-Kay William Darling 1854-1924

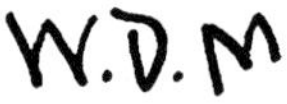

WDS

Sadler Walter Dendy 1854-1923

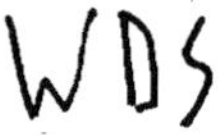

Sadler Walter Dendy 1854-1923

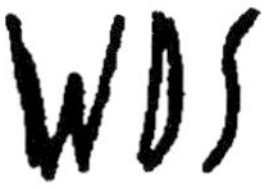

WF

Weissenbruch Johannes 1822-1880

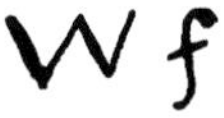

Weissenbruch Johannes 1822-1880

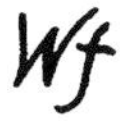

WG Gale William 1823-1909

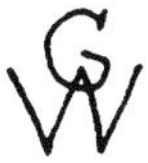

Geiger Willi 1878-1971

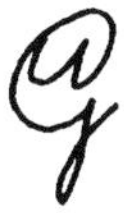

Geiger Willi 1878-1971

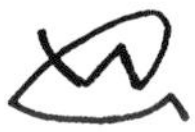

Green Winifred XIXe-XXe

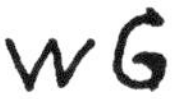

WH Heldt Werner 1904-1954

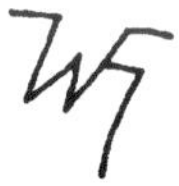

Heldt Werner 1904-1954

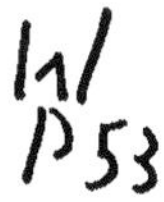

Hole William Brassey 1846-1917

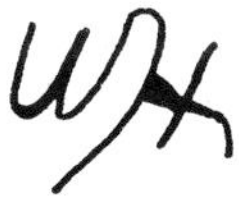

Hunt William Holman 1827-1910

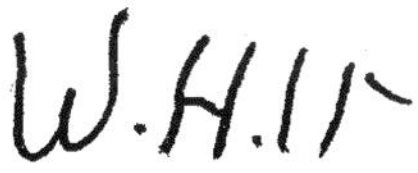

WHG Gore William Henry 1883

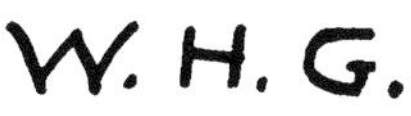

WHH Hunt William Holman 1827-1910

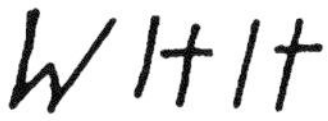

Hunt William Holman 1827-1910

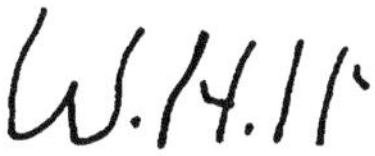

Hunt William Holman 1827-1910

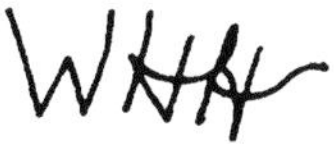

WHR Robinson William Heath 1872-1944

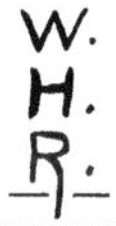

WHW Willoughby William H. XIXe

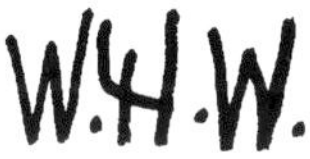

WJ Jordan William XXe

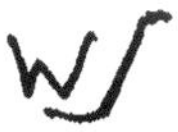

WJW Wainwright Wiliiam J. 1855-1931

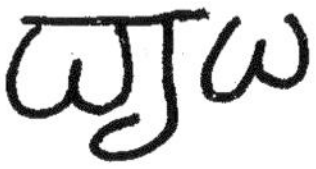

WK Kage Wilhelm 1889-1960

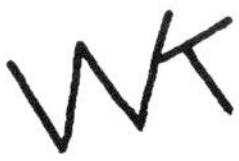

Kaulbach Wilhelm von 1805-1874

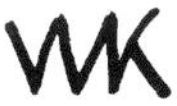

Klemm Walther 1883-1957

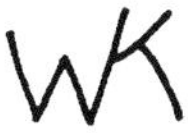

Monogramme	Artiste	Monogramme	Artiste
	Klemm Walther 1883-1957	WMCD	Mac-Dowell William 1888-1950
WL	Lewis Percy Wyndham 1882-1957	WMF	Frazer William Miler 1864-1961
	Lewis Percy Wyndham 1882-1957	WMP	Petrie William M. 1892
	Watt Linie mort en 1908	WO	Osborne William 1823-1901
	Worms Jules 1832-1924	WP	Heldt Werner 1904-1954
WLH	Lee Hankey William 1869-1952		Paalen Wolfgang 1905-1959
WLW	Willie William Lyonel 1851-1931		Paerels Willem 1878-1962
WM	Muller William James 1812-1845	WPS	Schmidt Werner Paul 1888-1964
	Muller William James 1812-1845	WR	Radclyffe Charles W. 1817-1903
	Muller William James 1812-1845		Rothenstein William 1872-1945

Rothenstein William 1872-1945

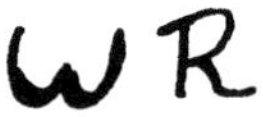

Rothenstein William 1872-1945

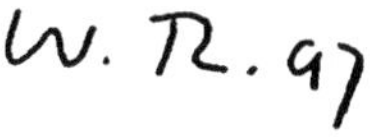

WRF Flint William Russell 1880-1969

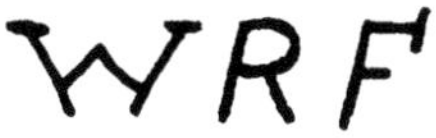

Flint William Russell 1880-1969

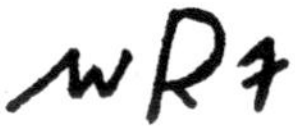

WS Schmidt Werner Paul 1888-1964

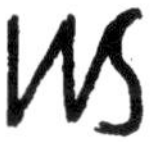

Scholz Werner 1898-1982

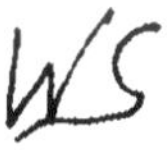

Scholz Werner 1898-1982

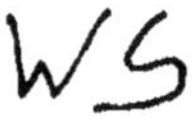

Scholz Werner 1898-1982

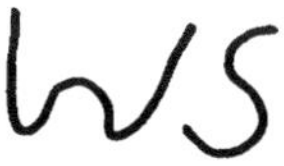

Schreuer Wilhelm 1866-1933

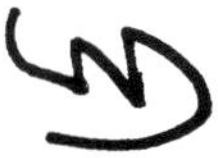

Schreuer Wilhelm 1866-1933

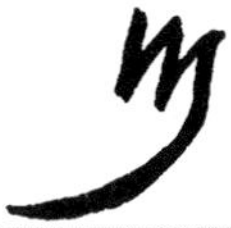

Shirlaw Walter 1838-1909

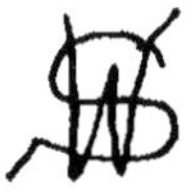

Strang William 1859-1921

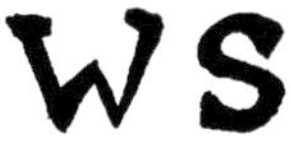

Strutt William 1856-1924

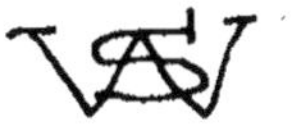

WSC Churchill Winston Spencer 1874-1965

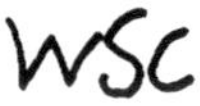

Churchill Winston Spencer 1874-1965

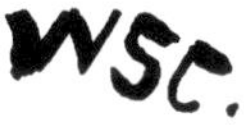

WT Dobson William T. C. 1817-1898

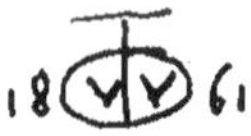

Webster Thomas 1800-1886

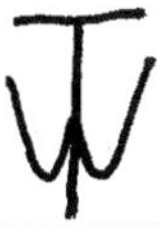

WVB Beckerath Willy von 1868-1938

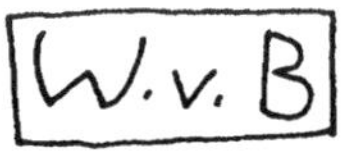

WZ Zimmer Wilhelm Carl August 1853-1937

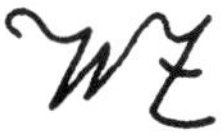

XL Vaito Agathe 1928-1973

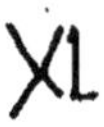

Monogramme	Artiste
XV	Valls Xavier 1923
Y	Duret Dujarric Isabelle 1949 *(crayon gras)*
YD	Duret Dujarric Isabelle 1949 *(1968-1983)*
YK	Kuniyoshi Yasuo 1893-1953
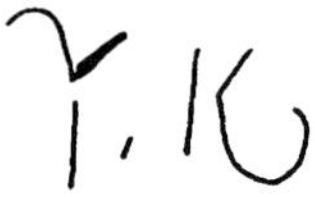	Tatsuri Yuki XXe
YL	Leisten Jacobus 1844-1918
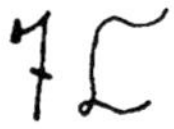	Leisten Jacobus 1844-1918
Z	Zille Heinrich 1858-1929
ZP	Petzl Joseph 1803-1871
ZY	Heim François Joseph 1787-1865

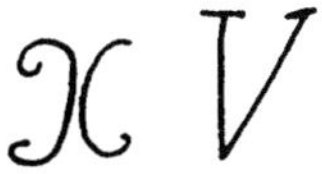

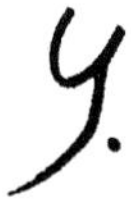

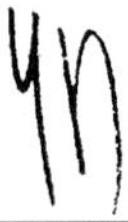

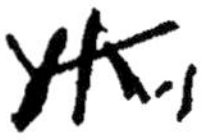

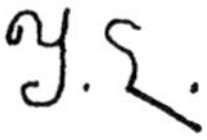

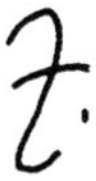

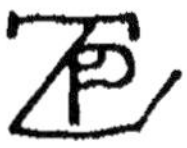

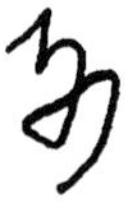

Achevé d'imprimer
sur les presses de l'imprimerie

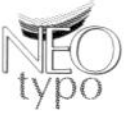

1C, rue Lavoisier - 25000 BESANÇON

Décembre 2003
Dépôt légal : 39495